怀化市洪江区志

（1978—2005）

怀化市洪江区志编纂委员会◎编

方志出版社
Publishing House of Local Records

图书在版编目（CIP）数据

怀化市洪江区志：1978—2005 / 怀化市洪江区志编纂委员会编. -- 北京：方志出版社，2020.4

ISBN 978-7-5144-4117-8

Ⅰ. ①怀… Ⅱ. ①怀… Ⅲ. ①区（城市）—地方志—怀化—1978-2005 Ⅳ. ①K296.44

中国版本图书馆CIP数据核字（2020）第053664号

怀化市洪江区志（1978—2005）

编　　者：怀化市洪江区志编纂委员会
责任编辑：罗　滔

出 版 者：方志出版社
地址　北京市朝阳区潘家园东里9号（国家方志馆4层）
邮编　100021
网址　http://www.zgfzcb.cn

发　　行：方志出版社图书经销中心
电话（010）67110500

经　　销：各地新华书店

印　　刷：湖南省越来越好印务有限公司

装帧设计：斯盛文化·刘旭琦

开　　本：889×1194　　1/16

印　　张：40

字　　数：529千字

版　　次：2020年4月第1版　　2020年4月第1次印刷

印　　数：0001～1000册

ISBN 978-7-5144-4117-8　　定价：398.00元

《怀化市洪江区志（1978—2005）》编纂委员会

顾　　问：毛运鸿

主　　任：伍军鸣

副 主 任：杨健桃　胡东声　俞　勇

委　　员：唐林波　邓　超　潘　勇　王建平　潘小平　许　强

罗建洪　刘梦兰　申海兵　舒春海　张　捍　黄福元

何友君　吴　杰　金　波　明芙蓉　佘宏凯　范　洪

蒋湘洪　曾朝阳　曾广能　李　武　唐世春　曾旺志

曾领明　蒋志云　杨小文　陈文胜

曾任顾问：瞿光明　曹成华　刘志良　邓小建　罗国宇

曾任主任：曹成华　周正宇　周　华　罗国宇　毛运鸿

曾任副主任：肖调建　李　勇　廖兴凯　陈　群　刘少成

杨理鸾　蔡教明　唐艳明　傅瑞芳　张　强

左立华　张　林　莫文华　杨　军　唐　龙

刘登富　田作根　文　奇　汤　鲜　王慧成

《怀化市洪江区志（1978–2005）》审稿人员

市级复审：周正宇　肖艳君　林其君　黄清泉

省级终审：易介南　邓建军　杨盛让　隆清华　李章进

《怀化市洪江区志（1978–2005）》编辑部

主　　　编：陈文胜

执 行 主 编：刘　兵

副　主　编：袁立晖

编　　　辑：贺小光　王明友　苏胜兰

编　　　务：宁　蕾　向红英　王　萍　曾　斌　黄　雁　张淑梅

曾 任 主 编：傅瑞芳　付俊波　李　超

曾任副主编：马宏旺　李　超　刘　兵

部分图片提供：黄文胜　向绍金　范　洪　沈　忠　周太明　聂小舫　胡光塾　邓联谨　徐秉洪　李冬和　张太武　曾令长　朱建勤　粟　斌　彭有权　龙继明

序

“郡邑之有志，犹国之有史”。《怀化市洪江区志（1978—2005）》历时十六载，现终编纂成书，这是全区文化建设的大事，功在当代，泽被后世，可喜可贺！

洪江得沅、巫二水汇流，扼西南交通孔道，为连接湘、鄂、黔、滇、桂“五省通衢”。清康熙四年（1665年）后，犁头嘴一带，百工毕集，商贾辐辏，洪江已发展为湘西的一大商埠。民国时期，又发展成为湘西南的军事、政治中心。其后区划建制几经变更，难以续修成志。1994年，洪江市人民政府主持编修的《洪江市志》，填补洪江无史的空白。

盛世修志，志载盛世。从1978年至今40余载，洪江市（区）历任领导始终坚持以人民为中心，确立自身发展战略，为探索和实践洪江经济社会高质量发展做出不懈努力，人民生活持续向好。2004年6月，区工委、区管委成立编纂委员会，安排专项经费，组织专门人员，启动《怀化市洪江区志（1978—2005）》编修工作。十六年来，全体编纂人员呕心沥血，严谨求实，在各界各方人士密切配合下，数易其稿，众手成志。在此，向参与编纂的人员和关心支持修志的各级领导、专家及社会各界人士，表示衷心的感谢和诚挚的敬意！

“治天下者以史为鉴，治郡国者以志为鉴”。《怀化市洪江区志（1978—2005）》以马克思列宁主义、毛泽东思想、邓小平理论、“三个代表”重要思想、科学发展观和习近平新时代中国特色社会主义思想为指导，运用辩证唯物主义与历史唯物主义的观点和方法，全面、客观、真实、系统地记载1978年至2005年洪江市（区）自然、社会、政治、经济、军事、文化、人文、风土等方面的变化情况，既是一部反映全区人民艰苦创业、励精图治的奋斗史、发展史、改革史，又是一部解读洪江的“百科全书”。

鉴古才知今，继往为开来。修志在于激励当代，启迪后人。当前，站在崭新历史起点的区工委、区管委，确定大力实施‘三高四新’战略，坚持文旅引领、工业驱动，创AAAAA级景区、建100亿园区，着力打造全国知名旅游目的地城市和绿色低碳循环发展示范区”发展思路。诚望父老乡亲尤其是全区各级领导学好、用好地方志，承先辈壮志，凝洪江精神，抢抓机遇，奋发作为，为早日实现洪江的第三次辉煌，奋力建设富饶美丽幸福新湖南贡献洪江力量！

是为序。

中共洪江区工委书记　毛运鸿

洪江区管理委员会主任　伍罕鸣

2020年12月

凡　例

一、本志为中华人民共和国成立后洪江市（区）编修的第二部志书，名为《怀化市洪江区志（1978—2005）》。

二、本志以马克思列宁主义、毛泽东思想、邓小平理论、“三个代表”重要思想、科学发展观和习近平新时代中国特色社会主义思想为指导，坚持实事求是的思想路线，运用历史唯物主义和辩证唯物主义的观点和方法，突出时代特点和地方特色，着力谋求思想性、科学性和资料性相统一。

三、为记述改革开放的完整性，本志与第一部志书下限的1987年交叉10年，始于1978年，迄至2005年。人物、图片及个别事物延伸至2020年。

四、从1978年至2002年，洪江行政区域名称4次变动，本志记述以当时官方实际使用名称为准。其中，1997年11月至1999年5月，为洪黔合并后新的洪江市；1999年5月至2002年9月，为“洪江市洪江区”，简称“洪江区”；2002年9月后为“怀化市洪江区”，简称“洪江区”。

五、本志篇目设置采用中篇结构体式。全志除概述、大事记、人物、附录不设章节外，按地理、经济、政治、文化、社会排列，共26篇，篇下设章、节、目三级，目为记述实体。个别不设目的节或目下设的子目为记述实体。根据需要，增加第二十五编《洪江区乡镇简志》，与洪江区志合编。

六、本志采用述、记、志、传、图、表、录等，以志为主体，各种体裁综合运用。首设概述，统摄全志；次列大事记，纵贯历史；中设专志，为志书主体；末缀附录。

七、本志文字表述除引用历史资料照录原文外，采用现代汉语语体文，文字使用标准的简化汉字。数字和标点符号按照国家技术监督局《出版物上数字用法的规定》和《标点符号用法》等规定。计量单位采用中华人民共和国法定计量单位。

八、人物分人物传记、人物名录两部分，遵循“以本籍为主，生不立传”原则，已故人士以卒年为序入人物传记，对洪江籍专家学者、副高级以上技术人员、县（团）以上干部，以及省（部）级以上单位评选的劳动模范、先进工作者，以授誉时间为序列入人物名录记载。

九、本志数据以区（市）统计部门公布为准，统计部门缺失的择用有关部门提供的数据。

十、本志著录资料，主要来源于洪江区档案馆、各单位档案室保存的档案、文献、报刊、专著等，以及有关人士提供的历史文献、回忆文字资料等，均经考证鉴别后载入。成书不注出处。

洪江区全域旅游导览图

Hongjiang District All-area Tourism Map

洪江区位于湖南西南部雪峰山麓，沅、巫二水交汇处，地域面积115平方公里，总人口为8万人。现有国家AAAA级旅游景区1个，国家AAA级旅游景区2个。沪昆高速公路连接线及包茂高速连接线贯穿而过，离怀化南高铁站70公里，安江东高铁站40公里，距芷江飞机场75公里。怀化南站至古商城景区的直通巴士实现了从高铁至景区的无缝对接。2017年,洪江区成功申报湖南省精品旅游线路重点县，洪江古商城被纳入国家旅游局"十三五"发展规划的长江国际黄金旅游带名录。

Hongjiang District is located in the foothills of Xuefeng Mountain, between Yuan Jiang River and Wu Jiang River in southwest Hunan, with an area of 115 square kilometers and a total population of 80,000. At present, there is one national four-A level scenic spot and two national three-A grade scenic spot. Shanghai Kunming Expressway connection line and Bao Mao high-speed connection line run through here, It is 70 kilometers away from Huaihua South High Railway Station, 40 kilometers away from Anjiangdong High Railway Station, 75 kilometers away from Zhijiang Airport. Buses from Huaihua South Station to the ancient mall scenic spot has achieved seamless docking from high-speed rail to scenic spots. In 2017, Hongjiang District successfully declared the key counties of high-quality tourism routes in Hunan Province, Hongjiang Ancient Mall was included in the list of Chang Jiang River International Gold Tourism Belt in the 13th five-year Plan of the National Tourism Administration.

洪江区全域旅游数字服务平台
Hongjiang District All-area Tourism Digital Platform

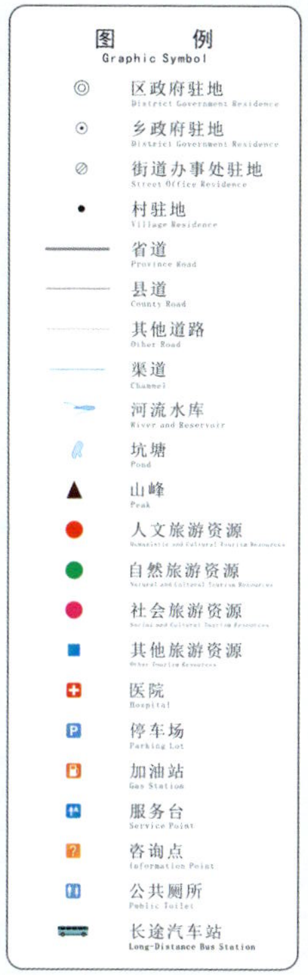

洪江区政府服务热线：12345
Hongjiang District Government Service Hotline
报警电话：110
Alarm Call
火警电话：119
Fire Alarm Tel
交通救援电话：122
Traffic Rescue Tel
紧急救援电话：120
Emergency Rescue Tel
洪江区全域旅游咨询热线：0745-7628658
Hongjiang District All-area Tourism Advisory Hotline
旅游投诉电话：0745-7628658
Tourist Complaint Tel
旅游市场秩序监督举报电话：0745-12315
Tourism Market Order Supervision Report Tel

洪江古商城
Hongjiang Ancient Commercial City

星空庄园
Star Town

新民路民国风情街
Xinmin Road Style Street

华严阁
Huayan Temple

横岩竹海
Hengyan Bamboo Sea

嵩云山国家森林公园
Songyun Mountain National Forest Park

山河太极
Taiji Map of Hongjiang Mountain and River

洪江全景图

洪江夜景

邮电局市中心

桃李园社区

新民路

古商城大桥

幸福西路

国防公路

川山游步道

∧ 洪江区高新区

∧ 高新区标准化厂房

∧ 高新区一景

∧ 洪江四海棉业有限公司

∧ 洪江区竹木深加工制品

∧ 湖南培雅生物科技有限公司

∧ 洪江区恒光化工有限公司

∧ 洪江区双阳高科有限公司

∧ 湖南金信实业有限公司洪江竹业分公司

∧ 洪江区久日新材料股份有限公司

∧ 湖南省美丽乡村师范村——鸬鹚村

∧ 鸬鹚村电商平台

∧ 岩门新村

∧ 茅头园村电商扶贫专柜

∨ 茅头园新村

∧ 柑桔

∧ 香柚

∧ 水稻

∧ 大棚蔬菜

∧ 大棚蔬菜

∧ 光伏发电站

∧ 无土蔬菜栽培

∧ 村级综合服务中心

∧ 菖蒲村乡村旅游

∧ 农家乐

∧ 黑山猪

∧ 山羊

∧ 特色果园

∧ 雪峰乌骨鸡

∧ 洪江区云飞凤农业雪峰乌骨鸡养殖基地

∧ 竹海

∧ 嵩云云海

∧ 沅江风光

∧ 沅江风光

∧ 滩头风光

∧ 密云观

∧ 嵩云山大兴禅寺

∧ 妙音寺

∧ 国家 AAA 级景区——星空庄园

∧ 大佛寺内景

∧古商城大门

∧福全堂

∧古商城休闲广场

∧镖局

∧厘金局

∧长码头

∧美孚洋行

∧绍兴班

∧ 粮食业行会（炎皇宫）

∧ 宝庆会馆

∧ 贵州会馆

∧ 苏州会馆

∧ 舞狮

∧ 迎财神

∧ 社区百家宴

∧ 元宵盛宴

∧ 樱花节

∧ 沅水号子

∧ 草龙

∧ 特色菜肴

∧ 打糍粑

∧ 传统京剧

∧ 文艺汇演

∧ 排工号子

∧ 烟雨洪江

∧ 舞龙

∧ 陈少云京剧专场晚会

∧ 欢乐潇湘

∧ 古城迎亲

∧ 十五闹元宵

∧ 社区文化

∧ 敬老爱老

∧ 送戏下乡

∧ 清明烈士公祭

∧ 素质教育

∧ 成人礼

∧ 中山路小学校园

∧ 洪江中小学书画大赛

∨ 洪江一中校园

∧ 中美篮球对抗赛

∧ 围棋巅峰对决

∧ 公路自行车赛

∧ 乒乓球对抗赛

∧ 家庭运动会

目　录

第四篇　中共地方组织

第五篇　人民代表大会

第六篇　人民政府

第七篇　人民政协

第八篇　工商联　社会团体

第九篇　政法　军事

第十篇 编制 人事 劳动

第十一篇 民 政

第十二篇 经济综述

第十三篇 经济管理

第十四篇 工 业

第十五篇 商贸 旅游

第十六篇 农业与农村经济

第十七篇 财税 金融 保险

第二十一篇 文 化

第二十二篇 洪商文化

第二十三篇 卫生 体育

第二十四篇 社 会

第二十五篇 乡街简志

第二十六篇 人 物

附　录

概 述

（一）

洪江区位于湖南省西南部雪峰山区，东西北与洪江市接壤，南与会同县毗邻。地处北纬 27° 5′ ~27° 13′，东经 109° 45′ ~110° 3′ 之间。区域总面积 115 平方千米。2005 年，全区辖 4 个街道 3 个乡，27 个社区、268 个居民小组，20 个村、148 村民小组。总人口 7.3 万人，2.7 万户。以汉族为主，有苗、瑶、侗、回、土家等 13 个少数民族，少数民族共计 3619 人。

洪江区以山地为主，山地面积占区域总面积的 74%。地势由东、南、西三面向北倾斜，沅水自西向东流经城区至回龙寺北折由岩坝头出境，巫水自南而北至犁头嘴处汇入沅水，将全境划为三部分。境内属中亚热带季风湿润气候区，年平均降雨量 1485 毫米，年均日照 1354 小时，无霜期 304 天。境内自然资源丰富，客水资源总经流量 266.24 亿立方米，水能理论蕴藏量 26 万千瓦，可开发利用 14.3 万千瓦；森林面积 1.13 万公顷，活立木蓄积量 22 万立方米，楠竹 4000 公顷；稀有树种有水杉、银杏等，主要药用草本植物 55 种，珍贵的野生动物有麝、穿山甲等，地下矿物 10 余种，主要有石煤、铁、钒、铜、金刚石砂矿等。

（二）

1980 年，市委、市政府制订《洪江市城市建设总体规划》，市政建设速度加快，公用设施现代化水平逐步提高。1986—2005年，洪黔公路、洪靖国防公路、泸昆高速公路洪江段连接线、包茂高速公路洪江段连接线相继通车，为洪江区经济发展提供交通便利。城市主次干道的提质改扩建，消除断头路、瓶颈路，车、人行道便利畅通。

2001—2005年，旅游基础设施和服务配套项目建设加快，全面完成洪江古商城管网下地及青石板铺设工程。初步对古商城进行装饰，开设相关文化旅游活动项目，旅游气氛更加浓厚。

（三）

1979年，市政府提出“美化洪江”，确定24个重点单位率先创建花园式单位。1982年，参加义务植树市民达87%，每人包栽包活2.15株。1988年，扩建沅江路，行道树种有香樟、海桐、白玉兰、七里香等，成活率100%。1989年，市政府作出“三年消灾宜林荒山，五年绿化洪江”的决定，全年增加重点绿化单位34个。1991年，洪江成为怀化地区第一批消灭宜林荒山的市（县）。1992年，城区各单位开展创“园林式”和“花园式”单位24个，县（市）级“花园式”单位8个。1993年，洪江市获“全省园林绿化十佳市”称号。1994年，洪江市荣获“全国造林绿化百佳县（市）”称号。2005年，市区17条主干道总长17.7千米，共有行道树4370株、24种；各单位在庭院里栽树成活的有23.6万株，植绿篱2.39万平方米，种草皮1.55万平方米，建花坛223个，栽盆花36.66万盆。

环境保护工作坚持社会效益、环境效益、经济效益相统一，保护生态环境，改善居民的生活环境，保障市民的身体健康。全区发展循环工业经济，推广低碳技术，实现能源综合利用，产品循环使用，废物充分回用，企业实现经济效益和社会效益的双赢。

（四）

经济体制改革首先从农村开始。

1982年，洪江市普遍推行家庭联产承包责任制，使农村生产力进一步得到解放，农业生产有了较快发展。1983年以后，多次对家庭联产承包责任制进行完善，延长承包期，健全承包合同，允许农民经商办企业，发展一批乡办、村办、村民联办企业，涌现出一大批从事经济作物种植、畜禽饲养、加工、运输、建筑、商业服务的专业户和经济联合体。1984年，政府简政放权，明确企业在生产经、产品销售、价格浮动、财产处置、机构设置、人事任免、劳动工资、职工奖惩、对外联营等10个方面的自主权。1985年，全面推行厂长（经理）任期目标管理责任制。1987年，全市工商企业普遍建立“三保一挂”。这些初步改革措施的实施，使经济效益明显提高。1988年，全市社会总产值4.42亿元，其中工业总产值3.54亿元，农业总产值2717万元；国内总产值1.88亿元，其中第一产业占10.3%，第二产业占64.8%，第三产业占26%；陶瓷、纺织、化工、塑料、食品、仪器仪表、竹木加工等行业出口交货值2815万元，占全市工业总产值12%以上。

1993年，为适应市场经济新形势，探索多种形式的经营体制改革，通过国有民营、租赁、转让、兼并、股份制改造等途径，促进企业资产流动，实现资源优化配置，企业的生存环境和自身经营机制都发生较大变化，国民经济得以持续发展。1995年，全市国内生产总值4.58亿元，比1990年增长158.2%，年均增长31.6%。其中第一产业增加值3196万元，第二产业增加值1.38亿元，第三产业增加值1.11亿元。

2001—2005年，区工委，区管委会调整发展战略，提出“二次创业，民营兴区”“工业强区，旅游活区”的发展思路，集中力量推进公有制企业产权制度改革，民营企业工业总产值占全区工业产值的62%以上。2005年，全区社会总产值19.99亿元，其中第一产业9070万元，第二产业12.73亿元，第三产业6.36亿元；国内生产总值达到7.63亿元，比2000年增长89.3%，其中第一产业5515万元，第二产业5.1亿元，第三产业1.98亿元；全市人均国内生产总值

16453元，比2000年增长74.0%；农村居民人均可支配收入3097元，农村居民人均生活消费支出2965元，农民家庭恩格尔系数为46.21%；城市居民人均可支配收入5288元，居民人均生活消费总支出3609元，家庭恩格尔系数为47%；全区共有5892户12103人享受最低生活保障，占全区总户数的21%，总人口的16%。

（五）

恢复和完善人民代表大会制度。1980年11月，召开洪江市第八届人民代表大会。此后会议，按照法律规定建立市人民代表大会常务委员会和市人民政府。1980—1997年，市人民代表大会进行5次换届选举，乡级人大换届工作按照有关规定有条不紊地进行。17年中，市人大按照职权审议"一府两院"工作报告，任免国家机关干部，制定、发布促进全市经济发展的决定、决议。

恢复和完善政治协商制度。1980年11月，中国人民政治协商会议洪江市第三届委员会召开，会议选举产生政协洪江市第三届常务委员会。此后，按照法定程序适时召开全体委员会议和常务委员会议，提出委员提案，组织调查、视察，充分发挥政协组织的参政议政、民主监督作用。

1999年9月，设立洪江市洪江区人大工作联络委员会和政协洪江市洪江区联络工作委员会。2002年，改为怀化市洪江区人大工作委员会和政协怀化市洪江区工作委员会。至2005年，人大工委召开区管委与人民代表的会议29次，审议"一府两院"工作报告156项次，发布决定、决议22项次；洪江区政协工委召开会议3次，组织委员调查，考察25次，办理提案72件，办复率达98%。

加强基层民主建设。1990—2005年，全区（市）进行7次村委会换届选举、5次社区（居委会）换届选举，基层群众自治组织不断健全，村务公开、政务公开等工作覆盖率达100%。

开展普法教育。组织开展"一五""二五""三五""四五"普法教育，人民群众法律意识显著提高，遵纪守法、依法办事、依靠法律维护合法权益蔚然成风。

推进依法治区（市）。建立健全执法责任制，加强行政监察，提高司法人员、行政执法人员的素质和执法水平，纠正行业不正之风。开展“三乱”治理、规范化管理一条街与住宅小区等活动，营造全社会法治化管理的良好氛围。

加强党组织建设。加强组织建设、干部队伍建设和廉政建设，竭力促进“两个文明”建设，努力构成和谐社会。各级政府不断转变政府职能，树立服务意识，强化服务观念，为经济建设保驾护航。改革干部人事制度，推行国家公务员制度，机关干部队伍素质普遍提高，形成比干劲、比贡献、奋发向上干事业的良好风气。对部分领导职位进行公开选拔，一批优秀人才脱颖而出。

（六）

各项社会事业全面进步。1979年后，洪江市教育发展迅速，市政府通过多种渠道增加教育投资，改建新建校舍。1982年，实现无盲市。1984年，普及初等教育。1990年，制定教育发展规划，提出普及九年制义务教育和高中阶段教育，大力发展职业技术教育，学校建设实现“五配套”。1995年，全市九年义务教育的普及程度、师资水平、教育经费、办学条件和教育质量五项指标均达到省验收标准。1999年后，区工委、区管委继续巩固义务教育成果，提出加强中小学硬件设施，实行“五改六配套工程”，城区学校实现多媒体进班级，农村学校实现多媒体进学校。洪江区率先在全省实现多媒体教学班班通、完成义务教育合格学校建设和实现农村幼儿教育免费。洪江区被省委、省政府授予“全省建设教育强县（市、区）荣誉称号。

科学技术事业较大发展。1978—2005年，全市（区）共承担市级以上科技项目268项，其中国家级30项、省级80项、市级158项，荣获省级以上科技进步奖4项，获市（地）级科技进步奖10项。

文化设施齐全。2005年，全区共有业余艺术表演团体14家，其中沅江路雄溪剧社、常青乡黎明剧社、农民业余剧团以演京剧、汉剧为主。山花少儿艺术团于1992年被评为全国少儿工作先进集体；桂花园乡于2002年被省文化厅授予“明星群众文化艺术之乡”称号。城区有各类文化经营单位和文化经营户74户，其中娱乐经营户46家、音像经营户20家、书刊经营户8家，每年开展各类文化艺术活动50次左右。

卫生医疗事业发展较快。2005年，全区卫生机构35个，其中市属医院1个、区属医院4个、乡街卫生院10个、农村新型合作医疗室20个。医务人员848人，医院床位771张。全区计划生育率达97.92%，人口出生率和自然增长率控制在8.14‰和5.11‰，为“湖南省计划生育一类区（县）”。

群众体育运动普及。2005年，参加怀化市第二届全运会，获金牌22枚、银牌9枚、铜牌8枚。是年，区老年门球协会代表队获怀化市老年人门球比赛第一名；洪江区摔跤运动员获全省青少年摔跤比赛金牌。

忆往昔峥嵘岁月稠，看今朝洪江前景美。当今的洪江已踏上科学发展、富民强区的新征途。明天的洪江必将更加灿烂辉煌！

大　事　记

1978 年

3 月 11 日　洪江镇革命委员会对外贸易局成立。

4 月　恢复中共洪江镇委党校。

10 月 1 日　洪江影剧院竣工开业，建筑面积 2661 平方米，座席 1283 个。

25 日　洪江镇民兵师武装基干团成立。

是月　洪江造纸厂 2 号 1575 圆网纸机改 1720 长网多缸纸机成功投产。

11 月　幸福路小学教师、共青团员张西玲当选为共青团第十届全国代表大会代表，赴北京出席代表大会。

是月　幸福路小学红领巾气象站被评为全国气象科技先进单位，幸福路小学被评为湖南省红旗单位。

是年　洪江投资 439 万元建带子街自来水厂，1984 年 10 月竣工投产。

1979 年

1 月　洪江瓷厂生产的东方茶具获国家轻工业部优质产品称号。

2 月 6—13 日　中共洪江镇委召开四级干部大会，镇委书记崔毅传达贯彻中共十一届三中全会精神，要求广大干部解放思想，拨乱反正，把党的工作重点转移到经济建设的轨道上来。

是月　中共洪江镇委成立落实政策领导小组和办事机构，对“文化大革命”及历次政治运动中被处理的干部职工进行复查，凡属于冤假错案者一律予以平反，恢复名誉。至 1985 年共为 2667 人落实政策。

3 月 2 日　洪江镇科学技术协会成立。

4 月 23 日　洪江镇环境保护办公室成立。

7月，洪江镇考生参加全国高考，共录取大专院校40人、中专77人。

9月12日 经国务院批准，撤销黔阳县洪江镇，恢复洪江市建制，以原洪江镇的行政区域为洪江市的行政区域。

10月 中共洪江市委组织党员、干部联系实际开展真理标准问题的大讨论，从理论上分清是非，解放思想，消除“左”的影响。

是月 洪江市开放集市贸易，允许个体和私营经济发展。

12月 重建洪江市人民检察院。

1980年

1月 桂花园人民公社划出沅江、团结、五一、立新4个生产大队23个生产队，成立常青人民公社。

2月28日 中共洪江市委、市人民政府决定扩建洪江瓷厂高档瓷车间，整个工程分两期进行，第一期工程于1982年建成投产，年产出口瓷200万件。

3月 洪江市圆木厂生产的“宝塔”牌杉枝脚盆被省人民政府授予优质产品称号。

4月18—21日《湖南日报》以《坚持城镇工作以工业生产为中心的方针，洪江市加强城市建设面貌一新》《建设小城镇的途径》《洪江立足本地资源发展轻纺工业》《做工业生产的促进派》《洪江市艰苦奋斗办工业》《洪江拾零》《工业鲜花开遍山城》为题，连续发表文章，肯定洪江市实现工作重点转移、发展地方工业的成绩。

5月4日 中国人民解放军广州军区副政委晏福生来洪江市检查指导工作。

5月19日 洪江市人民政府成立城市规划领导小组，编制《洪江1981-2000年城市总体规划》，1982年2月报经省人民政府批准实施。

5月26日《人民日报》发表关于洪江市的调查报告和短评，标题为：《量力而行带来了初步繁荣—来自湘西山区洪江市的报告》和《不干超越客观条件的事》。

7月21日 洪江市开往黔阳县黔城镇的湘洪18号木质机动早班客船，上午9时5分行经黔城铁路桥下时，因主机熄火，船身与2号桥墩相撞沉没，乘客、船员99人全部落水。经抢救，64人脱险，35人死亡。

8月 湖南省城市工作会议在洪江召开。中共湖南省委副书记刘夫生、湖南省人民政府副省长曹文举出席会议并讲话。会议研究如何进一步搞活城市经济，搞好城市的整顿和管理工作，更好地发挥城市在现代化建设中的重要作用。洪江市代市长赵荣阁在会上作经验介绍。

9月 洪江瓷厂的雪花茶具获国家优质产品称号。

是月 洪江市制材厂的马尾松亚胺法制浆工艺和洪江瓷厂的丝网印胶质金花纸生产工艺同时获湖南省科技成果四等奖。

11月24日 洪江市政协第三届委员会第一次会议召开。出席会议委员54人。选举崔毅为政协洪江市第三届常务委员会主席，李明、黄云照、刘松修为副主席。

11月26日 洪江市人大八届一次会议召开，73名代表出席，依法选举赵荣阁为洪江市人民政府市长，朱国雄、阳伯均、张新刚任洪江市人民政府副市长，选举熊继业任人民法院院长，杨华生任人民检察院检察长。会议决定设立人大常委会，选举产生常务委员会组成人员，邓星玉任市人大常委会主任，杨茂东、袁公信、蒋南屏任副主任。

12月 洪江市在海拔496米的老鸦坡山顶建成简易电视差转台，发射功率为50瓦，频道收二发四。

是年 经黔阳地区组织验收，洪江市成为青壮年基本无盲市。

1981年

4月 开展“五讲”（讲文明、讲礼貌、讲卫生、讲秩序、讲道德）、“四美”（心灵美、语言美、行为美、环境美）活动。

10月 洪江市组织农业区划工作队，对全市农业资源利用情况及其潜力进行全面调查和规划。1982年9月经怀化行署验收合格。

1982年

1月 洪江市桂花园人民公社、

常青人民公社全面推行家庭联产承包责任制，土地承包到户。

2月 洪江市安装HT905型纵横制市内自动电话交换机，结束“摇把子”电话历史。

是月 在洪江市机关、企事业单位中，开始集资办学，至1986年6月，共集资131.34万元，均用于改善中小学办学条件。

是月 中共洪江市委决定成立党史资料征集和市志编纂领导小组，下设办公室。

3月 从黔阳县公路养路段接管安桂线（今S222）14.71千米和洪（洪江）白（龙）线9千米，成立洪江市公路大修指挥部。1984年10月完成安桂过境线段油路大修工程。

5月 洪江市220米的防洪堤第一期工程竣工。

8月17日 修建雄溪公园，桂花园人民公社渔梁生产大队白马坪生产队土地划归公园。

10月 洪江瓷厂的45头白牡丹餐具获国家轻工业部花面造型设计奖；洪江市新湘瓷厂的正德茶具获湖南省优质产品称号。

是年 第三次人口普查结束，7月1日零时，洪江市总人口为16733户，67283人，其中男34216人、女33067人。

1983年

1月11—14日 中共洪江市委召开三级干部会议，总结推广洪江瓷厂建立经济责任制的经验。会后，各种形式、各种层次的经济责任制在各工业企业相继建立。19个预算内企业与市财政部门签订利润包干、超收分成的经济承包合同。

3月21—26日 怀化行署在洪江市召开工交企业经济责任制会议。会上，洪江市等7个县市介绍实行经济责任制的经验。

8月17日《人民日报》以《瓷苑新秀》为题，报道洪江瓷厂生产的“东方”茶具和“白牡丹”高档餐具畅销国内外市场。

23日 中共洪江市委传达贯彻全国政法工作会议精神，成立“严打”领导小组，依法从重从严从快严厉打击刑事犯罪活动。至11月逮捕各类犯罪分子186名。

9月 以洪江二中高中部为基础成立洪江职业中学，设有财会班、纺织班、机电班。

10月24—26日 洪江市机构改革工作全面铺开，至12月上旬基本结束，机构精简25%。

11月29日 洪江市召开科学技术成果授奖大会，表彰和奖励29个单位、38个项目，其中一等奖4个、二等奖2个、三等奖22个。

12月9日 按照“四化”要求调整市委领导班子。杨松柏任市委书记，李铭生、李铁岩、曾振湘任市委副书记。

是日 洪江市物资局改为洪江物资公司，作为市政府的局级机构。

12月25日 洪江市个体劳动者协会成立。

是年 市政府改革蔬菜产销经营体制，在坚持计划种植和粮地、粮菜挂钩的前提下，放开搞活，一部分菜由菜农自由上市，价格放开；一部分菜送指定的供应点，按规定价格销售。

1984年

3月8日 洪江市京剧团撤销。

3月25日 政协洪江市第四届委员会第一次会议召开。出席此次会议委员90人。选举李明为政协洪江市第四届委员会主席，韩正有、黄云照、刘松修、许素贞、宋振李为副主席。

3月26日 洪江市第九届人民代表大会第一次会议召开。出席此次会议正式代表152人。会议审议市政府工作、市财政预决算、人大常委会和法院、检察院工作报告。选举赵荣阁为市人大常委会主任，阳伯钧、张新刚、向培杰、齐庆多、袁公信为副主任，熊继业为人民法院院长，邓经旺为人民检察院检察长。

5月 境内连降暴雨，最大日降雨量达180.6毫米，沅、巫两水陡涨9.5米，超越警戒水位4米。洪水造成安桂公路洪江段塌方171处，冲毁大小桥梁14座，淹没农田145公顷，倒塌房屋340栋，50家工厂停产，死亡4人，直接损失179万元。

6月 洪江市幸福路小学少先队四甲中队被评为全国优秀中队，受到团中央表彰。

是月 洪江市人民政府制定《关于进一步扩大国营企业自主权的几项规定》《关于小型国营企业全民所有、集体经营的几项规定》《关于发展乡、街企业的几项规定》，为企业松绑放权。

8月 洪江市中学生蒋建英荣获湖南省暑假“红读活动”智力竞赛一等奖，应邀去长沙参加授奖大会。

9月 洪江市煤矿专用设备厂的MSZ-IZ型矿用隔爆型煤电钻获怀化地区科技成果二等奖。

12月 洪江市酒厂的桂花酒获国家轻工业部酒类质量大铜杯奖，并获部优质产品称号。

是年 洪江市雄溪公园采用有控野外科学孵养方法，用母鸡孵化繁殖蓝孔雀成功。3年内繁殖3批，共20只。

1985年

2月 洪江市人民政府进一步深化改革，在洪江市工商企业中全面推行厂长（经理）任期目标管理责任制。

4月29日 洪江市总工会召开首届职工劳模大会，授予曾巧娥等28人为市劳动模范称号。

5月6—9日 中共洪江市第六次代表大会召开。出席会议代表210名，选举产生中共洪江市第六届委员会和中共洪江纪律检查委员会。同时选举产生出席省第五次党代会代表2名。

5月12—16日 第三届全国建筑涂料技术交流会议在洪江市召开，有22个省、市140个单位的194名代表参加会议。

6月31日 中共洪江市委成立整党办公室，分三批开展整党，至1986年8月结束。

是月 洪江市对外贸易局改为洪江市对外贸易公司。

是月 沅江路改造工程动工，至1989年全面完成。

9月10日 洪江市教师节庆祝大会召开，中共洪江市委、市人民政府主要领导到会祝贺。节日前后，中共洪江市委、市人民政府为教师办实事10件，主要是为教师解决住房、子女就业、家属“农转非”等实际问题。

12月16日 黔阳县的黔城乡（小江村除外）和会同县肖家乡的横岩等

4个村划归洪江管辖，分别成立洪江市黔城乡、洪江市横岩乡。

是月 洪江瓷厂在巩固与外贸联营的基础上，同美国运达公司跨国联营，为该公司提供的家用电器微波炉用瓷正式在纽约一家大百货公司销售。

1986年

3月17日 洪江市环境保护办公室更名洪江市环境保护局。

是月 开展“全市工业污染源调查”工作。该项工作由怀化地区环保局验收合格，并被省环保局评为工业污染源调查先进单位。

4月3日 湖南省交通厅同意修建洪江至黔城公路，并批准施工设计方案。公路自1月23日破土动工，至1988年10月1日建成通车，全长22.54千米。

是月 幸福路小学曾庆丰老师个人简介被收入《中国名人录》。

5月5日 湖南省人民政府副省长俞海潮来洪江考察工作，肯定洪江市委、市政府“积极发挥自己的人力、物力，把能源、交通作为重点，增强城市功能”的工作方针。

6月10日 中国人民解放军湖南省洪江市人民武装部改为地方建制，称“湖南省洪江市人民武装部”。

10月 洪江市造船厂所建造的钢质机船，通过湖南省民运局船舶质量检验，该厂荣获造船质量二等奖，并确定为船舶建造定点厂家。

11月18—19日 中共洪江市委召开六届三次全委（扩大）会议，学习、贯彻中共第十二届六中全会精神，通过中共洪江市委《贯彻六中全会决议，加强精神文明建设“七五”规划》等决议。

11月 商店、旅社、招待所、农贸市场、车站、医院、公园、邮电、影剧院等单位开展城市十大窗口的优质服务百日竞赛活动。

12月13日 洪江市与长沙铁道学院签订《关于建立友好院市的协议书》。

是月 中国农业电影制片厂来洪江市为《彩色的河流》影片取景。

是月 洪江市电视转播台成立。翌年，洪江市广播电视局调整频道，转播中央电视台1、2套节目和中央教育台节目，接收雪峰二频道讯号转播湖南省电视节目。

是年 洪江市共有35家企业与北京、上海、天津、武汉、长沙、深圳等城市的大中型企业、高等院校、科研机构共51个单位建立各种形式的经济技术合作关系，实现引进、推广和合作开发的项目36项。

1987年

1月 中共洪江市委、市人民政府关于《贯彻〈中共中央关于教育体制改革的决定〉的实施方案》出台。教育体制改革正式启动。

2月28日 洪江市政协第五届一次会议召开。出席会议正式委员120人，列席代表57人。会议选举崔之善为第五届政协主席，陈辅臣、张泰松、朱崇勋、谭观浩、朱贵龄为副主席。

3月1日 洪江市第十届人民代表大会第一次会议召开。参加此次会议正式代表137名。选举赵荣阁为市人大常委会主任，阳伯钧、张新刚、向培杰、蒋永淳为副主任。

5月29日 洪江市国土管理局成立。

是月，洪江市交通监理站更名洪江市公安交警大队。

9月22日 中共中央委员、中共湖南省委书记毛致用来洪江视察，并为洪江瓷厂题词："振兴腾飞"。

10月 洪江市汽车标准件厂党支部书记廖开榜当选党的十三大代表并进京参会。

11月7日 洪江市展出一组用百年以上的樟树及树根制作的大型根雕家具，有梳妆台、穿衣镜、龙椅、圆桌、写字台等16种，雕有龙凤升腾、吴刚捧月、孔雀开屏、松鹤图等图案。

是月 洪江瓷厂的高档精美瓷器进入日本市场，深受日商欢迎。年内向日本市场出口瓷器91万件。

12月10日 市委、市政府作出关于深化企业改革的22项决定，明确规定企业所有权和经营权分离，普遍推行保上交、保企业技术进步和发展后劲、保企业上等级，工资与经济效益挂钩的"三保一挂钩"的承包经营责任制。

是年 洪江市完成技术改造项目21个，其中洪江瓷厂微波炉用瓷生产线、新湘瓷厂炻瓷生产线、市三化厂皂素、双烯生产线、洪江市纺织厂印染生产线、洪江市化工厂年产5000吨烧碱生产线等项目均完工投产。

是年 洪江市环境监测站确定为湖南省县级重点站，国家环保局授予“优秀实验室”称号。

是年 洪江幸福路小学学生参加中国和南斯拉夫举办的《中南小记者报道祖国》征文比赛，其中1篇文章获优秀奖。

1988年

3月13日 洪江市嵩云山、油麻湾、天堂坨三处接连发生山火，因风势大，蔓延成特大火灾。中共洪江市委、市人民政府领导动员军民上山灭火。

4月1日 洪江市文明委颁布《洪江市民守则》。

4月18—21日 中共洪江市第七次代表大会在市委小礼堂召开。会议选举产生中共洪江市第七届委员会和市纪律检查委员会组成人员。

6月18日 洪江市体育协会成立。

是月 幸福路小学少先队大队辅导员李跃文出席共青团第十三次全国代表大会，当选为团中央候补委员。

7月 开国中将孙毅为幸福路小学题词：全国名校，桃李芬芳。

8月20日 中共洪江市委、市人民政府选择一批领导素质好、企业内部改革有成效、各项指标达到同行业先进水平、具有出口创汇能力、能够成为外向型的企业作为“特厂”，明确规定特厂的十二项权力、四项宽松政策和七项保护措施。

11月8日 经湖南省人民政府批准，从1989年开始洪江市国民经济和社会发展各项计划在省计划中实行单列。

是年 洪江市教委制订《继续改革教育思想，坚决把初、中等教育转移到为社会主义现代化建设服务的轨道上来》的工作方针，各级学校投入到教育思想的大学习、大讨论。

是年 洪江市第十届人民代表大会第三次会议选举曾庆文为市人民政府市长，周浦泰为副市长。

1989年

1月14日 湖南省民政厅下发《关

于将黔城镇划归洪江市管辖的批复》，同意将原黔阳县黔城镇划归洪江市管辖。

2月　洪江市人民政府出台《关于深化学校管理体制改革若干问题的暂行规定》，明确校长的法人代表资格，实施教职工聘任制，有条件的学校试行“内部结构工资制”及“人员工资总额包干制。

3月30日　洪江市化工厂发生严重氯气泄露事故，致使200多人中毒，115人入院治疗。

5月16日　湖南省人民政府召开省长办公会议决定：省民政厅《关于将黔城镇划归洪江市管辖的批复》文件停止执行，黔城镇仍由黔阳县管辖。

9月17日　洪江市环境保护委员会成立。

是月　幸福路小学校长孙佑熙被国家教委、人事部、全国教育工会联合授予“全国教育系统劳动模范”。

11月　洪江市开展扫除“六害”的专项斗争，先后进行3次统一行动，历时10个月，共抓获、收容有“六害”行为的人员391名，收缴淫秽书画册91册、淫秽录像带5盒、毒品500克，封建迷信物品5件，赌具35件，赃款10万余元。

是月“洪江市聋哑学校”落成开学，为残疾儿童带来福音。

12月30日　湖南省环保局针对洪江市饮用水质造成严重污染的情况，发出《关于对绥宁造纸厂实行停产治理污染的通报》。

是年　洪江市电视台摄制的《巫水河的厄运》在湖南省电视台播出。

是年　洪江三中学生曾红艳参加全国青少年田径比赛获全能组第三名。

是年　洪江一中学生朱建洪参加全国青少年摔跤比赛，取得48公斤级古典式摔跤第一名。

是年　洪江市物价局被评为全国物价工作先进单位。

1990年

2月20日　洪江市第六届政协第一次会议召开。会议选举王成仁为市政协常委会主席，陈辅臣、朱崇勋、谭观浩、杨振雄、倪卉为副主席。

2月23日　洪江市第十一届人民代表大会第一次会议召开，选举曾振湘为市人大常委会主任，曾梅庄、周浦泰、朱群燕、蒋永淳为副主任，周万鹏任洪江市人民政府市长，邓星瑞、李济生、刘晃初、万冬娥、曹松会、刘清澧任副市长，周文清为法院院长，邓经旺为检察院检察长。

4月 开展离婚协议公证。

8月4—7日 洪江市承办湖南省第七届运动会蹼泳比赛，被评为湖南省“最佳赛区”。

8月14日 国家体委命名洪江市“全国体育先进县市”。

10月18日 洪江市有线电视台于4月开始筹建，10月18日对洪江市试播，开通6套电视节目（含一套自办节目），当年发展有线电视用户2000户。1991年8月28日，湖南省有线电视台洪江分台正式成立。

是月 中山路学校校长伍善江被国家教委评为全国优秀教师。

是年 全国第四次人口普查完成，7月1日零时，洪江市总人口为24964户，89451人。

1991年

5月8日 中共湖南省委副书记杨正午到洪江进行调查研究，并把洪江市作为他的工作联系点。

5月25—26日 怀化地区第三届中长跑运动会在洪江市举行，洪江市运动员以团体总分第一、金牌数第一、奖牌数第一的优势，摘取怀化地区中长跑运动会的桂冠。

是月 湖南省人民政府、湖南省军区授予洪江市民政局“拥军优属先进单位”。

6月26日 中国银行洪江支行成立。

9月 国家教委授予洪江一中肖润芝老师“全国优秀教师”称号。

10月31日 洪江团市委、市委政研室在洪江瓷厂联合召开“洪江市首届共青团工作理论与实践研讨会”。收到论文51篇，并将部分获奖论文编辑出版。

11月7日 洪江市红领巾气象地震站在市幸福路小学落成。国防部原部长张爱萍将军亲笔题写站名。

是年 洪江市被湖南省人民政府授予1991年度全省“保险先进市”荣誉称号。

是年 洪江市获“全省民政工作

先进单位”称号。

1992 年

1月1日　洪江市信用联社黔城信用社金库被盗现金3.7万元。市刑侦队用十多个小时破获此案，追回全部被盗现金。

3月26日　高坡街长岭界12–18号居民宿舍因电路老化引起火灾，24户58人受灾，直接经济损失12万元。

4月25日　洪江市广播电台设立“湖南人民广播电台洪江市特约记者站”。

5月1日　洪江市城市信用社成立。

10月10日　中国人民银行洪江支行被中国人民银行湖南省分行授予“全省人民银行系统货币发行工作先进单位”称号。

是月　中山路小学少先队大队部被授予“全国红旗大队”称号。

12月26日　洪江市政协七届一次会议召开。出席会议委员140名。会议民主选举邓星玉为政协第七届委员会常委会主席，李兴庭、符晓、曹松会、蒋永淳、朱崇勋、席德期为副主席。

12月27日　洪江市第十二届人大第一次会议召开。选举曾振湘为市人大常委会主任，周浦泰、胡兴保、李济生、刘长寿、倪卉为副主任；邓星瑞为市人民政府市长，万冬娥、刘晃初、任希平、蒋少富、杨振雄、罗庆怀为副市长，周文清为市人民法院院长，易长华为市人民检察院检察长。同时选举朱东阳、曾振湘、罗远波、胡国英为参加湖南省第八届人民代表大会代表。

是年　洪江市举行“化工杯”篮球赛，包括湖南省、怀化地区十几支队伍参赛。

是年　洪江市制定《洪江市流动人口计划生育管理实施细则》，规定凡流动人口中出现计划外生育现象，对责任单位实行“一票否决”。

是年　洪江市计生委荣获“全国城市计划生育工作先进集体”称号。

1993 年

3月24日　洪江市人民检察院经济检察股改名为洪江市人民检察院反贪污贿赂工作局。

7月17日《人民法院报》以“洪江看守所欲置法院判决于何处”为题，披露洪江市公安局看守所收取“保释费”“劳动收入”后，将贺××等8名罪犯保释出所的问题，随后《南方周末》等多家报纸纷纷转载，引起中央、省地各级领导重视。对此，洪江市公安局果断整改，将贺××等8名罪犯依法收监。

7月18日 洪江市纺织配件厂的大货车人货混装翻车，造成特大交通事故。

是月 团市委制定的《洪江市共青团工作改革方案》在团中央《团情快报》1993年第21期中全文刊登。

是月 洪江市物价局与洪江市发展计划局合并，设立洪江市计划物价局。

是年 洪江市社会福利院获湖南省人民政府颁发的“全省双文明单位”称号。

1994年

2月8日 洪江市刑侦队抓获在逃的上海“2.5”特大杀人犯径××。

6月《洪江市志》正式出版，获湖南省优秀志书二等奖。

7月17日 洪江电影院发生一起杀人案。案发后，洪江市公安局刑侦队和新街派出所快速破获此案，将凶犯李××逮捕归案。

10月7日 洪江市人大第十二届三次会议召开。会议补选潘运鹏为洪江市市长。

10月8日 洪江市直机关机构改革动员大会召开。全市党政群机关共精减机构20个、归并机构18个、改事业单位4个。

10月20日 下午1时40分左右，周××驾驶中巴车载客20多人，由洪江市开往怀化市，行至洪黔公路地段，坠入河坎下，造成特大交通事故。

是月 洪江市对外贸易局（招商局）成立。

11月 幸福路小学少先大队被评为“全国雏鹰大队”。

是年 洪江市被评为湖南省纪念毛泽东同志诞辰100周年体育活动日先进市。

是年《洪江报》创刊。

是年 桂花园乡被湖南省人民政府授予“民政工作全优乡”称号。

1995 年

3—12 月 洪江市先后对 35 个村民委员会依法进行第三次换届选举，选出村民委员会成员 108 人。

6 月 1 日 从洪江开往怀化的个体中巴车行至横岩乡塘湾地段时坠入沅水河坎上，酿成 4 死、16 伤、车毁的特大交通事故。

9 月 洪江市恢复设立物价局。

10 月 18 日 湖南省电视大学司法分校洪江法律大专班开学，学制两年。

是年 洪江市青年志愿者大队成立，共有青年志愿者 4000 多名。

是年 洪江市被湖南省人民政府、湖南省军区授予“拥军优属先进市”。

是年 洪江市被湖南省人民政府授予“农村社会养老保险先进市”“1985-1995 年老龄工作先进市”。

1996 年

2 月 17 日 洪江市巡逻大队、洪江市城管监察中队”（简称巡警大队）成立，属地方公安建制，行政上隶属市公安局领导，城管监察业务接受市建设局指导。

3 月 26 日 湖南省公安厅授予洪江市公安局刑侦大队 1995 年度全省优秀队荣誉称号。

3 月 28 日 洪江市公安局消防大队成立。

是月 洪江区物资行业管理办公室成立。

5 月 6 日 流窜潜逃 1 年 5 个月的重大杀人犯文 ×× 在桂花园乡被公安干警抓获。

5 月 29 日 中国人民银行洪江支行被中国人民银行湖南省分行授予“湖南省金融监管先进集体”称号。

7 月 16—17 日 境内遭到历史上罕见的特大洪涝灾害，总降雨量 174.5 毫米，最高水位 183.67 米，超过警戒水位 11.27 米，直接经济损失 8.56 亿元。

11 月 洪江市农村信用联社与中国农业银行洪江市支行脱离行政隶属关系，业务管理和金融监管直接由中国人民银行洪江支行承担，下辖桂花园信用社、常青信用社、横岩信用社和黔城信用社。

12月24日 会同县攀龙桥乡驾驶员石 ×× 驾驶小货车由会同县高桥乡载客往怀化市，当车行经洪江市横岩乡曾蒲村道湾地段时，因避让对面骑来的自行车，坠入河中，造成2人死亡、6人受伤，车辆严重损坏。

是月 中国农业发展银行洪江市业务组挂牌成立。1999年5月，洪江区不再设立农业发展银行机构。

是月 洪江市少工委被评为“全国少先队基层组织建设”先进单位。

1997年

4月 洪江瓷厂二车间茶具班被授予1996年度省级“青年文明号”称号。

6月 “东方红小学家长学校”被评为“全国先进单位”。

9月 由市希望工程光彩基金和怀化地区青基会投资新建的洪江市希望小学—江坪希望小学投入使用。

是月 在北京召开的全国科学普及大会上，洪江市幸福路小学红领巾气象站被授予“全国科普工作做出突出贡献先进单位”称号。

10—12月 第三次社区居民委员会换届选举，选举产生新一届社区居民委员会成员。

11月29日 经国务院批准，洪江市与黔阳县合并为洪江市，市治设黔城镇。

1998年

2月 湖南省人民政府批准原洪江市的4个街道和桂花园、常青、横岩3个乡合并，设雄溪镇。

5月 怀化电大洪江工作站成立。

是年 中国人民银行洪江支行国库被中国人民银行湖南省分行授予“湖南省人民银行国库系统先进集体”称号。

1999年

2月9日 洪江市雄溪镇发生由区划问题引发的群体事件，即“洪江群体事件”。4月11日，事态得到控制。

是月 幸福路小学被中共湖南省委、湖南省人民政府授予“双文明单位”。

3 月　洪江瓷厂研制的低温高级日用细瓷被国家知识产权局授予国家发明专利。

4 月　境内 20 个行政村换届选举工作完成。

5 月 8 日　根据中共湖南省委办公厅、省人民政府办公厅批复，设立洪江区人大联络工作委员会、洪江区政协联络工作委员会。

是月　洪江瓷厂荣获“全国五一劳动奖状”。

6月 11 日　中共湖南省委办公厅、省人民政府办公厅同意撤销洪江市雄溪镇，恢复桂花园、常青、横岩 3 个乡和高坡街、新街、沅江路、河滨路 4 个街道建制。设立副县级中共洪江市洪江区工作委员会和洪江市洪江区管理委员会，为中共洪江市委、市人民政府的派出机构。

6月 15 日　中共怀化市委办公室、怀化市人民政府办公室下发《关于印发（中共湖南省办公厅、湖南省人民政府办公厅关于同意设立中共洪江市洪江区工作委员会和洪江区管理委员会的复函）的通知》。洪江区和洪江市分治。

7 月 1 日　为纪念建党 80 周年，洪江区史志档案局组织洪江区党史知识竞赛活动，洪江区共7000余人参加。

8 月　洪江区畜牧水产局成立。

是月　洪江区管委会出台《洪江区城市居民最低生活保障制度实施细则》。

9 月 10 日　时值第 15 个教师节，区工委、区管委表彰洪江区首届“十佳爱生模范”，并在区小礼堂开展“三爱”（爱教育、爱学校、爱学生）演讲赛。

9 月 23 日　洪江区工委组织部、宣传部、团区委联合表彰洪江区首届“洪江区十大杰出青年”。

是月　国家中医管理局、湖南省卫生厅分别授予洪江区中医院“二级甲等中医医院”称号。

10 月 25 日　洪江区 33 个社区完成第四次社区居民委员会换届选举工作，选举产生新一届社区居民委员会成员 159 人。

10—12 月　桂花园、常青、横岩三个乡开展乡人大换届选举工作，依法选举产生新一届乡人大、政府领导班子。

12月26日　洪江区计生局获“湖南省计划生育工作先进单位”。

12月29日　洪江区老科协工作者协会成立。

12月30日　洪江区开展“庆回归、昂首迈向新世纪”万人环城跑活动。

2000年

1月27—28日　中共洪江区工委第一次全体（扩大）会议召开。会议研究确定“工业强区、科技兴区、依法治区”的发展战略。

3月6日　洪江纺织印染厂细纱车间荣获“全国巾帼文明示范岗”。

4月30日　洪江区文学艺术界联合会成立。

5月　洪江瓷厂女职工梁丽卿获“全国劳动模范”称号。

7月　洪江纺织有限责任公司织布挡车工黄丽获全国纺织系统“劳动模范”。

是月　洪江市生物技术有限公司研制的“958菌仙”口服液在西安举办的“第九届中国专利新技术产品博览会”上获金奖。

9月1日　洪江区医疗保险管理局成立。

9月19日　洪江区内发生鲜牛奶因被蜡样芽胞杆菌污染所致的中毒事件，中毒92人，经卫生防疫站及时采取控制措施，事态得到控制，中毒人员经救治全部痊愈。

10月1日　庆祝建国51周年，洪江区史志档案局举办大型爱国主义教育图片展，共展出各个历史时期珍贵图片300余张，参观人数达4000余人。

是月　洪江区城市信用社更名为洪江市农村信用社巫水路分社。

11月　洪江区竹业股份有限公司竹制复合集装箱地板项目通过湖南省科委组织的成果鉴定，被认定为“湖南省高新技术产品”。

是年　洪江区被列为“降低孕产妇和婴儿死亡率、消除新生儿破伤风”国家级项目县。

2001年

1月16日　怀南四县（区）春节晚会在洪江区组织举办。

1月17日 洪江市郊区农村信用社改名洪江区农村信用社。

1月19—20日 中共洪江区工委第二次全体（扩大）会议召开。会议全面分析全区的经济发展现状，提出“二次创业，民营兴洪”的工作思路和奋斗目标。

2月14日 洪江区一届人大四次会议审议并通过《洪江区国民经济和社会发展第十个五年计划纲要》。

3月26日 洪江区经济技术投资担保有限责任公司成立。

是月 洪江瓷厂女工委员会被评为“全国巾帼建功先进单位”。同时，该厂五车间加工一班被全国妇联授予“全国巾帼文明示范岗”称号。

4月9日 怀化市计划委员会批复，同意洪江区公安局在原洪江职业中学校处修建洪江区强制戒毒所，按容纳200人规模修建。项目总投资180万元，资金全部由建设单位自筹解决。并于是年5月份动工修建，12月底第一期工程竣工，并投入使用。

4月18日 洪江区公安局禁毒大队成立。

是月 洪江区文化部门通过近4个月的努力，对全区明、清古建筑（窨子屋）群调查摸底，发现境内完好地保存明、清古建筑380多栋，总建筑面积近30万平方米。

是月 中国人寿保险洪江市洪江区支公司（筹备）成立。

6月10日和19日 洪江区内连续遭受两次严重特大暴雨山洪侵袭。3乡22个行政村（社区）普遍受灾，受灾农业人口7000人，直接经济损失740万元。

是月，洪江化工厂改制，更名为湖南洪江恒光化工有限公司。12月2日正式开机生产。

7月25日 湖南省政协常委田伏隆、陈满之到洪江区考察民俗、宗教及旅游开发工作，建议洪江要像湘西凤凰县一样开发旅游产业。

8月10日 洪江区河滨路发生重大火灾，烧毁木房880平方米，共24户，死7人，直接经济损失10万余元。

是月 洪江区成林获全国摔跤比赛少年组古典式摔跤金牌。

9月20日 全国古籍整理出版规

划领导小组成员、湖南省人民政府参事弘征来洪江区明、清古建筑（窨子屋）群实地考察，并充分肯定建筑群的文物价值和资源优势，将洪江明、清古建筑（窨子屋）群定名为“洪江古商城”。

9月26日 湖南省洪江新湘瓷业有限公司成立。

10月1—7日 洪江区文物管理所和区文联举办“爱我洪江大型文物摄影图片展”，共展出古文物、“古商城”有关照片160余张，接待观众近4万人次。

10月12日《湖南日报》整版刊出全国古籍整理出版规划领导小组成员、湖南省人民政府参事弘征《洪江有座古商城》一文。

10月 洪江区东方红小学少先队被评为“全国红旗大队”。

是月 洪江区四海棉业有限责任公司成立。

是月 幸福路小学被全国小学语文教学研究会确立为“发展与创新教育”实验学校。

是月 怀运集团公司开通洪江区至怀化市直达豪华空调快巴。

11月19日 湖南省公安厅同意怀化市公安局在洪江市洪江区设立洪江公安局，行使县级公安机关职权，业务隶属怀化市公安局领导。

11月28日 北京国际文化交流中心组织古建筑、园林、旅游专家来洪江区考察洪江古商城。

是月 湖南洪江嵩云禽业有限责任公司、洪江合成化工有限责任公司被认定为湖南省民营科技企业。

是月 洪江区举行科局级领导职位公开考试，共录用3名年轻科级领导。

是月 洪江区启动机构改革工作。共精减机构20个。

12月13日 洪江区农村信用社成立。

12月20日 洪江区与湖南电广传媒网络有限公司合资、合作协议签字，筹办“洪江区广电宽带信息网络有限责任公司”，并于2002年2月28日运行。

是月 洪江区编制办荣获2001年度“全国机构编制宣传发行工作先进单位”。

是月 洪江区东方红小学家长学

校被全国妇联、教育部评为“全国优秀（示范）家长学校”。

是月 洪江区开设120急救电话。

是年 洪江石油化工厂改制，成立洪江石油化工有限责任公司。

2002年

2月22日 中国文物学会会长、全国历史文化名城专家委员会副主任、中国长城学会副会长、国际古迹遗址理事会（ICOMOS）中国委员会副主席罗哲文率领的北京文化旅游专家考察组一行实地考察洪江古商城，评价说：“经历500年风雨的洪江古商城，有如一幅直观的明、清社会市井全貌的‘清明上河图’，一座集政治、军事、经济、宗教、文化史料大全的活性博物馆。洪江古商城是中国近代商业发展的一个标本，是我国保存下来完整而内容丰富的古商城之一，堪称中国资本主义萌芽时期的‘活化石’”。

2—3月 中国社科院少数民族文学研究所萨满文化研究中心副主任、中国作家协会会员刘芝凤来古商城采风，并于2002年11月出版《发现明清古商城—湘西洪江探幽》。

6月 副县级洪江市洪江管理区改为正县级怀化市洪江管理区，中共洪江区工委、人大联工委、管委会、政协联工委改为怀化市的派出机构（其中区人大联工委改为区人大工委、区政协联工委改为区政协工委）。

7月2日 湖南省人民政府副省长郑茂清来洪江考察。

是月 上海交通大学、上海理工大学派博士团来洪考察，决定将洪江区定为“社会实践基地”。

8月 洪江区设立老团社区居民委员会和恒光社区居民小组。

9月 中国人民银行洪江支行被中共湖南省委、省人民政府授予“2002年度精神文明创建工作先进单位”称号。

12月 洪江区“嵩云牌”雪峰乌骨鸡荣获湖南省第四届（国际）农博会金奖。

2003年

5月 洪江区旅游局成立。

7月 洪江区管委出台《洪江区城市居民最低生活保障制度实施细则》。

8月 洪江区管委出台《洪江区复员退伍军人安置有偿转移暂行办法》。

10月 洪江区工委办印发《洪江区科学划分和调整社区居委会实施方案》，将原来35个社区居民委员会划分为27个社区居民委员会。

11月17日 洪江区工委宣传部编印的2004年洪江古商城年画正式发行。

是年 洪江区完成国有物资企业体制改革。

是年 洪江区被授予“省素质教育示范县（市）区”称号。

2004年

2月20日 中共湖南省委副书记、常务副省长于幼军到洪江区进行考察调研。

3月9日 洪江区郊区供销有限责任公司、洪江区红日日用杂品有限责任公司、洪江区兴旺再生资源有限责任公司成立。

6月 洪江区幸福路小学被国家环保总局、共青团中央命名为“全国保护母亲河生态监护站”。

7月1日 中共湖南省委书记、省人大主任杨正午来洪江区考察湘西地区开发（怀化）项目启动情况。

7月12日 中共湖南省委副书记、省纪委书记孙载夫来洪江区考察古商城。

8月22日 湖南省人民政府副省长贺同新考察洪江古商城。

9月23日 中山路小学设立红领巾酸雨检测站。

是月 洪江区内3万头无公害生猪、200万羽无公害雪峰乌骨鸡产地通过省畜牧水产局专家认证，获得产地认证书。

10月 湖南省《湘西地区开发总体规划》将洪江古商城纳入湘西地区旅游开发重点项目和湘西地区七大精品旅游热线。

是月 洪江区茅洲生态（私营）农场成立。

11月 中山路小学英语教师张遵香代表湖南省参加在安徽黄山举

行的《全国首届小学英语教师教学技能大赛》中获得个人一等奖。同时获“微型课教学设计”全国一等奖；幸福路小学被团中央、国家环保总局授予“全国保护母亲河生态监护站”的称号；中山路小学教师蒋秀云参加“创新与发展”教学比武，获全国一等奖。

12 月 29 日　洪江区管委第 18 次常务会同意《洪江区有线电视数字化工程实施方案》。该工程计划总投资 1400 万元，2006 年在全区城乡全面实现有线电视数字化，并关闭模拟信号。

2005 年

1 月 8 日　于幼军率湘西地区开发产业项目督察组到洪江区检查湘西地区开发产业项目启动情况。

是月　巫水路人行道麻石路面改造工程完工，全长 1272 米，总面积 8904 平方米。

2 月　28 个党（工）委、322 个基层党组织、5031 名党员参加先进性集中教育活动。2006 年 4 月底结束。

2 月 13 日　全国政协常委、著名经济学家厉以宁教授来洪江考察旅游情况。

是月　洪江区法律援助工作被评为全省法律援助工作先进单位。

3 月 10 日　洪江区公安局做出机构调整、人事调整重大举措。决定精简机关，充实基层派出所，派出所警力达到全局警力 52%，派出所警力由原来的 33 人增加到 63 人。

是月《洪江年鉴（1999–2001 卷）》出版，是洪江区第一部综合年鉴。

4 月 15—16 日　洪江古商城作为湖南省怀化市重点旅游推介产品首次在桂林召开的中国国内旅游交易会上亮相。

4 月 26 日　湖南省旅游学会会长游碧竹率领“新潇湘八景”评委团实地考察洪江古商城。

是月　洪江区撤招商办，成立商务局。

5 月　洪江区旅游产业开发指挥部成立。

6 月 9 日　洪江区中山路完全小学、东方红完全小学获“省级绿色学校”称号。

6月10日 洪江古商城旅行社成立。

7月12日 洪江水电站第六台（最后一台）机组正式并网发电。

8月 面向社会公开招考8名科级领导干部，8名优秀年轻干部走上科级领导岗位。

是年 国有及集体企业改革改制基本完成，全区有81家企业进行改制，占国有及集体企业总数的86%，共盘活企业存量资产2.7亿元。

是年 编制完成《洪江区旅游发展总体规划》及《洪江古商城保护与利用规划》。

是年 洪江区地方志工作在年底目标管理考核中首次名列怀化13个县、市（区）第一，史志档案局被评为“湖南省地方志系统先进集体”。

第一篇　地　理

第一章　政　区

第一节　地理位置

洪江区地处湖南省西南部、云贵高原东部边缘的雪峰山主脉西部山麓，巫水与沅江汇合于境内犁头嘴。地理坐标：北纬27° 03′ 56″ ~ 27° 11′ 18″，东经109° 52′ 21″ ~ 110° 04′ 06″。东西横跨21千米，南北纵长14千米。区境东、西、北与洪江市接壤，南与会同县毗连。境内东至桂花园乡茅头园村野猪岩，西抵横岩乡菖蒲村剪刀洞，南到桂花园乡洪高村白坝塘，北达桂花园乡茅头园村岩坝头。区域总面积115平方千米。区管委驻高坡街街道。距省会长沙400千米，距怀化市74千米。

第二节　建置沿革

洪江夏为荆州之地，周末隶于楚，秦为黔中郡地，汉为武陵镡成县，东晋为舞阳县地，隋属沅陵郡龙标县，唐属朗溪县。五代初，洪江区域为少数民族据有。北宋熙宁八年（1075年），在洪江设置铺。北宋元祐三年（1088年，一说元祐五年）置洪江砦。元至元八年（1271年），废洪江砦。明洪武年间置洪江驿。清康熙二十六年（1687年）若水巡检司迁驻洪江；

乾隆十六年（1751年）改为洪江巡检司。

1915年，设置县佐，代表知事处理洪江政务。1917年，洪江置市政公所，维护治安，受理诉讼。1923年，设会同县洪江镇。1930年，会同县洪江镇改设会同县第九区。1931年，会同县第六区、第九区合并称第四区。1933年,洪江改为县直属镇。是年，调整区级建制，称会同县第六区。1935年，会同县第六区改设直属洪江镇。1947年，直属洪江镇改设洪江镇，辖洪江镇和会同县雄溪乡。

1949年11月，会同县洪江镇改为会同县洪江市，置第一、二、三区，其区政府机构均驻洪江市带子街。1950年3月，会同县洪江市改为会同县洪江镇。1950年10月，会同县洪江镇改为会同专署直辖洪江市。1953年5月，会同专署洪江市改为会同县洪江镇。1953年6月，会同县洪江镇改属黔阳县，并为黔阳县治。1953年9月，黔阳县洪江镇改为省辖洪江市，授权黔阳专署领导。黔阳县委、县政府迁回安江镇。1958年12月，洪江市与黔阳县合并，改为县辖洪江市。1961年7月，黔阳县洪江市改为专署管辖县级洪江市。1963年5月，洪江市改为黔阳县洪江镇，由黔阳专署和黔阳县双重领导。1979年9月，黔阳县洪江镇改为专署管辖县级洪江市。1997年11月，洪江市与黔阳县合并，设立省直辖县级洪江市。原洪江市行政区域改设洪江市雄溪镇。新的洪江市由怀化市代管。1999年6月，撤销洪江市雄溪镇，设立副县级洪江市洪江区，为洪江市的派出机构。2002年9月，撤销洪江市洪江区，改设怀化市洪江区，为怀化市的派出机构。

第三节　行政区划

1978年，洪江镇辖4个街道、1个人民公社、21个管理区（居委会）、14个生产大队。1979年9月，洪江恢复市建制，下设河滨路、沅江路、高坡街、新街街道和桂花园人民公社。1980年1月，将桂花园人民公社的沅江、团结、五一、立新4个生产大队、23个生产队划出，成立常青人民公社。1984年6月，洪江市桂花园人民公社、常青人民公社分别改为桂花园乡、常青乡，其所属生产大队改为村，生产队改为村民小组。1985年12月，黔阳县黔城乡（除小江村）的15个村和会同县肖家乡的横岩、沅河、鸬鹚、菖蒲4个村划入洪江市管辖，分设黔城乡和横岩乡。1997年，洪江市与黔阳县合并，设立新的洪江市（县级）。1999年，成立洪江市洪江区，下辖3个乡、4个街道、33个社区、20个行政村、268个居民小组和148个村民小组。2003年，洪江区社区由33个调整至27个，居民小组由268人调整至238个。2005年，全区4个街道、3个乡，下辖27个社区、238个居民小组，20个行政村、148个村民小组。

表1-1　　2005年洪江区区划情况表

单位：个

乡、街名称	村、社区名称	村（居）小组数
河滨路街道	桥东、中山路、迴龙寺、长寨、萝卜湾、南岳路、老团7个社区	69
沅江路街道	龙船冲、勤俭巷、犁头嘴、川岩、大湾塘5个社区	57
高坡街街道	桐油湾、向阳坪、高坡街、长岭界、嵩云路5个社区	52
新街街道	巫水路、歌诗坡、冻青坪、田湾、二凉亭、冒天井、带子街7个社区	60
桂花园乡	茅头园、优胜、均冲、渔梁、楠木田、堆边、桂花园、洪高、滩头、川山、桃李园、铁溪12个行政村及官团溪1个社区	76
横岩乡	横岩、菖蒲、鸬鹚、沅河4个行政村	36
常青乡	岩门、团结、五一、石板桥4个行政村，新桥1个社区	36

第四节　乡、街概况

一、河滨路街道

河滨路街道位于城区东北部，南与桂花园乡接壤，北临沅江，西起洪江大桥，东至萝卜湾，面积约6平方千米。

1979年12月，第一街道革委会

随行政建制变更，更名洪江市河滨路街道。1998 年 7 月，河滨路街道撤销，并入雄溪镇。1999 年 6 月，恢复街道建制，仍称洪江市河滨路街道。2005 年，街道下辖桥东、中山路、迴龙寺、长寨、萝卜湾、南岳路、老团 7 个社区，69 个居民小组。总人口 6467 户 15875 人。街道办公地驻中山路 8 号。

1978 年，街道共有部属企业 1 家、地属企业 1 家、市属企业 9 家。是年，街道工业总产值 146.3 万元。1990 年，市属企业达 16 家，街属企业 14 家，其中街属企业完成工业总产值 422.4 万元。1993 年，13 家街属企业完成工业产值 1003 万元，成为怀化地区第一个工业产值超千万元的街道。1994—1999 年，由于境内大多数企业的经营机制与市场经济不相适应，相当一部分企业处于低效运行中，停产、半停产企业增多。2000 年，境内 39 家企业绝大部分处于停产、半停产，下岗和退休人员高达 3000 多人。2001 年，全区启动企业改制。是年，境内区属企业纺织厂、塑化公司、木材公司、医仪厂、耐火材料厂等完成改制。2002 年，区工委、管委在辖区岩门片区设立化工工业园。2005 年 2 月 1 日，洪江区首家工业园—洪江区化学工业科技园正式成立。是年，园区入驻企业 5 家，完成工业总产值 1.2 亿元，实现税收 600 万元。街属日用化工厂、胶合板厂、银杏王酒业有限公司等企业，全年实现工业产值 4000 万元，利税 200 万元。

省道 222 线贯穿辖区。洪江汽车站是洪江唯一大型对外客运车站，每天定时发往怀化、安江、黔城、龙潭、邵阳、长沙等地客运班车。境内公路交通发达，南岳路、中山路、河滨路、创业路、尖坡路、松林路、萝卜湾路等将 7 个社区连接成片，公共汽车线路有邮电局至萝卜湾、桥东至茅头园。程控电话、移动电话、联通通讯和互联网络覆盖全辖区。

“一山二水”是旅游资源的写照。“一山”为天柱峰，峰顶有道、儒、释三教合一的天柱寺；“二水”即沅江和巫水。

洪江一中是洪江区唯一怀化市示范性普通高级中学，现有 36 个教学班、在校学生1708人，教职工146人。中山路小学现有教学班25个，在校学生1100人。

境内医疗卫生机构有洪江区中医院、河滨路卫生院、洪江一中医务室、中山路医务室、洪江区疾病预防控制中心、洪江区妇幼保健院，共有专业卫生人员170人。2005年，育龄妇女孕检率98%，流动人口孕检率100%，节育率91.49%，计划生育率96.92%。

2000年，街道开展低保对象摸底。2001年，共有1292户2589人纳入低保，全年发放低保金11万元。2002年，街道注重发展社区就业渠道，兴办社区经济组织5个，开发社区服务项目14个，安置下岗失业人员194人，安排临时用工200多人次。2005年，通过各种渠道安置下岗失业人员，共安置下岗失业人员1300人，1677户2683人低保户享受低保金38万元。

二、沅江路街道

沅江路街道位于洪江区西北部沅水河畔，东至桂花园乡滩头村，西至横岩乡，南至高街坡青山界社区，北至桂花园乡川岩村，面积3平方千米。

1979年12月，第二街革委会随行政建制变更，更名洪江市沅江路街道。1998年7月，沅江路街道撤销，并入雄溪镇。1999年6月，恢复街道建制，仍称洪江市沅江路街道。2005年，街道辖龙船冲、勤俭巷、犁头嘴、川岩、大湾塘5个社区，总人口3968户9213人。街道办公地驻雄溪路187号。

1978年，街道共有企业12家，其中市属企业有三化工厂、造漆厂。是年，完成工业生产总值28.5万元。1994年，街办企业发展至38家，全年工业总产值336.2万元。1995年起，街属企业停产、半停产增多。2001年，街道仅剩福利企业3家。2005年，街属企业主要有洪盛木制品厂、五化厂、华美运动服厂、家具厂等，全年实现工业总产值530万元。

沅水、巫水相汇于境内犁头嘴。1978—1985年，境内街道窄狭，为青石铺面，会馆、商铺和作坊分布街道两旁，客运码头、货运码头、轮渡码头分布于沅江南岸。1985年5月，洪江市政府改扩建沅江路，将沅江南岸百年古建筑、千年水码头尽数拆毁，新修宽25米的沅江大道，与洪黔公路相连。1989年，宽18米的雄溪路建成，与沅江路、洪黔公路相交，形成沅江路街道交通主干网络。

辖区教育机构有洪江三中、沅江路小学；商场有百货大楼、纺织品大楼；金融保险机构有农行、保险公司、邮政储蓄银行营业网点；农贸市场有沅江路大型综合市场。

国家AAAA景区“洪江古商城建筑群”核心区域位于辖区，主要景点有：福全堂、杨三凤商行、苏州会馆、徐复隆商行、高家大院、潘家宅院、复兴银行、洪江日报社、长码头、汛把总署、厘金局、留园、刘松修商宅、绍兴班、福兴昌烟馆、财神殿、大佛寺等。2005年，洪江古商城旅行社、天一旅游投资公司相继落户沅江路。

辖区医疗机构主要为沅江路卫生院。2005年，计划生育育龄妇女的孕检率100%，计划生育率稳定在97%以上。

1999年，推行城镇居民最低生活保障制度。2001年，共有低保户474户4071人，全年发放低保金36万元。2005年，街道社会保障实行全覆盖。

三、高坡街街道

高坡街街道北、西北与沅江路毗连，东南与新街街道相邻，总面积0.9平方千米。

1979年12月，第三街革委会随行政建制变更，更名洪江市高坡街街道。1998年7月，高坡街街道撤销，并入雄溪镇。1999年6月，恢复街道建制，仍称洪江市高坡街街道。2005年，街道辖桐油湾、向阳坪、高坡街、长岭界、嵩云路等5个社区，总人口4559户12410人。街道办公地驻高坡街1号。

1978—1985年，街办企业有红旗瓷厂、草袋厂、社会福利高坡街斗笠厂、竹器厂、竹制厂、箱镜沙发厂、化工助剂厂、丝织厂、雄溪木制厂。1988年，创办街属企业毛巾厂。20世纪90年代，街属企业绝大多数出现亏损，先后有9家街办企业停产、半停产。2000年，街属企业仅剩毛巾厂、保健用品厂、综合材料厂。2001年，街道开展企业改制，至2005年街属企业全部完成破产改制。

境内交通便利，新民路、幸福西

路、劳动路、高坡街路、嵩云路、莲花路构成境内交通网络。其中新民路为洪江区主要商业街区。

辖区教育机构有区幼儿园、幸福路小学、区第二是学（含工业职业中等专业学校、教师进修学校）、区工委党校。医疗卫生机构有怀化市第二人民医院洪江分院、高坡街卫生院。2005年，计划生育率稳定在97%以上，人口自然增长率控制在5‰以内，流动人口持证率保持在98%以上，验证率保持100%。

2001年，街道设立劳动就业保障服务站，开发社区公益岗位80余个、社区服务项目28个、服务网点100个。2005年，安置下岗失业1257人。低保户做到应保尽保，全年共为489户1168人发放低保金35万元。

四、新街街道

新街街道地处巫水西岸。北起洪江大桥，与沅江路街道相接；西邻高坡街街道，以新民路为界；东隔巫水，与河滨路街道相望；南止带子街，与会同县黄茅乡相连；南界常青乡五一村和桂花园乡渔梁村相连。区域面积2.3平方千米。

1979年12月，第四街革委会随行政建制变更，以境内主要街道命名洪江市新街街道；1998年7月，新街街道撤销，并入雄溪镇。1999年6月，恢复街道建制，仍称洪江市新街街道。2005年，辖巫水路、歌诗坡、冻青坪、田湾、二凉亭、冒天井、带子街7个社区社区，总人口16049人6284户。街道办公地驻巫水北路268号。

辖区分为市区部分和郊区部分。市区部分是全区文化、商业中心，每年社会消费品零售总额约占全区社会消费品零售总额的65%以上。2005年，辖区共有个体工商户779户、私营企业13家，个体私营企业完成总产值8231万元，上交税金175万元；郊区部分为区（市）属工业企业集中地。1988年，工业总产值7689万元，占全部市属工业企业总产值的33%。2005年，26家区属企业工业产值占全区工业总产值25%。

巫水由南至北从犁头嘴处汇入沅江。境内街道主要有新民路、幸福东路、巫水路、劳动路、带子街路、冻青坪路、塘坨路、铁溪路、莲花路。

辖区有邮局至带子街、邮局至会同黄茅乡2条公共交通线，其他几条公汽线路经过辖区新民路，或由巫水路和洪江大桥结合部为始发站。长途营运则开通洪江至会同各乡镇的多条线路，总站设在洪江影剧院十字交叉路口国防公路段。程控电话、移动和联通通讯网络覆盖全辖区。

教育机构有东方红小学。医疗机构有新街卫生院、洪江中医院康复分院。2005年，计划生育率97%以上，出生统计准确率100%，流入人口《婚育证明》验证率100%。

为方便群众生活，街道建立社区服务网点18个、社区服务项目10个。2005年，为1628户3698人低保户定期发放低保金15万元。

五、横岩乡

横岩乡位于洪江区西部郊区沅水两岸，东与桂花园乡和常青乡接壤，北邻洪江市黔城乡和土溪乡，西和南面则与会同县肖家乡相连，总面积33平方千米。

1985年12月，会同县肖家乡所辖横岩、沅江、鸬鹚、菖蒲4个村划归洪江市，组建洪江市横岩乡。1998年7月，横岩乡撤销，并入雄溪镇。1999年6月，恢复乡建制，仍称洪江市横岩乡。2005年，辖横岩、菖蒲、鸬鹚、沅河等4个村，总人口1097户3895人。乡政府地驻鸬鹚村。

境内粮食作物以水稻为主，玉米、豆类、薯类为辅。经济作物主要有金银花、龙牙百合、油菜等。畜牧业以牲猪、羊、家禽、网箱养鱼为主。林业资源以楠竹种植为主，共有楠竹林1600公顷。2005年，全乡实现农业总产值1343万元，农户楠竹产业收入占家庭全部纯收入的62%。

工业以楠竹加工为主体，全乡共有楠竹加工企业300多家，其中产值100万元以上的8家，50万元以上的20家。2005年，全乡工业年总产值7323万元。

沅水干流自西向东经过，另有支流竹瓦溪、深溪、苗溪和石溪。堡横、洪黔公路穿境而过。全乡4个行政村基本实现村村通、组组通。农村公交终点站在辖区内，安江至黔城县际班车经过辖区境内。

全乡有幼儿园（所）1所、小

学1所，小学适龄儿童入学率100%，小升初升学率100%，九年义务教育覆盖率100%，学前教育已实现全免费。乡属文化站1个、公共图书馆（室）6个，村民自发组建裕民乐队、横岩村艺术腰鼓队、鸬鹚村老年腰鼓队、菖蒲村腰鼓队，传统舞龙、舞狮、扭秧歌、跳广场舞等成为群众文化生活的主要方向。乡卫生院开设有内科、外科、妇产科、放射科等医疗科室，方便农民就医。程控电话实现村村通，有线电视实现组组通，农村电网改造全部完成。

六、桂花园乡

桂花园乡地处巫水和沅江两岸，呈蝴蝶图形状环绕村落，东与洪江市深渡乡相接、北与洪江市沙湾乡接壤，西界会同县肖家乡，南邻会同县黄茅乡。全乡总面积54平方千米。

1978年，称洪江镇桂花园人民公社革委会。1979年，随行政建制变更，更名洪江市桂花园人民公社管理委员会。1984年6月16日，桂花园人民公社改称桂花园乡。1998年7月，桂花园乡撤销，并入雄溪镇。1999年6月，恢复乡建制，仍称洪江市桂花园乡。2005年，全乡辖茅头园、优胜、均冲、渔梁、楠木田、堆边、桂花园、洪高、滩头、川山、桃李园、铁溪12个行政村和官团溪社区。总人口3518户9893人。桂花园乡政府地驻南岳路78号。

境内是洪江区的粮食主产区，粮食作物以水稻为主，兼种小麦和红薯。1979年，粮食总产量3250吨。1996年，全乡粮食产量3684吨，蔬菜上市5650吨，牲猪出栏11500头，家禽出笼18万只、鲜蛋6万只。2000年，引进和发展葡萄、杨梅、金秋梨等品种，使农民由传统农业渐次向稻农、果农角色转变。林业以松林与杉林为主、楠竹次之，森林覆盖率达63.7%。

1978年，全乡有社办企业农机厂、木器厂、砂石厂3家，全年总产值10万元。1988年，乡属企业发展至54个，年总产值546万元。1991年，大力发展乡、村工业和个体企业，涌现出第四化工厂等一批产值超千万的骨干企业。1995年，共有乡办企业15家、村办与个体加工户631家，全年实现工业总产值1.2亿元。2005年，乡属企业有陶瓷制模厂、能源化工厂、竹器加工厂等7家。

沅江、巫水穿境而过。陆路有省道222线、邵怀和怀通高速公路连接线、洪白公路、洪安公路、洪会公路、洪黔公路。2005年，乡村公路实现村村通、组组通。茅头园村、楠木田村、桂花园村、优胜村、均冲村、铁溪村、川山村、渔梁村等8个村通农村公交。

有中心小学1所、村级小学7所。中心卫生院1所、农村合作医疗组织12个，其中乡卫生院为一级甲等医院。乡文化站1个、村农家书屋12个，村民自发组建腰鼓队3支、剧团2支。舞龙耍狮历史悠久，是怀化市“龙狮之乡”。

境内密岩尖为洪江旅游胜地。以洪高村“生态休闲农庄”和茅头园村“名优农产品一条街”为重点，乡村旅游产业受到青睐。

七、常青乡

常青乡为桂花园乡所环抱，东、西与桂花园乡接壤，北与洪江区沙湾乡相邻，南与会同县黄茅乡交界。全乡总面积9.26平方千米。

1979年11月，桂花园人民公社的团结、五一、沅江和立新4个生产大队划出，成立洪江市常青人民人民公社。1984年4月13日，实行政企分开，常青人民人民公社改称常青乡。1998年7月，常青乡撤销，并入雄溪镇。1999年6月，恢复乡建制，仍称洪江市常青乡。2005年，全乡辖岩门、团结、五一、石板桥4个行政村和新桥社区，总人口2564户5671人。乡人民政府地驻二凉亭2号。

全乡以蔬菜生产为主，蔬菜总产量占全市的76%。1980年，有蔬菜面积243.6公顷，蔬菜总产量522吨。1995年，蔬菜播种面积减少到160公顷。养殖业以牲猪、家禽和网箱养鱼为主，围绕养殖产业化发展特色生态养殖。2005年，蔬菜总产量8640吨，牲猪出栏4500头、家禽出笼22万羽，水产品143吨，水果总产量1560吨。

1979年12月建乡之初，乡属企业有白瓷厂、农机厂、砂石厂、预制场厂4家。1980年，先后兴办瓷厂、电镀厂、塑料厂等十几家小型企业，年产值43万元。1981—2000年，乡属企业利润以每年 32.4% 的速度递增，企业依靠本地楠竹、松杉资源，生产高档复合竹席、通风凉席、卫生筷、包装箱等。2001 年，企业发展到 341 家，其中集体企业 10 家，私营个体企业 331 家，完成工业增加值 3314 万元。2005 年,实现工业产值 1.5 亿元，占全乡社会总产值的 68%。

安桂公路、洪白公路、松林公路横连东西，纵贯南北，洪会公路途经岩门村、团结村、五一村，全乡 4 个行政村、26 个村民小组均已通公路。市内有公共汽车线路 1 条、长途汽车停靠站 1 个。全乡实现程控电话、移动通讯网络全覆盖。

全乡有小学 2 所，其中片联小学 1 所、中心小学 1 所，适龄儿童入学率 100%。乡卫生院 1 所，村级卫生室 5 个。文化活动中心与图书馆各 1 个，广播电视入户率 98%。

第二章　自然环境

第一节　地质地貌

一、地　质

洪江境内区及周围地层，自老至新有上元古界板溪群和震旦系、下古生界寒武系、上古生界二叠系下统、石炭系中上统、中生界白垩系下统、新生界第四系。

【地槽构造层】 由上元古界板溪群五强溪组和震旦系、寒武系下统地层组成。总厚 6154 米—8659 米，呈北东向展布，分布于辖区及周围的面积 386 平方千米。此构造层分为 4 个亚构造层，即：五强溪组亚构造层，分布于中部之广大地域，厚 3070 米—3157 米，为一套类复理石建造，代表岩性为绢云母绿泥石砂板岩、凝灰质条带状板岩、凝灰质长石砂板岩；下震旦统亚构造层，主要分布于辖区东南部和西北部，叠复于五强溪组亚构造层之上。厚2694米—4014米，由一套冰成地层组成，分为海洋与冰海混合碎屑岩建造和大陆冰川碎屑岩建造。

【地洼构造层】由中新生界地层组成，此构造层尚在发育之中，呈北东向展布和角度不整合叠加于地台、地槽构造层之上。

二、地　貌

【堆积地貌（平原）】境内无明显的平原地貌，由于地壳运动和地质构造（起主导作用的内应力）等因素影响，仅沅江、巫水及公溪河开阔地带形成小块平地，面积6.49平方千米。从形态特征和成因上看，可分为河谷冲积平原（分布于城区、石板桥、岩门与茅头园一带）和溪谷冲积平原（分布于铁溪、洪高、桃李园与桂花园），呈狭长形零星分布，宽0.3千米—1.2千米，长1千米—3千米不等。

【侵蚀剥蚀地貌（岗地、丘陵）】

岗地　处于河谷平地与丘陵或低山的过渡地带，起伏和缓，呈条状分布，主要分布于川山与楠木田一带，面积为17.05平方千米，占全区总面积的14.87%。

丘陵　主要分布于尖坡与桂花园一带，面积34.38平方千米。其形态特征可分为低丘与高丘两大类：低丘，一般处于平区与高丘的过渡地带，有的亦直接过渡到低山，转折较明显，丘体排列零乱，无明显脉络。丘间的宽沟凹地多开垦为土地，丘顶植被主要为油茶林、松、杉树林与灌木丛，部分被辟为果园或工业用地；高丘，一般为低山延伸余脉，呈短条状，丘脊平缓，有的冲沟被辟为梯田，部分丘顶四周被垦为旱土。

【侵蚀剥蚀构造地貌（山地）】主要分布于城区西部与西北部，面积56.78平方千米。其地形特征分为三种类型：低山，海拔300米—500米，相对高度200米—250米，切割较浅，沟谷交错，多分布在中低山的外围，或与丘陵相接，或沿河蜿蜒。地势转折明显，山坡两侧多为对称状，溪谷两侧虽坡较陡，却仍垦有农田。山地开垦的土地，植被茂盛；中低山，海拔500米—800米，具有坡陡岭峻和山脊明显的地貌特征，多为中山向低山过渡类型，大部分山体呈猪背状；中山，海拔800米以上，相对高度大于450米，横岩乡菖蒲村的云坡山、撑架坡、黑莱山等属此类地貌，其余则山脊尖窄，谷深坡陡。

三、山　脉

区内山脉处于雪峰山主脉西部山麓，主要集中在市区西部与西北部。

【老鸦坡】 位于城区西部，沅水南岸，面积约2平方千米，海拔500米。

【大峰坡】 系一组群山，较大的山峰有云雾山、大峰坡、炮台等，总面积4.5平方千米，主峰海拔636米。

【撑架坡】 由黑莱山、云坡山、撑架坡三座山峰组成，总面积约4平方千米，主峰海拔861.8米，为洪江地势高度之最。

【密岩尖】 位于沅水河畔，由山光洞、杨梅坳、密岩尖三个山峰组成，面积4.4平方千米。主峰海拔630.6米。

【蒿菜坳】 位于沅水之滨，逶迤于洪江区、洪江市、会同交界处，面积4平方千米，主峰海拔720米。

第二节　土壤植被

一、土　壤

洪江区土壤按洪江土壤普查工作分类系统，有水稻土、菜园土、潮土、红壤4个土类，包括12个亚类、28个土属、59个土种、84个变种。其中，农业土壤分属4个土类、11个亚类、20个土属、40个土种、65个变种；自然土壤分属2个土类、4个亚类、7个土属、19个土种。

【自然土壤分布特点】洪江区地处北纬27° 4′ —11′ 之间，属于地理中的低纬度地区，土壤水平分布为红壤带。受地形、海拔高度的影响，土壤垂直分布呈现黄红壤和红壤两个亚类。板、页岩、灰绿色冰积砂砾岩中低、低山侵蚀构造地貌区，海拔300米—720米，气候比海拔300米以下地方稍低，湿度却较大，土壤呈黄红色，形成垂直分布的黄红壤亚类。海拔300米以下，在成土过程中富铁、铝化作用明显，土壤呈红色，形成丘陵区红壤亚类。河流冲积物母质发育形成的非地带性隐域土壤，河潮土亚类，分布于沅江、巫水、公溪河岸，海拔170米—192米的江河基座堆积地貌区面积较小。

【农业土壤分布特点】水稻土，主要分布于海拔300以下丘陵区的溪谷垅、冲、湾及缓坡地带比较开阔地和小域坪地，及河积平地的1—3级土地；海拔300米—495米的低山区溪谷、冲湾、台等小域坪地，及窄长坪地的3级—4级土地，也有少量分布，如滩头、铁溪、洪高、桂花园村等300米以上村组的稻田即多为此例。

菜园土，一般选择距村庄、居住地较近，敞阳开阔地及少数垅、湾、低台小坪的耕型田、土或自然土开垦地，长期栽种蔬菜，定向培育成既区别于稻田，又不同于其它旱土、园艺土的独立的菜园土类。如城郊常青乡的菜园土及桂花园乡的菜田等局部连片分布；乡村居民地、屋场近旁有零星小块菜园土分布，自留地菜园及城市个人耕种的少量小块菜园，多分布于海拔175米—200米的1级—3级地，海拔200米以上也有少数分布。

旱地、园艺土，分布于山地、丘陵地土层较厚，背风向阳，无立木复盖或立木稀疏的缓坡地带2级—5级地。斜坡开垦或垒垦成梯级，栽植果、茶、幼林期间作耐瘠肥土的绿肥或先锋旱作，如区果木场的园艺土和城郊乡村的斜坡旱土等。

二、植　被

植被包括自然植被和人工植被两种。

【自然植被】有杉树、马尾松、枫木、梓木、梧桐、樟木、香椿、楠木告示乔木类用材林树种和混交林以及各种草本植物。

【人工植被】分布于不同母质红壤区的缓坡油茶以及油桐，多见于板、页岩红壤、黄红壤区的核桃等木本油料树林。人工营造的有红壤区的杉、檫、泡桐、香椿等用材林，毛楠竹、板栗、桑树、木姜子、棕树、油茶、油桐等经济林以及芭蕉群落，分布于公园、市区、学校、公路旁等低海拔红壤和河潮土亚类的柏杨、松柏、杨柳、女贞、千年矮、法国梧桐、苦楝子、花树等风景林。全区包括灌木林在内的各种立木复盖率达64%，市区绿化复盖率为35.8%。

第三节 气 候

一、气候特征

【四季特征】 春季，年平均气温为 12.2℃—21.9℃；夏季，年平均降雨量在 700 毫米左右，年平均气温为 21.9℃—27.9℃；秋季，年平均气温 13.2℃左右；冬季，年平均气温为 6.1℃—13.2℃。

【区域状况】 境内各月气温的递减值是：1 月 0.49℃，2 月 0.51℃，3 月 0.52℃，4 月 0.53℃，5 月 0.56℃，6 月 0.56℃，7 月 0.62℃，8 月 0.6℃，9 月 0.59℃，10 月 0.52℃，11 月 0.50℃，12 月 0.44℃；各月降雨的垂直递增量是：1 月 1.47 毫米，2 月 1.37 毫米，3 月 3.67 毫米，4 月 2.87 毫米，5 月 4.27 毫米，6 月 3.67 毫米，7 月 8.77 毫米，8 月 0.67 毫米，9 月 2.77 毫米，10 月 2.67 毫米，11 月 0.62 毫米，12 月 0.62 毫米。

二、气象要素

【气温】 境内年平均气温（1995-2004 年，下同）为 17.6℃。1 月和 12 月气温较低，月平均气温在 10℃以下，极端最低气温 -6.1℃（2002 年 12 月 26 日）；7 月气温最高，月平均气温 27.9℃，极端最高气温 39.3℃（1995 年 7 月 24 日）。

【降水】 境内年平均降雨 116 天，降雨量 1478.7 毫米。最多年份（1997 年）1844.6 毫米；最少年份（2003 年）1236.5 毫米。年降雨量主要集中在 5 月和 6 月，月平均降雨量 220 毫米以上。11 月和 12 月降雨较少，月降雨量平均不足 50 毫米。最大降雨日（1995 年 6 月 26 日）降水量 216.2 毫米。

【日照】 年平均日照时数 1358.7 小时，以 7 月、8 月最多，1 月、2 月最少。

【霜降】 初霜日在每年 12 月中旬出现，翌年 2 月中旬结束。最早出现在 11 月 21 日，最迟为次年 2 月 28 日。无霜期年均 304 天，最多 347 天，最少 275 天。

【雾期】 年平均 42 天，多发生在秋季。

【降雪】 11 月 5 日至翌年 3 月 5 日为降雪期，年降雪一般为 2 天左右。

【风向风力】 一般夏季以南、西南风为主，冬季多北风。2 月、3 月、4 月风力较大，6 月、8 月、10 月风力较小。

第四节 水 文

一、水资源

【地表水】 大气降水。洪江区年平均降水量1478.7毫米（1995-2004年），合1.2亿立方米。年平均径流深758毫米，径流系数0.58，径流总量0.64亿立方米，人均径流量847立方米。

境外的客水。境内有沅水(干流)和巫水（一级支流）、公溪河（一级支流），及大小溪流54条，客水总量266.24亿立方米。

沅水洪江段 发源于贵州省，由西向东经横岩流入大溪口，再顺东偏南从密岩尖与大峰坡等山脉构成的“V”字型山谷中穿过，与巫水交汇于犁头嘴，再北折至岩坝头出境。

巫水洪江段 经会同县黄茅乡流入洪江区境，至犁头嘴汇入沅水，在境内全长5.7千米，为仅次于沅水洪江段的重要干流。

公溪河洪江段 发源于绥宁县漆山张家冲，经洪江区桂花园茅头园村北部东角入境，由岩坝头汇入沅水，区内流程6千米。

【地下水】 分为两个含水岩层，地下水类型：沙砾岩，面积21.16平方千米；板页岩，面积93.84平方千米。全区地下水总量1885.6万立方米，人均267.6立方米。

二、水文特征

【水位】 境内最高水位标高183.67米（1989—2005年），最低水位164米。以巫水（带子街水文站附近）的水位变化看，其在本水尺断面上游较宽，下游较窄，略呈收缩河段。主槽水位变化：枯水为70米左右，中、高水70米—130米。当水位在167.0米以上时，由于受沅水干流回水顶流影响，无岔流及串沟等情况；当水位在179.5米以上时，两岸开始漫滩，水面宽度可达100米。

【流量】 沅水迂回境内28千米，年均径流量448立方米/秒，枯季为181立方米/秒，最大流量24700立方米/秒（1996年7月17日），最小径流量为90.1立方米/秒，枯季为43.1立方米/秒。

【含沙量】 沅江、巫水多年含沙量在 0.1 公斤 / 立方米以上。每年 5 月—7 月，雨水频繁，泥沙冲洗加剧，其含沙量约占全年总量的 70% 以上。

【水质】 据洪江区环境保护监测站监测，境内地表水 pH 值为 7.0—8.5，属中性水。地表水水质达到国家 III 类标准，其中巫水河断面（洪江自来水厂附近）水质达到国家 II 类标准。

第五节　自然灾害

【水灾】 1984 年 5 月 29 日—30 日，沅江、巫水上游各地连降暴雨，洪江地区日降雨量高达 180.6 毫米，河水高出警戒线 4 米，倒塌房屋 340 余栋，农村受灾面积 145 公顷。

1993 年 5 月 27 日—6 月 4 日，境内普降大雨，总雨量 268 毫米，河水流量 11.6 万立方米 / 秒。受灾人口 1.37 万人，倒塌房屋 213 间，农作物受灾面积 820 公顷。

1996 年 7 月 16 日，降雨量达 174.5 毫米，巫水陡涨，最高水位达 183.67 米，超警戒水位 11.27 米。沅江路、南岳路、新民路等城区主干道进水 1 米—3 米。全区 80% 以上的工业企业被迫停产，洪灾共毁坏公路涵洞 6 处、路基 27 千米、通讯线路 35 千米、损坏房屋 2.93 万间、倒塌房屋 5736 间，直接经济损失 11.85 亿元。

2002 年 6 月 28 日 10 时—29 日下午 2 时，降雨量 165 毫米。农作物受灾面积 305 公顷，成灾 197 公顷，粮食减产 400 吨，冲毁鱼塘 1.5 公顷、水利设施 151 处。

2004 年 7 月 19 日—20 日，降水量 258 毫米。巫水最高水位 179.2 米，超警戒水位 6.8 米。

【旱灾】 2001 年 6 月—8 月，郊区稻田干裂，农作物受灾 30 公顷，成灾 21 公顷，900 余人饮水困难。

2003 年 6 月—8 月，境内仅降水 13 毫米。农作物受灾 150 公顷，成灾 120 公顷，粮食减产 500 吨，1000 多人饮水困难。

2005 年 6 月中旬—10 月下旬，干旱严重，山塘水库水源严重不足。农作物受灾 200 公顷，成灾 140 公顷。

【火灾】 1993 年 4 月 12 日下午，桂花园乡铁溪一带发生森林火灾，过火面积 47 公顷，烧毁杉林 27 公顷，果园7公顷。

2005年4月3日下午，老鸦坡西侧发生山林火灾，过火面积47公顷。

【风灾】2004年8月14日傍晚，龙卷风给青山界社区、桂花园乡、常青乡等地造成房屋损坏共计350间，受灾人口为0.52万人。

【雪灾】2003年1月5日—6日，境内晋降大雪，共有513间房屋受损。

2004年1月8日—9日，大雪与冰冻使农村0.5万人受灾，损坏房屋267间。

【虫灾】1993年6月上旬，城郊水稻出现稻飞虱病虫害，发生面积76公顷。

2001年7月上、中旬，横岩乡横岩村6组发生穗颈稻瘟病，成灾4.3公顷。

2004年6月—7月，郊区水稻发生纹枯病、稻曲病等水稻病虫害，发生面积7公顷。

第三章　自然资源

第一节　土地资源

1979年，洪江市区域面积81.78平方千米，其中城区面积3.38平方千米，城郊面积71.9平方千米，河流滩地6.5平方千米。1985年12月，黔阳县的黔城乡15个村和会同县的横岩、沅河、鸬鹚、菖蒲4个村划入，区域总面积增至216平方千米。

1992年，根据土地利用现状调查，洪江市土地总面积218.03平方千米，权属面积215.43平方千米。其中耕地2487.11公顷，园地1288.46公顷，林地13751.99公顷，牧草地13.97公顷，城镇村及工矿用地1154.37公顷，交通用地77.65公顷，水域1501.23公顷，未利用土地1268.12公顷。黔阳县分布在洪江市的飞地有 81 宗，地类图斑 98 个，合计面积 106.88 公顷。会同县分布在洪江市的飞地有 78 宗，地类图斑 93 个，合计面积 153.22 公顷。洪江市分布在黔阳县的飞地有 15 宗，地类图斑 21 个；分布在会同县的飞地有 74 宗，地类图斑 76 个。

1999 年，全区土地总面积 115.1 平方千米。其中耕地 1113.84 公顷，园地 689.8 公顷，林地 7123.12 公顷，城镇村及工矿用地 900.02 公顷，交通用地 32.64 公顷，水域 1006.12 公顷，未利用地 643.16 公顷。

2005 年，洪江区土地总面积 115.1 平方千米，其中农用地 9276.84 公顷（耕地 1040.98 公顷，园地 695.94 公顷，林地 7105.44 公顷，其他农用地 434.48 公顷），建设用地 1043.7 公顷（城镇居民区 382 公顷，农村居民地 300.76 公顷，独立工矿地 184.68 公顷，交通用地 29.76 公顷，水利设施用地 32.06 公顷，特殊用地 114.44 公顷，比重 0.99%），未利用地 1188.16 公顷（荒草地 222.7 公顷，河流水面及滩涂 865.62 公顷，其他未用地 99.84 公顷）。

第二节　矿产资源

经探明，洪江区矿产资源有石煤、铁、铜等 10 余种，资源特点为种类少、分布散、小矿多、大矿少，发现的矿产地多，可开采利用的少。

【石煤】 分布于市南部青菜冲，为矿点，赋存于下寒武统水烟溪组下段，呈西北方向延伸，倾向北西，倾角 40 度—60 度，层厚 60 米—70 米，延长上千米，发热量一般大于 1000 大卡 / 公斤。

【铁矿】 已知有陈家冲褐铁矿和铁溪菱铁矿两处矿点：

陈家冲褐铁矿，赋存于上震旦统留会坡组硅质板岩中，矿体呈脉状、扁豆状沿岩层裂隙充填，矿脉走向北东，总体倾向北西。倾角 30—40 度，脉厚 0.1 米—0.2 米，长 700 米，延深 10 余米，为风化淋滤型褐铁矿，该矿曾于 1958 年开采过，远景不大。

铁溪菱铁矿，赋存于下寒武统小烟溪组下部黑色炭质板岩中，矿体呈层状产出。长 2.5 千米，宽 200 米—300 米，共有 4 层矿，底部一层为主矿层。厚 0.5 米—4 米，一般 2.5 米，矿石矿物为菱铁矿和次生褐铁矿。前者呈不规则块状分布于炭硅质板岩中，矿石由含炭泥质的碳酸铁、方解石和黄铁矿组成，含 CQ、SI、MN、P、V、NI 等，一般含铁 35%，最高达 56%，但矿面品位很不稳定。

【铜矿】 分布于大鸿坡，赋存于上震旦统留茶坡组黑色薄层硅质岩中，由北西、北北东向压扭性断层控矿。铜矿体呈透镜状产出，厚 0.2—0.5 米，断续延长 250 米，并伴生钒矿，可综合开发利用。

【金刚石砂矿】 分布于沅江和巫水的河床及其两岸阶地、沙洲、边滩砂砾层中，含矿砂砾层厚 0.2 米—0.8 米，主要产地有牛屎塘、夜壶洲、带子街等。

【钒矿】 分布于区内南东 5 千米，桂花园乡铁溪村，赋存矿体呈层状，似层状产出，延伸稳定，矿体厚度 6.37 米—9.3 米，平均 7.76 米，矿体走向呈北东，与西走向，倾向南东，倾角 35° ~45° ，平均 40° ，可开发利用。

此外，还有白云石、陶土等，产地 6 处，其中小型矿床 4 处，矿点 2 处。

第三节　动植物资源

洪江区动植物资源十分丰富，其中种子植物 1211 种，陆生脊椎动物 171 种，鱼类 75 种。

一、植物资源

境内有种子植物 1211 种，其中属国家一级重点保护的植物 4 种、二级保护植物 19 种、国际公约保护植物 25 种、湖南省地方重点保护植物 19 种、珍稀植物 120 多种。木本植物 91 科、254 属、584 种（包括变种），其中乔木 311 种、灌木 219 种、藤木 34 种、竹类 20 种。引进树种以松科、杉科、木兰科、兰种树种为主。优良树种有香椿、国槐、兰果、中国梧桐、香叶树、榔榆、大叶女贞、桂花、山苍子、朴树、羽状栾树、黄连木、半枫花、山核桃、扁柏、皂荚、麻栎、大叶青岗栎、野柿、枫香、青檀、光皮桦、樱桃等。稀有名贵树种 19 科、28 属、29 种，其中有国家一级保护树种水杉，二级保护树种银杏、福建柏、鹅掌楸、杜仲、全钱杜、胡桃、柏乐树，三级保护树种粤松、凹叶厚朴、青锡栲、青檀、红椿、红豆树、翅荚木等。

【野生植物】野生植物有栎、枫、檀、梓、野柿、山核桃等，珍稀植物有根杏、蓖子三尖杉、南方红豆杉、伯乐树、青檀、花榈木、山豆根、野大豆、红椿、珙桐、樟树、闽楠、鹅掌楸等。

【药用植物】野生药材有无花果、何首乌、野荞麦、金钱草、土大黄、野当归、鸡冠花、马齿苋、黄莲、大血藤、八角莲、厚朴、千金藤、山乌龟、野枇杷、山桂皮、龙芽草、月月红、皂角、鸡血藤、铁马鞭、山胡椒、积实、苦楝、乌白、蓖麻子、山葡萄、爬山虎、木芙蓉、田三七、接骨木、金银花、半边莲、白术、野菊花、石草蒲、水菖蒲、黄花菜、茯苓、七叶一枝花、天麻、桂花、迎春花、女贞、杜仲、五倍子、仙人掌、山姜、车前草、鱼腥草、八角枫、山苍子、山楂子等。其中最为珍贵的中药材有：八角莲、七叶一枝花、白芨。

【牧草】主要有黄茅草、丝茅草、冬茅草、莎草、芒草、狗尾草、马鞭草、三白草等。

【饲草】主要有浮萍、水花生、水葫芦、红芋荷、苦竹、金鲑藻、黑藻、芦苇、稗草、野芝麻、艾草、油草、兰丝等。

【菌类】主要有香菇、木耳、丝毛菌、滑菌、红菌、炭菌等。

二、动物资源

陆生脊椎动物171种，隶属4纲26目67科；鱼类75种，隶属7目16科59属。其中国家一级保护动物林麝；国家二级保护动物22种，主要有大鲵、虎纹蛙、鸢、苍鹰、赤腹鹰、雀鹰、松雀鹰、蛇雕、燕隼、白鹇、红腹锦鸡、穿山甲、斑头鸺留、长脚秧鸡等；国家三级保护动物90多种；湖南省重点保护动物120种；濒危等级14种。此外，中国政府与日本政府协定保护的候鸟42种，中国政府与澳大利亚政府协定保护的候鸟8种。

境内常见动物有：

【兽类】有麝、獐、黄鹿、野羊、野猪、豪猪、狐狸、花面狸、刺猬、穿山甲、水獭、黄狼、野兔、松鼠、水鼠、家鼠等。

【禽类】有锦鸡、竹鸡、野鸡、喜鹊、乌鸦、八哥、杜鹃、青苍鹭、白鹭、岩鹰、猫头鹰、啄木鸟、斑鸠、鹧鸪、燕、雀、鹞等。

【鱼类】有草鱼、鲤鱼、青鱼、鲢鱼、鳙鱼、鲫鱼、鳅鱼等。

【两栖类】有乌龟、甲鱼、大鲵、蟾蜍、黑斑蛙、虎纹蛙、石梆蛙、大树蛙等。

【爬行类】有壁虎、蜥蜴、茶花蛇、五步蛇、青竹蛇、眼镜蛇、金环蛇、银环蛇、乌梢蛇、水蛇等。

【贝壳类】有蚌蛤、田螺、江螺、蜗牛等。

【昆虫类】有蜜蜂、马蜂、白蜡虫、蝗虫、蚕、蚯蚓、蟋蟀、螳螂、蚂蚁、黑蚂蚁、白蚂蚁、蝶、蛾、蝉、萤火虫、蜈蚣、蜘蛛、大红瓢虫、长脚蚊、牛蚊等。

第二篇　人口与计划生育

第一章　人　口

第一节　人口数量与分布

一、人口数量

1978年，随着知识青年相继返城就业，城市人口激增。1985年底，黔阳、会同县划出乡、村成立黔城乡和横岩乡，是年新增人口18949人。1985—1988年，一批工厂陆续迁离，洪江城市人口相对减少。1999—2005年，洪江区辖三乡四街道，人口数量趋于稳定。

表2-1　1978–2005年洪江区（市）人口统计表

年度	户数（户）	人口数（人）				
		合计	男	女	农业人口	非农业人口
1978	11290	58973	30380	28593	12805	46168
1979	14071	62326	32112	30214	13111	49215
1980	15076	63905	32481	31424	13511	50394
1981	16605	65563	33569	31994	13202	52361

续表：

年度	户数（户）	人口数（人）				
		合计	男	女	农业人口	非农业人口
1982	17110	67160	34440	32720	13034	54126
1983	17635	67452	34444	33008	13113	54399
1984	18004	67570	34454	33116	12830	54740
1985	18064	67047	34293	32754	12710	54337
1986	22829	86101	44034	42067	31324	54777
1987	24889	86591	44130	42461	31983	54608
1988	25487	84709	44623	42075	31884	52825
1989	25731	85247	43357	41890	32734	52513
1990	27397	84757	42992	41765	33470	51287
1991	28098	85040	43294	41746	33785	51255
1992	29562	86787	44082	42705	34147	52640
1993	30607	88238	44970	43268	34120	54118
1994	31493	89783	45553	44230	33921	55862
1995	32335	91580	46651	44929	33803	57777
1996	32759	93295	47329	45966	33531	59764
1997	—	94918	—	—	33687	61231
1998	—	75032	—	—	18018	57014
1999	—	73837	—	—	—	—
2000	24778	72709	36714	35995	18582	53808
2001	28035	73711	36868	36843	15739	57972
2002	28097	73596	36802	36794	15810	57786

续表：

年度	户数（户）	人口数（人）				
		合计	男	女	农业人口	非农业人口
2003	28232	73587	36760	36827	15843	57744
2004	28501	73173	36601	36572	15848	57325
2005	28735	73005	36539	36466	15951	57054

二、人口分布

洪江历来城镇人口多于农村人口。1982 年，全市总人口 67160 人，其中农业人口占 19.4%，非农业人口占 80.6%。1990 年，全市农业人口占总人口数比例有所提高，达 38.56%。2000—2005 年，洪江区城乡人口比例趋于稳定，农业人口所占比例基本保持在 25% 左右，非农业人口基本保持 79% 左右。

表 2-2　**洪江区（市）总人口按行政区域分布表**

区域	1982 年		1990 年		2000 年		2005 年	
	总户数	总人数	总户数	总人数	总户数	总人数	总户数	总人数
总计	16733	67283	24964	89451	24778	72709	28735	73005
河滨路街道	4049	17364	5450	19039	6218	17034	6467	15875
沅江路街道	2703	10493	2950	9365	3409	9273	3968	9236
高坡街街道	2451	8868	3231	10496	3847	11027	4559	12410
新街街道	4441	17283	4872	16063	6107	17021	6284	16041
桂花园乡	2010	8798	2102	8889	2764	9291	3518	9893
常青乡	1076	4406	1425	5843	1393	5247	2564	5655
黔城乡	—	—	4098	16370	—	—	—	—
横岩乡	—	—	836	3386	1040	3816	1375	3895
公安直属单位	3	71	—	—	—	—	—	—

第二节　人口变动

一、自然变动

1978—1996年，计划生育列为基本国策，提倡一对夫妇只生一个孩子，人口增长速度放慢，年均人口自然增长率6.99‰。1999年，严格控制计划外生育，全区人口出生率始终控制在12‰以内，人口自然增长率控制在5‰以内。2005年，全区人口出生率保持在6.15‰，人口自然增长率控制在2.64‰。

表2-3　　洪江区（市）1978-2005年人口统计表

年份	出生率（‰）	死亡率（‰）	自然增长率（‰）	总人口（人）	比上年增加（人）	机械增加（人）	备注
1978	12.44	6.39	6.05	58973	4050	3693	—
1979	11.28	6.47	4.81	62326	3353	3053	—
1980	14.37	6.71	7.66	63905	1579	1089	—
1981	18.85	7.20	11.65	65563	1658	894	—
1982	23.53	7.09	16.44	67160	1579	475	—
1983	13.24	6.63	6.61	67452	292	–154	—
1984	10.17	7.28	2.89	67570	118	–77	—
1985	9.28	6.44	2.84	67047	–523	–713	—
1986	13.40	5.87	7.53	86101	19054	18406	黔城、横岩乡划入
1987	14.45	6.85	7.60	86591	490	–168	—
1988	14.87	6.60	8.27	84709	–1882	–2583	一批工厂迁出
1989	14.46	6.52	7.94	85247	538	–139	—
1990	14.82	6.28	8.54	89451	4204	3440	第四次人口普查
1991	12.11	6.31	5.80	85040	–207	–700	—
1992	10.52	6.48	4.04	86787	1747	1396	—
1993	9.29	5.45	3.84	88238	1451	1112	—

续表：

年份	出生率(‰)	死亡率(‰)	自然增长率(‰)	总人口(人)	比上年增加(人)	机械增加(人)	备注
1994	11.83	6.42	5.41	89783	1545	1059	—
1995	12.19	5.34	6.85	91580	1797	1170	—
1996	12.85	4.89	7.96	93295	1715	972	—
1997	—	—	—	94918	1623	-	洪黔合并
1998	—	—	—	75032	-19886	-	洪黔分治
1999	8.84	2.71	6.13	73837	-1195	-1648	—
2000	10.58	9.42	1.16	73900	63	-23	第五次人口普查
2001	10.03	7.54	2.49	73711	-189	-373	—
2002	7.54	3.51	4.03	73596	-115	-412	—
2003	7.31	2.83	4.48	73587	-9	-339	—
2004	5.96	3.03	2.93	73173	-414	-628	—
2005	6.15	3.51	2.64	73005	-168	-361	—

三、人口流动

【人口流入】 1978年，大量外来人口进入本地企业，与企业进行商业往来人员逐年增多。1984年，实行《暂住证》管理，是年外地流入人员办理《暂住证》4572人。1986年，申领《暂住证》4212人，领证率达94.14%。1990年，全市共有暂住人口6319人，其中申请领取《暂住证》的5239人。1999年，洪江区建立常住人口信息微机管理系统，暂住人员实行微机化管理。2002年，对居住3日以上、1个月以下和居住在旅店、工棚、出租房屋内暂住人口及流动人口进行清理整顿，查出暂住人口1240人、流动人口2320人。2005年，洪江区有在册暂住人口600人。

【人口流出】 洪江市劳务输出始于20世纪80年代中期。1989—2005年，累计劳务输出1.72万人次，输出地主要省份为广东、深圳、浙江、福建等省市。

第三节　人口构成

一、性　别

洪江市（区）人口总是男性多于女性，但不同年龄组的性别比例则不同，60岁以上的女性显著多于男性。1978年，洪江镇男性30380人，占总人口的51.5%，女性28593人，占总人口的48.5%，性别比（女性=100）为106。1982年第三次人口普查，全市男性34440人，占总人口的51.3%，女性32720人，占总人口的48.7%，性别比为105。1990年第四次人口普查，全市男性45253人，占总人口的50.6%，女性44198人，占总人口的49.4%，性别比为102。2000年第五次人口普查，全区男性36714人，占总人口的50.5%，女性35995人，占总人口的49.5%，性别比为102。2005年，全区男性36539人，占总人口的50.0%，女性36466人，占总人口的50.0%，性别比为100。

二、年　龄

1982年、1990年、2000年，洪江市（区）16岁以下人口的比例分别为29.32%、23.37%、18.47%，平均年龄分别为27.5岁、30.0岁、35.6岁；70岁以上老人分别为2536人、3690人、4136人。

表2-4　**洪江区部分年度不同年龄组性别比例**

普查年份	0～25岁					26～45				
	合计	男	%	女	%	合计	男	%	女	%
1982	33399	16973	50.82	16426	49.18	19456	10074	51.77	9382	48.23
1990	41227	20879	50.64	20348	49.36	28244	14354	50.82	13890	49.18
2000	21817	11328	51.92	10489	48.08	29357	14699	50.07	14658	49.93
普查年份	46～60岁					60岁以上				
	合计	男	%	女	%	合计	男	%	女	%
1982	8500	4343	51.09	4157	48.91	5928	2826	47.67	3102	52.33

续表：

普查年份	0～25岁					26～45				
	合计	男	%	女	%	合计	男	%	女	%
1990	11983	6167	51.46	5816	48.54	7997	3851	48.16	4146	51.84
2000	12286	6385	51.97	5901	48.03	9249	4302	46.51	4947	53.49

三、姓　氏

主要有王、蒋、李、刘、周、张、陈、黄、朱、肖、徐、赵、曾、尹、申、田、胡、何、唐、向、罗、佘、余、廖、聂、傅、潘、谢、邓、欧阳、舒、滕、段、邹、郑、吴、鲁、江、姜、马、宋、郭、龙、汤、熊、陶、瞿、汪、蔡、姚、许、石、丁、宁、戴、史、梁、粟、林、严、明等姓。

四、民　族

1982年全国第三次人口普查，洪江市共有苗、侗、土家等13个少数民族，占总人口的0.79%。1990年全国第四次人口普查，洪江市共有苗、侗、土家、瑶、回等13个少数民族，占全市总人口的2.3%。2000年全国第五次人口普查，共有瑶、土家、回等18个少数民族，占全区总人口的5.1%。2005年，少数民族占全区总人口的3%。

五、职　业

1978，洪江镇在业人员职业分布情况是：工业13877人、建筑业525人、交通运输邮电通讯业1483人、农林牧渔水利业5528人、商业饮食服务业1600人、城市公用事业418人、文教卫体广播电视业1145人、金融保险业69人、党政机关团体606人。1990年，洪江市从业人口总计49646人，其中从事工业的44.62%、建筑业1.67%、运输邮电业3.45%、商业饮食业8.11%、房地产、公用事业及服务业1.84%、卫生、体育、社会福利业2.08%、教育、文化和广播电视业2.65%、科研和综合技术服务业

0.08%、金融保险业0.54%、国家党政机关和社会团体3.73%、其他行业0.03%。

2000年全国第五次人口普查，洪江区从业人口2.51万人，占全区总人口的33.97%。2005年，洪江在业人口2.42万人，从事第一产业的劳动者0.78万人，从事第二产业的人员0.98万人，从事第三产业的人员0.66万人。

六、文化程度

根据1982年、1990年和2000年人口普查资料，洪江区人口中各种文化程度人口数如下表：

表2-5 **洪江区部分年度人口普查文化程度构成**

普查年份	总人口	其中											
		大学（人）	%	中专高中（人）	%	初中（人）	%	小学（人）	%	文盲半文盲（人）	%	12岁以下不在校儿童数（人）	%
1982	67283	215	1.3	1305	13.9	4414	26.1	16903	32.8	13216	16.7	10425	9.2
1990	89451	1432	1.6	12607	14.1	26083	29.2	29172	32.6	12125	13.6	8032	8.9
2000	72709	2991	4.1	13907	19.1	27691	38.1	19320	26.6	4516	6.2	8800	12.1

全民文化素质逐步提高。总人口中，文盲、半文盲所占比重，由1982年的16.7%下降到2000年的6.2%；小学文化程度人口所占比重，由1982年的32.8下降到2000年的26.6%；初中、高中（中专）文化程度所占比重，由1982年的40%上升到2000年的57.2%；大学文化程度所占比重，由1982年的1.3%上升到2000年4.1%。

第二章 计划生育

第一节 机构队伍

1979年12月，成立洪江市计划生育工作领导小组办公室。1983年12月，更名洪江市计划生育委员会。1994年10月，更名洪江市计划生育局。1995年7月，复称洪江市计划生育委员会。1999年5月，更名洪江市洪江区计划生育委员会。2000年10月，更名为区计划生育局，下设二级机构有计划生育技术服务指导站、避孕药具管理站。2005年7月，增设二级机构流动人口管理站。

1987年12月，建立洪江市计划生育协会。1991年，全市共有各级协会组织52个，协会会员1209人。2001年，洪江区共有各级计生协会组织149个、会员7953人。

第二节 政策法规

1979年6月13日，洪江镇革委会转发《湖南省革命委员会关于计划生育若干问题的试行规定》，规定对发给独生子女证的育龄夫妇，全民、集体所有制单位的干部职工，每年发给奖金30—40元，农村奖励工分400分。发给时间从本人申请的当年开始至子女14周岁止；凭《独生子女证》可优先入托、入园和住院医疗；招工时优先照顾；城镇住房按两个子女标准优先分配，农村按两个子女标准分自留地和宅基地；年老退休时，按退休条例加发退休金5%，按100%发退休金的不另增加；农村社员年老不能参加劳动时，应予以切实照顾，使其生活不低于当地社员平均生活水平。

1980—1981年，洪江市调整计生政策：农村社员增加产假30天，产假期间以每天0.8元的标准付给生活费；每月领取独生子女保健费4元至小孩14周岁止；凡有条件的单位，对独生子女可实行免费“三免”（即免费入托、入园，免交学费至初中毕业）；农村领证的独生子女未满三周岁前，其母亲不摊派农业基本建设用工、公务用工等其他上交集体投工。在同等条件下，招工、招生时，优先招收。

1982年4月，下发《关于计划生育若干问题的规定》，规定一对夫妇只生育一个孩子，严格控制二胎，杜绝三胎，制止计划外生育。女23周岁、男25周岁以上初婚为晚婚，增加婚假4天；女职工24周岁以上有当年生育指标生育者，增加产假14天，在产假期间领取独生子女证者，再增加产假16天。

1985年8月，下发《关于计划生育若干问题的暂行规定》，规定男女双方都按法定婚龄推迟三年以上结婚的，视为晚婚，增加婚假各12天；已婚24周岁以上生育的初产妇，视为晚育，奖励产假一个月，产后当月领取独生子女证的，再奖励产假一个月；有条件的单位干部职工的独生子女，学龄前托幼的，应享受全部或一部分托幼费（每月不少于4元）。

1991年，下发《关于实施〈湖南省计划生育条例〉若干问题的规定》，严格实行《准生证》制度，《准生证》从发放之日起计算生育期，提前怀孕并生育的视为计划外生育，按《条例》规定予以处罚。

2003年，洪江区对计划生育家庭优惠政策，规定独生子女户在经商和外出务工时，相关部门可优先办理有关证照或减免有关收费，特别贫困户可适当减免税费和子女相关的学杂费；“低保”户对象可免费施行节育手术；农村独生子女家庭在分配集体收益时可增加1人份额；在划分宅基地时可按2个孩子数安排；子女未满14周岁前每年可领取60元的独生子女保健费；城市独生子女家庭每年发给不低于60元的独生子女保健费；夫妇自法定退休之日起按基本工资标准增发5%的退休工资；单位每年为独生子女户的母亲进行一次妇科病查治。同时对自觉落实计生手术者，手术后给予一定的休息时间和营养补助。

2005年，出台《洪江区推行农村部分计划生育家庭奖励扶助制度工作实施方案》，规定夫妻年满60周岁后，每人每年给予600元奖励扶助，直至亡故为止。

第三节 计生管理与服务

一、计生宣传

1979—1990年，宣传贯彻新《婚姻法》，提倡“一对夫妇只生一个孩子”，严格控制二胎，杜绝三胎。1991—1996年，开展人口和计划生育基础知识教育，建立35个计划生育基层宣传站，40个计划生育学校，实行“一证管三证”（凭“人口基础知识教育”培训证办理结婚证、准生证、流动人口计生证制度）。1997年1月，出台《洪江市计划生育法制宣传教育第三个五年规划》，增强市民计划生育意识，提高计生队伍的法制素质和依法行政的水平和能力，促进计划生育工作逐步走上法制化、规范化的轨道。1999—2005年，开展计划生育优质服务和“婚育新风进万家”活动，推进生育文化建设，控制计划外生育。

二、优生优育

严禁胎儿性别鉴定　2003年，规定凡符合政策生育的的育龄妇女，计划生育技术服务人员和医务人员在为孕妇提供服务时，不得采取任何形式向孕妇明示或暗示所孕胎儿性别，一旦造成后果，将依法追究其法律责任，并处以0.5—3万元的罚款；是国家公职人员的开除公职，是聘请人员的一律解聘，属个体门诊的取消其从业资格。2005年，开展“集中整治非法鉴定胎儿性别和选择性别终止妊娠行为”联合执法行动，对全区范围内的卫生医疗机构、计生技术服务机构、个体诊所、药品经营单位、超声波仪器使用单位、终止妊娠手术单位、从业人员资格、从业记录进行执法检查，加强B超注册与使用管理。

普及优生优育知识　1979—2005年，普及优生优育知识，注重出生婴儿的素质提高，印发遗传优生宣传资料累计7万份；举办新婚夫妻培训班、孕期知识、生殖健康专题辅导班等各种培训160期次，培训6万人次。

三、节育技术服务

20世纪80年代，洪江市规定：免费发送避孕药具，免费实行节育手术，手术后按手术类别分别给予一定的休息时间和营养补助，干部、职工的营养费和手术假日工资由所在单位发给，村民、居民的营养费和手术假日工资由所在乡村和计生委支付。1992—1995年，形成市站、乡街服务站、社区和村为基础的三级计划生育服务网络。1996—2005年，区（市）计生技术服务部门共进行四大手术7000余例。定期或不定期开展避孕节育和“三查一治”（即查孕、查环、查避孕药具使用、治疗妇科病）服务活动，孕、环情监测24万人次。

第四节　计生成效

1978年，国家实行计划生育政策，洪江市晚婚率99%、节育率达87.3%、人口出生率12.47‰、自然增长率6‰，育龄夫妇一孩领证率45%，人口增长速度得到控制。1984年，全市领取《独生子女证》3932对。1990年，洪江计划生育出现“四低、三高”，即：出生率低，全年出生婴儿1160人，比1989年同期下降1.8个千分点；计外二孩率低，全市出生计外二孩114人，比1989年同期下降3.51个百分点；多孩率低，全年出生多孩5人，比1989年同期下降0.55个百分点；自然增长率低，全年自然增长率7.04‰，比1989年同期下降0.9个千分点；计划生育率高，全市计划生育率89.48%，比1989年同期上升4.31个百分点；四大手术增高，全年完成四大手术2272例，比1989年同期上升13.2%；使用避孕药具的人数增高，全市4362人使用避孕药具，比1989年上升3.24%。1991年，洪江市计划生育出现“四减少”“二增加”，即出生率比1990年同期减少0.39个百分点，自然增长率比1990年同期减少0.81个百分点，计外二孩率减少1.74个百分点，多孩率减少1.22个百分点，计划生育率增加1.71个百分点，四大手术比1990年同期增加40.4个百分点。1995年，洪江市计生工作实现“两升两降”，即计划生育率和节育措施率分别上升到95.88%和97.77%。人口出生率和多孩率分别下降到14.48‰和0.75%。全市基本结束单纯依靠突击活动抓计划生育工作的历史，形成较完善的宣传教育、技术服务、药具供应及协会为主体的群众工作网络。1999—2005 年，全区人口出生率始终控制在 12‰之内，出生率保持在 8‰左右，自然增长率基本保持在 4‰—5‰左右，计划生育率保持在 97%。

第三篇　政治综述

第一章　政治体制改革

第一节　党政机构改革

为逐步建立高效廉洁、运转协调、行为规范的行政管理体系，洪江市（区）党政机关先后于1983年、1994年、2001年、2005年进行机构改革。

一、1983年机构改革

1982年，洪江市直一级党政机构49个、机关工作人员638人，其中行政编制411人、事业编制96人、企业编制131人，超出省核定编制数1倍多。1983年10月，洪江市启动党政机关机构改革，改革重点是领导体制、简政放权，实行党政分开，精简合并一些业务相通、机构重叠设置，紧缩编制，并按照革命化、年轻化、专业化、知识化的要求，重新配备和调整领导班子。改革后，市属一级机构总数46个，党政工作人员总数440人，但仍超出定编数50%。

二、1994年机构改革

1994年10月8日，召开市直机关机构改革动员大会。改革后的机构设置：市委工作机构7个，市政府工作机构29个，按宪法、党章及国家有关规定设的机构6个，群团机构4个，行政机构改为事业单位的3个，转为经济实体机构5个。按照“三定方案”，全市党政群机关单位工作机构精减为38个，精减34%；内设机构精减为157个，精减9.8%。同时，归并机构18个（含副科级和原来定级别的行政机构11个），改为事业单位的4个，并入行政机关的行政性事业单位15个。行政编制精减为500人，精减17.6%；党政部门在职领导干部减少至162人，实行领导岗位交流74人。

三、2001年机构改革

2001年11月，洪江区启动机构改革工作。改革后的机构设置：区工委工作机构7个，区管委工作部门20个，保留副科级以上事业机构7个，更名机构2个。区人大、政协、法院、检察院、群团组织、民主党派机关机构设置，按有关法律和章程的规定进行。按照“三定方案”，全区党政群机关单位精减为56个，精减26.3%；内设机构精减为209个，精减17.39%；单位领导职数精减为160名，精减17.5%；内设机构领导职数精减至249名，精减17.2%；行政编制减少到566名，精减18.21%；乡街行政编制精减为80名，精减20%；乡街事业机构减少到35个，精减31.3%。

四、2005年机构改革

2005年3月27日，区工委、区管委启动机构改革工作。改革的主要内容：机构调整和职能融合，将区发展计划局改组为发展和改革局，组建区工业经济局，撤销区经济贸易局和区乡镇企业局，区管委办原内设机构法制办改设为区管委部门管理的正科级机构；相关机构的调整改革，设立商务局（加挂区招商合作局的牌子），不再保留区商业行业管理办公室和区工业行业管理办公室，分别设立区商业行业服务中心和工业行业服务中心。撤销二轻行业服务中心，设立区城镇集体工业联社；内设机构、人员编制和领导职数的规定，各部门业务股室数量必须占股室总数的60%以上，领导职数一般按一正一副配备，撤销的部门所属的二级机构予以撤销。机构改革后，全区机关行政单位51个（包括乡街），共有行政编制数781个、事业编制124个。

第二节 人事制度改革

一、干部选拔录用制度

1978—2005年，洪江市（区）机关、事业单位新增国家干部，主要来源于大中专毕业生分配、军队转业干部安置和社会招收录用。20世纪80年代，大中专毕业生分配强调专业对口，除选留一部分充实党政部门外，大部分按所学专业分配工作。1996年1月，国家人事部印发《国家不包分配大专以上毕业生择业暂行办法》，停止统包统分和“包当干部”的就业政策。此后，全国高校毕业生除少数毕业生外，其余均实行“自主择业”的就业制度。1997年，洪江市首次面向社会公开考录国家公务员和机关工作人员，其中司法局招考乡（街）司法助理员6名，市直行政机关拿出24个职位面向全社会进行公开招考。2001年10月，选拔任用3名科局级领导干部和录用国家公务员3名，其中新录用的公务员均充实到桂花园乡均冲村、常青乡五一村、横岩乡横岩村工作。2002—2005年，洪江区面向社会公开选拔科局级领导干部32人。

二、推行公务员制度

1993年，洪江市开始推行国家公务员过渡工作，710人参加全市国家公务员制度知识竞赛。1994年11月，全市1250名机关工作人员分批进行国家公务员过渡考试。1995年4月，全市1584人完成年度考核和公务员的过渡考核。12月28日，将市建设局作为实施公务员制度的试点单位。1996年，下发《洪江市国家公务员制度实施方案》《洪江市人民政府所属部门、单位实施国家公务员制度范围界定》《洪江市国家公务员职位设置实施办法》。经批准，市、乡（街）两级行政机关39个单位，全市公务员过渡324人。此后，洪江市（区）坚持国家公务员“凡进必考”原则，干部管理逐步走向规范化。因公务员退休逐年增多，公务员超编情况得到根本解决。

第三节 行政制度改革

一、政企分开

1982年，市委、市政府在部分国营企业试行利润包干、超收分成的承包经营责任制。1983年，各种形式、各个层次的承包经营责任制在市内各企业相继建立。1985年，全面推行厂长（经理）任期目标责任制，帮助企业完善内部经济责任制。1987年，在各工商企业普遍推行所有权与经营权分离的承包经营责任制，同时逐步改革计划、物价、财政等管理体制。1994年，洪江市委对全市党政机构进行重新设置，市商业局、物资局、工业局、轻纺局、二轻工业局分别成建制转为经济实体。2001—2005年，洪江区改革行政审批制度，大力减少、简化政府部门的审批事项和审批程序，政府机关不再办经济实体，解除政府主管部门与国有企业的隶属关系，切实落实企业的经营自主权，对企业剥离出来的社会事务实行属地管理。合理划分政事范围，把政府机关的一些辅助性、技术性和服务性事务交给事业单位。将由社会自我管理和调节的社会性事务，转给社会中介机构承担。政府各部门与所办的各类会计、审计、律师、公证、资产评估、咨询等社会中介机构彻底脱钩，使之逐步成为独立的企业性法人主体。

二、政务公开

【村务公开】 1992年10月，洪江市确定桂花园乡渔梁村、常青乡石板桥村、横岩乡横岩村和黔城乡株山村为村务公开试点单位。1997年10月，市委下发《关于全市农村普遍建立健全村务公开制度进一步推进村民自治工作的意见》，要求对于村民普遍关心和必须向村民公开的问题均要及时进行公开。2000—2005年，洪江区村务公开从村级财务公开入手，将村民普遍关心的问题公开上栏，定期公开村级集体事务，建立健全村务公开监督小组和民主理财小组。

【厂务公开】 1999年10月，洪江区企事业单位推行厂务（校务、院务）公开工作正式启动，先后在洪江瓷厂、洪江纺织厂、洪江造纸厂和洪江煤机厂等6家企业试点。2001年，全区实行厂务公开的企事业单位21家。2001年9月19日，洪江区政务服务中心成立，实行“五制”办理，即一般事项的直接办理制，特殊事项的承诺办理制，重大事项的联合办理制，上报事项的负责办理制，控制事项的明确答复制。2002—2005年，洪江政务信息网开通后，各单位每年及时有关将政策性文件、收费内容、依据和标准等在政务信息网上公布。

第二章　民主法治建设

第一节　民主政治建设

一、完善人民代表大会制度

1980年11月，洪江市第八届人民代表大会第一次会议召开，根据《中华人民共和国地方各级人民代表大会和地方各级人民政府组织法》规定，成立洪江市人民代表大会常务委员会（简称人大常委会），作为洪江市人民代表大会的常设机构，对人民代表大会负责并报告。同时，根据《中华人民共和国全国人民代表大会和地方各级人民代表大会选举法》，成立历届人民代表大会选举委员会。此后，洪江市（区）人民代表大会制度得以逐步完善，为促进洪江市（区）的改革开放和现代化建设，做了大量富有成效的工作，在全市（区）政治、经济和社会生活中较好地发挥地方国家权力机关的作用。

加强监督。在工作监督中，坚持定期听取、审议“一府两院”及政府工作部门的工作汇报，审议前，坚持深入调查研究，全面真实掌握第一手资料，审议中，坚持紧扣主题，既肯定成绩、又实事求是地指出存在的问题，提出解决问题、改进工作的意见，审议后，坚持督促“一府两院”及其工作部门认真落实整改意见，及时解决问题和改进工作。

处理代表提案。第八届至第十一届人民代表大会期间，共收到代表提案建议3006件，先后作出关于加强集市贸易管理、打击投机倒把等活动的决议；督办处理代表议案、建议、批评和意见673件，涉及全市经济和社会发展的各个方面。

监督支持政府、“两院”工作。会议除听取和审议政府、计划、财政、法院、检察院、市人大常委会工作报告外，重点听取农业“四大工程”、人民教育基金、国企改革、民营经济发展、水电站库区移民、旧城改造、城市居民生活保障的专题情况汇报，并对企业改革、社会保障、旧城改造、发展农村经济、治理经济发展环境、开发古商城和发展旅游业等方面展开调研，促使政府部门明确收费项目500余项、取消收费项目52项、降低收费标准5项、规范收费项目25项。2003—2005年，对义务教育、民营经济、农村公共卫生体系建设等进行专题调研，并审议、通过“十一五”规划、“四五”和“五五”普法、《洪江区总体规划》《洪江区人口与用地规模》、沅江路旅游文化街规划、城市交通整治和行政执法等议案。

宣传、贯彻国家法律、法令。开展对劳动法、农业法、环境保护法、传染病防治法、森林法、行政许可法等法律法规贯彻执行情况大型执法检查活动30多次，使多数执法部门的法治意识得到加强，依法行政能力得到提升，执法程序和法律文书规范化水平有所提高。

启动工作评议机制。对区劳动和社会保障局、农水局、审计局、卫生局进行工作评议，将工作评议与述职评议相结合，对建设局、教育局、财政局、人口和计划生育局、人事局、交通局、司法局、统计局、监察局、广播电视局、粮食局等单位行政正职和人民法院、人民检察院副职进行述职评议。

二、完善政治协商制度

1980年11月，政协洪江市委员会及其常务委员会恢复，并建立主席会议制度。此后，历届市（区）政协认真履行“政治协商、民主监督、参政议政”的职能，通过提案和建议等形式积极参政议政，为推进洪江经济和社会事业发展建言献策。

加强规范化、制度化建设。

1980—2005年，先后制定《政协洪江市委员会常务委员会工作规则》《政协洪江市委员会专门委员会组织通则》《政协洪江市委员会机关工作制度》《政协洪江市委员会关于政治协商、民主监督、参政议政的规定》和《关于办理人大代表建议和政协委员提案工作的暂行办法》等文件和制度，为政协工作开展创造良好的环境。

围绕重大问题选择、确定协商课题。1980—1992年，第三届至第六届政协洪江市委员会先后就支持改革、投身改革、增产节约、增收节支、确保“七五”计划实施、开发黔城新区；整顿经济秩序、全面深化改革和加快改革开放步伐、加快经济建设进行协商讨论，作出政治决议。1992—1997年，提出加速洪江非公有制经济的发展、做好企业扭亏增盈工作、依法治教、确保实现“普九”、加速科技进步、加强对国有企业经营者监管和加强防汛抗灾工作等20余个协调课题。市委、市政府根据政协提出的建议和意见，制定并下发《关于发展个体私营经济的决定》《关于规范企业管理行为若干问题的规定（试行）》《洪江市防汛抗洪办法》《洪江市防洪抢险预案》等文件，采纳加强个体私营经济管理和领导、加强法制建设、严肃认真治理“三乱”、充分发挥工商联和商会的作用、发展畜牧水产业、稳定科技队伍、加强科技力量、实施1+1工程加快我市工业发展、加强对国有企业经营者的监管、加强防汛抗灾工作、盘活闲置资产、做好创建示范性职业中专等意见和建议40余条。扣住搞活工业企业、振兴洪江经济这一主题，先后写出《试论特困企业的原因和对策》《对深化企业改革、实施破产重组、实现改制转体、搞活特困企业的几点思考》《企业要扭亏，关键在扭人》《加速科技进步是我市工业迫在眉睫的重要问题》《全心全意依靠工人阶级是搞活企业的根本》等10多篇调查报告。五年来，市政协共征集委员提案405件，经审查立案交办295件，改作委员来信处理80件，提案办复率100%，提案采用率76.61%。

履行政治协商、民主监督中突出以经济建设为中心。政协委员注重对人民群众普遍关注的重点、热点问题开展视察和调研，每次调研均能解决 1—2 个突出问题。2003—2005 年，政协委员围绕行政体制、企业社保、修建防洪堤、农村医保、古商城保护、企业改制、招商引资等问题撰写调研论文 36 篇，其中有 10 多篇在省市两级刊物发表。同时，区政协工委积极开展横向联谊，学习周边兄弟县市区政协的好经验、好做法，不断提高政协工作效能。

第二节　法治建设

一、普法教育

“一五”普法。1986 年，洪江市启动第一个五年普法规划。“一五”普法教育内容主要是“十法一条例”，重点对象是干部和青少年。期间，通过深入工厂、农村、机关上法制课、举办讲座、宣传车巡回宣传、发放法律书籍，多渠道地开展法制宣传。1989 年，全市有普法对象 47507 名，参加学法的 47507 名，完成率 97.6%。全市 218 个单位主动查漏补课的 52 个，查漏补课计 29572 人次。1990 年，“一五”普法顺利通过省、地验收。

“二五”普法。1991 年 3 月，市委、市政府批转《洪江市“二五”普法规划》。1992 年 8 月，市普法办在市火柴厂举办 28 名行业人员参加的行业青年普法培训班。1993 年，突出社会主义市场经济法律法规的宣传教育，全年共办普法辅导员骨干培训班 3 期 186 人，补充普法辅导员 202 名。1994 年，普法重点放在宪法、和专业法上，举办社会主义市场经济法律知识高级培训班。同时，市政府专门聘请律师担任常年法律顾问。是年，市委、市政府把普法工作作为综合治理“一票否决”的考评内容。1995 年，怀化地委行署对洪江市“二五”普法工作进行考核验收，经考核洪江市参学率和接受教育率为 100%，

“三五”普法。1996 年，“三五”普法工作全面启动。主要在全市公民中普及《行政处罚法》《刑法》《刑事诉讼法》《老年人权益保障法》等法律法规，在全市实行普法依法治理目标管理。据统计，全市约有 8 万人参加普法学习，占普法对象的 90%。

“四五”普法。2001年，洪江区启动实施“四五”普法工作。“四五”普法期间，先后学习《中华人民共和国宪法》等几十部公共法和部门法法律法规。区工委中心学习组每年定期听取法制讲座2次以上，中心组成员每年至少自学法律知识不少于30天，并参加全省的县处级领导干部学法用法年度考试考核，参考率和及格率达100%。全区各级干部、职工和专业技术人员，每年统一参加全市的年度学法用法考试，参考率98%、及格率100%、发证率100%，同时执法人员实行持证上岗和培训合格再上岗的执法制度。学生普法教育坚持每周一讲法制课，全区所有中、小学都聘请和配备法制副校长和法制辅导员。农村普法主要采取“送法下乡”等形式，全区400余名干部下乡开展“法律政策进农家”活动，发送《农民普法简明读本》2.1万册。

二、依法治区

1999年，洪江区工委印发《关于全面开展依法治区的决定》，把依法治区工作列入区工委重要工作议事日程。1999—2005年，区依法治区领导小组每年至少召开2次全体会议，研究解决全区依法治区和普法的重大事项。同时，把依法治理工作纳入各单位年度执法责任制、综合治理责任制和双文明考核。依法治区坚持以人为本，倡导阳光法治、法治惠民。洪江区依法治区工作，依照“法制宣传先行，依法治理跟进”的总体思路，坚持法制教育与法制实践相结合，为加快全区经济社会发展营造出良好的法治环境。

第三章 精神文明建设

第一节 文明创建活动

1986年，洪江市委推行“双百分”责任制（即物质文明和精神文明建设各占一百分的同等比例制定部门或单位全年目标管理考核、计分、计奖的制度）促进两个文明建设，精神文明创建活动拉开序幕。1986—1988年，全市先后被中央、省、地区命名的文明单位有112个、文明车间班组700多个、文明家庭6000多户。1997年，广泛开展争当文明市民，创“安全文明小区”“安全文明示范街”、文明企业、文明车间班组活动。1998年，从行业的规范化服务入手，以“讲文明、树新风”为载体开展文明创建活动。

1999年12月，制定《关于双文明建设先进单位红旗单位评选奖励和管理的暂行办法》，规定凡本区境内具有法人资格的企事业单位、城镇街道、农村乡镇、党政机关和人民团体机关，都应积极参加双文明建设先进单位、红旗单位创建活动。2000年，全区共有80多个行政、企事业单位与区工委、区管委签订《双文明建设目标管理责任书》。2001年，区工委、区管委决定扩大签订双文明目标管理责任书创建范围，对获得双文明先进单位的二级机构实行跟踪管理。2002—2005年，洪江区在文明创建创新上做文章，围绕“八荣八耻”社会主义荣辱观教育，深入开展社会公德、职业道德和家庭美德教育。文化、科技、卫生等“五下乡”活动由农村逐步推广到科教、文化、法律、卫生进社区。区卫生局、区建设局、区城市管理执法局等15个部门参与省级文明单位创建，110个部门参与区级创卫活动。

第二节 开展公民道德教育

2001年，中共中央下发《公民

道德建设实施纲要》（简称《纲要》）。2002年，区工委印发《关于贯彻〈公民道德建设实施纲要〉的实施意见》，提出在党政机关开展“创建文明机关，争当人民满意公仆”活动，在全区开展创建“五好文明家庭”、争当“文明公民”活动，各行各业开展的公益捐助、扶残助残、五好文明家庭、青年志愿者、红领巾护绿护路、送温暖工程、幸福工程等道德实践活动。2003年，全区以“文明城市、文明村镇、文明行业”创建为重点，深化诚实守信、爱岗敬业的职业道德建设。2004—2005年，针对未成年人的特点，开展社会公德、社会责任感教育、科学文化知识教育、文明健康生活常识教育和主良陋习危害性教育，进行党史、国情教育。

第三节　文明新风

1986年，洪江市从本地实际情况出发，在党员干部中广泛开展树立全心全意为人民服务的思想，加强以社会公德、职业道德、家庭美德为主要内容的社会主义道德建设。通过开展“为人民服务、树行业新风”活动，推行办事公开和服务承诺制度，职工的职业理想、职业道德、职业纪律不断深化；通过提倡科学、反对迷信，提倡文明、反对愚昧，提倡勤俭节约、反对铺张浪费，人民群众逐步养成健康有益、文明向上的生活方式；通过宣传正确的世界观、人生观、价值观，积极劳动、艰苦创业、勤奋学习、自强不息的时代风尚逐步形成，助人为乐、见义勇为、和睦友爱的新型人际关系基本建立。

2000—2005年，开展以文明礼貌、助人为乐、爱护公物、保护环境、遵纪守法为主要内容的社会公德教育，以爱岗敬业、诚实守信、办事公道、服务群众、奉献社会为主要内容的职业道德教育，在青少年中开展社会公德和社会责任感教育、科学文化知识教育、文明健康生活常识、不良陋习危害性教育，以及以尊老爱幼、男女平等、夫妻和睦、勤俭持家、邻里团结为主要内容的家庭美德教育，讲文明、树新风在全区更加广泛传播，爱国主义、集体主义、社会主义思想日益深入人心，崇尚先进、学习先进蔚然成风，追求科学、文明、健康生活方式已成为人民群众的自觉行动，公民道德素质大为提高，形成良好的社会主义道德风尚，拜金主义、享乐主义、极端个人主义倾向。

第四篇　中共地方组织

第一章　代表大会

根据《中国共产党章程》的规定，1978—1997年先后召开洪江市第六次、第七次、第八次代表大会。1999—2005年，洪江区为派出机构，未召开党员代表大会。

第一节　中共洪江市第六次党员代表大会

1985年5月6日—9日，中共洪江市第六次党员代表大会召开。出席这次会议的正式代表210名，列席代表78名，共283名，代表全市3081名党员，其中预备党员215人。

会上，市委书记王道生代表市委第五届委员会作题为《加强党的建设，改善党的领导，加快振兴洪江的步伐》的报告，报告总结上届党代会7年来的工作成绩和经验，明确市委今后的工作任务：深入进行城市经济体制改革，进一步放开搞活经济，保证全市工农业总产值提前一年翻一番；在发展生产、提高效益的同时，大力改善人民生活，改造一条街，解决住房难。全部安排待业人员；力争关系洪江发展全局的几个宏观问题，能有比较圆满的解决；狠抓精神文明，教育全市人民创文明城市，做文明人民；全面整党，促进党的建设，保证各级党组织成为带领人民群众进行四化建设的坚强指挥部。大会特别强调，要切实加强党的领导，把党建设成为领导社会主义现代化事业的坚强核心。大会选举产中共洪江市第六届委员会、市纪律检查委员会，选出市委委员 21 名、候补委员 2 名、市纪委委员 11 名。

在中共洪江市第六届委员会第一次全体会议上，选举王道生为市委书记，曾昭鑫、李铁岩、曾振湘为市委副书记，王成仁、胡黔生、刘柱庭、周万鹏、瞿湘英、阙道云为常委。会议还选举产生中共洪江市纪律检查委员会的组成人员。

第二节　中共洪江市第七次党员代表大会

1988 年 4 月 18 日—21 日，洪江市第七次党员代表大会召开。出席这次会议的正式代表 238 人，列席代表 76 名，代表全市 4395 名党员。

会上，市委书记王道生代表市委第六届委员会作题为《在党的十三大精神指引下，夺取我市现代化建设和全面改革的新胜利》的报告，报告回顾和总结三年来洪江市的工作，提前两年实现第六次党代会提出的“全市工农业总产值至 1989 年提前一年翻一翻”的经济发展目标，提出下届市委“坚持两手抓，突出生产力发展”的工作思路，达到“确保工农业生产的新突破，推进生产经营手段的新转变，攀登城市文明程度的新台阶，实现人民生活水平的新提高”，树立“思想上，树立竞争意识；政策上，树立超前意识；工作上，树立创新意识”。大会选举中共洪江市委第七届委员会和市纪律检查委员会，选出市委委员 21 人、候补委员 2 人、市纪委委员 11 人。

在中共洪江市第七届一次全体会议上，选举王道生、曾庆文、李铁岩、曾振湘、周万鹏、刘柱庭、瞿湘英、陈声松、胡兴保为常务委员，王道生为市委书记，曾庆文、李铁岩为市委副书记。会议还选举产生中共洪江市纪律检查委员会的组成人员。

第三节　中共洪江市第八次党员代表大会

1992 年 11 月 4 日—7 日，洪江

市第八次党员代表大会召开，应到代表271人，实到262人，代表全市4958名党员。

会上，市委书记胡黔生代表市委第七届委员会作题为《坚持党的基本路线，加快改革开放步伐，夺取洪江经济和社会发展的更大胜利》的报告。大会认为，过去五年市委在经济建设和改革开放中，取得物质文明和精神文明建设的双丰收，它不仅是过去的经验，也对今后的工作具有重要的指导意义。大会同意把“围绕经济建设中心、突出一个重点、推进四大建设、培养‘四有’新人、促进改革发展”作为洪江市今后五年精神文明建设的指导思想和主要任务。大会号召，全市各级党组织和广大党员干部要在党的十四大精神指引下，团结起来，坚定信心，振奋精神，顽强拼搏，为夺取社会主义现代化建设的新胜利而奋斗。大会选举产生中共洪江市委第八届委员会和市纪律检查委员会，选出市委委员21人、候补委员4人。

在中共洪江市第八届一次全体会议上，选举胡黔生、邓星瑞、肖仕华、曾梅庄、万冬娥、瞿湘英、舒长喜、续代贵、杨秋元、肖德志、陈声松、刘晓敏为常务委员，胡黔生为市委书记，邓星瑞、肖仕华、曾梅庄为市委副书记。会议还选举产生中共洪江市纪律检查委员会的组成人员。

第二章 市　委

第一节　领导班子

1979年9月12日，经国务院批准，撤销黔阳县洪江镇，将原镇行政区域划为洪江市。12月22日，中共黔阳地委任命中共洪江市委常务委员、书记、副书记。中共洪江市第六届至第八届第一次全体会议，分别选举各界常务委员和书记、副书记，并上报上级党委批准。在各界界内，上级党委对市委领导班子作适当调整。1999—2005 年，中共洪江市洪江区工作委员会（中共怀化市洪江区工作委员会）领导班子任免由上级党组织任命。

表 4-1 1979—2005 年中共洪江市委（区工委）书记、副书记、常委（工委委员）一览表

届次	职务	姓名	任免时间
中共洪江市委员会 1979.12–1985.5	书 记	崔 毅	1979 年 12 月 –1982 年 09 月
		杨松柏	1982 年 09 月 –1985 年 01 月
	副书记	杨松柏	1981 年 3 月任
		赵荣阁	
		邓星玉	
		李铁岩	1982 年 9 月任
		李铭生	1983 年 12 月任
		曾振湘	1983 年 12 月任
		王道生	1984 年 11 月任
	常 委	韩正有	
		朱国雄	
		杨茂东	
		周开锡	
		高云峰	
		周智良	1980 年 2 月
		曾昭鑫	1983 年 12 月
		陈辅臣	1983 年 12 月
		王成仁	1983 年 12 月
		瞿湘英	1983 年 12 月
中共洪江市第六届委员会 1985.5–1988.4	书 记	王道生	1985 年 2 月 –1988 年 4 月
	副书记	曾昭鑫	1985 年 2 任

续表：

届次	职务	姓名	任免时间
		李铁岩	1986 年 3 月 –1987 年 8 月
		曾振湘	
	常　委	王成仁	
		胡黔生	1987 年 10 月免
		刘柱庭	
		周万鹏	
		瞿湘英	
		阙道云	1986 年 12 月免
		陈声松	1986 年 12 月任
		曾庆文	1987 年 6 月任
中共洪江市第七届委员会 1988.4–1992.11	书　记	王道生	
		胡黔生	
	副书记	曾庆文	1989 年 12 月免
		李铁岩	1988 年 7 月免
		曾振湘	
		胡黔生	1988 年 8 月任
		周万鹏	1990 年 4 月任
		肖仕华	1990 年 4 月任
		刘晓敏	1991 年 4 月任，省派挂职
	常　委	周万鹏	
		刘柱庭	
		瞿湘英	
		陈声松	
		胡兴保	
		赵荣阁	1989 年 2 月—1990 年 4 月

续表：

届次	职务	姓名	任免时间
		邓星瑞	1990 年 4 月任
		王成仁	1990 年 4 月任
		瞿光明	1990 年 5 月任
		李兴庭	1990 年 6 月任
中共洪江市第八届委员会 1992.11–1997.11	书　记	胡黔生	1992 年 11 月 –1993 年 5 月
		刘之明	1993 年 5 月 –1996 年 4 月
		潘运鹏	1996 年 4 月 –1997 年 11 月
	副书记	邓星瑞	1992 年 11 月任
		曾梅庄	1992 年 11 月任
		刘晓敏	1993 年 4 月免
		邓星瑞	1994 年 10 月免
		潘运鹏	1994 年 10 月任
		宁校玉	1995 年 8 月任
		肖仕华	1996 年 7 月免
		曾新善	省派挂职
		舒长喜	1996 年 8 月任
		唐自辉	1996 年 11 月任
		李跃工	1996 年 8 月任
	常　委	万冬娥	
		瞿湘英	
		舒长喜	
		续代贵	
		杨秋元	
		肖德志	
		陈声松	1995 年 5 月免

续表：

届次	职务	姓名	任免时间
		江慧林	1995年5月任
中共（新）洪江市委员会	书　记	廉世界	1997年11月–1999年6月
	副书记	严谋标	
		尹秀林	
		唐自辉	
		肖喜成	
		丁友平	
中共洪江市洪江区工作委员会 1999.6–2002.9	书　记	曾庆文	
	副书记	瞿光明	1999年9月–2001年8月
		唐自辉	2001年8月免
		李跃工	
		曹成华	2001年10月任
		周正宇	2001年12月任
		李玉豪	2002年4月任
		唐家宽	
	工委委员	肖调建	
		杨君芳	2001年10月免
		李任斌	
		唐家宽	1999年10月任
		赵世平	2000年3月任
		蒋昌永	2001年11月任
		李跃社	2001年3月任
中共怀化市洪江区工作委员会 2002.9–	书　记	曾庆文	2002年12月免
		瞿光明	2002年12月任
	副书记	瞿光明	2002年12月免

续表：

届次	职务	姓名	任免时间
		曹成华	
		周正宇	
		李玉豪	
		唐家宽	
		赵世平	
中共怀化市洪江区工作委员会 2002.9–	工委委员	肖调建	2006 年 12 月免
		李任斌	2003 年 1 月免
		周明峨	2002 年 5 月任
		郑 钦	2002.1 月任
		蒋昌永	
		杨理鸾	2003 年 10 月任
		李 勇	2003 年 5 月任
		郭建美	2003 年 5 月任
		李跃社	2005 年 7 月免
		王建国	2005 年 7 月任

第二节 工作机构

1979 年，市委设办公室、纪律检查委员会、组织部、宣传部、统战部、信访科、市委党校。1980 年，增设老干部工作局、市委统一战线工作部。1982 年，增设市委政法委员会，信访科改为市委、市政府信访办公室。1983 年 3 月，增设党史办公室。10 月党政机构改革，市委设办公室、组织部、宣传部、统战部、政法委员会 5 个工作部门，党史资料征集办公室、信访办公室、老干部工作局、档案局、党校、直属机关党委会、编制委员会 7 个直属机构。1984 年 1 月，中共洪江市委纪律检查委员会改称中共洪江市纪律检查委员会，不列入市委工作机构序列。1985年12月，增设市委办机要保密室，1986年12月改名为市委机要科。1987年6月，市委办调研室更名为市委政策研究室。1988年12月，增设市社会治安综合治理办公室，与政法委员会合署办公。1991年10月，增设保密局，归口市委办管理。1992年3月，增设市委农村工作部。1994年10月机构改革，市委下设市委办、组织部、宣传部、统一战线工作部、政法委员会、机构编制委员会办公室和老干局7个工作机构。1999年6月，成立中共洪江市洪江区工委，恢复原有的机构设置。2005年，区工委设办公室、纪律检查委员会（与监察局合署办公）、组织部、宣传部、统战部、政法委、防范和处理邪教问题办公室、编制委员会办公室。

第三节 重要会议

1979年12月至1985年5月，中共洪江市委员会共召开常务委员会议121次。常委会议先后讨论研究加强郊区农田基本建设，把农业搞上去的措施；专题学习中共十一届三中全会精神，决定解决思想，拨乱反正，停止使用“以阶级斗争为纲”的口号，把党的工作重点转移到经济建设轨道上来；研究依托山区资源大力发展轻纺工业的问题，制定“量力而行，振兴洪江工业”的发展战略；成立落实政策办公室，为136名地、富、反、坏摘“帽子”，对历次政治运动中被错批判、斗争、处分的2667人落实政策；成立精神文明建设指导委员会，广泛开展“五讲”“四美”“三热爱”活动；研究农村群众自发搞包产到户的问题，决定“不纠不堵”，适时加以引导；专题研究洪江瓷厂试行经济承包责任制，决定召开三级干部会议推广其经验。

1985年5月至1988年4月，中共洪江市第六届委员会共召开常委会63次。常委会议先后讨论研究全市中心工作；听取专门工作汇报；研究决定人事工作；部署整党工作，决定成立整党工作指导小组，设整党办公室，确定整党联络员，分赴各单位解情况，指导整党工作。

1988年4月至1992年11月，中共洪江市第七届委员会共召开常委会

105 次。常委会议先后讨论研究全市中心工作、听取部门工作汇报、研究人事工作；农村工作的汇报，讨论加强对农村工作的领导的举措：加强基层党组织建设，整顿后进支部；做好村委会换届选举，推行村务公开制度，逐步改善村干部的经济待遇，落实困难户的救济工作，鼓励农户大搞山地开发，建立一批优势农产品基地，促进农村经济快速发展；研究维护社会稳定的措施；专题听取爱卫办关于争创“全国卫生城市”的情况汇报，要求各单位制定责任区，建立保洁制度，实现城市亮化美化。

1992 年 11 月至 1997 年 11 月，中共洪江市第八届委员会共召开常委会 71 次。常委会议先后讨论研究全市中心工作、听取部门工作会报；研究自身建设问题，制订常委工作规则和常委廉洁自律的规定，以《中共洪江市委常委廉洁自律制度》发至基层党委。

1999 年 6 月至 2005 年 12 月，中共洪江市洪江区工作委员会（中共怀化市洪江区工作委员会）共召开工委委员会议 20 次。工委委员会议先后讨论研究工委领导分工；讨论议事规则；确定部委办局领导班子；听取区工委政法委关于政法、综治工作情况汇报；机构编制工作的汇报；关于户政管理、禁毒工作；机构改革人员分流工作；事业单位改革工作；审议国库集中支付改革方案；史志档案工作、社区建设工作；工会工作、计划生育工作；人武部职工分流、职工养老保险等问题。

第三章　重要决策

第一节　落实党的政策

1979 年 2 月，镇委成立“中共黔阳县洪江镇委落实政策领导小组”，纠正在历次政治运动中的冤假错案，至 1987 年 10 月止，落实政策工作全面完成。

1980 年 4 月，清查全市反右派、反“右倾”“四清”“文化大革命”和中华人民共和国成立以来的有申诉的案件，本着“实事求是、有错必纠、部分错部分纠、全错全平”的原则进行复查。1985 年，属于落实政策范围共 1110 个，共 2667 人落实政策，其中纠正错杀 11 人，错判 415 人，错拘留、逮捕、戴帽 387 人，错开除、错下放 1692 人，错开除党籍 109 人，落实“三胞”“三属”政策 53 人。按政策回顾检查处理遗留问题 4300 多件，其中：清退“文化大革命”中 437 人被查抄的财物，计金额 22 万元；清退挤占、没收的私房 434 户，面积 2.3 万平方米，折价赔偿金额 19 万元；补发“文化大革命”中停发，以及冤假错案人员 1199 人的工资 74 万元；认定起义人员身份 113 人、共产党领导下的地方武装人员 6 人；从原工商业者 457 人中区分出“三小”人员 358 人，恢复原工商业者干籍 62 人，补发原工商业者 1139 户的定息 31 万余元，清退工商联房产 1 处面积 552 平方米；清退宗教房产 17 处，面积 1271 平方米；收回“文化大革命”期间下放农村的城市居民 1664 户 4061 人。

第二节　农村经济体制改革

1979 年，全市开展农村各种责任制的试行，如桂花园公社有 30 个生产队按定额记工，茅头园大队实行定额包工，滩头大队按生产项目划分作业组。1980 年，洪江市把建立生产责任制作为农村巩固集体经济的头等大事来抓，全市 87 个生产队实行责任制，其中专业承包 50 个队，定额记时 38 个队，责任到劳 1 个队。全年粮食总产（集体部分）2865 吨，农民人平分配收入 127 元。1981 年 6 月，市委召开全市农村三级干部会议，提出要根据各地不同条件采取不同的责任制形式，不搞一刀切。1982 年，全市 103 个生产队建立责任制的 97 个。同年 1 月，洪江市全面推行家庭联产承包责任制，对集体所有的土地全部实行分户承包经营，各户的生产、分配接受国家计划指导，上交农业税和公共提留，对烈军属、“五保户”、困难户的生活统一安排，生产队的基本建设和集体福利设施实行统一建设。

第三节 理顺经济发展思路

1979年，洪江市委工作重点转移到以经济建设为中心，确立“立足山区资源，加快发展有山区特色的轻纺工业”的指导思想，集中财力新建和扩建10多个轻纺工业企业，逐步形成以轻纺工业为主、多品种、多行业的工业布局。1980年，全市工业总产值开始突破亿元。1981—1989年，洪江市委坚持改革、开放、搞活的政策，经济发展进入一个新时期。1989年，全市社会总产值4.58亿元，其中工业总产值2.58亿元，农业总产值0.51亿元。1996年，市委提出“全面实施‘强工活贸、重心西移、项目带动、科教兴洪’”发展战略，依靠龙头（即龙头产品、龙头企业、龙头产业）带动，“四改”（即改革、改组、改造、改善）并进，振兴工业和建筑业，重点扶持支柱产业、优势产业和拳头产品，发展农业和农村经济。要按照国家产业政策、市场需求和洪江资源状况，充分开发利用山区资源，发展资源加工型工业，提高产品档次。2000年1月，区工委提出实施“第二次创业”和“民营兴洪”战略，以工业经济为中心，巩固发展第一产业，改造提升第二产业，开发培育第三产业。突出发展高技术产业，扩大个体私营经济总量，农业和农村经济实施“四大”工程（即楠竹低改、竹系列产品加工，柑桔品改，家禽品改和蔬菜基地建设），积极培育经济增长点，提高经济发展质量。2005年，全区实现地区生产总值6.43亿元，工业总产值8.37亿元，农业总产值4125万元。

第四节 工业立市

20世纪70年代中期，洪江镇委、镇政府为解决工业薄弱的现状，决定立足山区资源，把着眼点放在投资少、见效快、积累高的轻纺工业。1979年，全市轻纺工业企业发展到97个，轻纺工业总值6200万元。1980年5月26日，《人民日报》刊发专题《〈量力而行带来了初步繁荣〉—来自湘西山区洪江的报告》。8月16日，全省城市工作会议在洪江召开，省委副书记刘夫生在报告中充分肯定洪江“立足本地资源，大力发展轻纺工业”取得的成绩。1982年，在部分国营企业开始试行利润包干、超收分成的承包经营责任制。1983年，各种形式、各个层次的承包经营责任制在各企业相继建立，其中19个预算内企业与市财政部门签订利润包干，超收分成的经济承包合同。1988年，市委、市政府选择一批领导素质好、企业内部改革有成效、具有出口创汇能力的企业作为“特厂”，赋予其12项权利、4项宽松政策和7项保护措施。是年，全市工业有纺织、陶瓷、造纸、塑料、食品、电力、化工、机械、建材等15个工业行业，共149家企业，其中大型企业1家、中型企业4家、小型企业144家。20世纪90年代，市委、市政府探索企业改革之路，从改革之初的承包、租赁、联营到破产、并购、出售和公司化改造。通过产业结构调整，工业在国民经济中的主导地位更加突出，以竹木加工、造纸、纺织、陶瓷、医药、化工为主导的支柱产业对经济发展的支撑作用日益突出。2001—2005年，通过租赁、出租、股份制、兼并、民营化、转让、分块搞活等各种形式，77家企业进行改制，逐步形成中小企业的集群优势。全区146家民营企业，其中民营高新技术企业6家，民营企业工业总产值占全区工业产值的62%以上。

第五节　创建文明城市

1986年9月，成立精神文明建设委员会。在实施过程中，制定完善标准和守则，实行双百分考核制度。市委、市政府直管20个归口部门目标考核，各部门、各单位再将自己承担的指标分解到车间、班组和个人。

1987—1989年，文明城市创建活动全面铺开后，成效明显。经济建设方面：全市工农业总产值、国民生产总值和国民收入每年平均以15.1%、19%、19.3%的速度增长；环境卫生方面：先后投资1100万元，改造、拓宽和新修主要街道，新建自来水厂、农贸市场和职工住宅，修建几座街心花园，城市绿化覆盖率达

25.3%；文化体育方面：先后兴建工人文化宫、儿童游乐中心、地面卫星接收站、图书馆、游泳池等，大中型企业都建立“五室”“四家”（电视室、广播室、图书室、娱乐室、阅览室和青年之家、妇工之家、民兵之家、职工之家）。1989年3月，洪江市被省委、省政府命名“文明建设工作先进市（县）”。1993年，被评为全国城市环境卫生综合整治先进市。

第四章　纪检监察

第一节　机　构

1979年9月，洪江镇纪律检查委员会改称中共洪江市委纪律检查委员会。1983年12月机构改革，调整市委纪检会领导班子，改称中共洪江市纪律检查委员会，明确纪委书记为市委副书记级。纪律检查委员会由党员代表大会选举产生。1984年，设立市纪委常务委员。1988年3月，组建洪江市监察局。1993年4月，中共洪江市纪律检查委员会与市监察局合署办公，形成既对市委负责又对市政府负责的格局。1999年，设立中共洪江市洪江区纪律检查工作委员会，内设办公室、信访室（举报中心）、纪检监察室、执法监察室、审件审理室、宣教调研室、党风廉政建设室（廉自办）、纠风办。2004年，增设行政效能监察室。

第二节　党纪政纪教育

党纪教育的主要内容有：理想宗旨教育、政治纪律教育、组织纪律教育、党规政纪教育、优良传统教育、执政为民教育、拒腐防变教育、正反典型教育、典型案例剖析警示教育、凝聚党心民心教育；主要形式有：举办党纪政纪讲座、培训班、知识测试、演讲比赛、领导干部述廉评廉，观看电化教育片，召开公判会，参观监狱，撰写廉政格言、自律承诺等。

1979—1983 年，党纪教育针对部分党的领导干部对党的路线、方针、政策思想认识出现偏差，组织基层党支部、科（局）长和部、办领导开展为期五天的关于真理标准的学习讨论，认真学习《关于党内政治生活的若干准则》，搞好党风，增强党性，要求党员将工作重心转移到四化建设上来。1984 年，市纪委以会代训，组织五期纪检工作会，学习《整党决定》，使广大党员干部党的观念增强，提高遵纪守法的自觉性。1985 年，市纪律将党性、党风、党纪教育作为党员教育的基本内容，通过上党课、辅导课、开展“党员身边无违纪”“讲党性、守党纪、正党风”专题讨论会等形式，对党员进行党性、党风、党纪教育，全年共作报告、上党课 13 次。同时，召开党建经验交流会，介绍 18 名清正廉洁党员、10 个党建先进基层党委、7 个党建先进企业。1989 年，党纪教育坚持政治纪律教育，教育全体党员坚定政治立场，维护党的团结统一，在政治上、思想上、行动上与党中央保持一致。配合组织部门抓好党员轮训，全市基层 32 个党委 4701 名党员，95% 以上均参加轮训。同时，先后介绍 20 名党员、干部廉洁奉公的先进事迹和 12 个单位惩腐倡廉、反对动乱经验。1991 年，市纪委将党纪党风教育列入市委、市纪委“双向”责任目标管理。是年，省纪委以《洪江市委抓党风党纪教育功夫真、形式活、效果好》为题向全省推介。1992 年 11 月，市纪委设置党风党纪教育室。

1993 年，贯彻中纪委《党的纪律检查机关党风党纪教育工作纲要》，将党风党纪教育作为一件大事来抓。在市电台开辟党风党纪教育专栏，每周定期播出；在市委党校和基层单位党校建立教育阵地，把党纪政纪教育纳入党校教学计划；开展“五个一”活动（即撰写一篇文章，提一条意见和建议，举报或查处一件案件，为经济建设办一件实事，解决一件纠纷或培养一个典型）。全年共收到各种理论或心得体会文章 38 篇，意见和建议 26 条，举报和查处各种违纪案件

35件，为经济建设办实事43件，解决纠纷16起，培养典型12个，观看《贿赂忧思录》《新中国第一大案》等党风党纪录相片26部，观看人数达1.3万人次。1997年，组织党纪政纪法规考试,全市共4115名党员、干部、群众参加考试，95%获得优良以上成绩。同时，开展大型文艺晚会、知识抢答赛、反奢侈浪费和预防失职渎职教育等活动,涌现出一大批先进典型。

1999—2001年，开展《关于实行党风廉政建设责任制的规定》《党员干部“三讲”教育读本》《邓小平论党风廉政建设和反腐败》和“三个代表”重要思想的学习,以及“讲学习、讲政治、讲正气”教育、成克杰等重大典型案件为反面教材的警示教育和区级领导反腐倡廉责任专题教育等活动，组织全区副科以上干部《领导干部廉政手册》考试和党员干部警示教育知识抢答赛。2005年，党风党纪教育把党风廉政建设教育融入到“保持共产党员先进性教育”活动的各个环节之中，把《实施纲要》纳入全区各级党组织和党员领导干部学习的重点内容。

第三节　党风廉政建设责任制

1986年，洪江市委制定《全市抓党风查案责任制》，把党风党纪责任制落到实处。1989年，市委下发《关于加强市级领导作风建设的十条规定》，市财政局、工商局、教育局等先后推行“办事八公开制度”，市审计局制定“十要十不准”廉政制度，对于群众敏感的招工招干、“农转非”户口、生育指标等实行“四公开一监督”，对于群众反映强烈的公款吃喝许多单位均制定相应规定，公款吃喝风明显减少。10月，市委召开标准生活会，通报十个方面不廉洁的问题和整改措施，77人共上交1.1万元的不应该收受的红包、纪念品到市纪委。1989年，市纪委出台《关于基层党委纪检组（委）、纪检工作目标管理责任制及考核办法》，首次对基层纪检工作实行目标管理。1993年，市委出台《中共洪江市市委常委廉洁自律的规定》《洪江市五项廉政制度》，共自查市级领导干部自1992年7月1日以来在公务活动中收受的礼金和有价证券1600元，清理出礼品38件价值1373元，市直机关59个部门42名局级干部自查在公务活动中接收礼金、有价证券1808元，礼品91件折价1473元。1995年，市纪委制定《洪江市行政事业性收费资金管理暂行办法》，切实堵住乱收费的源头，使全市行政事业性收费达到“多家开票、一家收费、分户入帐、收支两条线”的管理要求。1997年，市委、市政府下发《关于廉政机制建设分工负责的通知》，对办事公开、领导干部下基层实行约法三章。

2000年，洪江区工委、区管委联合下发《关于贯彻落实中共中央、国务院〈关于实行党风廉政建设责任制规定〉的实施意见》。2001年，区直机关70个单位与区工委、区管委签订《党风廉政建设目标管理责任书》，全区650名副科级以上干部全部建立廉政档案。5月，市委聘请崔之善、王成仁、刘少成、肖恺梦为党风廉政建设督导员，聘请曹河清、谭桂香等12人为特邀监察员，对全区各责任单位党风廉政建设执行情况年终进行考核分类。2005年，全区共有纪检监察通讯员54人，特邀纪检监察员50人。

第四节　违纪案件查处

1980—2005年，洪江市（区）纪检、监察、政法、检察、公安等部门联手，重点查处党政机关、行政执法机关、司法机关、经济管理部门和科级领导干部中违纪违法案件。

1980—1983年，重点查处多占住房、违反“农转非”政策、招工招干、渎职以及道德败坏等违纪案件，共有29名党员受到查处，30名副科以上干部违规办理“农转非”20户33人，以权谋私多占住房17套共计627平方米。1984—1986年，查处违纪问题主要为党政机关办企业、滥发钱物、超面积建房、公费旅游、收受回扣以及徇私枉法、执法犯法等，共计50名党员受到查处。1987—1990年，查处有公款吃喝、公费旅游、乱摊派、乱罚款、乱收费、私设小金库、挪用公款、贪污受贿、以权谋私、敲诈勒索、嫖娼等违纪违法案件，先后查处违纪党员90名，其中开除党籍24人。

1992—1997年，纪检监察部门共立案171件，其中受党纪政纪处分及刑事处分的160人。从查结的党员干部案件看，党员领导干部比例增多，“三机关一部门”和企事业单位的发案率仍居高不下，其中党政机关2.1%，政法部门25%，企事业单位46%。所查案件中，腐化堕落、道德败坏类案件占30.7%，经济案件占30.7%，徇私枉法案件占23.1%。

1999—2005年，区纪工委把查办违纪违法案件，特别是大案要案作为反腐败斗争的重点来抓，全区共受理群众信访举报466件，立案113件，其中给予党纪处分60人，给予政纪处分43人，给予刑事处分47人，挽回经济损失960万元。

第五章 组织建设

中共洪江区工委组织部设部长1人（由区工委委员兼任），副部长3人。全区3个乡4个街道党委均配备1名专职组织委员。全区企业、农村、机关、学校、社区、社会团体和其他基层单位的党的总支部委员会、党支部委员会均选配组织委员。

第一节 党 员

一、党员队伍

1978年，全市有党员1871人，其中具有大专以上学历的56人，占2.99%；35岁以下的606人，占32.4%；女性359人，占19.2%。1978—2005年，洪江市（区）各级党组织贯彻“坚持标准、保证质量、改善结构、慎重发展”的方针，按照成熟一个发展一个的原则，高标准做好党员发展工作。2005年，全区共有党员5552名，其中具有大专以上学历1457名，占26.2%；35岁以下997名，占18%；女性1145名，占20.6%；

二、党员教育

1978—1988年，市委围绕新时

期党有总任务，组织党员进行真理标准的讨论学习，学习党章、《关于党内政治生活的若干准则》《关于党内政治生活的若干准则》《中国共产党章程》、十二大文件、《中共中央关于整党的决定》。10年间，全市共举办各种学习班76期，参加学习的党员4300余人次，培训建党对象1400人，党课教员93人；先后表彰154个先进党支部和1075名优秀党员。

1991年，全市党员教育突出“两为”（即我为党旗增光辉，我为洪江作贡献），全市共评出优秀共产党员733人，市委表彰优秀共产党员153人、优秀党务工作者76人、模范党员7人、模范书记4人。落实“三个基础”（即抓好党员教育培训，加强党员队伍管理，严格把好入党关），全市共举办党员轮训班39期，轮训党员4634人；开展党建知识征答和党规党法知识竞赛，参加党建知识征答活动党员4684人，各级党组织组织党规党法知识竞赛活动98场次。1992年，全市党员教育强化“三个建设”（即强化党建基础建设、强化制度建设、强化阵地建设），开展党史知识竞赛、“五大讲”“七一”书画作品展览、“七个一”竞赛等活动，全市共举办党员学习班40期，轮训党员5024人。1994年，制定《洪江市党员学习建设有中国特色社会主义理论和党章三年规划》《邓小平同志建设有中国特色社会主义理论学习纲要》，在全市范围内开展“在社会主义市场经济条件下，共产党员如何发挥先锋模范作用”大讨论、“党员闪光在岗位”演讲会、“学党章”知识抢答赛，全市共收到理论研讨文章300多篇，举办演讲会35场次，组织抢答赛15场次。1997年，深化党员教育“双学”活动，采取培训班和电化教育等形式，着重抓党员的市场经济知识和实用技术知识的学习，全年培训预备党员107人，建党积极分子108人，全市31个基层党委共播放党员电教片250场。

1999—2001年，在乡镇干部中开展“增强政治组织观念、群众观念、政策法治观念、勤政廉政观念”教育活动。在全区基层党组织中开展“讲学习、讲政治、讲正气”为主要内容的党性党风教育，以集中学习、动员、征集意见、自我解析、民主生活会等形式，推进领导班子建设和“四个观念”教育。同时，区工委、区管委下发《关于在全区干部中开展“一学三带头”爱民活动的意见》，全区20名区级领导确立联系点20个，乡街干部、区直机关领导确立联系困难户382户，区级领导人均下基层19天，乡干部人均下组15天，走访农户面达100%。2002年，在全体党员中掀起学习贯彻中共十六大精神的热潮，对党员干部的“三个代表”重要思想学教活动进行回访复查。2003年，通过集中培训、专题讨论、知识问答等形式认真学习中共十六大精神和新党章。2005年，按照中共中央和省委、市委的部署安排，区工委在全区28个党（工）委、256个基层党组织、4783名党员中分三批开展保持共产党员先进性教育活动。同时，区工委把区属部、委、办、局主要领导同志共69人带到温州去学习，“零距离”地体验温州人先进的发展理念，感受温州人突飞猛进的发展和日新月异的变化。

第二节　基层党组织

一、组织机构

1978年，全镇共有12个党委、5个党总支、160个党支部，其中支部分布情况为：农业系统20个，工业系统61个，建筑业6个，交通系统12个，商业系统15个，文教系统13个，党政机关29个，其他行业4个。1985年，成立横岩乡和黔城乡。1986年，全市共有15个党委、20个党总支、304个党支部，其中支部分布情况为：农业系统47个，工业系统109个，建筑业5个，交通系统9个，商业系统31个，卫生体育系统6个，文教系统20个，科研单位2个，金融系统6个，党政机关65个，其他行业4个。2005年，全区共有党组31个、党委27个、党总支18个、党支部303个。

二、基层组织建设

整顿基层党组织　1983年10月11日，中共十二届二中全会通过《中共中央关于整党的决定》，决定从1983年下半年开始，用三年时间对党的作风和组织进行一次全面整顿。1985年5月31日至1986年12月30日，洪江市开展全面整党工作。全市共300个单位和330个党组织参加整党，其中党委16个、党组13个、党总支19个、党支部282个，党员3885人。第一批是市级5家领导班子和市直机关71个单位，684名党员；第二批是乡、街及基层企事业单位共193个，党员2220人；第三批是农村村级整党，共36个单位，党员981人。

第一批，有市委常委、市政府、市人大、市政协、市纪委五个市级领导班子和市直各部、委、办、局等71个单位。1986年1月，除外贸局外，其他70个整党单位对照五条标准验收完毕，市直机关的集中整党工作结束。全市共汇集意见2809条，其中对市级班子和领导740条（整理成439条）。在清理“三种人”的核查工作中，对参加第一期整党的684名党员或党员干部，经调查发现有一般问题的23人，查实情况的列审对象3人。

第二批，市属厂矿、企业108个、城市街道单位29个、乡及所属单位16个。通过教育，使整党前的先锋模范作用发挥好的党员由38.6%提高到整党后65%、表现一般的由51%下降到整党后32.5%、表现较差的由14%下降到整党后2%。全市193个单位共召开座谈会1485次，参加人数9791人次；个别谈心2054人，党委（总支、支部）交心通气784次、1929人次，搜集整理意见5214条。

第三批，农村村级整党共有4个乡36个行政村（含优胜村试点和桂花园乡畜牧场）村级党支部。整党后，36个村级党支部中能较好地发挥战斗堡垒作用的由10个增加到26个，一般的支部由18个下降到8个，班子不团结的现象基本得到解决。在发展村集体经济中，917户党员户户都制订致富规划。

通过两年的整党，市委完成统一思想、整顿作风、加强纪律、纯洁组织的任务，促进各项改革和经济的发展，广大党员既总结经验教训，又提高认识，既解决问题，又没有留下后遗症。

农村基层党组织建设 1991年，

市委启动整顿农村后进党支部工作。1992年，全市确定后进农村党支部有3个，即桂花园乡桂花瓷厂党支部、横岩乡沅河村党支部、黔城乡桃源村党支部。为了加强后进党支部整顿工作，市委组织部建立《农村后进支部登记卡》，明确整顿负责人。为解决后进支部党员先锋模范作用差的问题，市委着重抓党员思想教育和致富本领的培养，全年共举办农村科技培训班40多次，有80%的党员（包括后进支部的党员）都掌握1至2门农业科技。在组织整顿和调整工作中，大胆启用政治素质好、有文化、懂技术、会管理和勇于开拓，能带领群众致富的优秀党员担任党支部领导班子成员，先后调整7名支委和支书。1993—1995年，市委组织部下发《关于实施党员“科技教育工程”的意见》，决定在全市农村中开展实施“党员科教工程”。三年间“党员科教工程”共举办培训班190期，培训村民5208人次，其中培训党员和基层干部1312人，农村党员有90%以上掌握两门以上先进实用技术，建立党员科技示范户474户，1059户党员家庭人均年收入超千元，440名农村党员得到“实用技术合格证”。1995—1997年，市委决定在全市农村中开展建设整顿工作，确定31个村为建整验收村。通过组织建设整顿工作，有20个村调整村支部班子，其中调整村支书17人，村主任5人。

1999年1—4月，洪江区开始第四次村民委员会换届选举，全区共有20个行政村进行换届选举，一批有文化、懂科学、会管理的中青年人脱颖而出。在新班子中，具有高中以上文化的占70%，30岁以下的青年人占52%。2001年，区工委组织部按照村级班子“五好”标准，以换届为契机，扎实推进基层党组织建设，先后调整和交流乡领导干部8人，调整村“两委”班子成员4人，选配20名优秀青年作为后备干部。举办农村实用技术各类培训班12期1100多人，农村党员干部基本掌握2至3门农村实用技术。2004年，区工委组织开展“送温暖、献爱心”“党员干部下基层，排忧解难促发展”“扶优奔康”“关注学子”助学等活动，从区直机关、工业主管部门和涉农部门抽调100多名党员干部组成46个工作组和8个改制工作队，进驻20个村、59个企业、27个社区居委会，为困难户谋划致富点子200多个，制定落实培训劳动力计划1020人。

城市基层党组织建设　1992年，洪江市基层党组织建设主要突出“一个中心”，即经济建设为中心，以“学讲兴争”为主线，发挥在经济工作中的组织职能作用，全市27个党委、348个支部、4765名党员参加以“学讲兴争”活动为主体的各种不同形式的竞赛，参赛比例分别占党委总数的100%，支部总数的96.3%，党员总数的95.3%；“二个关键”，即加强基层党组织建设和深化“两评”工作，市委对4个乡党委、8个企业党委以及部分支部的党委委员、支部委员候选人进行严格考察，将一批政治素质好、业务素质高和勇于进取，并在群众中有威信的同志提拔到党组织班子中来。在“两评”工作中，全市100%的党支部、96.6%的党员参加评议，通过“两评”活动，共评出优秀党员548人、合格党员4986人、不合格党员14人；“三个建设”，即强化党建基础建设、强化制度建设和强化阵地建设，全市共轮训党员5024人，培训建党积极分子290人，26个党委、18个总支、344个支部分别制定本单位党建工作七项制度，25个党委及有条件的支部均建立规范化的党委、支部活动阵地。1993年，市委下发《关于在城市基层党组织和广大党员中开展闪光在岗位活动的决定》。1994年，全市党员办实事做好事共15548件，上贡献班10643个，搞技术革新450项，增收节支288.4万元。1995年，市委印发《关于加强企业党的建设的意见》，以突出企业党建和党员队伍建设为主题，实施企业党组织“凝聚力工程”，开展“五比五看”竞赛活动。1996年，市委在城市基层党组织中开展“凝聚力工程”。1997年，通过开展“凝聚力工程”，实现一个廉洁务实的领导班子、一支能够发挥先锋模范作用的党员队伍、一个保证党组织发挥作用的工作机制，全市各基层党组织的战斗堡垒作用和党员的先锋模范作用得到更好地发挥。

1999—2001年，区工委下发《洪江区发展党员公示暂行办法》《关于对区管干部实行回复和谈话制度》《关于对区管领导干部实行诫勉、降免职制度的通知》《关于在党政机关推行竞争上岗制度的实施意见》，全区95%以上的党委、总支、基层支部均建立党员活动室。2002年，区工委切实加强对破产、停产、半停产和关闭企业“挂空”党员的管理，将全区203名“挂空”党员采取转、靠、建等措施为他们找到“娘家”。2003年，街道社区采取一居一支部或多居一支部的办法，共组建20个居民区、社区党支部。2005年，全区27个社区成立党支部，达到“一居一支部”要求。

第三节　干部教育与管理

1980年，针对领导班子普遍存在年龄偏大、文化偏低、专业知识偏少的状况，市委出台《关于抓紧做好选拔优秀中青年干部的意见》，大胆提拔使用中青年，一批中青年干部迅速走上领导岗位。1983年机构改革，领导班子在革命化、年轻化、知识化、专业化方面取得突破，其中市委领导班子平均年龄由51岁下降到45.6岁，副局级以上领导干部平均年龄下降6.9岁，二级机构领导干部调整后平均年龄下降6.1岁。1984—1990年，改革人事录用、任用制度，除国家统一分配和任命的以外，实行公开招干，经文化考试，德、智、体全面考核，择优录取。国家机关、企事业单位采取民主推荐选举干部，实行任期制、任命期、聘任制和选聘合同期。

1991年，市委组织部印发《洪江市“八五”期间干部教育工作规划》，计划通过政治理论教育、岗位业务培训、继续教育、后备干部培训和学历教育，全面提升全市干部素质。1992年，市委将干部教育纳入各级目标管理，全年共举办各类干部培训班11期，培训干部1473人。对全市35岁以下的青年干部进行摸底，建立157名局级后备干部培训档案和21名市级后备干部培养档案。1994年，市委组织部和市妇联下发《关于培养选拔女干部的五年规划》，要求今后每年从大中专毕业生中选拔2至3名女干部到基层企事业单位锻炼，每年选拔一定数量的优秀女干部到省、地、市委党校学习。1995 年 3 月，市委印发《洪江市跨世纪领导干部培养选拔规划》，计划从 1995 年起，经过 2 至 5 年的努力，基本实现市委、政府两套班子 45 岁以下的干部达 50% 以上；市直局级领导班子 30 至 40 岁的年轻干部达 80% 以上，35 岁左右的党政正职占其总数的 30% 以上；各乡党政领导班子 26 岁至 35 岁的年轻干部占总数的 50% 以上，30 岁左右的党政正职占其总数的 30% 以上；村级领导班子应以 40 岁以下的干部为主体。1997 年，全市共有 16 人参加省地党校学习，48 人参加市委党校中青班学习，45 人参加市委党校局干班学习，214 人参加建党积极分子和预备党员培训，377 名科局级干部参加法制培训班。

1999—2001 年，全区配备科局级后备干部 128 名，建立企业领导班子后备人才库 78 人。2005 年，根据形势发展的需要和领导干部对学习内容的需求，区工委在干部培训方式上进行新的尝试和创新，选派 67 名科局级以上领导干部和 10 余名企业经营人才赴外集中学习发达地区的成功经验，学习结束后召开“温州考察学习汇报会”和播放电视访谈节目，使学习考察的所学、所见、所感、所做传遍全区。

第六章　宣传教育

第一节　专题教育

一、“三讲”教育

2000 年 6—8 月，区工委在全区开展以“讲学习、讲政治、讲正气”为主要内容的党性党风教育活动。区工委决定在区工委、区管委、人大联工委、政协联工委、四大家领导班子领导干部和区纪委、组织部、宣传部、检察院、法院和公安局等六个部门中开展“三讲”教育，要求运用“三讲”学习经验改进领导干部理论学习。

通过“三讲”集中教育，基本达到在“思想上有明显提高，政治上有明显进步，作风上有明显转变，纪律上有明显增强”的目标。“三讲”教育是领导班子、领导干部思想政治建设的一次探索实践，洪江区级领导班子和区纪委等6个单位的领导班子及成员受到一次比较深刻的党性党风教育，经受一次比较严格的党内生活锻炼，增强解决领导班子自身矛盾和问题的能力，为洪江区21世纪之初的跨越式发展，提供思想动力和组织保障。

二、“三个代表”教育

2001年12日，区工委下发《关于在农村开展“三个代表”重要思想学习教育活动的实施方案》和《洪江区村级“三个代表”重要思想学习教育活动实施意见》，针对洪江区乡村少的实际情况，将第一、二批合并一起组织开展，即第一批学教对象为乡镇、区直机关及驻乡站（所）、中央、省、市驻洪各单位，共108个单位，1431人；第二批为农村和街道居委会，共3个乡20个行政村和33个居委会。区工委派驻的38个督导组和指导组，全区27名区级党员领导每人确定一个乡街、区直部门或村（居委会）作为学教活动联系点。通过“三个代表”重要思想的教育活动，干部作风大大改观，全区共计为群众办实事1000余件。

三、保持共产党员先进性教育

2005年1月31日，洪江区工委印发《中共洪江区工委关于贯彻落实〈中共中央关于在全党开展以实践“三个代表”重要思想为主要内容的保持共产党员先进性教育活动的意见〉的实施方案》，要求从2005年1月至2006年6月在全区开展先进性教育活动。第一批主要包括党政机关，人大机关、政协机关、法院、检察院和人民团体机关，区属部分事业单位，党组织在洪的中央、省、市驻洪单位，共10个党（工）委、142个基层党组织、1312名党员；第二批主要包括城市基层和乡机关，以及未参加第一批教育活动的区属企事业单位，中等专业学校、城市中小学校，医疗卫生单位（含乡街卫生院），街道、社区等，共有14个基层党（工）委，3个党总支，159个党支部，3052名党员；第三批主要包括农村和负责组织、指导先教活动的单位，党组织关系在乡、村的企事业单位，农村小学等，共有20个行政村、1个居委会、1个党政机关单位，667名党员。教育活动中，区工委领导高度重视，率先垂范，发挥表率带头作用，各基层党组织切实加强领导，坚持正面教育为主，充分发挥党内民主，走群众路线，边学边议边整边改，把先进性教育活动与推进工作紧密结合起来，有力地推动各项事业的发展，达到预期目标。省委和市委的督导组及时对洪江的先进性教育活动给予具体指导，区工委也把先进性教育活动当作党内政治生活中的头等大事来抓，主要领导亲力亲为，分管领导全力以赴，各级基层组织各负其责，精心组织，周密安排，层层推进，大胆探索适合洪江实际的先进性教育活动模式，及时完成上级要求的规定动作。全区各党（工）委共向区工委先进性教育活动办公室上报64篇优秀理论研讨文章，共有9篇论文在活动中获奖。

第二节　理论教育

一、形势教育

1978年，开展中共十一届三中全会精神的宣传，认真进行真理标准讨论的补课，以及商品生产和生产力标准的大讨论。1982年，开展社会主义精神文明建设的宣传，在全市开展“五讲”“四美”“三热爱”活动。1988年，全市开展以治理经济环境、整顿经济秩序、全面深化改革为中心内容的“十年改革大家谈”活动，提高广大群众对“大改革大变化”形势的认识。1991年，开展纪念建党70周年文艺晚会，组织干部观看影片《大决战》《焦裕禄》，对广大党员进行党史和革命传统教育。1995年，举行抗日战争胜利50周年、红军长征胜利60周年系列爱国主义教育活动。

1999—2005年，形势政策教育主题以“三个代表”重要思想、党性教育、形势教育、科技知识教育为重点，把党的十六大精神和胡锦涛的“立党为公、执政为民”与科学发展观等重要论述作为形势政策宣传的重要内容。同时，开展“二次创业、民营兴洪”大讨论，举办企业改革专题讲座，以优化经济环境、湘西大开发、保持共产党员先进性教育、先进典型推介等，组织党员干部进行形势政策教育。

二、理论教育

1978—1985 年，围绕中共十一届三中全会文件，开展“实践是检验真理的唯一标准”大讨论，正确认识形势，提高执行十一届三中全会路线、方针、政策的自觉性。进一步端正干部思想路线、开拓前进，做改革开放的带头人。1986 年，组织 50 岁以下干部系统学习马克思主义哲学、政治经济学、科学社会主义 3 门课程，进行正规化理论学习。1987—1989 年，全市举办科局干部学习班 7 期，参学 435 人次，写学习心得体 435 篇。1992—1997 年，在党员、干部、群众中开展“邓小平建设中国特色社会主义理论”学习与教育，以自学为主，力求学懂弄通科学体系和精神实质。1999 ~ 2001 年，把市场经济同党的建设理论结合起来学习，把理论学习同现代经济技术相结合，把理论学习同实施“二次创业、民营兴洪”战略结合起来，组织干部进行国情同策和普法教育、邓小平理论、党的十五大精神、“三个代表”理论的学习，全区副科以上理论考试合格率达 100%。2004 年，学习胡锦涛重要讲话“立党为公、执政为民”与科学发展观重要论述、《中共中央关于加强党的执政能力建设的决定》等专题。中心组将理论学习与区域经济发展、优化经济发展环境、党员干部作风整顿结合起来，组织各级领导干部广泛开展调研，积极探索区域经济发展的新思路。2005 年，区工委中心组先后组织学习《胡锦涛在新时期保持共产党员先进性教育专题报告会上的重要讲话》《中华人民共和国公务员法》《中共中央关于制定国民经济和社会发展第十一个五年规划的建议》等内容，从制度建设入手，完善理论学习的各项制度。从而使党委（党组）中心组学习理论进一步走上规范化、制度化轨道。

第三节 新闻宣传

1978—1988年，新闻宣传重点是报道各行各业在改革开放、物质文明建设、精神文明建设中涌现出来的先进典型，累计被中央、省级报刊、电台（含电视）采用稿件（含新闻图片）2420篇（件），年均达220篇（件）。1993年，成立洪江市新闻中心，取代原通讯报道组。1995年，健全宣传网络，市新闻中心将信息员队伍延伸到局和300人以上的企业，中型以上企业设宣传机构。1997年，加强新闻队伍建设，从10个单位选出20人作为洪江市新闻报道的骨干。1999年，大力宣传国有企业改革改制，区电视台、电台开辟电视专栏6个、摄制专题片20个。2000年，围绕“三讲”教育、农业四大工程和旧城改造等工作，突出宣传国有企业改革的典型和经验。全年在省级以上新闻单位发稿近100篇。2001年，围绕“二次创业、民营兴洪”战略，突出庆祝建党八十周年、国企改革、古商城保护开发等方面的宣传。2004～2005年，办好《洪江新闻》《问卷洪江复兴之路》《招商引资在洪江》《洪江政务之窗》《旅游星期天》《新视点》等专栏，建立《洪江古城网站》，加大洪江的宣传推介力度。配合《走进湖南》《走进大湘西》摄制组和湖南电视台，对古商城进行的专题报道。同时，加大对党的重大方针政策和工作部署的宣传力度，办好《寻访温州模式》《历史性的第一次》《洪江新闻》和《洪江政务之窗》等专题专栏。

第四节 精神文明建设

1981年，市委贯彻落实中央文件精神，在全市广泛开展“五讲”（讲文明、讲礼貌、讲卫生、讲秩序、讲道德）“四美”（心灵美、语言美、行为美、环境美）为内容的文明礼貌活动，许多单位结合自身特点制定文明礼貌公约或守则，使“五讲”“四美”成为广大群众的行为准则。1982年3月，开展“文明礼貌月”活动，广泛开展创建文明单位活动。1983年，市委按照中央《当前农村思想政治工作宣传教育提纲》要求，在“五讲”“四美”的基础上，注入“三热爱”（热爱祖国、热爱社会主义、热爱中国共产党）的思想政治内容，使“文明礼貌月”活动内容更加丰富全面。据统计,全市“文明礼貌月”活动,学雷锋、做好事2100人次,拾金不昧250人次,清理垃圾堆85处,扫除垃圾800多吨,填平洼地、整理道路3千米，建立文明礼貌监督岗、站28个，成立学雷锋小组283个。1986年，洪江市成立精神文明建设委员会，制定精神文明建设“七五”规划,以“热爱洪江、建设洪江、美化洪江”为主题，大力宣传树文明新风、做文明市民、创文明单位、建文明城市，并在全市机关、企事业单位、乡村、街道全面推行两个文明建设目标管理责任制，推动社会主义精神文明建设地开展。1992—1997年，洪江市的两个文明目标管理考核由点到面逐步扩展，全市各单位层层签订目标管理责任书，实行分级负责，并结合中心工作对目标管理进行改进、调整和创新，加大激励措施，使全市双文明目标管理考核更具有实效性。

1999年12月，区工委下发《关于双文明建设先进单位、红旗单位评选奖励和管理的暂行办法》，规定双文明建设先进单位、红旗单位、最佳市民由区工委、区管委进行表彰，文明小区、文明窗口由区文明委进行表彰。2000年，全区有80多个行政、企事业单位直接与区工委、区管委签订《双文明建设目标管理责任书》，各主管局也与所属二级机构全面签订《双文明建设目标管理责任书》。2001年，区工委、区管委扩大《双文明目标管理责任书》签订范围。2004年，洪江区在“三个文明”创建上做文章，商业系统围绕“八荣八耻”社会主义荣辱观教育，开展“文明诚信企业，文明诚信个体商户”创建活动；文化、科技、卫生等“五下乡”活动由农村推广到科教、文化、法律、卫生进社区。2005年,全区“三个文明”共评选红旗单位12个、先进单位30个、十佳市民10人、先进个人418人，文明创建与评选活动规范化、制度化。

第七章　统战工作

第一节　落实统战政策

1979 年，中共洪江市委根据中共中央和湖南省委有关平反冤假错案的文件精神，成立落实政策领导小组，下设办公室，抽调专职人员，全面平反冤假错案，对在反右派、反“右倾”“四清”“文化大革命”中处理的案件和中华人民共和国成立以来有申拆的案件，本着实事求是、有错必纠、部分错部分平、全错全平的原则进行复查。

一、落实工商业者政策

根据中央文件精神，市委对原登记在册 475 名工商业者进行重新调查和认定，区别为劳动者 356 人，未区别 119 人。按照统一部署，对仍属于工商业者，经过 20 多年社会主义建设改造，其个人成份一律改为干部或职工。

对原工商界人士受到错误处理的，积极进行平反纠正。其中，收回全部下放农村 108 户 262 人，其中 108 名私方人员回到原单位安置，视实际情况或恢复工资待遇或作退休处理；家属 98 人全部迁回，子女 56 人或顶职或作其它安排；改正被错划为右派 9 人;清理清退被挤占私房 56 户，清理发还 1136 户定息，金额 31.65 万元；恢复干籍 62 人，经考察恢复担任政协副主席 2 人、工商联副主任 2 人;对 108 名在职人员进行调资升级。

二、落实台属台胞政策

全市有去台人员 122 人，去台人员亲属 581 人，其中少将师长以上者 16 人。通过复查，对被错杀的 1 名台属已认定为起义投诚人员，予以平反和抚恤；对错判的 3 名台属，分别撤判和免予刑事处理；对错划右派的 2 名台属，予以改正；对 1 名受错误处分的台属撤销处分；对“文革”中被查抄的财物予以清退；对过去因海外关系而被下放农村者全部收回，并妥善安置；对 12 名台属作政治待遇，其中为市政协委员 7 人，市人大代表 5 人；对生活困难的台属予以适当补助；对 6 户台属的私房进行核实清退。

三、落实起义投诚人员政策

经调查，认定起义投诚人员 118 人。对受到判刑、戴帽、批斗和精简等错误处理的，均按政策予以平反纠正，并根据实际情况恢复工作或作退休处理。

四、落实宗教政策

对原宗教团体房屋进行全面调查落实，共清理宗教房产 12 处，面积 4166 平方米。对房腾退较为困难，在落实宗教房产权的基础上，由用户向其租用；对房屋已经被拆除的，由拆除单位付给补偿费。

第二节　党外人士工作

一、发挥参政议政作用

1979—1989 年，洪江市统战工作坚持“长期共存、互相监督、肝胆相照、荣辱与共”，各级领导同党外人士合作共事，做到办事商量、大胆信任，交朋友、建感情，团结合作不断加强，党外人士进一步参与政治活动。在洪江市第十届人大代表、第五届政协委员中，党外人士的比例都有大幅度提高。1994 年 10 月，市委下发《关于加强同民主党派和无党派人士政治协商的若干规定》，规定市委、市政府主要领导每半年举行一次民主协商会，每年在政协全会期间举行一次座谈会，邀请民主党派、工商联、无党派代表人士和其他人团体主要领导人参加，听取对政府工作报告、国民经济和社会发展计划及全局性重大问题的意见，对重大问题坚持先协商后决策，切实做到决策的民主化和科学化。1995—1997 年，市委、市政府分别就全市年度工作计划、社会经济发展战略、招商引资、科教兴洪、加快发展个体私营经济、机构改革等重大问题共召开各类通报会、协商会和座谈会 30 余次。

1999 年，洪江区工委推行基层统战网络工作建设，要求各支部以上的党组织均设置统战委员，并确定一名副书记分管统战工作。各系统和部委办局及企业的党委（总支）建立统战工作例会制度，区统战部每年按时对基层统战工和进展情况进行检查、通报，促使全区统战工作步入规范化和制度化轨道。2000—2005年，区工委每年召开各界人士迎春座谈会和党外代表人士中秋座谈会，向党外人士通报全区经济社会发展情况、重大战略部署、重大决定事项、重要工作情况、党风廉政建设和反腐败工作情况，听取和收集党外人士的意见和建议。

二、党外干部工作

1980—1992年，市委安排党外人士人民代表138人，其中常委会副主任3人、常委会委员5人；推荐党外人士为政协委员158人，其中政协副主席6人。1993年，在市人大、市政协换届中，安排非党人大代表58人、非党政协委员89人。聘请党外人士13人，分别担任特约检察员、教育督导员、督察员和审计员。1994—1997年，市委确定一大批党外后备干部队伍，在调整领导班子时注意做好非党干部的实职安排工作，共安排市级党外干部实职3人、科级党外干部实职16人，建立市级党外后备干部6人、科级党外后备干部41人。

2000年，统战部对全区党外领导干部和党外后备干部进行全面考察和摸底调查，补充安排党外领导干部5名，发展党外后备干部11名。2001年，制定下发《关于加强党外干部培养选拔工作的意见》，全区共配备党外领导干部14名，党外后备干部33名。2003年，推荐安排省政协委员1名、怀化市政协委员8名。2004—2005年，区工委加强党外干部使用力度，放宽党外预备干部对象范围，有意识地增加党外干部比例。召开党外干部座谈会，认真听取党外干部的评议意见，与会党外干部诚恳地就全区经济建设、政治民主建设、文化建设等方面建言献策。

第三节　对台工作

1978年，在落实党的海外统战工作的同时，积极开展对台湾同胞在洪江市的亲属的联谊，其中去台人员118人已有56人与亲人建立通信联系。1987年，两岸实现互通，每年回洪江的台胞逐年增多。1988年，共接待来洪探亲旅游的台胞78人。1993年4月，洪江海外联谊会成立，海联会成为洪江与台湾同胞、港澳同胞、海外侨胞和华人加强联系、增进友谊、促进合作的桥梁。1996年4月，洪江市海联会第二届理事会第一次会议召开，大会共选出名誉会长3人、顾问4人、会长1人、副会长14人、理事57人，符晓当选为会长。符晓在报告中指出：洪江海联会自成立以来，热情接待来洪探亲、旅游、考察的台、港、澳同胞、侨胞、华人，四年间共接待“三胞”和海外人士120名。

1999—2001年，海联会将工作重点放在宣传教育、协商事务与矛盾和政策性咨询及服务之中，协商处理台胞个人与亲属的实际问题，共接待“三胞”人士74人次，协商处理“三胞”“三属”关于房产、遗产、婚姻、民事纠纷、参军、升学、招工、寻亲等实际问题。2002—2005年，洪江涉外联谊工作在每年春节、中秋佳节来临之际，邀请部分台商、台胞、台属及侨眷侨属参加茶话会，共叙友情，畅谈洪江经济发展大计，听取他们对洪江发展和建设的意见和建议。

第五篇　人民代表大会

第一章　代表大会

第一节　洪江市第八届人民代表大会

一、代　表

1980年，进行洪江市第八届人民代表大会代表选举。按照新选举法的规定，代表候选人与应选代表实行差额选举。全市划为26个选区，登记选民39549人，参加选举投票的38186人，占选民总数的96.55%。选出市第八届人大代表75名，其中工人占38.6%、农民占6.6%、干部占26.6%、知识分子占16.2%、其他占12%。在代表总数中，妇女占25%，非党代表占40%。

二、代表大会

洪江市第八届人民代表大会共召开四次全体会议。

第一次会议，于1980年11月26日至12月1日召开，出席代表73人，市政协委员和市直各部门负责人列席。会议总结过去工作的经验教训，确定今后工作的奋斗目标。此次会议按照法律规定产生市人民代表大会常务委员会（简称市人大常委会），选出市人大常务委员会主任、副主任和委员，市人民政府市长、副市长，市人民法院院长，市人民检察院检察长。

第二次会议，于 1981 年 11 月 20—23 日召开。作出关于加强集市贸易管理，打击投机倒把活动和关于制止乱占滥用耕地建房的决议。

第三次会议，于 1982 年 4 月 12—16 日召开。作出关于整顿社会治安，坚决打击经济领域违法犯罪活动的决议。

第四次会议，于 1983 年 3 月 6—10 日召开。确定 1983 年经济建设和精神文明建设任务，选出出席省六届人大代表 4 人。

第八届第一至四次会议共收集审议提案 929 件。

第二节　洪江市第九届人民代表大会

一、代　表

1984 年，进行洪江市第九届人民代表大会代表选举。全市登记选民 45309 人，参加选举投票 45274 人，占选民总数的 99.92%，选出市第九届人大代表 157 名。

二、代表大会

洪江市第九届人民代表大会共召开三次全体会议。

第一次会议，于 1984 年 3 月 26—30 日召开，出席代表 152 人，市政协委员、市直属各部门负责人列席。审议市政府工作、财政预决算、人大常委会和法院、检察院工作报告。会议选出市人大常委会主任、副主任、委员，市长、副市长，市法院院长，检察院院长。

第二次会议，于 1985 年 3 月 19—22 日召开，出席代表 155 名，列席 128 名。会议审议各项工作报告，通过《关于加强法律宣传普及法律常识的决议》。

第三次会议，于 1986 年 4 月 8—11 日召开。审议政府、人大常委会、“两院”的工作报告和财政预决算报告，听取 11 名代表就经济体制改革、工业生产、农村工作、财经贸易、科学技术、教育事业、城市建设等问题所作的专题发言。作出进一步深化改革，搞活经济，加快建设洪江等决议。补选市人民法院院长、检察院检察长和1名省人大代表。

第九届第一至三次会议，共收集审议提案498件。

第三节　洪江市第十届人民代表大会

一、代　表

1987年，进行洪江市第十届人民代表大会代表选举。全市登记选民58892人，参加选举投票的47568人，占选民总数的80.8%。选出市第十届人大代表144名，其中工人占30%，农民占17%，知识分子占20%，干部占23%，其他占10%。在代表总数中非党代表占32.6%，妇女占21%，少数民族占3%，中专以上文化程度的占37%。

二、代表大会

洪江市第十届人民代表大会共召开四次全体会议。

第一次会议，于1987年3月1—6日召开。出席代表137名，市政协委员、市直属各部门负责人列席。会议审议政府工作报告、《关于洪江市国民经济和社会发展第七个五年计划的说明》、财政预算报告、人大常委会工作报告、市法院工作报告和检察院工作报告。选出人大常委会组成人员、市长、副市长、法院院长、检察院检察长，原则批准洪江市国民经济和社会发展第七个五年计划。通过关于贯彻执行全国人大常委会《关于加强法制教育维护安定团结的决定》的决议。

第二次会议，于1987年12月29日召开。会议选出省第七届人大代表4名。

第三次会议，于1988年3月21—26日召开。会议审议通过政府、人大常委会、“两院”工作报告和财政预决算报告，审议政府关于依法治市的议案，并通过相应决议。补选市长、副市长和2名市人大常委会委员。

第四次会议，于1989年3月29日至4月1日召开。会议审议政府工作报告、财政预决算，人大常委会、法院和检察院工作报告，作出关于加快黔城新区开发和关于切实解决城市居民买煤难的决议。

此届各次会议共收集审议提案7件，批评、意见、建议797件。

第四节 洪江市第十一届人民代表大会

一、代 表

1990年，进行洪江市第十一届人民代表大会代表选举。全市登记选民61797人，参加选举投票的52280人，占选民总数的84.6%。选出市第十一届人大代表144名，其中妇女代表占27%，非党代表占37%，少数民族代表占4.7%，工人、农民代表占42.3%，知识分子代表占27.7%，干部代表20.8%，军人代表占1.3%，其他代表占7.6%。

二、代表大会

洪江市第十一届人民代表大会共召开三次全体会议。

第一次会议，于1990年3月23日至27日召开，出席代表144名，列席人员268名。会议听取和审议市政府、市人大常委会、市法院、市检察院、财政预决算报告，审查和批准1989年国民经济和社会发展计划执行情况和1990年国民经济和社会发展计划，选举十一届人大常委会主任、副主任、委员、人民政府市长、副市长、人民法院院长、检察院检察长。

第二次会议，于1991年3月10日至3月13日召开。出席代表144名，市政协委员、市直各部门及乡街主要领导列席。听取和审议市政府、市人大常委会、市法院、检察院工作报告，审查和批准1990年国民经济和社会发展计划执行情况及1991年国民经济和社会发展计划报告，财政预决算报告，审查和批准洪江市国民经济和社会发展第八个五年计划。

第三次会议，于1992年3月11日至14日召开，出席代表136人，列席人员163名。会议听取和审议市政府、计划、财政、市人大常委会、市法院、检察院工作报告，听取7位代表对城市建设、企业生产等方面的问题所作专题发言。

第十一届常委会共召开21次会议，听取和审议政府、“两院”工作汇报67次，作出决议、决定17项，决定任免国家机关工作人员189名。督办处理代表议案、建议、批评和意见775件。

第五节　洪江市第十二届人民代表大会

一、代　表

1993年，进行洪江市第十二届人民代表大会代表选举。全市登记选民63453人，参加选举投票的53067人，占选民总数的83.65%。选出市第十二届人大代表144名，其中妇女代表占28.4%，无党派人士占40.2%，少数民族占1.3%，工人、农民代表占52.08%，干部代表占38.88%，大专文化占13.88%，中专、高中文化占43.05%，初中以下文化占43.05%。

二、代表大会

洪江市第十二届人民代表大会共召开六次全体会议。

第一次会议，于1992年12月27日至1993年1月1日召开。出席会议代表144人，列席239人。会议听取和审议市政府、计划、财政、法院、检察院、市人大常委会工作报告，听取市政府关于《洪江市人民教育基金筹集管理实施办法（修订案）的决议》执行情况，选举市人大第十二届常委会主任、副主任、委员，市人民政府市长、副市长、市法院院长、市检察院检察长、省八届人大代表4名。

第二次会议，于1994年3月9—12日召开，出席会议代表144次，列席约249人。会议听取和审议市政府、计划、财政、人大常委会、法院、检察院的工作报告，听取和审议市人民政府关于《洪江市人民教育基金筹集管理实施办法（修订案）的决议》执行情况的汇报，听取和审议市人民政府关于黔城经济技术开发区建设和怀化纸浆厂、洪江水电厂两个重点项目进展情况的汇报。

第三次会议，于1995年3月10—14日召开，出席会议代表144人，列席人员248名。会议听取和审议市政府、市计划局、财政局、市人大常委会、市人民法院、检察院工作报告，听取和审议《关于〈洪江市继续筹集人民教育基金议案〉的决议》执行情况汇报，补选潘运鹏为洪江市人民政府市长。

第四次会议，于1996年3月19—22日召开，出席会议代表145人，列席253人。会议听取和审议关于洪江市国民经济和社会发展第九个五年计划（草案）的报告，审查和批准市计委、市财政工作报告，听取和审议市人大常委会、市人民法院、市人民检察院的工作报告。8名市人大代表对经济、教育、环境等方面的情况作专题发言。

第五次会议，于1997年3月4—7日召开。会议听取和审议市政府、市人大常委会、市财政、市计委、市人民法院、市人民检察院工作报告，补选廖兴凯、汤国安为人大常委会副主任。

第六次会议，于1997年12月29—31日召开，出席会议代表142人，列席265人。会议听取和审议市人民政府工作报告，审查和批准市1997年国民经济和社会发展计划执行情况报告及1998年国民经济和社会发展计划，审查和批准市1997年财政预算执行情况和1998年财政预算，听取和审议人大常委会、市人民法院、市人民检察院的工作报告。选举湖南省第九届人民代表大会代表。

第十二届人大常委会共召开31次会议，听取和审议政府和“两院”工作报告81项，作出决议、决定22项，决定任免国家机关工作人员258名，督办代表批评、意见、建议673件。

第六节 （新）洪江市第一届人民代表大会

一、代 表

2002年，全市登记选民38320人，实际参加选举投票的选民34872人，参选率为91%，参加直投人数28591人，直投率81.99%，选举产生区选民代表95人。其中妇女占42.11%，非党代表占45.26%，少数民族代表占13.68%。12月26—27日召开洪江区选民代表大会，选举产生怀化市第二届人大代表7名。

二、代表大会

（新）洪江市第一届人民代表大会洪江区单独共召开四次全体会议。

第二次会议（洪江区会议单独召开），于1999年10月19—21日召开，出席会议代表68人，列席人员113人。

会议听取和审议区管委会工作报告，审议和批准洪江区1999年国民经济和社会发展计划报告，审议和批准洪江区1999年财政预算报告。

第三次会议（洪江区会议单独召开），于2000年3月27—31日召开，出席会议代表68名，列席122人。会议听取和审议洪江区管委会工作报告，1999年国民经济和社会发展计划执行情况和2000年国民经济和社会发展计划草案报告，1999年财政预算执行情况和2000年财政预算草案报告。

第四次会议（洪江区会议单独召开），于2001年2月14—16日召开，出席会议代表68人，列席人员122人。会议听取和审议区管委工作报告，听取洪江区国民经济和社会发展“十五”计划纲要的说明，听取和审查区2000年国民经济和社会发展计划执行情况和2001年国民经济和社会发展计划（草案），听取和审查区2000年财政预算执行情况和2001年财政预算（草案）的报告。

第五次会议（洪江区会议单独召开），于2002年3月7—9日召开，出席会议代表62人，列席人员127人。会议听取和审议洪江区管委会工作报告，听取和审查洪江区2001年国民经济和社会发展计划执行情况和2002年国民经济和社会发展计划（草案），听取和审查洪江区2001年财政预算执行情况和2002年财政预算（草案）报告。

附：洪江市（区）籍省人大代表名单

1980—2005年，洪江市人大常委会根据《选举法》的有关规定，依法选举出席上一级人民代表大会代表。历届共选举省人大代表16人次。1998年，成立新的洪江市后，洪江区的省人大代表由洪江市人民代表大会选举产生。

湖南省第六届人民代表大会代表：
李德初 赵 莉（女）黄云照 蒋南屏
周春华（1987年12月补选）

湖南省第七届人民代表大会代表：
王嫦娥（女）杨振雄 周春华 赵荣阁

湖南省第八届人民代表大会代表：朱东阳 罗源波 胡国英（女）曾振湘

湖南省第九届人民代表大会代表：胡国英（女）任希平

湖南省第十届人民代表大会代表：任希平

第二章 人大常委会

第一节 组成人员

根据《地方组织法》第四十一条“县级以上地方各级人民代表大会常务委员会由主任、副主任若干人和委员若干人组成”的规定，洪江市第八届人大常委会设主任1人，副主任3人。市第九届人大常委会设主任1人，副主任5人，1985年2月补选1人。市第十届人大常委会设主任1人，副主任4人。市第十一届人大常委会设主任1人，副主任4人。市第十二届人大常委会设主任1人，副主任5人。1999—2005年，洪江区人大联工委（人大洪江区工委）主任、副主任由上一级任命。

表5-1 洪江区（市）历届人大常委会主任、副主任名录

届期	职务	姓名	备注
第八届 1980.12–1984.3	主 任	邓星玉	
	副主任	杨茂东	
	副主任	袁公信	
	副主任	蒋南屏	
第九届 1984.4–1987.3	主 任	赵荣阁	
	副主任	阳伯均	

续表：

届期	职务	姓名	备注
	副主任	张新刚	
	副主任	向培杰	
	副主任	齐庆多	
	副主任	袁公信	
	副主任	蒋永淳	1985 年 3 月补选
第十届 1987.3–1990.3	主　任	赵荣阁	
	副主任	阳伯均	
	副主任	张新刚	
	副主任	向培杰	
	副主任	蒋永淳	
第十一届 1990.3–1992.12	主　任	曾振湘	
	副主任	曾梅庄	
	副主任	周浦泰	
	副主任	朱群燕	
	副主任	蒋永淳	
第十二届 1993.1–1998.3	主　任	曾振湘	
	副主任	周浦泰	
	副主任	胡兴保	
	副主任	李济生	
	副主任	刘长寿	
	副主任	倪　卉	
	副主任	廖兴凯	1997 年 3 月补选
	副主任	汤国安	
洪江市洪江区 人大联工委 1999.6–2002.9	主　任	唐自辉	2001.10 免

续表：

届期	职务	姓名	备注
	主 任	任希平	2001.10 任
	副主任	廖兴凯	
	副主任	蒋 华	1999.10 任
怀化市人大常委会洪江区工作委员会 2002.9–2005.12	主 任	任希平	
	副主任	廖兴凯	
	副主任	蒋 华	

第二节 工作机构

根据《中华人民共和国地方各级人民代表大会和地方各级人民政府组织法》第五十三条“常务委员会根据工作需要，设立办事机构和其它工作机构”的规定，1980 年，洪江市第八届人大常委会设立办公室作为办事机构。1983 年 12 月机构改革，洪江市人大常委会增设法制组，教育、科学、文化、卫生组，财政经济组三个办事机构。1984 年 4 月，经洪江市第九届人大第一次全体会议通过，组改称科。1987 年 5 月，经洪江市第十届人大第二次全体会议通过，将科改称委员会，其办事机构为一办（即办公室）三委（即法制工作委员会、科教文卫委员会、财政经济委员会）。1989 年，增设选举任免联络工作委员会。1997 年，法制工作委员会更名为司法工作委员会。1999—2005 年，洪江市洪江区人大联工委（怀化市人大常委会洪江区工作委员会）设办公室、一科、二科三个机构。

第三节 常委会议

1982 年，市人大常委会召开《中华人民共和国宪法修改草案》专题学习会，决定组织培训宣讲队伍，向市民宣讲宪法。

1985 年，“一五”普法教育启动，市人大常委会决定在全市范围内广泛开展以“十法一条例”为内容的全民普法教育活动。

1988年，人大常委会听取工商部门对《经济合同法》等经济法规的执行情况的汇报，作出《关于认真贯彻实施<经济合同法>的决议》。

1991年，召开市人大常委会会议7次。听取和审议政府、“两院”的工作汇报33项，作出决议、决定6项，组织代表对《义务教育法》《税法》《城市规划法》等16部法律法规的实施情况进行调查和检查，写出调查报告17份。督促办理代表建议、批评和意见182件，受理来信76件、来访151人次，处理申诉信访9件。

1992年，召开市人大常委会会议6次。听取和审议市人民政府、市人民法院、市人民检察院14项工作汇报，作出2项决议、决定。任免和批准任命35名国家机关工作人员，接受1名政府领导成员辞职，围绕市人大常委会会议议题开展14项检查、调查和视察，督促办理代表建议、批评和意见143件，处理代表和群众来访114件（次）。

1994年，召开市人大常委会会议6次。听取和审议市人民政府、市人民法院、市人民检察院工作汇报，依法任免58名国家机关工作人员。围绕市人大常委会会议议题开展22项检查、调查和视察，督促办理代表建议、批评和意见131件，处理代表和群众来信来访186件（项）。

1995年，召开市人大常委会会议6次。听取和审议政府、“两院“的工作报告，组织代表对《预算法》《劳动法》《消费者权益保障法》等法律、法规贯彻实施情况进行执法检查。

1996年，召开市人大常委会会议6次。听取和审议政府、“两院“的工作报告，开展“一法一条例”督查，组织代表视察、检查、调查18次，在18—21选区开展选民评议人大代表工作。受理代表和人民群众来信115件，接待代表和群众采访228人次，依法任免国家工作人员16人。

1997年，召开市人大常委会会议6次。听取“一府两院”工作汇报，对本市的重大问题及人民群众关注的热点、难点问题，依法作出决议、决定，组织人大代表分别对审计法、药品管理法、律师法等法律法规的贯彻实施情况进行调查检查。

1999年6月，设立洪江市洪江区人大联络工作委员会。组织部分人大代表对《水法》《防洪法》《森林法》《水土保持法》《环境保护法》的实施情况进行检查，指导桂花园乡、常青乡、横岩乡依法选举产生新一届乡人大、政府领导班子。督办代表建议、批评和意见14件，受理群众来信17件。

2000年，召开洪江区人大联工委主任会议5次。听取和审议区管委及其所辖部门、“两院”工作汇报，提出工作建议108条，督促落实办理81件。组织人大代表对《审计法》《会计法》等12部法律、法规的贯彻实施情况进行检查和调查。向代表征求治理经济发展环境建议和意见303条。受理并转办落实群众来信66件，接待群众327人次。

2001年，召开洪江区联络工作委员会主任会议3次，听取和审议区管委、两院工作汇报16次。

2002年，召开主任会议3次。听取和审议区管委会、法院、检察院的工作报告，组织人大代表对区环保局、区科技局的工作进行民主评议，组织人大代表开展调研活动。督办代表建议、批评、意见等45件，办理信访案件30件，接待来访人员200人。

2003年，召开区人大工委会会议6次。听取工作汇报30次，提出审议意见5次，做出决议3次。与区管委会、法院、检察院、司法局、公安局签订“执法责任目标管理责任书”。对区劳动和社会保障局、区农水局、区审计局、区卫生局进行工作评议。督办代表建议、意见58件，处理上访信件31份，转办上级信访件2份。

2004年，召开区人大工委会议6次。听取“一府两院”工作报告，提出审议意见6项，做出决议3项。督办代表意见、建议63件，接待处理上访件50份，转办上级信访件6份。

2005年，召开区人大工委会议6次。听取工作汇报24项，提出审议意见6项，做出决议、决定7项，对《劳动法》《水法》等8部法律法规的执行情况检查、调查。督办代表建议、意见54件，处理上访信件42件，转办上级信访件6份。

第三章　职权行使

第一节　依法监督“一府两院”工作

市人大常委会通过调查、视察和听取工作汇报，监督、支持政府、“两院”工作。先后对经济体制改革、年度国民经济计划和财政预算执行情况、经济发展速度和效益、技术改造、产品开发、减轻企业负担、发展乡街企业、市场供应、城市建设、文教卫生事业以及开展“两打”斗争稳定社会秩序等问题进行专题调查、视察。

1985年，农副产品价格放开，鲜活副食品价格一时上涨过猛，群众反映强烈。市人大常委会听取和审议政府关于平抑物价、稳定市场措施的汇报，协助政府贯彻落实，使肉食、蔬菜价格上涨趋势很快得到抑制并有所下降。

1987—1988年，市人大常委会认真听取和审议政府开展财政、税收、物价检查和清理整顿公司情况的汇报，督促查处违纪行为和违纪人员，制止国家机关和机关干部经商办企业，促进机关廉政建设和经济秩序、经济环境的逐步改善。

1992—1997年，市第十二届人大常委会召开工作例会31次，听取和审议市政府关于《洪江市人民教育基金筹集管理实施办法（修订案）的决议》执行情况、关于黔城经济技术开发区建设和怀化纸浆厂、洪江水电厂两个重点项目进展情况汇报，涉及到全市经济和社会发展的各个方面。

1999—2002年，洪江区人大联工委重点听取农业“四大工程”、人民教育基金、国企改革、民营经济发展、水电站库区移民、旧城改造、城市居民生活保障的专题情况汇报，对企业改革、社会保障、旧城改造、发展农村经济、治理经济发展环境、开发古商城和发展旅游业等方面展开调研。

2003—2005 年，区人大工委多次对义务教育、民营经济、农村公共卫生体系建设等进行专题调研，并审议、通过“十一五”规划、“四五”和“五五”普法、《洪江区总体规划》、沅江路旅游文化街规划、城市交通整治和行政执法等议案。

第二节　依法决定重大事项

1980 年，市人大常委会就洪江市政治，经济、文化、教育、城市建设和管理等方面的重大问题，先后作出决议、决定、办法、规定 132 次，推动全市经济健康持续发展和社会事业全面进步。

1984 年，审议通过《洪江市集市贸易管理暂行规定》和《洪江市城市管理暂行办法》，并督促政府有关部门贯彻实施。

1985 年 7 月，审议通过《关于尊师重教的决定》，在全市逐步形成重视教育、尊重教师的良好社会风气。

1986 年，为加快洪黔公路修建，市人大常委会根据市政府建议，通过人大代表与选民协商决定暂借 1986—1987 年市民肉食补贴款 150 万元用作修路资金，到 1988—1989 年计息还清。

1987 年 4 月，根据市第十届人民代表大会第一次会议交办的《关于加快市直管公房危房维修改建的方案》，市人大常委会作出《关于解决市直管公房危房问题确保人民生命财产安全的决议》。全市 46 栋、1.22 万平方米的危房，按其危险程度分别予以局部维修、全面大修或拆除改建。

1989 年，审议批准《洪江市黔城新区总体规划方案》。

1990 年 9 月 15 日，《洪江市人民教育基金筹集管理实施办法》在洪江市第十一届人大常务委员会第四次会议通过。1993 年，通过关于开展创建“花园式”城市工作的决议。

1996 年，根据《选举法》《代表法》的有关规定，市人大常委会在 18—21 选区开展选民评议人大代表（试点）工作。8 月 8 日，市人大常委会第二十二次会议通过《关于进一步打好抗洪救灾攻坚战的决议》。

第三节 任免国家机关工作人员

市人大常委会依据《组织法》及有关法律法规，依法任免国家机关工作人员。任免的人员包括人大常委会各委室主任、副主任，政府组成机构（工作部门）主任、局长，两院的副院长、副检察长、审判员、检察员。在任免过程中，常委会不断改进人事任免工作，先后作出关于人事任免程序和表决方式及人事任免办法，使人事任免工作逐步走上规范化的轨道。第八届至第十二届人大常委会，共任命国家机关工作人员 769 人，免职 11 人，同意辞职 1 人。

第四节 指导乡人大工作

1987 年，乡人民代表大会设立主席团，配备常务主席主持日常工作。各乡人大召开代表会或进行换届选举时，洪江市人大常委会领导成员都分头下基层，进行具体帮助和指导，乡人大工作中的典型经验，及时帮助总结推广。为了便于乡人大工作开展，中共洪江市委下发《关于支持乡人大主席团开展工作的意见》和《关于乡人大主席团工作实施目标管理的意见》。2000—2005 年，与三个乡签订乡人大目标管理责任书，并对乡人大工作进行指导、检查，实施规范化管理。

第六篇　人民政府

第一章　机构设置

第一节　领导成员

1979年9月，经国务院批准，撤销洪江镇，以洪江镇所辖区域建立洪江市，隶属黔阳行政公署领导。12月，中共黔阳地委任命市政府代理市长、副市长。1980年11月，洪江市八届人大一次会议选举产生市长1人，副市长3人。1984年3月，洪江市九届人大一次会议选举产生市长1人，副市长3人。1987年3月，洪江市十届人大一次会议选举产生市长1人，副市长5人。1990年2月，洪江市十一届人大一次会议选举产生市长1人，副市长6人。1992年12月，洪江市十二届人大一次会议选举产生市长1人，副市长6人。1998年4,（新）洪江市第一届人大一次会议选举产生市长1人，副市长7人。1999年6月起，洪江区管理委员会领导班子正、副主任由怀化市人民政府任命。

表 6-1　**1979–2005 年洪江市人民政府（区管委）领导名录**

届次	职务	姓名	任职时间
黔阳县洪江镇革命委员会 1978.1—1979.12	主任	崔毅	
	副主任	邓星玉	
		赵荣阁	
		李友月	
		彭文岗	1978.12 免
		崔之善	1978.12 任
洪江市人民政府 1979.12–1980.11	代市长	崔　毅	
	代副市长	赵荣阁	
		邓星玉	
		张新刚	
		冯代明	
洪江市人民政府 1980.11–1985.3	市长	赵荣阁	1983.12 免
		李铭生	1983.12—1985.1
	副市长	朱国雄	
		崔之善	1982.1 任
		张新刚	1983.12 免
		阳伯钧	1983.12 免
		李铭生	1982.8—1983.12
		曾昭鑫	1985.1 起代理市长
		曾梅庄	1983.12 任
		邓星瑞	1983.12 任
		胡黔生	1983.12 任
洪江市人民政府 1985.3–1987.3	市长	曾昭鑫	
	副市长	胡黔生	
		曾梅庄	

续表：

届次	职务	姓名	任职时间
		朱国雄	1985.9 免
		邓星瑞	
		曾庆文	1985.9 任
洪江市人民政府 1987.3–1990.2	市长	曾昭鑫	1988.2 免
洪江市人民政府 1987.3–1990.2	市长	曾庆文	1988.4–1989.12
洪江市人民政府 1987.3–1990.2	副市长	曾庆文	1988.2 起代理市长
洪江市人民政府 1987.3–1990.2	副市长	周万鹏	
洪江市人民政府 1987.3–1990.2	副市长	邓星瑞	
洪江市人民政府 1987.3–1990.2	副市长	曾梅庄	
洪江市人民政府 1987.3–1990.2	副市长	曹松会	
洪江市人民政府 1987.3–1990.2	副市长	周浦泰	1988.4 任
洪江市人民政府 1987.3–1990.2	副市长	刘清澧	1988.10 任
洪江市人民政府 1987.3–1990.2	市长助理	蒋少富	1988.4 任
洪江市人民政府 1990.2–1992.12	市长	周万鹏	1992.10 免
洪江市人民政府 1990.2–1992.12	副市长	邓星瑞	1992.10 起代理市长
洪江市人民政府 1990.2–1992.12	副市长	李济生	1992.11 免
洪江市人民政府 1990.2–1992.12	副市长	刘晃初	
洪江市人民政府 1990.2–1992.12	副市长	万冬娥	
洪江市人民政府 1990.2–1992.12	副市长	曹松会	
洪江市人民政府 1990.2–1992.12	副市长	刘清澧	1990.3 免
洪江市人民政府 1990.2–1992.12	副市长	罗庆怀	1990.10 任
洪江市人民政府 1990.2–1992.12	市长助理	蒋少富	
洪江市人民政府 1992.12–1997.11	市长	邓星瑞	1994.10 免
洪江市人民政府 1992.12–1997.11	市长	潘运鹏	1995.3 任
洪江市人民政府 1992.12–1997.11	副市长	潘运鹏	1994.10 任代理市长
洪江市人民政府 1992.12–1997.11	副市长	万冬娥	

续表：

届次	职务	姓名	任职时间
		刘晃初	
		任希平	
		蒋少富	
		杨振雄	
		罗庆怀	1992.11 免
		余一峰	1994.4—1995.12
		申晓玲	1994.10 任
	市长助理	李跃工	1994.10–1997.1
		周正宇	1997.1 任
洪江市洪江区管理委员会 1999.6–2002.9	主任	瞿光明	
	副主任	肖调建	
		刘建业	
		刘跃秋	
		张　新	1999.9 任
		陈　群	1999.12 任
怀化市洪江区管理委员会 2002.9–2005.12	主　任	瞿光明	2002.12 免
		曹成华	2002.12 任
	副主任	肖调建	
		刘建业	
		刘跃秋	
		张　新	2003.7 免
		陈　群	
		申华林	2003.6 任
		刘低炉	2003.6 任

第二节　工作机构

1978—2005年，洪江市人民政府（洪江区管委会）的工作机构，按照精减、统一、效能的原则，在解决职能交叉、机构臃肿、权责脱节、政事不分的等问题方面取得较大进展。机构的设置有增有减，有撤有并有转，变化较大，其中在1983年、1994年和2001年三次大的党政机关机构改革中进行整体精减和调整。

1979年12月，撤销洪江镇，设立洪江市人民政府，市政府下设30个职能部门：办公室、计划委员会、经济委员会、财贸办公室、农村办公室、科学技术委员会、工交局、轻工业局、商业局、广播局、文教局、人事局、环保办、对外贸易局、工商行政管理局、财政局、税务局等30个。

1980年，增设统计局、档案局、司法局，工交局分设为工业、交通两局。

1981年，增设文教办公室，文教局分设为文化、教育两局，轻工业局分设为一轻工业局和二轻工业局。

1982年3月，由于四个街道办事处升格为一级机构，撤销街道办公室。

1983年10月机构改革，市政府设置28个职能部门、2个直属机构。

1984年，增设林业局、财贸办公室。

1985年1月，财贸办改称财贸委员会；城乡建设环境保护局分设建设委员会和环境保护办公室，环保办列为市政府局级事业单位；对外贸易局改称对外贸易公司；轻工业局改称轻纺工业局，撤销纺织工业公司，业务划归轻纺工业局；教育局改称教育委员会。

1986年10月，环保办改称环境保护局，商业局和供销社分开设立，供销社列入市政府局级企业管理机构。

1987年4月，增设国土管理局。

1988年，增设监察局和经济调查研究室。

1989年，将原劳动人事局分设为劳动局和人事局，恢复乡镇企业局，增设标准计量局和房地产管理局。

1992年，增设市经济体制改革委员会办公室和农村改革试验区领导小组办公室。

1994年9月机构改革，市政府设置21个职能部门：办公室、经委、计划物价局、建设局、科技局、教育局、公安局、司法局、民政局、财政局、人事局、劳动局、交通局、农业水电局、林业局、文化局、卫生局、计生局、监察局、审计局、对外经济贸易局、财贸办、乡镇企业局、统计局、工商局、国土局、地税局、粮食局、环保局。

2001年11月机构改革，洪江区管委会设置20个职能部门：办公室、发展计划局、经贸局、教育局、公安局、监察局、民政局、司法局、财政局、人事局、劳动和社会保障局、国土资源局、建设局、交通局、农水局、林业局、卫生局、计生局、审计局、统计局、粮食局。

2005年，洪江区管委设置25个职能部门：办公室、发展和改革局、工业经济局、建设局、科学技术局、教育局、公安局、司法局、人事局、劳动和社会保障局、交通局、农业水利局、卫生局、林业局、计生局、监察局、审计局、国土资源局、环境保护局、民政局、财政局、统计局、法制办、文化局、粮食局。

第二章 重要会议

1980—1997年，洪江市政府实行市长办公会议（含政府全体会议）、常务会议和专题会议制度。市长办公会议（含政府全体会议）原则每月召开1次，根据需要增减，常务会议和专题会议不定期召开。1999年，洪江区管理委员会实行主任办公会议、常务会议和专题会议制度。

第一节 办公会议

市长（主任）办公会议是市长（主任）、副市长（副主任）的集体办公制度（含市政府全体会议）。根据需要不定期召开。会议的主要任务是研究市政府（区管委会）日常工作中需要协调解决的重要事项，听取市政府（区管委会）领导工作情况汇报，研究部署阶段性工作等。1980—1997年，共召开市长办公会议207次，1999—2005年，共召开主任办公会议78次。

1981年，研究决定洪江瓷厂与外资合资联营，决定对天兴机械厂、造纸厂免征工业环节的工商税一年，开征集市交易税，全面开征房产和土地使用税，蔬菜公司对菜农实行粮农挂勾，整顿集市贸易。

1984年，研究《关于加快我市乡街企业发展的几项具体规定》，议定从市财政更新改造资金及工业收入由省返回的一部分分成中发放有偿小额技术开发资金贷款。

1985年，议定洪黔公路修建工程，扩建6千千瓦发电机组，积极要求上级批准扩大行政区域，重点改造桥头劳动饭店、新民路二印厂和塘坨口房产公司三处区域的旧房。

1986年7月，研究新湘瓷厂开发新产品炻瓷、建设外贸出口基地。

1988年8月，出台《洪江市关于保护企业厂长、经理依法行使职权的若干规定》《关于我市工业主管局党委撤后职能转变与机构设置的意见》。

1990年8月，研究多渠道筹措人民教育基金问题。

1991年6月，决定在国家政策允许的条件下，适当放宽经营范围。

1992年12月，出台《洪江市公费医疗管理办法（试行）》和《洪江市关于全面推行农村合作医疗的实施办法》。

1993年2月，研究加快湖南洪江联合陶瓷有限公司建设问题。

1997年11月，研究成立市场建设管理委员会，负责宝庆商贸城市场建设期间和市场开业后有关有关事宜的处理和协调。

2000年3月，议定新湘瓷厂采取内部租赁的改革方案。

2001年3月，研究原洪江纺织供销公司、工商经济开发公司、洪江墙地砖厂、洪江食杂果品总店原退休及在职人员续保、参保问题以及《洪江区企业离退休养老金社会化发放实施方案》，研究洪江江丰竹业有限公司租赁洪江竹业股份有限公司竹胶板厂享受优惠政策的问题，研究夜市建设管理问题。

2003年11月，研究对新湘瓷业有限公司改制中产权变更和职工安置和原区房地产经营公司改制有关问题。

2005年4月，研究洪江区渔梁湾水电站建设、供水管网改造、改制企业退休职工参加医疗保险等问题。

第二节 常务会议

市政府（区管委）常务会议由政府办（区管委办）具体负责承办。由市长（主任）或市长（主任）委托常务副市长（副主任）召集和主持。会议视工作需要随时召开。会议主要任务是讨论、决定市政府（区管委会）工作中的重大问题；讨论由市政府（区管委会）发布的规范性文件；讨论决定各工作部门、各乡街请示市政府（区管委会）的重要事项；分析经济、社会发展态势和工作中的问题。凡会议决定的重要事项，均形成常务会议纪要，由市政府（区管委会）办督办落实。市政府（区管委会）常务会议对市（区）内一些重大问题及时作出决策，促进市（区）域经济和社会各项事业的快速发展。1981—1997年，共召开市政府常务会议85次。1999—2005年，召开区管委常务会议63次。

1988年2月，审议通过《政府工作报告》《财政预、决算报告》，同意《城市维护费使用计划安排》《关于提高办事效率的通知》。

1991年4月，议定将原3614厂地礼堂划给市体委，在横岩乡、常青乡设置医疗保健站，儿少工作委员会全面负责儿少工作；关于行政监察机关的检查范围和作出的监察决议，提出的监察建议等有关问题，认真按《行政监察条例》规范处理。

2000年2月，决定同意《嵩云山旅游开发规划》，享受洪江区招商引资同等优惠政策。研究提高洪江区城市居民最低生活保障标准和扩大保障对象等问题。

2001年9月，研究街道居委会主任历史遗留问题。

2003年6月，议定对2000—2002年转业退伍待安置人员进行安置，通过《洪江区转业复员退伍军人安置暂行办法》和《洪江区2003年转业退伍军人安置方案》。

2004年4月，研究原玻钢厂改制遗留问题，同意该厂工作队制定的《关于原玻钢厂改制遗留问题的解决方案》。

第三节 专题会议

专题会议由分管副市长（副主任）负责，做到“一事一议”，必要时采取联席会议形式。

1990年7月23日，研究湘仪总厂移交供水设施问题。

1991年，研究推广杂交玉米地膜覆盖技术确定补贴标准，讨论三化工厂与黔城化工厂脱钩后的财产、账务处理，商议禁止弃婴和妥善处理收养弃婴问题。

1992年，研究扶持乡镇企业上规模、上水平，研究黔城新区开发有关财政、税务、工商行政管理问题。

1994年5月31日，研究塘坨市场的经营管理秩序和环境卫生存在的问题。

1995年4月8日，研究整顿市容市貌问题。

1996年6月20日，学习《中央办公厅、国务院办公厅关于转发<国家计划生育委员会关于开展计划生育“三结合”工作情况的报告>的通知》和《湖南省委、湖南省人民政府关于开展“少生快富奔小康”活动，把实施“三三金桥工程”引向深入的通知》。

2001年9月，研究洪江纸业、洪纺、竹业、洪瓷等企业改革改制问题。

2005年3月18日，研究华美运动服厂、萝卜湾派出所的房产作为抵贷资产过户给洪江区农信社过程中有关税费，以及中小学危房改造有关事宜。

第三章　施政纪要

第一节　实施企业改制

2000年1月，洪江区下发《关于贯彻〈中共中央关于国有企业改革和发展若干重大问题的决定〉的实施意见》，向洪江造纸厂、煤机厂、汽标厂、玻钢厂、二化厂、医仪厂、纸箱厂塑化公司等15家企业派出改制工作队，全区企业改制正式铺开。2001年，先后有纺织厂、塑化公司、二塑料厂、一化工厂、二化工厂、洪江市第二种子公司、玻璃钢厂、新湘瓷厂、外贸公司、机电公司、机电物资公司、金穗包装厂、郊区供销社、木材公司、医仪厂、耐火材料厂、家俱厂、纸箱厂共18家企业完成破产、出售、重组和股份制改制。2000—2005年，完成改制的企业共78家，其中依法破产44家、整体出售22家、股份制或股份合作制改造9家、解散21家、政府托管12家；1700多人政府兜底安置，4604人置换身份解除劳动合同，1092人享受失业保险，2744名退休人员破产改制进社保，2700名退休人员进医保或基本医疗统筹，4000余人下岗再就业。企业重焕生机，一批新生规模企业和小型工业企业成为工业经济的重要补充。

第二节　实施“科技兴洪”战略

1992年1月，洪江市委、市政府出台《关于科技兴洪的决定》，提出“科技兴洪”战略，科技事业纳入全市国民经济和社会发展总体规划。1991—1995年，全市共开发新产品、新器型、新品种320多个，有29项获得省、地、市科技进步奖。1996—2000年，共组织实施重点科技项目67项，其中：国家级项目2项，省级项目13项，怀化市级项目16项；获得省、怀化市级科技成果奖11项，怀化市科技进步奖7项，其中5项达到国际先进水平。2001—2005年，区工委、区管委先后出台《关于进一步放活科技人员的若干政策规定》《洪江区科技学术奖励办法》，五年间共组织实施科技项目25个，其中高新技术项目1个，科技进步对经济增长的贡献率达47%。

第三节　重点工程

洪黔公路　1984年，洪江市提出《关于修筑洪黔公路的请示报告》。1986年4月3日，省交通厅批准《对洪江至黔城公路设计的批复》，并批复施工设计方案：由市邮电局门口起经湾塘，沿沅水左岸经横岩、竹瓦溪、新店、罗家溪至黔城大桥南端与国道209线衔接，全长23千米。1986年1月23日动工，至1988年10月1日全线建成通车。

洪江水电站　1988年，由湖南省水利水电设计院和贵州省水利水电设计院共同编制完成《沅水流域水电综合开发及规划》，提出“十五”期间在洪江开工建设洪江水电站等3个大型水电站。1993年7月，湖南省水利水电厅最终做出理论上可修建水电站的肯定结论。1998年3月，洪江水电站工程在洪江区横岩乡沅水段正式开工建设。2003年12月，第1台机组并网发电。2005年，第六台机组（最后1台）全部投产并网发电。洪江水电站设计库容3.4亿立方米，正常蓄水位190米，装机容量27万千瓦，年发电量9.7亿千瓦时。

第四章　综合政务

第一节　信访工作

1978年12月，成立黔阳县洪江镇信访科。1979年10月，更名为洪江市信访科。1982年5月，改称中共洪江市委、市人民政府信访办公室，归口市委办管理。1995年3月，改归市政府办管理。1999年5月，成立洪江区信访办。2001年11月，成立洪江区信访局，由区工委办和区管委办共同管理。

1978年，信访机构建立后，负责承办镇委、镇政府领导交办的案件和上级党政机关转来的案件以及群众来信来访，会同有关部门对比较重要的案件进行调查处理，并及时向党政领导提供社情民意，当好参谋，全年共接待来信619件、来访220人次。1979年，建立党委和政府负责人定期轮流接待上访群众的“接待日制度”，接待日期为每月的5日和20日。成立市委、市政府信访领导小组，全年共接待人民群众来信来访3124件次，处理3079件次，市级领导接待181人次，中央、省、地、市立案103件，结案99件。1982年5月，信访科改为信访办公室，市直属机关及部分企事业单位也设立信访接待室，配备专职、兼职信访工作人员。1983年5月，市委、市政府为及时、妥善地解决人民群众来信来访中反映的问题，按照“分级负责、归口办理”的原则，制订《洪江市信访工作责任制》，重大案件由主要领导或分管领导亲自包案处理，防止和克服信访工作中相互推诿和扯皮现象，使大量信访案件在基层得到处理，全年接待来信来访707件次，处理692件次。1985年，市委、市政府领导“接待日”制度每次接待调整为两天。1990年，推行信访件件结账制，全年交办问题61个，办妥51个。1996年，信访工作出现群众反映一些综合性强、解决难度大的深层次问题，全年受理群众来信来访193件次，集体上访43批768人。1999—2001年，上访问题以企业改制后出现的下岗职工安置、生活费、职工养老金等成为现实的难点、热点，区工委、区管委主管及分管领导亲自接待上访职工，对职工得出的各种问题逐一解答，全年受理来信来访784件次、来访7100人次，其中集体上访232批次，集体上访人数5847人次，未发生一起因上访而出现的恶性事件。2005年，共受理群众来信来访1967次，其中来信49次、来访1918人次，来访中集体上访62批次、1428人，群体上访42批次、

121人，个人上访81人次。

第二节 移民工作

1998年5月，成立洪江市移民开发局。1999年5月，移民工作由支电办负责。1999年7月，移民办挂靠洪江区计委。

淹没区域 1998—2005年，洪江水电站、渔梁湾水电站共淹没涉及5乡11个行政村（居民委员会）37个村民小组和15家企事业单位，涉及移民2037人，淹没房屋5.3万平方米，淹没耕地69公顷（水田41公顷、旱地28公顷），柑桔园17公顷、经济林5公顷、林地34公顷。其中洪江水电站水库淹没涉及3个乡、7个行政村、29个村民小组和14家企业事业单位，涉及人口1993人。淹没房屋5.2万平方米（公房1.1万平方米、私房4.1万平方米），淹没耕地63公顷、宅基地6.3公顷，柑桔园17公顷，经济林5.3公顷，山林地34公顷；渔梁湾水电站水库淹没涉及桂花园和常青2个乡的4个行政村（居民委员会）8个村民小组和一个单位，涉及人口44人，淹没耕地5.2公顷，淹没房屋851平方米。

移民安置 1998—2001年，完成坝区移民搬迁224户841人，搬迁单位14个，各类公房、土地、专项设施等补偿约2700万元；库区搬迁64户300人，各类公房、土地、专项设施等补偿约600万元。2005年，洪江区共完成移民安置1155人。

基础设施建设 架设大湾塘至横岩自来水管道4千米，解决横岩移民700多人饮水问题；鸬鹚和菖蒲等移民点饮水工程，解决800多人饮用水；恢复提灌站1个、渠道4千米，解决37公顷稻田灌溉；架设高低压输电线路，解决横岩、沅河、鸬鹚等3个村1600多人的生产生活用电问题；恢复4.3千米的广播电视线路；完善横岩乡政府和横岩小学的建设；完成洪江水电站大坝至城区4.5千米公路的硬化、绿化和亮化工程。

移民开发 种植业方面，注重农业高科技项目的开发，库区共发展葡萄4.1公顷、药材1.3公顷、食用早元竹0.3公顷，楠竹低改631公顷；养殖业方面，年出栏羊3500头，发展网箱养鱼50口、库区养鱼13公顷，年出笼鸡7.5万羽，年产仔猪200多头；工副业，从事第二、三产业人员998人。2005年，库区移民人均纯收入2316元，人均住房面积32平方米。

第三节　法制工作

1990年8月，成立洪江市法制办。2005年，洪江区法制办公室（加挂洪江区管理委员会行政复议办公室牌子），归口区管理委员会办公室管理。

1990—1997年，市法制办侧重加强全市法制基础建设，宣传法律法规，培训执法队伍。深入宣传《中华人民共和国行政诉讼法》《中华人民共和国行政复议条例》，每年至少举办3期法制培训班。2000—2001年，开展行政执法人员资格审查、清理整顿，规范行政执法，确保依法行政。区管委与区内34个行政执法单位签订《行政执法目标管理责任书》，培训行政执法人员357人，办理行政执法证386件，办理人大代表建议和政协委员提案123件，办理行政复议案件16件，开展规范性文件审核32件。2005年，推行行政执法目标管理考核评议制度，对依法行政情况进行量化考核、综合评比，报请政府奖优罚劣，强化行政执法的层级监督，督促各执法单位依法行政。全年审核规范性文件81件，其中发布52件，退回29件。对全区100多个行政事业单位进行行政执法监督检查。

第四节　民族　宗教工作

一、民　族

洪江市（区）的民族结构以汉族为主。1990年全国第四次人口普查登记，市境内有苗、侗、土家、瑶、回、满、白、彝、壮、布依等13个少数民族，以苗族和侗族为主，少数民族合计2035人，占全市总人口的2.3%。随着改革的不断深入，开放的不断扩大，来洪江定居的少数民族不断增多。2000年第五次全国人口普查登记，洪江区少数民族增至18个，新增加的少数民族有朝鲜、维吾尔、藏、哈尼、土族。

中共洪江市委（区工委）、洪江市人民政府（区管委）认真贯彻党的民族政策，重视保障少数民族的合法权益和利益，维护和发展各民族平等、团结、互助关系，没有出现任何民族的歧视和压迫、破坏民族团结和制造民族分裂的违法行为。全市（区）汉族和少数民族友爱和谐，都发挥当家作主的积极性，对促进全市（区）社会主义建设事业的发展起了重大作用。居住在境内的少数民族公民同汉族一样，享有宪法赋予的民主权利，在所在选区的选举中，依法行使选举权和被选举权。1980—1997 年，洪江市第八届至第十二届人大代表中，少数民族人大代表保持在 1%—5%；市政协一届至七届政协委员中，各届均有 1 至 3 名少数民族委员。少数民族的生产、生活、学习受到党政部门的关心和重视。1994 年，接待少数民族群众来访 12 人次。1996 年，开展全市少数民族普查发证工作，为 12 个少数民族 3300 余人发放证明，落实洪江市回族干部职工每月 10 元生活补助。2000 年，全区共为 30 名少数民族学生减免学杂费，为 24 名少数民族失学儿童联系扶贫单位。2005 年，洪江区对于区域内少数民族从事藏药、民族工艺品、水果等流动经营活动，在经营场所租赁、营业执照、税收等方面给予优惠扶持。

二、宗 教

洪江市（区）共有佛教、道教、基督教三个教派，已批准开放的佛教场所 9 处（大兴禅寺、大佛寺、妙音寺、紫竹林、药王寺、普恩寺、天柱寺、青云寺、弥陀寺）、道教场所 3 处（密云观、地母宫、灵光殿）。

中共十一届三中全会以来，洪江市委落实党的宗教信仰自由政策，使正当的宗教活动逐步恢复，被占用的寺院逐步清退，具有文物价值的寺院得到保护修理。1987 年，全市从事宗教活动的教徒 221 人，其中佛教僧尼 9 人、佛教居士 126 人、基督教徒 86 人，其中佛教、道教负责人 6 人，被推选为市政协委员的 3 人。1992 年，怀化地区佛教协会在嵩云山大兴禅寺成立。1995 年 10 月，市委、市政府下发《〈关于我市宗教活动场所清理整治及登记工作的意见〉的通知》，规定全市 12 个宗教活动场所，即嵩云山大兴禅寺、大佛寺、基督教长岭界教堂、天柱峰庙、南岳山普恩寺、蟠龙殿、百丈庙、沅河庙、铁溪桂花桥庙、林家播观音阁、密岩尖庙、长寨飞山庙。1999年，全区共有佛教、道教、基督教“三教”合法宗教活动场所12所，宗教专职人员及教徒1400多人。2001年，洪江宗教界以嵩云山为重点，开展各寺庙、堂点环境美化的维修改造工作，全区寺庙、堂点、宫观共增加活动场所近800平方米。2005年，修建佛足湖、大兴禅寺方丈楼、水壶洞二堂—小西天、千佛塔、舍利子和报恩亭等，并重新修建妙音寺，新建药王寺。

第七篇　人民政协

第一章　全体委员会议

第一节　政协洪江市第三届委员会

一、委　员

市政协第三届委员会经过全市社会各界广泛推荐，组织专门班子认真考察，共产生政协委员51人。其中：中共界3人，占5.9%；工商联界9人，占17.7%；工会界3人，占5.9%；医疗卫生界3人，占5.9%；妇联界3人，占5.9%；特邀人士界12人，占12.5%；文化艺术界2人，占3.9%；农林界1人，占2%；共青团界1人，占2%；科技界6人，占11.8%；教育界6人，占11.8%；少数民族界1人，占2%；宗教界1人，占2%。

二、政协全会

市第二届政协共召开四次全会。

1980年11月24日至12月2日，政协洪江市第二届第一次全体会议召开，出席委员54人。会议对社会主义民主和法制建设、发展社会生产力人民政协面临的新形势新任务等问题展开讨论，提出许多批评、建议。会议指出新时期人民政协要坚决贯彻“长期共存、互相监督”“肝胆相照、荣辱与共”方针，协助党和政府落实各项统战政策，发展壮大全体社会主义劳动者、拥护社会主义的爱国者和拥护祖国统一的爱国者的统一战线，为把洪江建设成社会主义新型城市，为实现祖国统一大业作出贡献。

1981 年 11 月 19 至 24 日，政协洪江市第二届第二次全体会议召开。会议要求在国家事务中充分发挥人民政协的政治协商、检查监督、广开才路的作用，把各项事业推向前进。

1982 年 4 月 12 至 17 日，政协洪江市第二届第三次全体会议召开。会议围绕“如何有效地促进经济发展这一议题进行协商讨论，从坚持四项基本原则、巩固发展安定团结的政治局面、坚持两个文明建设一起抓、严厉打击经济领域的犯罪活动等方面提出意见和建议。

1983 年 3 月 5 日至 11 日，政协洪江市第二届第四次全体会议召开，主要学习讨论新宪法和政协新章程，进一步明确人民政协的性质，任务、地位和作用。

第二节　政协洪江市第四届委员会

一、委　员

市政协第四届委员会经过全市社会各界广泛推荐，组织专门班子认真考察，共产生政协委员 90 人。其中：中共界 8 人，占 8.9%；工商联界 12 人，占 13.3%；工会界 3 人，占 3.3%；医疗卫生界 9 人，占 10%；妇联界 3 人，占 3.3%；特邀人士界 15 人，占 16.7%；文化艺术界 3 人，占 3.3%；农林界 1 人，占 1.1%；共青团界 3 人，占 3.3%；科技界 12 人，占 13.3%；新闻界 1 人，占 1.1%；教育界 12 人，占 13.3%；体育界 1 人，占 1.1%；社会福利界 1 人，占 1.1%；少数民族界 3 人，占 3.3%；宗教界 3 人，占 3.3%。

二、政协全会

市第四届政协共召开三次全会。

1984 年 3 月 25 至 31 日，政协洪江市第四届第一次全体会议召开，出席委员 90 人。与会委员认真学习讨论中共十二届二中全会公报，竭诚拥护《中共中央关于整党的决定》，并以肝胆相照，风雨同舟的战友身份协助市委搞好整党。

1985 年 3 月 18 至 23 日，政协洪江市第四届第二次全体会议召开，学习讨论《中共中央关于经济体制改革的决定》，会议号召全体政协委员充分发挥各自的优势，热情支持改革，积极投身改革，为各项改革献智出力。

1986 年 4 月 7 至 12 日，政协洪江市第四届第三次全体会议召开。与会委员对实施“七五”计划加强两个文明建设等重大问题，畅抒己见，献计献策。

第三节　政协洪江市第五届委员会

一、委　员

市政协第五届委员会经过全市社会各界广泛推荐，组织专门班子认真考察，共产生政协委员 120 人。其中：中共界 8 人，占 6.7%；工商联界 11 人，占 9.2%；工会界 7 人，占 5.9%；医疗卫生界 11 人，占 9.2%；妇联界 4 人，占 3.3%；特邀人士界 22 人，占 18.3%；文化艺术界 5 人，占 4.2%；农林界 2 人，占 1.7%；共青团界 4 人，占 3.3%；科技界 22 人，占 18.3%；新闻界 1 人，占 0.8%；教育界 14 人，占 11.7%；体育界 2 人，占 1.7%；社会福利界 1 人，占 0.8%；少数民族界 3 人，占 2.5%；宗教界 3 人，占 2.5%。

二、政协全会

市第五届政协共召开三次全会。

1987 年 2 月 28 日至 3 月 7 日，政协洪江市第五届第一次全体会议召开，出席会议委员 120 人、列席 57 人。会议回顾总结上届政协工作，坚持四项基本原则，反对资产阶级自由化和贯彻勤俭建国方针，开展增产节约、增收节支活动两件大事进行协商讨论，号召全体委员协助市委和政府切实抓好两件大事，确保“七五”计划顺利实施。

1988 年 3 月 21 至 27 日，政协洪江市第五届第二次全体会议召开。会议协商讨论开发黔城新区，并对清理整顿公司、廉政建设充分发表意见，就工业生产用电、城市居民生活用煤、农业生产教育工作等问题组织委员分别同政府领导开展对话活动。

第四节　政协洪江市第六届委员会

一、委　员

市政协第六届委员会经过全市

社会各界广泛推荐，组织专门班子认真考察，共产生政协委员127人。其中：中共界8人，占6.3%；工商联界9人，占7.1%；工会界7人，占5.5%；医疗卫生界10人，占7.9%；妇联界3人，占2.4%；特邀人士界32人，占25.2%；文化艺术界3人，占2.4%；农林界10人，占7.9%；共青团界3人，占2.4%；科技界20人，占15.8%；新闻界1人，占0.8%；教育界13人，占10.2%；体育界1人，占0.8%；社会福利界2人，占1.6%；少数民族界3人，占2.4%；宗教界2人，占1.6%。

二、政协全会

市第六届政协共召开三次全会。

1990年2月20—27日，政协洪江市第六届第一次全体会议召开，出席会议委员127人，会议回顾总结第五届委员会三年来的工作，研究市政协第六届委员会机构设置和有关人事任免事项。

1991年2月28日至3月2日，政协洪江市第六届二次全体会议召开。会议认为，一年来，政协洪江市第六届委员会以经济建设为中心，在治理整顿与深化改革中，加强政治协商、民主监督，为促进洪江市社会经济发展，推动两个文明建设，做了大量工作。会议要求，政协要围绕经济建设，推进社会主义现代化建设和改革开放服务，发挥自己在社会主义精神文明建设中的独特优势。

1992年3月3—5日，政协洪江市第六届三次全体会议召开。会议认为，一年来，市政协认真履行政治协商、民主监督基本职能，广泛团结各方人士。调动一切积极因素，为推动洪江市两个文明建设和反和平演变思想作斗争中发挥独特作用。会议号召，全体政协委员要紧密团结在以江泽民同志为核心的党中央周围，在中共洪江市委的领导下，团结一切可以团结的力量，振奋精神，开拓进取，求实创新，自强不息，为促进洪江市改革开放和两个文明建设作出新的贡献。

第五节　政协洪江市第七届委员会

一、委　员

市政协第七届委员会经过全市

社会各界广泛推荐，组织专门班子认真考察，共产生政协委员 142 人。其中：中共界 14 人，占 9.9%；科协界 4 人，占 2.9%；工商联界 6 人，占 4.2%；工会界 7 人，占 4.9%；医疗卫生界 10 人，占 7%；妇联界 4 人，占 2.9%；特邀人士界 29 人，占 20.4%；文化艺术界 3 人，占 2.1%；经济界 12 人，占 8.5%；农林界 14 人，占 9.9%；共青团界 2 人，占 1.4%；科技界 17 人，占 12%；新闻界 1 人，占 0.7%；教育界 11 人，占 7.8%；体育界 1 人，占 0.7%；社会福利界 3 人，占 2.1%；少数民族界 3 人，占 2.1%；宗教界 1 人，占 0.7%。

二、政协全会

市第七届政协共召开六次全会。

1992 年 12 月 26—30 日，政协洪江市第七届一次全体会议召开，出席大会代表 140 人。大会认为，三年来，政协洪江市第六届委员会认真履行人民政协的基本职能，突出搞好协商监督，切实抓好调查考察，在办实事、做好事，为企业服务等方面，成绩显著。会议民主选举产生政协洪江市第七届委员会主席、副主席、秘书长和常委等新的领导班子。

1993 年 3 月 8—13 日，政协洪江市第七届二次全体会议召开，出席大会代表 137 人。会议认为，过去一年全市的改革开放迈出新步伐，经济工作克服困难取得新成绩，民主法制建设和精神文明建设得到加强，《政府工作报告》对 1993 年工作的部署是切实可行。

1994 年 3 月 9—14 日，政协洪江市第七届三次全体会议召开，出席大会代表 124 人。会议认为，过去一年洪江市在经济运行十分困难的情况下，积极推进各项改革，强化服务，加强调控工作，取得较好的成绩。

1996 年 3 月 17—21 日，政协洪江市第七届四次全体会议召开，出席大会代表 131 人。会议充分肯定洪江市“八五”期间改革开放、经济建设和各项社会事业所取得的成就，对提出的“九五”计划和全市国民经济与社会发展奋斗目标、指导方针及政策措施，是符合洪江市的实际情况。

1997 年 3 月 3—6 日，市政协第七届五次全体会议召开，出席大会代

表121人。会议认为,过去一年,市委、市政府战胜特大洪涝灾害，克服种种困难，基本实现“九五”计划的预期目标。

1997年12月，政协洪江市第七届六次全体会议召开，出席大会正式代表、特邀代表142人。会议认为，本届政协的五年中，常务委员会认真履行政治协商、民主监督、参政议政的主要职能，调查研究办实事，加强政协工作的制度化、规范化建设，各项工作取得新进展，圆满完成本届政协的各项工作任务，为促进洪江市的两个文明建设作出应有贡献。

第六节　政协（新）洪江市第一届委员会

一、委　员

市政协第一届委员会经过全市社会各界广泛推荐，组织专门班子认真考察，共产生政协委员95人。

二、政协全会

市第一届（新）政协全会洪江区单独召开会议三次。

1999年10月11日—14日，政协洪江市第一届委员会第二次全体会议在安江召开。洪江区81名政协委员出席会议，会议增选任希平为洪江市政协副主席，协商审议《洪江区管委会工作报告》《洪江区国民经济和社会发展报告》和《洪江区财政预算及执行情况报告》。

2000年3月21日24日，政协洪江市第一届委员会第三次全体会议在安江召开。洪江区87名政协委员出席会议，会议协商审议《区管委会工作报告》《区国民经济和社会发展报告》《区财政预算及执行情况报告》。会议期间,提出建议案3件，提案24件，胡华坤、赵志谦、刘勇委员分别就在洪江区逐步普及高中阶段教育、洪江水电站坝区移民安置工作、大力推进区国有工业企业改革问题作大会协商发言。

2001年2月9日—11日，政协洪江市第一届委员会第四次会议在安江召开。洪江区91名政协委员出席会议，会议协商审议政府、计划、财政报告和《洪江区国民经济与社会发展“十五”计划纲要（草案）》。

会议期间，区政协联工委提出建议案3件，政协委员提出提案35件，任希平、席德期、刘岳鑫委员就加快县域经济发展、旧城改造、搞好嵩云宗教文化设施建设，促进洪江旅游业发展问题作参政议政发言。

2002年3月3日—5日，政协洪江市第一届委员会第五次全体会议在安江召开。洪江区95名政协委员出席会议，会议协商讨论政府、计划、财政工作报告。会议期间，区政协联工委提出建议案3件，政协委员提出提案35件，曾湘洪、戴英鸿、贺福民委员分别就洪江古商城保护开发、乌骨鸡养殖产业化、整治洪江城区脏乱差问题作参政议政发言。

2003—2005年，因本区无政协委员，洪江区政协工委没有召开全体会议。

第二章　常务委员会

第一节　领导成员

市（区）政协常务委员会，由主席（主任）、副主席（副主任）、秘书长及其他常务委员组成。

表 7-1　1980-2005 年历届政协主席、副主席名录

届别	职务	姓名	备注
政协洪江市第三届委员会（1980.11—1984.3）	主 席	崔 毅	兼
	副主席	李 明	
		黄云照	兼
		刘松修	1982.9 免
政协洪江市第四届委员会（1984.3—1987.2）	主 席	李 明	
	副主席	韩正有	1984.11 免
		陈辅臣	1986.4 补选
		黄云照	
		许素贞	
		宋振李	
政协洪江市第五届委员会（1987.2—1990.3）	主 席	崔之善	
	副主席	陈辅臣	
		张泰松	
		朱崇勋	
		谭观浩	
		朱贵龄	
		王成仁	1988.3 增选
政协洪江市第六届委员会（1990.3—1992.12）	主 席	王成仁	
	副主席	陈辅臣	
		朱崇勋	
		谭观浩	
		倪 卉	
		吴青山	1991.2 增选
		胡光荣	1991.2 增选
		席德期	1991.2 增选
政协洪江市第七届委员会（1992.12—1997.11）	主 席	邓星玉	
	副主席	李兴庭	
		符 晓	

续表：

届别	职务	姓名	备注
		曹松会	
		蒋永淳	
		朱崇勋	
		席德期	
政协洪江区联络工作委员会（1999.11—2002.9）	主 任	任希平	2001.10 免
		杨君芳	2001.10 任
	副主任	符 晓	2002.1 免
		满益友	
		方伯政	2001.12 任
政协怀化市洪江区工作委员（2002.9—2005.12）	主 任	杨君芳	2002.19 免
		李任斌	2003.1 任
	副主任	满益友	2003.3 任
		方伯政	
		刘少成	2003.5 任

第二节　工作机构

1980 年 11 月，政协洪江市委员会及其常务委员会恢复，并建立主席会议制度。日常工作，在常务委员会领导下，由驻会主席和秘书长主持。1983 年 12 月，政协洪江市委员会得到充实和加强，配备专职主席、副主席、秘书长。1987 年，增设工作联络委员会，为市政协常设机构。1990 年 3 月，市政协将提案工作委员会从原市政协学习、提案、文史资料研究委员会中分出来。1996 年，市政协工作机构调整为“一室四委”，即办公室、提案法制群团委员会、学习文史委员会、经济科技联谊委员会、文教卫体委员会。1999 年 6 月，设立洪江区政协联络工作委员会，履行县级政协委员职能，为政协洪江市委员会的派出机构，下设办公室、职能科、经济联络科。2002 年 10 月，更名为政协怀化市委员会洪江区工作委员会，作为怀化市政协的派出机构，内部设置不变。

第三章　职能履行

第一节　参政议政

1980—1988年，市政协组织委员深入企业、农村、街道、学校进行视察和调查，写出调查报告70多篇，就经济、政治体制改革、制订和实施本市国民经济、社会发展“六五”“七五”计划，及人民群众普遍关心的计划生育、物价、教育、社会治安等问题，提出建议和意见600余条。1989—1990年，市政协对全市的重大事务，包括整顿经济秩序、维护安定团结、开展宏观经济体制改革及重大人事安排等进行协商讨论，建言献计。1991—1992年，围绕“工业强市”的发展战略，建言献策。组织委员就深化工业改革、发展壮大支柱工业、招商引资、优化经济环境、加大扶持民营工业、街道工业、乡镇工业的力度等方面，进行调查活动，撰写调查和考察报告47篇，许多成为政府科学决策提供依据。1993—1995年，市政协根据社会“三乱”（乱收费、乱罚款、乱摊派）现象和“农民负担过重”等问题，组织委员深入调查，市委、市政府下发《关于坚决制止“三乱”的若干规定》，取消不合理收费100余项。1996—1997年，市委、市政府把政治协商纳入决策程序，对关系到洪江市物质文明建设、精神文明建设、民主法制建设、重要工作部署和人事安排，在决策前都主动征求政协意见。

1999年6月，洪江区政协联工委对洪江水电站进行考察，就工程质量、移民安置和生产开发写专题调查报告，确保电站顺利施工。2000—2001 年，区政协联工委就招商引资、发展旅游业、完善社会保障制度等组织委员调研。2002—2003 年，国企改革进入攻坚阶段，区政协工委领导组织政协委员调研，汇集 36 条建议和意见，及时向区领导反映。2004—2005 年，区政协工委就农业产业化、依法治区、社区建设、村务公开、小康村建设等方面组织调查、考察、检查，撰写调查报告 6 篇，反映民情民意材料 6 篇。

第二节　提案督办

1981—1988 年，提出提案 665 件，立案办理 617 件，提案涉及经济体制改革、量力而行振兴工业、鼓励和扶持个体私营经济发展、平反冤假错案、民主法制、劳动人事、文化教育、环境保护及统一战线等方面。1989—1997 年，提出提案 435 件。立案 385 件，提案涉及市场经济体系建设、工业、商业、农业、城市建设、交通运输、科技、文教、卫生、政治建设、机构改革、司法改革、劳动人事、计划生育、公费医疗、统战及政协工作等方面，其中被采纳的 116 件，正在研究处理或准纳入计划 245 件，暂时难以解决 24 件。

1999—2001 年，提出提案 101 件，立案 101 件。2002—2005 年，洪江区不设政协委员，提案工作由政协洪江区工委机关工作人员征集，共征集提案 70 件，立案 69 件，提案内容涉及国企改革改制，农业产业化建设、民主政治建设、政务公开、依法治区、社区建设、古商城文物保护、旅游活区、民营兴区、文化强区、生态文明建设、“三强”教育等方面，其中被采纳或部分采纳的有 19 件，纳入计划准备实施的 45 件，正在创造条件、纳入计划的有 5 件。

第三节　服务经济建设

1980—1983 年，政协科技组配合市科委举办学术报告、讲座 98 次。1984—1986 年，政协科技组协助贵州黎平创办瓷厂，工商财贸组配合工商联办起市综合贸易公司和市工商贸易信托公司。1987—1989 年，由政协委员牵头，承包乡镇企业或帮助街办企业加强管理、改造设备。1990—1992年，积极为企业牵线搭桥，为市油漆厂联系购回紧缺原材料桐油23吨，为市耐火材料厂签订栓皮供货合同800吨，为二造纸厂联系废纸浆，为横岩乡竹制品厂引进设备和技术，帮助市布鞋厂、桂花园乡液压件厂等单位解决技术难题。1993—1997年，组织委员们深入企业调查研究，先后写出调查报告10多篇，提出意见和建议50多条，如五倍子项目，经过考察发现市场已发生变化，建议市委、市政府不宜再上该项目。1995年，针对企业亏损面加大的局面，向市政府建议组建“支帮促工作队”，驻厂帮助企业扭亏为盈。是年，8户企业全部实现扭亏增盈目标。

1999—2005年，政协领导分别挂点几家重点改制企业，开展“六好”中（提一条好建议、写一篇好报告、交一批好朋友、引进一个好项目、收集一条好信息、办一件好事情）活动。此外，发挥政协优势，引进境外资金1555万元，有力促进地方经济快速发展。

第四节　征集文史资料

1981年11月，市政协文史资料研究委员会以文史委员为骨干建立文史整理队伍，形成乡、街、局的文史通讯网络。在征稿中，坚持“抢救”先行和“三亲”（亲历、亲见、亲闻）资料为主原则，按照“三主三辅”（以解放前为主、解放后为辅；以党外为主、党内为辅；以本地为主、外地为辅）的方式，动员知情人自己写稿或安排专人采访写稿。1981—1989年，整理、编辑出版《洪江文史》第一、二、三辑。1990—1997年，编辑出版《洪江文史》第四、五、六、七辑，分建国剪影、教育史话、报业邮电旧闻、文卫史志、人物春秋、抗日烽火、政坛轶事、工商经济、交通史话、旧闻钩沉、宗教习俗、风景名胜、其他史料等栏目。1999—2005年，先后征集、收集、抢救出洪江区政治、经济、军事、文化、社会等重要历史资料422篇，计156万字，出版发行《洪江文史》9辑，共87.7万字。

第八篇　工商联 社会团体

第一章　工会组织

第一节　组织机构

1979 年 12 月，黔阳县洪江镇总工会改称洪江市总工会。1999 年 6 月，成立洪江区总工会。2005 年，全区共有 11 个基层系统工会组织、128 个基层工会组织、工会会员 6648 人。

第二节　代表大会

1978—2005 年，洪江市（区）共召开五次职工代表大会，其中 1999—2005 年因故未召开职工代表大会。

一、洪江市工会第七次代表大会

1978 年 10 月 25—28 日，洪江镇总工会召开第七次会员代表大会，出席大会代表 255 人。会上，高云峰代表第六届镇工会委员会作题为《全镇工人阶级紧急动员起来这加速实现新时期的总任务而奋斗》的工作报告。大会选举产生洪江镇总工会第七届委员会委员 23 人，推选出主席、副主席、常务委员 7 人，其中高云峰为市总工会主席，李沧洲为副主席。

二、洪江市工会第八次代表大会

1982年3月16—18日，洪江市总工会召开第八次会员代表大会，出席大会代表271人，列席代表19人。会上，高云峰代表第七届市工会委员会作题为《总结经验，发扬成绩，乘胜前进》的工作报告。中共洪江市委副书记杨松柏和怀化地区工会副主席周国栋在会上作重要讲话。会议通过《关于建设社会主义物质文明和精神文明》的倡议书。大会选举产生洪江市总工会第八届委员会委员27人，推选主席、副主席、常务委员11人，其中高云峰为市总工会主席，袁作仁、于方坤、杨昌贵（兼）、吴青山（兼）为副主席。

三、洪江市工会第九次代表大会

1986年4月28—30日，洪江市总工会召开第九次会员代表大会，出席大会代表305人，特邀代表6人。会上，杨昌贵代表第八届市工会委员会作题为《围绕中心，投入改革，创新务实，再绘新图》的工作报告。中共洪江市委副书记曾振湘到会并作重要讲话。大会选举产生市总工会第九届委员会委员25人，推选出主席、副主席、常务委员11人，其中胡华坤为市总工会主席，袁作仁、申建华为副主席。

四、洪江市工会第十次代表大会

1991年2月1—2日，洪江市总工会召开第十次会员代表大会，出席大会代表343人，列席代表7人。会上，杨昌贵代表第九届市工会委员会作题为《团结全市职工，履行四项职能，为实现振兴和建设洪江的第二步战略目标建功立业》的工作报告。中共洪江市委副书记曾振湘、怀化地区工会副主席胡师金到会并分别作重要讲话。大会选举产生市总工会第十届委员会委员25人，推选主席、副主席、常务委员9人，其中刘杜庭为市总工会主席，刘清和、朱修元为副主席。

五、洪江市工会第十一次代表大会

1996年4月29—30日，洪江市总工会召开第七次会员代表大会，出席大会代表166人。会上，刘杜庭代表第十届市工会委员会作题为《团结和动员全市广大职工为促进洪江的改革发展稳定而奋斗》的工作报告。大会选举产生洪江市总工会第十一届委员会委员25人，推选出主席、副主席、常务委员8人，其中刘柱庭为总工会主席，刘清和、朱修元为副主席。

第三节 主要活动

一、参加企业民主管理

1979年3月，市总工会与市经济委员会组成工作组，先在新湘瓷厂进行恢复和健全职工代表大会制度的试点，然后在全市推广。职代会代表由职工选举产生，它的常设机构为主席团。主席团与基层工会组织相结合，有的还建立提案审查、生产技术、人事劳资、工人福利、住宅分配等专门委员会，充分行使审议权、通过权、评议监督权、民主选举权。1984年以来，已有28家企业建立民主评议制度，其中1986年评议厂长经理177人次，1987年有99个单位评议厂长经理622人次。1999—2001年，建立职工代表大会制度、推行企业业务招待费向职代会报告制和民主评议企业领导干部制度，建制企业召开职代会率、报告率和评议率分别为90%、90%、89%。推行平等协商、签订集体合同制度，全区有48家企业先后签订集体合同。推行厂务公开工作，全区21家企事业单位实行厂务公开。2005年，全区有84家企事业单位坚持召开职代会，48家企事业单位建立厂务公开栏。

二、推动企业技术进步

1979年，恢复职工业余学校，开设33个教学班、学员1760人。1994年，组织劳动竞赛144项（次），创经济效益122.2万元；开展技术革新、技术攻关148项，提合理化建议3068条，实施332条，创经济效益303.4万元。1995年，成立科技协作组织45个、会员1070人。全年开展技术革新、新技术推广活动79项，创经济价值285万余元；开展群众性技术活动，完成技术攻关4项，创经济价值24万元。1999—2001年，组织开展以技术创新为主题的劳动竞赛，共有7855名职工参加不同形式的技术比武，共提合理化建议2688条，采纳实施636条，新产品开发122个，创经济价值1254.2万元。2005年，全区推广应用新技术6项，小改小革45次，开发新产品18个。

三、维护职工合法权益

1978—1986年，有67个单位建立劳动保护委员会，按规定发放劳动保护用品；12个单位建立女工值班宿舍，有的还设立哺乳室。1996年，市总工会指导各企事业单位开展平等协商、签订集体合同工作，全市69家企事业单位签订集体合同。2005年，全区新签、续签平等协商集体合同的国有、集体及控股企业有13家，私营企业5家，签订率81.8%。

四、“双联”工作

1996年，成立洪江市扶贫帮困互助会，全年通过政府拨款、单位及职工捐款共筹集资金15万元。2000年，开展“双联”（联系困难企业、联系困难职工）工作，首批12家困难企业和127户特困职工为重点帮扶对象。2000—2005年，共帮助困难职工5884人次，年均联系困难企业10个，捐款总额110万元。

五、劳模评选与推荐

1978—2005年，全市（区）共评出全国劳模1名、省部级劳模8名、地市级劳模19名、县市级劳模35名。对劳模实行建档立册管理，及时掌握劳模在工作、生活、学习上的情况，定期对特困劳模走访慰问。2005年，全区市级以上劳模的政策性补助全部到位。

第二章　共青团

第一节　组织机构

1972年6月，召开共青团洪江镇第七次代表大会，选举产生共青团洪江镇第七届委员会，推选陈传富为书记，李茂华为副书记。1979

年10月，团镇委随行政建制变更为共青团洪江市委员会。1999年6月，成立共青团洪江区委员会。2005年，全区有基层团委18个，团总支25个，团支部168个。

第二节 代表大会

根据团的章程规定，1978—2005年共青团洪江市（区）委员会共召开五次团员代表大会，其中1999—2005年因故未召开团员代表大会。

一、共青团洪江镇第八次代表大会

1978年11月1—4日，团镇委召开第八次团员代表大会，出席大会代表263人。万冬娥代表共青团洪江镇第七届委员会作题为《全镇团员、青年动员起来，为实现新时期的总任务而奋斗》的工作报告。大会选举产生共青团洪江镇第八届委员会委员21人，推选出书记、副书记、常务委员9人，其中韩正有为团镇委书记，万冬娥为副书记。

二、共青团洪江市第九次代表大会

1981年10月4—6日，共青团洪江市委召开第九次团员代表大会，出席大会代表247人。万冬娥代表共青团洪江镇第八届委员会作题为《团结一致为建设社会主义现代化强国英勇奋斗》的工作报告。中共洪江市委副书记杨松柏到会祝贺并发表重要讲话。大会选举产生共青团洪江市第九届委员会委员21人，推选出书记、副书记、常务委员9人，其中万冬娥为团市委书记，申建华为副书记。

三、共青团洪江市第十次代表大会

1985年5月19—20日，共青团洪江市委召开第十次团员代表大会，出席大会代表267人。李跃工代表共青团洪江市第九届委员会作题为《朝气蓬勃，大胆开拓，为振兴洪江而奋勇拼搏》的工作报告。大会选举产生共青团洪江市第十届委员会委员20人，推选李跃工为团市委书记。

四、共青团洪江市第十一次代表大会

1990年11月8—9日，共青团洪江市委召开第十一次团员代表大会，出席大会代表262人。李跃工代表共青团洪江市第十届委员会作

题为《振奋精神，团结一致，在治理整顿深化改革的实践中创建新业绩》的工作报告。大会选举产生共青团洪江市第十届委员会委员 23 人。1991 年 1 月 4 日，召开共青团洪江市第十一届委员会第二次全委会议，选举曾勤为团市委书记。

五、共青团洪江市第十二次代表大会

1996 年 5 月 3—4 日，共青团洪江市委召开第十二次团员代表大会，出席大会代表 92 人。赵忠代表共青团洪江市第十一届委员会作题为《弘扬奋斗精神，承担建设重任，团结和带领全市青年向着新世纪乘胜前进》的工作报告。中共洪江市委副书记肖仕华到会祝贺并发表重要讲话。大会选举产生共青团第十二届委员会委员 19 人，推选出书记、副书记、常务委员 11 人，其中赵忠为团市委书记，黄文胜为副书记。

第三节　主要活动

1978 年 11 月，团镇委组织团员、青年学理论、学技术、学科学，开展争当“新长征突击手”活动。1979 年，在团员、青年中，开展“学雷锋、树新风、兴‘五讲’、比‘四美’、争当建设社会主义精神文明先锋”活动。1980 年 6 月 2 日至 9 月 30 日，组织“青工百日竞赛”活动，全市有 5373 名青工参赛，百日超工时 78.3 万个，上贡献班 33.8 万个，技术革新 25 项，百日共创价值 420 余万元。1981—1988 年，团市委坚持为经济建设中心服务，组织开展“五小智慧杯”“百业夺标”等活动，成立 74 个青年技术攻关小组，攻克一批技术难关，有 3 项成果荣获全国青工小发明奖。在农村引导团员、青年学科学、用科学，参加“绿化祖国，美化家园”活动，先后建造青年林 27 公顷。1989 年 3 月，推行团员证制度，全年共青团员领证率达到 95% 以上。1991 年，开展“学雷锋、树新风”活动，全市共成立学雷锋小组 224 个，创建学雷锋工程 5 项，做各类好事 2000 余件。1992—1995 年，组织开展“科技—希望之光”演讲比赛、青工岗位成材和首届青工比武、“创建花园城市”“治安模范城

市”“送温暖”“扫盲支教”“希望工程一助一”“同在蓝天下,我们手拉手”等活动，为希望工程光彩基金捐款40.5万元，使122名贫困学生重返校园。1997年，组织1000名青工开展“拜师学技、争当青年岗位能手”活动，培养出一批青年技术骨干。在农村引导团员青年学科技、用科技，培养出一批农村青年星火带头人，黔城乡栎山村团支部书记谢永楷被团中央授予“全国青年星火带头人”称号。

2000—2005年，团区委在全区团员青年中开展“学雷锋、树新风”“希望工程”“青年文明号”“四热爱”“阳光计划”“保护母亲河”“青春红丝带”等活动，“阳光计划”共募集救助金6.5万元，救助贫困学生198人。

附：

洪江区少年先锋队组织

1978年11月，恢复少先队组织。1981年以后，在少先队中开展“快乐的中队活动”“创造型中小队活动”“红领巾读书读报奖章活动”“学英雄、建丰碑”等活动。幸福路小学四甲中队获“全国优秀中队”称号，幸福路小学四丙中队、东方红小学四乙中队获全国创作杯奖。在读书活动中，有171名少先队员受到团中央、省、地表彰。1989年，全市21所学校6826名少先队员编为188个中队，配辅导员252人。1990年，在少先队中广泛开展“学雷锋、学赖宁”活动，市少工委被团省委评为全省“学雷锋、学赖宁”先进集体。1991年，开展“读书读报”“学赖宁”“争当优秀少先队员”“文明小旗手”等活动，幸福路小学六(四)中队荣获全国“快乐中队”称号。1995年以来，组织开展“同在蓝天下，我们手拉手”“希望工程一助一”、雏鹰达标争章、少年军校等活动，幸福路小学荣获“全国少先队雏鹰大队”称号，市中山路少年军校应邀出席全国少年军校座谈会。1997年，在全市少先队员中广泛开展“雏鹰假日文明少先队”活动，东方红小学五（4）中队雏鹰假日禁毒小队、幸福路小学六（2）中队绿色小卫士雏鹰假日小队被评为全国少先队雏鹰假日文明小队活动先进集体。2001—2005年，少先队组织开展“新世纪我能行”体验教育、“争当合格小公民”“保护环境行动”等活动，幸福路小学、东方红小学、中山路小学先后被评为湖南省红领巾示范学校，幸福路小学被国家环保总局、团中央命名为“全国保护母亲河生态监护站”。

第三章　妇女联合会

第一节　妇女代表大会

1979 年 10 月，洪江镇妇联随行政建制变更为洪江市妇女联合会。1999 年 6 月，更名洪江市洪江区妇女联合会。2002 年 9 月，改称怀化市洪江区妇女联合会。

第二节　代表大会

1978—2005 年，洪江市共召开五次全市妇女代表大会，其中 1999—2005 年因故未能召开代表大会。

一、洪江市第五次妇女代表大会

1978 年 10 月 6—9 日，洪江镇妇联召开第五次妇女代表大会，出席大会代表 283 人。会上，李友月代表洪江镇妇女联合会第四次执行委员会作题为《全镇妇女团结起来，为实现新时期的总任务而努力奋斗》的工作报告。大会选举产生洪江镇第五届妇联执行委员 21 人、修补委员 4 人、常务委员 11 人，李友月当选为市妇联主席（兼），向培杰为副主席。

二、洪江市第六次妇女代表大会

1982 年 11 月 4—6 日，洪江市妇联召开第六次妇女代表大会，出席大会代表 242 人，会上，向培杰代表洪江市妇女联合会第五次执行委员会作题为《团结一致，振奋精神，努力开创新时期妇女工作新局面》的工作报告。大会选举产生第六届妇联执行委员会委员21人、常务委员9人，向培杰当选为市妇联主席，朱燕群为副主席。

三、洪江市第七次妇女代表大会

1986年11月4—5日，市妇联召开第七次妇女代表大会，出席大会代表274人。会上，瞿湘英代表洪江市妇女联合会第六次执行委员会作题为《振奋精神，鼓舞斗志，团结一致，再夺胜利》的工作报告。大会先进单位产生妇联第七届执行委员会委员23人、常务委员11人，瞿湘英当选为市妇联主席，吴兰芳为副主席。

四、洪江市第八次妇女代表大会

1991年1月8—9日，市妇联召开洪江市第八届妇联代表大会，出席大会代表289人。会上，瞿湘英代表洪江市妇女联合会第七次执行委员会作题为《精诚团结,锐意进取，在实现本市“八五”规划建设中再现巾帼英姿》的工作报告。大会选举产生市妇联第八届执行委员会委员23人、常务委员11人，徐媛英当选为市妇联主席，吴兰芳、申建华为副主席。

五、洪江市第九次妇女代表大会

1996年3月26—27日，洪江市妇女联合会召开第九次妇女代表大会，出席大会的代表120人。徐媛英代表洪江市妇女联合会第八次执行委员会作题为《全市妇女行动起来，务实创新团结奋进，为加快改革开放步伐和顺利实现“九五”计划建功立业》的工作报告。中共洪江市委副书记作题为《团结动员全市妇女为实现党的十四届五中全会提出的宏伟目标多做贡献》的讲话。大会向全市妇女提出《弘扬世妇会精神，重塑九十年代新女性形象》的倡议书。大会选举产生由27名执委组织的洪江市第九届妇联执行委员会，选举产生由王小平组成的洪江市第九届妇联常务委员会委员，推选徐媛英为市妇联主席，陈重梅为副主席。

第三节　主要活动

1979—1985年，市妇联在城市妇女中开展争创“三八红旗手”“五好家庭”活动，共评出“三八红旗手”362名、“五好家庭”137个。其中，新街街道妇女主任阳美玉被授予全国“三八红旗手”称号；在农村妇女中开展“双学双比”（即“学文化、学技术、比成绩、比贡献”），涌现出先进分子和女能手300多人。1991年，组织女工提合理化建议1549条，技术改革50余项。1992年，组织农村妇女开展“十个一”达标竞赛，创办“三八”基地6个，涌现出养殖大户2户。1999—2001年，创办洪江妇联巾帼社区服务处，为下岗妇女实现再就业提供服务。2002—2005年，开展“巾帼英雄”、双学双比、巾帼建功、五好文明家庭创建活动。

第四章　工商业联合会

第一节　组织机构

1981年12月，恢复洪江市工商业联合会。1999年6月，成立洪江区工商联（总商会）。2005年，全区共有基层同业公会2个、会员267人。

第二节　代表大会

一、洪江市工商联第八次会员代表大会

1981年12月21—23日，洪江市工商联召开第八次会员代表大会。大会选举产生工商联第八届执行委员会委员15人，李躬厚、杨宏祥（兼）、汤良德（兼）当选为副主任。

二、洪江市工商联第九次会员代表大会

1984年10月10—12日，市工商联召开第九次会员代表大会，出席大会代表89人。会上，省工商联副主任杨忠恕、中共怀化地委统战部副部长刘华山，以及中共洪江市委、市人大、市政府、市政协的领导到会并分别作重要讲话。大会选举产生第九

届工商联执行委员会委员25人、常务委员9人，李躬厚当选为市工商联主任，陶贵南（兼）、匡鼎成、刘亦武、杨宏祥为副主任。

三、洪江市工商联第十次会员代表大会

1988年7月29—30日，市工商联召开第十次会员代表大会，出席会议代表106人。会上，李躬厚作《认清形势，深化改革，开拓前进》的工作报告。大会选举产生第十届工商联执行委员会委员20人、常务委员6人，刘清和当选为市工商联主任，匡鼎成、罗源波（兼）、陶贵南（兼）为副主任。

四、洪江市工商联第十一次会员代表大会

1993年2月10—11日，市工商联召开第十一次会员代表大会，出席会议代表120人。会上，蒋永淳作《换脑筋上台阶，全面履行职能》的工作报告。大会选举产生第十一届市工商联执行委员会委员22人、常务委员8人，蒋永淳当选为市工商联主任，刘雄清、杨再权（兼）为副主任。

五、洪江市工商联第十二次会员代表大会

1997年4月10—11日，市工商联（总商会）召开第十二次会员代表大会，出席会议应到代表71人，实到代表51人。会上，蒋永淳代表市工商联第十一届常委会作题为《努力发挥工商联(总商会)职能，迎难而上，为开拓工作新局面而努力奋斗》的工作报告。洪江市委副书记曾梅庄、市人民政府副市长万冬娥、市统战部部长符晓到会并分别作重要讲话。大会选举产生第十二届工商联执行委员会委员21人、常务委员6人，杨再权当选为市工商联（总商会）会长，刘艳萍、陈兴明（兼）、杨祚华（兼）、覃胜利（兼）为副会长，王秋福为秘书长。

第三节　主要活动

一、扩大服务领域

加强政策服务，帮助会员全面了

解党和政府的方针政策，积极提供法律服务，引导会员自觉地在法律允许的范围内从事各项经济活动，并运用法律的武器来维护自己的合法权益。大力开展经济技术咨询服务，提高会员在市场竞争中的驾驭能力。开展多种形式的联谊服务，进一步沟通党和政府与非公有制经济代表人士之间的联系。积极组织会员进行各类经贸洽谈，广泛开拓新市场。

二、开拓联络渠道

充分发挥民间商会网络优势，搞好对外经济联络，坚持开门办商会，把对外经济联络作为重要任务来抓。充分发挥工商联会员和非公有制经济人士人员多、联系广泛的优势，以友招商、以商招商、以亲招商、以情招商，采取走出去，请进来的方法，组织会员和非公有制经济人士出国出境考察，进行贸易活动。同时广泛联系外商来洪江区投资建设。

三、弘扬社会美德

广大会员积极投身“建整扶贫奔小康”“一带二联三救助”，帮助生活困难的老会员及遗孀。2005 年，洪江区 80 余家民营企业、1500 个工商个体户，共安排下岗从业人员 3000 余人。

四、积极参政议政

组织会员和工商界非公有制经济代表人士中的人大代表、政协委员积极参政议政，撰写《关于洪江区非公有制经济推行股份合作制的意义和途径》《关于洪江区个体私营经济发展环境的调查报告》和《关于加快我区非公有制经济发展步伐的建议》等论文、调查报告，就洪江区的热点、难点问题提交提案，得到区工委、区管委的高度评价和肯定。

第五章 科学技术协会

第一节 组织机构

1979年3月，成立洪江镇科学技术协会。12月，更名洪江市科学技术协会。1988年，发展会员1254人，先后建立乡和企业科协7个，土地、土木建筑、纺织工程、中医、医学、农学、化工、机械电子、基础理论、硅酸盐、畜牧畜医、财政会计12个学会和标准化、珠算、青少年科技辅导、蔬菜栽培、畜禽养殖、柑桔培育6个专业协会。1999年，成立洪江区科学技术协会。

第二节 代表大会

一、洪江市科协第一次代表大会

1981年4月16—18日，市科协召开第一次会员代表大会，出席会议代表130人，特邀代表14人。会上，祁一群作《充分发挥科协在“四代”建设中的作用》工作报告。洪江市政府市长赵荣阁到会并作重要讲话。大会选举产生科协第一届委员会委员33人、常务委员15人，祁一群当选为市科协主席，曹修来、廖荣、王福盛为副主席。

二、洪江市科协第二次代表大会

1990年8月17—18日，洪江市科协召开第二次会员代表大会，出席会议代表170人。会上，李荣春作《团结奋斗坚持改革为科技兴洪贡献才智》的工作报告。大会选举产生市科协第二届委员会委员41人，李荣春当选为市科协主席，席德期、罗源波（兼）、龙见田（兼）、禹扶一（兼）、刘化祖（兼）为副主席，席德期兼秘书长。

第三节 主要活动

1978—1997年，洪江市（镇）科协在实施科教兴洪战略的实践中，发挥党和政府联系科技工作者的桥梁与纽带作用，进一步团结和动员广大科技工作者为推动洪江科技事业和经济、社会的全面发展作出贡献。推动横向经济联合，全市50家企业与北京、武汉、长沙、广州、深圳等地100多个科研机构、大专院校和工业企业建立经济技术协作关系，在一些城市设立经济信息点，向一些科研机构聘请技术顾问，与在外地工作的洪江人建立联系，形成一个多渠道的外部信息网络。通过以上网络，先后引进技术协作项目109项，引进资金1300万元，其中80%的项目投产见效。通过信息发布会、文字信息、电话信息、送信息上门等形式，向企业提供各种信息，其中洪江火柴厂为广辟生产门路，市科协科技情报站及时提供竹、木卫生筷生产工艺和市场销售信息，使为项产品较快地投入生产，为企业增添活力。1999—2005年，全区建立金融、科技、工业、交通、财税、电力、农业、教育、医疗、社会保障等各系统和内部网络联通工程，加快信息技术向金融保险、商品流通、交通旅游、行政事务等行业的渗透和扩散。以洪江科技技术信息港为基础，大力发展网络信息服务、科技咨询、技术转让、技术评估、技术设计等信息服务。

第六章　残疾人联合会

第一节　组织机构

1991年1月，成立洪江市残疾人联合会。2000年3月，成立洪江区残疾人联合会，下设洪江区残疾人劳动就业服务处。全区有各类残疾人4256人。

第二节　代表大会

一、洪江市第一次残疾人代表大会

1991年1月8日，根据中央、省政府和中残联指示精神，决定成立洪江市残疾人联合会。大会选举产生第一届残联主席、副主席和委员40人，邓星玉当选为第一届残联主席，陈德富、胡祖兴、许祖全（专职,兼理事长）、谭英图、滕久文、邓经衡为副主席。

第二节　主要活动

一、培训就业

1990—2005年，市（区）残联每年免费举行残疾人职业培训，累计举办各类残疾人职业培训班20多期，培训残疾人达2000多人次，培训内容有针织、计算机、钟表修理、种植、养殖,培训合格率达到90%以上，培训学员中有80%实现就业与自主创业。残疾人就业一般安排在洪江纺织齿轮厂、日用制品厂、劳保用品厂、宏盛木制品厂、日用化工厂等集体福利企业，这些福利企业多为残疾人。

二、康复工作

残联以康复工程为重点，以社区康复为依托，使大批肢残人、精神病人、智残人、白内障患者得到有效康复。对患者进行专门登记建立档案，进行培训、治疗，进行肢体康复训练、智残儿童训练。1999—2005年，为残疾人提供用品用具2100余件。

三、扶贫解困

每年元旦、春节和助残日期间，全面走访慰问残疾人贫困户。同时，对全区特困残疾人的生活保障工作、按比例安排残疾人就业工作、精神病防治工作、解决特困残疾人子女和残疾儿童的入学问题都作明确规定。

四、宣传服务

每年助残日期间，做好残疾人保障宣传，组织市人大、市政协领导深入到党政机关、企事业单位开展维护残疾人合法权益检查活动。调动社会力量，深入开展青年志愿者助残、红领巾助残、巾帼建功、科技助残，在全社会形成倡导、理解、帮助残疾人良好风尚。

五、来信来访

1999—2005年，接待上访残疾人及残疾人亲属1500多人次，处结率达98%以上，维护残疾人合法权益案件120余件。

第九篇　政法　军事

第一章　政法综治

第一节　政法机构

1979 年，人民法院和人民检察院重新独立行使审批权、监察权，公安机关全面履行侦查、预审、治安管理等职责。12 月，洪江镇公安局随行政建制升格为洪江市公安局，洪江镇人民法庭和黔阳县人民检察院洪江镇办事处分别升格为洪江市人民法院、洪江市人民检察院。1980 年 12 月,成立洪江市司法局。1982 年 1 月，成立中共洪江市委政法委员会。1986 年 7 月，市人民法院和市人民检察院升格为副市级机构。1999 年 6 月，成立洪江市洪江区公安局。9 月，设立洪江市洪江区人民检察院和洪江市洪江区人民法院。2001 年 6 月，设立洪江市洪江人民检察院。9 月，设立洪江人民法院。11 月，成立中共洪江区工委处理法轮功问题领导小组办公室。

第二节　队伍建设

1986 年，开展纪律作风整顿，把严格执法作为开展党风警风、职业道德教育的核心，增强干警在商品经济条件下拒腐防变的能力。1990 年，开展政法队伍整顿，通过整顿，干警思想作风得到改变，对揭出的问题，查证落实后给予处理。1991 年，开展为期三个月整顿政法队伍的活动，通过整顿，全年干警拒请吃 212 次，拒收财礼 326 次。1996 年，对照中央“四项禁令”和省委“八个不准”精神，着重解决政法队伍中存在的群众观念淡薄、执法不公不严、思想道德素质差等突出问题。1998 年，开展“讲党性、办实事、树形象”“用好权、执好法、服好务”为主题的思想作风整顿，统一干警思想，规范言行，通过严明纪律、健全规章制度，根治纪律松弛等问题。2001 年，开展学习教育和以“人民满意”为核心的评先推优活动，增强广大干警对党的宗旨观念，牢固树立党对政法工作的绝对领导，维护政法机关良好形象，41 个集体受到怀化市和洪江区表彰。2002 年，开展“严格执法、公正司法”和“制止利益驱动，服务经济建设”为重点的集中教育整顿活动，进一步落实和完善党风廉政建设责任制、执法责任制、工作承诺制、投诉制度和责任追究制度。2005 年，结合先进性教育活动开展，建立健全一岗双责和党风廉政建设制度，按照中央政法委划定的“五条高压线（五严禁）”“五条低压线（五不准）”整训队伍。同时，管理好干警八小时之外的行为，为干警把住说情关、洁身自好关、交友关。

第三节　综合治理

1991 年，制定《关于切实加强社会治安综合治理工作的意见》《关于实行社会治安“一票否决权”的意见》，对于被“一票否决”的单位，本年度不能评为市文明单位、企业不得晋级、单位个人不能评先记功和提升，连续三年被否决的单位主要领导就地免职。是年，全市各片区单位共有综治办事机构 218 个，各种护厂、护校、护街联防队组织 206 个，保卫科股 106 个，治保组织 349 个，司法调解组织 227 个，乡规民约理事会等群众自治组织 87 个，民兵应急分队 128 人。1992 年，开展“百日安全竞赛”“综合治理一条街”“综合治理宣传月”和创“双文明庭院”等活动，全市刑事案件与去年同期同标准相比下降 34.5%，其中大案比去年同期下降 16.3%，特大案比 1991 年同期下降33.3%。1994年3月18日，怀化地区将洪江市确定为创建省级治安模范城的试点市。1997年，全年共“一票否决”26个单位，黄牌警告16个单位，有68名单位负责人因受“一票否决”而影响晋级、晋职和评先。1999—2001年，全区下岗职工和特困居民增多，稳定工作成为这一时期综治工作的重中之重。通过排查、预防和化解各类矛盾纠纷，共受理调解纠纷1067起，化解重大矛盾纠纷30起，预防重大闹事事件20起。2003—2005年，建立以社区民警、人民调解员、情报信息员、治安联防员、治安协管员“五队联动”治安防控机制，先后在城区、城乡接合部、区内各单位和各乡（街）村（居）委会建立社区警务室12个、人民调解组织66个。开展城区巡逻队夜巡守社区，村组治安联防护乡村、保卫科室保单位的群防群治的治安防范工作，共组建城区巡逻队4个、村级治安巡逻队12个。对全区不成院落的居民楼、窨子屋确立治安协管员，积极开展义务巡逻、看栋守户、打更巡查等一体化管理，形成院落联防网络。

第二章 公 安

第一节 刑事侦查

一、情报信息

1978—1989年，建立市、乡（街）、村（居）情报信息网络，基层派出所人员通过笔录方式收集各类情报。1990年，设立情报信息处理中心，共有情况信息员827人。1997年，完善情报信息网络，全年收各类信息318条。1999年，建立情报信息反馈和交流制度，深入基层多渠道收集信息。2000—2005年，大范围、深层次地搜集情报信息，将信息员的触角延伸全区各个层面。

二、刑事侦察

1980—1981 年，刑事案件急剧上升，抢劫、强奸、凶杀等恶性案件增多，全市共发生刑事案件 893 起，侦破一般刑事案件 705 起，重大刑事案件 16 起，挖出各种犯罪团伙 14 个。1983 年，刑事侦察主要指向少数杀人犯、纵火犯、强奸犯、抢劫犯等重大刑事犯罪份子。1987—1988 年，先后开展清查流窜犯、打击流氓滋事、打架斗殴、嫖娼卖淫、拐卖妇女儿童和扒窃等专项斗争，保障社会秩序。1995 年，以“破大案，破难案”为突破口，全年破刑事案件 126 起，其中重大案件 66 起、特大案件 9 起。1997 年，全年破各类刑事案件，其中重大案件 65 起，特大案件 8 起，摧毁犯罪团伙 12 个，端掉吸、贩毒窝点 9 个。2001 年,开展“打黑除恶”“治爆缉枪”“百日追逃、反盗”“百日禁毒”行动，查破刑事案件 85 起，查获犯罪团伙 11 个 54 人，收缴各类民用枪支 970 支、管制刀具 542 把、雷管 830 枚、炸药 886 公斤、导火索 992 米、子弹 29 发。2005 年,启动“现行命案侦破工作预案”，共破获刑事案件 66 起，其中命案 2 起。

第二节　治安管理

一、治安行业管理

【公共文化娱乐市场管理】1978—1989 年，全市文化娱乐场所逐年增多，治安问题日益突出，共取缔无证经营户 34 家、歌舞厅 3 家、桌球场 12 家。1993 年，清理文化音像场所 16 家，查封赌博性质的游戏机 20 余台，停业整顿卡拉 OK 厅 3 家。1999—2001 年，对洪江区所有行业的经营资格重新进行审核，并与业主签订治安管理责任状，对场所发生的黄赌行为，实行露头就打。2002—2005 年，定点对全区歌舞“三厅”12 家、网吧 27 家、音像单位 35 家和印刷企业 10 家进行整顿。

【危爆物品管理】1981 年 9 月，对洪江市 9 个采岩场，14 个使用炸药、雷管导火索的工地和储存爆炸物品的仓库进行检查，销毁处理个别单位库存的霉变失效爆炸物品。1986

年—1988年，强化危险爆炸物品管理制度，清缴流散在社会上的危爆物品。1991年，对全市烟花、爆竹生产、销售点（站、摊）进行检查，收缴闪光雷595响、低劣爆竹500万响，当场销毁电光炮1224万响。1994年，停产1家非法生产炸药的工厂，收缴炸药65公斤、导火索500米、雷管200枚。1996年，集中检查危爆物品重点单位6家，销毁炸药32500公斤、雷管120枚。2000年，清理常青鞭炮厂和烟花销售网点112家，确定30家销售网点，经考试合格后发放《烟花爆竹定点销售资格审批表》。2002年，开展治爆专项行动，共收缴雷管54枚、炸药18.6公斤、导火索46.2米和10万元的烟花爆竹。2005年，全区民爆系统实行保管、运输、作业专业化，爆破服务市场化，剩余民爆器材回收入库封闭化的封闭式管理，减少民爆器材管理中的漏洞。

【收缴枪枝弹药管理】 1982年，贯彻省政府关于收缴枪枝弹药的通知精神，收缴各种枪枝、子弹和其它凶器。1984年，根据《中华人民共和国枪枝管理办法》的规定，对全市的枪枝（包括猎枪、汽枪）和持枪人员进行清查和登记，对在规定范围内符合条件的持枪人员发给枪证，并经常进行检查，加强枪枝弹药的严格管理。1993年，枪支、弹药全面清理并重新登记造册，对公检法司及保卫科股配发的枪支全部更换持枪证，建立新的枪支弹药档案。1994年，制定《洪江市公安局关于严格枪支管理办法》，全年收缴非法自制长短火枪45支。1996年，通过清理整顿，共收缴非法民用枪支91支，没收管制刀具332把，收回党政干部及其它不宜配枪人员的枪支77支。1999年，全面清理公务用枪，收缴超范围配发的公务枪支。2001年，开展治爆缉枪专项行动，收缴各类民用枪支981支、仿“6·4”式手枪2支、各类子弹134发。2002年，收缴各类枪支5支。2005年，加强公务枪支管理，坚持“谁批准，谁负责，谁签订，谁负责”的原则，落实枪支管理责任追究制度。

二、查禁黄、赌、毒

1981年，洪江市政府发布《关于禁止赌博的布告》，采取综合治理措施，狠刹赌风。1983年，市公安机关先后两次对全市20多户个体书店、摊点进行清查，共缴获淫秽书画37件、淫秽录音磁带318盒。1984—1985年，收缴淫秽书画和非法出版物958册、小报139份、淫秽录音磁带641盒，待审、禁映录像带128盒，并对1133盒淫秽录音带进行销磁处理；开展查赌、禁赌活动，逮捕赌头1人，收审2人，行政拘留21人,有895人登记具结悔过。1988年，配合除“六害”行动，没收非法出版淫秽书刊87种105本、图片3008张；开展禁赌专项斗争，查获赌博13场，抓获赌博人员91人，收缴赌资3366元，挖出涉及12个单位51人参加的赌博团伙1个。1990年，开展“扫黄”“除六害”行动，共抓获有“六害”行为的违法人员376名，捣毁赌博窝点3个、卖淫点3处，收缴毒品500克、赌具35件。1994年11月，查获传播淫秽录像店点3家，收缴老虎机、苹果机30台、集中收缴改装电路盘46盘。1997年，开展打黄扫毒专项行动，共摸出吸贩毒人员129名、涉黄人员21名，捣毁毒窝10个32人、黄窝4个9人，先后对124名吸毒人员实行强制戒毒。1999年，严厉打击“黄、赌、毒”违法犯罪，其中查处涉黄案件53起，捣毁淫秽窝点4个；查处赌博案件45起79人。2000年，开展严厉打击“黄、赌、毒”依法规范娱乐服务场所经营的集中行动，端掉介绍容留妇女卖淫窝点1个，破获赌博案件6起、涉赌人员29人。2001年，开展“禁毒月”活动、扫毒风暴行动和百日禁毒专项整治，共查处涉毒案件151起，捣毁吸贩毒窝点27个，缴获海洛因59.3克，精神药品和麻醉药品800支，抓获毒品违法犯罪人员297人。2003年，创建“无毒小区（村、组）”活动，摸排涉毒人员525名。全年破毒品刑事案件8起、吸毒案件59起，摧毁吸、贩窝点27个，瓦解贩毒团伙2个，缴获海洛因235.26克；查处地下赌场3处、赌博游戏机38台。2004年，开展“扫黄禁赌”“遏制毒源”“禁赌、打枪、除恶”专项行动，破获特大贩毒案件2起、吸毒案件66起，摧毁流氓团伙2个，捣毁6个聚众赌博窝点。2005年,集中打击赌博违法犯罪，共查处赌博案件18起，收缴各类赌具75件；对吸毒人员“一律不准罚款放人，一律实行强制戒毒，复吸者一律报送劳教，贩毒者一律追究刑事责任”，破获贩毒案件10起，摧毁贩毒团伙1个，缴获海洛因151克，全区吸毒人员由2001年的783人下降至2005年的481人。

第三节　户政管理

一、常住人口管理

1982年第三次人口普查，对全市户数、人口进行清理登记，总共16733户、67283人。1987年7月，通过核对户口、按人编码填卡、组织照相、制证、发证等步骤，为年满16周岁以上公民颁发居民身份证。1991年，严格控制集镇人口的迁移和农村空挂户口，全年办理准迁证383份450人，签发临时身份证931人。1993年,开始蓝印户口办理工作，全年共办理蓝印户口404人。1994年，改革户籍管理，推行小城镇常住户口制度，全年办理地方城镇户口825人。1996年，农村户口城市化管理，完成桂花园乡和常青乡700个农转非及城市职工居民家属108个“农转非”的审批、上户工作。2000年，推广无底卡制证，全年共制无底卡证881人。2002年，开通居民身份证语音核查系统，全年共照相3300人次、收集照片9000余张、扫描相片9000多张。2004—2005年，及时调整户口迁移政策，放宽引进人才和经商落户条件，将户口簿调整到辖区派出所办理。

二、暂住人口管理

1985年，洪江市对城镇暂住人口进行全面清理。1991年，清理暂住人口，全市有暂住人口6319人。1993年，清出暂住人口19830人，应发证2290人,已发证2083人。1995年，坚持“谁主管谁负责,谁用工谁负责，谁留住谁负责”的原则，对应办证暂住人口进行办证登记,对“无身份证、无固定住所、无正当职业”对象发调查函；对现有240户房屋出租户建档立卡，发放许可证，签订治安责任保证书。1999年，推行实有人口管理，依法取缔35户非法出租户，清除治安隐患。2000年，开展全国第五次人口普查前户口整顿，对“三无”人员实行遣返回常住户口所在地。2001年，实行暂住人口信息化管理，将暂住人口管理落实到各暂住地派出所，填发暂住人口证件。2002年，配合严打整治，加大暂住人口和流动人口清理整顿，共查出暂住人口1240人、流动人口2320人。2005年，清理整顿出租房屋，全年共清理出租房屋363户，处理非法出租户5户，清理暂住人口415人。

第四节　交通安全管理

1980年，组建交警队，配专职民警15人，负责市区交通安全管理。1981年，整顿交通秩序，纠正机动车违章9455起，非机动车违章750起，清除路障270处。1983年，纠正机动车违章3993起，非机动车违章905起。1987年，全市车辆清理登记，共有各种机动车596辆、轻便摩托车46辆、自行车1.13万辆；检查各种车辆8316辆，其中一般违章1639辆、严重违章136辆；年审机动车驾驶员748人，占应审人数的97.3%。1994年，出台《洪江市城市道路交通管理通告》和《洪江市道路交通违章处理办法》，严格控制“慢慢游”、柴油三轮车和摩托车载客，整顿临时停靠点。1995年，全年检查各类违章车辆1.6万辆次，查扣禁止营运载客的两轮摩托车700余辆。1999年，开通“122”道路交通报警电话，增设交通安全设施，增划人行横道线、中心线、临时停车线，排查安全事故隐患14起，强制客车保修33台。2000年，成立公路巡逻民警中队，整顿规范农用车营运载客现象，取缔农用车营运载客。2001年，开展平安大道和城市畅通工程，全年共排查出危险路段事故多发点、段13处。2004年，开展交通秩序整治，共审检驾驶员2369人，检查机动车辆3700台次，查处交通违法行为1200起。2005年，推行道路交通安全社会化管理，其中横岩乡和桂花园乡为交通安全示范乡，横岩村、鸬鹚村、菖蒲村、桂花园村、优胜村、茅头园村为交通安全村，横岩乡中心小学、桂花园乡中心小学、洪江一中、洪江幸福路小学为交通安全学校，歌诗坡社区、巫水路社区、勤俭巷社区和犁头嘴社区为交通安全社区。

第五节 消防管理

一、消防队伍与设施

1979年，设立洪江市公安消防中队。1983年，洪江市公安消防中队改属中国人民武装警察部队，更名中国人民武装警察部队洪江市消防中队。1986年，洪江市消防股纳入武警序列，与洪江市消防中队合署办公，分级管理。1988年，全市有义务消防队89个2070人、专业消防队2个40人，共有消防车5辆、消防水泵30台、灭火机2331个、消防水带1.25万米、消防栓62个、防火防盗自动报警器1台。1990年，增添消防车2辆、消防泵7台、灭火机280个、水带3000米。1999—2001年，增添消防车1台，安装市政防火栓30个。2002—2003年，开展创建“消防安全小区”活动，全区每个居委会增设2名安全消防员、1名责任民警。2004年，充分利用1.2万“低保户”和各类治安积极分子，对全区不成院落的居民楼、窨子屋逐院逐栋确立治安协管员4000人，对期明确防火职责。2005年，全区建立5支由36人组成的社区专业治安协管员，其中每个社区均有义务消防员2—4人。

二、火灾预防与扑救

1978—1988年，各部门根据自身特点，分别制订防火制度。在街道居民中，每个居委会都建立有查火小组，实行日夜“两查”制和户主包一家、大人包小孩、邻居包孤老的“三包”制。在机关、企事业单位实行领导、干部、群众三级防火检查制，公安机关坚持勤督促、严检查，对防火制度好的单位和个人，给予表扬奖励，对执行不好、引起火灾事故和个人，分别给予批评教育、行政处分或刑事处分。1989年，制定《洪江市消防安全目标管理暂行办法》，建立消防安全基金会，奖励在消防工作中有突出贡献的单位和个人。1990年，全年发生一般性火灾5起，经济损失4.03万元。1991—1995年，加强对化学易燃物品、建筑工程、消防产品的监督检查，审查工程102个，发现隐患262处，整改隐患824处，提合理化建议407条。

1999—2001年，每年坚持开展对易燃易爆化危物品、公共娱乐场所、建筑市场、消防设施专项治理，共发现火灾隐患1235处，发生火灾29起，直接经济损失77.6万元。2002—2004年，将古商城区域内各类建筑作为消防预防的第一要务，三年间共发生大小火灾41起。2005年11月2日，洪江区大湾塘发生森林火灾，100余名军民迅速将大火扑救，防止6667公顷的国有林场遭受更大的损失。

第三章　检　察

第一节　反贪污贿赂

1980—1988年，查处经济案件98件，为国家和集体挽回经济损失169.7万元。1989年8月，最高人民检察院发布《关于贪污、受贿、投机倒把等犯罪分子必须在限期内自首坦白的通告》，在通告的震慑下，全市有43名经济犯罪分子投案自首。1992年，查处贪污、受贿等严重经济犯罪以及“富了方丈穷了庙”的企业领导人的严重经济犯罪，全市共查处各种经济案件22件26人，其中贪污、贿赂案14件17人，占60%。1995年，根据群众举报的线索和掌握情况，深挖贪污、贿赂在要案犯，全年所立11件经济案件，其中大案10件，占立案数的90.9%；10万元以上的特大案件3件，占大案数的30%。1997年,开展挖“蛀虫”行动，以亏损企业和国有资产流失严重的企业为重点，以贪污、侵占、挪用、索贿、受贿、玩忽职守、生产销售假冒伪劣产品的犯罪分子为主要打击对象，全年共立案24件25人，查处金额80万元，为国家和集体挽回经济损失200万元。1999—2001年，以查处化工厂、纺织厂、竹胶板厂、新湘瓷厂、常青瓷厂等国有企业案件为主，全年共立案26件，其中贪污案1件、挪用公款案2件、行贿受贿案件23件，为国家和集体挽回经济损失430余万元。2004年，针对利用虚假合同、信用证等方法诈骗贷款案，全年共受理举报线索12件，其中贪污贿赂案件线索7件、渎职案件线索3件。2005年，共受理涉嫌职务犯罪举报线索10件、各类渎职侵权犯罪案件线索4件，共立案7件，为国家和集体挽回经济损失近110万元。

第二节 刑事检察

1979年，根据最高人民检察院关于“认真执行逮捕、拘留条例”的通知精神，市人民检察院恢复行使审查批准逮捕、审查起诉职权，刑事检察工作逐步走上正轨。1983—1986年，开展严厉打击严重刑事犯罪分子的"三个战役"，共受理批捕案件中，批捕率为89.7%；审理起诉案件中，起诉的占82%；出庭支持公诉案件占起诉的91.4%；累计受理的刑事案件，审结率100%。1987—1988年，受理的提请逮捕和移送起诉案件，均审结完毕，决定批捕和起诉的为90.8%和68.5%。1991年，成立中共洪江市委政法委员会重大、疑难案件研讨小组，有的案件从报捕到批捕、起诉只用二、三天时间，办结案件无一退捕。1995年，开展打击盗抢机动车和车匪路霸专项行动，共受理报捕案件68件102人，批准和决定逮捕60件87人。1997年，配合公安机关、人民法院开展“反盗、禁毒、扫丑”专项行动，共受理报捕案54件77人，批准逮捕46件66人，所受理案件准确率为100%。1999～2001年，受理各类批捕案件133件194人，批准或决定逮捕108件158人；受理各类起诉案件85件124人，起诉66件94人，审查批捕、审查起诉案件准确率均为100%。2002年,根据中央提出“两年为期实现社会治安秩序明显进步”

的要求，开展严打整治行动，共受理各类报捕案件49件72人，批捕45件67人，批捕率93%，批捕准确率100%；公诉科受理案件54件80人，受理的案件审结率100%。2003年，暴力恐怖犯罪、带黑社会性质的犯罪和“两抢”等多发性犯罪成为打击的重点，全年批捕率、有罪判决率均为100%。2005年，聘请7名人民监督员参与刑事诉讼监督，全年参与监督评议案件4件。

第三节　反渎职侵权

1979—1988年，主要对非法拘禁、刑讯逼供、玩忽职守、贪赃枉法、打击报复等违法行为立案侦查和处理。十年间共受理法纪案件119件128人。1991—1992年，查处侵权、渎职等法纪案件，共受理法纪检察案件线索21件40人，办理终结各类违法案件13件28人。1994年，法纪案件13件，其中重大责任事故4件，非法拘禁4件，玩忽职守2件。1995年，受理侵权渎职案件15件。1999—2001年，在查办职务犯罪案件中，反贪工作的重点放在查处国有企业有关案件上，挖出企业“蛀虫”，稳定企业工人的情绪。2004—2005年，加大查办和预防职务犯罪的力度，查处各类渎职侵权犯罪案件线索4件。

第四节　民事行政检察

1993—1997年，民事行政检察突出办大案、要案、有影响的案件，其中，1996年受理不服法院判决的民事经济行政的诉讼4件。1999—2001年，受理不服法院发生法律效力的判决裁定的民事、行政、经济案件7件，对不符合法定抗诉条件但又存在某些问题的案件向法院书面发出检察建议，对正确或基本正确的案件判决，则向当事人宣传法制、做好息诉工作。2005年，受理民事行政案件3件，经审查相关申诉材料及听取当事人意见，认为不符合抗诉条件的案件2件。

第五节　监所检察

1980年，恢复监所检察工作。1981年，检察院增设监所检察股，配备专职干警。1982年，会同公安、法院成立监所管教领导小组，到1985年的3年间，共进行监所日常检察322次，清监检察26次，解决行政拘留与刑事拘留混淆的问题，及时纠正干警体罚人犯等违法违纪行为，向犯人进行法制教育、监规监纪教育、形势前途教育。1983—1986年，配合“严打”斗争的深入开展，确定一名副检察长专抓监所检察工作，并派出检察员驻所办公，先后进行清监检察38次，及时发觉犯人企图越狱的线索，搜出三角刀雷管等违禁物品，防止事故的发生。1986—1988年，配合公安部门对监所实行文明管理，监所检察工作做到经常化、制度化，洪江监所持续多年实现无暴动冲监、无脱逃自杀、无疾病死亡、无重大事故、无重新犯罪。1991年，监所干部先后为人犯上课11次，受教人犯1652人次。1992年，解决7起久押不决案件。1996年，加强在押人犯的思想教育，成功制止人犯自杀4起。1999—2001年，把对收押、释放、减刑、假释、保外就医等情况作为经常性的工作来抓，把纠正超期羁押作为重点。三年来，共发现违法问题45起，发现超期羁押55人。2002年，维护监管安全和稳定，配合监管单位预防安全事故12次。2005年，纠正未经监所检察部门同意，未报审批的刑期在1年以上3年以下的留所服刑犯3人。

第六节　控告申诉检察

1979年以后，拨乱反正，平反冤假错案，信访案件倍增。1979—1982年，受理控告检举贪污盗窃、侵犯公民权利、破坏经济秩序、重大责任事故及不服历史结论等案件427件（次），其中自办57件，转办37件。通过案件办理，惩罚犯罪，纠正一批冤假错案，维护公民的合法权益。1983—1985年，围绕“严打”斗争，办理人民来信319件，接待人民来访163人，为政法机关提供刑事犯罪线索53起、经济犯罪线索5起。1986年，检察院设立控告申诉检察科。1988年，以“严打”和查处五类控告申诉案件为重点，开展控告申诉检察，共提供深挖经济犯罪和刑事犯罪线索86起，受理控告检举贪污受贿、破坏经济秩序、刑事犯罪等案件78件，均分别作出处理。1991年，全年受理各类控告申诉案件65件，直接答复处理36件。1992年，受理群众来信来访75件次，收到群众举报线索18件19人。1993年，受理起诉案件64件91人，依法向法院提起公诉47件62人，建议撤案2件3人。1999—2001年，建立健全登记、转办、催办和检察长接待日等规章制度，共查处刑事申诉案件2件，受理群众各类举报线索84件。全年接待各类来信来访12件次，按照首问责任制的要求，均得到妥善处理。

第七节　林业检察

洪江区林业检察科把打击破坏森林资源犯罪活动作为林业检察工作的首要任务，重点打击盗伐、滥伐林木等多发性刑事犯罪。1990年，共受理林业犯罪案件2件2人，依法向法院起诉5件9人，为国家和集体挽回经济损失1.2万元。1991年，共受提请批捕林业犯罪案件5件6人，受理起诉的林业案件6件10人。1997年，坚持严打不放松，对毁林犯罪打击长期处于高压态势，配合公安、林业部门参与林区综合治理、治理劣质单位，清理非法经营人员31人。1998—2005年，在林业案件多发区开展反盗伐、滥伐专项行动，加大对盗伐、滥伐林业以及毁林犯罪的打击力度。2005年，共受理移送起诉案件2件5人，依法提起公诉1件4人。

第四章　法　院

第一节　刑事案件审判

一、审查批捕起诉

1981年，实施《中华人民共和国刑法》《中华人民共和国刑事诉讼法》，坚持以事实为依据，以法律为准绳，依法办案。1983—1986年，围绕“严打”开展刑事审判工作，四年间审结的刑事案件中流氓犯罪占22%，大都是青少年犯罪。1987—1988年，通过审结，从重从快严厉打击严重刑事犯罪分子，维护社会治安，保障人民权益和社会主义建设顺利进行。1993—1997年，对杀人、抢劫、强奸、放火等严重刑事犯罪从重从快严厉打击，共受理刑事案件432件，判处5年以上有期徒刑172人。1999—2001年，保持“严打”态势，从重从快打击各类刑事犯罪分子，共受理刑事案件109件154人，在法定审限内结案率达100%。2002—2005年，严厉打击杀人、伤害、绑架等暴力犯罪，加大对毒品犯罪的严惩，全年受理刑事案件137件211人，判处5年以上有期徒刑55人。

二、审判监督

1978—1986年，重点对反革命案件、刑事案件和各类历史老案进行全面复查，根据“实事求是、有错必纠”的原则，纠正和改判反革命案件、刑事案件92件，占总数的39.6%；历史老案263件269人，占74.3%；认定起义投诚人员25人。1987—1989年，办理“严打”以来的刑事申诉案件，经再审，对37件案件维持原判，对14件量刑不当的案件予以改判。1990—1997年，共受理各类案件81件，改判12件确有错误的案件。1999—2001年，坚持程序公正与实体公正并重、法律效果与社会效果相统一的原则，对确有错误的判决、裁定、调解予以及时纠正，确保司法公正，三年间共受理各类再审案件23件，审结13件，纠正错案7件，审结标的达 60 万元。2002—2005 年，加强对法院适用缓刑过多的监督，通过联席会议向法院提出纠正缓刑过多的意见，法院予以采纳。四年共受理案件 22 件，纠正错案 2 件。

第二节　民事审判

1978 年，集中法理民事积案，健全人民调解制度。1982 年后，随着商品经济的发展，民事案件数量增多，范围扩大，特别是赔偿、债务、赡养、继承等案件上升。是年，民事案件审结数比 1979 年增长 1.57 倍。1985—1988 年，年均受理民事案件数比 1982 年增长 77%。1989—1999 年，离婚案居高不下，离婚案数占民事案件 43%，市法院对每一件离婚案都慎重处理，尽力挽回每一个家庭。2000 年—2005 年，劳动争议、养老保险、失业保障等案件增多，六年间共受理各类民事案件 1219 件。

第三节　经济审判

1980 年 12 月，市人民法院设立经济审判庭，按照民事审判程序，审理各种经济纠纷案件。1981 年审结 10 件，其中贪污 1 件、屋权属 1 件、拒付货款 1 件、其它 7 件。1982—1983 年，共受理经济案件 25 件，其中购销合同纠纷 9 件、买卖纠纷 1 件、债务纠纷 1 件、租赁纠纷 4 件、土地纠纷 3 件、毁坏林木纠纷 1 件、赔偿纠纷 1 件、房屋纠纷 2 件、运输纠纷 1 件、其它 2 件，诉讼标的 9.35 万元。通过审理，结案 19 件，其中调解 14 件、撤诉 5 件，执行审结诉讼标的 6.32 万元。1984—1986 年，受理经济案件 251 件，诉讼标的 624 万元；审结 215 件，执行结案诉讼标的 376 万元。1987 年，受理 196 件，结案 189 件，其中调解 150 件、判决 5 件、终结 2 件，已全部执行。1988 年，经济纠纷案件立案 353 件，诉讼标的 301 万元；审结 310 件，执行 275 件。1990—1995 年，法院改变原有办案模式，设立流动法庭外出办案，共受理经济案件 1828 件。1996—2001 年，审理涉农村基金案件，审结涉农金会案件 103 件，为农金会收回资金 100 万元。2002—2005 年，严把破产案件审理程序，防止国有资产流失，共受理经济案件154件，诉讼标的2.1亿元。

第四节　行政审判

1989年10月，成立行政审判庭。1989—1992年，共受理行政案件42件，行政执行案件70多件，执行标的6万元，涉及治安、土地、食品卫生等行政管理部门。1993—1998年，共受理行政案件102件。1999—2005年，共受理行政案件24件，非诉行政执行47件。结案率100%。

第五章　司法行政

第一节　普法宣传

1980—1985年，逐步加强法制宣传工作,围绕《婚姻法》《宪法》《刑法》《刑事诉讼法》《森林法》《经济合同法》等的宣传，先后培训法制宣传员219名，印发各种宣传资料4.23万份，上法制课和法律知识辅导报告656场，放映幻灯、电影121场。通过法制宣传教育，增强干部、群众法制观念，促进各项法律的贯彻实施，违法犯罪减少。

1986—1990年，洪江市制订第一个五年普法规划，开展以“十法一条例”(《宪法》《刑法》《刑事诉讼法》《民事诉讼法》《民法通则》《婚姻法》《继承法》《经济合同法》《森林法》《兵役法》《治安管理处罚条例》）为内容的第一个五年全民普法教育活动。全市普法对象100%参加普法活动，学完“十法一条例”的占94.9%。228个普法单位通过考试、考核、验收，全部合格。

1991年3月，洪江市“二五”普法工作拉开序幕。“二五”普法主要以宪法为核心，以专业法为重点。1995年，怀化地委行署对洪江市“二五”普法工作进行考核验收，参加学法或接受法制教育的4.7万人，基本完成规定的学习内容，参学率、普及率和接受教育率均为100%。

1996年12月，市委、市政府制定《洪江市法制宣传教育第三个五年规划》，要求各单位在第三个五年规划中，把宪法教育贯穿“三五”普法的全过程。为保证普法工作的顺利进行，市普法办购置普法学习教材2000多套，印发资料5000余份，基本保证全市普法工作的学习所需，有力地推动全市“三五”普法工作的开展。

2001年7月，洪江区启动“四五”普法工作。区工委、区管委把普法和依法治区工作纳入全区总体发展规划，区属各单位采取“送法下乡”“法律政策进农家”、发送《农民普法简明读本》、建立法制学校、法制夜校和法制学习室等多种形式开展全民普法宣传。2005年，全区县处级干部参加普法考试率和及格率达100%，各类干部、职工参加年度学法用法普法考试参考率达98%，及格率达100%。

第二节 律师事务

1981年，洪江市法律顾问处成立，主管全市律师工作，归口市司法局领导，配专职律师2人，兼职律师6人。到1988年止，专职律师增加到5人，兼职律师7人。八年中，按照“改革、发展、提高、完善”的方针和“以事实为根据，以法律为准绳”的办案原则，为刑事被告人辩护、代理办结案件34件，其中153件的律师辩护意见为审判机关采纳；受理民事代理案件256件，其中经济案件98件，通过办案为委托方挽回经济损失424万元；代写法律文书460件，法律咨询4155件。常年法律顾问业务不断扩大，接受10户企业聘请担任常年法律顾问，为聘方依法治理企业提供服务，避免和挽回经济损失共470多万元。1990年，全年担任乡、街、企业常年法律顾问51家。1991年，市法律服务所担任常年法律顾问35家，办理各类案件352件。1993年，担任国家企事业单位法律顾问26家，办理各类案件958件，代写各类法律文书173件。1996—1997年，为企业单位担任常年法律顾问，办理各类案件546件。1999—2001年，把国有企业改革、改制、破产重，职工下岗再就业、重点工程、旧城改造、山林土地承包、农村生产、农民负担等社会中的热点作为法律服务重点，通过为政府、企业、村级集体经济担任常年法律顾问，积极帮助政府依法行政、依法决策，正确运用法律手段为企业和村级集体经济组织完善内部管理机制。全年办理各类法律事务560件。2003年，本着为经济建设服务出发，积极为企业生产、销售各个环节提供法律服务，帮助企业化解经济风险，减少经济损失。全年共为企业提供法律服务126次，为企业挽回经济损失300万元。2005年，担任企事业单位和政府的法律顾问14家，为当事人挽回经济损失360万元，避免经济损失500万元。

第三节　公证业务

1981年4月，成立公证处，受司法局领导，公证工作得以恢复。1982年，报请市人民政府批转《关于贯彻执行＜中华人民共和国公证暂行条例＞的意见》在全市范围内运用多种形式宣传公证工作的性质、任务、作用，公证业务逐年扩大。到1983年止，共办证89件，其中经济合同21件、基建承包4件、房屋买卖0件、租赁1件、征用土地1件、山林定权1件、财产赠与、分割、继承8件、遗嘱3件、收养子女24件、债务1件、涉外2件,其它13件。1984年起，坚持以经济合同公证为重点，开展公证业务，并努力提高办证质量，为改革、开放、搞活经济和维护公民的合法权益提供法律服务。到1988年，五年中办证1398件，其中经济合同公证1084件、民事权益公证311件、涉外公证3件，分别为办证总数的7.5%、22.2%、0.3%。办证合格率，1985年为95%，1986—1988年均保持100%。1989年,推行“两包四定”（公证处与司法局承包，公证员与公证处承包;定办证数量、质量、收入、职业道德）责任制。通过公证活动，制止不法经济活动10起。1992—1993年，设立洪江市公证处黔城公证室,增办离婚协议和计划生育公证。

1996—1997年，受理各种公证事项1263件,办结1251件。1999—2001年，拓宽服务领域，为企业职工的买断、旧城改造的拆迁安置办理公证，为金融系统的贷款发放办理协议公证，维护双方当事人的合法权益。全年办理各类公证事务1977件，其中国内经济1235件，国内民事647件，涉港、澳、台23件，涉外72件。2002年，建立公证联络站7个。2005年，全年办结国内经济公证事项47件，涉港、澳、台公证事项20件，涉外公证事项5件。

第四节　人民调解

1978年9月，经民主评定、党委批准，在全镇调解工作会议上表彰12个先进调解委员会、18名先进调解员。1980年，调解委员会和调解员分别增加到126个、1006人。市司法局成立后，不断整顿巩固调解组织。1983年，全市2个乡、4个街道和6个较大的企业增配司法助理员和调解专干，建立调解领导小组。是年，对人民调解工作进行检查评比，评选出先进调解领导小组4个、先进调委会25个和一批先进调解员。1984年以后，按照乡、街和市内千人以上单位建立三级调解网、500人以上单位建立二级调解网、50人以上单位建立调委会的要求，全市调解领导小组达到14个，配备调解专干30名；调委会175个、调解小组376个，共有调解人员1415人。1981—1988年，全市共发生各类纠纷9913起，调解9708起，调解率为97.9%。通过调解，预防自杀23起、凶杀22起、群众性械斗8起、非正常死亡51起70人，有效地维护社会治安，促进社会安定团结。1989年，加强整顿各级调解组织，一类调解委员会达95.5%，二类为4.5%，消灭三类；推行承包责任制，全市72%调解委员会建立承包责任制，其中常青乡、黔城乡、造纸厂、湘仪总厂等23个单位民事纠纷调解率、成功率均为100%。1991年，预防重大纠纷5起，制止1000余人参加闹事械斗。1992年，建立三级调解网络，全年各类民事纠纷调解率达100%，调解成功率96.1%。1993年，完善三级人民调解网络，全市基层调解组织138个、调解人员1687人。1999—2001年，开展“联防联调”，组织开展清明坟山纠纷、农村山林纠纷、重大节日活动矛盾纠纷排查，全年调处各类纠纷1589起，预防民间纠纷引起自杀案件15起16人，防止民转刑案件61起220人，预防群众性械斗42起，防止群众性上访10起。2002年，健全乡街司法调解中心，全年各类矛盾纠纷调解率100%，成功率97.1%。2003年，三乡四街及部分企业全部建立人民调解委员会组织。2005年，全区有各类人民调解组织51个，其中村民调解委员会21个，居民调解委员会23个，乡、街调解委员会7个，共有人民调解员384人。全年各类矛盾纠纷调解率100%，调处成功率98%。

第六章　军　事

第一节　机构与驻军

一、机　构

1978年，中国人民解放军湖南省洪江镇人民武装部，隶属黔阳军分区领导。1979年9月，洪江恢复地区辖市。12月，镇人民武装部改为中国人民解放军湖南省洪江市人民武装部，设军事、政工、后勤三科。1986年6月，根据中共中央、中央军委关于人民武装部改为地方建制的决定，洪江市人民武装部中国人民解放军序列改为地方建制，其名称为“湖南省洪江市人民武装部”，不冠“中国人民解放军”字样，为副县级单位，受地方党委、政府和上级军事部门双重领导。1996年4月，根据中共中央、中央军委的决定，洪江市人民武装部由地方建制收归军队建制，改称“中国人民解放军湖南省洪江市人民武装部”。

二、驻 军

洪江区境内，除洪江市人民武装部外，尚有中国人民武装警察部队某部、消防中队、中国人民解放军陆军预备役某部3个驻军单位。

洪江市人民武装部和区内驻军，坚持把建设坚强的领导班子和高素质的干部队伍，作为推进军队、武警全面建设的关键来抓，不断提高部队的凝聚力和战斗力；坚持从严治军（警）的方针，加强正规化建设和军事训练，建立良好的战备、训练、工作、生活秩序；坚持把政治建设放在首位，狠抓爱国奉献和世界观、人生观、价值观、道德观、群众观教育，大力提高指战员的政治素质；坚持抓好作风建设，抵制腐朽思想的侵蚀，保持人民解放军和人民武警部队的优良政治本色。洪江市人武部和驻军（警）赢得人民群众的爱戴，与驻地的政府和群众的关系和谐、密切，为支援洪江区的经济建设，维护洪江区的社会秩序，保卫人民的生命财产，作出重大贡献。

第二节 兵 役

一、兵役机构

实施《中华人民共和国兵役法》后，洪江区的兵员征集工作，实行党委、政府统一领导，党、政、军相结合的领导体制。洪江市人民武装部为洪江区的兵役机关，在上级军事机关和洪江区工委、区管委的领导下，由区管委和市人武部组成征兵办公室，负责办理兵役工作。市人民武装部具体办理兵役工作的部门为军事科。

二、征 兵

区内的兵员征集，实施《中华人民共和国兵役法》，平时征集18—20岁的男女公民义务服现役，战时动员预备役或征集志愿兵补充兵员。1984年5月，全国人大颁布新的《兵役法》，将义务兵役制改为“以义务兵役制为主体的义务兵与志愿兵相结合、民兵与预备役相结合的兵役制度”。根据军队需要和本人自愿，将部分服役期满的义务兵改为志愿兵。1998年，第九届全国人大常委会第六次会议修改《兵役法》，新《兵役法》将义务兵服役期一律改为2年，取消超期服役的规定。

兵员征集，一般一年一次，分三步进行：宣传动员和报名；体格检查和政治审查，确定入伍兵员；集中交接，做好善后工作。每年征集新兵数量多少不等，征集最多的年份为1979年。对应征入伍的青年，除组织热烈欢送外，政府还给其家庭送挂“光荣军属”牌，在政治上受到尊重，经济上享受优待。

三、预备役登记

预备役登记统计，是兵役工作的重要组成部分。1981年，洪江市恢复预备役制度，按照一类预备役、二类预备役两种进行登记统计。1995年5月，全国人大常委会第十三次会议通过《中华人民共和国预备役军官法》。1996年，开展预备役军官的登记工作，按军事军官、政治军官、后勤军官和专业技术军官进行分类统计。1998年12月29日，第九届全国人大常委员会第六次会议通过的《关于修改<中华人民共和国兵役>的决定》，对预备役人员的登记统计工作进行修改，加强预备役人员的军政训练，提高其军政素质。

第三节　民兵与预备役

一、民兵组织

1981年6月，根据中共中央《关于调整民兵组织问题的指示》，对全市民兵组织进行调整，组建民兵的重点是市区厂矿，其中18—28岁经过基本军事训练的编为基干民兵，未编入基干民兵的为普通民兵。取消武装民兵、市民兵师和公社（乡）民兵团的编制。调整后，全市民兵总数比调整前减少64.04%。1990年，组建民兵应急分队，队员从基干民兵中抽调，配合公安部门维护社会治安。1997年，全区民兵应急分队压缩组建规模，撤销一些小分队。1999年，按照“六统一”（组织编制、组建范围、编组方法、教育训练、武器装备、使用管理）的要求充实民兵应急分队，在民兵应急分队中编组机炮、通信、运输等保障分队，并注重将复员退伍军人编入应急分队。2005年，组建军事专业分队和对口专业分队，民兵专业技术分队占基干民兵的 15%。

二、民兵训练

1981 年，实行民兵周期训练，即两年为一个周期，每年训练 15 天。至 1988 年，全市基干民兵军事训练由市人武部统一组织，集中一次完成训练。1990 年，民兵训练按 5 年一计划分年度施训。2005 年，全区民兵训练考核合格率达 98.9%。

三、抗洪抢险

1985 年 5 月，洪江市突发山洪，市人武部组织 11 个单位 239 名民兵投入抢险救灾，共救出灾民 58 人，打捞和保护木材 7000 立方米，保护洪江大桥的安全。1996 年、2004 年，洪江市区两次发生特大山洪，市人民武装部组织民兵投入抢险战斗，利用冲锋舟救出受灾群众 140 余人，抢救各类物品 6000 余件。

第四节　国防教育

20 世纪 80 年代，每年组织全市各中小学校师生到“洪江奏凯亭”碑前参观，讲解抗日战争，使青少年受到爱国主义教育。20 世纪 90 年代，围绕香港、澳门回归祖国，在民兵中开展“不忘百年沧桑史,同铸中华民族魂”为主要内容的国防教育，开展知识竞赛、演讲会、观看影片、收看实况转播，提高广大民兵热爱祖国、振兴中华、保卫祖国的责任感。2002—2005 年,结合《中华人民共和国国防教育法》颁布，人武部会同区宣传部在民兵和青少年中开展以“歌颂祖国新成就”“中华兴衰，不忘国耻”为主题的爱国主义国防教育，帮助引导广大群众懂得只有国强才能安民的道理。

第五节　人民防空

1979 年，洪江镇人民防空领导小组更名为洪江市人民防空领导小组。1984 年 5 月，市人民防空领导小组改称人民防空委员会。1987 年 3 月，成立市人民防空办公室，为市一级机构，受市人民政府、市人民武装部双重领导。1999 年，成立洪江市洪江区人民防空办公室。2002 年，改为怀化市洪江区人民防空办公室。

一、人防队伍

1978年，以基干民兵为主体，组建人防专业队伍，由消防、救护、抢修、通讯、治安、运输后勤、对空射击、防化学8支队伍。1981年，城市防空专业队伍撤销。2000年，按照“专业对口,平战结合,便于领导，便于指挥”原则，平时按城区人口千分之四组建通讯、医疗救护、抢险抢修、运输、防化五个专业队伍；临战按城区人口千分之三十扩编。

二、人防通信警报

1979年，设警报专线电话，装有电动警报器一台，音响可覆盖整个市区。1982年，市内进行1次防空疏散演习。1984年5月，执行国家人防委规定的人防音响警报信号，分预先警报、空袭警报、解除警报三种。1999年9月，区人防办制定《洪江区人民防空预案》。2004年3月，增添警报器4台，警报覆盖率达到城市防空要求。

第十篇　编制　人事　劳动

第一章　编制管理

第一节　机构改革

1983—2005年，洪江区（市）多次进行区（市）直机构改革。

1983年机构改革，市直一级机构总数由49个减少到46个。1985年，对53个非常设机构进行裁减，共撤销33个。1991年，下发《关于冻结机关、事业单位机构编制的通知》，停止增设机构和提高机构规格。是年，全市党政群机关共设置正局级机构63个，副局级机构5个。1994年，制定《关于加强机构编制管理的规定》，全市党政群机关单位由原有工作机构58个精简为38个，内设机构由原来的174个精简为157个。1999年，制定《关于进一步加强机构编制管理工作的意见》，冻结机关、事业单位机构编制。2002年机构改革，全区党政群机关单位由原来的76个精简为56个。2005年，党政群机关单位59个、事业机构49个。

第二节　编制管理

1979年，核定全市党政群机关人员编制321人。1980年后，干部数量增加较快，到1982年实有763个，超出省核定编制数1倍多。1983年，随着经济建设的发展，执法监督机关和综合经济管理部门的人员编制逐年增加。1985年，市委、市政府规定，凡党政机关、事业单位调进人员，一律要经过市委常委研究批准。1988年，全市共有行政编制522个，实有人员839人，超出核定编制317人。1993年,人员编制增加到606人。1994年，制定《关于加强机构编制管理的规定》，在大力精简机构的同时，大幅度的精简人员编制和在职领导干部的职位编制，通过退休、转为实体经济、转入事业单位、下基层等形式，行政编制由1993年的606人精简为478人；党政部门在职领导干部由原来的138人，减少到122人。2000年，行政编制增至692名，实有人数1045人超出核定编制353人；单位领导职数增至194名。2002年机构改革，行政人员编制由692名减少到566名，内设机构领导职数由301名精简到249名；乡街行政人员编制由原来的100名精简为80名，乡街事业编制由原来的122名精简至97名。2005年，共核定行政编制735名，其中核定党政群机关行政编制337名、乡街行政编制99名、政法专项行政编制299名，核定事业编制2389名。

第二章 人 事

第一节 干部队伍

一、性别结构

1978年，全镇共有干部1304人，其中男性945人，占72.5%；女性359人，占27.5%。此后，采取招干形式，在具有高中以上文化程度、表现好的待业青年和全民单位的在职职工中选拔干部，女性比例逐年上升。同时，大中专毕业生除部分充实党政机关外，大部分按所学专业充实基层一线。2005年，全区干部总数为 1888 人，其中男性 1243 人，占 65.8%；女性 645 人，占 34.2%。女干部人数与 1978 年的 359 人相比，增加 286 人，增长 79.7%。

二、民族结构

1978—2005 年，洪江区（市）干部队伍以汉族为主，但少数民族干部逐年增加。1978 年，全镇有少数民族干部 17 人，占干部总数的 1.3%。至 1995 年，全市少数民族干部总数增加到 124 人，占干部总数的 4.6%。2005 年,全区有少数民族干部 179 人，占干部总数的 9.5%。

二、文化结构

1978 年，全镇有大专以上文化程度的干部 187 人，占干部总数的 14.3%；中专或高中文化的 460 人，占干部总数的 35.3%；初中及以下文化的 647 人，占干部总数的 49.6%。尔后，按照“四化”要求，开始录用应届毕业生和“五大”生。同时，一大批年轻干部通过进干校、党校、电大、函大和自学考试参加学历教育，使文化程度逐年提高。1995 年，全市干部队伍中具有大专以上文化程度的 1045 人，占干部总数的 39.1%；中专及高中文化的 1306 人，占干部总数的 48.9%；初中及以下文化的 296 人，占干部总数的 11.1%。1998 年以后，随着“教育扩招”和“凡进必考”制度的推行，新进干部文化素质原则上要求具有大专以上文化程度，全市干部队伍文化结构继续改变。2005 年，全区干部队伍中具有大专以上文化程度的 1454 人，占干部总数的 77%；中专及高中文化的 413 人，占干部总数的 21.9%；初中及以下文化的 40 人，占干部总数的 2.1%。具有大专以上文化程度的干部提高 62.7 百分点，具有中专及高中文化程度的干部下降 13.4 百分点，具有初中及以下文化程度的干部下降 47.5 百分点。

第二节　录用调配

一、录　用

1978 年，全镇干部队伍主要来源于军队转业干部安置、大中专毕业生和社会招收录用。1980 年，根据中央指示精神，将1969—1975年间27名军队干部复员来洪江作工人安置的均作转业安排为国家干部。1981年后，采取招干形式，在具有高中以上文化程度、表现好的待业青年和工矿企业在职职工选拔录用325人。1983年，从行政机关、企事业单位的“以工代干”人员中，通过考试择优录用536人。同时，每年大中专毕业分配来洪江的除选留一部分充实党政部门外，大部分按所学专业分配工作，有的带职定向培养，经过基层实际锻炼后，选拔一部分担任领导职务。1997年，洪江市首次面向社会公开招录国家公务员24名。1998年，全区公务员招录实行“凡进必考”制度。1999—2001年，全区共录用中家干部34人，均充实到基层。2005年，全区面向社会招考国家公务员5人。

二、调　配

1978—1997年，按照干部分级管理的原则，政府序列内的副职由市人事局提交市政府研究任命。1991—1996年，国有单位共调入干部1926人次，调出干部2877人次；从集体单位调入干部542人次，调出干部757人次。2001—2002年，共调配干部365人次。至2005年，先后有100余人由国有企业和机关事业单位交流任职。

第三节　干部管理

一、任　免

1980年12月，市人大开始设立常务委员会，其正副主任、常务委员由地、市委推荐，经市人大选举产生。1981年起，市政府科（局）级正职、市人民法院副院长、市人民检察院副检察长，由市委推荐，提请市人大常委会决定任免。1984年，调整干部任免权限，市委部、委、办领导干部经地委审核同意，由市委任免；行政副局级和街道、企事业单位副局级以上干部由市委、市政府任免；乡党委正副书记和正副乡长由乡党员代表大会和乡人大选举产生；其他干部由组织、人事部门或主管部门任免。1994年，全市实行定职能、定机构、定人员的“三定”方针，干部任免按照计划办理，不得增编。党政机关副科级干部分别由党委、政府任命、组织部办理。2000—2005 年，股级干部由单位任命，报组织人事部门备案。调配干部由组织、人事、劳动、编办等办理有关手续。

二、考 核

1980 年，干部考核制度逐步恢复。1984 年，建立机关工作人员岗位责任制，根据德、能、勤、绩四个方面进行考核。1994 年，推行党政机关及事业单位的工作人员年度考核。是年，党政机关（包括有行政职能的事业单位）参加考核的 565 人，事业单位参考人数 1520 人。1995—1997 年，党政机关累计参加考核人数 1703 人，事业单位累计参加考核 4559 人。2005 年，党政机关参加考核总人数 892 人，实际考核 778 人，其中优秀 113 人，占参加考核总人数的 14.5%；称职 653 人，占总人数的 84%，其它等次占总人数 1.5%。事业单位参考 1537 人，其中优秀 184 人、合格 1345 人、未定等次 8 人。

三、培 训

1989 年起，市人事局每年组织专业技术人员职业道德培训。1997 年，实施公务员培训，由市人事局、党校每年按计划培训，培训内容主要是职业道德、行政管理、计算机知识、法律等。至 2005 年，共计培训专业技术人员 1200 人次。机关工勤人员培训共计 450 人次，参加公务员培训总计 5700 人次，950 人参加乡镇公务员“一人学一技”培训。

第四节 职称评聘

1980—1983 年，市劳动人事部门在 55 个企事业单位的科技干部中进行技术职称套改、考核和晋升工作，其中中级技术职称 20 人、初级技术职称 290 人。1986 年，成立市职称改革领导小组和办公室。是年，全市 140 个国营企业、35 个集体企业的科技干部参加技术职称改革。到 1988 年，先后获得高级职称 41 人、中级职称 391 人、初级职称 953 人。1989 年，专业技术人员队伍主要以工程、经济、会计、教育系列为主体，共有各类专业技术人员 8624 人，其中高级职称 109 人、中级职称 1338 人、初级职称7177人。1993年起，经济、会计、统计系列的专业技术职务任职资格推行以考代评。1995年，根据全市工矿企业中多数专业技术人员学历低的现状，经向上级主管部门申请同意后，共破格评聘初级职称459名。1996年，开展农民技术员评审工作，评出农民技术员281人。2000年，建立工程、农业、中小学等系列评委库，每个评委库有成员20—30名。2002—2003年，卫生系列的中、高级专业技术职务任职资格，以及工程系列中的土建专业、卫生系列的初级专业技术职务任职资格推行考评结合。2005年，全区有高级职称74人、中级职称599人、初级职称570人。

第五节　工资福利

一、工　资

1978—1984年，市内机关事业单位实行职务等级工资制。1985年—1993年，市内国家行政机关、事业单位实行结构工资制，包括基础工资、职务工资、工龄工资、奖励工资四个部分。中小学教师和护士分别加发教龄、护龄津贴。以上几项总计为每人每月标准工资。1994年，进行第三次工资制度改革，对全市机关事业单位工作人员按新工资标准进行套改。1999年，将纳入财政统发单位的工资由差额、自收自支改套为全额工资标准，对还在公务员岗位上工作的拿职称工资的人员工资进行调整，做到在什么岗位拿什么工资标准。2001年，国家机关、社会团体干部工资总额增至1416.2万元，人平年均工资总额10016元。2005年，人均工资总额增至15008元。

二、福　利

1981—1989年，全民单位干部劳保福利费用总额2125.52万元。因财政困难，机关事业单位未按国家有关福利标准提取经费，工作人员发生生、老、病、死、残时，由人事部门根据实际情况进行补贴。期间，共发放劳保福利资金109.96万元。1991—1996年，全市干部劳保福利总额1.22亿元。1999年，成立洪江区工资发放管理中心，机关事业单位工资福利纳入财政工资中心统一拨发，福利工资如地区生活费、医疗、住房基金等由财政根据地方经济情况逐年增加。2005年，医疗补贴占月工资的2%，住房基金占月工资的6%。是年，机关干部共发放奖金36.8万元、津贴和补贴304.8万元。

第六节　离退休管理

1944年，国家机关、企事业单位工作人员退休工作按照《国家公务员暂行条例》和有关政策规定办理，其审批权按干部管理权限进行。处级干部退休经市委、市政府批准，科级干部由区工委、区管委批准，一般干部由人事部门审批办理退休手续。1995年机构改革，对行政单位工作人员工作满30年，可增加一档工资后办理退休手续。2005年，全区机关、事业单位共办理离退休手续1377人，其中离休干部29人、退休干部979人、退休工人369人。

第三章　劳动和社会保障

第一节　用工与分配制度改革

1978—1983年，市区全民所有制单位实行固定工制度。劳动用工纳入国家计划管理，单位用人先申报计划，再由劳动部门审批。1984年，开始改革用工制度，洪江市部分国营企业试招劳动合同制工人。1986年，全面推行劳动合同制。1986—1992年，全市市属单位累计招收全民合同制工人4100人。1995年，推行企业全员劳动合同制。1996年以后，原来由劳动部门控制调配劳动计划指标的做法彻底取消，企业用人全面放开，走向市场，实行企业自主招聘。

第二节　就业安置

1978年以后，历年上山下乡知青和落实政策人员陆续回城，待业人员处于高峰期，就业难的问题日益突出。市委、市政府一方面通过挖潜、革新、改造，大力发展地方工业，广开就业门路；另一方面认真贯彻中央“实行劳动部门介绍就业、自愿组织起来就业和自谋职业相结合”的就业方针，多渠道安置就业。1988年，全市共安置待业青年、下乡知识青年回城人员、复员退伍军人、大中专毕业生14336人，其中全民固定工1291人、全民合同工2138人、各类集体固定工9561人、个体就业1346人。是年，全市城镇就业率达98.5%。1989—2004年，全区（市）累计安置城镇就业人员38151人。2005年，全年新增城镇就业人员4103人，安置下岗失业人员再就业3168人。

第三节　劳动服务

一、技能培训

1989年以后，通过市就业培训中心、企业和社会相结合，采取通用知识统一授课、专业知识企业各自办班，做到培训与安置配套。1989—2000年，累计参加电工、焊工、电脑、纺织、陶瓷、造纸、电算等各类就业技能培训10864人次。2001—2004年，技能培训由就业前培训转为综合培训，累计参加各类培训10378人次。2005年，全区组织就业前培训3997人、再就业培训2042人、农村劳动力转移培训641人。

二、技能鉴定

1995年，成立国家职业技能鉴定站。1996年，开展技能考评工作，14人获得电工初级证书。1997年，获得电焊工中级证书19人、电工中级证书13人，对200名陶瓷工进行转正定级考评。2001年，全面推行国家职业资格证书制度，完成鉴定460人。2005年，组织技能鉴定306人，取得职业资格证书300人。

三、职业介绍与劳动力市场管理

1993年，成立洪江市职业介绍所和职工交流服务中心。是年，15

家企业面向社会招收工人200多名。1994年，出台《洪江市劳动力市场管理暂行规定》，对职业介绍、职工交流、社会保险手续实行“一条龙”服务。1994年，下发《关于加强劳动力输出管理的通知》，劳务输出人数逐年递增。1995年，介绍用工2400人，其中安排富余职工上岗和介绍社会其他待业人员及农村剩余劳动力从事临时工1271人。至2005年，累计介绍用工3400多人次，组织劳务输出1260人次。

四、劳动工资

1978年，工业企业职工10338人，年工资总额497万元，职工年人均481元。1979年，根据国务院文件精神，按照40%升级控制面，调整部分职工工资，并从当年起执行四类工资区工资标准。1982—1983年，先后调整教育、卫生、体育和国家机关职工工资。1987年，洪江市提为六类工资区。1988年，全民职工年人均工资达1669元，集体职工年人均工资达1318.6元。1989年起，全市主要企业实行指令性工资总额包干。1990年，国营企业实行工效挂钩54个，占96.4%；集体企业工效挂钩41个，占62%。1992年，对全市全民、集体企业职工进行三次浮标，共浮标241个单位、46726人。1993年，国营企业职工挂钩面达100%。1994年，对45户全民企业15232人、25户集体企业2474人核定工资基数及浮动工资比例。1995年，办理1994年效益工资升级的企业24户、7954人，并从8月起在全市实施《最低工资保障制度》，规定我市的最低工资标准为175元/月。1996年，全市78家企业建立《工资总额审批手册》。1999年，取消“工效挂钩”的办法，推行工资指导线制度。是年，完成36户企业6921名职工工资指导线升级。2000年，企业进行产权制度改革，人均工资有较大提高。2005年，企业职工年人均工资8868元。

表 10—1 1978—2005 年洪江区（市）企业人数与工资收入情况

单位：元

年份	人数（人）	工资总额（万元）	人均工资总额（元）
1978	10338	496.96	480.71
1979	14839	750.98	506.08
1980	16480	997.86	605.49
1981	18199	1118.91	614.82
1982	18891	1186.19	627.91
1983	18905	1219.5	646.69
1984	18746	1451.2	774.14
1985	19973	1842	922.24
1986	20310	2230.1	1098.03
1987	20490	2836.3	1384.24
1988	21847	3419	1564.97
1989	19756	3280.3	1660.41
1990	–	–	–
1991	17550	3647	2078.06
1992	24174	4215	1743.61
1993	23122	4671	2020.15
1994	22520	5019	2228.69
1995	21724	6456	2971.83
1996	15336	6245	4072.12
1997	14638	5768	3940.43
1998	10938	5776	5280.67
1999	–	–	–
2000	10424	6824.59	6547
2001	9038	5934.35	6566

续表：

年份	人数（人）	工资总额（万元）	人均工资总额（元）
2002	8595	6269.19	7294
2003	6344	5099.94	8039
2004	8495	6871.61	8089
2005	7799	6916.15	8868

第四节 劳动仲裁与劳动监察

一、劳动仲裁

1986年9月，市劳动局设立劳动争议仲裁股，恢复劳动争议仲裁制度。1988年，共处理劳动争议仲裁案件17件，其中企业胜诉6件、个人胜诉6件，双方均存在问题5件；处理全民、集体企业违纪职工437人；对新招的2138名合同制工人与企业签订的合同均进行鉴证。1989—1992年，共受理各类劳动争议纠纷案件58起，调处成功率为95%以上。1993年，劳动仲裁规程操作性基本完善。是年，处理劳动争议案件5件，结案率100%；鉴定劳动合同7058份。1994—1999年，累计受理劳动争议案件80件，结案76件，结案率95%。2001—2005年，共受理劳动争议案件206起，结案率100%。企业用工人员实现100%合同签证率。

二、劳动监察

1997年，成立洪江市劳动监察大队。是年，对60家单位执行《劳动法》情况进行监督检查。1999年，劳动监察的范围扩展企业养老保险、医疗保险、失业保险，共检查23个单位，督促交纳拖欠养老金289万元，督促交纳失业保险金8.5万元。2003年，对区内100多家用人单位进行执法检查，对9家用工不规范和违反《劳动法》的单位下达劳动监察指令书，补签劳动合同800多份。2004—2005年，对20余家用人单位进行劳动用工检查，受理和查处劳动者举报用人单位违反《劳动法》案件12起；为100余名民工追讨工资14万元，占拖欠民工工资总额的65%。

第五节　社会保障

一、养老保险

1986年，开展劳动合同制工人养老保险金的征缴工作。1987年11月，出台《洪江市全民企业、事业单位退休基金统筹暂行办法》，通过调查摸底，全市参加离退休费社会统筹的全民企业单位56个、自收自支事业单位4个，合计1.2万名职工参加统筹。1993年9月，全民所有制企业职工的离退休费实行省级统筹，按照“以支定收，略有节余，留有部分积累”原则统一征集调剂使用。1995年，启动机关事业单位的养老保险。是年，参加单位106个、参保人数1165人。1999年后，推行企业离退休养老金社会化发放。2003—2004年，先后出台《关于进一步加强社会保险基金征缴工作的通知》《关于改制企业养老保险有关续保的实施意见》《洪江区私营从业人员参加养老保险暂行办法》，全面规范全区养老保险制度。2005年，全区参加养老保险单位298个、参保人数21056人，其中，企业在职职工参加基本养老保险9172人，参加基本养老保险的离退休人员9044人。全年共征缴养老基金1601万元，拨付离退休人员养老金5762万元。

二、失业保险

1994年，实行办理职业介绍、职工交流、社会保险手续“一条龙”服务。1995年，出台《洪江区失业保险基金征缴和发放实施意见》，将失业保险金由每月110元提高到每月224元。为加强下岗职工基本生活保障，建立再就业服务中心54家，对凡是进入再就业服务中心并签订协议的，享受“一费三金”待遇，并按“三三制”的原则，从当年9月份起发放下岗失业人员生活费。是年，为签订协议的2227名下岗职工按月发放生活费152.86万元，2003年6月，停止发放下岗职工基本生活费止。2005年，全区参加失业保险人数10273人，发放失业人员保险金129.6万元。

三、医疗保险

1978年，全市行政、事业单位

实行公费医疗制度，国营企业、集体企业实行劳保医疗制度。1981年后，企业采取医药费包干，节余归已或自负5％—20%。1987年，行政事业单位除离休老干部医药费全部报销外，其他职工医药费按工作年限分别自负5％—20%。1998年，推行医疗保险制度改革。2000年12月，出台《洪江区城镇职工基本医疗保险暂行办法》，完成公费医疗到医疗保险过渡。2001年4月，洪江区城镇职工基本医疗保险制度正式运行。是年，全区参保单位129家、参保人员5140人，全年共征缴医疗保险基金339万元，支付医疗保险费183万元。2002年，出台《关于区内改制企业离退休人员参加基本医疗保险的实施意见》，将基本医疗保险覆盖面扩大到改制企业离退休人员。2005年，全区参加基本医疗保险人数11227人，共征缴医疗保险基金3430万元，支付医疗保险费2799万元。

第十一篇　民　政

第一章　基层自治组织建设

第一节　村民委员会建设

1984年，洪江市撤社建乡。将人民公社改建为乡人民政府，生产大队改为村，设村民委员会。村民委员会一般由5—7人组成，配备主任、副主任、秘书、治保主任、妇女主任、民兵营长等人员组成，村委会干部由村民直接选举产生。村民委员会是村民自我管理、自我教育、自我服务的基层群众性自治组织，负责办理本村的公共事务和公益事业，调解民事纠纷，协助维护社会治安。是年，2个乡共有村民委员会15个。

1990年，民政部下发《关于在全国农村开展村民自治示范活动的通知》。洪江市确定桂花园乡渔梁村、常青乡石板桥村、横岩乡横岩村和黔城乡株山村为试点。1992年，按照《村民委员会组织法》规定，全市进行村民委员会换届选举，采取直接选举、差额选举和无记名投票方法，选举新的村级领导班子。换届选举，共选出村民委员会主任和委员117名，平均年龄39.8岁。1993年，在30个村建立村民代表会议制度，占全部行政村的85.7%。

1995年，开展第三届村民委员会换届选举，35个村民委员会共选出村干部108人，其中新当选54人，连任的54人，平均年龄36.7岁。1997年10月，市政府下发《关于在全市农村普遍建立健全村务公开制度进一步推进村民自治工作的意见》，要求对村民普遍关心和必须公开的问题，公开前应提交党员大会和村民代表审议，公开后要认真听取村民意见，做到村务公开工作全面规范。

1999年，洪江区第四届村民委员会换届选举。新当选的村班子，具有高中以上文化的占70%，30岁以下的青年人占52%。2000年起，全区将村民普遍关心的问题公开上栏，建章建制。同时，制定和完善村民自治章程、村规民约等各项制度，建立健全村务公开监督小组和民主理财小组，实行“二级督导、三级核查”的督促检查机制。

2002年，开展第五届村委会换届选举。严格依法选举，村民参选率保持97%以上。

2005年，完成第六届村委会换届选举，新当选的村委会成员中，党员占80%以上，班子成员平均年龄48.1岁。

第二节 居民委员会建设

1978年，全镇共有居委会21个，居委会一般由2—3人组成，配备主任、秘书和出纳。1989年12月，《中华人民共和国城市居民委员会组织法》正式颁布，对城市居民委员会的性质、地位和作用作明确的规定。1991年6月，洪江市对全市31个居委会依法换届选举，选举产生居委会正副主任、委员148人。在选举过程中，注重干部的年龄、文化结构和政治素质。1997年，完成第三届居委会换届选举，新当选的居委会主任年龄呈梯次结构，平均年龄51.8岁。

2000年，开展第四次换届选举工作，按照“先办试点、总结经验、以点带面、整体推进”的工作思路，确定以新街居委会进行试点。选举工作中，严格依法选举，确保换届选举工作的质量和效果。通过换届选举，共选出新一届居委会成员159人，新当选的33名居委会主任，平均年龄48.8岁。2001年2月，区管委将28名复员退伍军人和大中专毕业生安置到各居委会从事管理工作，连同新当选的居委会主任、副主任，其工资待遇统一纳入财政预算，享受同级参加工作人员的待遇。2003年，洪江开展社区建设工作，首先在河滨路办事处试点。将河滨路居委会和桥东居委会合并，成立桥东社区居委会，在社区内组建基层党组织、社区成员代表会议、居民委员会和协商议事委员会，规定社区有自主决策权、自主财务权、自主协管权和自主初审权。在试点基础上，将全区35个居委会调整为27个社区居委会。同年10月，全区社区居委会选举（即第五次居委会换届选举）工作全面铺开。通过选举，产生27名社区居委会主任，153名社区居委会成员，平均年龄43岁。2005年，全区建成劳动保障大厅3个、街道服务中心4个、社区就业服务站26个、医疗站5个、医疗服务点6个、社区服务中心10个、老人活动室5个、中介服务机构3个、便民利民网点128个。

第二章 拥军 优抚 安置

第一节 拥 军

1978年，镇委下发《关于1978年新年春节期间开展拥军优属活动的通知》，分别对驻洪部队、镇武装部、军烈属和复员转伍军人走访慰问。1979年，对越自卫反击战斗打响，共有80多名洪江籍军人参战。为消除疑虑，解决参战军人家属的实际困难，洪江镇委深入到每户军属家里安抚慰问，对于军属的困难，均给予妥善解决。此后，每年春节和“八一”建军节，洪江历届领导班子成员分别到驻洪部队和复员退伍军人家中走访慰问，团员青年和学生利用节假日为烈军属做好事。2002—2003年，开展“爱心献功臣”结对和扶优奔康活动，民政干部与20名优扶对象结对帮扶。2005年，民政部门共慰问退役军人180名，结对40户优抚对象，为退役军人奔小康创造良好条件。

第二节　优　待

1980年，全市有农村烈军属优待对象74户。1982年后，农村优待改为现金和物资相结合，其中常青乡优待军属每人每年360元、桂花园乡每人每年为300元。1987年，常青乡增加到每人每年400元，桂花园乡则提高到360元。同年，城市义务兵家属开始优待，金额为每人每年300元，由地方财政列支。1991年，市政府制定《义务兵战士优待办法》，对义务兵荣获“英雄”称号，荣立一、二、三等功和营以上单位授予标兵模范或给予嘉奖的，予以奖励，最高300元。对在职工人服役的，不论国营、集体或合同制工人，一律按其入伍前标准工资的70%由原单位发给；城镇待业青年入伍的，由财政每人每年发给300元优待金。1993年，制定《军人抚恤优待暂行办法》，规定入伍前是农村的义务兵一般每人每年优待500元，以乡统筹，年底兑现。2003年，区管委规定“农村义务兵家属的优待金不低于1000元，城镇义务兵家属优待金为1100元”。

第三节　抚　恤

一、伤残抚恤

1979年，提高牺牲、病故和残废军人抚恤金发放标准，其中伤残军人发放标准由每人每月8—32元分别增加4—12元，改烈属、病故军人家属的困难补助为定期抚恤。1991年，发放50名荣誉军人伤残抚恤金4260元、保健费3935元。1994—2005年，洪江有伤残军人39人，其中五级因战受伤2人、因公受伤1人；六级因战受伤2人，因公受伤4人；七级因战受伤2人，因公受伤13人；八级因战受伤4人，因公受伤11人。牺牲、病故军属3个，其中烈属1个。2005年，全区共发伤残抚恤金11.8万元，发抚恤金9240元。

二、“双定”补助

1989年，调整部分在乡老复员军人和带病回乡退伍军人定期定量补助。通过提标扩面调整，全市有“双定”补助复员军人120人，人均每月补助15.6元；退伍军人7人，提标4人，人平每月提标9元。1991年，对7户“双定”烈属发放抚恤金4116元。2005年，洪江有老复员军人37人，人均每月补助132元；带病回乡退伍军人5人，年均补助300元。

三、优抚对象临时补助

1992年起，对在乡127名老复员军人，每人每年定期补助医疗费60元，年底一次性发给。二等乙级伤残以上由公费医疗局按政策核报，若大病住院给予临时补助100-400元。2003—2005年，抚恤费、“双定”补助费由财政拨付按月存入银行，优抚对象执卡到指定银行领取。

第四节 退伍军人安置

1979—1988年，洪江市共安置复员退伍军人679人。1989年后，对农村退伍军人的安置，重点扶持他们开发创业、勤劳致富，对回乡无家可归和特殊困难的退伍军人，参照街道退伍军人安置办法予以安置。1989—1998年，有190名特殊困难的农村退伍军人被乡政府安排到乡镇企业、事业单位工作。1999年，区工委、区管委按照“三不”原则（即不研究、不协商、不变通），对复员退伍军人实行指令性安置。2003年7月，组织安置退伍军人公开考试，对志愿兵、转业军人、“三属”子女、女兵及荣立二等功以上的城镇退伍义务兵可以不参加考试优先安置。2003—2005年，全区共发放退伍军人安置有偿转移资金23.6万元。

表11-1 **洪江区（市）残废抚恤金发放情况表**

单位：元

年度	人次	金额（元）
1976—1980	141	8691

续表：

年度	人次	金额（元）
1981—1985	226	16416
1986—1987	113	13377
1988	54	9573
1989	51	39730
1990	51	39730
1991	50	39210
1992	48	39850
1993	48	39850
1994	48	39850
1995	48	41400
1996	48	41400
1997	48	41400
1998	47	41380
1999	47	41380
2000	46	41060
2001	46	41060
2002	45	45500
2003	42	69500
2004	42	69500
2005	39	118000

第三章　救　济

第一节　扶贫帮困

一、城镇救济

【困难救济】1978年，全市定期定量救济对象共51户、52人。1979—1988年，定期定量救济金额增加到21元。1989—1995年，全市核定定期救济对象118人，定期定量救济金增加到60元，年均核发救济金44.6万元。此后，随着经济发展，“双定救济”标准不断提高。2005年，城市社会定期救济对象100人，人均每月150元，核发救济金18万元。

【城市低保】1999年，下发《洪江区城市居民最低生活保障制度实施细则的通知》，建立城市最低生活保障制度（简称城市“低保”）。城市“低保”制度对无生活来源及人均收入低于国家最低生活保障的城市居民实施政府救济，由区财政筹措资金，区民政局具体负责实施，各街道办事处与社区居委会将低保资金落实到户。是年，全区纳入低保对象1024户2193人，标准为月人均70元。2005年，全区有低保对象5782户12183人，共发放资金775万元，基本实现应保尽保。

二、农村救济

【贫困户救济】1978—1982年，农村救济对象主要为“五保户”以及孤儿、重病等困难户，其救济粮款主要依靠生产大队集体资金来解决。1983年，市政府利用扶贫资金帮助和指导贫困户发展生产，全年对贫困户7户28人进行重点扶助。1984年4月，市政府对困难户“扶志扶本”，从思想教育、物资支援、技术指导、资金安排等方面扶持，14户63人脱贫，占“双扶”总数的41%，粮食和现金收入增加占“双扶”总数的44.2%。1986年，开展“扶贫帮困”义捐活动，全市共捐衣物2.9万件、粮食4.9吨、现金1400元，除部分支援会同、麻阳、芷江的贫困户外，剩余部分直接发放市郊区贫困户。1995年，农村五保户增加到58人，其中敬老院22人、分散供养17人、协设供养19人。1999年，成立救灾互济保障会与救灾互济保障组，通过专款专用，增强农民自我保障意识和抗灾自救能力。2001年，入会农户达1200户，收集会费15万元，使210户受灾农户得到救助。2005年，多种渠道筹措资金，新建1所农村中心敬老院，设有护理室、娱乐室、健身室、餐厅等，34名农村五保老人入住。

【农村低保】 2005年，下发《怀化市洪江区管理委员会关于建立农村最低生活保障制度的意见》，保障标准为无生活来源、无劳动能力、无法定赡养人与抚养人的“三无”对象；因重病、重残、重灾致贫而无法维护基本生活的特困户；收入低于最低生活保障标准的其它特困对象。是年，178户301人享用农村“低保”，共发放资金3万元。

第二节 灾害救济

1979年7月12日—16日，沅巫两水上游连降暴雨，河水猛涨，给洪江大桥及沿河两岸的企业、居民生命财产带来严重威胁，奋战三昼夜，保住大桥安然无恙。事后，市政府组织干部职工，积极捐款捐物，帮助受灾户度过难关。

1987年6月，洪江连续两次遭受洪水袭击，776亩稻田、菜地被淹，冲垮山塘26口、渠道2310米，776户2479人受灾严重。灾情发生后，省政府下拨救济粮50吨、救灾款8万元，市民政部门及时发放到户，很快解除灾情，恢复生产。

1989年9月2日，遭遇特大水灾，共造成受灾耕地1448公顷，受灾人口4984户26230人，因灾粮食减产250吨，死亡大牲畜168头，倒塌民房3间，损坏民房26间。市委、市政府及时组织干部抗洪救灾，恢复生产，并发放赈灾粮19吨、救灾款20.2万元。

1993年5月27日至6月4日，连降暴雨，总降雨量为268毫米，河水猛涨，沅水、巫水汇入洪江，涨水高度为13.5米。受灾群众3093人，受灾耕地472.9公顷，倒塌民房30间，损坏民房114间。民政部门核定救济2579人,发救济粮5.5吨、救济款9.55万元。

1996年5月24日，山洪暴发，总降雨量达174.5毫米，最高水位183.67米，超过警戒水位11.27米，1060公顷耕地受损，蔬菜绝收126公顷，死亡大牲畜1060头，冲走木材2000多立方米,直接经济损失8.56亿元。国家核发救济大米86.1吨，救灾款32.6万元，衣被折币11.33万元，支持灾民建房款230万元。

2001年6月，发生洪灾，3372户、11965人受灾,损坏房屋3900间，672公顷耕地受灾，被洪水冲毁187公顷,成灾378公顷,绝收108公顷。发生4起火灾,受灾23户,81人受损，国家发放救济款20万元、棉被70床、棉衣30件、衣裤115套，帮助灾民修建房屋，恢复生产。

2002年5月8日、6月28日、8月20日，发生3次洪涝灾害，损坏房屋1000间，损坏农作物720公顷，直接经济损失804万元，发放救灾粮5吨，救济款7万元，捐助衣被1200件。

2005年，全区发生洪涝、台风、雪灾、火灾等灾害20余起，仅洪涝灾害直接经济损失1149万元，国家先后发放救济款20万元，重建家园款8万元。衣物(棉被)1260件(套)、大米1.3吨。

第四章　社会福利

第一节　福利生产

1978年，全市有福利工作1家。1984年，市政府将原属街办5家企业改为市社会福利河滨路日用化工厂、沅江路竹器厂、高坡街斗笠厂、永胜斗笠厂、新街织布厂，陆续安置残疾人，在原材料安排、产品销售、税收减免等方面，均给予照顾。1985年，河滨路东风童鞋厂转为福利企业，有正式职工34人，其中残疾人17人。1989年，纺织塑料配件厂有职工197人，其中生产工人143人，“四残”人员76人，占生产工人的53%，年产值202.9万元，免征税金12.4万元。1990—1993年，全市有洪江纺织配件厂、日用化工厂、日用制品厂、纺织齿轮厂、劳动保护用品厂、汽车附件厂、五化工厂、华美运动服厂、东风童鞋厂9家福利企业。1996年，全市11个福利企业共完成产值940万元，创税利78.9万元。2003年6月，成立怀化市洪江福利化工厂。2005年，全区共有10家社会福利企业，年销售收入983万元。

第二节 福利事业

1978年，全镇有养老院1家。1980年，建立的按摩医院，设门诊、住院两部，分按摩科、中西医科和中西药房。1984年10月，桂花园乡人民政府兴办集体敬老院，将大部分鳏寡、残疾老人集中供养。1987年2月，创办洪江精神病人管理所，收养精神病人6人。1989年，洪江区社会福利院收养孤老34人，其中“三无”（无生活来源、无劳动能力、无法定抚养义务人）人员30人、自费4人。1995年，精神病人福利院新建病房16套，共收养精神病患者27人。1997年，洪江区社会福利院修建有37套一室一厨一厕的老人住宅楼1栋。2004年9月，洪江区精神病人管理所更名为怀化市洪江区精神病人福利院，病人月生活费增加至150元。2005年，洪江区社会福利院共收养各类老人50人，其中自费老人25人。“三无”老人每人月生活费150元，由区财政拨给。

第五章　社会事务管理

第一节　婚姻登记管理

1978年，全市城乡婚姻登记，均由民政部门遵照国家法律规定办理。1980年11月起，按照民政部颁发的《婚姻登记办法》办理婚姻的审查和登记。1985—1987年，全市办理结婚登记1859对，接待申请离婚152起，经调解后和好58起。1992年9月，怀化地区民政局确定怀化市、洪江市所在城镇推行市办婚姻集中登记管理试点。2003年10月1日起，按照《婚姻登记条例》，整合现行婚姻登记规定，方便公民登记。2005年，全区办理结婚登记680对。

第二节　丧葬管理

1978年，居民多为土葬。1985年9月，颁布《洪江市殡葬管理规定》，推行火葬，规定单位干部职工死亡不执行火葬的，不发丧葬费与遗属生活补助费及一次性的抚恤费；居民死亡其家属坚持土葬的，有关单位在人力、物力、财力上不予支持；农村人员死亡后实行火葬的，殡葬部门实行优先处理，民政局或乡政府发给火葬费、运输补助费。1993年，在桂花园乡均冲村马家山和常青乡五一村灶角山分别建立公墓园。2003年，成立殡葬执法队，开通民政110，设立殡葬信息联络员。2004年4月，区管委将养猪场2100平方米的土地划拨给殡仪馆，用于修建殡仪服务中心。1978—2005年，全市（区）共火化9424具，其中葬入公墓区安葬1829具。

第三节　社团管理

1991年，民政部门开展社会团体登记管理。是年，全市实行社会团体登记10个。1992年，社会团体登记增加到35个。1993年，对登记的42个社团组织全部实行代码制。1995年，对社团组织实行年检，撤销登记4个。2000年，注销气功类社团组织2个，清理其它社团36个。2005年，全区共有社团组织14个。

第四节 勘界工作

1998年4月，全市勘定行政区域界线工作正式启动，勘定行政区界线，东、西、北与黔阳县（今洪江市）接壤，南与会同县毗连，四境为东至桂花园乡茅头园村野猪岩，西抵横岩乡菖蒲村剪刀洞，南到桂花园乡洪高村白坝塘，北达桂花园乡茅头园村岩坝头。2005年，洪江区与会同县、洪江市边界基本勘定。

第十二篇　经济综述

第一章　经济状况

第一节　经济发展速度

一、国内生产总值

1978年，全镇国民生产总值3899万元，人平国内生产总值661元。其中第一产业产值184万元，第二产业产值2915万元，第三产业产值800万元。2005年，全区地区生产总值7.63亿元，人平地区生产总值10453元。其中，第一产业产值5515万元，第二产业产值5.1亿元，第三产业产值1.98亿元。2005年与1978年相比，地区生产总值增长20倍，人平地区生产总值增长16倍。第一、第二、第三产业在地区生产总值所占比重分别为：第一产业1978年为4.7%，2005年为7.2%，增长2.5个百分点；第二产业1978年为74.8%，2005年为66.8%，下降8个百分点；第三产业1978年为20.5%，2005年为26%，增长5.5个百分点。数据表明，第一产业比重稳步增长，第二产业比重下降，第三产业比重增长迅速，整个经济呈健康良性发展态势。

二、产业发展速度

1978—2005年，洪江区产业发展速度明显加快。2005年，洪江区（当年价）地区生产总值和人均地区生产总值均突破7亿元和万元大关，产业结构趋于合理。其成因有三：一是第一产业在稳定粮食生产的基础上，调整优化种植业内部结构，优质稻比重提高到88.7%，通过家禽品改、楠竹低改、柑桔品改、蔬菜基地建设，高科技农业示范区、家禽和生猪特色养殖区、农业观光区、无公害蔬菜栽培示范区等特色农业建设步伐加快，形成“一区一品”格局。二是第二产业抓住机遇，快速发展。乡镇企业的发展，夯实区域经济的基础，逐渐形成以楠竹（造纸）、乌骨鸡两大支柱产业为核心，生物保健、生物制药、化工为拳头，蔬菜、水果、林产等其它农产品加工企业为支撑的产业集群；民营企业成为洪江经济发展的重要支撑，民营企业工业产值占洪江区工业产值的62%以上。三是第三产业由于旅游业的迅速崛起，为第三产业的快速发展提供载体，促进交通运输业、批发零售业、房地产业、服务业、住宿餐饮、金融保险、邮电通讯业和文教卫事业等行业的快速发展，创造良好的经济效益，全区第三产业增加值2005年比1978年增长25倍，这不但活跃市场经济，还进一步提高人民群众物质文化生活。

三、投资规模

1978年，特别是1992年，洪江市创办黔城经济开发区后，全市固定资产投资规模迅速扩大。1992年，固定资产投资完成6874万元，比1991年增长185%。1993年，全市固定资产投资额达9764万元，其中制造业投资5204万元，交通运输、仓储、邮电业投资1433万元。1998年，由于洪江水电站建设，固定资产投资额增大，全市固定资产投资额达2.96亿元，比1997年增长978%。1999—2000年，全区固定资产投资有所回落，全社会完成固定资产投资比1998年下降30.8%，其中国有控股单位投资下降30.7%，城乡居民个人投资增长137.1%，国有及国有控股单位投资中基本建设投资下降42.3%，更新改造投资70.96%。2001年以后，全社会固定资产投资主要用于基本建设和更新改造方面，按国民经济行业分，主要为制造业、电力、煤气及水生产和供应业、水利、环境和公共设施管理业。2002年，全区固定资产投资达5.1

亿元，比2002年增长43.1%。2005年，全区固定资产投资4.03亿元，其中基本建设投资2.1亿元，基本建设占全社会固定资产投资比重的54.35%，比2002年下降27个百分点；更新改造投资1.4亿元，更新改造占全社会固定资产投资比重的34.68%，比2002年增长24个百分点。

表12-1 **洪江区（市）部分年度生产总值发展速度表**（以上年为100）

单位：%

年份	地区生产总值	第一产业	第二产业	其中		第三产业	其中					人均生产总值（元/人）
				工业	建筑业		交通运输仓储邮电业	批发零售贸易餐饮业	金融保险业	房地产业	其他服务业	
1990	95.1	103.0	87.0	85.0	97.0	117.1	107.1	102	106.4	110.3	106.9	106.2
1991	114.4	104.9	125.8	127.1	94.4	99.2	153.6	76.2	127.1	191.3	86.2	117.9
1992	118.5	102,3	116.7	110.4	322.5	130.6	156.1	118.6	127.5	123.7	132.1	117.8
1993	111.0	109.6	106.7	106.2	112.7	119.7	144.7	116.9	94.7	118.0	125.8	114.8
1994	109.3	102,2	117.2	122.4	62.6	98.2	83.0	109.5	83.8	92.1	108.4	129.5
1995	108.1	110.9	103.0	105.9	41.0	117.6	108.5	116.6	104.6	102.1	130.1	118.8
1996	99.5	95.9	96.9	95.9	149.8	105.5	134.1	101.5	106.4	96.2	97.0	96.8
1997	103.1	109.9	104.2	103.8	117.3	99.0	108.7	95.5	98.0	132.5	93.0	103.5
1998	98.2	59.9	112.2	100.6	463.1	87.1	100.6	69.8	82.0	154.8	82.8	128.0
1999	92.0	103.2	87.9	88.5	84.4	98.6	69.7	141.5	56.5	20.7	133.1	85.6
2000	134.8	208.8	116.8	113.0	143.2	152.2	147.7	147.5	160.8	167.7	155.2	106.1
2001	108.7	101.0	111.3	105.6	142.4	107.4	106.1	102.3	103.9	118.9	110.9	103.9
2002	106.3	101.8	106.0	102.9	118.3	108.3	107.5	101.9	103.3	115.3	112.5	106.1
2003	110.6	103.5	114.7	119.8	96.6	106.3	107.6	101.9	105.9	108.4	107.9	107.9
2004	129.2	105.0	147.0	167.7	56.6	106.4	102.8	102.8	105.2	107.7	109.6	139.0
2005	109.5	105.3	111.8	114.4	77.6	105.4	104.5	104.2	105.6	117.8	105.4	106.8

第二节　经济结构

一、产业结构

1978年，全镇工农业总产值7934.79万元，其中农业总产值248万元，占3.12%；轻工业总产值5133.49万元，占64.7%；重工业总产值2553.3万元，占32.18%。1980年，洪江市工农业总产值首次突破亿元大关，其中轻工业总产值8282万元，占71.64%，重工业总产值2986万元，比1978年下降6.4个百分点。此后，洪江市加快工业技术改造和产业结构调整，新开发纺织、化工、塑料、电子、轻型机械等一批新兴工业产品。1991—1995年，三次产业结构比由1990年的12：54：31调整到13：54：33，第三产业所占比重稳定提高。工农业总产值的比例由1990年的92：8调整到96：4，工业在国民经济中的主导地位更加突出。工业内部结构中的三资企业、个体私营经济、乡街企业等非国有经济所占比重提高，由1990年的28.4%提高到52.3%。农业产业结构突出城郊型特点，非农业占农村社会总产值的比重达74.7%，农业畜牧水产业所占比重提高到39.4%。1994年，全市社会总产值突破10亿元，其中第二产业为7.8亿元、第三产业2.8亿元。1995年，地区生产总值4.6亿元，第一产业5793万元，占13%。第二产业2.3亿元，占51%。1996—2000年，全区三次产业结构由1995年的13.0：51.3：35.7调整到2000年的10.6：57.8：31.6，产业结构得到重大调整，工业在国民经济中的主导地位更加突出，以竹木加工、造纸、纺织、陶瓷、医药、化工为主导的支柱产业对经济发展的支撑作用日益突出；以竹木加工、雪峰乌骨鸡产业化为龙头的农业产业化进程加快，乡镇企业不断壮大。2000年，地区生产总值3.94亿元，第一产业4716万元，占12%；第二产业2.1亿元，占53%;第三产业1.36亿元，占35%。2001—2005年，三次产业结构由2001年的12.8：53.4：33.8调整到2005年的7.5：68.8：23.7，工业产业结构实现优化调整，新增保健酒、冶炼等产业，造纸、纺织、化工等产业不断壮大，工业在国民经济中的主体地位更加突出。2005年，全区地区生产总值7.63亿元，第一产业5515万元，占7%;第二产业5.1亿元，占67%；第三产业1.98亿元，占26%；批发零售贸易餐饮业4240万元,占6%。金融保险业1430万元，占2%。房地产业535万元，占1%。其他服务1.02亿元，占13%。

二、产品结构

农业方面，早在20世纪80年代初，洪江市委、市政府根据洪江特点，确定郊区农业为城市服务，以发展副食品生产为主的方针，开始农业结构调整。1985年，全市农业产业结构发生明显变化，粮食与经济作物的比例趋向协调，调整部分稻田与旱地改种经济作物和开挖渔塘；乡镇企业发展到381个，从事乡村企业的劳力占农村总劳力的20%；确定农村调整的主攻方向，逐步调整蔬菜、肉食、蛋品、柑桔、鲜鱼生产基地。1986年，确定稳定粮食、发展畜禽、加速工业、弄好果林的方向。1991年，全市建成5000羽笼养蛋鸡生产线、20公顷精养鱼池、100公顷蔬菜、867公顷柑桔、33公顷时鲜小水果、13公顷食用笋、13333公顷用材林以及66公顷杂交制种八大商品基地。1992年，市委、市政府决定把山地开发作为今后农业的主攻方向。1994年，农业产业形成以楠竹开发、畜禽水产和蔬菜生产、水果种植与开发、木本粮油开发、中药材种植与开发为主的五大主导产业，全市资源加工骨干企业7家、竹木加工项目44个、化工项目10个。1997年，市委、市政府分析洪江的林业、畜牧、水果产业的优势和潜力，制定三大产品产业化方案。2000年，洪江区启动农业楠竹低改和竹系列产品加工工程、柑蕓品改工程、家禽品改工程和蔬菜基地建设工程。其中，横岩乡重点以楠竹低改和竹系列产品加工工程为主，形成竹制品开发产业；桂花园乡以家禽品改和柑桔品改为主,发展雪峰乌骨鸡、三元杂交猪和节粮型草食动物；常青乡主抓蔬菜基地建设。2005年，全区粮食稳定在4500吨之间，发展茅优岩高科技农业示范区67公顷，发展桂花园、铁溪村特色养殖区，川山村20公顷无公害蔬菜栽培示范区，以及横岩乡2000公顷楠竹、洪江水电站及洪高村“农家乐”。工业方面，20世纪80年代至90年代中期，是洪江市经济发展的鼎盛期，形成纺织、陶瓷、造纸、化工、塑料、食品、电力、机械、、建材等15大行业。全市工业主要产品有陶瓷行业的日用瓷和出口瓷生产，造纸行业的机制纸、纺织行业的纱、布、印染布和丝织品，塑料行业的塑料制品，食品行业的饮料酒，化工行业的皂素、双烯、油漆、烧碱、漂白粉、三氧化铁、液氯，机电行业的金切机床、高中压阀门。1996年以后，随着市场竞争加剧，加上市属企业经营机制不顺，不少工业企业举步艰难，停产、半停产企业增多。1999年，全区工业企业亏损面超过80%，国有企业平均总负债率达132%。2002年，区工委针对洪江区经济的发展战略，计划重点扶持和发展洪江瓷厂、洪江纸业公司、洪江纺织厂、洪江竹业公司，培育和壮大二化工厂、正通公司、有机化工厂、正驰公司，开发造纸、陶瓷、纺织、竹制品、精细化工、特种阀门、激素类药物等八大拳头产品。2005年，全区工业经济由过去的纺织、造纸、化工、陶瓷、塑料、机电等六大支柱行业，调整到以造纸、纺织、化工为主的经济产业，主要产品有纱、布、人造板、纸浆、机制纸、盐酸、氢氧化纳、商品液氯、化学原料药、日用陶瓷等。其中化工产业的发展和产品已成为区域经济新的增长点，为区域经济持续、健康、快速的发展打下坚实基础。

三、所有制结构

洪江区所有制组织形式经历两次重大转变。一是改革开放以来，由单一的社会主义公有制向以国有、集体经济为主导，私营、个体、外资等多种经济成份共同发展的结构转变，乡镇企业和各种联营、私营、个体经济飞速发展；二是1992年以来，随着社会主义市场经济体制的进一步完善，市场化程度提高，区属工业企业和区、乡属集体企业的破产改制，民营经济成为洪江区经济的主导力量。

表 12-2　洪江区（市）部分年度地区生产总值产业结构表（当年价）

单位：万元

年度	地区总产值	第一产业		第二产业		第三产业	
		总产值	占 %	总产值	占 %	总产值	占 %
1978	3899	184	4.7	2915	74.8	800	20.5
1980	5878	249	4.2	4600	78.3	1029	17.5
1985	8994	376	4.2	6909	76.8	1965	21.8
1988	18819	1939	10.3	12197	64.8	4910	26
1989	18584	2284	12.3	11492	61.8	4994	26.9
1990	17724	2597	15	9558	54	5569	31
1991	20582	2649	13	11717	57	6320	31
1992	24831	2811	11	13663	55	8357	34
1993	28910	3476	12	14970	52	10464	36
1994	37913	4866	13	20271	53	12776	34
1995	45763	5793	13	23333	51	16637	36
1996	45539	5352	12	25655	57	14332	32
1997	47339	6045	13	26775	57	14519	31
1998	48713	3622	7	33149	68	11942	25
1999	40642	3737	9	24422	60	12484	31
2000	39385	4716	12	21037	53	13632	35
2001	44551	4512	10	25330	53	14709	33
2002	47169	4346	9	26789	57	16034	34
2003	51466	4626	9	29533	57	17307	34
2004	70180	5150	7	46215	66	18815	27
2005	76308	5515	7	50953	67	19840	26

第三节 经济效益

一、财政收入

1978年，洪江镇财政总收入为1127.84万元。2005年，洪江区财政总收入5774万元。2005年财政总收入比1978年增长4.12倍。1994年财税体制改革后，地方财政预算内总收入1994年为2711万元，2005年增加到2842万元，2005年比1994年增长0.05倍。预算内地方财政收入增长速度比财政总收入增长速度低4.07个百分点，主要原因是1996年以后国有、集体企业亏损面扩大，至2005年全区企业破产改制才基本结束，民营经济还未起主导地位，洪江区财政增长主要原于调整后洪江区经济的强劲复苏。

二、城乡居民收入

洪江镇职工年平均工资1978年为528.2元，2005年增加到10590元，2005年比1978年增长19倍。快速增长的原因主要是境内国有企业、民营企业和中外合资企业在建立现代企业制度后，劳动生产率迅速提高；其次金融保险业整体效益好，职工收入高；再次是国家机关公务员几次大的调资均集中于此，其收入成倍增长。农民人均纯收入1978年为101元，2005年增加到3268元，2005年比1978年增长31.4倍。增收的主要原因：一是农产品价格较1978年大幅度提高；二是劳务输出增加收入；三是从事第三产业增加的收入较多；四是农业产业结构的调整，农民收入增加。

城乡居民储蓄余额，1978年为264万元，2005年达到7.18亿元，2005年比1978年增长271倍。

三、城镇居民消费水平

洪江区城镇居民年末人平使用房屋面积1979年为3.64平方米，2005年达到25.7平方米，较1979年人平增加使用房屋面积22.06平方米。20世纪90年代起，境内新建住房全部是钢筋混凝土结构，厨房、厕所、阳台配套，水电设施齐全。城镇人均居民家庭总支出由1979年的326元增加到2005年的4122.36元。消费结构由商品性消费支出向服务性消费支出转变，其中2005年消费支出占家庭总支出的87.6%。消费性支出中，食品消费占46%，衣着支出占11%，家庭设备用品及服务支出占7.5%，医疗保健支出占5.2%，交通和通信支出占6.7%，教育文化娱乐服务支出占9.5%，居住支出12.2%，其它支出1.1%。数据显示，城镇居民除食品消费外，其它衣、住、行、文化、教育、医疗消费支出基本均衡，生活质量不断提高，从总体上看接近小康水平。

四、农村居民消费水平

1978年，洪江镇农村居民房屋结构以传统木板瓦房为主。1981年以后，随着收入的增加，砖木结构房屋逐年增多，至2005年，全区农村新建房屋结构均为砖混结构，农民房屋整体质量提高，居住条件大为改善，达到宽敞、舒适的水平。1988年，全市农村居民人均消费额592元，其中食品、衣着、燃料、购置日用品等生活消费支出占总消费额的68.4%。2005年，全区农村居民人均消费额总支出2725.32元，其中生活消费支出占总支出的80.63%。全区农村住户每百户拥有大型家具420件、洗衣机110台、电风扇140台、电冰箱37台、电话机63部、移动电话47台、彩色电视机110台。数据显示，农民收入大大提高，在保证温饱的同时，生活质量得到普遍提高，农村居民家庭恩格尔系数达46.21%。

第二章 经济体制改革

第一节 农村经济体制改革

一、建立 完善 稳定家庭联产承包责任制

1979年1月11日，中共中央把十一届三中全会制定的《关于加快农业发展若干问题的决定（草案）》和《农村人民公社工作条例（试行草案）》发至各人民公社讨论试行。这两个文件同时强调要放宽农村政策，建立农业生产责任制，允许“包工到作业组，联系产量计算劳动报酬，实行超产奖励”，但“不许包产到户，不许分田单干”。1980年，全市把建立生产责任制作为农村巩固集体经济的头等大事来抓，常青公社调整农业内部结构，提出“以菜为主，菜、猪、鱼、果结合，多种经营，全面发展”，全公社80%的劳力从事种养业，20%的劳力从事工副业，因地因队制宜。1981年6月，市委召开全市农村三级干部会议，会议提出，全市要根据各地不同条件采取不同的责任制形式，不能搞一刀切。1982年1月，全市15个大队103个生产队，建立责任制97个生产队，订好合同44个队，联产到劳的26个，综合分组的10个，大包干的61个，还未定好的6个队；在41个蔬菜队中，联产到劳的28个，综合分组的11个，还未定好的2个。1983年11月29日，万里在全国农村工作会议的报告中，指出“目前以家庭经济为主的联产承包责任制已占农村总数的90%以上”。从此，“家庭联产承包责任制”由中央正式命名。1984年1月1日，中共中央下发《关于一九八四年农村工作的通知》（中央1号文件），要求土地承包期一般应在15年以上。当年底，全市15个村104个村民小组全部完成土地延长承包期工作。1985年，全市农业产业结构逐步调整，种植业内部粮食与经济作物的比例逐渐趋向协调，粮食由1984年的13.1%下降到10%，经济作物由1984年的21.2%上升到

23.1%。到1988年，全市农村人均收入达1158元，人均纯收入达649元。

1990年2月20日，市政府下发《关于稳定、完善农村承包经营责任制，加强合同管理工作的决定》，决定针对自1982年推行家庭联产承包责任制以来，洪江出现在双层经营方面存在的主要问题，通过加强承包合同管理、完善双层经营，达到稳定家庭联产承包责任制的目的，使农村合作经济承包合同管理逐步纳入法制化管理的轨道。1992年，市委下发《关于加强农业和农村工作的决定》，决定指出："要把以家庭联产承包为主的责任制，统分结合的双层经营体制作为一项基本制度长期稳定下来，并不断充实完善。"当年底，全市完成农业总产值3983万元，粮食总产量1.21万吨，农民人均收入达1017元，乡镇企业完成总产值2067.3万元，首次进入全国百强县行列。1995年8月，开展第二轮土地承包工作，全市农村4个乡35个村294个村民小组1.1万户农民都与村集体签订30年不变的承包合同，同时领到《集体耕地承包经营证》。在此基础上建立全市农村土地承包经营权流转制度，使土地流转合理有序，为优化农村产业结构和要素组合打下良好的基础。1998年8月29日，全国人大第四次对《中华人民共和国土地管理法》进行修订，第一次将党的土地政策"土地承包期限为30年"上升为法律。2002年，全面推行农村税费改革，切实做到减轻农民负担，2005年，全面取消农业税后，对农民的种粮积极性空前高涨。根据洪江农业资源的实际，将茅头园、优胜、岩门片建成高科技农业示范园区，把桂花园、铁溪二村建成特色养殖示范园区，把桂花园乡川山村建成无公害蔬菜栽培示范区，雪峰乌骨鸡开发项目顺利落户桂花园、铁溪特色养殖示范区。

二、农村税费改革

全区农村税费改革工作于2002年全面铺开，至10月31日止，全区3个乡基本完成新农业税和农业特产费的调整工作。

2002年7月12日，洪江区启动农村税费改革。根据《洪江区农村税费改革实施方案》《洪江区农村税费改革转移支付分配方案》，确定全区的常年产量为556公斤/亩，其中桂花园乡550公斤/亩，常青乡680公斤/亩，横岩乡540公斤/亩。通过严格把关，洪江区申报核减面积数由原100公顷下降到73公顷。10月31日，全区3个乡基本完成新农业税和农业特产税的调整工作。改革后，全区落实农业税计税土地面积679.4公顷，落实计税常年总产量522吨，每亩平均常年产量511公斤；新农业税征收总额44.7万元，其中正税37.26万元，附加税7.45万元。改革后，农业税和农业特产税征收总额合计64万元，与改革前的2001年比较，人均减负额20元，人均减负幅度33%。2003年，出台《洪江区村级财务管理办法》，由各乡经管站全面实施村帐乡管，从而规范村级财务管理。2004年6月，国家财政部、税务总局联合下发《关于取消除烟叶外的农业特产税有关问题的通知》，明确规定从2004年起，取消除烟叶外其他农业特产品的农业特产税。2005年12月29日，中华人民共和国主席令第46号公布《中华人民共和国农业税废除决定》，决定从2006年起在全国范围内取消农业税。这标志着在我国延续2600年的农业税从此退出历史舞台，农业税这项“千年古制”的最终废除。取消农业税，并不仅仅是中国农民的福音，更是13亿中国人共同的福音。

第二节　工业经济体制改革

一、工业企业改革

【实行经济责任制】1981年3月，试行“利润包干，定额管理”的经济责任制。1982年，全市进一步完善利润包干、超收分成的经济责任制，各工业企业根据各自不同情况，分别采取百分计奖制、车间大包干责任制、浮动工资制、定额包干责任制、单项承包责任制。其中，洪江瓷厂推行学首钢经济责任制，全年实现利润170.5万元，比1981年增长45.4%。1983年，市委在全市三级干部会议上，全面推广洪江瓷厂的经验。

【实行厂长任期目标责任制】1985年7月，全市工商企业实行厂长（经理）任期目标责任制，任期三年。考核指标主要有：产值、销售收入、税金、利润、技改项目、工资总额等。1986年2月，市委、市政府下发《关于确定市属工业企业级别的几项具体规定》，规定：凡年产值200万元以上或400万元以上，利税25万元以上或50万以上的工业企业，可视同为副局级或局级单位对待，其领导成员在在任职期间享受同级待遇。按此规定：1986年有造纸厂、三化工厂、机床厂、汽标厂、丝绸厂、一塑料厂、电厂7家企业升格为局级单位，有煤矿专用设备厂、酒厂、阀门厂、造漆厂、皮鞋厂、布鞋厂、有机合成厂、二造厂、自来水公司9家企业升格为副局级单位。

【实行承包经营责任制】1987年12月，市委、市政府下发《关于深化企业改革的几项决定》，对全市所有工商企业实行承包经营，按照“三保一挂”（保上交、保技术进步和后劲、保企业上等级、工资与效益挂钩）的要求，进行完善和深化。为促进承包任务的完成，对工人工资和承包人工资分别实行效益挂钩工资与效益档次工资制度，取消原工人等级工资，全部实行计件或定额工资。为保证承包工作顺利进行，《决定》赋予厂长对涉及企业生产经营的人事、财物、奖惩有决策和指挥权。

【实行全员风险抵押承包】1989年9月，下发《关于全面推行全员风险抵押承包的通知》，变厂长（经理）一人承包为全员承包，把职工利益与企业效益紧紧地捆在一起，形成共担风险、共享利益的全员风险抵押承包。文件规定：风险抵押金根据职工在企业担负责任大小确定缴纳金额，一般在200—1500元之间。完成年度任务的，风险收益金可以在20%以上内发放；完不成当年承包指标，要相应扣减抵押金，风险抵押金于承包期满退还。在承包期内，对被开除和自动离职的职工，风险抵押金一律不予退还。

二、建立现代企业制度

1995年，市造纸厂、纺织厂、洪江瓷厂被确定为怀化地区建立现代企业制度的试点企业，通过对3家企业进行清产核资、界定产权，对资产进行分类，确定生产经营性资产的数量，制定承包责任目标经济指标。1996年，洪江纺织厂、洪江瓷厂、洪江造纸厂共完成工业总产值1.99亿元，实现销售收入2.2亿元，销售收入和利税分别占全市预算内工业企业的69.7%和65.7%。为了给全市企业营造一个宽松的政策环境，市委、市政府先后制定和出台《企业扶优扶强试行办法》《调整厂长（经理）效益档次工资》《部分企业厂长（经理）试行年薪制方案》《国有资产承包经营责任制》《现代企业制度试点政策》《中小型企业改革方案》和《破产试点方案》等政策，从政策上对企业进行指导、协调和服务，增强企业适应市场的能力。同时，推广股份制、产权转让、股份合作等多种形式。2000年，全区企业改革面达到90%以上，一批重点骨干企业相继实现破产、并购和公司化改造，成立洪江竹业股份有限公司、洪江纸业有限公司、洪江陶瓷有限公司、洪江政通有限责任公司、洪江正驰激素有限公司。2005年，全区国有企业改革改制工作基本完成，共盘活企业存量资产2.7亿元，一批改制企业重新焕发生机，初步形成多种经济成分共同发展的格局，使企业逐渐成为适应市场竞争的主体。

第三节　流通体制改革

一、商业体制改革

1979—1981年，全市商业企业试行经营责任制，企业依据自身情况实行上缴利润包干、亏损包干、“三保一挂”“目标利润包干”等形式的责任制。1983年，实行“利改税”。1984年，改革试行小型商业企业“改、转、租、卖”。1988年，全市商业系统共有企业8家，商业网点数1686个，涉及粮食、蔬菜、肉类、食糖、钢材、木材等多类商品，商业零售总额2049万元。1991—1993年，商业系统开始新一轮承包，重新确定承包基数。对小型零售商店、柜组实行抽资承包，员工施行档案工资制，落实企业内部工效挂钩。1994年10月，成立洪江市商业总公司，并在广西凭祥设立贸易站。2002年8月，开始商业企业改制。当年，市百货纺织品公司、市五金交电化工公司、市食品公司、市糖酒副食品公司、市蔬菜公司、市旅游食品厂全部进入破产程序。2003年，6家国营商业企业全部破产终结。

二、供销体制改革

1979—1981年，供销合作社按照城乡开放的要求，恢复集市贸易。1982年，供销合作社改革，逐步把供销合作社办成农村经济综合服务中心。1984年，供销合作社实行农民入股，按劳分配，扩大企业自主权。1986年3月，成立洪江市供销合作社，实行社员自愿入股，股金分红，建立理监事会及社员代表大会制度。1988年，供销合作社实行主任（经理）任期目标责任制和租赁经营制。1992—1995年，供销社坚持“综合服务、联合经营、转换机制、提高效益”，深化供销社体制改革。1997年，各专业公司“以包代管”“以租代管”扭转亏损状态。2001年，洪江区供销合作社对所属企业施行破产。2002年，郊区供销社、日杂公司、农资公司、农副果品公司、再生资源公司、工业品公司先后依法破产。2004年，供销社整合优势资源，重新组建郊区供销有限责任公司、红日日用杂品公司、兴旺再生资源有限责任公司、兴达食杂果品有限责任公司和美多商贸有限责任公司等企业，吸纳下岗职工，实现再就业。

三、粮油流通体制改革

1982年，实行“粮食征购、销售、调拨包干一定三年”的粮食管理，在完成国家粮食征超购任务后，积极开展粮食议购议销，调剂余缺。1984年，取消粮食统购，实行合同定购，同时调整农村粮油购销价格，实行粮食合同定购与供应化肥、柴油和发放预购定金“三挂钩”。1992年，省体改委、省财政厅、省物价局、省粮食局联合发出《关于粮食价格和经营放开有关问题的通知》和《关于深化粮食经营管理体制改革实施方案（试行）的报告》，要求从1992年11月1日起全省城乡全面放开粮油购销价格，取消城镇居民定量粮油平价供应和农村粮食统定销平价供应，价格随行就市。为了适应粮食改革，组建成立洪江市平价粮油购销公司，统一经营管理全市平价粮油。并在市区、市郊新增便民购粮点9个，市粮贸公司也开办粮贸市场，采取送货上门以方便群众。1993 年 2 月 18 日，国务院下发《关于加快粮食流通体制改革的通知》，指出争取在二、三年内全部放开粮食价格。从 1993 年起，除军供用油外，全面放开食用油购销价格和经营。洪江粮食和食油市场放开后，仅 1993 年一年，外地粮食部门、外系统和个体户就在洪江设立粮油供应店（点）130 多家。与此同时，国营粮店还在吃“大锅饭”，品种常年“老三样”。为了改变被动局面，市粮食部门成立“洪江市粮油总公司”，代理全市平价粮油的购、销、调、存、加工业务，改“隐蔽”粮店为临街、临路门店，使全市粮食商业网点由改革前的 38 个增加到 100 多个。1997 年，洪江粮食系统全面转换经营机制，推行用工制度改革，从粮食局抽出 20% 人员组建粮油总公司从事商业性经营。

2001 年，粮食系统在金穗包装厂率先进行改制试点。2002—2004 年，粮食系统先后有粮油供应公司、大米厂、饲料公司、粮油储运公司、直属粮库通过改革改制，重组成立洪江区粮食购销公司和穗源实业公司。2005 年，全区严格执行国家中晚稻最低收购价政策和粮食质量标准，全年粮食入库 1500 吨。

四、物资体制改革

1986 年以前，洪江市物资行业实行计划分配制度。物资总公司所经营的各种重要生产资料全部是按上级计划，实行统购统销，企业没有自主经营权。1987 年，物资企业全面推行经理负责制和任期目标责任制和多种形式的承包经营责任制，试行工资与企业经济效益挂钩。1988—1990 年，物资系统所有全民所有制企业实行经营承包责任制，全系统实行工资与企业经济效益挂钩的办法，即企业职工工资总额随着企业上缴税利额的增减按一定比例上下浮动，工效挂钩。1991—1992 年，继续滚动承包，转换内部机制，形成企业自主经营、自我约束和自我发展的经营体制。1999 年，实行产权制度改革，采取分期分批进行。先后完成机电设备公司、物资贸易中心、金属材料公司和金属回收公司破产改制，全系统企业改制全部结束。

第十三篇　经济管理

第一章　计　划

第一节　管理体制

1978—1982年，实行计划管理体制。1983年后，计划物质逐步开放，指令性计划逐步缩小，市场调节范围不断扩大。1985年，工业产品指令性计划由1980年的100余种减少到10余种；农产品除粮食合同订购仍为指令性计划外，其余均签订合同收购或市场调节。主要生产资料的分配供应变单轨制为双轨制。1991年，坚持计划经济与市场调节相结合的原则，控制一般建设，优先安排农业、交通、能源、通讯和重点材料建设，确保重点项目建设顺利推进。1992年，实行有计划的商品经济体制，指令性计划和平价物资供应量继续减少或取消，计划内产品，如石油、钢材等专项供应指标一律放开价格。1993年，逐步实行社会主义市场经济体制，物资市场全面开放。2000—2005年，经济体制改革不断深入，以市场为导向，加快经济结构调整，推进经济体制和经济增长方式转变，促进国民经济持续、快速、健康发展和社会全面进步。

第二节　计划编制

一、长期计划编制

1990年3月，完成《洪江市

1990—2000年经济科技社会发展规划》编制工作。5月18日，洪江市第十届人民代表大会常务委员会第二次会议通过《洪江市1990—2000年经济科技社会综合发展规划》，提出“坚持四项基本原则和改革开放的总方针，以发展外向型经济为契机，立足现有基础，坚持工业主导，发展农商两翼，依靠科技进步，深度开发山区资源，横向拓展国内外市场，以提高经济效益为中心，规划调整经济结构，逐步实现经济重心由东区向西区的转移。到本世纪末，年工农业总产值达到9—10亿元，国民生产总值达到6—7亿元，成为怀化地区出口创汇基础，湘西南工业中心，技柳线经济带和湘、黔、桂三省边界山区繁荣、文明、优美的开放型明珠城市”战略构思和“立足山区资源，创造科技优势,双向拓展市场,协同写好‘工’字”战略方针。确定“发展造纸、纺织、健康、陶玻、化工五大支柱行业，突出适用技术，开发黔城新区”战略重点。“十年规划”描绘出洪江市的宏伟蓝图，基本符合洪江市的市情，又与全省和全区的战略发展相吻合，同时也符合国家现行的产业政策。同时，十年规划从整体上回答洪江市十年乃至更长一段时期如何发展的问题。

二、中期计划编制

1980年，组织相关部门编制《洪江市国民经济和社会发展第六个五年计划（1981—1985）》，要求通过经济体制改革发展地方工业，把洪江建成工业城市。

1985年，组织有关部门编制《洪江市国民经济和社会发展第七个五年计划（1986—1990）》。“七五”计划主要任务是为经济体制改革创造一个良好的经济和社会环境，使改革顺利地展开；保持国民经济持续、稳定地增长，在物资技术和人才方面为九十年代经济和社会的继续发展准备后续能力；在生产发展和经济效益提高的基础上，城乡人民生活继续有所改善。到1990年，全市工农业总产值达到2.8亿元，社会总产值达到3.45亿元，国民收入达到1.15万元。

1989年，组织有关部门编制《洪江市国民经济和社会发展第八个五年计划（1986—1990）》。《洪江市国民经济和社会发展第八个五年计划》，“八五”计划总的构思是：坚持党的方针原则，立足现有基础，坚持工业主导，发展农商两翼，依靠科技进步，深度开发资源，以发展外向型经济为契机，横向拓展国内外市场，以调整经济结构为重点，以提高经济效益为中心，加快黔城新区的开发，经济重心逐步从东向西区的转移，在湖南西线开发中，特别是在枝柳铁路湖南段第二条经济走廊的建设中充当工业支柱的角色，为洪江市成为湖南在湘、黔、桂边陲地区的经济前沿阵地，成为怀化地区出口创汇基地和湘西南的工业中心打下基础，成为该地区经济繁荣、社会安定、科学发达、环境优美的文明城市。力争社会总产值到1995年达7亿元，国民生产总值达2.75亿元，工农业总产值达4.16亿元。

1995年7月，组织专门班子起草《洪江市国民经济和社会发展第九个五年计划（1996—2000）》。“九五”计划总的指导思想是：全面实施“强工活贸、重心西移、项目带动、科教兴洪”发展战略，加快“推进工程”步伐，促进经济建设和各项社会事业全面进步，努力把洪江市建设成为经济繁荣、环境优美、社会稳定、人民生活富裕的花园式城市。到2000年，实现人均国内生产总值5400元，国内生产总值达到5.94亿元，工业总产值达到15.3亿元，农业总产值达到6920万元，社会消费品零售总额年均增长15%，外贸销售额年均增长15%。

2000年，洪江区组织相关部门编制《洪江市国民经济和社会发展第十个五年计划（2001—2005）》。区工委在“十五”计划中提出：经济发展要坚持以工业经济为中心，巩固发展第一产业，改造提升第二产业，开发培育第三产业，以结构调整、产权制度改革和基础设施建设为重点，突出发展高新技术产业，扩大个体私营经济总量，积极培育经济增长点，提高经济发展质量，改善财政状况，进一步加强社会主义精神文明和民主法制建设，5—10年将洪江基本建成山水秀美的文明城市。到2005年，国内生产总值达到7.46亿元，工业总产值达10.6亿元，农业总产值达到9070万元规模以上，社会消费品零售总额达到3.11亿元，农民人均纯收入达到

3268 元，职工平均工资年均增长 5%，五年固定资产投资 20 亿元。

2005 年，组织相关部门编制《洪江区国民经济和社会发展“十一五”规划》。“十一五”规划与“十五”计划相比较，增加生产方式转变、人民生活和生态环境的指标，减少实物经济增长的指标，35 项指标中经济发展指标 12 项，社会发展、人民生活和生态环境指标 23 项。生产总值年均增长定为 11%，2010 年达到 12.6 亿元，该指标比“十五”实际年均增速低 1.7 个百分点；人均生产总值 2010 年达到 1.6 万元（约合 1900 美元），该指标高出怀化市平均水平 4000 元；城镇居民人均可支配收入年均增长定为 9%，2010 年达到 8200 元，该指标比怀化市 7% 的指标高出 2 个百分点；农民人均纯收入定为年均增加 150 元，2010 年达到 4018 元，该指标比怀化市“十一五”定的年均增速指标低 2 个百分点；外贸出口总额力争达到 1000 万美元。

三、年度计划编制

1978—2005 年，共组织编写 28 个年度综合计划。年度计划的主要内容包括综合计划和专业计划。专业计划包括农业计划、工业交通计划、财贸计划、人口发展计划、文教卫生计划、环保计划、科技计划、大中专毕业生分配计划和基本建设计划等。随着改革开放的深入和社会主义市场经济体制的确立，计划编制由指令性计划逐步转变为适应市场经济的指导性计划。

第三节　计划执行

一、“六五”计划执行情况

1981—1985 年，洪江市“六五”期间国民经济的各个方面都取得很大成就，积累改革和建设的一些宝贵经验，出现持续、稳定、协调发展的新局面。社会总产值由 1980 年的 1.43 亿元增加到 1985 年的 2.25 亿元，平均每年增长 9.6%；工农业总产值由 1980 年的 1.22 亿元增加到 1985 年的 1.92 亿元，平均每年增长 9.5%；国民收入生产额由 1980 年的 4783 万元增加到 1985 年的 7414 万元，平均每年增长 9.2%，国民经济主要比例趋向合理，经济效益和经济实力有所提高，城乡人民生活有了显著改善，为今后经济建设和社会事业的发展奠定较好的基础。

二、"七五"计划执行情况

1986—1990年，是全市国民经济与社会发展快速发展时期。到1990年，全市共完成全社会总产值4.8亿元，为"七五"计划的139%，比1985年增长1．13倍，每年平均递增16．3%；国民收入完成1.69亿元，为"七五"计划的146．5%，比1985年增长1．27倍，平均递增17．8%；工业总产值完成2.67亿元，平均递增6．63%，其中市属工业总产值完成2.58亿元，比1985年增长76.3%，为"七五"计划的112．6%，平均递增12%；农业总产值完成1300万元,为"七五"计划的118．2%，比1985年增长58．5%，平均递增9．65%；市财政收入完成2800万元，为"七五"计划的117%，比1985年增长65．76%，平均递增10．5%；农民人均纯收入达614元，居省内县级市之首。

三、"八五"计划执行情况

1991—1995年，是洪江经济发展最快的时期。到1995年，"八五"计划的主要指标已经完成和超额完成，经济总量、综合实力、社会事业和人民生活水平都上一个新台阶。国内生产总值4.11亿元，按可比价格计算年均递增10.66%，三次产业的结构比例由1990年的15：54：21调整到13：54：33；工业生产保持持续增长，全市工业总产值7.6亿元，年均递增13.36%，其中乡及乡以上工业总产值6.1亿元，年均递增9.64%，工业经济效益逐步向好的方向发展；城郊型农业和农村经济发展势头良好，农业总产值4711万元，年均递增6.1%；乡镇企业总产值2.7亿元，年均递增70.44%，其中乡镇工业总产值1.66亿元，年均递增61.6%；城乡市场活跃、社会消费零售总额2.2亿元，年均递增13.92%；财政收入达到2694万元，按同口径比较年均递增11.4%；城市建设迈上新台阶，市容市貌明显改善；邮电通信事业迅速发展，开通万门程控电话、无线寻呼和移动电话。

四、“九五”计划执行情况

1996—2000年，全区克服经济疲软和自然灾害频繁等多种困难，取得“九五”经济工作和社会发展新成就。按当年价计算，“九五”期间GDP总量达到21.35亿元，比“八五”增长37.4%，其中第一产业增长17.4%，第二产业增长54.52%，第三产业增长18.31%；“九五”末人均GDP达到5546元，比“八五”末增长14.3%，年均递增2.7%；“九五”末农民可支配收入达到2496元，比“八五”末增长97.5%，年均递增14.6%；社会消费品零售总额15.17亿元，比“八五”增长83.06%，年均递增8.37%；三次产业结构由“八五”期末的13：51.2：35.8转变到2000年的10.6：57.8：31.6，工业在国民经济中的主导地位更加突出；外经外贸五年累计完成出口交货值3.23亿元，出口创汇900多万美元，实际利用区外资金1.4亿元；五年中组织实施重点科技项目60多项，科技进步对经济增长的贡献达40%以上；完成社会固定资产投资7.5亿元，比“八五”增长4.56亿元。

五、“十五”计划执行情况

2001—2005年，洪江区基本实现“十五”计划各项目标任务，各项主要经济指标大部分完成或超额完成“十五”计划。“十五”期间全区生产总值年均增长12.7%；按常住人口计算，人均生产总值由2000年的5498元增加到2005年的10081元（约合1197美元），高出全市平均水平429美元；“十五”期间，地方财政收入同口径由2000年的1695万元增加到2005年的2842万元，年均增长10.9%；2005年实现农业总产值9070万元，年均增长5.1%；全区社会消费品零售总额达3.11亿元，年均增长8.1%；规模以上工业总产值达10.6亿元，年均增长21.4%；“十五”期间外贸出口累计达1860万美元，年均增长16.8%；五年累计完成全社会固定资产投资20亿元，比“九五”时期的投资额增加9.8亿元；到2005年底，全区自来水普及率达95%，燃气普及率达50%，城市人均居住面积达25.7平方米，移动电话用户达16390户，固定电话普及率达40%；完成农网改造，实现城乡同网同价；

2005年，城镇居民人均可支配收入达5288元，年均增长7.7%；农民人均纯收入达3268元，年均增长5.5%；广播电视覆盖率达95%，全区森林覆盖率达65.8%，人口自然增长率控制在6‰。

第四节 计划管理

一、重点项目管理

1996年4月，成立市重点项目办公室。1998—2001年，洪江水电站累计完成投资7.3亿元。2002年，全区共完成固定资产投资3.45亿元，其中农网改造一期工程率先通过省里验收，洪江大桥桥面维修完成投资30万元。2004年，全区有25个重点项目纳入湘西开发洪江区总体规划。其中，3个生产项目和2个重点企业纳入湘西地区开发总体规划，涉及总投资3.08亿元。2005年，全区项目库项目50个，其中，新增项目11个、修改完善项目39个。在湘西地区开发专项规划中，洪江区新增上瑞高速公路洪江区连接线、川岩新区道路建设、沅水大桥、城市防洪堤项目，涉及总投资2.4亿元。此外，完成横岩乡集镇管网、带子街水厂到纺织厂循环管网改造。

二、大中专毕业生分配计划管理

1978年起，洪江经济建设发展迅速，分配来洪江市的大中专毕业生重点向教育和工业企业倾斜。1984—1987年，共分配与引进大中专生205人，其中大专以上89人。1989—1999年，本着“专业对口，充实基层和生产第一线”的原则，共分配安置非师范类大中专毕业生656人，其中本科34人、专科177人、中专445人。2000年，鼓励大中专毕业生到非国有企业就业或自己创办实体，全区大中专毕业生就业率达到94.7%。2001年，大中专毕业生就业职能划归区教育局管理。

三、“农转非”管理

从1990年起，将农业人口转为非农业人口纳入国民经济和社会发展计划，“农转非”计划属于国家指令性计划，实行计划指标与政策规定相结合的办法。“农转非”采取自下而上申报，按照“农转非”政策，将指标落实到人，一次到位。1991—2000年，全区（市）共办理“农转非”3680人。2001年，国家户籍制度改革，“农转非”工作中止。

四、固定资产投资管理

1978年，洪江市固定资产投资管理已基本形成制度。生产性投资开始压缩，增加直接与人们生活相关的非生产性投资。1979—1980年，全市固定资产投资1227万元。1981—1985年，全市完成投资总额7818万元。其中，工业投资比例增大，累计完成投资1186万元，占投资总额的15．17%；农业投入减少，累计完成投资10万元，仅占投资总额的0．13%。1986年，全社会固定资产投资实行计划管理，全民所有制单位基建和技术改造项目实行指令性计划，集体和个体基建和技改项目实行指导性计划。1989—1991年，基础投资重点放在能源、交通、邮电及科学事业上，基建计划继续贯彻从紧方针，按照“总量控制，调整结构，突出重点，压缩一般，治理整顿，提高效益”原则，国家开征固定资产投资方向调节税，停征建筑税，严格新工程项目审批手续。1995年，除公益性国家投资、贷款投资项目以外，国家逐步放宽集体和个体项目投资的审批。2000年，全市固定资产投资集中投向城镇基础设施、交通通信、农村水利、电源电网等领域。2005年，全区固定资产投资完成4.03亿元，其中国有及其他经济投资完成3.72亿元，集体和个人投资完成3144万元；在国有及其他经济投资中，基本建设投资完成2.19亿元，更新改造投资完成1.4亿元。

第二章　国土矿产资源与管理

1987年6月，成立洪江市国土管理局，设乡国土管理站4个。1997年5月，设立洪江市矿产资源管理办公室。1998年2月，洪江市国土管理局与黔阳县国土管理局合并为新的洪江市国土资源局。1999年5月，成立洪江区国土管理局和洪江区矿产资源管理办公室。2000年2月，洪江区矿产资源管理办公室更名为洪江区地质矿产局。2001年11月，区国土管理局与区地质矿产局合并，设立洪江区国土资源局。2004年7月，区国土资源局实行双重管理体，由上级国土资源主管部门党组管理为主、地方党委协助管理。

第一节　土地利用

1991年，审批用地实行全程管理，共审批三项建设用地377宗、21公顷。严格控制占用耕地，全年共节约耕地指标94.4%。1992年，出台《洪江市国有土地使用权出让和转让管理暂行办法》《洪江市农村住宅基地有偿使用暂行办法》，全年审批建设用地3公顷，其中耕地0.74公顷。1995年，新增非农业建设用地8.6公顷，其中节约耕地指标1.17公顷，无偿划拨学校用地1.87公顷。开展国有闲置土地清理，先后收回6宗共2.6公顷闲置土地使用权。1999—2001年，推行国有土地有偿使用，无新增建设用地和新占耕地项目，保持耕地总量平衡。2002—2003年，审批国家建设用地76宗，面积8.8公顷；农民建房用地78宗，面积0.94公顷；收购储备土地6宗，面积3.02公顷。2005年，实施土地基准价格，对城区基准地价进行修改。

第二节　用地管理

一、土地登记

1989年5月，洪江市国土管

理局开始土地登记工作。1989—1997年，共颁发《国有土地使用证》1408本,《农村集体土地使用证》3700本。1999—2004年，颁发《国有土地使用证》1520本,《农村集体土地使用证》260本。2005年，开展农村集体土地权属管理，对全区27宗集体土地所有权单位进行核实登记,其中21宗集体土地颁发《集体所有权证》。

二、土地调查

1987—1989年，开展非农业建设用地清查，共清查城乡个人用地139万平方米，单位用地285万平方米。1990—1991年，开展全市土地利用现状详查，共查清土地总面积21803.2公顷，其中耕地2467.6公顷，园地1348.6公顷，林地13868公顷，城镇及工矿用地1202.7公顷，交通用地99.1公顷，牧草地14公顷，水域1593.6公顷，未利用土地1208.8公顷。1997年，编制《洪江市城镇地籍调查报告》，对3046宗地进行界址确认。2005年，全区土地总面积11570.52公顷，其中农业用地9276.84公顷，市区及厂矿用地1043.70公顷，交通与水利设施用地61.82公顷,未利用土地1188.16公顷。

第三节 执法监察

1987年，开展全国非农业用地清查，对1982年5月14日以后擅自占地、少批多占、超标占地的单位和个人进行处罚，共收回废弃不用和违法占地15.6公顷。1993年8月，成立洪江市人民法院土地案件执行室。1997年，开展非农业建设用地清查与土地执法检查工作，对辖区内1991—1997年的非农业用地和土地执法工作进行全面清理检查，清理出非农业用地1216宗（不含黔城开发区），其中国家建设用地392宗，集体建设用地11宗，总面积35.3公顷；查出违法用地55宗（不含开发区），面积1.27公顷。1999—2005年，建立土地巡查、过错责任追究、立案、办案执法监察制度，开展“无违法批地、无违法扫地、无违法管地”的“三无乡”创建活动，创建达标率均为100%。

第三章　统计管理

第一节　统计报表

1983年，《中华人民共和国统计法》颁布实施，推动国民经济综合平衡统计制度的逐步建立，为统计工作提供法律保障。为了使国民经济核算的数据真实、准确、全面和及时了解国情国力，为党的政府决策提供可靠的统计数据，国家统计局对统计调查中采用的指标涵义、计算方法、分类目录、调查表式和统计编码制定统一的统计标准，并建立严格的月报、季报、半年报、年报报表制度。统计局统一制定和各类固定上报的统计报表工业年报、农业年报、其他年报三类，其中工业年报分设有工业企业生产、销售总值，工业企业财务状况，工业企业能源购进、消费及库存，工业企业价值量综合表等5项；农业年报分设为农业生产条件、主要农产品生产情况、农村牧渔总产值、农村非农行业总产值等11项；其它年报有单位从业人员和劳动报酬情况表、固定资产投资统计表、社会消费品零售总额表、建筑业企业表、人口流动情况表以及城镇住户基本情况抽样调查和农村住户经济抽样调查等项。洪江区（市）统计局按照国家统计局提出的统计标准、统计范围和其他各项要求，逐月、逐季、逐年认真细致地调查、汇总、编制、上报统计表。

第二节　统计普查

【人口普查】1982年，开展洪江市第三次全国人口普查，共调查工业企业103户，占当年全市工业企业总数的88.2%，较系统地积累生产能力、设备、技术、能源和原材料消耗等大量数据。1990年，洪江市第四次全国人口普查，普查结果显示：全市总人口为84757人27397户，其中男性42992人，女性41765人。2000年，洪江区第五次全国人口普查，全区总人口73900人27948户，其中城市人口54651人20754户，摸清洪江区人口状况。

【工业普查】1986年，开展洪江市全国第二次工业普查，全市工业企业131家，动力机构能力6.2万千瓦，占地面积209．2公顷，建筑面积87.5万平方米；1995年，开展洪江市第三次全国工业普查工作，全市工业企业1090个，其中乡以上独立核算工业企业167家，工业总产值8.1亿元，从业人员年末人数25236人，实有资本2.27亿元。

【第三产业普查】1993年，开展洪江市第三产业普查，普查情况：第三产业单位数2895个，从业人员12764人，固定资产原值2.33亿元，第三产业总产出1.4亿元，第三产业增加值7888．2万元。

【农业普查】1996年，开展洪江市农业普查工作，全面盘清农业基本情况，建立全市基本单位名录库。

【基本单位普查】2001年，开展洪江区第二次全国基本单位普查工作，健全完善全区基本单位名录库。

【经济普查】2004年，开展洪江区第一次全国经济普查，摸清全区第二、三产业发展状况。

第三节 统计服务

【统计资料整理汇编】1978年，洪江市统计局编印出《洪江市国民经济统计资料（1949—1978）。1987年，编印出《洪江市国民经济和社会发展统计资料（1981—1986）》。自1996年始，洪江市统计局每年编写《洪江统计年鉴》。是年，编印出《洪江统计年鉴（1991—1995）》。十年来，累计编印分析资料《洪江统计》200多期，每月定期编送《洪江工业统计快报》。

【统计调研】2000年，区统计局对全区1949—1999年的主要经济指标进行整理，撰写反映洪江经济建设五十年成就的调研文章《湘西明珠》。2005年，对洪江区区域经济现状进行调研并撰写反映洪江区经济复兴成就的调研文章《以国企改制促进民营化，以民营化复兴洪江经济》。

【业务培训】1995年起，开展统计专业技术资格考试报名工作，共计30人取得统计初、中级专业技术资格证，有近300人取得统计上岗证。2003年，成立洪江区统计学会，为联接政府统计与社会各界统计部门、人员构筑一个交流学习的平台。

第四节　统计监督

【依法治统】 1984年，实施《中华人民共和国统计法》。1987年2月15日，经国务院批准国家统计局发布《中华人民共和国统计法实施细则》。1988年6月27日，湖南省第九届人大常委会第三次会议通过省统计局发布《湖南省统计管理条例》。1989年，市统计部门按照统计法律法规的要求，开展全市统计法规大检查，重点检查35个单位，对在检查中发现的违法行为，及时进行查处。同时采取惩罚与业务辅导相结合的办法，对受罚等单位人员进行培训，督导其报表准确及时和统计台帐、资料整理归档的规范管理。1990—1997年，下发《洪江市统计管理办法》，组织80多个单位的法人和统计人员参加统计普法函授学习。1999—2001年，加大统计法律法规的宣传学习，印制《中华人民共和国统计法》《湖南省统计管理条例》《统计法实施细则》《洪江区统计管理办法》发到全区各行政企事业单位。2002—2005年，安排200人参加“四五”统计普法培训和考试，组织26家单位220人参加《统计法》颁布20周年知识竞赛活动，累计出动800余人次先后对全区230家行政、企事业单位进行统计执法检查，对22家单位派出统计法律顾问。

第四章　审　计

第一节　国家审计

1984年，成立洪江市审计局。是年，受洪江市检察院委托，对洪江造纸厂发生的贪污案件进行审计。以后又陆续对洪江肉食水产公司、第三化工厂贪污案以及武汉华洋公司编外推销员与洪江江南供销公司200吨铜材购销合同诈骗案件进行专案审计，作出移交司法机关审理和罚款处理。1987年，经湖南省审计局授权，对怀化地区植物油厂和洪江贮木场1984—1985年的财政收支进行审计。经审计，发现怀化地区植物油厂逾期贷款罚息列入生产成本、职工防冻费列入车间经费，提高成本减少利润金额共2.19万元，处理将其中55%的1.2万元作为查补收入，余额15%的1476元作为国家能源交通建设基金一并上缴财政，余作企业留利；洪江贮木场1985年杉木多转成本减少利润24.13万元，库存木材应留未留贮运费用1.22万元及应由专用基金开支而挤占成本的费用等共计26万元，其中50%的13万元和余额15%的1.95万元均上缴财政。1993年6月，对中国建设银行洪江市支行1992年度财务收支审计，查出“小金库”7个，违纪金额147万元，处理将单位主要领导人移送司法机关审理和罚款处理。1984—2005年，对直接关系到老百姓的切身利益的农业、土地、失业、再就业、低保、救灾、救济等专项资金的使用进行专项审计和审计调查，累计完成审计项目660个，查处违纪违规金额1.77亿元，审计决定执行率达98%。

第二节　社会审计和内部审计

1989年，成立洪江市审计事务所。1990年，建立内审机构。1991年，开展内部审计，共审计项目17个，依法查出损失浪费金额16.9万元，纠正违纪违规金额32万元；社会审计共完成委托事项5项，审计总金额5666万元，查出各类违纪违规问题232万元。1993年,全市共有内审机构13个，其中金融保险业设内审机构4个，行政事业单位设内审机构8个，企业设内审机构1个。1999年，洪江市审计事务所撤销,社会审计中断。2005年，全区共有内部审计机构32个，配备专职内审人员48名，累计完成审计项目（单位）185个，查处违规金额2200万元，促进增收节资165万元，促进提高经济效益135万元。

第五章　工商行政管理

1979年9月，洪江镇工商行政管理局亦更名为洪江市工商行政管理局。1990年1月，设立黔城工商所。1998年11月，国务院决定改革现行工商行政管理体制，实行省以下工商行政管理机关垂直管理。1999年9月，设立怀化市工商行政管理局洪江分局，内设办公室、监督管理股、注册登记股、公平交易股，下辖城中、城郊工商所。

第一节　注册登记管理

1978年，洪江镇成立工商登记领导小组。是年，工商企业登记发证262户，其中国营企业65户，市属集体企业37户，街办企业46户，公社、大队企业17户，其它企业97户。1981年，全民经商，洪江各机关、团体、厂矿和企业纷纷创办“经销公司”“服务公司”“贸易公司”“贸易中心”等商业企业，社会闲散人员也趁机成立各种“公司”“中心”。1985年，开展清理整顿工作，全市保留公司名称55户，注销“公司”“中心”72户。1989年，对全市已登记的715户各类企业的法人资格和经营资格重新审核确认，撤销不合格企业17户。1989—2005年，通过年检验照，共办理企业（个体工商户）变更登记1500户/次，清理“三无企业”52户，依法注销1398户，遏制“皮包公司”“三无企业”的滋生。2005年，全区共注册登记各类企业281户。其中，全民企业84户、集体所有制企业63户、有限公司134户；私营企业17户，注册资金447.87万元；注册登记个体工商户1517户，从业人员2600人。

第二节　市场管理

1979年洪江市工商行政管理局成立后，逐步放宽上市商品的管理，允许工厂自销产品、农民进城经商，大批个体户从事商品购销贩运，集市贸易日趋繁荣。1983年，查处各种违章案件533起，其中短斤少两63起，没收不合格杆秤13把；查处无证经营户87户，其中，取缔52户，补办手续35户。1986年，查处各种违章案件1000多起，收缴不合格衡器86把，对77起短斤少两行为进行处罚，处理无证经营151起。1989—1997年，集贸市场查处违法违章行为1071件，没收各类假冒伪劣商品3.15万件、不合格衡器385把、注水牛羊肉3.8吨。1999年，建立集贸市场主体“经济户口”管理制度，全面推进市场监管巡查制。2001年7月，开展“红盾闪电”执法行动，取缔私设屠宰场4处，查处“白板肉”230公斤。2003年8月，开展查处取缔无照经营“红盾飓风”行动，查处无照经营户90户，补办营业执照50户。2004年5月，开展“红盾巡航”执法月活动，查处无照经营和逾期未换发营业执照经营户170户，补办、换发营业执照120户。2005年，查处无照经营85户，其中限期办照75户，取缔10户。

第三节　经济合同管理

1979年，开始逐步恢复经济合同制度。1982年，《中华人民共和国经济合同法》公布实施后，经济合同管理成为工商行政部门的工作重点。在全市先后开展经济合同监证、咨询、查验、办理企业法人证明书和委托书工作。1983年，合同鉴证33份，合同金额1266万元；确认无效经济合同6起；调解合同纠纷8起，调解金额2685万元。1985年，全年鉴证各类经济合同122份，合同金额2388.7万元；受理调解、仲裁经济合同案件16起，争议金额127.96万元。1989—2005年，共办理合同鉴证364起，合同金额6224.92万元，合同履行率90%以上，其中，经审查确认为无效合同14份，无合同履约能力37份，为企业挽回经济损失792.46万元，帮助企业追回货款123.65万元。

第四节 商标广告管理

1979—1988年，全市企业产品共注册商标131个。1989年，对全市46家企业58个注册商标进行验证，建立企业商标档案及《商标公告》档案。1992年，在市区修建公共广告张贴栏6个，为51户企业制作发布路牌、护栏招牌96幅。1996年，查获制售假冒“迅达”牌名牌液化气灶的地下工厂，查扣冒牌“迅达”牌液化气灶880套、商标说明书6500套。1999年，加强商标印制单位管理，对全区14家指定商标印制单位进行清理，重新确立6家指定印制单位。2000年，查处衡阳市界牌瓷厂仿冒生产洪江瓷厂“凤凰”牌杯、碟等产品，常德市火柴厂擅自生产洪江火柴厂“四环”牌火柴，湖南福泰漆业有限公司擅自使用洪江造漆厂“芙蓉”牌注册商标案，维护企业注册商标权。2003年，开展企业使用商标情况专题调研，全区71户工业企业、148种产品，其中12家企业共拥有有效注册商标13个，锐减61个。2004年，全区有效注册商标企业增加到18家，共拥有有效注册商标26个。2005年，开展整治医疗器械、药品、保健食品广告行动，共查处违章案件2起，罚款0.9万元。

第五节 消费者权益保护

1983—1986年，查获冒牌香烟

165条、假药材153公斤、有毒河豚干鱼150公斤及一批腐烂变质食品。1994年始，每年“3·15”国际消费者保护日在洪江城区主干道，开展《消费者权益保护法》知识抢答有奖活动、“打假”图片、实物展览、现场演示识别假冒伪劣商品办法，现场回答消费者咨询，专题宣讲和消费者日常生活密切相关的消费知识。1995年，分别在局机关办公地点、沅江路市场、塘坨市场和车站市场设立消费者投诉台4个，公布投诉电话号码4个，分发消费举报卡600余张；在消费者申诉、举报的基础上，共立案查处侵害消费者权益案件84件，捣毁制假黑窝点4个，收缴和销毁未经检疫的病、毒死猪肉、牛肉1.5吨、“黑心秤杆”378把，各种假冒伪劣商品75件。2002年，开通“12315”消费者投诉专线，开展“红盾”打假护农执法行动，立案查处违法经营农资案件3件，查获过期劣质化肥4.5吨、过期失效农药84瓶、假冒劣质种子360袋，为农民挽回经济损失约3万元。2004年7月，在犁头嘴居委会和第三中学设立12315投诉站。2005年，建立13个消费者申诉举报联络监督站，及时受理消费者申诉举报。

第六章　物价管理

1983年，成立洪江市物价局。1994年，市物价局与市发展计划局合并为洪江市计划物价局，1995年9月，恢复洪江市物价局。2002年，物价局与发展计划局合并，对外保留物价局的牌子。2005年6月，恢复洪江区物价局。

第一节　价格管理

1978年前，洪江物价按照国家“保持物价总水平稳定”的原则，主要生活物资价格倒挂，差额由当地财政补贴，物价基本稳定，但大多商品紧俏。1979—1988年，国家先后出台一系列政策，对物价政策进行全面调整和改革，并大幅度提高粮油、牲猪等主要农副产品的收购价，适当提高肉食、蔬菜等主要食品销售牌价。粮棉油由统购改为合同定购，取消牲猪派购，放开三类农副产品和木材价格，工业产品由企业定价。产品价格虽然提高，价值与价格却趋向合理，各类商品逐步丰富。1989—1991年，随着国家改革政策的逐步深入，国家调高部分工农业产品的购销价格，对18种与人民生活密切相关的工农业产品购销价格仍实行计划内与计划外相结合的管理体制。为了保证企业与农户的利益，国家对其仍采取购销牌价倒挂和财政适当补贴等办法，维持市场物价的基本稳定。1992年，国家有计划地放开部分工农业产品购销价格的管理权限，取消城镇居民按计划定量供应的粮食、食油、猪肉、白砂糖、藕煤等制度。1993年，国家放开粮油购销价格。1994年，全市粮、油价格比年初分别上涨40%和60%。全市社会商品零售价格指数、副食品零售价格指数、鲜菜零售价格指数分别比1993年同期增长23.9%、54.7%和107.7%。为了控制市场物价，市政府成立洪江市价格调节基金办公室，每年向行政事业单位征收的政府调节基金，按比例拨给调节基金专户，作为价格调节基金的启动资金；建立物价控制目标责任制，将粮食、猪肉、蔬菜、农资、集市贸易价格及服务性收费中的学杂费、托幼费、医疗保障费等六类控制指标分别由粮食、商业总公司、畜牧水产局、财办、蔬菜办、供销社、工商局、物价局、教育局、卫生局等单位包干负责。由于措施得力，组织周密，有效的控制了全市通货膨胀和市场物价暴涨的趋势。1995年，洪江市场物价比较平稳，部分商品价格有所下降。1996年，市场物价开始回升，市政府对与人民生活密切相关的18种必需品如大米、菜油、豆制品、食盐、白糖、猪肉、藕煤、液化汽等的零售价格实行最高限价；下发《洪江市制止餐饮业牟取暴利的通知》，促使餐饮业挂牌经营、明码标价；公布成品油品质差率和批零价；

制定成品油最高零售限价。2004 年，粮食市场价格上涨，带来猪肉、鸡鸭、鲜蛋及蔬菜等食品价格上涨，分别上涨 25%—650%。2005 年，市场物价有升有降，淡季价格上升，旺季价格下降，市场物价大体平稳，人民安居乐业。

第二节　价格调整

1979 年，改革物价管理体制，逐步扩大地方和企业的权限，理顺物价和调核物价，价格变动较大。是年，粮食等 8 种主要农副产品收购价格有较大幅度提高，粮食提价约为 22%。1980 年，随着收购政策的改变和部分工农业产品价格放开，商品价格提高幅度较大。1988 年，除粮食、食油计划供应仍稳定外，其它商品价格均不同幅度上涨。1991 年，洪江适当调高生活用煤、电力、自来水、市直管房租金和公共汽车票价等商品价格，并下放酱油等商品定价权。1992 年，放开 72 种省管工业品生产资料、54 种省管工业消费品价格，放开衣絮棉和议价粮油销价，放开饲料出厂价格和销售价格，放开中、小学生作业本、二造纸厂生产的火柴纸的出厂价和销售价，放开粮油副食品、鲜奶的价格。1993—1994 年，累计取消涉及洪江的收费项目 71 个，降低收费标准 9 个。1997 年，下发《关于取消规范一批税外收费项目的通知》，规定取消收费项目 11 个，降低收费标准 5 个，规范收费行为 14 项。2002—2005 年，对行政事业性收费项目和标准进行清理整顿，取消涉及洪江的收费项目 12 个，降低收费标准 4 个，规范收费行为 5 项。

第三节　价格监督

1989 年，洪江市物价、税务、财政部门联合检查组，分别对工业、商业供销、粮食物资、医疗卫生系统的 50 多个单位开展检查，共查出价费违法、违规金额 20.7 万元，全部上缴市财政。1991 年，开展全市医疗卫生系统行业检查，共查出价费违法、违规案件 11 起，查处金额 22 万多元。1992 年，开展农业生产资料和各种收费专项检查，查出价费违法、违规案件9起,价费违法、违规金额19.6万元。1993年，开展对行政事业性收费专项检查，查出乱收费单位26个，乱收费25万元;乱集资、乱摊派项目5个，金额57.5万元。2000年，成立“洪江区涉农收费公示制领导小组”，3个乡均修建涉农收费公示牌，22个行政村建立涉农收费公示栏。2003年，区物价局、监察局、药品监督局联合对全区的医院、卫生院和药店的有关药品价格及收费进行突击检查，查处违法所得2万多元。2004年，下发《关于在全区全面实施价费公示制的通知》，全区所有的学校、电信、邮政、医院、银行等单位和部门分别建立由区物价部门监制的收费公示牌、电子显示屏、电子触摸屏和价费公示栏；各大药店和商场的零售药品及商品都实施明码标价。2004—2005年，开展的物价大检查，共查出价费违法、违规案件7起，查处价费违法、违规金额81.8万元。

第七章　质量技术监督

1979年9月，洪江镇计量标准管理所更名为洪江市计量标准管理所。1988年8月19日，更名为洪江市标准计量局。1994年1月，设立洪江市商品质量稽查队。1994年9月，洪江市标准计量局更名为洪江市技术监督局。1999年6月，成立洪江区技术监督局。1999年11月，区技监局为垂直管理。2000年4月，技术监督局更名为质量技术监督局。2001年机构改革，明确怀化市质量技术监督局洪江分局为怀化市质量技术监督局正科级派出机构，内设办公室、标准化质量股、计量股、监督股，核定编制13名。

第一节　质量管理

1982年，对市工业企业开展推

进全面质量管理以提高产品质量，增加经济效益。1985年，实施产品质量监督检查制度。到1989年，全市企业设立全质办有27家，成立质量管理小组172个，建立质量管理点197个，参加全面质量管理学习班的职工达10241人，占职工总数的85．4%，参加全面质量管理知识考试的人数达9358人，占应考人数的95.1%。洪江瓷厂、洪江火柴厂获省全面质量管理先进企业奖；洪江机床厂、汽标厂、阀门厂、建材厂、煤矿专用设备厂、建材玻璃厂、电动工具厂、造纸厂、新湘瓷厂、酒厂、美术印刷厂、医疗仪表厂、三化工厂、二塑料厂、自来水厂、饲料公司、植物油厂获全面质量管理合格企业。1992年，全市有东方茶具、桂花酒2种产品获轻工部优质产品称号，杉枝脚盆、日用安全火柴等7种产品获省优产品称号。1997年，发布《关于规范企业管理行为若干问题的规定(试行)》，要求企业建立健全标准化工作体系，加快产品认证和质量体系认证。市技监局对企业质量管理进行验收，其中洪江瓷厂、纺织厂、造纸厂、化工厂、火柴厂等10家企业验收合格。2003年3月，区管委对全区工业企业质量、计量、标准化、特种设备（即锅炉、压力容器、压力管道等）的基本情况逐项进行登记，建立企业质量档案数据库。是年，完成洪江陶瓷有限责任公司、洪江纸业有限责任公司、洪江恒光化工有限公司、洪江四海棉业有限公司等26家工业企业的质量普查登记与建档并输入计算机数据库。至2005年，先后有联合竹胶板厂、正驰激素有限公司通过ISO9000质量体系认证。

第二节　计量管理

1978年，改制中医处方用药单位，单位公制废两、钱、分改为克、毫克。收回旧戥秤38支，换发公制戥秤46支。1981年8月，规定工厂、商店、粮店、供销社、个体、集贸市场一律用公制，商店与农副产品集贸市场设置公平秤、公平尺，方便顾客复秤、复尺。1984年，洪江计量部门先后建立衡器、压力表、天平、长度4项计量标准，检定的项目有竹木尺、杆秤、戥秤、台秤、案秤、体重秤、地中衡、天平、砝码、增砣、压力表、游标卡尺、千分尺等。1986年，全市改制木杆秤3006把，压力表256块，台案秤415台，木直尺123把，量提201个。1988年市政府要求全市各行各业一律改制成国家法定计量单位。1989年，14家企业建立计量机构，另有56家企业在技术科（股）或质检科（股）内设立专、兼职计量员83人，76家企业制定计量工作管理制度。1990年，计量部门将电能表的强制检定授权给洪江电力公司，将水表的强制检定授权给洪江自来水公司。1991年，全市有39家企业通过计量定级考核，其中定为二级计量企业的有7家，定为三级计量企业的有22家，定为合格有8家。2000年，淘汰杆秤，使用电子秤、双面显示弹簧度盘秤。2001—2005年，对用于贸易结算、医疗卫生、安全防护、环境监测的强制检定的计量器具的超周期使用或拒绝强制检定的违法行为进行执行检查，共查处违法案件37起，立案4起。

第三节　标准化管理

1984年，全市将企业标准化纳入整顿范畴，要求工业企业加强标准化工作。1986年，全市工业企业共有标准化专设工作机构3个、兼设机构24个，27户骨干企业31种主导产品的136个产品共制订技术、管理、工作标准14436项。1988年，全市23户企业通过标准化水平评定，其中达到三级标准化水平20户，达到四级标准化水平3户。1992年，洪江瓷厂的珑娜餐具和远达餐具、火柴厂的日用安全火柴、造纸厂的纸袋纸、阀门厂的截止阀、建材玻璃厂的玻璃玛赛克、无线电厂的C型变压器、机床厂的Z4112型台钻、二塑料厂的PP编织袋等10个产品通过省、地验收。1993年，推行企事业单位、党政机关和人民团体组织机构代码证。1995—1996年，组织机构代码在全市金融机构和税收征管工作中得到应用。1998年，开展消灭无标生产，要求全市工业企业生产的产品标准覆盖率达95%以上，其中国营、集体和乡镇企业在内的96户工业企业有

215 种产品具有对应标准，标准覆盖率 80.35%。此后，为企业索取标准 23 个，帮助企业制订、修订标准 26 个，督促企业建立健全质量检验工作室 36 个，为企业产品标准审查备案 279 个，帮助 12 家企业建立产品标准档案，产品标准覆盖率达 98．5%。至 2005 年，共颁发“组织机构代码证书”863 套。

第四节　质监行政执法

1989 年 6 月 27 日，国务院办公厅转发国家技术监督局《关于严厉惩处经销伪劣商品责任者的意见》，确定禁止经销的伪劣商品的种类，规定打击的重点和要求，提出严厉制裁责任者的措施。是年，共检查 36 个经销商店的 22 种商品，查出劣质铝芯与铜芯塑料绝缘电线 1592 卷、各种过期变质食品 1600 袋、洗衣粉等洗涤清洁剂 3586 袋（瓶）、饮料 2.05 万瓶。1990—1991 年，对 268 家商店和个体摊店的 138 种商品进行检查，查出伪劣商品标值 67.3 万元，其中大案 1 起，涉案金额 10.1 万元。1992—1993 年，开展“百日打假扫劣”联合行动，对 286 家商店、17 家工厂和 3 个农贸市场进行检查，查获各种假冒伪劣商品货值 38.63 万元，其中复混肥 20 吨、以废充新轴承 1165 套、无证汽车与摩托车配件 462 件、劣质机械用标准件 3．87 万件、无证低压电器 639 台（件）、过期变质食品 3918 公斤、袋装食品 1．32 万袋、化妆品 377 件和无证（包括不合格）医用一次性输液器、输血器、注射器共 4.64 万只。1994—1997 年，成立洪江市商品质量稽查队，对 18 家生产企业、426 家商店、3 个农贸市场的 306 个摊店进行检查，检验 2573 批商品和定量包装商品 25 种 148 批，查出假冒伪劣商品标值 93.61 万元，现场处理 263 起，销毁各种伪劣产品 2500 余 件。1998—1999 年，检查 438 家商店与农贸市场共 1574 批商品，查出伪劣（包括不合格）商品标值共 242.3 万元，现场处理 284 起。2000—2004 年，为治理经济环境，规范市场秩序，保护厂、商和人民群众的合法权益，共检查商店 1248 家，查获假冒伪劣（包括无证、不合格）商品标值428．4万元，现场处理640起。2005年，市场质量监督管理工作停止，其职能划入工商行政管理局。

第八章　安全生产管理

1980年，成立洪江市安全委员会。2003年6月，成立洪江区安全生产监督管理局。2005年政府机构改革，区安监局升格为正科级事业单位，内设办公室和监管股。

第一节　安全检查

1980年市安全监管部门成立以来，每年开展专项安全大检查。1983—1984年，查处安全隐患2020处。1987年，先后对横岩乡、黔城乡的小煤窑、瓷泥矿和矾矿进行安全检查。1989年，为防止氧割设备回火爆炸、烧伤事故的发生，对全市的氧割设备强制装配乙炔一氧焰式回火器。1999年,查出各类安全隐患100多处，整改率达95%。2005年，全年发现安全隐患124处，整改率90．1%。

第二节　事故查处

1984年12月27日，洪江四街喜炮厂发生爆炸事故，市安委会通过调查，决定对喜炮厂进行封存转产。1989年8月14日，洪江电厂发生一起职工死亡事故，经调查该事故是人为不安全行为，分别给予责任单位责任领导和相关责任人罚教和调离工作处理。1991年9月1日，市劳动路个体电冰箱维修站无证从事特种作业，造成本人和邻居小孩被烧伤，市安委会认定属违章作业，决定对修理店尽快搬出居民密集区。1994年，对洪江电力公司设备火灾事故、常青烟花鞭炮厂爆炸事故进行通报。1995

年，通过罗美华豆腐店土锅炉爆炸、常青乡鞭炮厂爆炸等严重的事故，加强对电工，起重工等特种作业人员及特种设备的管理。1996 年 4 月 22 日，洪江造纸厂二车间发生一起严重违章安全事故，市安委会对事故相关责任人分别给予罚款和写出书面检查、记大过、开除留用等处分。2002 年—2005 年，全市共发生安全事故 35 起，直接经济损失 73.9 万元。

第九章　国有资产管理

1996 年，财政局设国有资产管理股。1999 年 8 月，设洪江区国有资产管理局，内设办公室、行政事业资产管理股、企业资产管理股。区管委授权区财政局对行政企事业单位国有资产实行综合管理。

第一节　国有资产登记

1996 年始，对行政事业单位进行产权登记。1997 年，全市国有资产总量 3.3 亿元。1999 年，开展城镇集体企业产权登记工作，进行产权登记年检企业单位 117 个、行政事业单位 223 个，全区国有非金融类企业 40 户，资产总额 6.43 亿元，净资产 1.81 亿元；行政事业单位 114 户，国有资产总额 2122 万元。2001—2003 年，全区国有企业资产累计总额 4.02 亿元，行政事业国有资产总额 3.1 亿元。2004—2005 年，审批处置国有企业资产 56 万元，全部进入专户。

第二节　国有资产处理

1999 年，区国资部门积极参与企业改革，严格审核资产重组方案，抓好资产清查核实和产权界定、资产评估、资产折股、国有股权设置、国有持股单位认定等各项工作。2000

年，参与洪江化工厂、二化厂、新湘瓷厂的破产清算，根据实际情况批准核销多年积压存货及损移资产，帮助企业优化生产结构。2001—2005年，区国资部门加强行政事业单位和企业的国有资产管理，开始征收国有资产占用费和经营收益，国有资产处置费收入一律上交国库。

第十四篇　工　业

第一章　工业综述

第一节　发展概况

1979年6月，镇委召开常委扩大会议，联系洪江实际，分析全镇国民经济发展现状，对于57家镇属企业分类改革，重点抓好陶瓷、纺织、造纸和塑料行业，使其形成支柱产业，同时抓好电力建设，确保工农业用电。1980年，洪江市属工业企业118个，其中轻纺企业80个，重工业38个。主要行业以陶瓷、玻璃、纺织印染、塑料皮革、粮油加工和食品、造纸印刷、竹木加工和综合服务、机械、电子、化工、建材、电力等为主。1981年，随着国民经济调整的深入，洪江工业发展速度在较高增长的情况下管理问题开始凸显，工业管理体制不合理、专业化程度不高、责权利不够落实日益显现，工业重复布点、重复生产、相互抢原料市场，各企业小而全，市场预测和技术研究薄弱。1–5月，洪江市工业产值同比增长7.13%，实现利润却同比下降47.5%。7月，市委对全市工业企业进行调整，三机械厂、水泥厂、湘群竹器厂等14家企业合并；扩大一批重点工业产品结构调整，淘汰调整一批质次价高耗能大的产品，试制发展一批适销对路的新产品；工业管理机构调整，将轻工业局分为一轻工业局和二轻工业局，成立纺织品工业公司。在工业结构调整的同时，二轻工业局设置街道工业股，促进街道企业的发展。1982年，市委、市政府对全市工业布局进行调整，设萝卜湾工业区、岩头湾工业区和带子街工业区，其中萝卜湾工业区安排排放污水较大、烟尘污染较严重、废水较多的化工、造纸、塑料等企业，总产值占全市工业总产值的35%；岩头湾工业区有纺织印染厂、无线电厂、纺配厂等，总产值占全市工业总产值的20%；带子街工业区有洪江瓷厂、新湘瓷厂等26家企业，总产值占全市工业总产值的20%。1983年，全市工业企业117家，其中国有企业36家，集体企业81家（街道企业38家，乡办企业7家），工业总产值（按1980年不变价）1.12亿元，占全市二轻工业企业总产值的五分之一。1985年，制定《洪江市工业企业厂长任期目标管理奖惩办法》，市政府与厂长签订任期责任书，任期时间3年，按合同分期进行考核，按目标任务完成好坏进行奖罚。1987年，制定《关于深化企业改革的几项决定》。要求全市所有工业企业均实行承包经营，按照“三保一挂”（保上交、保技术进步和后劲、保企业上等级、工资与效益挂钩）进行完善和深化。1988年，市属工业形成纺织、陶瓷、造纸、塑料、化工、机械等15个行业、149家企业，工业固定资产原值2亿元，工业职工2.3万人，工业总产值3.5亿元，财政收入2200万元。

1992年，省委副书记杨正午视察洪江，指出：“当前的改革在企业的三项制度改革的基础上，抓住企业经营机制的转换，选择一部分企业搞股份制，办股份制企业。国营企业可以考虑搞内部股份制，乡镇企业可以考虑搞合作股份制，国营、乡镇企业都可以研究泛股份制。”1993年，市委在洪江市美术印刷厂、煤矿专用机械厂、电动工具厂等15家企业推行股份租赁制改革试点。1994年，市委、市政府决定在全市工业企业推行股份租赁制为主要形式其他多种形式并存的改革，在美术印刷厂等21家企业推行股份制租赁制和股份合作制改革，在洪江纺织厂、洪江瓷厂等企业实行厂内模拟市场机制，把分厂和三级机构全部推向市场。1995年，全市拥有独立核算工业企业126家，其中省属国有企业4家，市属国有企业28家，市属集体企业20家，街道企业24家，乡属企业34家，其他企业8家，私营企业4家，外商投资企业1家，港澳台投资企业3家。这一时期，洪江市工业体系分散、规模小、企业素质差的状况未得到根本改变，相当一部分企业处于低效运行，全市44户国有工业企业亏损比较严重和扭亏无望的17家，占44户国有工业企业的39%。1996年，洪江纺织厂、洪江瓷厂、洪江造纸厂通过现代企业制度试点，是年共完成工业总产值1.99亿元，实现销售收入2.2亿元。1997年，为了给企业营造一个宽松的政策环境，增强企业面对市场的效力，市委、市政府先后出台《企业扶优传扶强试行办法》《中小型企业改革方案》等政策，针对不同企业采取多样化改革方式。组成16支建整帮扶工作队，对有希望的企业做好思想工作，帮助其恢复生产扭亏增盈。

1999年，洪江区工委、区管委把工业企业脱困当作全区经济工作头等工作来抓，先后出台《洪江区工业工作意见》《关于全面实施一厂一策搞活中小型国有工业企业的意见》《关于进一步治理经济发展环境的暂行规定》《对国有工业企业经营者实行年薪和绩效工资制的通知》，并向企业派驻工作组和临时工作组，帮助企业工作。全年，纳入怀化市考核31家国有工业及国有控股工业企业，盈利企业7家，亏损企业14家。其中，盈利企业盈利额371万元，增利22.5%；亏损企业亏损额1284万元，减亏21%。2000年，区工委、区管委向企业派驻15个改制工作队，推进企业改革，全区工业开始复苏。是年，纳入全市考核的34家独立核算工业企业，盈利企业23家，亏损企业11家，首次实现净盈利。2001—2005年，通过租赁、出租、股份制、兼并、民营化、转让、分块搞活等各种形式，全区已有77家企业进行改制。同时，民营经济群体总量迅速扩大，全区现有民营企业146家，民营高新技术企业6家，民营企业工业总产值已占全区工业产值62%以上。2005年，全区规模工业企业实现工业总产值10.6亿元，实现工业增加值4.14亿元，全区独立核算工业企业完成利润1820万元。实现利税4862万元。

第二节　企业改革

一、工业企业改革

20世纪80年代，洪江工业企业原有管理体制上的种种弊端，不断暴露出来，愈来愈制约着企业的生存和发展，市委对全市工业企业进行系列改革。

实行经济责任制。为打破“大锅饭”，本着在“包”字上做文章，在“包”字上求效益，以“包”字推动各项工作的指导思想，于1981年3月开始试行“利润包干，定额管理”的经济责任制，其中绝大多数企业以超额计件工资为主，如洪江汽标厂“四定”（即定人员、定产品、定产品质量、定成本）“三奖”（即基数将、超产奖、节约奖）“四不奖”（即缺勤两天以上不奖、出责任事故不奖、违法乱纪者不奖、各职能部门的任务未完成不奖），使职工的收入与企业效益直接挂钩。1982年，全市进一步完善利润包干、超收分成的经济责任制，各工业企业根据各自不同情况，分别采取百分计奖制、车间大包干责任制、浮动工资制、定额包干责任制、单项承包责任制。

实行厂长任期目标责任制。1985年7月，市委、市政府决定在全市工商企业实行厂长（经理）任期目标责任制，制定《洪江市工业企业厂长任期目标管理奖惩办法》，考核指标：产值、销售收入、税金、利润、技改项目、工资总额等；奖励：提拔重用、现金奖励和荣誉鼓励；惩罚：免职、行政处分和经济赔偿等。实行厂长任期目标责任制后，较好地处理长远与眼前关系，划小核算单位力度。1986年2月，市委、市政府出台《关于确定市属工业企业级别的几项具体规定》，规定：凡年产值200万元以上或400万元以上，利税25万元以上或50万以上的工业企业，可视同为副局级或局级单位对待，其领导成员在在任职期间享受同级待遇。造纸厂、三化工厂、机床厂、汽标厂、丝绸厂、一塑料厂、电厂升格为局级单位，煤矿专用设备厂、酒厂、阀门厂、造漆厂、皮鞋厂、布鞋厂、有机合成厂、二造厂、自来水公司升格为副局级单位。

实行承包经营责任制。1987 年 12 月，出台《关于深化企业改革的几项决定》，对全市所有工商企业实行承包经营，按照“三保一挂”（保上交、保技术进步和后劲、保企业上等级、工资与效益挂钩）的要求，进行完善和深化。工人工资和承包人工资分别实行效益挂钩工资与效益档次工资制度，取消原工人等级工资，全部实行计件或定额工资；厂长（经理）按照完成规定利税情况，获取不同档次的效益工资，增加或减少利税，则相应多得或递减。《决定》赋予厂长更多的职责和权力，如企业行政副职可由厂长（经理）提名，企业党组织通过，中层干部由（厂长）任免。

实行全员风险抵押承包。1989 年 9 月，市委、市政府下发《关于全面推行全员风险抵押承包的通知》，文件规定：其风险抵押金根据职工在企业担负责任大小确定缴纳金额，一般在 200~1500 元之间。完成年度任务的，风险收益金可以再 20% 以上内发放；完不成当年承包指标，要相应扣减抵押金，风险抵押金于承包期满退还，在承包期内，正常调动的职工可以退，对被开除和自动离职的职工，风险抵押金一律不予退还。风险抵押金的管理，由企业集中存入银行，用于补充流动资金或其它生产资金。具体企业风险抵押金承包方案，须经厂职代会讨论通过。推行全员承包，把职工利益与企业效益紧紧地困捆在一起，形成共担风险、共享利益的全员风险抵押承包，更好地增强广大职工的责任感。

二、工业企业改制

1999 年 9 月 14 日，区工委召开联席会议，会议听取区体改委关于“一厂一策，一厂多策方案”的汇报，会议决定设立企业解困工作队办公室。9 月 22 日，工作队进驻各企业。12 月，成立区企业改制工作领导小组，启动企业改制工作。同时，向化工厂、无线电厂、阀门厂、新湘瓷厂、酒厂、塑化公司、二塑厂、造纸厂、二印厂、布鞋厂、家俱厂派驻工作队。2000 年 1 月，出台《洪江区贯彻 < 中共中央关于国有企业改革与发展若干重大问

题的决定 > 的实施意见》，明确洪江区企业改革和发展的主要目标。3 月，印发《洪江区 2000 年企业挂点领导责任目标》，确定 22 家企业由 18 位领导挂点。4 月 18 日，区工委召开联席会议，明确企业改制的指导思想，对下一阶段工作作具体安排。7 月，对洪江造纸厂、煤机厂、汽标厂、玻钢厂、二化厂、医仪厂、纸箱厂、塑化公司派驻工作队，深入企业进行因厂制宜分类指导，全面推进企业改革、改制工作。9 月，出台《洪江区企业改制职工养老保险实施意见》，规定改制企业的离退休人员基本养老金的发放方式。2001 年，洪江化工厂由怀化市电力局洪江电力公司、怀化宏光公司以 350 万元收购，第二化工厂由私人以 160 万元买断，玻钢厂由现经营班子以 480 万元买断，外贸公司以 130 万元由个人买断，新湘瓷厂由承包体出资参股组建股份有限责任公司。

2002 年，区工委、区管委确立企业改制攻坚重点，即企业改制要在洪瓷、洪纸、洪纺等重点骨干企业取得突破；机械行业的企业全面进行改制；城建系统事业单位改制进行试点。出台《关于对企业改制中的收费实行减免的通知》《关于对国有改制企业民营化经营者实行奖励的办法》等政策。全区除在 9 个行业办派驻工作队指导企业改制工作外，还在大型骨干企业专门派驻改制工作队，全方位参与企业改制工作。是年，全区先后有 18 家企业进入破产清算程序，8 家破产终结，5 家解散，2 家整体出售，1 家股份制改造。为进一步抓好工业企业的解困、启动、改革和发展，区工委、区管委对陶瓷公司等 23 家企业实行区领导挂点责任制，制定《洪江区 2002 年国有工业企业经营者年薪、绩效工资考核办法》和《2002 年企业改制工作目标管理责任制》，对陶瓷、纸业、纺织、竹业 4 家企业经营者实行年薪工资制；对工业行业管理办公室等 9 个部门实行目标管理。积极引入“新鲜血液”，盘活企业存量资产，广东佛山市众力棉业有限公司投资 1500 万元成立湖南洪江四海棉业有限公司，长沙市易明元投资 800 万元成立洪江市三润纳米材料有限公司，广东省曾兆林投资 390 万元成立洪江市华亿冷暖设备有限公司。

2003 年，全区共有 45 家企业列入改制计划，40 家计划年内完成企业改制。其中破产企业 24 家，解散企业 7 家，整体出售企业 5 家，股份制完善（股权集中）或改造企业 3 家，事业改企业试点 1 家。通过改制，一批企业重新焕发生机，是年全区规模工业（国有及国有控股）实现利润 458.5 万元，同比减亏增利 2706.8 万元，规模工业盈亏相抵实现净盈利。2004 年，区管委稳步推进以企业置换产权，职工转换劳动关系为内容的企业改制。全区规模工业（国有及国有控股）实现利润 602.6 万元，其中纸业公司盈利 264.2 万元，恒光化工公司盈利 389.1 万元，纺机配件铁合金盈利 94.1 万元。2005 年，洪江陶瓷公司完成破产终结和职工安置，并由香港凌志集团以 1500 万元整体收购，新的利多陶瓷公司基本恢复生产；洪江纺织厂继续由四海棉业整体租赁；火柴厂整体出售天鹰公司；纺配厂、二塑料厂破产终结后，职工基本安置到位；机床厂、造漆厂、美印厂分别以 405 万元、198 万元、149.8 万元整体出售。除洪江纺织厂、火柴厂、新湘瓷厂、贮木场（竹业公司）、木材公司、玻璃厂、粉末冶金厂、针织器材厂、二印刷厂等国有企业，二造纸厂、织布厂、丝绸厂、湘宏、家俱厂、二木厂、耐火材料厂、太阳能厂、三塑料厂等集体企业尚未完成产权转换和职工安置，其它国有、集体企业均已完成改制工作。

多途径探索公有制的实现形式，采取破产重组、整体出售、股份制改造、解散、联合经营等多种形式，实现企业的产权制度改革，促进生产的恢复和发展。2000—2005 年，政府兜底安置职工 1700 多人，置换身份解除劳动合同 4604 人，1092 人享受失业保险，破产改制进社保退休人员 2744 人，2700 多退休人员进医保或基本医疗统筹，下岗再就业 4000 余人。积极争取政策性破产，核销银行债务达 5000 万元，依法规范破产通过诉讼程序处理各类债务 5 亿元。争取金融资产管理公司的支持，通过谈判处理东方、长城、华融、信达四个金融资产管理公司债权 3021 万元，合法转移债务实行股份制改造或整体出售等形式共转移债权 4000 多万元。洪江化工厂、洪江纺织印染厂、洪江瓷厂、洪江造纸厂等重点骨干企业分别为恒光化工、金丰纺织、利多陶瓷、泰格林纸业集团公司所代替，新生中金化工、铁合金厂、华光生物等规模企业。一批小型工业企业如山里人、人为峰、元泰等成为工业经济的重要补充。

第二章　生产门类

第一节　陶瓷工业

1978年，洪江镇有洪江瓷厂、新湘瓷厂、红旗瓷厂、常青瓷厂，以及为洪江瓷厂提供贴花、镶金加工服务的四街陶瓷加工厂。1979年，桂花园乡渔梁村四家坪组村民在组长杨世立带领下，创办村办集体小企业洪江市陶瓷制模厂，因洪江瓷厂认为村办企业信用度不够，陶瓷制模厂遂以村办乡管的形式成立，专为洪江瓷厂配套生产石膏瓷器坯模。1980年，为提高出口瓷器生产能力，洪江瓷厂同外贸联营扩建高档瓷车间，年产高档瓷200多万件，年创汇350万美元。1986年，洪江瓷厂微波炉餐具生产线开工，高档瓷生产能力500多万件。与此同时，新湘瓷厂同湖南省工艺品进出口公司联营，新建一条84米长的出口瓷煤烧隧道窑，年产量达2400万件，产品结构以陈设瓷、包装瓷、出口日用瓷等三大系列20多个品种。1988年，洪江市桂花瓷厂在桂花园乡铁溪村建成投产。1989年，全市日用瓷器生产企业6家，职工近4000人，固定资产原值2800万元，年产日用瓷4000万件，其中出口瓷2000万件。

1990年，洪江市陶瓷制模厂拓宽市场，将服务面由单一洪江瓷厂扩展至新湘瓷厂、桂花瓷厂、常青瓷厂以及周边县市。1992年3月，经国家工商行政总局批准，洪江瓷厂水晶瓷车间与美国联合企业有限公司合作，成立中美合作湖南洪江联合陶瓷有限公司，企业取得进出口权。1993年，洪江瓷厂工业总产值5302万元，利税713万元，总产量3022万件，全国陶瓷行业经济效益综合排名第六名。1995年，全市日用陶瓷年产量7200万件，其中出口瓷3070万件，总产值超过8000万元，出口瓷远销世界30多个国家和地区。

1995年，由于企业管理不善。产品质量差，流动资金回笼慢，洪江市桂花瓷厂生产处于半停产。1996年，由于洪水洗劫，常青瓷厂厂房被淹，原料受损，企业生产日渐下滑，至1998年依法破产后改为股份制企业新洪瓷厂。1998年，常青瓷厂整体出售改为民营企业。2000年，新湘瓷厂破产重组。2005年，洪江瓷厂由香港凌志集团全盘收购，组建成洪江利多陶瓷有限公司。

第二节　纺织工业

1978年，洪江有纺织企业5家，其中棉纺织企业有洪江纺织厂、洪江市织布厂，丝绸企业有洪江市丝绸厂，服装加工企业有洪江市服装厂，纺织配件企业有洪江市纺织配件厂。主要产品：棉纱、棉布、丝绸、布质层压板、尼龙齿轮。

1979年，新街街道成立四街织布厂，生产包装布专销洪江纺织厂。1980年8月，洪江纺织厂新增1万纱锭工程建成投产。同时，省纺织工业局批准洪江市服装厂定点生产针织内衣。1982年，洪江纺织厂扩建1万纱绽、400台布机顺利完成。1983年，洪江印染厂并入洪江纺织厂，通过改造扩建，以后形成一条年产1500万米印生产线。1984年5月，成立洪江市华美运动服厂，产品主要有内衣、运动服、校服，销住洪江市及周边县乡。1986年，成立洪江市麻纺厂，主要产品麻纺专销洪江纺织厂。1987年，洪江市内衣厂先承包后兼并，通过易地技改，形成230万件内衣生产线。1988年，洪江箱镜沙发厂更名洪江市毛巾厂，生产各式毛巾。对洪纺共投资2360万元，该厂实现利税3754万元，为总投资的1.59倍。1989年，全市共有纺织厂、纺织配件厂、针织器材厂、麻纺厂、内衣厂、丝绸厂、织布厂、服装厂纺织器材厂等独立核算纺织工业企业8家。全年，生产针棉织品折用纱线317吨，毛巾19万条，纱4822吨，生产各类布2094万米，丝织品96.2万米，服装12.3万件。

1990年，洪江纺织厂对兼并后的内衣厂进行异地搬迁和工程扩建，形成年产350万件的内衣生产线。同年，市麻纺厂与市贮木场合并。1992年，洪江纺织厂从汨罗购进纱锭5000枚，增添75寸宽幅式布机160台、无梭织机12台。至此，洪江纺织厂拥有纱绽3.5万枚、布机972台、全能配套印染生产线和内衣生产线各一条，年产各种纱线5000吨、布2000万米、印染布1500万米、内衣350万件，集纺织、印染、内衣为一体的国有大二型纺织企业。同年，洪江纺织厂更名为湖南省洪江纺织印染厂。1993年，丝绸厂与深圳丝织工业出口公司进行联营，新增部分设备，生产“真丝双乔皱”产品。1993—1994年，由于纺织市场疲软，市针织器材厂、洪江市织布厂、市服装厂先后关停或自行解散。1996年，全市共有国有纺织企业2家，集体纺织企业5家，主要产品有纱、布、印染布、丝织品、服装等，年产纱2569吨、布2011万米、印染布1447万米、丝织品44万米、服装168万件。

2000年，洪江市华美服装厂停产。2001年7月，湖南省纺织印染厂宣告破产。10月，洪江纺织印染厂租赁给广东佛山众力棉业有限公司，租赁方组建洪江四海棉业有限公司进行生产经营。2002—2005年，洪江四海棉业有限责任公司先后新增纱锭1.8万枚，布机770台，形成6万纱锭、1400台布机的大型纺织企业。2005年，生产棉纱5494吨，布2370万米。

第三节　造纸工业

1978年，洪江有洪江市造纸厂、洪江市造纸二厂2家造纸企业，主要生产机制纸。是年，洪江造纸厂购置生产万吨纸的制浆设备。1979年，全市年生产机制纸3818吨，其中卫生纸535吨。1984年，洪江造纸厂购置

2040毫米纸机及配套设备、万吨纸机配套和碱回收，当年生产机制纸5029吨。1987年7月，洪江二造纸厂由川岩易地英明山扩建新厂，增加1092型造纸机3台和787型造纸机1台，年生产能力达到4000吨。1988年，全市2家造纸企业共有动力机械总能力9822千瓦，造纸机8台，其中长网多缸纸机2台，年产能力为1.6万吨。主要产品有文化用纸、生活用纸、工业用纸、包装用纸及纸版等20多个品种。全年，完成工业总产值1841万元，实现利税1102万元。1991—1995年，洪江造纸厂先后新建年产8000吨纸板生产线和年产6000吨木浆纸深加工生产线，新增和扩建1760型长网纸机、碱回收、白水回收、蒸煮立锅、圆网机改造、涂布纸机。1995年10月，洪江市造纸二厂因设备老旧、产品技术含量低，无法适应激烈的市场竞争而全面停产。1997年，洪江造纸厂年产机制纸11458吨，产值4043万元。2001年，洪江造纸厂新增1600型纸板机1台。2004年5月，为使企业甩掉包袱轻装上阵，洪江纸业公司进入破产程序，转由岳阳泰格林纸集团托管。2004年，洪江造纸厂更名为泰格林纸洪江纸业公司。2005年，泰格林纸洪江纸业公司完成机制纸生产40981吨。

第四节 化学工业

1978年，洪江镇有化学企业10家，主要产品有氯碱化工、石油化工、医药化工、日用品化工等，年生产能力为烧碱350吨、松香15万吨、松节油3万吨。

1979年，洪江河滨路街道办事处创办再生油厂，将市内和周边县市的废机油回收，再进行裂解加工，提炼成汽油、柴油和润滑油，供石油公司作调剂品供应各企业。1980年，洪江市玻璃钢化工厂成立，产品以生产玻璃钢瓦、管件、净化器制品为主，年产规模300吨，1981年，市再生石油厂更名洪江市石油化工厂，经改造扩建，其废油、原油处理能力年产量1000吨，成品油品种28种，产品主要销往怀化地区和贵州省铜仁地区。是年，洪江市油漆厂建成投产，年产规模3000吨。1984年，洪江三化工厂在原有薯芋皂素的基础上，又开发出妊娠苯酮双烯和黄体酮等产品，年产薯芋皂素100吨、双烯70吨、黄体酮10吨，成为全省重点医药化工企业之一。1987年，洪江化工厂进行设备更新改造，将生产规模扩大为年产1万吨，并扩建年产5000吨的液氯生产线，使其产品满足怀化市内各造纸、纺织、供水企业需要。是年，洪江市玻璃钢化工厂与清华大学、湖南大学、机械工业部第四、第八设计研究院等20多家科研院校建立新技术协作关系，引进开发不饱和聚酯树脂、玻璃钢冷却塔、玻璃钢水处理设备等新技术新成果6项，开发9个系列200多个产品。1988年，全市有化学工业企业12家，总产值5300万元。其中，年产烧碱3593吨，提炼石油456吨，油漆1066吨，各类火柴24.1万件，电池669万只，玻璃钢制品146吨。

1990年，洪江市玻璃钢厂饱和聚酯树脂获怀化地区科技进步三等奖，玻璃钢逆流式冷却塔填补国内空白。同时，洪江市电池厂研制硫酸铝成功，并由此更名为洪江市湘宏化工厂，年产硫酸铝3000吨，产品主要用于自来水澄清和造纸施胶。1992年，湘宏化工厂年产电池1200万只，硫酸铝3000吨。1995年，洪江化工厂年生产烧碱7501吨、漂白粉1996吨、液氯4612吨，完成工业产值2698.4万元。是年，洪江三化工厂年产值4766.2万元，成为全国最大的皂素药用原料生产基地。1996年洪灾后，化工企业陷入困境，先后有洪江市化工厂、洪江市油漆厂、洪江火柴厂等化工骨干企业停产、半停产。

2001年8月，成立洪江合成化工有限责任公司，主要生产精细化工五倍子系列产品，年生产没食子酸500吨，单宁酸400吨，3、4、5－三甲氧基苯甲酸250吨，3、4、5－三甲氧基苯醛120吨，3、4、5－三甲氧基甲酸甲脂100吨，焦性没食子酸100吨等系列产品，产品广泛应用于医药、食品、燃料等方面。9月，洪江市化工厂由怀化恒光集团收购，组建洪江恒光化工有限公司。2003年1月，洪江华光生物有限责任公司成立，主要生产白藜芦醇、大黄素、加兰他敏，年产白藜芦醇、大黄素年生产能力 10 吨以上。2004 年，中金化工在原布鞋厂厂址建厂，生产硒、镉，年产值达 8000 万元。是年，洪江医药公司改制为华天药业公司，主要生产加兰他敏、中药饮片，年产普通中药饮片 7200 吨，高新科技超微纳米精细饮片 2800 吨。2005 年，洪江化工工业园成立，当年入园企业 5 家，其中规模以上企业 2 家，从业人员近 1000 人，全年完成园区工业总产值 1.2 亿元。其中恒光化工通过实施 10 万吨氯碱及配套工程、开发生产无水氯化锰、贵金属锗生产加工、人造宝石、扩建氯化石蜡等，年产值 8794.8 万元。

第五节　电力工业

1978 年，洪江镇有洪江电厂 1 家电力企业。1981 年，洪江电厂引进怀化地区小水电网，由电厂贷款兴建洪江变电站。1982 年 11 月，洪江电厂在巫水河东岸兴建一座 110 千瓦变电站，与螺丝塘水电站联网，并建设变电站—纺织厂（2 千米）、变电站—自来水厂（2.5 千米）、变电站—带子街（2.5 千米）、变电站—桃李园（3 千米）、变电站—3614 厂（1.5 千米）10 千伏输电线路。1983 年 1 月，洪江改用水电，火电与怀化、芷江、黔阳、会同联通一网。1986 年，洪江电厂扩建改造增加 1 台 6000 千瓦汽轮发电机组，总装机容量 1.2 万千瓦。1987 年，因小水电网的供电量有限，不能满足洪江工业用电需要，洪江电厂 2 万千伏安变电站通过改造，与省电网联网开始引进华中电网的电。1988 年，年发电量 3257 万千瓦时，年售电量 8073 千瓦时。1993 年 3 月，洪江市政府与怀化电业局正式签订代管协议，成立怀化电业局洪江电力公司，成为湖南省第一家实行代管的地方电力企业。此后，通过有偿转让的方式，将该变电站转让给怀化地区小水电公司。1995 年，洪江电力公司完成 10 千伏开关站，新增 2 万千伏安主变 1 台，完成洪江电网与“怀—会”线 T 接改 JI 接工程，提高全市供电安全可靠性，消除主变“单机”运用的危险性。

1997 年，洪江水电站可研报告

评审通过。1998年，洪江被纳入全国农网改造项目县，项目主要有兀接工程、完成110千伏线路4.5千米、2台2万千伏安变压器、10千伏线路出线14回。1999年，农网共新建和改造10千伏线路75千米、6千伏线路23千米；城网新建和改造400伏线路86.6千米，改造低压台区43个，新增和更换配变43台、容量10465千伏安，装表到户1.65万户。2003年2月，洪江水电站第一台机组正式并网发电。2004年8月，农网改造累计完成10千伏线路13条、10千伏线路新建和改造113.19千米，更新改造变压器台区93个，总容量1.52万千伏安，安装多功能柜93台，在400伏低压线路部分，竣工行政村21个城镇片区4个，新建改造400伏低压线路275.1千米，电表计量装置安装18848户。是年，渔梁湾水电站项目破土动工。2005年，洪江电力企业拥有110千伏变电站2座、35千伏变电站2座，年供电量1.6亿千伏安。是年，洪江水电站完成6台机组并网发电，全年共发电6766万千瓦时。

第六节 食品工业

1978年，洪江镇有酒厂、大米厂、糕点厂、酱醋厂、肉食加工厂、粉丝厂、蔬菜加工厂、罐头厂、粮食综合厂9家食品企业，主要生产饮料酒、大米、面粉、面条、粉丝、糖果、糕点、罐头等。

1980年，洪江市综合农场利用原国营园艺场场部地址，创办洪江市食品罐头厂，从邵阳、溆浦请来技术工人，以洪江本地及周边县所产梨子、柑桔、竹笋、猕猴桃、凤尾鱼为原料，加工成水果罐头和凤尾鱼罐头。1981—1984年，酱醋加工厂生产的“双龙牌”酱油获湖南省优质奖，产品运销省内外市场，年均产值40万元。1987年，洪江市大米厂拥有大米、面粉、面条、食品、榨油生产车间，年产大米8146吨、面粉2760吨、面条1002吨、统糠1825吨，年产值458万元。是年，洪江市酒厂形成酒精、白酒、大曲、黄酒、饮料、米酒六大系列20多个品种，其中桂花酒被评为轻工产品优质产品。1991年，酒厂生产的

“嵩云山牌”甲鱼酒荣获全国饮品国产化研讨会金奖。1993年，经省政府批准，成立中外合资湖南洪江云山酿酒有限公司，年产各型酒3000吨。1995年，洪江市大米厂年产大米6120吨，面粉860吨。

2000年，洪江山里人食品有限公司成立，注册商标为“嵩云山”，有蔬菜基地67公顷，并与农民签订长期蔬菜收购合同。主要产品有笋子、蕨菜、盐菜等“嵩云山”牌乡下土菜系列12个品种。2001年，经省出入境检验检疫局认定符合出口食品检疫卫生登记要求，洪江市大米厂列为生产出口大米的定点厂家。2002—2005年，先后成立湖南银杏王酒业有限公司、洪江元泰酒业公司、贵川红泰酒业公司、洪江区人为峰酒业公司、洪江区泰神酒业有限公司，主要生产“银杏王”牌系列保健酒、元泰酒系列产品、“古商城”牌系列白酒、人为峰和甲鱼酒、天之健、湘商酒系列，泰神酒、桂花酒、灵芝酒等黄酒系列。2005年，全区有20多个食品生产厂家，品种500余种，产值2800万元。

第七节　机电工业

1978年，洪江镇有机械制造企业18家、冶金企业1家、仪器仪表企业1家。主要生产企业：天兴机械厂、湘西仪器仪表总厂、中国人民解放军总后第3614工厂、洪江机械厂、洪江无线电厂、二轻机械厂、三机械厂、煤矿专用设备厂、电动工具厂、汽车标准件厂、阀门厂、液压件厂、水暖器材厂。1988年，洪江市有机械制造企业32家，从业人员1420人，工业总产值5113万元，其中仪器仪表1家，职工2163人，完成工业总产值2006万元；电子元件企业1家，从业人员150人，总产值137万元；阀门生产企业1家，产值188万元。1989年，国营天兴机械厂（又名国营918厂）搬迁至株洲。1990年，湘西仪器仪表总厂和中国人民解放军第3614工厂先后搬迁至长沙。1991—1995年，洪江市机电工业有市属主要国营企业：电动工具厂、阀门厂、机床厂、煤矿专用设备厂、无线电厂、汽车标准件厂，主要生产：金切机床、高中压阀门、煤电钻、台钻，工业总产值1685万元。1998年，随着计划经济向市场经济转轨，机电行业亏损企业增多，许多小型机电企业纷纷停产和半停产，其中洪江市无线电厂、市阀门厂、汽车标准件厂、市机床厂4家市属主要机电企业，完成工业总产值仅255万元。

1999年，洪江区机电行业开始企业破产改制。2000年9月，洪江市煤矿专用设备厂改为湖南省正通有限责任公司，主要生产煤电钻、售油器、隔爆型局部通风机、双通双切截止阀、多工位伸缩节的制造、小型机械产品零配件加工，其中煤机生产能力达2万台。2003年，市属工业企业机床厂、汽车标准件厂、阀门厂、洪江正通有限责任公司（即煤矿专用设备厂）、电动工具厂等先后完成改制，其中，汽车标准件厂由国民粉末公司收购重组，阀门厂由洪江山河机械有限公司承租继续生产，电动工具厂由私营合资湘洪煤机厂收购。10月，洪江区国民粉末冶金制作有限公司成立，主要生产粉末冶金制品、铁粉制造。2004年7月，洪江区山河机械有限公司成立，主要产品：型煤机、木材加工机械、自动集蛋机等。12月，洪江区湘洪江煤矿设备有限，主要生产煤电钻、岩石电钻、风机系列矿山设备，年产各型机械1万台，产值300万元。2005年，洪江区机电企业有洪江市无线电厂、洪江区国民粉末冶金公司、洪江正通公司、洪江区湘洪煤矿设备公司、洪江区山河机械公司5家，其中国民粉末冶金制作有限公司年产精还原铁粉和高精度、高强度各种异型粉末冶金制品300万件，年产值8552万元。

第八节　其它工业

一、塑料制品工业

1979年，洪江市塑料制品企业有塑料一厂、塑料二厂、塑料三厂，主要生产全塑凉鞋、农膜、塑料编织袋、塑料纺织配件等，总产值444万元。1983年9月，洪江市水泥厂并入塑料二厂。1988年5月，塑料一厂兼并洪江市有机合成厂和化学助剂厂。是年，全市生产塑料制品企业有7家，主要生产塑料鞋类、塑料日用小商品、塑料包装制品、塑料工业配件和塑料薄膜，年产塑料制品2858吨，工业总产值2211万元，创利税333万元。1991—1993年，洪江塑料一厂与香港百德洋行合资创办生产出口PVC微孔拖鞋的湖南百兴隆塑料制品有限公司，与香港佳盛公司合资创办生产塑料中空板的湖南宏盛塑料制品有限公司。1995年，全市3家主要塑料制品企业年产塑料制品1612吨，总产值1467.5万元。1996—1997年，由于企业经营不善，经济状况逐渐下滑，塑料一厂、塑料二厂、市塑料制品厂相继破产重组和全面停产。塑料三厂也亏损严重。1998年，塑料一厂改制为洪江市塑化制品有限公司，仍无法摆脱困境，当年亏损78.8万元。2001年11月，洪江市塑料一厂破产解体。2005年，塑料二厂由洪江区发展建筑有限公司整体收购。塑料三厂生产洪江瓷厂出口瓷器所需的泡沫包装材料，由于洪江瓷厂需求日益减少，企业在亏损中艰难生存。

二、鞋类制品

1979年，洪江市有皮革制品企业、布鞋生产企业、童鞋生产企业各1家，主要生产皮鞋、布鞋、童鞋和皮箱，年产皮箱5914只、皮鞋7万双、布鞋24万双。1982年，市布鞋厂扩建机上鞋车间、注塑车间，生产出口布鞋，年产布鞋79.9万双。1986年，洪江市皮件制鞋厂引进皮鞋生产线，从炼胶、压底、制邦实现半机械化一条龙生产，主要生产手工线缝皮鞋、胶粘皮鞋，年产皮鞋20万双，总产值245万元。1989年，布鞋厂筹建卫生材料分厂，添置喷气无梭布机、浆纱机、烘干机、自动出渣无灰锅炉等设备，进行绷带、脱脂纱布等产品开发，先后试制出幼婴儿暖脐兜、医用脱脂棉、纱布、临床医用纱布、劳保口罩等产品。1991—1995年，随着市场形势的变化，企业陷入困境，皮件市场销售疲软，企业产量下滑，年均产皮鞋13万双左右，其中1992年皮鞋产量仅8万双。1996—1998年，由于市场竞争激烈，企业产品生产成本与销售费用过高，企业出现亏损，市布鞋厂和市皮件制鞋厂相继关门停产。2005年，洪江区有洪江市正业皮鞋厂、洪江市之游皮鞋厂、洪江市足星皮鞋厂、洪江市三和皮鞋厂、洪江市制鞋厂等私营小型皮鞋厂5家。

三、木制品加工

1979年，洪江有市一木厂、市二木厂、市园木厂和桂花园木器厂4家木制品加工企业，主要生产杉枝脚盆、木制家具用具，年产杉枝脚盆1.5万件、木制家具用具1.6万件。1988年，全市有家具厂、二木厂、精制园木厂3家集体企业，其中洪江市家具厂生产的嵌花桌、椅、柜、箱以木质花纹，嵌制有各种动、植物图案，工艺独具一格，曾3次送北京展览，是湖南省家具行业重点企业之一。1991—1999年，由于木制品加工行业竞争非常激烈，设备老化，产品单一，企业难以适应激烈的市场，企业开工严重不足，连连亏损，市精制园木厂、市二木厂先后整体解散、全面停产。2001年，市家具厂全面停产。2003年，全区共有中意、发成、时代、宏发、永久、豪门、小南京7家私营个体家具厂。2005年，洪江区有兴达、江华、运来、利良、家红、洪化、红阳等7家年产1000立方米以上企业，主要生产加工胶合板、单板、香粉杂木聚合物、杂土刷柄木圆板、杉松杂木拼板、木片、木方等。

四、竹制品加工

1979年，洪江有胜利竹器厂、湘群竹器厂、雨伞厂3家集体竹制品加工企业，主要生产竹制日用品、竹木农具、布伞，年产布伞7.5万把、竹制日用品1.6万件、竹木农具8.6万件，总产值76.3万元。1987年，全市3家集体竹制品企业年工业总产值89万元，年产布伞12万把、竹架板1.76万块。1989年1月，洪江竹胶板厂成立。8月，洪江竹胶板厂建成竹胶合板生产线，形成年产竹胶合板3000立方米的能力。1994年，由三方出资成立洪江市联合竹胶板厂，于1995年建成第二条竹胶板生产线，使竹胶板年产量从3000立方米扩大至6000立方米。1996年，竹胶板厂年产竹胶板5100立方米，产值2410万元。1997年，竹胶板厂被评为湖南省农业产业化龙头企业。1999年5月，由洪江市贮木场、省林工商集团公司、怀铁多种经营公司、洪江市萝卜湾木材厂、洪江市萝卜湾竹材厂联合成立湖南省洪江竹业股份有限公司，公司拥有4条竹胶板生产线，年产竹胶板1.2万立方米，产值6000万元。2000年，洪江竹业股份有限公司实现产值6500万元，销售额7100万元，从业人员达706人。2001年，由于全国竹胶板供大于求，造成产品大量积压，洪江竹业股份有限公司出现亏损。5月，公司全面停产。2001—2004年，洪江华银实业有限公司、湖南金信实业怀化市洪江竹业有限公司、洪江宝庆人造板有限公司、洪江联盟竹胶板厂、洪江雄宇竹胶板厂先后租赁洪江竹业股份有限公司闲置厂房、设备，生产竹胶合板、竹质集装箱底板。2005年，全区规模工业企业完成人造板（胶合板）生产15248立方米。

五、印　刷

1979年，洪江规模印刷企业有市印刷一厂和市第二印刷厂，总产值121万元。1987年1月，市印刷一厂更名洪江市美术印刷厂。1988年，全市有印刷企业4家，职工271人，年产各种印刷品3.16万令，产值420万元。1989年12月，洪江市印刷二厂并入市美术印刷厂，主要产品品牌:多色胶印、陶瓷帖花纸。1995年，洪江美印厂年产值2853万元。5月，洪江市第二印刷厂从美术印刷厂分出。1996—1998年，洪江市印刷业经济效益下滑，其中1998年美术印刷厂年产值仅16万元。2003年，市美术印刷厂破产。2005年，市第二印刷厂改制,其生产车间由私人承包，生产平彩。

六、建材工业

1979年，洪江主要建材企业有水泥厂、玻璃厂、机砖厂和耐火材料厂，主要生产水泥、红砖、煤渣砖、青砖、平瓦、耐火材料、日用玻璃、压花玻璃、灯泡，年产水泥4202吨、红砖644万块、煤渣砖207万块、青砖105万块、平瓦19万片、耐火材料1667吨、日用玻璃105万米、压花玻璃57万平方米、灯泡86万只。1980年，市玻璃厂新建一条平板玻璃生产线，年产10万标箱。1981年，国营洪江综合农场在常州材料厂的帮助下，兴办玻璃钢制品厂，生产玻璃钢瓦、管件、净化器等，年产规模300吨。1983年9月，因水泥厂噪音、粉尘对城市环境污染大，企业停产，职工和厂房并入市二塑料厂，设备转让给贵州天柱县。1984年，因压花玻璃、平板玻璃生产工艺落后，产品滞销而停产，又试制投产玻璃玛赛克，是年马赛克产量2.12万平方米。1985年1月，市建材玻璃厂成立，初时年产玻璃马赛克30万平方米。1987年，市机砖厂改隧道窑烧制，产量提高，年产红砖1478万块。1988年，市建材玻璃厂扩建玻璃马赛克生产线，年产规模达200万平方米。1989年，玻璃马赛克年产量35万平方米。1993年，墙地砖厂投产，年产70万平方米彩釉墙地砖和300万平方米高档仿花岗岩。1996年，由于产品成本高、质量差，墙地砖厂停产。1997年，原墙地砖厂由洪江市竹胶板厂兼并。1999—2005年，区内市建材玻璃厂、玻璃钢厂、墙地砖厂、耐火材料厂、建材涂料厂等建材企业纷纷破产改制。2005年，全区有民营预制厂3家、砖厂3家、大型沙石场1家。

第三章　工业经营管理

第一节　管理体制

1978—1993年，洪江境内的中央、省、地属企业，其人事任免、职工调配和生产经营活动均由中央各相关部委管理，省、地属企业由企业相关厅局主管，洪江市只负责税收征管和提供社会服务。市属企业按行业归口，分别由工业局、轻纺工业局、二轻工业局主管。街道企业和乡办企业其行政主管部门为人民政府的各乡街道，业务按行业由人民政府各工业主管局指导。1994年，为减少对企业的行政干预，使生产经营权真正下放到企业，市委、市政府决定将工业局、轻纺局、二轻局转为经济实体，主管部门只负责所属企业经济工作的指导、协调、监督、服务、管理工作。

第二节　管理机构

1978 年 12 月，成立黔阳县洪江镇经济委员会。1979 年 12 月，设立洪江市经济委员会、市工业局、轻纺工业局。1981 年 11 月，从二轻工业局分出二轻工业，成立二轻工业局。1994 年机构改革，工业局、轻纺局、二轻局转为经济实体，分别改为工业总公司、轻纺工业总公司、二轻工业总公司。2001 年 11 月机构改革，撤销总公司，分别改称工业行业管理办公室、轻纺行业管理办公室、二轻行业管理办公室。2004 年机构改革，区工业行业管理办公室改设工业行业服务中心，轻纺行业管理办公室更名为区轻纺工业行业服务中心，撤销二轻行业服务中心，设立区城镇集体工业联社。

轻纺工业行业服务中心所辖产业有：陶瓷、纺织、造纸、印刷、火柴、日用化工、酿酒、医用仪表等 8 个行业 14 家企业。

工业行业服务中心所辖企业有：恒光化工、湘洪煤矿设备有限公司、合成化工、洪江正通公司、国民冶金粉末公司、山河机械厂、玻钢厂、无线电厂、燃料公司。工业行业服务中心本着指导、协调、服务的原则，帮助企业深化改革和改制，企业焕发生机。

城镇集体工业联社所辖企业有：正清集团洪江正驰分公司、昌合塑料有限责任公司、塑料二厂、粉机粉末冶金厂、塑料三厂、出口包装有限责任公司、布鞋厂（布鞋厂卫生材料分厂）、皮件制鞋厂、家具厂、太阳能设备厂、耐火材料厂共 17 家。其中，国有企业 3 家，集体企业 14 家。

第十五篇　商贸　旅游

第一章　经济成份

第一节　国有商业

1978年，全镇有国营商业企业14个，属于商业供销系统的有百货公司、副食品公司、肉食水产公司、饮食服务公司、蔬菜公司、五金公司、医药公司、糕点厂、生资日杂公司、农副果品公司、桂花园供销社；属于粮食系统的有大米厂、粮油供应站。1980—1981年，物资系统先后成立国有生产资料服务公司、轻化建材公司、金属公司、金属回收公司、机电设备公司。此后，调整农副产品收购政策，开放农贸市场，恢复合作店组，发展个体商业，国营商业内部扩大企业自主权，划小核算单位，增设批发部，对部分商店实行转体经营，全市有饮食、副食、百货等公司所属15家商店实行承包经营。肉食、饮食等公司部分职工与公司签订合同离店经营。1988年，洪江国营商业有百货、纺织品、肉食水产、副食、蔬菜、饮食服务、五金交电化工原料、盐业、烟草、煤炭等专业公司，76个网点，纯购进3793万元，纯销售5637万元，实现利润146.4万元。1991年，取消三级批发站的经营制度，减少计划管理商品的品种，放开计划供应的范围。1992年，食油、钢材等统配物资市场全面放开。2000年，取消粮食合同定购制度，粮食的购销业务全面放开，石油的经营业务改归省、市垂直管理。2005年，区国有商业企业1家，全年商品零售总额2895万元，占全区社会商品零售额的9.3%。

第二节　集体经济

1978年，允许多种经济并存，市商业局成立集体贸易管理处，管理集体企业。1981年以后，机关单位、街道及乡村相继办起一批集体商店，安排本单位的待业青年，经营南杂、百货、烟酒、果品等。1988年5月，市商业局决定改革集体商业的隶属关系，将原分别由专业公司归口领导的百货总店、副食总店、肉食总店、饮食总店、理发总店、新民路百货店、蔬菜总店、豆制品加工厂、跃进畜牧场自即日起不再隶属归口公司，成为经济实体。是年，全市集体网店146个，职工占商业人员总数27.9%，年营业额占全市商业零售总额23.4%。1992年，全市有批发、零售贸易业集体经济99个，餐饮业集体经济9个。1993—1995年，豆制品厂、理发总店、蔬菜总店、南杂总店相继倒闭。2000—2005年，全区集体商业完成退出市场，个体私营经济成为市场的主体。2005年，全区7个集体总店处于艰难支撑，总流动资金仅15万元，年集体企业租金收入5万元。

第三节　个体私营商业

1978年，集贸市场开始恢复。1979年，全市出现无证个体经营者45户，主要从事理发、补鞋、竹木器加工、草医以及贩卖鸡鸭、熟食品加工、蔬菜等，从业人员家庭妇女、下放收回后未安排工作的及个别退休职工。1980年，市工商部门恢复城镇个体工商户登记，共登记个体工商户115户，其中商业83户，饮食服务18户，修理业5户，其它手工业2户，从业人员达170人。是年，上市品种156种，成交额354.2万元。1982年，成立洪江市个体经营者联合会。1983年，洪江市个体经营者联合会改为洪江市个体劳动者协会，由官办组织变成民间组织。至此，个体工商业者走上自我教育、自我管理、自我发展的道路。是年，全市新发展个体工商户316户，相当于1980—1982年的总和。1989年，全市发展个体工商户1479家，注册资金4000万元，占全市工商企业注册总额21.1%。1993年，全市非公有制经济发展迅速，共有个体工商户1640户，形成遍布城乡的小手工、商业、饮食、修理、服务等行业。1994年，全市形成具有一定规模的集贸市场6个，个体私营业主2753户，总产值2354万元，个体私营经济逐步实现由分散经营向规模经营转变。1995—1999年，洪江私营经济基本形成商业规范化，以创办实体、企业为主，逐步向外扩张的格局。2000年，全区已登记的个体工商户和私营企业870户，从业人员1232人，注册资金1175万元。2001—2005年，全区个体工商户、私营企业发展到1500户，其中个体工商户1112家，非公有制比重达到47%。

第二章 市场 网点

第一节 集贸市场

1979年，市政府在松林路增设集贸市场。1983年，拆除犁头嘴露天集贸市场，修建全盖式钢架结构集贸市场，方便市民和个体工商户进场交易。1986年，原汽车站和萝卜湾露天集贸市场扩建，共有市场面积1740平方米。1989年，新建沅江路集贸市场，门面100间、固定摊位80个、临时摊位50个，经营饮食、家禽、肉食、蔬菜和其它小商品。1990年，拆除犁头嘴农贸市场，将集贸市场搬迁至沅江路集贸市场。1994年，全市有塘坨、沅江路、车站、萝卜湾、新店、竹山脚集贸市场6个。1997年，新建商贸城，共有门面128间，摊位469个。2005年，全区有集贸市场9个，市场面积1.83万平方米。

第二节 零售网点

1978年，按照工业发展、开拓郊区和城市建设规划的需要，先后扩建萝卜湾、阴明山、二凉亭、铁溪、新团、带子街等小型商业群。1979年，全市商业网点159个，从业人员1305人。1980—1995年，全市商业网点由1980年的139个增加到1995年的2293个，从业人员由1980年的1335人增加到1995年的5095人。主要街道全部辟为商业门面，其中新民路以家电、服装、鞋类、药品为主，巫水路以建材、粮油为主，幸福西路以饮食、南杂副食为主。2005年，全区商贸网点918家，从业人员2201人，其中餐饮92家，从业人员300人；住宿30家，从业人员260人；美容美发40家，从业人员67人。批发零售贸易和餐饮业、住宿业、美容美发业吸纳就业人数在国民经济各行业中排第三位，批发和零售贸易及餐饮业增加值占GDP比重的7.3%。

第三章 商品经济

第一节 粮油购销

1978—1980年，年均完成征、购粮680吨，核定茶油统购任务5.7吨、菜油4.1吨。1981年，为增加农民收入，核减统购、增加“三超”，怀化地区核定洪江市粮食征购330吨，“三超”70吨，而市政府为掌握部分机动，以发展副业生产，落实到队为452.9吨。1985年，取消农产品统购统销，改为合同订购，签订合同100吨，实际入库仅94吨。1986年，新划入的黔城、横岩乡，合同定购粮食1425吨，征、购总数占粮食总产量的12%。1987年，实行粮食合同定购与政府供应平价化肥、柴油和发放预购定金的“三挂钩”，定购每50公斤粮食奖售化肥20公斤、柴油5—7公斤。1989年，核定洪江市食油定购任务10吨。1992年，放开粮食价格，统购、统销退出历史舞台。1993年，粮油定购任务改为粮油经济合同定购，全市粮油经济合同订购任务为粮食1000吨、食油10吨。1994年，粮食定购任务调整为1350吨，取消食油定购任务。粮食收购价格按怀化地区挂牌收购价进行收购。确定粮食收购只征收农业税征实部分，黔城、桂花园、横岩三乡农业税征实任务为607吨。1998年，取消粮食统销，由农户自行市场购粮消费。1999年8月，怀化市粮食局确定洪江区粮食收购计划700吨，其中定购230吨，议购470吨。实行定购价和保护价两价合一的综合收购价，并敞开收购农民余粮。2002—2005年，粮食购销市场全面放开，全区农业税征实部分改为缴代金形式，粮食收购量相应减少。

第二节　农业生产资料购销

一、农副产品购销

洪江区的农副产品主要有肉食、水产品和水果三大类。

【肉食类】主要有生猪、牛、羊、鸡、鸭等家禽产品。1978年，家禽产品由国营肉食副食品公司直接收购。是年，出栏生猪5679头，国家收购2669头；采购家禽2300羽。1981年，实行联产承包责任制，家禽产品增加，公司收购量逐年增多后允许多渠道经营。是年，出栏生猪5665头，其中国家收购2426头。全市国营商业公司共收购生猪3100头、家禽1.02万羽、鲜蛋5吨。1986年，市场各类物资全面放开，允许多渠道和跨地区经营。是年，全市出栏生猪1.83万头，国营公司收购生猪2.06万头、家禽26.14万羽、鲜蛋67吨。1988年，全市销售网点27个，日均上市猪肉5.6吨，年销售猪肉2200吨、牛肉600吨、羊肉500吨、鸡鸭3601万羽、鲜蛋411吨。1995年以后，国营公司亏损严重，无法坚持购销业务，自动退出流通领域，个体经营成为市场主导，全年销售猪肉3700吨、牛肉1100吨、羊肉900吨、鸡鸭53万羽。2000—2005年，洪江区大力发展雪峰乌骨鸡等禽养业，年均出笼鸡鸭60万羽。2005年，全区共销售猪肉4000吨、牛肉1300吨、羊肉1000吨、鲜蛋20吨。

【水产品类】 境内鱼的常见品种有青、鲤、鲢、草、鲫等。1978—1985年，全市非农业人口每人每年平均供应0.45公斤左右。1985年，水产品购销价格全部放开，个体商贩从黔阳、会同等地贩运鲜鱼，市场供应量增加。是年，全市销售水产品205吨。1989年，全市水产品突破200吨。1992年，全市水产品登上300吨台阶，年产量308吨。2004年，全区水产品跨越400吨大关，年产量达到405吨。2005年，全区水产品总产量439吨，其中淡水产品捕捞量48吨。水产品供应每人年均6公斤以上。

【水果类】 境内水果主要品种有梨、杨梅、柑桔、柚等。1978年以后，商业部门从东北、山东、河南、广东、广西等地运进苹果、雪梨、菠萝等水果供应市场。1988年，全市经营水果的商店有86家，全年收购本地柑桔860吨，从外地调入水果1000吨，销售各类水果2000吨。1990年，国营集体收购量逐年减少，当年仅收柑桔1500吨。1991—1995年，开发优质水果品种，以柑桔为主，发展优质梨、桃及银杏、板栗等干果品种，水果类品种增加至10余种。2000年，水果总产量2765吨，收购本地与外地上市水果量5387吨。2005年，全区水果总产量6132吨，收购本地与外地上市水果量6000吨。水果供应每人年均82公斤。

二、化肥、农药、农膜、农机具购销

1978年，农村化肥、农药、农膜均计划供应，一般由省、地区主管部门根据镇有关部门编报的购货计划，通过综合平衡后下达分配指标，统一由桂花园乡供销合作社经营。1981年，桂花园乡供销合作社更名市郊区供销合作社，下设9个供销店、4个代销点，统一供应全市化肥、农药、农膜需求。1988年，全市供应化肥2380吨，其中氮肥1327吨、磷肥141吨、钾肥46吨、复合肥866吨；供应化学农药243吨，各种农业机械258台（件）。1989—1998年，各乡建立“庄稼医院”，指导农民科学用药。1999年，供销体制转换，各基层供销社和生资公司先后退出经营。尔后，农药、化肥、农膜、农机具等生产资料的购销由私营商店和个体工商户经营。2000—2005年，全区供销各种肥料8642吨，其中氮肥2775吨、磷肥884吨、钾肥746吨、复合肥6237吨；农业塑料簿膜使用量47吨，农药使用量225吨；汽油发动机总动力4835千瓦，电动机总动力1.09万千瓦，农用柴油使用量804吨。

第三节 工业生产资料购销

1978年，钢铁、水泥、柴油、汽油由百货公司、生产资料公司和物资公司组织，按计划调入和供应；煤由煤运办统一经营煤炭。1979年，成立洪江市煤炭公司，专营生产、生活用煤。1980年，柴油、汽油改由洪江石油公司经销；因水泥厂停产，全市所需水泥全部靠外地调入。1985年，因用煤量增多，生活用煤开始按户发放煤票，按计划凭票供应。1981—1988年，全市销售生铁5178吨、钢材2.94万吨、水泥8.91万吨、柴油6935吨、汽油1.1万吨、原煤101.4万吨。1989—1992年，工业生产资料购销仍实行计划供应与市场调节相结合的双轨制，以市场调节为主。1993年起，工业生产资料市场全面放开，取消计划供应物资。1999年，全区商业系统改革改制，国营、集体公司退出市场，停止经营活动。2000—2005年，全区年均消耗钢材5000吨、水泥5万吨，年均消费原煤、焦碳、洗精煤合计11万吨标准煤。

第四节 生活资料购销

一、日用工业品购销

1978年，洪江纺织厂、织布厂、丝绸厂产品通过怀化地区纺织站计划平衡，由洪江百货公司销往省内外，其中棉绸、软缎被面等曾一度成为省内外畅销商品；家用电器从低、中档发展到中、高档。1979年，百货由国营、集体、个体户多家经营，经营品种和销量日增。1980 年，因木材市场开放，供销部门不再付料加工，产品由木器厂自产自销。1987 年，百货公司经营的文化用品达 1178 种。销售额 22.3 万元。1988 年，全市生产棉布、化纤布、丝绸绸缎销售量 2327 万米，市销针织内衣、裤 21.42 万件，销售缝纫机 1178 架、手表 1.04 万只、皮鞋 7.14 万双，销售自行车 3250 辆、录音机 2197 台、电视机 3138 台（其中彩色电视机 389 台）、各类电风扇 5360 台、洗衣机 1996 台，灯泡、油漆、色门扣、漂白粉、烧碱等多由工厂自产自销。1991 年，随着社会主义市场经济的逐步形成，个体私营经济迅速发展，国营商业和供销企业长期以来形成的计划经济模式造成库存增多，亏损严重的局面。2000 年，全区批发零售贸易总额 1.33 亿元，其中限额以上企业 723 万元，限额以下企业及个体户 1.26 亿元。2001 年起，因连续亏损，国营、集体商业公司无法经营，实施全面改制，市场经营由个体企业和工商户包揽。2005 年，全区批发零售贸易总额 2.38 亿元全部为限额以下企业及个体户。

二、副食品购销

1978 年，对居民副食品的供应由国营副食品公司专营，卷烟由食杂公司兼营。是年，销售食盐 517.5 吨、食糖 186.6 吨、酒 261.1 吨、糕点 317.8 吨、卷烟 1320 箱。1979 年，食糖实行敞开供应。市内销售的奶制品、罐头，主要从东北、内蒙古、山东、河南、广西、广东等地调入，品种达 20 种。1980 年，商品流通体制改革，各地名酒先后调入洪江，市场酒类供应品种达 200 余种，其中以贵州产品为主，且有各种啤酒、果汁酒、汽酒等应市。1983 年 3 月，洪江市工商行政管理局向烟草经营单位和工商户颁发“烟草专卖零售许可证”。1984 年，恢复洪江盐业支公司，除供应洪江市外，还供应黔阳县的黔城、双溪、红岩、岩龙、江市等 7 个乡镇 20.46 万人的食盐和工农业用盐。1985 年 7 月，烟草实行专卖。是年，市糕点厂生产糖果 502 吨、糕点 656 吨，除市销外，还销售省内及贵州各地。此后，副食品供应全部放开，取消计划供应，南杂个体户迅速发展，国营商业副食品销售量下降。1988年，全市销售食盐2940吨、食糖2000吨、糖果和糕点870吨、奶粉17.4吨、罐头2000箱、各类酒1119吨、卷烟5192箱。1991年，洪江市糖酒副食品公司成立，经营品种有食糖、糖果、糕点、罐头、奶粉、茶叶、蜜饯、饮料、营养食品、速溶食品、调味品、干果等十几大类、上千个品种。1996年后，国营糖酒副食品公司受到私营和个体经销商的冲击，销售量逐年下降，企业亏损严重，仅靠租赁门店、仓库收取费用维持生存。1999年，全区有卷烟零售商546户，年均销售卷烟4700箱。2003年，糖酒副食品公司完成改制，退出流通领域。2005年，全区社会销售副食品全部由私营企业和个体工商户经营。

第五节　对外贸易

一、对外经济技术合作

1978年，成立洪江镇对外贸易局，沟通国际市场信息，引进资金、技术，扶植地方工业，开拓出口产品。1980年，洪江瓷厂与中国工艺进出口公司湖南分公司、中国出口商品基地建设投资公司湖南分公司实行三家联营，成为洪江第一家工贸联营企业。1984年，市三化工厂与上海十二制药厂正式建立经济协作关系，开发妊娠丙酮双烯和黄体酮等新产品。1985年12月，洪江瓷厂与中国华艺有限公司、美国运达有限公司、湖南省陶瓷工艺进出口公司组建四方跨国联营公司，更名为工贸联营洪江瓷厂，生产产品主要销往美国。1991年，市玻璃钢厂与清华大学、国防科技大学、湖南大学等20多家院校及常州二五三厂、九江玻纤厂建立新产品及新技术协作关系，引进开发不饱和聚酯树脂、玻璃钢冷却塔、玻璃钢水处理设备等新技术新成果，开发9个系列200多个产品。1992年3月，经国家工商总局批准，成立中美合作湖南洪江联合陶瓷有限公司，创汇突破700万美元。2002年5月，洪江区日升生物制品有限公司与湖南农业大学天然产物研究中心合作开展“白藜芦醇高效提制技术研究与产业化开发”项目。2005年，华光生物有限公司与湖南林科院建立产学研合作关系，成立“湖南林科华光生物工程技术研究中心”。是年，以生物医药、化工等高新技术领域为重点，攻克一批关键技术难题，研制开发出白藜芦醇、高纯三氧化二锑、硒酸钡、五倍子系列产品等一批高新技术产品。

二、对外经济贸易

1978—1988 年，对外贸易业进一步发展，生产出口产品、包装的厂家由 2 家增加到 14 个，出口产品由 3 种发展到 20 多种。1988 年，外贸收购总值 1968 万元，出口产品产值 2815 万元，占全市工业总产值的 12% 以上。外贸企业涉及陶瓷、纺织、化工、塑料、食品、仪器仪表、竹木加工等行业。1991—1995 年，全市共举办三届商品交易会，引进和利用外资 4500 万元，实际利用外资 88 万美元，出口交货值 4.6 亿元。1997—1999 年，全市外贸累计完成出口交货值 9091 万美元，外贸出口以陶瓷、棉纱、双烯、钒铁等产品为主。2000 年，全区有 6 家企业获得自由进出口权，占全部出口企业的 75%，生产企业自营出口产品 134 万美元，占出口总额的 48%。2001—2005 年，全区累计实际利用外资 600 万美元，年均增长 29.2%；引进内资 4 亿元，年均增长 44%；累计外贸出口 1860 万美元，年均增长 16.8%。

三、招商引资

1986 年，全市先后有 35 家企业与北京、上海、天津等城市的大、中型企业、高校、科研机构共 51 个单位建立各种形式的经济技术合作关系，实现引进、推广和合作开发项目 36 项，当年利用外资额 14 万元，实现零突破。1991 年，接待考察、旅游和技术交流、经贸活动的外商、华侨和港澳台同胞 300 多人次，同世界 30 多个国家和地区建立贸易往来关系，年创汇达 1000 多万美元。1992 年，经省政府批准，创办“洪江市黔城经济技术开发区”，新增凭祥、深圳办事处等对外窗口。1994 年 10 月，洪江市对外贸经济易局（招商局）成立，鼓励外商来洪江市投资，全年签署中外合资项目 1 个，利用外资 26 万美元，引进市外资金 836.8 万元。1997

年，成立全市第一家外商独资公司—惠英有限责任公司；纺织印染厂与香港华燊棉业有限公司共同组建“宏燊棉纺有限公司”，合作生产各种精、普梳纱及研究开发新产品。1999年，制定《关于进一步治理经济发展环境的暂行规定》，规范收费项目、范围和标准，减轻企业负担，全年共引进审批外资项目6个，美国康地、广西南丹、怀化正清等到外来企业相继“安家落户”。2000年，取消收费项目52项，降低收费项目5项，规范收费项目2项，为企业减轻负担100多万元，挽回经济损失460万元。2003年，制定《洪江区加快经济发展三十条》，把招商引资与“安商、亲商、富商”作为一个整体来推进。利用怀化市首届“民洽会”暨“糖酒会”“深洽会”等“会展”平台，签定或达成意向合作项目8个，引进资金2500多万元。2005年，通过开展优化经济发展环境活动和打造诚信洪江活动，全年引进洪江古商城旅游开发、武陵城休闲广场、渔梁湾水电站等一批重大项目，这些项目拉动区域经济的快速发展。

第四章 饮食 服务

第一节 餐饮业

1978年，洪江有国营饮食店20余家，年营业额128万元。1979年，饮食公司、供销、农垦、二轻系统购进制冷设备，日产冰棒3万支、冰水3吨，并增加绿豆沙、冰淇淋等品种。1980年，集市贸易发展，最先进入市场的为饮食个体商贩。国营饮食店及合作商店进行内部改革，增设网点，增加供应品种。1981年，全市有饮食业网点57个，其中全民10个、集体24个、个体23个。1988年，网点增至377个，其中个体356个，占全行业总人数的

63.1%。1988年，饮食业年营业额751万元，其中个体户营业额522万元，占69.5%。1991—1996年，国营、集体餐饮网点减少，个体饭店、早餐店、小吃摊、酒楼快速增多。1996年，全市有餐饮业网点374个，其中国营、集体网点18家，从业人员203人；个体网点356个，从业人员1075人。2000—2005年，随着旅游业的兴起，流动人口增加，弘光、老街坊、长城、西苑等一批酒店以及洪江宾馆均可以承办酒席，个体便饭店、粉面馆遍布大街小巷，烧烤等夜宵店通宵营业，冷饮、茶楼主要街道均有分布。2005年，全区餐饮业年营业额7231万元。

第二节 服务业

一、旅馆业

1979年，全市有旅店6个，从业人员27人。1982年，新建一处设备较为完美的第二招待所。1984年，全市旅店增加至10家，一些机关、企业招待所也对外营业，与国营旅社竞争。国营旅社为改善经营管理，将旅社与饭店分开核算，实行定房间、定床位、定服务人员的承包责任制。逐步增加设备和服务项目，如开办旅客食堂，设置电视室等。1988年，5家国营旅社有床位384个、服务员32人；招待所有床位183个、工作人员38人。2001年，国营、集体旅社相继转为民营。2003年，洪江宾馆对外承包经营。2005年，全区形成以洪江宾馆、洪江大酒店为主体，个体旅社相补充的住宿服务体系，基本能满足商住、会议不同层次的消费需求。

二、理发业

1979年，全市有国营、集体理发店9个，从业人员70人。1980年，个体理发店重新出现，普遍开展烫发业务，发型多式多样。1988年，全市有国营、集体网点7个，从业人员36人。此后，个体理发业迅速发展，开展理发、烫发、拉发、洗发、染发、剃头、刮须等服务项目，国营、集体理发店因发型单一，艰难生存。2001年，国营、集体理发店全面改制。2003年起，国营、集体理发全部退出市场，理发业以个体形式经营，主要分布于幸福西路、幸福东路、新民路、巫水路、沅江路一带。

三、摄影业

1979年，全市有红星照相馆和芙蓉照相馆2家，从业人员20人。1980年，全市照相馆增加至3家，从业人员达24人，增加彩照、快相业务。1988年，全市有多家个体照相摊、店开业。此后，私营照相馆逐年增多。2005年，全区有照相馆10余家，从黑白照、彩照、快相业务发展到数码照。

四、打印服务业

打印服务店集中在幸福西路、新民路等主干道，提供打印、复印、广告设计、制作宣传广告牌、会议横幅、单位门牌等。2005年，全区从事打印服务有10余家，从业人员50余人。

五、修理业

全区有汽车修理3家，常青汽修厂主要经营汽车修理；通达汽车修理厂维修各类中小型高档汽车；鸿升汽车维修部是一家以汽车美容、装饰、音响、精品为一体的汽车美容修理中心。

生活用具修理有个体店铺100余家，从业人员300余人。

第五章　旅游业

第一节　旅游资源

洪江得沅、巫二水之地理优势，自古为连接湘、鄂、黔、滇、桂“五省通衢”，春秋战国始商业往来连绵不断。清康熙四年（1665年）至清嘉庆二十三年（1818年），洪江已发展成为湘西一大商埠，风景名胜古迹众多，旅游资源十分丰富。

洪江区旅游资源概括为“一个

核心、三个风景区”，即以洪江古商城为核心，以嵩云山、密岩尖、天柱峰景区为依托。人文景观：洪江古商城坐落在沅水、巫水汇合处，总面积30万平方米。它起源于春秋，成形于盛唐，鼎盛于明清，是保存最完好的古建筑群。清雍正“改土归流”以后，洪江商贸得到迅速发展，据《洪江育婴小识》载：“国初滇黔戡定，讥而不征，废著鬻财，赏有奇羡，富商大贾遂稍集矣”，城市开始初具雏形。清康熙元年（1662年），江西、湖北、安徽、江苏、浙江、贵州等省和省内宝庆、衡阳等地商人陆续来洪经商。清乾隆十六年（1751年），杨盛桂捐重金修筑新路，梁登弟亦捐重金整修大路30千米，洪江市镇交通得到改善。据清乾隆年间洪江《贺氏族谱》木刻板“洪江全图”记载，此时洪江的街、巷、冲有河岸正街、塘坨、古楼脚、老街、新街、三甲巷、犁头嘴、堡子坳、一甲巷、龙船冲等；码头有新安码头、廖码头、松林码头、大码头、洪盛码头、宋家码头、同仁码头、吉庆码头和赵家码头等；建筑有南岳宫、洪江州、狮子楼、高坡宫、书院、汛官等，全图标记虽不完全，但已反映出洪江作为商业城市的基本格局。此后二百余年间，江西、贵州、黄州、湘乡、宝庆等商人相继建起会馆17家，以油、木、钱、布等十多个行帮组成“五府十八帮”。据清光绪十三年（1887年）编纂的《洪江育婴小识》载：“当是之时，列肆如云，川楚之丹砂、白蜡，洪白之胶油，木材之坚美，乘流东下达洞庭，接长江而济吴越，连帆大舳衔尾而上，环货骈积，率以花布为大宗，南连桂林，西趋滇黔，利市三倍，居市者长子孙，百工技艺之流繈至而辐辏，地窄人众，至劈山堙谷，连屋层楼，栉比而居，俨然西南一都会”。至清宣统三年(1911年)，洪江已是港口舟楫如林，商店鳞次栉比，与常德、湘潭、益阳、津市等地并列为湖南的重要商埠。据1934年统计，洪江总人口3.76万中，经商的就达1.3万人，洪江商贸达到最鼎盛期，商城布局也已基本定型，“七冲、八巷、九条街”是洪江城市格局的真实写照。2006年5月25日，洪江古商城古建筑群被国务院核定为第六批重点文物（古建筑类）保护单位。

自然资源景观：嵩云山景区属雪峰山区，总面积3349.7公顷，森林覆盖率达92%。园区内森林旅游资源种类齐全、品位高、珍惜物种多，100多个景点，涵盖生物景观、地文景观、水文景观、人文景观及天象景观五大类型，具有较高的文化和科研价值，美学和旅游价值。重要寺庙有大兴禅寺、妙音寺、紫竹林。自然景观有丹凤朝阳、双狮迎客、祖师洞、张家坟、白云洞、镜子岩、半山亭、水佛洞、观音岩、鲤鱼田等嵩云十大胜景；密岩尖景区：位于洪江区西北部山地，沅江北岸，整个山体由杨梅坳、三光洞、密岩尖组成，以密岩尖最高。密岩群峰方园15千米，面积4.4平方千米。密云其名来历有二，其一《会同县志》（卷一·方舆）称之为密云峰，谓“倘云封岭头，定有时雨旋至”；其二《黔阳县志》（卷七·山川）称：“密岩尖，县东六十里。多乡蜂酿蜜，遍岩谷间，野人伺取之，有盈瓮者”，故名蜜岩尖，后不知何时将“蜜”字演变为“密”字，而成今名。密岩尖与老鸦坡隔江相对，共锁沅江。密云庵座于密云峰顶，道教场所，为洪江胜境。密云尖动植物资源十分丰富，其中植物种类数百种，动物种类十几种，常用中草药材数十种；天柱峰景区：位于洪江区主城区东北，距城区约5千米。相传是天分所立掌天柱石，故名。峰前临沅江，后与山峰相连，峰间一条便径，为旧时通往沙湾、岩门的要道。峰顶建有佛教寺庙，供奉南岳菩萨。神案左下角有一小洞，直通江底，俗称“天水联道”。相传往洞内掷一活鸭，几个时辰后，鸭子已戏水江面。沅水流此被峰所阻，形成大湾。有诗赞：“沅江碧波不舍去，东流天柱又回头”。

第二节　旅游景点

一、人文旅游景点

【洪江古商城】 坐落在沅水、巫水汇合处，即洪江区沅江路街道和高坡街街道辖区，西接雄溪路，北连沅水、巫水，东南止于新民路。据专家考证，现仍保存完好的洪江古商城的明、清古建筑，如窨子屋、寺院、镖局、钱庄、商号、洋行、作坊、店铺、客栈、青楼、报社、烟馆等共380多栋。作为中国优秀传统文化当中的一块瑰宝，洪江古商城商道文化在经商理念、商道哲学上为现代商业社会提供经商参考范本。例如“吃亏是福”“鱼龙变幻”，杨三凤商行的“清白传家”，刘安庆油号的“里仁为美”等等都体现古城厚重的商道文化。洪江古商城“规模之大，气势之雄，建筑之奇，保存之好，为全国罕见。”这些建筑多按井字型排列，其中建筑设计精巧，特色鲜明，青瓦灰墙、阁楼飞檐；门窗图案、石雕，工艺精美；建筑群落地理分布以及形态特点，内部结构与周边山水园林、地形水系关系都构思巧妙，科学合理，达到天人合一的人文环境。

景区内拥有18栋国宝建筑、47栋历史建筑，主要旅游景点有福全堂药号、苏州会馆、徐复隆商行、潘家宅院、天钧戏院、汛把总署、洪江报馆、忠义镖局、盛丰钱庄、厘金局、福兴昌烟馆、绍兴班、荷风院等。

二、宗教胜地

【大兴禅寺】 始于明嘉靖年间。其时，开山祖师严如和尚在嵩云山中建一茅棚，修炼于此。明末清初，一郝姓和尚，法号无意，建嵩云庵。此后，洪江大洪坡人贺无意住嵩云庵，并扩大禅寺规模。几年后，贺无意到峨眉山普陀寺参方，归来时在常德过渡中淹死，人们打捞上来发现其身上有一本子，写有：“雄溪嵩云是我家，九劫方过坐莲华”，当地渔夫将尸运回洪江，身色未变，虏容如生，低头铁坐，形似活佛。洪江各界感于其心诚，于是集资给其修建一个祖师殿，将“肉身”供奉其间，后又修建大雄宝殿，从此嵩云山大兴禅寺香火盛行，人称“湘西第一山”。

据清光绪《直隶靖州志》载：“大兴寺，追自明末清初，（寺僧化缘集资兴建），庙宇颇宏，道光着火，同治年间（1862后）重修。”该寺原为四殿两厅两厢，进庙门有韦陀菩萨殿，再抚级而上为“大雄宝殿”，供奉如来佛祖，周围有十八罗汉，二十四殊天；殿前建有僧宿两厢，成四合院状；殿右建有观音菩萨和千手观音菩萨殿；右为禅寺长老和尚客厅，其内有“陵霄花”庭院；后有祖师殿，即肉身菩萨殿。大兴禅寺侧，树有三代贯叙塔碑记：“嵩云山自无意祖师所示迹也，复继此地所传述……”，落款时间是“乾隆二十六年（1761年）十月初五立。碑记中所述无意祖师，据《通志》载：“无意祖师，水三里贺姓子弟，性诚扑，幼喜静坐。其弟汝贤曰：吾兄终日静坐无益，盍读书。答曰：寻行数，墨语不如默，舍己救人，假不如真。一曰，忽厌浮幻气，求父母出家，不见，遂减食，然后许，隋入渠阳报恩寺，被剃，释名自觉。后隐于雄溪后山之岩窟（禅寺右边），窟常有虎居，自觉于此终无怖畏，收心摄念，昼夜趺坐，乃得心不附物。然终为魔障所搅，力打不开，因思古人头陀，苦行若非刻苦劳刑，何以遗除魔障，由是负数年，魔障自减，方克，了明大事，自知未来。其崖窟右边口缺，自负大石补之，手迹犹存。明正统年间，诏至京，赐金钵银仗，敕授无意祖师，遗有经文，可御火灾…”。大兴禅寺在无意祖师后，相继有月环和尚、慧觉、高足颖悟禅师，传至已舟和尚、沅流和尚、青经和尚，乃大兴禅寺中兴时期。抗日战争时期，国立第八中学曾设高中部在寺内，安徽流亡学生在此读书。

大兴禅寺作为名胜古迹，曾于1956年由湖南省人民政府拨款修葺。1983年，洪江市人民政府列为重点文物保护单位，划为风景保护区。1995年，被湖南省政府列为全省重点寺庙之一。现在，道路、环境均已改善，香客、游人不绝，港、澳、台同胞亦前来敬香拜佛，特别是每年观音法会的三大节日，人流如云，古刹乐经音声声，香火旺盛，佛光普照。

【大佛寺】 位于沅水河畔。寺内原有前殿、中殿、后厅，前殿供奉韦陀菩萨神像；中殿建筑为青砖厚瓦，珠顶翘角，殿中祀供释迦牟尼佛像，周围有十八罗汉、二十四殊天；后厅一式四房，为早期的雅云长老院房，庭院中花草葱绿，悠然雅静，可算是闹中有静的世外桃园。据《会同县志》载：“洪江大佛寺，创自于明，万历四年（1576年），有一铜钟，上载大周元年。”“大佛寺，洪市大河边，清初买罗姓地基创建，僧雅云住持，嘉庆乙丑年（1805年）重修。”《洪江育婴小识》载：“大佛寺十馆公所在大河边，先为僧雅云建。”洪江大佛寺于民国23年（1934年）成立佛教居士林，称湖南省佛教居士林洪江分林，皈依弟子200余人，其中妇女占80%。现已重建，有部分居士定在寺内从事佛教活动。

【密云观】 位于三清福地密牙尖主山峰的龟背石上，海拔631.3米，东倚穿岩，南临沅水，西邻凉山余脉，北踞沅水北去洞庭湖的正中位置。密云观前身为密云寺，始建于明万历年间。据《会同县志》载：“密云峰为洪江胜地，上建庙，每年三、九月土民朝山进谒，绎络载道”。原建筑为台阶式，分三级：第一级为庭院；第二级为大殿；第三级为禅房。大殿又分正殿、偏殿，供阿弥陀佛、观世音等大小神像。庙内设有客堂，作朝山进香者休息场所。庙后约百步，有一口井。每逢菩萨生辰，因山高路远，善男信女常早起借星月之光，或携灯笼火把，上山朝庆礼拜，通宵达旦，不绝于途。民国38年（1949年）春，土匪潘壮飞部强占黔城，侵入滩头村，因进攻洪江城受阻，故据守密云峰顶庙及山下山头通道，土匪不断向城内开枪，威胁洪江安全。洪江驻军对其进剿，用炮轰其守地，守军发射的炮弹将庙宇轰毁，土匪死伤十余人而逃遁，第十专员公署派人将庙宇拆除，以防匪患。1995年，重建寺庙。1997年，更名为“密云观”。在各界人士及众道友的捐助下，上山的路拓宽并改为石阶，沿途森林覆盖，绿树成荫，在“二蹬门”已重建灵光殿，供游客休息。极步登上密岩峰，就可见一仿古牌坊，上书“密云观”，正面是“三清宫”大殿，正殿供奉玉清、上清、太清三位天尊。两厢有14尊菩萨，后殿供奉有八洞神仙，再往后是观音殿。游客登密云峰顶，山后是峭壁悬崖，滩头林场古树参天，曲径潺潺的流水直通杨家湾水库和滩头公路，前俯视沅江，远眺有深溪、苗溪遍山竹林，有洪江水电站。每当清晨薄雾之中，洪江宛如置身仙境一般。目前，已成为洪江道教活动的场所，旅游休闲主要胜地。

三、自然资源景点

【嵩云山】属雪峰山区，地处洪江区高坡街街道与桂花园乡境内，总面积3349.7公顷，其中林地面积3073.8公顷，森林覆盖率达92%。园区内森林旅游资源种类齐全、品位高、珍惜物种多，是湖南省重要的区域性重点森林公园、湖南省重点建设和对外推介的主要旅游资源之一。公园地处云贵高原东部边缘的雪峰山区，沅水与巫水汇合处，位于洪江城区西部，属浸蚀堆积河谷地。公园地外亚热带季风性湿润气候带，气候宜人。雨水以5月、6月为最多，常年平均降雨量1485毫米。平均日照1354小时，无霜期304天。园区内森林旅游资源种类齐全、品位高、珍惜物种多，种子植物156科607属1215种，其中有国家一级植物银杏、南方红豆杉，国家二级植物榉树、篦子三尖杉等诸多具有原始次森林状态的资源种类。陆生脊椎动物4纲26目67科171种，其中属于国家二级重点保护动物有穿山甲、林麝、虎纹蛙、猴面鹰等16种。景观资源组合好、区位优势独特，100多个景点，涵盖生物景观、地文景观、水文景观、人文景观及天象景观五大类型，具有较高的文化和科研价值，美学和旅游价值。

第三节　旅游线路

2002年，区工委、区管委通过洪江区政务信息网、中国古城旅游网、以及各种电视媒体对洪江进行宣传，开通“洪江古商城旅游网”。同时,加强与怀化、长沙、张家界各地旅行社的联系，精心策划设计全区的旅游线路，出台洪江区“一日游、二日游”旅游线路，并将洪江古商城与芷江受降坊、荆坪古村、高椅古村、万佛山、龙底漂流、黔城芙蓉楼、会同粟裕纪念馆结成区域旅游连线，共同推荐洪江古商城。

（一）观光精品旅游

⑴一日游

线路1：洪江古商城—岩砣桃园山庄—嵩云山—星空庄园；

线路2：洪江古商城—横岩竹海。

⑵两日游线路

洪江古商城—横岩竹海—嵩云山—茅头园星空庄园。

（二）精品旅游线路

⑴两日游线路

芷江受降城—黔阳古城—洪江古商城—高椅古村。

中方县南方葡萄沟—洪江市西海—嵩云山和横岩竹海—芷江三道坑。

芷江受降城—洪江古商城—茅头园星空庄园—粟裕故居。

⑵三日游线路

南方葡萄沟—黔阳古城—芷江受降城—洪江古商城—嵩云山和茅头园星空庄园—安江农校。

⑶四日游线路

张家界—凤凰古城—芷江—黔阳古城—洪江古商城—中方—通道—桂林。

（三）民俗文化游线路

武陵源—张家界大峡谷—天门山—芙蓉镇—矮寨奇观—十八洞—凤凰古城—芷江—黔阳古城—洪江古商城—通道。

第四节 旅游管理

2001年7月，区管委成立文物保护“五纳入”工作领导小组。12月20日，区工委、区管委为进一步加强文物保护工作，成立洪江区古商城保护开发工作领导小组。2003年5月，洪江区旅游局成立，为副科级单位，归口区文化局管理。2004年，区旅游局升格为正科级机构，为区管委直属事业单位。全局内设办公室、市场开发股、产业发展股、行业管理股、景区管理股。旅游局成立后，先后制订出台《关于进一步加快旅游产业开发的若干暂行规定》，完成《洪江区旅游发展总体规划》《洪江古商城保护与利用规划》《洪江区生态旅游建设总体规划》，初步形成“洪江古商城—嵩云山—沅水风情—天柱峰—苗溪”旅游精品线路，同时成立洪江古商城旅行社、旅游服务接待中心，《人民日报》、中央电视台、新华社、凤凰卫视、《旅游》《湖南日报》等全国200多家媒体纷纷对洪江古商城进行报道。在《湖南省湘西地区开发规划》中，洪江古商城被列入省湘西地区旅游开发重点项目、“省 1311”工程、省未来 5 年重点打造的7大精品线路规划。2004年，洪江古商城被评为湖南省十大人文遗产之一，成功入选“湖南百景”。2005 年 7 月 28 日，区管委与湖南天一旅游投资有限责任公司签定《洪江古商城旅游开发合作合同》，全面拉开洪江古商城旅游基础服务设施建设的序幕。

第十六篇　农业与农村经济

1978年，全镇耕地面积705公顷，其中水田532公顷，旱土173公顷。1985年，黔阳县黔城乡（除小江村）的15个村和会同县肖家乡的横岩、沅江、鸬鹚、菖蒲4个村划归洪江市管辖。1986年，全市耕地增加至1859公顷，其中水田1614公顷，旱土246公顷。1999年6月，黔城乡划归洪江市。2005年，洪江区辖3个乡、20个村、148个村民小组，农业人口5000户、1.91万人；耕地900公顷，其中水田590公顷，旱地310公顷,农民人均耕地0.71亩。根据洪江区山多田少的特点，按照农业生产为城市服务的方针，在稳定粮食生产的基础上，发展特色养殖，大力发展养猪、养鸡，以林业生产为基础，开发楠竹深加工，建立实施雪峰乌骨鸡和竹木加工产业化示范工程。.2005年，全区粮食总产量5454吨，蔬菜总产量1.5万吨，瓜果类总产量2843吨,农林牧渔业总产值（现价）9070万元，农业非农行业总产值5.7亿元。

第一章　种植业

第一节　粮食作物

一、优质稻

1978年，全镇稻谷面积796公顷，占粮食作物用地84%，全年稻谷产量116吨，平均亩产244公斤。1981年，根据农业区划，适当调整双季稻面积，增加杂交中稻，三熟制面积逐年减少。1985年，划入黔城乡、横岩乡后，耕地面积增加到1851公顷，其中水田1582公顷。同时，成立洪江市种子公司，将种子的生产经营统一划归农业部门领导，先后在桂花园乡的楠木田、均冲及黔城乡的连塘、兰花等村大面积制种桂朝2号、广二104、红410、威优64、汕优69、桂33等13个品种，提高种子纯度，年产杂交稻种子开始自给自足。1988年，全市稻谷播种面积2044公顷，其中杂交稻211公顷，中稻及一季晚稻面积1044公顷，双季晚稻面积541公顷，稻谷总产量11225吨。水田三熟制面积减少到水田总面积的30%。

1990年，洪江市政府提出稳定粮食播种面积，全市粮食播种面积要稳定在2333公顷，凡宜种双季稻的农田，尽量种上双季稻；积极扩大良种，特别是杂交稻比常规品种亩产高100公斤左右。1995年，洪江稻谷播种面积2110公顷，稻谷总产量1.22万吨左右。1996—1999年，由于早稻的“倒春寒”和特大洪灾，5年来全区共调减早、中稻播种面积147公顷用来扩种高效经济作物。1992年，全市稻谷播种面积720公顷，稻谷总产量5012吨。

2000—2005年，全区在稳定粮食生产的基础上，调整优化种植业内部结构，优质稻比重由2001年的41.6%，提高到2005年的88.7%，共调减稻谷播种面积60公顷。2005年，全区稻谷播种面积620公顷，金优系列、湘优系列、两系稻、超级稻等优质高产品种面积达到608公顷，占稻谷总面积的 98.1%；稻谷总产量 4743 吨，平均亩产 510 公斤。

二、旱粮作物

洪江旱粮作物以玉米、薯类、豆类为主，其它旱粮如小麦、高粱、荞麦等少量种植为辅。

1978 年，全镇旱粮作物播种面积 151 公顷，其中小麦播种面积 41 公顷，总产量 42.4 吨；薯类播种面积 56 公顷，总产量 228 吨；杂粮播种面积 20 公顷，总产量 28 吨；大豆播种面积 0.9 公顷，总产量 0.3 吨。1980—1989 年，洪江市按照“城郊型”农业特点调整产业结构，大力发展玉米、大麦、豆类等高蛋白作物，对两季不足、一季有余的农田，推广玉米稻、大麦稻、瓜稻、菜稻或油稻、稻豆等耕作制。1989 年，洪江市旱粮作物播种面积 260 公顷，旱粮产量 348 吨，其中小麦播种面积 25 公顷，总产量 33 吨；薯类播种面积 152 公顷，总产量 207 吨；杂粮播种面积 77 公顷，总产量 102 吨；大豆播种面积 7 公顷，总产量 6 吨。1990 年，农业部门提出挖掘旱粮增产潜力，合理利用“四边”地，积极推广良种，力争每亩粮食单产提高 30—40 斤，特别是杂交玉米种植面积要达到 133 公顷以上，亩产比常规品种提高 100 公斤左右。1991 年，全市小麦播种面积 10.33 公顷，产量 10 吨；玉米播种面积 76.5 公顷，产量 70 吨；豆类播种面积 33.1 公顷，产量 32 吨；薯类播种面积 208 公顷，产量 319 吨。1994 年，洪江部分旱粮生产呈现下降趋势，其中小麦播种面积 10 公顷，比 1989 年下降 20 公顷；玉米播种面积 14 公顷，比 1989 年下降 45 公顷。1996 年，洪江市提出发展“两高一优”农业，适当扩大玉米、大豆、红薯等旱粮播种面积，将旱粮“短腿”拉长。1997 年，薯类播种面积 120 公顷，总产量 218 吨；豆类播种面积增加到 40 公顷，总产量 23 吨。

2000 年，全区旱粮播种面积 160 公顷，总产量 338 吨，其中豆类播种面积 50 公顷，产量 58 吨；薯类播种面积 110 公顷，产量 280 吨。2004—2005 年，国家实施粮食直补和良种补贴政策，农民种田积极性提高，粮食直补和良种补贴共计 49.7 万元。2005 年，全区旱粮播种面积 150 公顷，总产量711吨，其中豆类播种面积10公顷，产量39吨；玉米播种面积40公顷，产量325吨；薯类播种面积140公顷，产量347吨。

表16-1　洪江市（区）部分年度粮食作物种植情况统计表

单位：公顷、吨

年度	耕地面积		粮食播种面积	复种指数%	其中							
	总面积	水田			水稻		玉米		红薯		其它	
					面积	产量	面积	产量	面积	产量	面积	产量
1978	710	531	947	172	796	3310	3	13.7	46	214	27	27
1980	700	510	570	134	680	2682	0.13	0.1	23	80	50	162
1985	650	490	530	111	540	2525	0.2	0.25	40	65	4	1.98
1988	1850	1580	2260	131	2040	11225	—	—	140	273	52	62
1991	1830	1590	2420	132	2100	12565	80	70	20	319	220	43
1995	1800	1560	2340	131	2080	12120	20	37	20	428	220	46
2000	1030	850	850	110	680	4740	20	50	110	280	40	39
2005	900	634	810	100	630	4801	40	295	40	319	10	39

第二节　蔬　菜

1978年，全镇蔬菜播种面积3604公顷，总产量7165吨。1979年12月，经省政府批准，将桂花园公社的沅江、团结、五一、立新4个大队、23个生产队划出，成立以种植蔬菜为主的常青人民公社，国家对蔬菜的财政补贴和挂钩的粮食概由常青公社统一分配。1980—1987年，国家、集体累计投资72.2万元，社员投劳，建设岩门、岩山脚、大鱼坪三大蔬菜基地和新扩菜地。1988年，全市蔬菜种植面积489公顷，其中专业蔬菜基地107公顷。蔬菜总产量1.11万吨，每亩菜地年平均产蔬菜6.9吨，全市非农业人口每人每天可吃蔬菜0.5公斤。

1990年，洪江市立足服务城市，建设“菜篮子”工程，发展城郊经济，引进推广优质、高产的无公害蔬菜，提高反季节栽培量，保证城市蔬菜的均衡供应。1992年，全市以竹木结构为主的塑料大棚发展至117个、1.5万平方米，地膜覆盖面积13.2公顷，无公害蔬菜面积13.4公顷。1996年，全市蔬菜播种面积960公顷，总产量2.2万吨。1999年，全区蔬菜种植面积637公顷，复种指数6.9次，蔬菜总产量1.39万吨，蔬菜综合价每公斤0.89元，人平日供量0.65公斤。2000年，确定桂花园乡川山村岩湾组、岩山脚组为洪江区无公害示范基地，推广茄料、十字花科、豆类、瓜类等新品种10余个，并从广西引进特种蔬菜"淮山"获得成功，芹菜、莴笋、大白菜、大蒜等品种实现周、年供应。2001年，全区蔬菜种植面积575公顷，蔬菜总产量1.43万吨，人平日供应量0.65公斤，蔬菜综合价每公斤0.78元。2002年，全区建立蔬菜大棚示范栽培点95个，蔬菜生产向精细蔬菜、反季栽培和无公害化生产推进，全年蔬菜种植面积496公顷，总产量12.24吨，蔬菜综合价0.84元。2005年，洪江区加大蔬菜基地建设，川山无公害蔬菜基地面积达20公顷，岩门优胜蔬菜大棚基地生产面积达40公顷。推广津研系列黄瓜、湘研系列辣椒、湘早茄、长豇–28、特长豇豆、紫甘兰、西洋芹、荷兰豆、鲁白系列白菜、生菜等蔬菜新品种。全年蔬菜种植面积513公顷，总产量1.73万吨，其中上市无公害蔬菜1.7万吨，产值1969万元。

第三节　经济作物

一、水　果

水果主要品种有柑橘、柚子和梨子。

1978年，全镇共有果园面积211公顷，水果总产量178吨。其中柑橘47吨、柚子8吨、梨子4吨。1984年，国营、集体果木场实行隧道承包，果树承包到户，分户经营管理，放开价格，调动果农生产积极性。1986—1989年，政府加强果木新品种新技术推广，果品产业基地得到发展，品种面积扩大，果品生产形成以柑、桔、柚、梨、桃为主体的多品种布局结构，涌现出一批全省、全地区闻名的水果大户。其中开发项目39项，在4个乡、

885户农户建果园370公顷。1988年，各类果树栽培面积达739公顷，年产量1259吨，其中柑橘基地利用外资开发柑橘362公顷，立项开发经营水果850户；葡萄基地新建18.4公顷，集中连片的有果木场和黔城连塘，已上市葡萄10吨。1991—1995年，洪江市大力开发荒地，在稳定柑橘生产，注重发展优质梨、桃及银杏、板栗等干果生产，黄桃、葡萄、香柚等优质水果形成规模。1996年，实施农业丰收计划，以梨、桃为主的时鲜水果大面积、大范围、大幅度增产，全年水果总面积890公顷，其中柑橘700公顷、时鲜水果190公顷，水果总产量2975吨，总产值500万元。1997年，形成以温州密柑、冰糖橙、大红甜橙、洪江香柚为主的柑橘生产，以日本砂梨、桃、葡萄为主的时鲜水果生产，其中柑橘占79%，时鲜水果占21%。

1999—2002年，洪江区实现农业农村经济结构调整，完成柑橘品种改良140公顷，推广温州杨梅、布郎李、台湾青枣等新品种，新增优质柑橘产量1848吨，柑橘优质率提高31.6个百分点。2005年，全区柑桔、柚面积420公顷，品改良种面积153公顷，总产量3941吨；实施梨园低改200公顷，全区梨果总面积发展到220公顷，年产量2688吨；桃类总面积20公顷，年产量150吨；葡萄生产面积稳定在33公顷，年产220余吨，主要分布在横岩、桂花园及果木场等地。全年，水果种植面积600公顷，总产量6132吨，其中柑橘园面积410公顷，产量2418吨；梨产量403吨；其它水果产量3311吨。

二、油料作物

洪江油料作物以油菜为主，兼有花生、芝麻等零星种植，但未用以榨油。

1978年，全镇油料种植面积71公顷，总产量61吨。其中油菜籽69公顷，总产量59吨；花生2.3公顷，总产量2.2吨。1979年，调高油料收购价格，实行比例加价收购，调动农民种植油菜的积极性，产量有所提高。1988年，全市油菜种植面积153公顷，年产菜籽112吨，人均有菜油1.05公斤。1990—1997年，洪江油料生产进入稳定发展阶段，年产量约

400 吨左右。1999 年，洪江区油菜面积 200 公顷，产量 253 吨。2000—2004 年，油料面积基本稳定在 170 公顷左右，产量保持 300—160 吨之间。2005 年，全区油菜种植面积 204 公顷。产量 209 吨，平均亩产 68 公斤，其中油菜系列双低杂交油菜面积 191 公顷，占油菜总面积的 93.1%。

三、其它经济作物

洪江原有麻、烟叶、甘蔗、瓜果、茶叶等经济作物种植。

1978 年，全镇经济作物面积 75 公顷，其中甘蔗面积 0.7 公顷，总产量 25.5 吨；烟叶面积 1.9 公顷，总产量 0.6 吨；麻类面积 0.7 公顷，总产量 0.5 吨；药材面积 0.3 公顷，总产值 1141 元；果用瓜 5.7 公顷，总产量 34.8 吨；茶叶面积 37.7 公顷，产量 13.1 吨。1980—1987 年，因洪江土质、气候不适宜，种植品种减少，主要以甘蔗、烟叶、药材、茶叶为主。1988 年，仅有苎麻 2.3 公顷，年产 3 吨；烟叶 0.9 公顷，年产 1 吨；甘蔗 0.8 公顷，年产 34 吨；茶园面积 48.3 公顷，年产茶叶 12 吨。20 世纪 90 年代，随着市场需求的变化，经济作物品种种植有新的转向，烟叶、甘蔗、茶叶等经济作物种植面积大幅度减少，果用瓜种植面积扩大，以香、西瓜为主的果用瓜种植成为重点，香、西瓜品种达 48 个。1999 年，全市果用瓜种植面积 160 公顷，年产量 2200 吨，茶叶产量 4 吨。

2000—2003 年，引进推广无籽西瓜、美国西瓜等新品种，实施新式栽培法，种植面积虽然减少，但产量和品质大有提高，全区瓜果种植面积减少至 60 公顷，产量确稳定在 2000 吨以上。2004—2005 年，随着种植技术的提高，全区瓜果种植面积、产量均呈增长态势，西瓜产品已占夏秋两季水果市场消费的 46%。2005 年，全区瓜果种植面积由 2000 年的 30 公顷增长至 100 公顷，产量由 2000 年的 966 吨增长至 2843 吨，其中西瓜种植面积 100 公顷，产量 2795 吨。

第二章　养殖业

第一节　畜牧业

一、生　猪

1978年，全镇有生猪饲养农业户2842户，年饲养生猪1.33万头，其中存栏0.76万头，出栏0.57万头。1985年，取消农产品统一派购，放开价格，农户饲养生猪的积极性大大提高。1986年，全市年生猪饲养量3.26万头，存栏1.43万头，出栏1.83万头，按农业户每户平均4.53头。1991年，全市以养殖大户带动生猪发展，引进湘北I系列种猪促进生猪品种更新换代，全年发展养猪专业大户14户，共饲养生猪0.33万头。1992—1995年，引进长白、大约克、杜洛克猪等新品种，推广生猪良种良法饲养，出现一批养猪大户。1996年，全市生猪饲养形成瘦肉型猪养殖加工、运销一条龙格局，全年生猪出栏4.35万头，存栏2.52万头，猪肉总产量3223吨。1998年，全市生猪出栏2.34万头，存栏0.76万头。2000—2002年，大力发展三元杂交猪养殖，基本实现母猪良种二元化，商品猪良种三元化，90%以上的生猪为优质良种，养殖规模呈区域化、专业化发展格局。全区养猪200头以上的专业户32户，实现自繁自养21户。2003—2004年，全区三元杂交猪占生猪饲养总量的30%以上，桂花园村、桃李园村建立生猪生产基地，全面推广无公害养猪技术和动物免疫标识制度，全年出栏无公害生猪3.2万头。2005年，推广生猪养殖区域化，全区建成养猪小区3个，生猪养殖户基本实现良种化，其中大部分养殖户实现自繁自养。全年出栏肉猪3.03万头，存栏1.32万头，猪肉总产量2270吨，生猪发展4.6万头，出栏3.5万头。

二、肉　牛

1978年，全镇耕牛存栏899头，其中黄牛493头，水牛406头。

1980—1989 年，农业生产实行家庭联产承包责任制，耕牛作价到户，饲养量有所增加。同时，奶牛存栏稳中有升。1989 年,全市耕牛存栏 3752 头，出售和自宰的肉用牛 76 头，牛肉产量 8 吨；奶牛存栏 89 头，牛奶产量 102 吨。1990—1995 年，市政府提出大力发展肉牛等节粮型畜禽生产，养牛逐步由耕用型向肉用型转变，农户出售和自宰肉用牛年均 500 头左右。1996 年，全市大牲畜总头数 3242 头，其中出售和自宰肉用牛 500 头，牛肉总产量 61 吨，牛奶总产量 30 吨。1997—1998 年，全市耕牛保持在 1600 头以上，仅 1998 年全市耕牛存栏 1394 头。2000—2004 年，洪江的牛养殖主要集中在桂花园乡和横岩乡，其中横岩村肉牛生产基地年均养殖肉牛 200 头，桂花园乡 10 余户肉牛养殖专业户饲养基础母牛 180 头。全区牛总头数保持在 1000—1500 头。2005 年，全区牛存栏 1107 头，其中黄牛 478 头，水牛 553 头，乳牛 76 头。

三、羊

1978 年，全镇山羊存栏 64 只。1980—1989 年，全市养羊专业户兴起，饲养量有所增加。1989 年，全市山羊存栏 839 只，出售和自宰的肉用羊 568 只，年产羊肉 4 吨。1991—1996 年，市政府提出根据山区特点发展山羊养殖，走专业化养殖的路子，提出在滩头、水源、百丈 3 个村发展山羊 3000 只，养羊 1000 只的村、养羊 100 只的农户由政府表彰。1996 年，全市出售和自宰的肉用羊 3700 只，存栏 4000 只。2000—2004 年，洪江区山羊养殖主要集中在横岩乡和桂花园乡有山林草地的资源村，分别在横岩乡横岩村和桂花园乡楠木田村建立肉羊生产基地，年饲养肉羊 5000 只。2005 年，山羊养殖区域化，横岩乡在莒莆村和横岩村建成肉羊养殖小区，饲养山羊 3000 只。全年出售和自宰的肉用羊 4600 头，存栏 2200 头。

四、家　禽

洪江的家禽饲养以鸡、鸭为主，鹅次之。

1978 年，全镇家禽存笼 1.92 万羽，其中桂花园公社存笼 0.9 万羽。1982—1988 年，洪江市注重培育养鸡专业户，引进良种鸡，家禽业发展很快。1989年，全市出售和自宰的家禽24.9万羽，存笼24.1万羽，蛋品产量94.8吨。1990—1994年，洪江市利用山地资源，大力发展养鸡、养鸭，适当发展养鹅，推广罗斯蛋鸡、依莎褐种鸡、雪峰乌骨鸡等新品种。1995年，全市家禽存笼26.24万羽，出售和自宰的家禽56.8万羽，禽蛋产量400吨，发展鹅2万羽。1998年，全市家禽出笼53.5万羽。1999年，洪江区向省计委申报立项《500万羽乌骨鸡养殖富民工程》项目。2000年，省畜牧水产局批准成立洪江区雪峰乌骨鸡原种场，全区家禽品改工程培育优质雪峰乌骨鸡原种2000套，父母代1.5万套，饲养量达70万羽，家禽良种覆盖率提高到73%。2001年，家禽良种覆盖率提高到86%，湖南嵩云禽业有限责任公司正式运营，乌骨鸡饲养量达100万羽。2002年5月22日，经省家禽品种委员会专家、教授验收，一致通过雪峰乌骨鸡为湖南省地方优良品种，并将雪峰乌骨鸡品种、育种、推广产业开发项目呈报国家农业部。家禽良种覆盖率提高到92%，雪峰乌骨鸡逐渐形成支柱产业。2003年，省科技厅将洪江区列为全省雪峰乌骨鸡标准示范基地县。2005年，省政府将雪峰乌骨鸡项目列入湖南省特色农产品“十一五”发展规划，全区建成禽病化验检测中心、雪峰乌骨鸡养殖技术培训中心各1处，建成铁溪、英明山雪峰乌骨鸡标准化养殖小区和吊脚楼生态养殖小区，全年发展雪峰乌骨鸡360万羽。是年，全区出售和自宰的家禽151万羽，家禽存笼56.7万羽，禽蛋产量301吨。

表16-2　**1978—2005年主要畜牧业生产统计表**

单位：头、羽、只、吨

项目 年份	生猪		家禽		山羊		蛋品
	出栏	存栏	出笼	存笼	出栏	存栏	产量
1978	5679	7557	—	19158	—	64	—
1979	5082	7419	—	13543	—	—	—
1980	6019	8998	—	24582	—	—	—

续表：

项目 年份	生猪		家禽		山羊		蛋品产量
	出栏	存栏	出笼	存笼	出栏	存栏	
1981	5665	5817	—	21977	—	125	—
1982	5659	5874	—	34500	—	119	—
1983	7837	7403	—	87900	—	135	—
1984	8215	7573	—	59900	—	111	—
1985	6677	7809	—	79300	—	87	—
1986	18300	14312	—	157600	—	752	—
1987	—	18850	—	—	—	—	—
1988	22945	18911	216313	—	—	1800	—
1989	22500	19400	249000	241000	4300	4600	205
1992	27000	21000	360000	210000	5300	4700	353
1991	26900	20700	334600	204600	1100	1100	286
1992	27600	19600	360000	165100	1200	1300	353
1993	33600	22500	477200	720400	1300	4600	424
1996	43500	25200	658500	220000	3700	4000	395
1997	45000	29000	850000	260000	6100	4000	400
1998	23350	7598	534600	—	1616	543	—
1999	25000	12000	650000	200000	2900	1700	154
2000	23800	8900	884100	222800	1300	1300	272
2001	25900	15000	1150000	300000	2100	3000	260
2002	25900	15400	1110200	328000	1400	1800	182
2003	27500	12700	1270000	495000	3600	2600	240
2004	30100	13000	2610000	700000	4600	2500	278
2005	35000	13200	2800000	567000	6000	2200	301

第二节 渔 业

境内水产以池塘、水库养殖为主，总水面500公顷。其中：池塘300公顷，水库200公顷，分布在桂花园乡的优胜、楠木田、川山、均冲、茅头园、渔梁村；常青乡的岩门、五一、团结村；横岩乡的鸬鹚、横岩、沅河村。养殖品种有草鱼、鲤鱼、鳊鱼、鳙鱼、鲢鱼、鲫鱼、青鱼、乌鳢、美国斑点叉尾鮰。

1978年，实际放养水面25公顷，水产品产量22吨，其中养殖产量13吨。1986年，洪江市郊村民养鱼积极性高涨，池塘、水库养鱼量激增，是年全市能放养水面118公顷，能放养水面118公顷，其中池塘养殖80公顷，水库养殖38公顷。1989年，全市水产养殖面积133公顷，水产品产量200吨，其中人工养殖鱼类150吨。1991年，沅水河萝卜湾段不少居民在河下开展网箱养鱼，以草鱼为主。1993年，87口网箱投放鱼种5.6万尾，饲养量26.1吨，平均每口网箱（28个平方米）产鱼303公斤。1996年，全市淡水产品养殖面积1700公顷，水产品总产量520吨，其中淡水产品养殖产量238吨，淡水产品捕捞产量282吨。2000—2001年，引进工程鲫、美国斑点叉尾鮰等鱼类新品种10万尾，放养水面13公顷。2002年，洪江水电站建成，横岩乡在库区鸬鹚段设立网箱养鱼示范基地，放置网箱20口，总网箱面积400平方米，主要养殖湘云鲫、美国斑点叉尾鮰新品种，投放鱼种1吨。2003年，库区网箱养鱼2个示范点放置网箱40口，经测算，一口20平方米网箱产优质工程鲫0.4吨。2004年，洪江区在优胜村、川山村、渔梁村、岩门村等采取池塘高产养鱼技术，33公顷池塘产鲜鱼180吨。2005年，全区发展库区围栏养鱼、网箱养鱼项目，已发展鸬鹚、苺溪口、横岩3个渔业基地，发展网箱62口，年产鱼18吨。全区水产养殖面积达500公顷，水产品总产量439吨，其中池塘养殖300公顷，水库养殖200公顷。

表16-3　**1978—2005年渔业生产统计表**

单位：公顷、吨

年份	放养水面			水产品产量		
	合计	池塘	水库	合计	养殖	捕捞
1978	372	171	201	439	251	188

续表：

年份	放养水面			水产品产量		
	合计	池塘	水库	合计	养殖	捕捞
1979	412	310	102	35	25	10
1980	476	374	102	48	28	20
1981	439	321	118	53	28	25
1982	439	321	118	60	35	25
1983	441	323	118	63	38	25
1984	617	499	118	65	31	34
1985	740	622	118	100	50	50
1986	1775	1198	577	150	100	50
1987	1809	1232	577	161	116	45
1988	1994	1417	577	180	130	50
1989	1997	1257	740	200	150	50
1990	2000	1227	773	230	176	54
1991	2000	1117	883	255	200	55
1992	2000	1117	883	300	245	55
1993	2135	1252	883	329	274	55
1994	2040	1157	883	350	294	56
1995	2407	1527	880	360	302	58
1996	2407	1527	880	520	340	180
1997	2550	1650	900	500	311	189
1998	14240	9310	4930	3000	2600	400
1999	957	777	180	214	150	64
2000	1000	820	180	240	190	50
2001	1000	820	180	234	184	50
2002	1027	847	180	260	198	62
2003	1027	847	180	270	200	70
2004	1027	847	180	295	225	70
2005	1027	847	180	280	230	50

第三节　疫病防治和管理

一、畜牧疫病防治与管理

1979 年 12 月，洪江镇畜牧兽医工作站随行政建制变更为洪江市畜牧兽医工作站；1981 年 4 月，畜牧兽医工作站改称家畜病疫防检站；1984 年 3 月，撤销洪江市家畜病疫防检站和畜禽育种工作站，设立洪江市畜牧水产管理站和牧工商联合公司，实行两块牌子一套人员；1985 年 1 月，撤销市牧工商联合公司；1989 年 5 月，洪江市畜牧水产管理站升格为局级事业站；1994 年机构改革，更名为洪江市畜牧水产局。1999 年,设立洪江区畜牧水产局，2002 年，更名为怀化市洪江区畜牧水产局。2005 年，全局内设办公室、计财股、畜牧工作站、水产工作站、渔政管理站、家禽疫病防检站、动物防疫监督所、兽药监察所。下辖洪江区种畜禽场、雪峰乌骨鸡原种场、鱼苗鱼种场、洪江区城郊畜牧兽医站和三个乡畜牧水产站。

1978 年，畜牧防疫以猪瘟、猪肺疫、牛瘟、牛出败等为主要防治对象,防疫密度达 80%。1980—1985 年，洪江市把危害严重的生畜“五号病”、猪瘟、牛出败、鸡新城疫作为防疫重点，防疫密度达 85% 以上。同时，推行鸡瘟免疫防疫，有效地控制鸡瘟的发生和流行。1988 年，猪瘟免疫密度达 90% 以上，耕牛的“牛出败”防疫密度在 95% 以上,鸡的“新城疫”防疫密度 70% 以上。养猪大户对猪群常见的猪瘟、仔猪副伤寒、猪链球菌病、猪肺疫、猪丹毒的防疫密度都在 100%，规模养鸡户对鸡群常见的鸡新城、鸡法氏襄、鸡传支的防疫密度也达 100%。1990 年 6 月，市种畜种禽场 4 个鸡群 2000 余只暴发“鸡法氏襄”病，鸡群死亡率达 75%，对症下药后才制止其扩散。1999—2001 年，全区动物防疫累计免疫注射耕牛“五号病”3300 头，免疫密度达 100%；注射猪瘟疫苗 12.7 万头，免疫密度 94% 以上；免疫仔猪副伤寒 12 万头。免疫鸡瘟 241 万羽。鸡瘟免疫密度 70% 以上。2002—2003 年，利用春、秋防疫,对生畜“五号病”“禽流感”进行重点防疫，全年免疫猪瘟 4.6 万头，密度 98%；免疫口蹄疫 4.2

万头，密度90%；免疫新城疫252万羽，密度81%，“禽流感”在专业养殖场和养鸡大户中免疫密度100%；免疫牛口蹄疫1124头（其中有临产母牛、体弱牛、牛犊共6头不能免疫），密度99.5%；免疫羊口蹄疫6830头，密度99%。2005年，为防止“禽流感”的再次发生，对家禽进行免疫注射，全区共免疫家禽360万羽。猪、牛、羊口蹄疫免疫率达100%，猪瘟免疫密度95%。

二、水产管理

1980年，成立洪江市渔政管理机构，加强渔政管理，严禁在溪河炸鱼、药鱼，保护水生资源。20世纪80、90年代，溪河电、药、炸鱼行为加剧，致使甲鱼、细鳇斜颌纫黄尾鱼等经济鱼类所剩无几，天柱峰、川岩、滩头、车皮溪等鱼类产卵场无鱼产卵。同时，船夫捕杀不顾河鱼产卵季节、越冬场所和亲鱼幼体。2000—2001年，洪江区严厉打击电鱼、炸鱼等渔业违法行为，渔政与公安水上派出所联合行动打击炸鱼、电鱼等不法行为，共查处电鱼、炸鱼36起。2003年，清理整顿电鱼、炸鱼和无证捕鱼等违法行为，对涉嫌电鱼的渔船主下发《责令限期拆除电捕鱼设施和停止电鱼的通知》。2004—2005年，下发《洪江区河流水域渔业管理暂行规定》，对符合捕鱼条件的渔船给予发放《捕捞许可证》和《渔业船舶检验证》，共发放《捕捞许可证》36本。

第三章　林　业

第一节　林业资源

全区林业用地总面积7658公顷，占全区总面积的67.8%；有林面积5302.3公顷，占林业用地的69.2%；疏林地69.1公顷，占林业用地的0.9%；灌木林地2125.9公顷，占林业用地的27.8%；无林地155.4公顷，占林业用地2.2%。森林覆盖率65.8%，比“九五”期间增加2.1%。

林种结构上，针叶林2336.8公顷，占森林面积44.1%；针阔混交林59.7公顷，占森林面积1.1%；经济林554.2公顷，占森林面积10.4%；竹林2351.6公顷，占森林面积44.4%。

全区林木活立木21.6万立方米，楠竹立竹550万株。

全区森林资源分布不均。楠竹主要集中在横岩乡，占全区立竹株数的62.8%；乔木主要集中在桂花园乡铁溪村、滩头村，横岩乡菖蒲村，立木蓄积量占全区森林蓄积近50%以上，而桂花园乡茅头园、优胜、岩门等村森林蓄积不足100立方米。“十五”期间，林地面积、活立木蓄积、森林覆盖率实现三增长，疏林、散生蓄积减少；中龄林、近熟林面积增加，林龄结构趋向合理；楠竹林面积增加，单位面积立竹株数适中；针叶林增加，阔叶林减少；油茶、油桐经济林面积减少，而水果经济面积增加。

第二节　林业体制改革

1978年，境内山林权属归生产大队集体所有，林业生产由大队统一经营。1982年，开展林业“三定”（稳定山林权属、落实林业生产责任制、划定自留山）工作，对原桂花园公社、常青公社的15个大队、102个生产队和集体农、牧、渔场及街道等拥有的山林，进行定权发证。填发山林管业证178份，面积3000公顷；自留山证1340份，面积200公顷。1984年，全市进一步完善责任制，实行三山变一山，即把荒山、责任山、自留山全部改为自留山，落实到户。

2003年，洪江区开展集体林权制度改革，凡在20世纪80年代开展“林业三定”工作中已经确权并核发林权证书的，用原证换发国家林业局印制的全国统一式样的林权证。进一步明晰林木所有权和林地使用权，对已落实林业“三定”的林区乡、村，继续维持现有林木经营权，对原有自留山，继续维护林木所有权和经营权不变。2004年，洪江区实施林业分类经营改革，全区区划生态公益林4700公顷，纳入中央财政补贴2667公顷，生态公益林严禁生产采伐。生态公益林的林木产权仍归村集体所有，国家每年投入森林生态效益补助资金用于生态公益林保护工程建设，主要用于支付护林员的工资。2005年，全区林业用地面积7.7万公顷，其中林权换发证面积7.2万公顷。

第三节　植树造林

1978年，洪江镇造用材经济林面积20公顷，幼林抚育面积67公顷。1980年，各村相继办起林场。1982年，山林定权发证以后，为调动群众造林的积极性，加快荒山绿化，市林业部门实行有偿投资、砍造挂钩的奖励办法，鼓励农民承包荒山造林。全市还组织大规模义务植树造林运动，1.2万人参加，造林7公顷，四旁植树4.7万株。1982—1987年，全市共营造风景林、防护林17.13万株。1988年，全市造林645公顷，幼林抚育720公顷。1989年，制定《发展林业若干问题的决定》，鼓励农民承包荒山、残林营造杉木速生丰产林，共营造杉木林1913公顷，马尾松160公顷，封山育林496公顷。

1991年，全市基本消灭宜林荒山，全年完成造林412公顷，封山育林293公顷，零星植树3.93万株，幼林抚育1344公顷。1992年，植树造林以造林为主转为封山和改造低产林为主，造用材林为主转为经济林、楠竹林、用材林并举。1993年，造林采取国家、集体、个人一起上，通过群团组织开发、联户承包、独自承包、入股等形式，营造见效快、受益早、价值高、收入多的经济林、楠竹林、用材林，同时发展名优特经济林、药材林，做到长短结合、林果药并举综合开发，经济林比重达66%。1995年，全市造林结构趋向合理，以林养林、以短养长、经济效益突出成为造林发展方向。全年造林130公顷，其中楠竹、杉木、经济林占全市造林面积的12%。1996年，制定《洪江市林业“九五”发展规划》，提出建设以杉木为主的速生丰产用材林基地，以马尾松、楠竹为主的工业原料林基地，以鲜果、干果为主的果木林基地，以野生动物为主的驯养繁殖加工基地，以林低、林化、竹木加工为主的林产品基地。1997年，全市实际完成造林面积175公顷,其中用材林39.6公顷，楠竹林39.3公顷，经济林95.6公顷。完成幼林抚育369公顷，低改造林580公顷。

1999—2001年，全区义务投工2.2万个，完成人工造林、更新120公顷，幼林抚育340.4公顷，封山育林1121.2公顷，中幼林间伐379.1公顷，楠竹、油茶林低产改造1400公顷。2002—2005年，全区造林面积393公顷，封山育林面积4560公顷，幼林抚育面积445.8公顷。

表16-4　**历年造林情况统计**

单位：公顷、万元

年度	造林面积	投资金额	年度	造林面积	投资金额
1978	20	—	1995	103.7	—
1983	54.7	—	1996	140.1	7.11
1986	109	4.78	1997	174.8	2.17
1987	170.6	7.36	1998	87.5	0.42
1988	110	5.84	1999	59.1	—
1989	396.9	24.25	2000	40.1	—
1990	154.2	14.25	2001	34.9	—
1991	83.4	7.13	2002	34.3	0.51
1992	96.5	8.32	2003	68.3	6.89
1993	144	12.3	2004	36.5	7.38
1994	87.2	13.26	2005	110	—

第四节　森林保护

1978年，居民生火做饭多用木材,乱砍滥伐现象屡禁不止。1980年，厂矿企业、城市居民和近郊部分农民改用煤灶，政府实行煤价补贴，定量供应生活用煤，乱砍滥伐现象才得到有效制止。1982年，对农村社队砍伐木材也严格控制，民用木材在控制计划内，由林业部门鉴发砍伐证，凭证砍伐，并成立木材检查站，在交通要道设卡。1984年，市农委组织10多名林业干部调查933公顷马尾松，发现立木枯死率达57.4%，主要害虫为松天牛、日本吉丁虫、松瘤象等，经采取虫原木（枯死木）清除法，虫害基本得到控制。1986—1988年，包括新划入的黔城、横岩乡年均砍伐2930立方米，其中1988年砍伐木材6600立方米。

1990年，林工企业立足本地资源转产开发新产品，把眼光瞄准本市丰富的楠竹资源，先后开发竹胶板、复合竹垫，便楠竹生产朝精加工、高产值方向发展。1992年，林业部门制定《洪江市森林防火十年规划和“八五”计划》，建立市、乡（企业）、村三级防火网络，成立50个1240人的义务扑火队。黔城乡大田村、长坡村，桂花园乡铁溪村和横岩乡菖蒲村共修建防火公路10千米，安装电台，添置灭火机、无线电台、对讲机、望远镜、电喇叭等防火基础设施。1993—1997年，严格加强采伐证发放和伐区前规设计，共规划设计4个乡、11个村林场采伐伐区作业设计，仅1997年设计采伐面积310公顷，采伐蓄积量3390立方米，出材2151立方米。

1999—2001年，强化限额采伐，坚持凭证采伐，各项采伐均控制在限额计划内；加强山场管理，严格坚持伐前设计、伐中检查、伐后验收，对国有林场、集体和个人采伐林木，全部按规划进行伐区作业设计；坚持征用林地审批，防止非法占用林地资源；大力保护野生动植物资源。三年间，共发放砍伐许可证940公顷，实际砍伐882公顷，依法收缴并放生国家二级保护动物猴面鹰4只，国家三级保护动物蛇0.045吨、青蛙0.2吨、中华大蟾蜍0.7吨。2002—2005年，森林防火坚持“预防为主，积极消灭”方针，每年去冬、今春森林防火高峰期，组织在校学生利用节假日在重点风景区清理易燃物及枯枝落叶，清明前夕组织区属各单位干部职工深入重点路段、山场进行值班、检查、巡逻，组建以林场职工为主体（20人）半专业扑火队伍。2005年，共发生森林火灾2起，森林火警5起，过火面积5.7公顷，受害森林面积4.13公顷。

第五节　林产品

1978年，洪江镇年产木材681立方米，楠竹3.34万根，产茶油19吨。1982年，实行林业“三定”以后，提高群众造林、抚育、培管的积极性，林产品有所发展，黔城、横岩两乡划属洪江市后，林产品大幅度增加。1989年，生产木材3072立方米。楠竹13.8万根，油茶籽产量264吨，油桐籽产量56吨，核桃产量15吨，板栗产量4吨。20世纪90年代，全市大力发展以油板栗、木洞杨梅、中华大果弥猴桃、银杏、脐橙、五倍子、杜仲等优特林产品生产基地和以油茶、油桐为主的油料生产基地，1996年，共采伐木材6300立方米，采伐楠竹28万根，油桐籽90吨，油茶籽155吨，核桃5吨，板栗2吨。1999—2005年，推行楠竹、油茶林低产改造，单根楠竹价值上涨2—3倍。经济作物如温州杨梅、布朗李、台湾青枣向名、优、特、新方向迈开大步。2005年，全区木材采伐2000立方米，楠竹采伐43万根，篙竹采伐4.5万根，油桐籽57吨，油茶籽170吨，板栗36吨，楠竹尾1800吨。

第四章　水　利

第一节　水利设施

1978年，全镇有小（Ⅰ）型水库1座、小（Ⅱ）型水库2座，总库容量157万立方米；山塘297口，总容量48万立方米；溪坝18处，引水量50万立方米。蓄引提水量360万立方米，其中蓄水200万立方米，引水58万立方米，提水102万立方米。有效灌溉总面积507公顷，旱涝保收面积440公顷。

1980年，水利建设转向原有工

程续修配套，险、病库整修和排灌的建立。1981年，农业区划调查，全市共有山平塘403口、溪坝76处，其中骨干塘15口，山平塘388口，灌溉面积190公顷，占总灌溉面积34%；溪坝引水量35万立方米，灌溉面积100公顷。1984年，会同县萧家乡划入4个村，有小（Ⅱ）型红星水库、团结水库2座，至此全市有有小（Ⅱ）型水库3座，总库容74万立方米。1990年,全市共有小（Ⅰ）型水库4座、小（Ⅱ）型水库8座，总库容723立方米；山平塘730座，总容量180立方米；其他提引水量334立方米，总可供水量1237万立方米。1994年，洪江市水利建设坚持“民办公助”的原则,突出“保安、水毁、小型配套”重点工程，全年完成大小水利工程365处，改善灌溉面积207公顷，新增灌溉面积13公顷。全市蓄、引、提总水量1247万立方米，农业机械总动力1.1万千瓦。1996—1999年，全市共完成大小水利工程480处，增加或改善灌溉面积267公顷，增加农业机械总动力1200千瓦、农机器具128台。

2001—2005年，全区共完成大小水利工程569处，增加或改善灌溉面积320公顷，增加农机总动力3178千瓦。2005年，全区有水利设施562处,其中小（Ⅰ）型水库3座、小（Ⅱ）型水库1座、山平塘403处，堰坝76处，水轮泵站2处，电灌站34处。农业机械总动力1.13万千瓦，农机器具859台，有效灌溉面积367公顷。

第二节　水土保持

一、水土流失

水土流失最为严重的有桂花园乡除滩头村、洪江林场外的11个村，以及沅江南侧、巫水东侧的洪江城区，总面积50.16平方千米，共有水土流失面积30.02平方千米，占该区面积的60%。每年每平方千米流失泥沙2105吨。水土流失中度区包括横岩乡除沅河村、常青乡以及巫水西侧的城区范围，总面积48.84平方千米。水土流失轻度区包括横岩乡除沅河村、桂花园乡滩头村以及洪江区林场，土地面积16.09平方千米。

2005年，全区水土流失面积30.02

平方千米，占区域面积的26.09%，年水土流失量10.56万吨。全区平均每平方千米流失泥沙918.3吨，平均流失土壤厚度0.61毫米，相当损失41公顷耕地的表土层，每年从土壤中流失碱解氮9.5吨、磷9.6吨，钾1吨。

二、水土流失治理

1978年，洪江镇委、镇政府高度重视水土保持工作。1982年，开展林业三定“定山林权、定自留山、定林业生产责任制”，稳定山权、林权，鼓励林农大力营造人工林绿化荒山，提高森林覆盖率。

加强山林管理，制止乱砍滥伐。广泛宣传《中华人民共和国森林法》和《水土保持工作条例》，做到家喻户晓，人人遵守，将山林和荒山承包到户经营，建立承包责任制，进行定权发证，“谁造、谁有、谁受益”长期不变，进一步调动群众造林管林的积极性。加强林政管理，成立林业公安派出所，乡建立林业管理站，村配有林管员，建立管山承包责任制，基本制止乱砍滥伐和毁林开荒现象。20世纪90年代，洪江加快造林力度，率先在全省消灭宜林荒山。林业部门通过对全市木材加工企业和建筑用材单位实行区域管理、分片负责，乱砍滥伐现象得到有效制止。坚持凭证采伐，从1986年最高年砍伐3628立方米，减少到2005年的2000立方米。

积极造林绿化，封山育林，增加大地植被。全市（区）共造林3820公顷，四旁绿化植树174.5万株，封山育林6840公顷，全区森林覆盖率达66.2%。

控制过量采伐，保护森林植被。1978—1982年，全市（镇）年均采伐量达1023立方米。1983年，采伐量下降到320立方米。1984年，木材砍伐必须在计划内凭证砍伐。1988年，全市木材砍伐量6600立方米。1999年，采伐量下降为3661立方米。2000—2005年，年均砍伐木材1783立方米左右。

统一规划治坡。茶场、铁溪、滩头、桂花园、楠木田、洪高等村有部分旱土的坡度在25度以上，其土层浅薄，水土流失严重，进行退耕还林，减少水土流失。

第三节　水利经营

1979年10月，设立洪江市农村办公室。1983年机构改革，改称洪江市农业委员会。1994年机构改革，设立洪江市农业水利水电局，加挂农村工作办公室牌子。1995年5月，改为在农业水利水电局加挂农办牌子。1999年6月，设立洪江区农业水利水电局加挂区农业工作办公室。2002年机构改革，改设怀化市洪江区农业水利局（与乡镇企业局企业局合署办公）。2005年，怀化市洪江区农业水利局下辖区农业水利行政执法大队、区农产品质量检验检测中心、农场管理站、农业科技推广中心、种子管理站、植保站。

一、工程管理

1978年，境内水利工程实行分级管理：小（Ⅰ）型工程及社建的机电站由公社管理，小（Ⅱ）型工程及大队建的机电站由大队管理，小塘、小坝、抽水机械由生产队管理，跨社队的工程由上一级管理或指定一个主要受益单位管理。1984年，乡、村建立水利管理责任制，由管理员负责放水，合理安排灌溉。1990—2005年，水利部门坚持专业管理与群众管理相结合，花洋溪水库干渠及重要建筑由管理所直接管理，由工程养护队进行常年维修养护，并划段包干到灌区受益村进行临时性抢修。为了确保水库安全，发挥工程效益，对水库所有权及工程安全保护区作出明确规定，水库库区设计洪水位线以下（包括库内岛屿），大坝背水坡脚向外水平延伸30—200米，大坝两端山坡自开挖线起顺坡向外延伸50—100米（到达分水岭不足50米的至分水岭上），溢洪道两端自山坡开挖线起顺坡向外延伸10—20米为管理范围。库区管理范围边缘向外延伸20—100米为保护范围。

二、用水管理

1978—1989年，用水管理实行“统一领导，分级管理”。调整行水系统，作高水高灌，低水低灌，调反水为顺水，调余补缺，合理分配水量，做到计划用水。村组保证耕作质量，搭好田坎，放水踩田、放水晒田、放水杀虫必须经管理段同意，由上至下逐丘移水。管理所、站做好放水记录，做到用水多少征收多少，增灌面积每亩收水费1.1元，改善面积0.7元，机灌面积0.3元，每亩收基本水、粮各1斤。

1990—2005，灌区用水基本得到保证，实行定量灌溉，看水员主动上渠道关闸，克服支渠放敞口水，田里满了往外流的现象；基础工程管理和蓄水保水，充分发挥灌区效益；配水合理，灌溉及时；充分发挥塘、坝、库、机、电、泵统一管理，联合运用，联合抗旱。

第五章　农业机械

第一节　机　构

一、农机局

1978年3月，成立农业机械化领导小组，下设办公室。1979年12月，随行政建制变更为洪江市农业机械化领导小组办公室。1984年3月，市农业机械化领导小组办公室改称市农业机械管理站。1995年7月，升格为正科级农业机械管理局。1999年5月，设立洪江区农业机械管理局。2002年，更名怀化市洪江区农业机械管理局。2005年，区农机局下辖桂花园乡、常青乡、横岩乡农机站。

二、农机站

1997年，桂花园乡、常青乡、横岩乡、黔城乡分设乡农业机械管理站。2005年，全区有桂花园乡、常青乡、横岩乡农机站，有农机管理员4人。

第二节　农机种类与应用

一、耕作机械

1978年，楠木田大队购进1台

"丰收—35 型"中型拖拉机，使桂花园公社耕作机具达 874 马力，其中大中型拖拉机 29.8 台、440 马力，机耕船 8 艘、40 马力，手扶拖拉机 56.5 台、394 马力，机引农具 14 部。机耕面积 218 公顷，占全社耕地面积 30.2%，占可耕地的 87.2%。1982 年，拖拉机承包到户，主要用于运输，每年只有 2 台手扶拖拉机下田，机耕面积仅 13 公顷，绝大部分稻田仍使用牛耕。1985 年，全市有耕作机具 1590 马力，其中大中型拖拉机 18 台、540 马力，小型拖拉机 93 台、1050 马力，机引农具 9 部。全市机耕面积 13 公顷，比 1980 年减少 33 公顷。1989 年，全市共购进水田耕整机 11 台。1990 年，茅头园村组建由 4 台耕整机组成的机耕服务队，仅用 10 天时间就完成 35 公顷机耕稻田任务。1996 年，水田耕整机深受水稻种植户的欢迎，全市小型拖拉机 174 台、1408 马力，水田耕整机 34 台、109 马力，机耕船 2 台、8 千瓦。2000—2005 年，耕作机械向小型、多样化发展。2005 年，全区共有水田耕整机 94 台。

二、排灌机具

1978 年，全镇有排灌机械 184 台、1091 马力，其中柴油机 60 台、484 马力、电动机 23 台、577 马力，农用水泵 93 台，其他排灌机械 8 台、30 马力。1979 年，安装电机、内燃机的排灌机械达 92 台、1131 马力。1980 年，排灌机械改用小型内燃机。1988 年，全市有柴油机 168 台、汽油机 8 台、电动机 132 台，总动力 2990 千瓦，农用水泵 312 台。1991 年，电动机排灌进入增长期，汽油机数量锐减。1996 年，全市农用排灌机械 267 台、2148 千瓦，其中柴油机 110 台、624 千瓦，汽油机 3 台、24 千瓦，电动机 106 台、1500 千瓦，农用水泵 168 台。1999—2005 年，农用排灌机械逐年增加。2005 年，全区有小型排灌内燃机 360 台、电动排灌机 580 台，机电排灌面积保持在 100 公顷。

三、收割机械

1978 年，由于动力脱粒机成本高，维修困难，使用不多。是年，全镇有收获机械 77 马力，其中机动脱粒机21台、77马力。1980年家庭联产承包制以后，农民收获水稻仍用人力打稻机脱粒。1989年，全市有人力打稻机3025台。20世纪90年代，推行动力打稻机，人力打稻机逐年减少。2005年，全区动力打稻机发展到90台。同时，具有收割和脱粒动能的联合收割机在洪江开始推广应用，是年全区拥有全喂入联合收割机6台、半喂入联合收割机1台。

四、运输机械

1978年，洪江共有农业运输机械205马力，其中挂车（即拖车）49辆、机动运输船7艘、木船24艘、农用汽车1辆。20世纪80年代，农用拖拉机和农用汽车迅速发展。到1988年，洪江有农用汽车39辆、农用机动船145艘2346吨、大（中、小）型拖拉机232台，除担任本乡、村农用物资运输外，还参与城市各类物资运输。20世纪90年代，农户个人购买经营的农用车、拖拉机增多。1996年，全市有农用载重汽车28辆、2259千瓦，机动运输船93艘、120吨、830吨、农用运输车38辆、1546千瓦，小型拖拉机143辆。2000—2005年，随着乡村道路改善，农用运输发展速度加快。2005年，全区有拖拉机149台，农用运输车69台。

五、加工机械

1978年，全区农产品加工机械92部，其中碾米机49台、榨油机3部、磨粉机6部、轧花机1部、粉碎机33部。此后，随着农村输电网络的沟通，农村工副业的发展，农产品加工机械有所增加。1989年，全市共有农产品加工机械266部，其中碾米机235台，磨粉机8台，榨油机2部，揉茶机7台，饲料粉碎机5台。20世纪90年代，随着粮食产量的提高，农户购买农产品加工机械日益增多。1996年，全市农产品加工机械达2805千瓦，其中碾米机352部，磨面机7部，榨油机46部，淀粉加工机械16部。1999—2005年，全区农副产品加工基本实现机械化。2005年，全区有饲料加工机205台、磨粉机190台、磨浆机40台、磨面机29台、粉丝加工机20台。

第三节　农机管理

一、考核发证

1978—1987 年，洪江先后举办拖拉机驾驶员、内燃机手训练班 6 期，共培训拖拉机手 463 人次、内燃机手 13 名、农机修理工 7 名。1988 年，全市共有合格拖拉机驾驶员 245 名，设立农机修理点 5 处，有初级（3 级）修理工 4 名、中级修理工 2 名。1989—1998 年，由于洪江水电站的建设需要，农业运输机械激增。1999 年，办理各类证件 280 个，核发号牌 100 幅。2005 年，办理驾驶证 147 个，核发行驶证 268 个，核发车辆号牌 300 幅。

二、年检年审

1984 年，成立农机安全监理站，加强对洪江农用机动车辆的年检年审工作。1988 年，农机安全监理站共审验驾驶员 114 人，占应审人数的 95%；年检车辆 124 台，占应检车的 92%。2002 年，区农机安全监理站共检车辆 160 台，年审驾驶员 140 人，检验检审合格率双双达到 98%。2004—2005 年，农业机械驾驶证的年度审验改为定期审验。

第六章　乡镇企业

第一节　发展概况

1980 年，社队企业 47 个，产值达 124.6 万元。1983 年，农村进一步深化改革，调整产业结构，乡镇企业迅速发展，出现乡办、村办、联户办、个体办的好势头。1984 年，全市乡镇企业发展到 274 个，从业劳力 1117 人，年产值 347.4 万元，为 1979 年的 4.13 倍；实现利税 45.7 万元，比 1979 年增长 1.2 倍；固定资产 128.3 万元，增长 1.2 倍。1988 年，全市乡镇企业增至700个，从业人员3285人，总产值1618.2万元，实现利税202.3万元。其中乡办企业39个，从业人员1750人，总产值941.1万元，实现利税84.1万元；村办企业54个，劳力548人，产值165.5万元，利税26.1万元；联户办和个体办的企业607个，投入劳力987人，年产值511.6万元，实现利税98万元。全市乡镇企业经营范围涵盖种植、养殖、工业、建筑、运输、商业和服务业7大类35个项目。1991—1995年，全市乡镇企业经济发展迅猛。1995年，全市乡办工业15家、合作经营工业281家、个体企业332家，乡镇企业总产值2.7亿元，是1990年的9.3倍，年均增长56.04%。1996—1999年，洪江市对农业产业中农产品加工类企业进行结构调整，抓好以高强度竹胶合板开发、湘竹系列加工开发、五倍子加工开发、出口瓷开发、苯酐开发、优质矿泉水开发、钒铁开发、彩色水泥开发为主的系列加工，形成以竹木加工、雪峰乌骨鸡产业化为龙头的农产品加工业。2001年年。全区拥有乡镇企业（含私营）1507家，从业人员6217人，完成乡镇企业总产值3.5亿元，增加值7660万元，实现入库收入230万元。2002—2005年，全区引进和培育一批农产品龙头企业，建设实施雪峰乌骨鸡产业化和竹木加工产业化两大示范工程，发展洪竹、嵩云禽业、华光生物等8家省、市级重点龙头企业，逐步形成以楠竹、乌骨鸡两大支柱产业为核心，生物保健、生物制药、化工为拳头，蔬菜、水果、林产品等其它农产品加工企业为支撑的产业集群。2005年，洪江区有乡镇企业1541家，其中乡镇工业516家。总产值4.9亿元，实现利税1271万元。

第二节　所有制形式

1978—1983年，洪江镇（市）各人民公社、生产大队、生产队办的社队企业，均属集体所有制的一种合作经济。管理上实行社办社管，队办队管。收益上实行社办社有，队办队有。1984年3月，中共中央、国务院规定将社队企业改名乡镇企业。乡镇企业的范围扩大到村民联办的合作企业或其他形式的合作企业和农民个体私营企业。此后，乡镇、村办集体企业逐步减少，联户和个体私营企业逐步增多。

一、集体企业

1978年，全镇有种养殖、农副加工、工交等社队两级企业48家，企业职工722人，总产值77.3万元。1980年，全市有社队两级共办有种植、养殖、农副产品加工、工业企业47家，其中社队联办工业企业16个。1984年，全市乡镇企业250家，其中乡办企业23家、村办企业21家、联办企业35家，企业由单纯农业企业向工商运建服务行业转化，农业企业个数所占乡镇企业比重由1980年的27%下降到1984年的6.8%。1987年，依靠城市工业优势，与一些大企业进行横向经济联合，一批骨干企业脱颖而出。全年乡镇企业达641个家，其中乡办企业33家、村办企业53家、联办企业68家，当年新增企业66家。乡办企业实现总收入936万元，村办企业实现总收入145万元。1989年，为确保重点企业，对乡镇企业进行分类排队，对那些效益差、长期亏损、耗资耗力的企业大胆调整，列为一类企业的有桂花瓷厂等10家单位，二类企业的仪表配件厂等11家单位，三类企业有液压件厂等9家单位，四类企业有常青饮料厂等7家单位。将桂花园预制场、砂石场、木器厂、建筑队合并为桂花园建筑建材公司，同时停办防水材料厂、电讯电器厂、黔城竹制品厂、横岩青年砖厂，准备转产常青炮厂。1995年，市委、市政府下发《关于进一步鼓励加快发展乡镇企业的若干规定》，桂花园乡完成乡镇企业总产值1.02亿元，在为第一个“亿元乡”，市四化工厂、常青瓷厂、黔城钒厂产值超500万元，占全市乡办企业35家的8.6%。。1996年7月，洪江市遭受特大洪灾，全市有乡镇企业1191家停产，其中663家企业因灾停产或半停产，乡村集体企业资产负债率94.2%。1997年，全市乡办工业总产值1.3亿元，实现利润5946万元，税金1991万元。2000年，洪江区企业改制全面展开。从2001年起，乡镇集体企业通过破产重组、整体出售、股份制改造、解散、联合经营等形式完成民营化，“集体企业

"彻底退出历史舞台。

二、私营企业

1983年，农村进一步深化改革，调整产业结构，乡镇企业迅速发展，出现个体办企业的好势头。1985年，全市有个体企业171家，个体企业出现桂花酱醋厂等原来没有的食品加工企业。1987年，全市个体企业发展到487家,完成产值651万元。1995年，全市乡镇个体企业发展迅速，个体私营企业出现向规模型、群体型、科技型发展，个体私营企业户数达1831家，比1994年增加158家。2000—2005年，洪江区乡镇工业开始改制，将乡所属工业企业、建筑施工企业及集体零售企业全部民营化改造，放手发展个体私营经济，鼓励民间资本投入民营经济。2005年，洪江区有乡镇工业516家。

第三节　生产行业

1978年，全镇乡镇企业有48家，涉及种植业、养殖业、工交企业、农副产品加工业和服务业。1980—1989年，全市乡镇企业包括工、农、商、运、建、服等各部门，其中工业企业形成以陶瓷、机械、建材、冶金四大支柱，塑料、化工、印刷等为居民生活服务的企业，骨干企业有陶瓷模具厂、常青瓷厂、桂花瓷厂、液压件厂、水暖器材厂、黔城建材厂、保温材料厂、桂花园预制构件厂、黔城钒厂；农业企业立足本地的宜林山地，发展种植业，配之以养殖业，有乡办林场3个、园艺场2个、养殖场1个，村办园艺场19个、林场14个、鱼场1个、蔬菜场1个，每年为城市提供水果、鸡蛋、肉鸡、仔鸭；交通运输、商业及服务行业以个体和个人承包企业为主，实行乡办、村办、联办和个体办四个轮子一起转，有个体运输、商业和服务性行业520户，从业人员700人，年运输总收入324万元；建筑业有桂花园、常青、黔城三支建筑队伍，拥有职工157人，建筑收入37万元。1990—1995年，全市乡镇企业在实施重点战略、加强外引内联的同时，注重转换经营机制，发展新的经济增长点，把个体私营和股份合作企业发展作为突破口，新办金竹有限责任公司、鸬鹚砖厂、复青花纸厂、曲轴厂等年产百万元规模的企业。1996—2000 年，以竹木加工、雪峰乌骨鸡产业化为龙头，发展劳动密集型和资源密集型产业，农产品加工工业、农村个体私营经济发展壮大，其中以洪江竹业股份有限公司、金竹公司楠竹加工企业为龙头的楠竹加工业，年产竹质集装箱底板 1 万立方米。2001—2005 年，引进一批农产品龙头企业，实施雪峰乌骨鸡和竹木加工两大产业化示范工程，发展洪竹、嵩云禽业、华光生物、等 8 家省、市重点龙头企业，形成以楠竹（造纸）、乌骨鸡为核心，生物保健、生物制药、化工为拳头，蔬菜、水果、林产等其它农产品加工企业为支撑，带动农户 3000 户。2005 年，全区有竹木加工、陶瓷制模、能源化工、建筑建材、养殖、种植、机械等企业 1541 家，其中乡镇工业 516 家。

第十七篇　财税　金融　保险

第一章　财　政

第一节　财税体制改革

一、县级财政体制

1978 年，财政体制为“收支挂钩，超收分成”和增长分成（即当年收入比上年增长部分），洪江增长比例分成为 35%；地方征收的其他工商税中的城市房地产税、车船使用牌照税全部下放给洪江，屠宰税下放 50%，作为预算的固定收入，此项收入不参与收入分成，地区从下放给洪江 50% 的屠宰税中提取 7%。1979 年，按总额分成办法，洪江分成比例为 15%，比上年实际收入增长部分市再分成 35%，屠宰税市留成 46.5%，其他地方各税全部留给市财政。1980 年，市财政实行“划分收支、分级包干、分灶吃饭、一定五年”的新体制，地区核定洪江市财政收入包干基数为 1467.8 万元，其中固定收入 517 万元，调剂收入 943.2 万元、地方各税收入 7.6 万元。固定收入市留成 32%，调剂收入全额上解省财政，调剂收入的增长部分市留成 30%。支出包干基数为 163.3 万元。1983 年，地区核定洪江固定收入留成 65%，工商税增收部分市分成 30%，工业增收部分市分成 25%，酒税增收部分市分成 10%，能源基金超收部分市分成 20%。1985 年，按总收入市分成 25%，增收部分市分成 50%。1986 年，增收部分市分成由 50% 改为 80%。1987—1988 年，能源基金超收由市分成 20% 改为按总额分成 7% 外，余均无变化。1989 年，财政实行“划分税种、核定收支、分级包干”的新体制，收入划分为中央固定收入、地方固定收入、中央对地方的调剂收入、固定比例分成收入。1990 年，实行总额分成，收入基数 1430.8 万元，体制上解 1320.8 万元。

1994 年，国家进行财政体制改革，实行税收分级管理的“分税制”财政体制。将国家全部税种划分为中央与地方政府的收支范围，消费税属中央税，营业税属地方税，增值税为中央与地方共享税，增值、消费两税中央分享 75%，地方分享 25%。中央对地方的税收返还基数的确定，以 1993 年为基期年，按分税制后地方净上划中央的收入确定中央对地方税收返还基数。从 1994 年起，每年递增返还，递增率按循比各地上划收入增长率的 1 ：0.3 系数确定，增长部分的税收返还由省财政确定，省、市、县按比例确定。其中省 15%、地区 5%、县（市）15%。在实行分税制的过程中，为不影响地方的利益，仍保留原包干体制上解和补贴办法。2002 年，企业所得税、个人所得税改成中央与地方分享收入。此体制一直延续至 2005 年。

二、乡镇财政体制

1986 年，正式建立乡级财政预算，明确乡级财政收支任务，采取“收支挂钩、收入上交、支出下拨、超收对半分成、短收对半负担、超支不补、结余留用”的办法，超收、短收均为“三七开”（即超收时乡留 70%，市得 30%；短收时乡负担 70%，市财政负责 30%）。1988 年，4 个乡收入 135 万元，支出 72 万元。1990—1999 年，根据“明确收支范围，核定收支基数、超收全留、短收自负、定额补贴、自求平衡、一定三年”的基本原则，对乡镇实行财政包干。1999 年，实行新的乡财政体制，暂不设立乡级金库，私有、个体、市场零散工商税收乡级财政不再直接计算分成，实行收支两条线。确定以 1997 年各乡的既得利益（支出基数体制分成收入）的 75% 为各乡的支出基数。2005 年，洪江区对乡财政实行“核定支出基数、专项补助单列、招商引资奖励、适当财力补助”的管理体制，做到“两有”（有投诉窗口，有举报电话）“三挂牌”（挂牌办公、挂牌上岗、挂牌收费）“四上墙”（办事机构示意图上墙、办事依据上墙、办事条件和程序上墙、办事结果上墙）。

三、农村税费改革

2002年7月，全面推行农村税费改革，改革的主要内容是“三个取消、两个调整、一项改革”，即取消乡镇统筹、取消屠宰税、取消“两工（统一规定的劳动工和义务工）”；调整农业税计税面积和农业税常年产量，合理确定农业税税率；改革农业特产税政策。改革后，全区落实农业税计税土地面积679.4公顷，落实计税常年总产量5220吨，每亩平均常年产量511公斤，农业税征收总额44.7万元，农业特产税征收总额19.3万元；与改革前2001年农民负担总额96万元相比，减负总额32万元，人均减负20元，人平减负幅度33%。2003年，出台《洪江区村级财务管理办法》，由各乡经管站全面实施村帐乡管，规范村级财务管理。2004年，取消除烟叶外其他农业特产品的农业特产税，全区农业税计税额再次减少19万元，人平减少12万元。增加对粮食生产环节的直接补贴，当年发放粮食直接补贴11万元，粮种补贴15万元。2005年，取消农业税，取消除烟叶外农业特产税。

第二节 财政收入

洪江区（市）内财政收入由地方财政收入和上级补助收入两部分组成。1978—2005年，全区（市）完成财政总收入6.12亿元。

一、地方财政收入

企业收入 包括企业所得税、国有企业调节税、国有企业上缴利润、国有企业计划亏损补贴四个部分组成。1994年，实行分税制改革，企业适用全国统一的所得税制，不再向同级财政上交利润承包费。1978—2005年，共征收企业收入5375万元，占地方财政收入总额的8.78%。

工商各税收入 为洪江地方财政

收入的主要来源之一，由区（市）税务部门负责征收入库，然后按国家不同时期的税收比例分成。1978—2005年，共征收工商各税4.46亿元，占地方财政收入72.8%。

农业四税收入 包括农业税（正税）、农业特产税、耕地占用税和契税4个税种，，由区（市）财政局直接征收。1978—2005年，共征收农业四税1596.7万元，占地方财政收入2.61%。

专款收入 包括教育附加费、排污费和城市维护费。1985—2005年，共征收2303万元，占地方财政收入3.76%。

其它收入 包括行政事业性收费、罚没收入和国有资产占用费。1978—2005年，共征收7376.1万元，占地方财政收入12.05%。

二、上级补助收入

上级补助收入指不同国民经济计划期，新老财政体制运行过程中，中央对地方，省、地（市）级财政对县（市区）财政按照财政体制的既定原则，给区（市）财政的各项补助，以确保地方财政的收支平衡。主要包括体制上解或补助、各项收入的分成、上划“中央两税”的税收返还、专项拨款、中央对地方财政的转移支付、价格补贴、中央对地方增资补贴、各项结算补贴、重大安全事故的补助等。1978—2005年，共补助6.98亿元，占财政总收入的53.28%。

表17-2　　1978-2005年财政支出分类统计表

单位：万元

年份	支出合计	经济建设支出	科教文卫事业费支出	抚恤社会事业费支出	行政管理费支出	其它支出	专款支出	财政价格补贴支出	上解支出
1978	260.5	149.0	66.7	10.1	34.3	0.4	—	—	881.8
1979	622.4	446.7	75.8	24.6	70.0	5.3	—	—	778.2
1980	648.6	364.6	129.0	27.7	115.6	11.7	—	—	1411.2
1981	506.5	262.4	131.7	17.1	86.2	9.1	—	—	1101.4

续表：

年份	支出合计	经济建设支出	科教文卫事业费支出	抚恤社会事业费支出	行政管理费支出	其它支出	专款支出	财政价格补贴支出	上解支出
1982	489.1	240.6	133.1	29.1	64.3	22.0	—	—	1215.2
1983	529.3	174.3	177.1	33.3	109.8	34.8	—	—	1224.5
1984	642.9	217.7	187.4	43.7	155.3	38.8	—	—	996.0
1985	839.1	292.9	235.6	22.2	161.0	23.1	40.8	63.5	1195.8
1986	1080.7	368.2	302.3	35.1	185.8	33.0	32.5	123.8	1383.2
1987	1215.9	314.2	369.4	33.7	224.3	64.2	23.8	186.3	1528.0
1988	1464.5	360.2	409.2	51.3	318.9	54.1	63.0	207.8	1804.3
1989	1817.3	521.2	498.8	61	344.3	127.7	28.7	235.6	1989.9
1990	2031	537.4	573	63	384.0	173.6	53	247	2103
1991	2147	645.8	582.4	51	382	177.8	93	215	2163
1992	2259	478	665	72	557	180	138	169	2250
1993	2674	740	799	76	609	282	84	84	2500
1994	3184	729	928	99	897	340	140	51	1542
1995	3966	888	1102	118	1125	498	185	50	1610
1996	4001	933	1123	258	1220	247	165	55	1741
1997	3433	581	1177	90	1351	184	—	50	1652
1999	4700	478	933	1809	1154	214	112	—	1597
2000	5176	612	981	2233	1163	86	101	—	1621
2001	6334	713	1153	2835	1393	102	138	—	1897
2002	7426	622	1271	3916	1495	31	91	—	1733
2003	8194	685	1332	4194	1792	121	70	—	1723
2004	10665	1262	1537	5174	2417	189	86	—	2006
2005	12308	880	1923	6189	2819	290	207	—	1983
合计	88614.8	14496.2	18795.5	27565.9	20627.8	3539.6	1851.8	1738	43630.5

第四节　财政监督

一、财政监察

1980年，成立财政监察机构，对全市机关企事业单位财政情况开展日常监督与综合检查。1989年起，每年开展财务、税收、物价大检查，对财政收支全过程进行监督。1991年，共查处违纪单位28个，违纪金额1.4万元。2000年，洪江区财政局加大行政执法工作力度，规范行政行为。2004年，共立案查处58个单位，涉及违法违纪金额180余万元。2005年，加强财政法制建设和财政监督管理，全年共立案查处6个单位，涉及违纪金额16万元。

二、控制社会集团购买力

1978年，采取购物证办法，由地区下达集团购买力控制指标，由控制集团购买力办公室负责审批。1988年，上级核定洪江集团购买力指标300万元，实际执行数为323万元，超计划7.7%。1989—1999年，每年控购商品10多种。1999年12月，成立政府采购中心。2001年，对财政供养车辆实施统一保险，会议费接待费统一管理，全年节约支出15万元。2004年，设立政府采购管理办公室,从源头上遏制腐败。2005年，严格政府采购财务管理和政府采购行为，全年组织政府采购行为289批次，采购金额1067万元，累计为财政节约资金146万元。

第五节　财政管理

一、财政预算管理

1978年，制定预算时，对行政事业单位的公用经费按预算指标节余30%计算。预算支出的重点是保证基本工资和社会保障等公共支出。1979年起，对行政事业单位的经费开支，实行按预算指标包干的办法，由单位自行掌握，结余留用，超支不补，并实行包干经费节余奖。全年预算年收入1212.43万元，预算内支出622.38万元。1989年，财政计划编制坚持“努力开辟财源，加强财税征管，确保财政收入稳步增长，树立过紧日子的思想”，从严从紧控制支出。1994—1996年，地方财政总收入7638万元，地方财政总支出1.09亿元。1997—2005年，调整和优化支出结构，将工资支出作为财政支出的第一序列，量力而行，量财办事，确保收支平衡。2005年，全年完成财政一般预算支出1.23亿元，其中工资、离退休费、社会保障支出占财政支出的80%以上。

二、国库集中支付核算管理

2003年，设立洪江区国库集中支付核算局，核算局对各单位财务收支采取“集中管理，统一开户、分户核算”的办法，纳入集中核算的单位一律撤消银行帐户，其现金，转帐，汇兑等资金结算和行政经费、事业费、专乡拨款，支出、往来款项的收付以及日常会计核算、会计报表编制，会计档案管理等工作，统一由核算局办理。单位报帐员负责本单位经济原始单据的收集、粘贴、归类，办理报帐手续和日常财务管理，取消单位银行帐户，实行由核算局统一在银行开设总户，在核算局设置内部帐户。2005年，全年核算资金进出总额7355万元，其中收入3783万元，支出3572万元。纳入核算局的一级行政事业单位75个，一级单位和二级机构以及国库专项资金共开设账套106个。

三、非税收入管理

1978—1985年，行政事业单位预算外资金以单位自行管理为主。1985年，市财政预算增设综合计划股，加强预算外资金管理。1986年，单位预算外资金采取“收支两条线”管理。1988年，全市有48个单位在银行开立收支两个账户，财政代管资金总额57.2万元。1991年，对行政事业预算外资金实行“财政专户储存、计划管理”的办法。1991年后，全市预算外资金基本储存到财政专户。1994年，成立市行政事业性收费管理局，负责区域内行政事业性收费、收费资金集中管理。1998年8月，更名为洪江市预算外资金管理局，实现单位预算内外收入统一管理。1999年，财政专户数为120户，专户管理资金2400万元。2001年，加大预算外资金管理力度，坚持“以收定支、计划拨付、综合平衡”原则，全年实现财政专户管理单位 116 户，财政专户管理资金 3800 万元。2002 年 6 月，预算外资金管理局更名为洪江区非税收入管理局，全年纳入财政专户管理单位 120 户，财政专户管理资金 3300 万元。2004 年，深化非税管理改革，强化“收支两条线”与财政专户管理，全年财政预算外专户管理资金 3582 万元。2005 年，全年完成非税收入缴存财政专户金额 3237 万元，实现专户管理非税收入（不含其他股室管理的罚没收入、国土收入、排污费、专项基金）3500 万元，预算外收入 1347 万元。

四、会计管理

1989 年后，实施会计凭证上岗、会计从业资格考试，建立会计人员档案。2001 年,全区办理《会计登记证》和使用会计监管帐薄的单位 210 户。2003 年，完成 22 家国有企业、1 家集体企业、98 户行政事业单位的年度会计决算报表工作。2005 年，全区共有持证会计 671 人。

第二章　税　务

第一节　概　况

1978 年，黔阳县洪江镇革命委员会财政税务局，设城关税务所，1979 年 4 月，财政、税务分设，成立黔阳县洪江镇税务局，同年 12 月，成立洪江市税务局。1988 年，市税务局下设税务一、二、三企业税务所和 1 个集贸税务所人。1994 年 10 月，洪江市税务系统进行机构改革，原洪江市税务系统全部人员和设施一分为二，分别成立洪江市国家税务局（简称洪江市国税局）和洪江市地方税务局（简称洪江市地税局），实行上级税务机关和市人民政府双层领导，以上级税务机关为主的管理体制，其人员编制、机构设置、干部管理和经费开支，分别归口省、地国税、地税垂直管理。税务局分设后，洪江市国税局于1999年7月更名为怀化市国家税务局三分局。2001年6月，成立湖南省洪江区国家税务局。2004年3月，改为怀化市洪江区国家税务局。2005年，局机关内设办公室、政策法规科、收入核算科、征收管理科、人事教育科、监察室、纳税服务科（办税服务厅）、税源管理科、信息中心。洪江市地税局下辖河滨、沅江、巫水、新区税务所与发票管理所。1999年6月，成立洪江市洪江区地方税务局。2001年3月，设立怀化市地方税务局洪江区局。2004年8月，更名为怀化市洪江区地方税务局，局机关下设办公室、综合业务科、计划会计科、人事监察科和稽查局，下设第一、第二征收分局。

第二节 税收管理体制改革

1983年6月1日，国务院颁布《关于企业利改税试行办法》，对企业实行第一步“利改税”。通过调查摸底，确定实行利改税的国营企业共56户，同时划定大中型企业29户、小型企业14户、特殊型企业3户。其中，划定为大中型企业的，所得税一律按55%的税率征收，小型企业按8级超额累进税率交纳所得税，对造纸厂等9户未征所得税企业，仍按财政承包合同执行。是年，全市利改税征收入库491万元。1984年，国家推行第二步利改税。通过重新测算，全市利改税企业88户，其划分为大中型企业13户，小型企业58户，缴利企业5户，其它企业7户。全年共征收国营企业所得税431.75万元。

1994年，国家实行分税制管理体制，市税务局分设市国税局和市地税局。市国税局负责增值税、消费税、中央企业所得税、证券交易税、地方和外资银行及非银行金融企业所得税，境内外商投资企业和外国企业的各项税收以及外籍人员（华侨、港台同胞）交纳的个人所得税等；市地方税务局负责营业税，个人所得税，土地增值税，城镇土地使用税，城市维护建设税，车船使用税，房产税，屠宰税等共计15项税种。

第三节　税收征缴

【增值税】1983年开征。实行17%、13%两档税率和零税率。1994年，共征收增值税2827.94万元。2000—2005年，全区共征收区级增值税3839万元。

【消费税】1994年开征。1994—1997年，共征收消费税67.3万元。1999年为72元，2000年184元，2005年4万元。

【企业所得税】1983年开征。1983—1988年，共征收国营企业所得税2163.45万元。1985年，始征集体企业所得税。1985—1988年，共征收集体企业所得税544.2万元。1994年，国营企业所得税和集体企业所得税合并征收企业所得税，实行33%的比例税率，按所得额多少，同时确定有18%和27%的优惠税率。1994—2005年，共征收企业所得税1887.53万元。

【金融保险业营业税】1994年开征。由国税、地税部门分别征收3%、5%。1999—2003年，共征收金融保险营业费147.5万元。2002年停征。

【资源税】1994年开征。列为省级和县级共享收入（各50%）。1994—2005年，共征收资源税63.2万元。

【营业税】1984年开征。税率自3%至10%不等。1984—1988年，共征收营业税1608.8万元。1994年，商业从营业税中分离出来，金融保险业营业税为省级收入，其它营业税为县级收入。1994—2005年，共征收营业税7014.1万元。

【个人所得税】1978年开征。1994年，个人所得税按超额累进税率和比例税率两种办法计征。1994—2005年,共收个人所得税2812.64万元。

【印花税】1988年复征。印花税实行“三自纳税”方法，即纳税人自行计算，自行购买贴花，自行画销。1994—2005年，共征收印花税174.92万元。

【房产税】1986年恢征。房产税以房产余值或租金收入为计税依据，由房屋产权所有人缴纳，个人所有房产、非营业用房不在征收之列。1994—2005年，共征收房产税1231.83万元。

【城市维护建设税】1985年开征。凡城区、乡镇内交纳增值税、消费税、营业税的纳税人均按税款附征 5%，不在城内和乡镇的附征 1%。1994—2005 年，共征收城市维护建设税 2199.1 万元。

【车船使用税】1986 年开征。凡在境内拥有并使用车船的单位和个人为纳税人，实行依吨位按年计算，分期交纳。1994—2005 年，共征收车船使用税 89.54 万元。

【城镇土地使用税】1988 年开征。根据有关政策规定，将应税土地划分为三个等级，分别按每平方米 0.8 元、0.4 元、0.2 元的单位税额征收。1994—2005 年，共征收土地使用税 769.74 万元。

【土地增值税】1997 年开征。征收对象为有偿转让国有土地使用权、地上建筑物及构筑物取得的增值额，凡发生以上交易行为并获取增值额的单位和个人为该税的纳税人，实行四级超率累进税率。1997—2005 年，共征收土地增值税 14.99 万元，其中 1999—2000 年为空白。

【教育费附加】1986 年开征。凡依法缴纳增值税、消费税、营业税的纳税人均为教育费附加的缴费义务人，按照其实际缴纳的“三税”税额附征 1.5%。1994—2005 年，共征收教育费附加 1022.47 万元。

【固定资产投资方向调节税】1991 年开征。征收对象为固定投资完成额，进行固定资产投资的单位和个人为该税种的纳税人，根据国家产业政策和项目经济规模实行差别比例税率。1991—2000 年，共征收固定资产投资方向调节税 275.65 万元。

第四节　税务稽查

税务稽查是依据国家法律、法规，查处税收违法行为，保障税收收入，维护税收秩序，促进依法治税，保证税法实施的重要手段。按照法律和稽查工作规程规定，1986 年，洪江税务部门设稽查大队。1986—1988 年，稽查大队共立案查处偷税犯罪案件 14 起，查处金额 11.5 万元。1994 年，税务分设后，市国税局和市地税局分别成立稽查局。1995 年后，国、地税局稽查局每年开展年税收专项检查，对国营、集体工商企业和个体工商户专业税收进行查补偷、漏税款，打击偷税行为，查办偷税抗税案件，稽查模式开始由“收入型”向“执法型”转变。2005年，国税局共查21户，查补税款175万元；地税局共查补税款18万元，追缴地方各税16万元。

第三章 金 融

第一节 金融机构

一、中国人民银行洪江市支行

1978年，称中国人民银行洪江镇办事处。1979年9月，中国人民银行洪江镇办事处更名为中国人民银行洪江市支行。1998年3月，中国人民银行黔阳县支行撤销，业务并入洪江市支行。1999年6月，洪江市支行仍行使对洪江市和洪江区金融业的监管职责。2005年，中国人民银行洪江市支行内设人事政工股、金融业务股、金融服务股、保卫股，共有员工33人。

二、中国银行业监督管理委员会怀化监管分局洪江办事处

2003年12月19日，设立中国银行业监督管理委员会怀化监管分局洪江办事处，共有金融监管干部3人。2004年起，怀化监管分局洪江办事处正式履行原由中国人民银行洪江支行履行的对辖内银行业的监督管理职责。

三、中国工商银行股份有限公司洪江市支行

1985年1月，成立中国工商银行洪江市支行。1998年，撤销中国工商银行黔阳县支行，业务并入中国工商银行洪江市支行2005年5月，中国工商银行股份有限公司洪江市支行分设中国工商银行股份有限公司洪江市支行和中国工商银行股份有限公司洪江区

支行。中国工商银行股份有限公司洪江区支行内设营业部、业务营销部、办公室，下设营业网点1个、自助营业网点2个。

四、中国银行洪江区分理处

1990年6月，成立中国银行洪江市支行。1998年3月18日，中国银行洪江市支行与中国银行黔阳支行合并为新的洪江市支行。2004年1月，中国银行洪江市支行本部迁往洪江市安江镇，中国银行洪江区网点整合为中国银行洪江区分理处，隶属中国银行洪江市支行管理。2005年，分理处有员工13人。

五、中国农业银行洪江市支行洪江区分理处

1979年10月，成立中国农业银行洪江市支行。1998年，中国农业银行洪江市支行更名为中国农业银行洪江市支行洪江区分理处。2000年，中国农业银行洪江区分理处与洪江市支行分离，由怀化市分行直管。下设分理处营业部及新民路分理处网点2个。2005年，分理处共有在职32人。

六、中国建设银行股份有限公司洪江区分理处

1979年9月，中国建设银行洪江办事处更名为中国建设银行洪江市支行。1998年5月，中国建设银行洪江市支行与中国建设银行黔阳县支行合并成立新的中国建设银行洪江市支行。2003年12月，中国建设银行洪江市支行本部迁洪江市安江镇。2004年6月，因中国建设银行改制，洪江区建行机构更名为中国建设银行股份有限公司洪江区分理处。

七、中国农业发展银行洪江市业务组

1996年12月，成立中国农业发展银行洪江市业务组。1998年3月，洪江市业务组与农发行黔阳县支行合并为农业发展银行洪江市支行，办公地点迁至安江原农发行黔阳支行办公楼办公。1999年5月，洪江区不再设立中国农业发展银行金融分支机构。

八、邮政储蓄所

1989年12月，洪江市邮电局开

始办理邮政储蓄业务。1990年7月30日，获准中国人民银行怀化分行批准，补发《经营金融业务许可证》。邮政储蓄所行政受所属邮政局领导，业务受中国人民银行监管。2005年，洪江区邮政储蓄所下设莲花地、沅江路、南岳路、萝卜湾邮政储蓄所，共有储蓄从业人员22人。

九、洪江区农村信用社

1978年，境内有桂花园信用社。1980年，增设常青信用合作社。1985年，新增横岩乡、黔城乡信用社。1989年，成立洪江市信用联社。1998年2月，洪江市信用联社与黔阳县信用联社合并设立新的洪江市联社，联社机关设安江镇。原洪江市信用联社更名为洪江市郊区信用社，原桂花园、常青、横岩三个乡级农村信用社撤销。2001年，洪江市郊区信用社和洪江区农村信用社合并，组建洪江区农村信用社，内设人秘股、稽核监察股、保卫股、财务电脑股、计划信贷股、不良资产管理部、资金组织部和营业部，辖巫水路分社、新民路分社、劳动路分社、沅江路分社、车站分社、官团溪分社、萝卜湾分社、横岩分社、二凉亭分社、新团分社、带子街分社、营业部储蓄专柜等营业网点11个。2005年，有在职员工85人。

十、洪江城市信用合作社

1992年5月，成立洪江市城市信用社。实行理事会领导下的经理负责制。2000年10月，洪江城市信用社依法关闭，业务划归洪江区农村信用联社。

十一、农村合作基金会

1989年，洪江市常青乡试办农村合作基金会。1992年，桂花园乡、常青乡、黔城乡、横岩乡均建立农村合作基金会。1993年5月，洪江市农委开办农村合作基金联合会，城区共设网点9个。1999年4月，全区农村基金会全部关闭。

第二节 存款业务

1978年，洪江市各金融机构有各类存款余额815.2万元，其中企业存款403.8万元，财政性存款

147.3万元，农村存款1.2万元，城市储蓄存款262.9万元。1979年起，随着洪江市工农业生产持续发展，银行存款急剧增加。1991年，金融机构各项存款余额1.45亿元，其中企业存款2890万元，储蓄存款1.04亿元，财政性存款794万元。1992年，各金融机构储蓄所先后开办代发工资、代保管有价证券等业务。1998年，工商银行推出牡丹灵通卡，建设银行推出“银券一卡通”业务。1999年，各储蓄网点开展代扣代缴个人所得税。2000年4月，各储蓄网点实行“个人存款实名制”，全年各金融机构存款余额15.28亿元，其中金融机构储蓄存款余额12.52亿元。2003年，各金融机构开展代理保险、代发工资、银证转账、银行卡业务，推出网上银行、电话银行、手机银行、手机支付、短信管家、基金理财、股票股资等服务。2005年，金融机构年末各项存款余额为12.59亿元，其中企业存款余额3.59亿元，财政性存款余额5655万元，机关团体存款余额4511万元，城乡储蓄存款余额7.18亿元，农业存款余额8010万元。

表17-3 1980–2005年各金融机构存款余额统计表

单位：万元

年份	工商银行	农业银行	建设银行	中国银行	农村信用社
1980	1220.5	188	181.1	—	132
1985	1932.5	549	397.37	—	165
1988	1980	1329	825	—	384
1990	—	1951	—	—	1078
1991	—	2576	—	—	1378
1992	—	1882	—	—	1659
1993	—	2751	—	—	2580
1994	—	4141	—	—	3329
1995	—	4949	—	—	3726
1996	—	6598	—	—	4474

续表：

年份	工商银行	农业银行	建设银行	中国银行	农村信用社
1997	—	7690	—	—	4372
1998	25600	6791	—	—	4776
1999	—	5920	—	—	4528
2000	—	6779	—	—	8503
2001	18307	8313	8628	9008	6794
2002	—	9324	—	510	7589
2003	—	10613	—	6183	8842
2004	18480	10942	9587	8707	10483
2005	22103	12538	10340	8285	12489

第三节 贷款业务

1978年，洪江市各金融机构执行“统一计划，划分资金，实有实贷，相互融通”的贷款政策。全年共发放各项贷款2053.1万元，其中工业贷款（物资、供销自筹）1060.6万元，商业贷款569.8万元，粮食贷款173.3万元，集体贷款（包括设备贷款）239万元，农贷（包括预购定金）9.4万元。1983年，国家对基建贷款推行有偿投资，农行和农村信用社增加乡镇企业开发性农业贷款。1990年，全市各项贷款余额2.44亿元，其中工业贷款1.53亿元、农业贷款459万元、固定资产贷款2775万元、乡镇企业贷款710万元。1998年，取消对国有商业银行贷款限额控制，人民银行不再按季下达指令性贷款计划，改为按年下达指导性贷款计划和存贷比例，使商业银行有充分的贷款自主权。2000年，全区金融机构储蓄贷款余额13.61亿元，其中工业贷款3.44亿元，商业贷款1.85亿元,农业贷款6807万元。2001年起，各专业银行逐年增大贷款幅度，农村信用社为支持农业生产，服务地方经济，对全区1882户农户进行小额信用贷款证等级评定，凭“星级”贷款证可随时办理1至5万元额度不等的信用贷款。2005年，全区年末各项贷款余额2.91亿元。

表 17-4 **1980-2005 年各金融机构贷款统计表**

单位：万元

年份	工商银行	农业银行	建设银行	中国银行	农村信用社
1980	—	274	—	—	—
1985	—	708	—	—	—
1990	—	2243	—	—	605
1991	—	3052	—	—	797
1992	—	3753	—	—	995
1993	—	4609	—	—	1342
1994	—	5951	—	—	1658
1995	—	5837	—	—	2590
1996	—	8271	—	—	3417
1999	—	7596	—	—	3151
2000	—	3937	—	—	7388
2001	23041	2978	1136	450	3278
2002	—	3690	—	244	8112
2003	—	6930	—	538	8875
2004	27566	4822	31	772	9383
2005	8513	5035	4916	757	9922

第四章　保　险

第一节　概　况

1981年3月，中国人民银行洪江市支行设保险股，恢复人民保险业务。1984年1月，中国人民保险公司洪江支公司成立，保险业务与人民银行脱钩。1996年5月，保险业务实行财产险与人寿险分营，分设中国人寿保险公司洪江市支公司和中国人民保险公司洪江市支公司。1999年6月，中保人寿保险公司洪江市支公司和中国人民保险公司洪江市支公司实行洪江区和洪江市分设，洪江区财保和人保分别更名为中国人民保险公司洪江区支公司和中国人寿保险公司洪江区支公司。2001年，中保财产保险有限公司洪江区支公司更名为中国人民财产保险股份有限公司洪江区支公司。2003年，中保人寿保险公司洪江区支公司更名为中国人寿保险股份有限公司洪江区支公司。

第二节　保险种类与承保

1981年，洪江恢复办理国内保险业务，共有保险种类20个。1984年，新增农业险、简易人身险、养老年金险、人身意外险等，保险种类增加到32个。是年，全市保险费收入52.38万元，其中企业财产保险费收入33.36万元，运输工具及责任保险费收入8.13万元，货物运输保险费收入3.65万元，养老年金保险费收入5.06万元。1987年，全市保险覆盖面达85%以上。1991年，洪江人身保险业务增加运输工具保险、农村保险和社会统筹基金管理。1996年，财产、人寿保险分业经营，保险种类分企事业财产险、运输工具及责任险、货物运输险、家庭财产险、农业种植业险、养老金险、意外短期险、储金性人身险等3大类8个险种。2000年，财产保险培育新的业务增长点，拿下洪江水电站建设项目中的部分建筑安装工程保险，一次性收保险费18万元；人寿保险开发“分红保险”千禧理财业务，共开办国寿千禧理财两全保险（分红型）、国寿99鸿福两全保险、国寿金色夕阳养老金保险、国寿养老金保险4个险种。2005年，中国人寿保险洪江支公司开办国寿关爱一生终身保险、国寿鸿丰两全保险、国寿鸿鑫两双保险、国寿鸿运两全保险、国寿鸿星少儿两全保险、国寿鸿福相伴两全保险、国寿康宁重大疾病保险（分红型）、康宁定期保险、国寿英才少儿保险等人寿险种9个；财产保险开办车险、团体意外险、家庭财产险、医责险、企财险、公路综合险、林业险、供电责任险、学生意外险、校园方责任险、工程险、个人贷款抵押险等险种12个。全年，全区保险总收入1770万元。

第三节　理赔与给付

1981年4月，恢复保险业务后，洪江市保险公司积极做好防灾防损理赔工作。1981—1987年，共处理各种赔偿案件1351起，赔款193.86万元。1988年，理赔支出143万元，比1987年增长2.04倍，其中企业财产险理赔79万元，占支出总额55.2%。1996年，洪江遭遇特大洪灾，全市保险赔款支出3468万元，其中企事业财产险理赔支出3054万元，运输工具及责任险理赔支出141万元，家庭财产险理赔支出205万元。1999年，洪江区财产保险推出信誉承诺服务，开通“95518”服务热线，限时理赔，超时处罚，1999—2001年，全区共处理财产理赔各类案件1000余件，支付赔款663.5万元。2005年，洪江区财产保险公司实现保费收入420万元，全年处理理赔案件310件，累计支付赔款270万元。

第十八篇　城区建设

第一章　城区建设

第一节　总体规划

1980年3月至1981年5月，洪江市政府组织编制《洪江市1981—2000年城市总体规划》，于1982年2月报省人民政府批准实施。规划要点：城市规模：城市人口规模近期为6万人，远期（至2000年）为8万人。用地规模：近期为411平方千米，人均用地69平方米；远期人均用地不超过100平方米。城市功能：市中心区为全市政治、文化、商业中心，保留一些无污染的轻工业和手工业；带子街区为陶瓷工业；桃李园区以电子、纺织工业为主；萝卜湾区为造纸、塑料、仪表、机械工业；岩门区为化学工业。道路规划：全市主干道5条，次干道15条，商业街1条，总长34.3千米。

1994年，洪江市政府组织力量对1982年的规划进行修编，编制出《洪江市区总体规划（1995~2015）》。《规划》总体设计为："一带""两点"，即一个发展带，以洪江老城区为中心，沿洪黔公路向西发展，开拓黔城新区；两点即建设鸬鹚和横岩新集镇。城市性质：把洪江市建成为湘西南以山区资源深加工的工贸重镇和现代化的山水园林城市。发展规模为：近期城市人口8万人，远期12万人。

2002年，编制《洪江区城市总体规划（2002~2020）》。《总体规划》设计城市性质为：是周边五省工业重镇，湘西南的旅游圣地，打造以工业为基础，旅游业为发展重点的山川秀美的历史文化名城。发展规模为：近期（2005年）城区人口规模为6.5万人，中期（2010年）城区人口规模为7万人,远期（2020年）为8万人。总体布局:空间框架为“带状组团式”结构，概括为“一城两水三山”，“一城”指洪江区主城区，“两水”指沅水和巫水，“三山”指嵩云山、密岩尖、天柱峰风景区。城区的功能分区为“两片五区”。“两片”是指老城区旅游中心片，穿岩新区城市中心片；“五区”是指以居住和旅游为主的老城区，以行政、商贸、文教为主的穿岩新区，以陶瓷工业为主的城南区，以纺织、化工工业为主的城东区和作为远景发展的城北区。

2004年6月，由中国城市规划设计研究院编制完成《古商城保护规划》，规划范围：古商城历史核心区，总面积70.63万平方米。文化街区的划定：其范围为东至一甲巷、百货大楼后、堡子坳；南至季家冲；西至康乐门、雄溪路、区汽车公路东墙；北至余家冲、大佛寺、区保险楼后，面积11.38万平方米；文化街区建设控制地带的划定：范围包括历史建筑保存较好的炮铺桥、向阳平和青山界地区，需要重点恢复的沅江路码头地区，面积18.69万平方米；历史文化街区建风貌协调区的划定：其面积为38.61万平方米；自然风景保护区：在城南嵩云山、城东天柱峰、城北密岩尖和沅水北岸自然风景保存较好的地区建立自然风景保护区，保护好地形地貌、植被、人文景观和整体环境。

第二节　道路建设

一、道路街巷

1985年—1988年，将沅水岸正街与巫水岸相衔接的一段正街改建成沅江路。原茅庵街、丫叉田巷因扩建幸福路学校和市委、市政府大楼而拆除，不复存在。1988年，主要旧街巷尚有27条，长5636米，面积1.32万平方米。

1990年，洪江市政府对巫水河

司门口正街、老街、新街进行改扩建，建成长 210 米黄色路面，其中 100 米硬化为水泥路面。1992 年，全市共修建道路 0.53 万平方米，其中：新建巫水路第三期工程左家码头至影剧院 190 米，延伸硬化嵩云路水佛洞至大兴禅寺 503 米。1994 年，改造幸福东路，道路全长 300 米，路幅宽 17 米。延长劳动路人行道，硬化钞票湾小巷、栗子湾巷。1997 年，国防公路竣工，起于大桥西，止于会同黄茅乡，路基宽 17 米，路面宽 9 米，其中影剧院至渔梁湾沿河为风光带，为洪江人民休闲、锻炼之处。2000—2005 年，全区维修、改建新民路、幸福路、巫水路及城市道路硬化 1.15 万平方米。

表 18-1　**2005 年洪江区城区主要道路**

单位：米

道路名称	区域		长度	宽度	路面
	起	止			
沅江路	洪江大桥西	大湾塘	1560	25	水泥
新民路	洪江大桥西	莲花地邮局	656	20	水泥
雄溪路	沅江路	幸福西路	1040	18	水泥
南岳路	回龙寺	洪江大桥东	950	20	水泥
劳动路	莲花地邮局	火柴厂桥	944	15	水泥
幸福东路	影剧院	莲花地	480	18	水泥
幸福西路	莲花地	桐油湾	430	18	水泥
中山路	南岳路	大米厂	334	9	水泥
河滨路	中山路	洪江大桥东	610	9	水泥
巫水路	洪江大桥西	影剧院	670	17	水泥
国防路	影剧院	渔梁湾	2300	14	水泥
萝卜湾路	寨头桥	回龙寺	9450	9–12	水泥
带子街路	火柴厂桥	带子街	3500	9–12	水泥
创业路	桃李园口	纺织厂	2350	6	水泥
铁溪路	洪江瓷厂	铁溪	3000	7	水泥

续表：

道路名称	区　域		长度	宽度	路面
	起	止			
嵩云路	莲花地	大兴禅寺	2250	6	水泥
塘坨路	新民路	巫水河西岸	241	15	水泥
尖坡路	刘家湾	尖坡	1915	5.5	沙石
莲花路	二医门口	幸福西路	190	7	水泥
松林路	林家沙	岩门	2060	6	水泥
洪黔公路	大湾塘	黔城	22540	6	水泥

表 18-2　　2005 年洪江区城区主要街巷

单位：米

街巷名称	区　域		长度（米）	宽度（米）	路面
	起	止			
高坡街	长码头	桐油湾	550	3	石板
打船冲	沅江路	冲尾	200	2	石板
俞家冲	沅江路	冲尾	366	2	石板
龙船冲	沅江路	长码头	210	2.4	石板
财神巷	沅江路	育婴巷	250	2	石板
一甲巷	沅江路	堡子坳	220	2.5	石板
宋家巷	大桥西	一甲巷	180	1.8	石板
洪盛巷	大桥西	堡子坳	110	2	石板
油篓巷	长码头	新民路	170	2	石板
堡子坳	一甲巷	财神巷	180	1.8	石板
里仁巷	龙船冲	塘冲	150	2	石板
木粟冲	新民路	高坡街	200	2.5	石板
季家冲	新民路	高坡街	300	2.6	石板
牛头冲	新民路	长邻界	180	1.8	石板
塘　冲	龙船冲	青山界	300	2.4	石板
三甲巷	新民路	巫水路	80	2	石板

二、桥　梁

洪江境内共有寨头大桥、寨头小桥、萝卜湾桥、萝卜湾小桥、何家溪桥、长寨桥、阴明山桥、官团溪桥、洪江大桥、小寨溪桥、五里牌桥、新桥、渔梁湾桥、铁溪桥、黄茅桥等大小桥梁15座，除寨头大桥、洪江大桥外，多为小桥或涵洞。

三、路　灯

1978—1989年，全市城市主、次干道均有路灯照明，城市路灯已架设主线长度31.7千米，灯线15千米；共装路灯621盏，其中高压汞灯369盏，高压钠灯73盏，白炽灯179盏。亮灯率平均达到95%以上。1992年，修复遭受严重破坏，几乎全线丧失通电功能的沅江路路灯线路和渔梁湾路灯，新增路灯18盏。1994年，维护路灯340盏,，路灯亮灯率100%。1997—1998年，在邮电门口、桥头广场装高杆灯，沅江路与雄溪路交叉口装广场灯1杆。2001年，全区市政路灯1052盏。2002—2005年，先后在新民路歌诗坡小区和小街巷、幸福路、劳动路、南岳路和砂子坪小区、大湾塘小区、商贸城、江滨游园、巫水路、广场小区、古商城、创业路、洪江大桥、林业局至洪江电站、古商城、小街小巷等等地新增路灯1010盏，总功率152.33千瓦。2005年，城区有道路20条，背街小巷25条，总长度3.621千米,安装路灯4983盏，总功率291千瓦。

第三节　房屋建设

1978年，城区房屋以砖混和钢混结构为主，其中直管公房中接管产权房1331栋，则多为陈旧、简陋的木板房。1979—1981年，陆续兴建洪江市委办公大楼、市政府办公大楼、工会大厦，金融、保险、财政、税务、科技大楼等办公用房，这些建筑均为砖混或钢混结构多层楼房。全市实有房屋建筑面积100万平方米、住宅建筑面积44万平方米、住宅居住面积24.5万平方米，城市人均居住面积4.6平方米。1982年，陆续竣工的市纺织厂3万纱绽主厂房，钢混结构，建筑面积8.1万平方米，并装配空调设备。1983年，洪江瓷厂高档瓷生产车间建成，为生产、办公兼用的厂房，建筑面积2.4万平方米。1985年，全市城镇房屋普查，中华人民共和国成立前修建的私房面积已下降到6.64万平方米。1988年，全市187个机关、企事业单位共修建住宅30万平方米，职工人均住房面积达9.2平方米；陶瓷、纺织、轻工、机械、电子、手工业等各类厂房总建筑面积71.6万平方米；商业服务用房总面积13.5万平方米；55个医疗卫生单位共兴建医疗用房总面积9.2万平方米；私房总面积15.4万平方米。

1991—1995年，全市新增住宅面积3.7万平方米，城市人平居住面积由1990年的9.6平方米增加到1995年的9.8平方米；农村住宅新增面积10.9万平方米，人均居住面积由1990年的12.4平方米增加到1995年的15.5平方米。1995年，全市有住宅使用面积60.3万平方米、住宅居住面积52万平方米，城市人均居住面积9.8平方米。1996—2000年，全市（区）新建住房面积113万平方米，其中住宅面积109平方米，人均居住面积12.34平方米，人均使用面积16.26平方米。2001—2005年，全区建成住宅面积25万平方米，城市住宅建设投资占固定资产投资规模的5%；共完成建筑投资1.5亿元，各类房屋建筑竣工面积25.4万平方米。2005年，全区房屋建筑施工面积31.95万平方米，房屋竣工面积16.36万平方米，其中厂房、车库竣工面积3万平方米，住宅竣工面积10.8万平方米，办公楼竣工面积0.41万平方米，批发和零售用房面积1.39万平方米，住宿和餐饮用房面积0.32万平方米，居民服务业用房面积0.06万平方米，教育用房面积0.18万平方米，文化、体育、娱乐、卫生医疗和其他用房面积0.19万平方米。城市住宅人均建筑面积20平方米，居住面积14平方米，使用面积18平方米。

第四节　公用事业

一、供　水

1978年，全镇6条供水管线，其中，西城区供水管网有歌诗坡至怀化市第二人民医院管线、歌诗坡至酱醋厂管线、歌诗坡至百货公司管线、信托分国至岩码头管线，东城区供水管网有四神庙至市二木厂管线、洪江一中至桂花园政府管线。1984 年，带子街水厂建成投产，共铺设主干管线 7 条，总长 18.42 千米，过河管 3 处。除电厂、造纸厂、瓷厂、纺织厂、化工厂及天兴机械厂、湘西仪器仪表总厂、中国人民解放军第 3614 工厂等一些较大工业企业建有自备水塔和泵房外，全市生活用水和部分企业用水统由市自来水公司供应。1985 年，全市自来水用水户数 1097 户，售水量 266 万吨，供水普及率为 83%。1989 年，全市日产自来水 3 万吨，用水户数 1560 户，年售水量 611 万吨。1991—1995 年，新增供水管网 3 千米，自来水普及率由 1990 年的 90% 提高到 1995 年的 92.5%，农村饮用自来水人数达到农村总人口的 52%。1995 年，全市供水管道总长度 80 千米，年供水总量 1846 万吨，生活用水量 550 万吨，生活用水人口 5.05 万人。1996—2000 年，全市供水综合能力达到 9.8 万吨 / 日，自来水普及率 94.33%。

2001 年，全区供水总量 530 万吨，其中生产运营用水 220 万吨，公共服务用水 40 万吨，居民家庭用水 190 万吨，消防及其它用水 80 万吨。用水人口 5.3 万人，城市自来水普及率 98%。2004 年，启动自来水管网改造工程改造，工程建设内容为：带子街水厂过河途经创业路（3.9 千米）的循环管网改造；进水箱（取水泵房）改造；新建酒厂—贮木场 DN500 毫米管（2.5 千米）；完善城区 DN600 毫米（3.85 千米）管道改造；新建大湾塘—鸬鹚 DN300 毫米管道（10.0 千米）；古商城管网 10 万平方米入地改造，建设规模为 25.25 千米。2005 年，管网改造工程基本竣工，全区供水管道总长度 83 千米，供水总量 653 万吨；水表户数 3946 户，售水量 251 万吨，其中生活用水 173.3 万吨，环境卫生用水 5.7 万吨；自来水普及率 95%，人均日生活用水量 150 升。

二、排　水

1978—1988 年，洪江市在新民路、沅江路、雄溪路等几条主干道每隔 20 米设置沉沙井一处，新建的下水道出口大都仍为贯通旧时的主沟排水入江河，共新建下水道总长 11.5

千米，其中在新建的沅江路内侧铺设直径为300毫米的水泥污水管道。截流沅江路及内侧区域污水，引入临江河岸截流池，经处理后再排入江河。1992—1994年，改造劳动路、南岳路、狮子楼、幸福东路下水道1.11千米。1995年，全市下水道总长度20千米，市内排水管道密度增加到4千米/平方千米。1996—1998年，新建沅江路、巫水路下水道1.9千米。2005年，全区城市排水管道长度20千米，排水管道密度3.5千米/平方千米。

三、防洪工程

1982—1983年，洪江市政府为防止沅江、巫水春夏洪水灾害，在市中心区沅江南岸、巫水西岸分期修建防洪堤，建成巫水西岸自犁头嘴至大码头青古砌筑的防护堤，堤上装有水泥预制栏杆。1984年，在洪江大桥西端犁头嘴至塘坨的巫水河西岸建堤，沅江渡口以上至林业局防洪堤与沅江路路堤合二为一。1985年，动工兴建沅江路，结合修建自犁头嘴至鹅形护堤工程，其中鹅形端护堤为路基档墙，起双重作用。1993年，修建江滨游园二期工程，防护坡全长320米，配置防护拦杆320米。1995年，全市新增防洪堤2千米。2001年，全区防洪堤长度达3.6千米。2002—2005年，修建洪江大桥东端桥下巫水东岸修建防洪护坡堤，以及巫水河西岸洪江大桥西岸南端沿河向南至欧式住宅楼外河岸剪刀式混凝土挡土墙。

四、城市公共交通

1979年，有公共汽车5辆，线路有邮局至茅头园、邮局至铁溪、邮局至长田（属会同县）、萝卜湾至邮局、邮局至带子街、邮局至市化工厂。后市化工厂、铁溪、茅头园、长田4条线路停开。1985年5月，新辟邮局至岩门专线。1987年，恢复铁溪线。1988年，洪江市有线路4条，线路里程19千米，沿途停靠24个站点。1989年，全市有城市公共汽车40辆，运客总数947万人次。1990年，在郊区农民的呼声下，开通桥头至鸬鹚公交线路。1991年，新辟邮电局至茅头园、邮电局至鸬鹚村公交营运线路，增加线路47千米，并新增公共汽车2辆。1992年，全市有公共汽车营运车

47辆，全年公共汽车客运总数1120万人次。同时，为方便学生晚自习和职工上下班，将公共汽车营运时间延迟到21：30。1993年，新辟邮电局经带子街线至会同县黄茅乡公交线。1997年，全市公共汽车营运车辆下降至21辆。2000年，全区（市）公共汽车营运车辆36辆，公交营运线路有邮局至黄茅、邮局至铁溪、邮局至萝卜湾、邮局至茅头园、邮局至岩门，营运线路36千米。2005年，全区公共汽车线路已缩减至5条，线路总长36千米。公共汽车营运车26辆、出租车26台、柜式摩托车（俗称慢慢游）2300台、摩托车800台，营运线路网长度36千米，年总载客量300万人次左右。

第五节　城市绿化

一、街道绿化

1980—1983年，幸福东路、幸福西路、雄溪路建成，除幸福东路单植法国梧桐外，其他路均为香樟、法国梧桐和广玉兰间植。1983年，开始绿化沅江路桥头至犁头嘴路段，单植法国梧桐。1987年，从鹅形至犁头嘴路段外岸植绿化带和行道树，以香樟、光叶白玉兰和海桐间植；翌年春，从犁头嘴至桥头路段植绿化带和行道树，先栽香樟、棕榈、迎春花、美人蕉。1988年，换栽香樟和海桐，使全路段树种趋向一致。1989年，市区11条主要道路植行道树23种、2670株，绿化面积7.2公顷。

1991年，栽植城市行道各类树木1.06万株，城市公共绿地23.9公顷，建成区绿化154公顷，道路绿化7.5公顷，建成区绿化覆盖率39.5%，人平公共绿地5.9平方米。1992年，新辟绿化荒山20.7公顷，种植各类树林2万侏，其中人行道、公共绿地增植树木0.74万株。1993年，完成洪黔公路、巫水路、中山路和巫水河岸绿化，共绿化道路、河岸21.4千米，增加各类绿地533公顷，植乔、灌木1.21万株，藤柄植物396株。1994年，实施江滨游园二期绿化，栽植各类乔、灌木384株，种绿篱1.2千米。1995年，全市有建成区绿化覆盖面积201公顷，人均公共绿地6.1平方米，建成区绿化覆盖率33.4%。

1996—2000年，全区（市）公共绿地面积32.6公顷，建成区绿化覆盖率35.7%，人均公共绿地面积6.13平方米。

2001年，全区绿化覆盖率面积205公顷，公共绿地面积34.8公顷，建成区绿地率33.6%，建成区绿化覆盖率35.7%。2005年，全市人均公共绿地7平方米，人均道路面积9平方米；17条主干道路，总长3.55千米，绿化面积23.5公顷；共有行道树24种、4370株，主要树种为樟树，次要树种是法国梧桐、广玉兰、海桐，其它为喜树、梧桐、梓树、光叶白兰、柳树、紫荆、夹竹桃、红叶李、苦楝、法国冬青、丝兰、罗汉松、雪松、迎春、栀子、栾树、杜鹃、七里香、柳杉等。

二、园林庭院绿化

1978年12月，镇政府提出“美化洪江”的口号，确定24个重点单位率先创建花园式单位。1979—1985年，湘西仪器仪表总厂天平分厂在主要道路栽植樟树、法国梧桐510株，从长沙引进山茶、白兰、广玉兰、雪松、浙江月季等，职工家庭养花面积达80%，全厂绿化率达30%。1986年5月，雄溪公园于建成开园，园内共植树木5万余株，修游园路2.5千米。1988年，带子街水厂、洪江电厂建成环境优美工厂，其中带子街水厂绿地面积4455平方米，绿化覆盖率37%。1989年，确定34个单位为重点绿化单位，全市各单位在庭院里栽树23.6万株，植绿篱2.4千米，种草皮1.55万平方米，建花坛223个、面积1.5万平方米，苗圃2580平方米，花圃645平方米，花卉色块930平方米。

1991—1992年，完成江滨游园7872平方米基础绿化，植树36种、415株，铺草坪2200平方米。1994年，全市新植补植各种树木2479株，大桥至电厂河岸植意大利杨树1500株，小湾新辟楠竹基地0.8公顷，嵩云山、朱砂井等地补植树木1.1万株；先后有60个单位绿化庭院，植树1.45万株。1995年，在嵩云山两侧宜绿地段补植灌木3700株，种植银杏400株，建成0.67公顷“银杏园”。1996—2000年，全区（市）园林绿化面积194公顷、公园面积29公顷、苗圃面积 7 公顷。2001 年，全区创建省级“园林式”单位 12 个、怀化市级“花园式”24 个、区级“花园式”单位 4 个,雄溪公园绿地面积 26.8 公顷，绿地率 92.4%，园林建筑及游乐设施占地 0.2 公顷。2001—2005 年，全区园林绿地面积保持在 190 公顷以上，洪江区有省级“园林式”单位、市级“花园式”单位和区级“花园式”单位共计 44 个。

第六节 城市卫生

一、环境卫生管理

【道路清扫】 1978 年，每名环卫工人负责清扫一条街道。20 世纪 80 年代,城区道路新建、改建和扩建，清扫范围扩大，清扫面积为 9.8 万平方米。20 世纪 90 年代，城区清扫面积为 10 万平方米。2005 年，上门收集率达 95%，清扫面积扩大到 13.5 万平方米。环卫工人采取分组、定路，保障城区道路“日清月洁”。

【垃圾清运】 居民的生活垃圾，倒入就近设置的垃圾箱（围）内；生产垃圾、建筑垃圾，集中倾倒在划定地点；医院、屠宰行业的废弃物，另行处理；住宅小区生活垃圾，实行有偿收集。据统计，1978—2005 年，城区外运垃圾 69 万吨，年平均清运 2.6 万吨。2005 年，全区清运生活垃圾 2.9 万吨，垃圾清除外运率 100%。

【粪便清运】 由环卫处负责粪便的管理与清运，管理方法大至为：分类管理，集中销售，统一分配。

二、环卫设施

【公厕】 1978 年，城区有公共厕所 31 座，其中 21 座公厕为砖木结构式旱厕，10 座为钢混结构和自控水冲装置的公厕。1991 年，在新民路、沅江路、幸福西路改建冲水式公厕 3 个，使全市水冲式公厕增加到 20 个。1992 年，新建、改建巫水路、宋家巷、打船冲、狮子楼 4 个水冲式公厕，提高南岳路等 7 个公厕装修标准，有 12 个公厕接近三类公厕标准，1 个公厕接近二类公厕标准。1995 年，翻新湘乡馆、牛头冲公厕。2001 年，全区直管公厕 30 个，其中水冲式公厕 26 个。2005 年，直管公厕 34 座公厕，其中 3 个为旱厕，31 个为水冲式公厕。

【垃圾箱（围）】1978年，城区设置垃圾箱（围）36个，其中铁皮垃圾箱12个，钢混、砖石垃圾围24个。1980年，改为1吨的长方形铁皮垃圾箱。1988年，全市设置垃圾箱、围、点48个，其中铁皮垃圾箱19个，钢混、砖砌垃圾箱15个，定时收集点14处，年均清运垃圾9000吨。1992年，新增垃圾清运点4处，垃圾总外运量2.1万吨。2005年，建立有偿清运点4个，全区有垃圾箱（围）68个，其中垃圾箱63个，垃圾围5个。

【中转站】1984年，为便于集中输送城区垃圾，城东洪江大桥东端设有一个亭廊式三层垃圾中转站。1986年，在巫水河塘坨码头另建一个垃圾中转站，代替桥东垃圾台，有砖砌垃圾装车台1个，全市生活垃圾均集中在此装车外运。1993年，完善塘坨市场垃圾站，建成垃圾场工作房。2005年，城区共有垃圾中转站5个，夜间收集，清晨由清运车运至垃圾场。

【垃圾场】1982年，在离城区4.5千米处洪白公路旁大冲头荒谷，征地0.8公顷作为城市垃圾消纳场。1994年，改造垃圾场工作房，垃圾处理利用黄姜渣对垃圾实行填埋消毒焚烧。

【果皮筒、痰盂】1978年，城区放置钢筋水泥果皮筒36个。1986年，增添铁制彩色果皮箱和地痰盂，淘汰简陋的水泥果皮箱，全市果皮箱和地痰盂达69个（套），其中果皮箱46个，地痰盂23套。2005年，城区放置果皮筒120个。

第二章　建筑业

第一节　建筑企业

1978年，境内建筑施工骨干企业—洪江市建筑工程公司，下辖4个工程队，共有职工620人。1988年，全市有建筑企业5个，其中三级建筑企业

2个，四级建筑企业3个，职工人数达1100余人。1991年，全市有市建筑工程公司、市第二建筑工程公司、农垦基建队、桂花园乡建筑建材公司、常青乡基建队、市水电安装队、黔城乡株山基建队、房产经营公司基建队、市河滨路维修队等建筑安装企业9家，其中三级企业1家，暂定四级企业2家，非等级企业6家。1994年，全市有等级建筑企业7家，非等级建筑企业4家。1999年，建筑集体企业有建设工程公司和第二建筑工程公司2家，国有建筑企业建筑安装工程公司1家。2001—2005年，洪江有资质的建筑企业5家，即洪江市华团建筑有限公司、洪江市第一建筑工程有限公司、洪江市第三建筑有限公司、洪江市发展建筑有限公司、洪江电力工程安装公司，其中房屋建筑工程施工总承包二级1家、房屋建筑工程施工总承包三级3家、机电设备安装工程专业承包三级1家。建筑从业人员2430人。

第二节 建筑施工

1978年，洪江城市建设发展迅速，建设工程项目规模大、投资多、结构变化、工艺进步、层次增高，采用包工包料的承包方式。1983年，下发《洪江市建设管理的暂行规定》，一切新建、改建、扩建或翻修的工程项目都要服从城市总体规划，并对划拨建设用地、勘察设计、工程质量、文明施工、材料管理、施工队伍、设备技术以及收费均作明确规定。1989年，全市房屋建筑施工面积8.03万平方米，竣工面积4.43万平方米。1991年，结合洪江地质情况，设计上大胆采用“大孔径混凝土桩基”“小孔径混凝土桩基”“人工换土地基”“无埋式大板基础”等建筑结构新技术，在施工上采用“轴线固定滑引法”有效控制位移。1995年，引导本地建筑企业外拓市场，有5家企业外出承揽工程，总造价800万元。2001—2005年，推行建多种形式的经营承包，实现经营机制转变，建筑企业在建筑设计上应用电脑和现代企业管理方面进展迅速。2005年，渔梁湾水电站、巫水路防洪堤、古城欧式黄金小区、华鑫大厦、金鑫大厦、回龙寺加油站、恒光化工厂房等一批城市重点建筑和重点工程，严格坚持规划技术高标准、高起点、高品位，突出古城建筑风格和山水城市特色，提高城市品位。

第三节　建筑行业管理

一、建筑质量管理

1978年，洪江镇建筑质量由市基本建设委员会确定专人负责管理建筑工程质量。1982年，制定《建筑工程技术管理制度》，要求施工企业守“六法”（即施工验收规范、质量评定标准、施工操作规程、技术责任制、施工程序、事故分析报告处理制）、把“七关”（即图纸会审、测量放线、地基基础、材料试验、混凝土施工、砌筑砂浆、预制件及加工件），以及施工有方案、技术有交底、变更代用有核定、隐蔽有记录、质量有评定、施工有日志、事故有分析、交工有档案。1985年，市建委建筑工程质量监督站成立，负责全市的工业与民用建筑以及勘察设计、施工、建筑构件生产的质量监督工作。1991年，在4个乡成立乡建管理站，由一名副乡长兼任站长，切实加强乡建管理。1993年，成立建筑工程安全监察站，加强施工企业的施工员、安全监察员的培训。1995年，实行安全质量一票否决权，查处纠正不规范行为110例。1997年，成立洪江市建筑工程施工现场综合考评领导小组，确定商业局住宅、国税局住宅、洪江一中教学楼为现场施工综合考评。2001—2005年，全面实行工程质量监督制、建设监理制，工程质量合格率、建筑工程受监理率达到100%。2005年，全区共监理新建工程126个，建筑面积37.4万平方米，完成竣工工程118个，建筑面积35.5万平方米。验收合格率100%，其中优良率55%。

二、招投标管理

1978年，市人民政府规定所有的城市基建项目都要预报计划，未报计划或未经批准的项目不准施工。1984年，成立建筑工程招标投标委员会，明确规定：凡经批准的新建、扩建和改造（特殊工程项目除外投资在8万元以上（含本数）的工程项目都要招标投标，标底由招标委员会预定，不公开；投标单位须执有登记执照并通过资质审查，其标底和预制标底相符即中标；若一标几中”，则招标投标委员会根据单位信誉、承包能力、工程质量等条件确定中标单位；中标建筑企业在施工前，到建委领取施工执照，否则不准施工。建委核发施工执照根据以下条件：计划工程的文件，经审查后的施工图纸，经审查通过的工程预算、施工方案，经鉴证的施工合同和对方付款委托书。建委并实施对建设、施工单位的政策技术、质量、安全等方面的管理。

1992年，按照《湖南省建筑工程投标招标管理办法》，允许建设方自行选择设计施工队伍，双方协商工程价格。1993—1994年，制定《洪江市建筑工程技术招投标暂行办法》《关于加强小土建管理的通知》，全市开工项目16个，全面参与招投标，工程总投资1631万元，总面积4.5万平方米。1996—2000年，普遍推行工程招投标制，工程招投标率100%，共完成各类房屋建筑竣工面积7万平方米。2003年，成立洪江区招投标管理办公室，归口区发展计划局管理。2004—2005年，坚持公平交易、鼓励竞争、加强管理、逐步规范的原则，积极探索“合理定价评审抽取法”新的招标方式，由招标人制定合理价格予以公布，随机抽取确定中标人。通过实行招投标制，全区招投标率达100%。

第三章 房地产业

第一节 城镇住房制度改革

1988年5月，市房地产公司和市建设银行联合成立洪江市房地产联合开发公司，按照旧城改造规划，首先在市区新民路选择7个开发点区，专进行规划建设。首批上马的1—5号开发点工程总面积1.1万平方米，均为临街高层现代建筑，商品住宅实行公开出售，价格实行标准定价：最高每平方米360元，最低每平方米200元。1989年，续建6—7号开发点区工程总面积1.3万平方米。1—7号开发点区共售出商品住宅房87套，总面积5635平方米。1992年，全市房地产交易79件，交易额294万元。1994年，清理房屋产权发证，登记房屋发证6777件，建筑面积210万平方米；已发证6348件，建筑面积195万平方米；定权发证374栋，面积14.3万平方米。1995年，全市党政机关、企事业单位建立住房公积金制度，有134个单位建立住房公积金，已申请购房474个单位，办理评估126个，交购房款13个单位。全年竣工商品房6000平方米，单位建房1.3万平方米。1996—2000年，出售房改房3700套，建筑面积20万平方米，归集住房公积金1300万元；新建商品住宅面积1.47万平方米，人均居住面积达到12.34平方米。2000年，取消现住房折扣，公有住房出售坚持先评估后出售的原则。职工按标准价或成本价购房，建筑面积控制标准为：一般职工65平方米，科级干部75平方米，县处级干部85平方米，地厅级干部110平方米，有专业技术职务的中高级知识分子购房面积标准按省、地规定执行。2005年，全区148个单位实行住房公积金制，其中企业37家，行政事业单位111个。共计自管住房5790套，总建筑面积28.95万平方米，已出售给职工个人3845套，约19.23万平方米。

第二节　房地产开发与经营

1978—1987年，洪江市（镇）房地产开发投资主要投向住宅和商业服务用房。1987年，直管公房租金实行“定额住房价”“超面积加租价”，即规定人均居住面积为8平方米，每户再上浮3平方米，在此范围内按统一价格收费，超1平方米的按质和类别收取高租金，最低每平方米收费0.2元，最高为0.5元。1988年，探索商品房建设，在新民路选择1—7个开发点区建设商品房。

1992年，推行房租改革，成立住宅合作社，当年入股人数20户。1993

年，新建迴龙寺、神龙宫、河滨路3栋安置房，安置危困户64户。1994—1995年，实施“安居工程”，完成“安居工程”住宅面积2.5万平方米，解决6平方米以下住宅困难户80户，房屋租金由0.06元/平方米提高到0.5元/平方米。1996年，完成幸福东路安居工程住宅楼210套，面积1.47万平方米。1997年，先后在姚家井、油篓巷、土桥坑、俞家冲、小寨溪、高坡街修建住宅，解决农民和部分住房特困户77户。2000年，全区实有住房建筑面积113万平方米，其中住宅面积109万平方米；新建商品住宅面积14.7万平方米；年房租收入260万元。2001—2005年，新建城市住宅25万平方米，城区住房成套率达72%，城市住宅建设投资占全区固定资产投资规模的5%。房地产增加值占全区国内生产总值的5%。全区建成歌诗坡小区、广场小区、鹏华花园、欧式黄金家园、悦来小区、迎春佳园、杏林小区、财苑小区、二医院小区和工会综合楼等10个商品房住宅小区。

第四章 环境保护

第一节 环境管理

一、编制环保规划

1981—2005年，洪江市（区）先后编制和实施《洪江市环境保护工作初步规划》《洪江市“八五”环境保护计划》《洪江市环境保护“九五”计划》《洪江区环境保护“十五”计划》《洪江区环境保护“十一五”规划》，从环境质量指标、污染控制指标、生态保护目标、环保管理能力指标四个方面制定未来五年发展规划。

二、建设项目审批

1986年，市环境保护局对新建、改进、扩建的项目方案审核，要求对产生废水、废气、废渣进行综合利用。1989年，对新建、改建、扩建、技术改进和开发建设项目，防治污染设施必须与主体工程同时设计、同时施工、同时投产。2005年，全市共审批环境影响报告书16份，环境影响报告表167份，环境影响登记表82份，批准建设项目265个。

三、环保政策法规

1990—1997年，先后制定《洪江市环境污染事故处理暂行办法》《洪江市饮用水源保护区管理规定》《洪江市环境噪声控制达标区管理规定》《横岩乡饮用地下水源保护区管理规定（试行）》《关于固体废弃物集中堆放的若干规定》。2001—2005年，全区污染物排放总量提到基本控制，主要污染物排放量基本控制在省、市下达的指标内。

四、排污费征用

1980—1989年，开始征收超标排污费，累计征收超标排污费282.6万元。1991—2005年，征收企事业单位排污费和第三产业排污费，累计征收各类排污费1560万元。

第二节 污染治理

一、水污染治理

1980年，全市115个企业中，有排污企业51个，其中中国人民解放军第3614工厂、天兴机械厂和湘西仪器仪表总厂有废水处理设施，市印染厂和有机玻璃厂也能初步对废水进行处理。全年共排放工业废水385万吨。1985年，市汽标厂和常青电镀厂废水处理工程投入使用，市有机玻璃厂安装废水排放专用管道，减轻环境污染。1991—1995年，全市工业废水年均排放量933万吨，市造纸厂完成白水回收工程，每月回收利用废水6.8万吨，回收浆7.8万吨。1999年，洪江瓷厂建成瓷泥废水回收系统，每年回收精泥近1000吨。2000年，全区工业废水达标率90%。2002年，环保部门采取发放环保贷款和企业自主投资相结合，完成市造纸厂、恒光化工、全成化工等企业的废水处理和回用工程，并禁止在饮用水源保护区排放废水污染物。2003年，关闭市炼油厂和玻璃钢化工厂，市汽标厂和建材玻璃厂限期停产治理。2004 年，市造纸厂完成 35 吨碱回收扩建工程，与原有 25 吨碱回收系统一并运行，减轻中段废水处理的负荷，确保排放水质稳定达标。2005 年，关闭小型污染严重企业，岳阳泰格林纸集团洪江纸业公司、利多陶瓷公司、新湘陶瓷公司、中医院等 15 家企业通过验收工业废水排放均达到标准。

二、大气污染治理

1980 年，全市 115 家工矿业企业年排放废气 23 亿立方米，除 10% 的厂矿锅炉装有消烟除尘装置外，其余均无任何措施。1985 年，为减少废气对城市的污染，以市政府所在地为中心，建立无黑烟区。对市活性碳厂等污染严重和经济效益差的企业实行转产，关闭或搬迁塘坨藕煤生产车间和市制模厂等一批废气、粉尘污染严重的企业。1988 年，先后关闭和搬迁建在市区的水泥厂、街道冶炼厂、活性碳厂、陶器厂、有机玻璃厂、振兴化工厂等污染型工厂，并建成以新民路为中心的 2.36 平方千米的烟尘控制区。1989 年，建成烟尘控制区 3.4 平方千米（包括 1988 年建成的 2.36 平方千米），市区内烟尘覆盖率达 94.2%，其中烟尘控制区内配备锅炉除尘设施的企业达 80%，139 家食堂大灶和个体户饮食营业灶均使用 220 型煤。1991 年，洪江瓷厂采用低温细瓷烧成设备——倒焰式推板窑，吨煤耗比国家标准节能 50%。1995 年，洪江造纸厂采用冷凝法治理蒸煮废气，每年回收松节油 150 吨。2000—2001 年，洪江瓷厂制浆原料改为瓷泥，淘汰污染严重的雷蒙机、轮碾机，微机控制油烧辊道窑烟尘、二氧化硫削减率达 94%。2003 年，洪江瓷厂、新湘瓷厂采用催化补氧技术改造 3 座烤花窑，烟尘浓度达标排放。2004—2005 年，怀化中金化工有限公司建成化工废气处理设施，采用碱性液吸收法或活性炭吸附法处理化工工艺废气；洪江纺织配件铁合金厂建成含硫废气处理设施，采用石灰水吸收含碱工艺处理废气；泰格林纸洪江纸业公司新建循环流化床锅炉，使锅炉除尘脱硫指标达到中家允许排放标准；恒光化工建成 8 吨余热利用锅炉，停运原有10吨燃煤锅炉。2005年，全区总悬浮颗粒物年均值达到国家环境空气质量标准二级，二氧化碳年均值达到国家环境空气标准一级。

三、工业固体废物治理

洪江工业固体废物主要为废渣（包括煤渣、废硅、工业粉尘等）。1980年，全市115家工矿业企业年产废渣4万吨。1985年，市煤渣砖厂新建1条生产线，洪江瓷厂、新湘瓷厂废煤渣污染大户兴建小型煤渣砖厂，全市废渣利用率达70%，大大减少废渣对沅江和巫水的污染。1988年，全市固体废弃物综合利用1.29万吨，利用率34%。市造纸厂碱回收工程，实现造纸黑液资源化，当年回收碱1129.9万吨。1991年，洪江瓷厂作为废渣大户，在会同县黄茅乡架坪村小杉木溪新辟一个堆渣场，全部用于堆放该厂每年产生的2.2万吨工业废渣。1994年，洪江造纸厂推广应用煤渣砌块生产线，完全解决造纸厂的煤渣堆放；洪江瓷厂利用废匣钵生产耐火材料，既解决废渣问题，又创造经济效益；全市6家企业直接利用“三废”作原料，生产再生机油、再生皮革、醋酸钠、农用塑料等，年产值600万元。2000年，下发《关于禁止向沅江、巫水河倾倒固体废弃物的通知》，新建铁溪、桃李园垃圾场，对废弃承运司机实施固体废弃物排放许可证制度，有效地解决乱倒固体废弃物的现象。2003年，泰格林纸洪江纸业公司建成25吨、35吨碱回收系统各一套，年回收碱1.4万吨。2004年，全区17家单位年产危险废物61.59吨、医疗废物45吨，其中医疗废物中输液管、输液袋、引流袋、注射器等一次性医疗器具统一由怀化市一次性医疗器具回收站进行登记、收缴、处理；其余废物作焚烧处理。2005年，区内有企业自建一般固体废弃物处理场40个，年处置一般固体废物1.78万吨。

第三节　环境监测

一、常规监测

【大气质量监测】1989年，监测二氧化硫、氮氧化合物、总悬浮微粒，设防疫站、自来水厂、雄溪公园采样点3个。1991—1995年，增设市美术印刷厂采样点位。经测量，市区大气污染物二氧化硫日平均浓度为0.229毫克/立方米，最大值0.59，超过大气质量三级标准。1996年，改为监测站、茅头园、自来水厂3个采样点。2001—2005年，全区二氧化硫平均值为0.174毫克/立方米，超过国家环境空气质量三级标准0.74倍；总悬浮物颗粒物年均值0.138毫克/立方米，达到国家环境空气质量标准二级；二氧化氮年平均值0.019毫克/立方米，达到国家环境空气标准一级。污染源主要是工业废气、机动车尾气、施工拆迁、裸露地面扬尘。

【水环境质量监测】1984年，监测站对辖区内沅水及其支流巫水开始进行常规监测，其中沅水洪江段设黔城狮子岩、西门口、叠网部、大湾塘、萝卜湾5个采样断面，巫水洪江段设洪江大桥、黄茅、自来水厂3个采样河段。1991—1995年，据测量，沅江的三个断面，除岩坝头、萝卜湾断面的挥发酚有超标现象外，大湾塘断面基本无超标现象；巫水洪江段因受上游绥宁城步造纸行业的影响，饮用水源受到不同程度的影响，有机物污染较严重。2000年，沅水采样点位调整为大湾塘、萝卜湾、岩坝头3个采样河段，巫水采样点位调整为洪江大桥和自来水厂两个采样河段。2001—2005年,沅水洪江段设深溪口、大湾塘、萝卜湾、岩坝头4个采样河段，巫水洪江段仍设洪江大桥、自来水厂两个采样断面。沅水洪江段全年三个水期各监测断面的总磷均超标，达到GB3838-2002地表水环境质量III类标准；巫水洪江大桥断面全年三个水期的监测项目均达到GB3838-2002地表水环境质量III类标准。污染源来自生活污水、工业废水、农业面源及生活垃圾污染。

【城市噪声监测】1984年，洪江交通噪声设置4个点位进行监测，监测控制道路长度为4.3千米。1991—1995年，市区主干道新民路交通噪声声级为70.00—72.34分贝，沅江路为72.38分贝；四个监测点等效声级均值71.08分贝，超过城市环境噪声标准。1989年，洪江城区建立噪声控制区，面积为2.2平方千米，控制区内主要为二类居住区、商业区、文教区和少量工业混杂区，设监测点位42个。1990年，监测点位增加至88个。2001—2005年，监测点位数142个。洪江城区区域环境噪声等效声级白天平均值51.8分贝，夜间平均值43.8分贝，主要道路交通噪声范围为58.5—73.4分贝，交通干线噪声平均值66.3分贝，超标路段主要为新民路、巫水路及南岳路。

二、污染源监测

1980年，全市51个排污企业的工业废水除少量经初步处理外，其余均直接排入沅江、巫水河；废渣除部分利用制砖外，其余均堆放河边。1985年，对洪江造纸厂、洪江瓷厂、洪江化工厂、洪江纺织厂4个重点工业污染源的废水、废气排放进行连续跟踪调查，1985年4企业废水排放588.17万吨，废气排放1.81亿标立方米，分别占全市排放量的65.2%、18.3%。2005年，重点对辖区内地表水、饮用水源水、大气、区域环境噪声、交通噪声等进行常规监测，各排污企事业单位的“三废”及噪声的监视性监测，其中泰格林纸洪江纸业公司、利多陶瓷公司、恒光化工公司、四海棉业公司4个重点污染企业共排放废水419.83万吨、排放废气9.1亿标立方米，分别占全区企业废水排放、排放废气总量的61.95%和80.50%。

第十九篇　交通　邮电

第一章　交　通

第一节　交通网络

一、公　路

【公路建设】1982年，结合公路大修，对省道222线洪江段重铺沥青路面，路基宽度基本达到三级公路7.5米的技术标准，通过市中心南岳路至劳动路段，车行道宽为8—12米5米。同时，修建雄溪路，长3.5千米。1986年1月,动工修建洪黔公路，1988年10月建成通车，全长22.54千米。是年，全市有过境国道9.22千米、过境省道14.7千米、市（县）道33.2千米、村道17.39千米、工厂专用线25.8千米。1990年，洪黔公路完成油路化。1995年5月，洪黔公路正式列入全省公路养护计划，经验收达省标5级油路。1997年，洪靖公路洪江段竣工，全长11.6千米。起于洪江与会同黄茅乡交界处，止于洪江区横岩乡。1998年8月，洪黔公路1Km+300m ~ Km+600m段由于洪江水电站建设的需要，由电站业主五凌公司进行水泥硬化。1999年5月，袁滩公路开工，2000年12月通车，乡村机耕道，全长3.2千米，起于桂花园乡袁家盘，止于滩头村，路基宽5米。2000年8月，对洪鲁线K0+000M ~ K4+500M段进行砂改油。2001年，全区有县、乡、村级公路

19条,总里程82.8千米。2002年5月,岩横线K14+500M ~ 15+520M段由于洪江水电站移民工作的需要,电站业主五凌公司投资130万元对此段进行改线,并于当年8月进行砂改油。2003年,洪黔公路进入通乡公路建设计划,全面实施水泥硬化。2005年,完成省道222线洪江区段5千米路面工程的水泥路面硬化。

2005年,全区有省道22.5千米,县道35.1千米,村道55.2千米。

【桥梁】 境内有永久性公路桥梁12座,其中省道222线洪江段上4座、区道(洪黔线)上4座、村道上4座。

【涵洞】 境内共有涵洞194处,其中专用公路及村道20处,县道共174处。

二、水　道

【码头】 1978—1988年,洪江主要码头有桥西码头、陆家码头、万寿宫码头,以及阶梯踏步式炮铺桥、一甲巷、岩码头码头,拉坡机道式马羊山、回龙寺、电厂等码头。其中,桥西大码头主要用于装卸木材、煤炭等物资;陆家码头,为简易斜坡式码头,主要用于起运建筑材料、黄沙等;万寿宫码头,为水泥趸船浮码头,主要用于轮渡客运;炮铺桥、一甲巷、岩码头主要用于装卸散货、木材;马羊山、回龙寺、电厂等码头则系装卸粮、盐、煤的专用码头。1989年,洪江市对巫水路进行改造,拆除桥西大码头。1998年,改造万寿宫码头和岩码头,拆除横岩码头。2001年,洪江区在横岩村修建综合性码头,主要停靠客船及旅游船。2005年,全区除横岩客货码头仍在使用外,其它大小码头如万寿宫、大湾塘、萝卜湾、马羊山、电厂、化工厂、犁头嘴、岩码头、炮铺桥码头等均已废弃,万寿宫等极少数码头仅存遗迹。

【渡口】 1978年,境内有川岩、萝卜湾、滩头、岩门、车皮溪、洪瓷、渔梁湾7处渡口。1987年,新增官溪、新店、柳溪、老团、纺织厂渡口。1990年,沅水水系存留渡口8处,纺织厂渡口停运。2002—2005年,存留3处渡口,除川山渡口归航运公司管理,车皮溪渡口专为村民服务不收渡费,其它渡口则采取以渡养渡。

第二节 交通运输

一、公路运输

【客运】1980 年以前，客运由湘运 48 车队独家经营，开行客班线 12 条，每日发车 38 班次。1982 年 7 月，建立专业客、货运输队湘运 148 车队，增设萝卜湾代办点，增辟客车营运线路 16 条，日发车 69 班次。1987 年，市内有各类运营客车 80 辆，客运线路 16 条，全年客运量 179 万人次，客运周转量 5689 万人千米。1994 年，营运客车增至 441 辆，年客运量 81 万人千米，客运周转量 2009 万人千米。1999 年，全区有客车 83 辆，客运线路 21 条，每日发送 130 个班次。2001 年，新增空调快巴 7 辆，每日发送班次增至 160 个。2005 年，全区拥有客车 55 辆，对班发车 90 个班次，营运线路 12 条，年客运量 40 万人，客运周转量 2995.8 万人千米。

【货运】1978 年，全镇有载重货车 65 辆。1980 年，随着运输市场开放，参与货运的社会车辆达 250 辆，洪江汽车站货运量明显下降。为适应新形势，国营运输单位开展合同运输，增加跨省、跨地区长途线路和班次。1988 年，全市国营、集体、个体货运量 31.5 万吨，货运周转量 1777 万吨千米。1991—1995 年，全市货车由 1991 年的 403 辆下降至 1995 年的 251 辆，公路货物运输量由 1991 年的 37 万吨增加至 1995 年的 76 万吨，公路货物周转量由 1991 年的 3079 万吨千米增加至 1995 年的 8041 万吨千米。1999 年，全区有货车 256 辆，年货运量 19.2 万吨，年货运周转量 5680 万吨千米。2001 年，全区有货车 212 辆，比 1999 年下降 17%，年货运量比 1999 年增长 4.1%，年货运周转量比 1999 年增长 3.9%。2005 年，全区有货车 228 辆、危险品货物车辆 23 辆，年完成货运量 35 万吨，货运周转量 8202 万吨千米。

二、水路运输

【客运】1978 年，全镇从事水路客运有航运公司和直属船队，总客位 200 个，总吨位 3763 吨。1984 年，全市年客运量 25.8 万人次，比 1978 年增长 96.13%；客运周转量 378.7

万人千米，比1978年增长38.93%。1984年，邻近各县公路运输条件改善，水路客运逐渐失去竞争优势，客运量明显下降。1989年，全市年客运量仅1万人次，客运周转量8万人千米。1990年，全市客运量、客运周转量均为零，人们出行全部乘座公路客车。

【货运】1978年，随着洪江工业生产的迅速发展，企业所需原材料、燃料急剧增加，全年完成货运量15.02万吨，货物周转量2305万吨千米。1980年，枝柳铁路建成通车，部分货物改用火车运输。但由于成本低，水运仍有一定的运输优势。1984年，洪江市航运公司吨位较大的大批钢质机船投入长途运输，虽货运量只完成5.03万吨，但货运周转量达8039万吨千米。1991—1995年，全市年均拥有船舶69艘，年均水运货物运输量5万吨，年均货物周转量7376万吨千米。1996年，全市有机动船107艘，年货物运输量3万吨，货物周转量4185万吨千米。1998年，洪江水电站动工，内河航运终止。1999年，洪江区第二航运公司解散。2004年，洪江区航运公司依法破产。

第三节　交通管理

一、路政河政管理

【路政管理】1984年4月，成立洪江市公路管理站。1996年，洪江市公路管理站设路政股。1993年10月，为保证道路畅通，拆除3条管养县道沿线违章违法临时建筑物、加工棚50余处。1998年，因洪江水电站的建设，洪黔公路沿线乱搭乱建违法建筑增多，公路管理站拆除所有违章建筑物，确保道路安全畅通。1999—2001年，处理公路两边开石取土、乱挖乱建、乱堆乱放、破路损沟、损坏及滥伐行道树、破损路基护坡、擅自搭棚设摊等路政案件21起，追缴赔偿金1.86万元。2005年，清除路障56处，收回被占路肩110平方米。

【河政管理】1981年12月，成立洪江市港务管理处，负责洪江港规划、建设、监督、管理工作。1984年1月，颁发《洪江市港务管理暂行条例（试行）》，包括港区划定、港口管理、港务费的征收等项目。同年10月，撤销洪江市港务管理处。1985年6月，市联合运输办公室更名洪江市港务站。1987年，全市对从事营业性水路运输的单位和个人补发《水路运输营运证》，共补发经营业户21户，其中交通企业3户、非交通企业2户、个体业户16户。1988年，根据《湖南省水路运输管理实施办法》，负责全市水路经营业户开业、停业、歇业的申请、审批，经营许可证和营运证照的发放，以及客货运输市场的监督管理及规费征收。1990年，根据《水路运输处罚规定（试行）》，对水路运输经营者的经营资格和经营行为进行检查，洪江市水路运输管理逐步走向制度化、规范化。1993年，洪江市港务站更名为洪江市港务航运管理所。1999—2005年，洪江市洪江区港务航运管理所负责全区域内河航运管理，河政管理步入制度化、规范化、法制法。

二、运输管理

【公路运输市场管理】 1980年6月21日，成立洪江市交通运输指挥部“统一管理货源、统一平衡运力、统一计费标准、统一供应油料”管理办公室，对运输实行有效控制，调整运价，清理运输市场。1987年，境内的营运机动车辆核发《公路运输营运证》，对运输者实行市场准入制度。1995年，换发全国统一的《经营许可证》和《道路运输证》。1999年10月，成立怀化市汽车维修协会洪江办事处，查处无证经营、无证上岗等违章经营行为。2005年，围绕着“三关一监督”（严把运输企业资质关、严把营运车辆技术状况关、严把营运车辆准入关，加强对运输站场的现场监督），严格规范运输市场秩序，取缔非法营运客车12辆、清理无证运营车辆36台、取消马路车站2处。

【运价管理】 根据交通部《汽车运价规则》和《湖南省汽车运价规则实施细则》，对汽车运价结构进行适当的调整，实行按车辆大小、货物分等和路线分级的差别运价，其中拖拉机参运，一律不分货等和路级，按原运价不变；货物运输分整车与零担，托运方一次托运货物不足3吨的为零担运输，按零担运价计费；客车分为普通、宽座、公共、小型客车等，按不同车型和载客设施制定不同的运价。

【公路养护】1978—1981年，境内过境国道、过境省道和县道，由黔阳县公路养护段养护。1982年3月，洪江市从黔阳县公路养护段接管安桂线1.71千米和洪白线9千米的管养工作，并成立洪江市公路大修工程指挥部，着重对安洪过境路段林家畲至黄茅桥11.33千米油路进行大修，当年完成汽车站至黄茅线5.83千米的加铺沥青路面任务，消灭差等路3.5千米，好路率由1981年的4%上升到33.7%。1983年，完成林家畲至汽车站的油路大修任务，消灭差等路5千米，好路率上升到68%。1984年4月，成立洪江市公路管理站，管养境内省道和市（县）道。11月，分别成立桂花园、常青乡交通管理站，管理乡、村道17.39千米。厂、场专用线路则由所属单位包干管养。同年底，境内省道油路改建全线竣工，质量合格。1986年6月，分别立黔城乡横岩乡交通管理站，管理所属乡镇专用公路9千米和乡村拖拉机道2.5千米。同年12月28日，鉴于行政区划的变更，会同县管养的横岩县道4.66千米，移交洪江市公路管理站管养。至此，洪江管养省、县道里程增加到47.91千米（含洪黔公路的养护）。1993年，洪黔线22.54千米列为县道，正式交由洪江市公路管理站管养。2000年，洪江市公路管理站管养里程35.1千米。2001年，全区设道班3个，重点县道好路率平均78%，一般县道好路率平均89%，交通工程质量合格率达100%。2005年，全区县乡道及专用公路共计里程35.1千米，管养线路平均好路率93%，其中重点养护线路好路率94%。

第二章　邮　政

第一节　邮递网络

一、邮　路

1978年，市内共有邮路3条，全长11千米。1979年，开通洪江—怀化、洪江—安江邮路，单程94千米，当日往返。开办铁溪邮电所，市内转趟邮路增加至13千米。1987年3月，市内自办汽车转趟邮路，全长18千米，日接送邮件2趟。1990年，调整投递短道，市内开箱邮路取消，市内邮路仅剩1条，全长19千米。2003—2005年，横岩代办所取消，横岩乡及洪江水电站投递路线改为自办，市内转趟邮路减至15千米，日行2趟。

二、邮　递

【农村投递路线】 1979年，开办有市局至郊区茅头园村摩托车投递路线1条，投递沿途厂矿企业和农村信报，全程34千米。是年，共有农村投递路线4条86千米。1980年，增开市局至车皮溪和大户投递两条摩托车投递路线。1982年，市郊有农村投递路线9条96千米，其中摩托车投递路线2条、自行车投递路线2条、步行投递路线5条。1983年，增设老团邮电所，增设老团自行车投递路线1条。1992年，全市有农村投递路线8条98千米，其中两轮摩托车投递路线1条、自行车投递路线6条、步行1条。1993年，茅头园摩托车投递路线改由自行车投递。1998年，全市有农村投递路线8条105千米。其中自行车投递路线7条、步行农村投递路线1条。1998年，境内农村投递路线减至5条90.5千米，取消老团至大渔坪、新团至四家坪2条农村投递路线。1999年12月，洪江区农村有投递路线4条96千米，即自行车投递路线2条、步行投递路线2条。2003年，横岩代办所撤销，横岩至菖蒲步班改为区局至菖蒲自行车班。2005 年，全区有农村投递路线 4 条 102 千米（单程），其中区邮政局至茅头园、区邮政局至车皮溪和铁溪、横岩至菖蒲的自行车投递路线 3 条 92 千米，步行投递路线为区邮政局至滩头 1 条 10 千米。

【城市投递路线】 1978 年，境内市区邮件投递分营业窗口投交和按址投递两种，窗口投递主要是包裹、汇款、保价信函、特种挂号信函以及 5 公斤以上印刷品和存局侯领邮件。1982 年，随着报刊发行业务量的大量增长，洪江邮电局投递段增至 6 个，增辟大户投递段道 1 个。1988 年，设投递段道 7 个，全年投递报刊 348 万份，每段日均投递邮件 1682 件。1993 年，增辟市区特快专递邮件投递专段，全年投送各类报刊 222 万份、平常函件 55.2 万件、挂号邮件 8.3 万件、邮政快件 6.6 万件、特快专递 7245 件。1998 年，境内邮政投递段道 8 个，配有特快专递小汽车 1 辆，自行车 8 辆。日均投递各类邮件报刊 7000 件左右。2000 年 1 月，有投递段道 7 个，安装免费信报箱 3000 个。全年投递报刊邮件 230 万份。2005 年，全区有投递段道 7 个，日均投送报刊邮件 6900 份。

第二节　邮政业务

一、函　件

1978 年，收寄函件 40.4 万件。1979 年 5 月，开通台湾的平常、挂号函件收寄业务。1984 年，恢复部队义务兵平常函件免费收寄。1988 年 4 月，开办邮政快件业务。1990 年 7 月，调整国内邮件资费，外埠由 0.08 元调整为 0.20 元，挂号信由 0.12 元调整为 0.30 元。1993 年，出口函件 69.73 万件，函件收入 18.55 万元。1995 年 6 月，开办邮政礼仪（邮资）信函业务。2003 年，函件业务出现大幅度下滑，全年完成各类出口函件 34.37 万件，函件收入 15.40 万元。2005 年，全年收寄各类函件 26.34 万件，函件收入 26.93 万元，占邮政业务总收入的 5.26%。

二、包　件

1978 年，恢复存局侯领和代收货价包裹业务。1986 年，邮电部将包裹业务划分为民用、纸制品、商品包裹3类。1987年，收寄各类出口包裹1.83万件，包件收入4.61万元。1991—1995年，包件业务增长迅速，先后添置五十铃1.5吨小汽车和东风8吨载重汽车各1辆开展商品包裹收寄和长途运输。1996年，收寄包件5.45万件，其中商品包裹占总数80%以上。2000年，全年收寄各类包件0.72万件，比1997年下降86.8%。2005年，收寄各类包件0.61万件，包件收入占邮政总收入的2.24%。

三、汇　兑

1979年，邮局汇、出款3.1万笔。此后，邮局汇款限额由300元放宽到5000元，增办代收货款、代办货物等服务项目，并在郊区邮电所办理汇兑业务。1988年，汇出款3.8万笔，汇入款2.02万笔，总金额667.27万元。1991—1995年，随着电子汇兑业务的发展，邮政汇兑业务减少，年汇票2.38—2.91万笔。1996年，全年邮电汇票2.22万笔。2000年，开通邮政电子汇兑业务。2001年11月，区邮政局所属4个储蓄网点与全国联网，试办电子汇兑业务。2002年，人工汇兑业务正式停办。2003年，办理电子汇兑业务，年电子汇兑业务收入占邮政业务总收入1.59%。2005年7月，开办邮政账户汇款业务。是年，电子汇兑1.61万笔，汇费收入占邮政业务总收入的0.73%。

四、报刊发行

1978年，洪江镇共发行报纸187.3万份，发行杂志19.8万份。1982年，设立报刊门市部。1983年，全市设立“报刊发行站（员）”170个，桂花园乡和常青乡共设立信报接转站15个。1986年，全市发行报刊2300种，其中私费订阅占总订阅数的三分之一。1989年，报刊扩版并大幅提价，报刊订阅随之大幅下降。1991—1995年，报纸年均发行225万份，杂志年均发行22.5万份。1997年，湖南省报刊发行局推行《文萃》《湖南科技报》《湖南电视报》《中国剪报》《现代家庭报》《半月谈》买断包销发行，洪江市分配买断包销任务3270份（册）。同时，对《怀化日报》《边城晚报》实行代投，代投费按报刊定价的18%收取。1999年，开展私费订阅报刊投递到户，并安装统一规格信报箱。2000年，随着电子多媒体信息传播手段的普及，报刊发行步入低谷。2004年，报刊零售、集邮和特快专递剥离，划出报刊零售门市部1个、零售亭3个直接由怀化市局管辖和经营。2005年，完成报纸发行123.33万份，杂志发行3.74万份，报刊发行收入占邮政业务总收入3%。

五、邮政储蓄

1986年12月，恢复办理邮政储金业务，种类有活期存款、零存整取、整存整取三种，利率按国家银行统一规定执行。1987年，增办定额定期储蓄业务。1988年，开办定额定期有奖储蓄业务。是年，邮政储蓄存款余额163万元。1989年，开办保本保值摸奖储蓄。1990年，全市有邮政储蓄网点3处，全年存款余额663万元。1993—1995年，开办装电话机储蓄、摸奖储蓄和代发工资储蓄业务。1995年，全市有莲花地、沅江路、南岳路、萝卜湾储蓄所、黔城株山储蓄所支局邮政储蓄所和幸福路小学“学生储蓄代办所”等邮政储蓄网点6个，邮政储蓄余额2815万元。1997年，幸福路学生储蓄代办所撤销。2000年，开办邮政储蓄异地存取业务，全年储蓄余额6467万元，邮储业务收入占邮政总收入的31.6%。2002年8月26日，首次发行绿卡，全年发行绿卡2000张。2003年8月1日起，中国人民银行对邮政储蓄新增转存款再次降低利率，比照金融机构准备金存款利率（年息1.89%）计息。2005年，发行绿卡银联标准卡，鼓励持绿卡用户进行POS消费，减少用户携带现金，确保资金安全。是年，邮政储蓄余额2.04亿元，邮储业务收入完成390万元，占邮政业务总收入的77.94%。

六、集　邮

1979年，洪江市邮电局复办集邮业务，集邮爱好者日益增多。1983年4月，成立洪江市集邮协会，成员以中小学生为主。1984年3月，洪江邮电局设立集邮门市部。1992年，成立集邮公司，全年销售各类集邮票、集邮品24万枚。1995年，举办首届邮展，“全国山河一片红”邮票首次在洪江市亮相。1996年，为满足广大集邮爱好者的需求，除集邮门市部外，各支局所开办集邮窗口，年销售各类集邮票品245万枚。2000年，销售集邮票品134万枚、集邮年册1306册，集邮收入占邮政业务总收入的34.74%。2003年，开发校园明信片、洪江风光明信片。2005年，销售集邮票品0.34万枚，集邮年册272册，集邮收入占邮政业务总收入的约1%。

七、特快专递

1992年10月，试办特快专递业务。1993年，国内特快专递起重200克以内每件12元，每续重200克加收3元，最高重量可至5000克。是年，收寄邮政快件0.59万件。1995年，特快专递专车专人投递，每日封发怀化特快专递邮件2次。1997年，国内特快专递邮件资费调整，全年收寄出口特快专递减至5088件，特快专递收入占邮政总收入的3.15%。2001年4月，开办特快专递代收货价业务。2002年，收寄特快专递0.9万件，特快专递收入占邮政业务总收入的2.79%。2003年7月，使用新标准特快专递封套，调整国内特快专递邮件资费标准和计费方式。2004年9月，特快专递业务剥离划归怀化市局统一管理。2005年，开办同城特快专递业务，推出“五节联送”EMS礼仪营销速递业务，全年特快专递0.07万件。

第三章 电 信

第一节 通信设施

一、电报设备

1978年，开办有线电报电路3条，安装电传打字机2部，淘汰人工机；无线电报设备收发讯机4部，电路4条。1985年10月，开办载波电路。1986年9月，安装自动发报机2

部。同年10月,增装四路插报机1部,实现自动转报。1988年8月,洪江市电报传递进入全省自动转报网64路,电报传输速度大幅度提高。1990年,增真迹传真、中文译码机,结束人工翻译电进报。1993年,开办公众传真业务。1995年,用数字数据网进行交换,配有数字数据网节点机端口20路。1995年,洪江市对外长途网路纳入怀化地区本地网交换。2000年,电报停止使用,电报业务改由传真业务在营业厅办理。2005年,全区有电报电路4条,其中本市至郊区支局电路2条,出租电路1条。

二、长途电话设备

1980年2月,100门纵横制自动电话开通,长途电话交换设备由磁石式改装为供电式。1986年5月,开通洪江—怀化长话直拨业务,加快长话的接续。1987年,开通洪江—怀化半自动化电路,实现长途电话直拨。1988年,洪江市邮电局有长话电路19路,其中业务电话17路、出租电话2路。1990年,全市有长途电话电路23路,其中至长沙全自动电路2路、人工电路2路;至怀化半自动电路7路、人工电路3路、出租电路2路;至安江半自动电路2路、人工电路1路;至会同、靖县、新晃、溆浦各1路。1993年,开通程控电路,实现数字数据交换,长途电话增至49路。1994年,使用光纤通信设备,模拟终端复用设备容量30路,长途光纤数字终端复用设备容量1920路。1995年10月,开通本地网,实行长话、市话合一。2001—2005年,本地电话扩至2648门,并在萝卜湾、带子街建立模块局,在茅头园、岩门设立户外模块局。2005年,拥有程控电话交换机容量2.45万门。

三、市内电话设备

1978年,洪江共有市话线路44杆程千米、明线57对千米、电缆长度15皮长千米、电缆芯线长634对千米,出局电缆700对,实用线对397对。1981年7月,开通市话自动电话,市话线路全部按照新的要求进行大修。1982年2月,埋设1000对出局电缆3000米,架空电缆2000米,放皮线16千米。1985年,市话用户交换机容量770门、话机517部。1990年，市话杆路24杆程千米，明线条全部改设电缆，主干电缆长度25皮长千米，电缆芯线长度2030对千米。1993年，程控电话开通，出局电缆增至1万对，电缆长度增至63.4千米，芯线长度增至2.35万对千米。1994年，黔城乡株山支局建成，使用光缆与市局连接传输电话。1995年，城区主干道及附近街巷实施户线工程，架设配线电缆44千米1.1万对。1995年10月，长话、市话合一，使用数字数据分组交换。1997年，开办光同步传输网，设有182个中继端口。1999年10月，市话扩容至2.2万门，市话杆路增至57杆程千米，主干电缆增至205皮长千米，出局电缆增至2万对；主干芯线长度达12.8万线对千米，户线工程配线电缆275皮长千米，在市郊萝卜湾、茅头园、带子街建立模块局。2002年，新建岩门户外模块局，开办宽带交换网，洪江—怀化本地网中继电路330路。2003年，铺设长度11.3千米市话电缆地下管道。2005年，全区市话杆路73杆程千米，主干电缆253皮长千米；市话ZM传输端口192个，开通至怀化本地网ZM端口72个；市话交换机容量2.7万门。

第二节　电信业务

一、电报业务

1978年，去报2.6万份。1985年，机关、团体电报减少，商业、服务业、建筑业用报上升，全年去报5.7万份，其中服务业用报28.64%、工业建筑业用报26.36%、商业物资供销用报19.54%、城市居民用报16.59%、机关团体2.04%。1988年，洪江市邮电局去报6.22万份，其中发往国外及港澳地区电报38份。1991—1996年，境内电报业务逐年减少，全市年收发电报由1991年的5.5万份减少到1996年的0.93万份。2000年，洪江区电报停止使用。

二、电话业务

1978年，全年电话业务5.8万张。1979年，城乡经济繁荣，国内外信息联系频繁，长话业务逐年增加，全市市话总户数405户，农村通话大队14个。1985年4月，长话分代号电话、特种电话、首长电话、紧急调度电话、政务电话、新闻电话、普通电话、公务（业务）电话8种，同时开设呼号、叫人、传呼、预约、会议、租用等特别电话业务，开办国内长途特快业务“173”台业务。1988年,长话去话为7.83万张，其中国际及港澳台去话53张，市话用户702户。1991—1996年，长话业务增长迅速，长话由1991年的7.4万次增长到1996年的131.1万次，市话用户由1991年的1053户增长到1996年的7296户，全市电话机部数由1991年的1531部增长到1996年的7880部。1999年，开发163拨号上网、宽带业务、程控新功能（来电显示、呼叫转移、闹钟服务）等电信增值业务。2001年，全区拥有固定电话用户1.8万户，电话普及率27.76%，城市电话入户率90%以上，全区20个行政村实现村村通电话。2004年2月，开通小灵通业务。2005年，全区拥有固定电话用户2.13万户，城市电话入户率达99.1%，宽带用户1841户，小灵通用户6747户。

第三节　移动通信

1993年，省邮电局批准洪江移动电话立项。1992年，洪江无线寻呼台建成并开台，有基站和126人工寻呼台各1个。1994年，开通移动通讯，建有模拟移动通信基站1个，模拟信道8个；洪江寻呼基站扩容至5万线，增设127全省联网自动寻呼台。1996年，开通数字移动通信基站，模拟移动电话增至24个信道，增设GSM数字移动基站1个。1999年，移动通讯业务从电信分离，全年拥有移动用户1380户。2003年，成立联通公司,建立移动通信基站5个。2005年，全区有移动用户1.83万户，移动通信基站20个，移动通讯网络覆盖率达90%以上。

第二十篇 教育 科技

1978年后，学校布局日趋合理，办学条件极大改善，学生入学率、巩固率、普及率和毕业率稳步提高。基础教育、职业教育、成人教育的教育格局初步行成。1995年，全市基本扫除青壮年文盲。2001年，全区基本普及九年义务教育。2005年，全区有高中2所、初中3所、小学21所、职业学校1所。28年间，累计为高等院校输送新生2417人。

1978年全国科技大会后，市委、市政府坚持“科学技术是第一生产力”的指导思想，大力发展科技事业，科技体制改革不断深化，全社会科技意识普遍增强。科学普及、科技达标、科教兴农、科技交流活动广泛开展，科技成果不断涌现。2005年，全区累计申请国家专利20个，专利申请数占全市5%。

第一章　教　育

第一节　教育改革

一、管理体制改革

1985年，洪江市实施市办高中、乡办初中、村办小学三级办学，教育经费投入重点放在高中和初中、中心小学。乡政府重点负责初中办学条件的改善，村民委员会负责村小学教育的经费筹措、校舍修建、教学仪器和图书的购置，确保教育质量的提升。1989年，下发《关于深化学校管理体制改革的暂行规定》，提出在教师队伍中实行“聘任制”和“内部结构工资”。1994年，出台《洪江市教职工岗位聘任制试行办法》，对全市中小学教师实行“三定一聘”。是年，全市共分流教师102人。2000—2005年，推行教职工聘用制和教师专业技术职务聘任制，公办中小学及幼儿园采用编制定员与工资总额包干相结合办法，实行“多劳多得、优教厚教”的分配制度。

二、普及九年义务教育

1993年，启动普及九年义务教育工作。2000年，全区实现学校建设“六配套”，办学条件得到进一步改善。2001年，城区8所中小学和郊区4个乡小均通过省、市“普九”验收，九年义务教育的普及程度、师资水平、教育经费、办学条件和教育质量五项指标均达到省政府验收标准。2005年，全区7所小学，在校学生4551人，小学适龄儿童入学率100%，残疾儿童入学率100%，小学在校生辍学率为零，小学生毕业率和升学率均达100%；初中3所（含完全中学的初中部），在校生3659人（含高中、职高人数），初中适龄儿童入学率100%，初中在校生辍学率0.29%，毕业率97%，升学率89.39%。

第二节　师资教研

一、教师队伍

1979年后，国家逐年将高等和中等师范院校毕业生分配充实教师队伍，陆续录用一批民办教师，教师队伍不断扩大。1988年，全市中小学共有专任教师737人，其中高中专任教师53人、初中专任教师253人、小学专任教师431人。1997年，全市教师队伍进一步充实，中小学共有专任教师950人，其中高中专任教师87人、初中专任教师321人、小学专任教师542人。2000年后，国家对大中专院校毕业生不再统一分配，全市教师人数锐减。2005年，全区中小学共有专任教师653人，其中高中专任教师74人，学历合格（本科毕业以上）率为60%；初中专任教师283人，学历合格（专科毕业以上）率为95．67%；小学专任教师296人，学历合格（中师或高中毕业以上）率为99．09%。

二、教师培训

1986年后，举办“普通话过级考试”“计算机考级”“英语考级”“教师业务”的培训和考核，以及“中学专业合格证”文化考试，指定教师进修学校开办“师资委培班”，培训一批教学骨干教师充实到教学岗位。1999—2001年，全区中小学教师完成合格学历提升256人。全市小学专任教师学历合格率99.09%，初中专任教师学历合格率95.67%，高中专任教师学历合格率60%。2005年，全区教师完成合格学历292人，其中专科升本科120人，中专升本科172人。小学青年教师进修率为90%，中学教师进修率为30%。

三、教师待遇

【政治待遇】1978年，镇委、镇政府认真落实党的知识分子政策，提高教师政治地位。1984年起，市政府对教龄满30年以上的老教师（包括离、退休）颁发光荣证书和纪念章。1986年，市委、市政府增加教师在党代会、人大会、政协会代表的比例。1989—1991年，获全国教育系统劳动模范1人，获全国优秀教师称号2人。1997年，市教育行政部门对教龄较长、教学有成绩的民办教师，通过考核后转为公办教师。是年，82人转为公办教师。至2005年，全区教师获国家级奖7人、省级奖34人。

【工资福利】1978年，教师工资按不同级别执行固定工资制，适时进行普调。民办小学教师工资每年370元，民办中学教师每年430元，经费由市财政拨给。1980年，民办教师享受班主任津贴。1983年，民办教师享受奖金、洗理费和报刊费50%，同时享受公费医疗40%，遇有困难，可给予补贴。1985年，教师工资按当地国家行政干部的标准发放，同时享受教龄津贴。1994年，教师人均工资高于本地区的平均水平。2005年，教师工资普遍有较大提高，职工探亲假、产假、丧葬费、抚恤金、养老、医疗保险等福利待遇制度逐步完善。

四、职称评定

1987年，全市开展教师职称评聘工作。教师评聘工作每年一次，初级职称按学历、教龄直接评定，中级以上职称（中学一级以上、小学高级）按职数评选。教师职称评定客观、公正、科学，培养造就一支高素质专业化的教师队伍。

第三节　教育结构

一、学前教育

1979年，全市38个单位办起幼儿园，入园幼儿2073人。1984年，全市城区幼儿园增加到49所，入园幼儿2400人；郊区乡村小学开办学前班9个，入班幼儿212人。1991年5月，市政府提出三年内普及“三年学前教育”，规定城区各小学和幼儿园推行学前教育分级制，郊区农村小学仍举办1年学前教育。至1995年，普及“三年学前教育”目标实现。2005年，全区学前班23个，在班幼儿544人；幼儿园14个，入园幼儿881人。

二、小学教育

1978年，城区共设幸福路、东方红、中山路、雄溪、连丰、棉花园6所完全小学，城郊设有江坪、萝卜湾2所完全小学，农村3个乡各有1所中心小学，各村设有村校，大的企业办有子弟学校，所有民办学校都改为公办，基本形成普及初等教育网络。全日制小学学制为五年，秋季开学，设有语文、数学、外语、自然常识、体育、音乐、美术、劳动等课程。1986年，全市新增乡中心小学2所，村校16所，小学生2161人。1990年，小学学制改为六年制。2003年，实施新课改，教学从单一测试的目标转化为知识与技能、过程与方法等目标，改变过去“填鸭式、满堂灌”的教学方法，培养学生创新意识和综合素质实践能力、自我思考和探索动手能力。2005年，全区城区有完全小学4所、城郊完全小学3所、乡级中心完小3所、村小11所，共有在校学生4115人。

表20-1 1978—2005年洪江区小学教育发展情况统计表

年度	学校数	班级数	学生人数	毕业生数	教职员工数		招生
					人数	其中民办	人数
1978	30	200	8628	1349	348	72	1533
1979	28	191	8190	1474	320	77	1534
1980	27	188	8389	1334	361	47	1602
1981	27	194	8483	1594	399	47	1583
1982	27	191	8092	1564	404	32	1249
1983	24	177	7529	1348	343	24	1140
1984	23	182	7562	818	436	11	1030
1985	23	188	7631	825	384	11	1034
1986	41	275	9792	1360	537	98	1411
1987	40	266	9150	1503	510	91	1485
1988	39	262	9000	1420	491	46	1776
1989	38	260	8957	1419	506	52	1730
1990	36	262	8990	1380	511	43	17114
1991	36	262	8372	1398	515	46	1796

续表：

年度	学校数	班级数	学生人数	毕业生数	教职员工数		招生
					人数	其中民办	人数
1992	36	261	8413	1379	529	42	1699
1993	36	261	8367	1390	540	40	1578
1994	36	261	8300	1388	525	40	1560
1995	36	261	8320	1369	526	41	1549
1996	36	261	8257	1622	511		1489
1997	32	252	7290	1259	509	—	1285
1998	32	199	6540	1198	489	—	1170
1999	29	178	5401	1009	482	—	1089
2000	22	172	5162	1123	414	—	1052
2001	21	170	5046	982	424	—	1011
2002	17	166	4985	996	396	—	989
2003	21	161	5007	979	378	—	974
2004	19	153	4711	940	365	—	968
2005	11	100	4305	906	353	—	913

三、中学教育

【初级中学】1978年，全镇有普通初级中学、小学带帽初中班17所。1979年，初中全部改为三年制，初中升学参加全省统一考试（即中考）。1981年9月，城区小学停招初中班。1982年，五七中学初中部转入培红初中部。1986年，全市有初中办学资质的中学4所。1987年，小学“带帽初中班”全部撤销。1990年，创办洪江四中。2000年6月，撤销洪江四中。2005年，洪江区共有初中3所，在校生1719人。

【普通高中】1978年，印发《一九七八年教育工作安排意见》，普通高中落实二分段教学模式，使用全国通用教材。1979年，洪江有高中2所，桂花园公社五七中学设少量高中班。1981年，五七中学撤销高中班。1983年9月，改革普通中学教育结构，洪江二中高中部改为职业中学。1984年，高中恢复三年制，课程计划由省教委制定。2000年，洪江一中高考录取率69%。2002年，全区高考本科上线107人（其中重本49人），为恢复高考以来的最好成绩。2005年，全区共有普通高中1所，在校高中生861人。

表20-2 **1978—2005年洪江区普通中学教育发展情况表**

单位：人

年度	校舍	毕业数			招生数			在校学生数			教职工数	
		合计	初中	高中	合计	初中	高中	合计	初中	高中	合计	其中民办
1978	15	2048	1374	674	2332	1370	962	5000	2907	2093	285	12
1979	15	1012	92	920	1356	1246	92	5003	3901	102	333	14
1980	14	1948	1033	910	1771	1310	461	4436	3344	592	306	1
1981	9	1135	1018	117	1582	1145	437	4334	3548	335	298	—
1982	7	1187	823	364	1899	1445	454	4667	3752	915	334	—
1983	7	1324	918	406	1402	1094	308	4355	3638	717	324	3
1984	7	1191	932	259	1129	765	364	4512	3263	1249	318	—
1985	7	1187	898	269	1242	868	379	3766	2846	920	334	—
1986	5	1300	916	384	1958	1327	631	4766	3314	1452	379	3
1987	5	1278	718	560	1930	1430	500	4976	3689	1287	393	4
1988	5	1089	745	344	1642	1360	282	4603	3931	672	382	—
1989	5	1339	981	358	1572	1290	282	4997	4328	669	506	—
1990	5	1182	853	329	1676	1386	290	4651	3992	659	509	—
1991	5	1190	891	299	1695	1409	286	4692	3922	770	515	—
1992	5	1166	879	287	1670	1397	273	4156	3398	758	529	—
1993	5	1137	863	274	1645	1380	265	4175	3443	732	540	—
1994	5	1057	796	261	1751	1492	259	4548	3900	648	525	—
1995	5	922	793	129	1767	1581	186	4583	4066	517	356	—

续表：

年度	校舍	毕业数			招生数			在校学生数			教职工数	
		合计	初中	高中	合计	初中	高中	合计	初中	高中	合计	其中民办
1996	4	1215	980	235	1404	1222	182	4435	3933	502	372	—
1997	4	1005	786	219	1386	1211	175	4291	3602	689	362	—
1998	4	888	692	196	1307	1154	153	4095	3532	563	326	—
1999	4	766	582	184	1289	1094	195	3795	3098	697	306	—
2000	3	787	598	189	1316	1109	207	3689	2781	908	291	—
2001	3	780	587	193	1358	1139	219	4022	2849	1173	346	—
2002	3	769	590	179	1401	1203	198	4057	2869	1188	307	—
2003	3	770	602	168	1448	1219	229	3871	2704	1167	198	—
2004	3	780	621	159	1422	1205	217	3565	2535	1030	292	—
2005	3	779	619	160	1418	1216	202	2686	1825	861	353	—

四、职业教育

1979年前，洪江先后举办过卫生、农业、工业职业技术学校，培训专业技术人员964名。1983年9月，市政府将洪江二中高中部改为职业中学，设纺织班、造纸班和财会班，学制二年。1987年，职业中学更名洪江市工业中等专科学校。到1988年，先后有纺织、造纸、财会、机械、电工、化工、机电、文秘、美术等专业。此后，市工业职业中专相继建成电工实验室、家电实验室、工艺美术室、语音室、多媒体教室、财会模拟室，着力培养一批有文化、有技术的合格劳动者。2000年后，学校与步步高集团、黄州金利有限公司、东莞精诚科技有限公司、东莞汉阳集团等企业签订联合办学协议，使学生解除后顾之忧。2005年，全校共设12个班级，开设工艺美术、计算机应用、电子电器、旅游、商务英语等专业，共有在校学生521人。

五、成人教育

【扫盲教育】1979年，全市掀起学文化光荣、扫盲光荣、脱盲光荣的热潮，各级政府均成立扫盲机构，落实扫盲经费，实行目标责任到人。是年，全市壮年脱盲率达85.5%。1980年，洪江成为青壮年基本无盲市。1981年起，全市建立扫盲责任区23个。2005年，全区基本扫除青壮年文盲。

【职工教育】1980年，成立洪江市职工教育办公室。是年，全市有文化补习班54个、脱产班3个、业余班51个,共有学员3300人。1983年，开展“双补”教育，参加补课人数达3795人。1984年，参加学习的职工达1.2万人。1985年，办补习班79个，参加学习职工3150人，取得合格人数1256人。此后，职业教育采取“普通教育，职业教育，成人教育”并举，职业教育持续、稳步发展。2005年，洪江职工教育依托职业中专，教育质量不断提高。

【农民教育】1980—1988年，市属各乡兴办农民文化技术学校，部分村开办文化技术学习班，乡村两级共办各类型的培训班113期，培训2466人次。1990—1994年，各乡办起农科教中心，12个村办起文化、技术培训班，办学面达89.3%。1995—1999年，市农技培训部门建立示范学习基地，使实用的科技成果转变成农民听得懂、看得见、学得会、用得上的实用技术。2004—2005年，全区共举办实用技术培训班80多期，培训农民3800余人。

【高等教育】1980年起，广播电视大学、法院干部业余大学和高等教育自学考试成为成人高等教育主要形式。1985年2月，成立洪江市高等教育自学考试指导委员会。1984—1985年，全市共有571人报考，实际参考509人，及格科数398人,发单科合格证书398份。2001年，洪江考点取消。

六、特殊教育

1989年7月，创办怀化地区洪江聋哑学校。1995年，怀化地区聋哑学校交洪江市教育局托管。1996年，洪江聋哑学校共有班级9个，教职工30人。学校结合学生实际，开展文艺、体育、绘画与手工等兴趣小组活动，培养学生的心智，锻炼学生的体魄。学校经常组织学生参加综合实践活动课，带学生走出校门，参与社会活动。2005 年 3 月，学校更名怀化市特殊教育学校，搬迁至怀化。

第四节　教研教改

1978 年，七二一大学改为业余师范学校。1980 年 11 月，辅导站撤消，成立洪江市教学研究室，专门研究和指导全市教育研究与教学改革工作。1986 年，向全市各小学进行小学各人推行语文六因素单元教学法及拼音识字、提前读写实验，小学数学的尝试法及三算教学实验。2005 年 10 月，举办语文新课程培训班，推动洪江中小学新课程改革，教学质量明显提高。

第五节　教育设施

【校舍建设】 1979 年后，国家逐年增加教育基础设施投资，校舍面貌焕然一新。1988 年，全市各中学占地面积 15 公顷，校舍面积 4.18 万平方米，人均有房 7.34 平方米；小学占地面积 13.3 公顷，校舍面积 4.05 万平方米，人均有房 3．62 平方米。此后，市政府按九年义务教育硬件设施建设标准，实行“五改六配套”（即改危、改水、改厕、改食堂、改宿舍，配套图书、实验仪器、学生课桌椅、信息技术装备、体卫艺设施、校园文化设施）工程，按照统一规划标准、统一考核要求、统一验收尺度，开展合格学校建设。2005 年，全区各中小学校占地面积 36.5 公顷，校舍建筑面积 12.8 万平方米。

【教学设施】 1979 以后，学校加强教学设施建设，对原有图书进行清理，并陆续添置大批新书，各中学和重点小学都开辟图书馆和阅览室；对原有教学仪器进行修复、清理，并按照先重点后一般的原则，将上级教育部门配发的仪器合理分配到学校，新的教学仪器不断充实，现代化的教学手段逐步被采用。1988 年，全市学校各种教学仪器折价 3.2 万元、电教器材折价 3.6 万元、音体美器材折价 1.5 万元。1995 年，全市中小学“两室”（仪器室、实验室）建设全面铺开。至 1998 年，全市共新建、改建“两室”72 间，配备仪器价值 94 万元。2000 年以后，多媒体教学逐步推广。

2005年，全区中小学校基本安装多媒体教学设备，城市学校实现多媒体进班级，农村学校实现多媒体进学校。

第六节 教育管理

【教育督导】1978年，镇文教局针对市民文化素质普遍偏低的现状，督导中小学教师利用寒假开展扫盲工作。1979年，文教局深入12所学校进行督导，要求城内小学集中力量抓好小学基础教育。1985年，督促各校要按省厅教学计划及省编教材进行教学。1991年，重点抓“师德规范”“教师守则”等方面的督导工作，规范教师行为。2001年，教育局全面督导人事改革，加强人力资源管理。2005年，加大对学前三年教育的督导，规范幼儿园及各校学前班的办学行为，提高幼儿教育及学前教育办学水平。

【教育经费】1978年，随着国民经济和教育事业的发展，教育经费逐年增加。1986年，按国家规定开征教育附加。1988年，全市教育经费总额增至253万元，除国家拨款外，还通过征收学费、勤工俭学、集资办学、开征教育附加等其他渠道增加教育经费，改善办学条件和师生集体福利。与此同时，教育投入随之加大。据统计，教育投入从2000年的441万元增长到2005年的1873万元，五年累计教育投入达6003.57万元。

第二章 科 技

第一节 科技队伍

一、科技机构

1979年3月，成立洪江镇科学技术协会。10月，镇科学技术委员会更名为洪江市科学技术委员会。12月，镇科学技术协会改为洪江市科学技术学会。1994年机构改革，改称洪江市科技局。1999年，设立洪江区科技局和洪江区科学技术学会。

在科技推广方面，有区科学技术情报研究所、农业技术推广中心、畜牧水产站、乡属农业技术推广站等科技推广机构。此外，先后有民办科研机构7所。

二、科技队伍

1978年，全市共有自然科学技术人员259人。1982年，全市科技队伍增加至842人，主要分布在农林、工程技术、医疗卫生、教育等领域。此后，市委、市政府鼓励科技人员深入工农业生产一线工作，允许科技人员业余从事有偿技术服务，支持科技人员业务进修、外出考察和参加学术交流，科技人员的工作积极性得到较好发挥。2005年，全区共拥有科技人才2084人，每万人拥有各类专业技术人员37.5人，其中具有中级职称33.7%、高级职称3.9%。

表20-3　**2005年洪江区科技人才情况表**

单位：人

	学历				职称			
	本科及以上	大专	中专	中专以下	高级	中级	初级	其它
合计	272	973	776	63	98	750	1195	41
农业技术人员	2	23	41	2	0	15	51	2
工程技术人员	10	339	463	5	9	323	484	1
卫生技术人员	12	145	125	28	10	100	180	20
教学人员	231	407	132	19	78	276	425	10
其它技术人员	17	59	15	9	1	36	55	8

第二节　科普活动

1979年，成立市中小学科普活动领导小组，全市各中小学配合教学，组织学生阅读科技书籍，开展科技讲座、科技制作、科学实验等活动，从小培养学生爱科学、学科学、用科学。幸福路小学自力更生办起红领巾气象站，组织四年级以上学生学习气象知识，坚持每天早、中、晚轮流观察和记载气象变化，收集整理气象资料，并饲养小兔、蚂蟥、鳅鱼等动物进行物象观测，收集民间看天经验和农谚1000多条。小气象员们把天象观测、物象观测、看天民谚和大台预报结合起来，预报本地天气变化，准确率达90%以上。1980—1988年，先后举办各类技术培训班390期2.27万人次，科学技术讲座135场2.5万人次，放映科技片12场1.1万人次，市广播电台播放科普稿件330篇，印发科普资料1.92万份，开展各种操作技术比武和表演101次4731人参加。1987年，以岩门村为试点，开展以实用技术培训和发展科技示范户为主要内容的科普活动。根据试点，常青乡办起农民技术培训学校，每个村建立培训场地，全乡80%以上的农户都受过各种实用技术培训，科技示范户达到农户的10%，依靠科技增收的效益占主要生产项目收入的50%以上，人均纯收入达778元，贫困户下降至1%。1999年12月，在怀化市第五届青少年生物和环境科学探索活动评选中，洪江区获二等奖1项、三等奖4项。2000年4月，参加怀化市第十六届青少年科技创新大赛，获发明创造作品三等奖3项、科学论文作品三等奖3项、科幻绘画作品二、三等奖5项。2002—2005年，全区科技部门、农技部门和畜牧部门定期对农民进行种养殖等实用技术培训，年培训1000人次以上。

第三节　科学成果及推广

1978年后，科学技术人员结合洪江实际，开展多科学多领域的科学技术研究，取得一批优秀科技成果。至1988年，全市共取得各项科技成果145项，其中获得国家、省、地、市各级科技成果进步奖45项，开发科技新产品56个，申请、授权、实施专利19件，通过科技开发全市新增工业产值1.03亿元。1991—1995年，全市推广新成果、新技术82项，其中科研项目25项、推广项目44项、火星项目12项、巨龙项目1项。开发新产品320多个，其中29项获省、地、市科技进步奖，每年新增产值6200万元。1996—2000年，全区共组织实施科技项目67项，其中快速烧成低温强化瓷新工艺研究、水晶瓷系列产品开发、醋酸去氢表雄酮和复塑高强竹帘胶合板的推广应用四个项目获省科技进步奖。2001—2005年，全区共组织实施科技项目25个，其中高新技术项目1个，科技进步贡献率达47%。五年来，一批高新技术产品如白藜芦醇、高纯三氧化二锑、硒酸钡、五倍子系列产品等研制开发成功。

第四节　科技服务

1980年8月，建立科技情报所。1986年，通过信息发布会、文字信息、电话信息、送信息上门等形式，向企业提供各类信息205条，被采用58条。1988—1998年，市科技情报所采用外因引内联的方式，先后高等院校、科研单位、厂矿企业建立科研业务联系，开展技术交流活动。1999—2002年，区科技部门先后发布各类科技信息290多条，采用13条。2003—2005年，区科技部门共组织科技下乡活动，捐赠科技书籍800余册、编辑科技资料3000余份、提供科技信息4000余条，推广科技项目10项。

第五节　民办科技事业

1988年3月，国务院发布《关于深化科技体制改革若干问题的决定》。是年，全市民营科技机构发展到12家，行业主要有化工、医药、竹业、蔬菜、家禽、熟食品加工等。1994年，洪江民营科技企业发展到25家。2000年以后，全区民营科技机构数量有所增加，民办科技事业发展取得丰硕成果，其中白藜芦醇产业化开发项目2004年被列入国家级火星计划，获国家科技部中小企业创新基金50万元无偿资助。2005年，全区民营科技企业7家，其中高新技术企业1家，高新技术产业主要集中在医药、新材料和生物技术等领域，高新技术对经济增长的贡献率为4%。

第六节　科技管理

一、计划管理

编制全区中长期科技发展规划和年度科技计划，对已列入市级以上的科技计划项目给予争取科技贷款（低息或无息）或向上级科技主管部门申请一定科技拨款，对批准纳入本级的科技计划项目争取区财政给予资金支持。2002—2005 年，共争取国家级科技无偿拨款 35 万元、省级科技拨款 75 万元、市级高新技术引导资金 20 万元。

二、资金管理

区财政根据上年度财政收支情况，制订全区科技事业费、科技三项费（一般为上年财政收入的 0.8% 左右）的年度预算，作为本区科技发展事业和科技项目扶持的各项开支。2002—2005 年，区财政共划拨科技三项费 120 多万元，科技事业费 90 余万元。

三、专利管理

1990—2000 年，建立健全专利管理体系，制定专利申请、专利保护、专利奖励办法，将专利工作贯穿科技计划、技术创新、科技开发的全过程，促进专利成果的商品化、产业化。2003—2005 年，先后授权专利 12 项，其中实用新型 4 项、发明专利 6 项、外观设计专利 2 项。

表 20-4　**洪江区部分年度专利申请情况表**

专利名称	专利号	专利权人（发明人）	证书号（发明人）
保健磁处理喷头	91231693.4	湖南省洪江纺织厂设备科　熊育志	
石煤综合沉钒方法	92107097.7	湖南省洪江市黔城钒厂	谢永习；谢兆伸；谢钰；周小枚
塑料粘合剂	94111068.0	唐思龙	
治小儿咳、喘、感冒症的喷、滴、微型灌肠剂 向培福	94119791.3	刘永年	
增强纤维层合板	95110741.0	曾令洪	
1,2 环已二醇二缩水甘油醚及其制备和用途	96118093.5	湖南省洪江市四化工厂	黄费安；段君建；欧景洋；梁清；欧红艳

续表：

专利名称	专利号	专利权人（发明人）	证书号（发明人）
段木菌丝体熬制液及加工方法	96118223.7	张景元	
高铝质低温快速烧成强化瓷	97107965.X	湖南省洪江瓷厂	曾贤林；王和平；杨光辉；何代荣；聂文志；申锦祥；刘友玉；万宗明；申大明；徐秉松
低温高级日用细瓷	97107964.1	湖南省洪江瓷厂	申锦祥；杨光辉；曾贤林；李柏生；曾统雄；徐秉松；申大明；杨志雄；刘友玉
竹质复合集装箱底板	98231841.3	湖南省洪江市联合竹胶板厂	滕召华；谭久梅；郭永红；刘建国；张艳春
竹块大面积拼板工艺	00113409.4	湖南省洪江竹业股份有限公司	滕召华；张艳春；潭久梅；李凌；陶光芒
金银花烟草制品及其制造方法	00136564.9	田时江	
一种以竹蔑作筋的合成板材	02224196.5	肖建国	
一种防治非典型肺炎的中草药剂的配制方法	03118338.7	张景元	
成套联接课桌、椅	03227081.X	楼俊	
液化气瓶用作广告载体及其方法	03128119.2	杨凡	
一种三通	200420068263.8	赵建洪	2711925
防触电插座	200420076123.5	潘洪生	722350
大块全竹胶合地板	ZL200420068789.6	滕召华	
竹木复合集装箱地板	200520051106.0	滕召华	
竹质集装箱地板	200520051107.5	滕召华	
集装箱地板	200520051223.7	滕召华	
简易增速水轮机	200520051189.3	潘求生	
电磁式竹席编织机	200520051436.X	明远攀	
织布机空载自停节电控制器	200520111231.6	熊育志	

第二十一篇　文　化

第一章　文化机构

第一节　管理机构

一、区文化局

1981 年 2 月，洪江市文教局分设为文化、教育两局。1983 年机构改革，设立洪江市文化局。1999 年 8 月，成立洪江区文化局（加挂新闻出版局）。2005 年，洪江区文化局内设综合办公室（加挂文艺股、文管股、旅游股），下辖文物管理所、文化稽查队、老艺人管理办公室、演出管理站、音像发行管理站、文化馆、图书馆、电影公司、影剧院。

二、区广播电视局

1980 年，镇广播事业管理局更名为洪江市广播事业管理局。1984 年，改称洪江市广播电视局。1990 年，成立洪江有线电视台。2005 年，区广播电视局内设办公室、财务室、事业股等股室，下辖广播电台、有线电视台、电视转播台、外线队、广播电视器材公司，共有在岗人员 75 人。

三、区史志档案局

1980 年 5 月，成立洪江市档案局，与档案馆合署办公。1994 年机构改革，档案局与市委党史办、市政府方志办合并为洪江市史志档案局。1997年，分设洪江市档案局和洪江市史志办。1999年,成立洪江区史志档案局,内设办公室、档案馆、史志编纂股。2005年，全局共有干部职工7人。

第二节　业务机构

一、区文化馆

1979年10月，镇文化馆更名洪江市文化馆。1981年投资12.7万元，在市人民广场旁新建综合馆舍一栋,建筑面积984平方米1999年,成立洪江区文化馆。2005年，文化馆内设排练室、美术室、游艺室、资料室、展览室、办公室,编为文艺、美术、行政和文物4个组。共有在编人员8人。

二、乡街文化站

1978年，开始建立街乡文化站。1986年7月，全市4个街道和4个乡的文化站先后建立。1999年，黔城乡文化站划归洪江市管理。2005年，全区有街乡文化站7个，专职文化辅导员7人。

三、洪江市京剧团

1979年，洪江镇京剧团更名为洪江市京剧团。1984年,因入不敷出，经市政府批准，撤销洪江市京剧团。时有演职人员60人。

四、影剧院

1978年，洪江剧院更名为洪江影剧院，建筑面积2600平方米，观众席位1283个，集演出、放映、大型会议于一体，为全民所有制事业单位。2005年,洪江影剧院有在职人员7人。

五、新华书店

1979年，洪江镇新华书店更名为洪江市新华书店。1984年，新华书店收归垂直管理。1985年，升格为省新华书店和市委宣传部双重管理的副局级事业单位。1988年，转轨为文化企业。1998年，洪江市新华书店与黔阳县新华书店合并，仍称洪江市新华书店。2005年，原洪江市新华书店改为洪江区门市部。

六、区广播电视台

1986年11月，成立洪江市广播

电台,有编辑记者9人。1992年8月,成立湖南广播电台洪江特约记者站。具有有线广播和调频广播两种传输手段,广播呼吁为“洪江人民广播电台”,广播节目采用共缆传输的方式,用调频波段播出,频率为95.8兆赫,同步转播本台有线电视自办节目。1997年,广播以转播中央人民广播电台和省人民广播电台节目为主。1999年,成立洪江区广播电视台。2002年,更名为怀化市洪江区广播电视台。

七、电影公司（电影院）

1980年,镇电影管理站更名为洪江市电影公司,与市电影院实行两块牌子,一套人马。2001年,电影公司破产改制,成立洪江区影业有限责任公司。2005年,电影公司和电影院共有在岗人员19人。

八、区文化稽查队

1985年,成立洪江市文化市场管理委员会,下设文化市场管理办公室。1988年,进一步健全完善文化市场管理机构,先后成立洪江市文化系统音像发行放映管理站、洪江市文化局文化市场管理办公室、洪江市文化稽查队、洪江市演出管理站。1999年,区文化稽查队改为财政全额拨款开支的事业单位。2005年,区文化稽查队定编3人。

第二章 群众文化

第一节 群众团体

1978年,全镇共有业余文工团(队)20家,每年编排节目参加全市各种大型文艺演出,并不定期组织到部队、农村和相关单位进行交流演出。1982年,成立市业余文工团,分器乐队、歌咏队和舞蹈队。1983年,成立文学、音乐、美术、摄影创作中心,有成员120余人。1988年,成立洪江市业余文化艺术学校和山花少儿艺术团。1996年,全市企业文工团(队)锐减，乡街相继组建业余文艺演出队伍，常年在所辖各村、社区进行巡回演出。此外，市老年大学成立中华诗词研究会、书画研究会和文工团，其中文工团下设歌咏队、舞蹈队、器乐队、腰鼓队、武术队。2005年，全区共有业余群众文艺表演团队14个。

第二节　文化活动

一、文艺演出

1980年后，增设市业余文工团，文艺宣传演出活动活跃，仅1982年在市内和基层单位演出50多场，演出戏剧、曲艺、舞蹈等100多个节目，受到群众欢迎。1984年，参加“山城之夏”活动的48个单位共文艺演出42场、歌咏比赛12场。1987年,“山城之夏”活动，有歌舞大奖赛、家庭文艺大奖赛、职工调演等10项大型活动。1991年，举办“爱党、颂党、党在我心中”文艺晚会、建党70周年文艺大联欢和“七一”颂歌大合唱，参加人数达3000多人。1992年，全市文艺调演，共有27个单位参加，演出节目37个。1997年，以“迎回归”和“庆十五大”为主题,举办《走进春天》文艺晚会、卡拉OK演唱赛、庆十五大《清风颂》文艺晚会等演出，演出晚会13场、各类文艺大奖赛3场。2001—2005年，文艺演出小队增多，表演采取小型、业余、简朴、灵活的形式，走进社区(村组)进行表演，全年共组织各类演出活动60余场，深受群众喜爱。

二、民间文化活动

1979年，国庆三十周年之际，各单位的彩车、腰鼓、秧歌、花队、龙舞、狮舞、蚌壳灯、彩莲船、扮故事、踩高跷、大头娃等文艺队形，涌上街头，游行庆祝，节日气氛浓郁。1985年春节，开展以舞龙、耍狮为主的民间艺术表演比赛、灯展和燃放烟火礼花等活动，盛况空前。1997年春节，全市12个单位组成3000多人的表演队伍，共有舞龙队23个、舞狮子队10个，以及彩龙船、蚌壳、罗汉、秧歌、花棍、腰鼓、花扇、彩车、管乐、彩灯、彩旗等10多种表演形式，吸引市民驻足观看。此后，每年的元旦、春节、端午节、“五一”“十一”等节日，文化部门均组织各种不同文艺表演形式来庆祝节日。

三、书画摄影展览

1978年以后，每年均举办艺术作品展览。1982年，举办中小学生画展和国庆美术、书法、摄影作品展。1986—1996年，先后举办《振兴洪江储蓄书画摄影作品展》、国庆美术摄影展览、“三八”美术展览、计划生育漫画展览、老龄书法展、“我身边的共产党员”大型摄影展览、“迎七一”书法漫画展、纪念毛泽东同志诞辰100周年书法美术和摄影展览、全市青少年美术书法作品展览、纪念抗战胜利50周年书法美术展览和洪江市、芷江县书法作品联展。2000年，由区摄影协会组织举办的“爱我洪江”大型摄影图片展，将洪江古建筑的全貌和精华向观众完整展出，推动洪江旅游的发展。

四、草　龙

洪江草龙系当地民间艺人用稻草巧妙捆扎而成的长龙，已有近700年的历史。洪江民间有“草龙乃正龙、无须布束，祥气冲天，年尾岁首入百姓家，可辟邪、收瘟、增福”传说，因此草龙深受百姓喜爱。通过改进，由一两米长到几十米长，以三五人舞到十几人舞。每年春节，多条草龙涌上街头欢庆新的一年，形成一道独特的风景，吸引着众人的目光。

五、沅水号子

洪江沅水号子是一种原生态的劳动号子，发源于洪江排筏工人水上作业时号喊声，其表现为一人领唱，众人应合的演唱形式。通过号子，使排筏工人在劳动中得以齐心协力，更好地完成各项任务。他们的传唱都是单个相传的方式，各种号子根据不同的人领唱有着一定的区别，歌词即兴而起，随境而变。根据扎排放排的程序，又分为拉木号子、倒簧号子、收揽号子、船潭号子、划船号子、推车号子、收排号子等，这些号子都以无伴奏形式演唱。沅水号子，旋律粗犷，铿锵有力，歌词简洁，蕴含着丰富的民间文化和地方特色。

第三节　文艺创作

一、文　学

1980年，市文化馆配备文学专干1人，专门从事文学创作，并积极辅导市内业余文学爱好者。是年，湘仪总厂业余作者吴世海创作的散文《婚礼》获《解放军文艺》二等奖。1982年7月，举办首届文学讲习班，报名参加人数达130多人，以后经常邀请作家、编辑来洪讲学，进一步提高业务作者的写作水平。1985年，市文化部门制定《洪江市文艺创作奖励基金实施办法》，激发创作热情。1986年，成立市《文学之友》创作社、有业余作者40多人。此后，市内各基层单位文学社团相继成立。1987年，全市有山茶、天顶、晨曦、红叶、飞絮、山泉文学社12个，会员335人。1988年8月，成立洪江文学工作者协会。1991—1995年，累计在地市级以上发表文学作品181件，优秀作品有陈润深的散文《抗船上滩》《三寸笛》、张开秒的散文《关门弟子》《难忘今宵》、廖开顺的文艺评论《向童年和自然归依》和长篇纪实文学《中日战争实录》、刘奇珍的小小说《招聘》、李躬康的诗集《春虫诗草》、廖明海的散文《我的父亲》和诗歌《山之骨》、曾湘洪的诗歌《麻阳女子》等。2001年，成立洪江嵩云诗社。2005年，洪江区文学协会有会员110人。

二、美术　书法　摄影

1982年，全市共创作美术、书法、摄影作品320件，其中市内展出106件、地区入选20件、省展8件、国展1件。1987年，肖洪创作的国画《水上人家独自闲》获全国商业系统美术书法作品比赛三等奖，邹盛光创作的国画《献璞图》在全省文化馆干部美术摄影作品展览获一等奖。1988年，莫先云荣获全国建国40周年笔悟杯书法邀请赛硬笔组二等奖。1990年，彭国安的硬笔书法获全国硬笔大赛一等奖，方向的摄影作品《洞庭即景》获省影展银奖。1992年，贺晓文摄影作品《雄风》获省影展金奖；1994年，张太松在“雷锋杯”全国书法大赛获金奖。1995—2005年，全区（市）创作各类艺术作品1000余件，优秀作品有胡光塾的摄影作品《迎亲》《耕耘大山的人们》《苗家庆丰年》、肖洪的国画作品《山水》《黔溪》《点染秋山》《山居图》《侗乡纪事》《秋山溪韵》《湘西》《深秋》、邹盛洸的美术作品《夫子问礼》《五溪山水》和龙君的摄影作品《巷》等。

三、音乐　舞蹈

1980年，馆廖玉昆改编创作的《编排号子》《郎在高坡唱山歌》获地区一等奖。1983年，市业余合唱团在全省16市演唱音乐比赛演唱《在希望的田野上》《建设者之歌》获二等奖。1990年，市山花少儿艺术团编排的大型少儿歌舞《山伢伢》，参加国家民委全国通讯宣传工作会议的演出，受到国家文化部、全国少儿文化艺术委员会和国务院妇女儿童协调委员会邀请，参加首都国际儿童节庆祝活动。1992年,、舞蹈《木排上的堂客们》、小品《李老乡办厂》《李老乡办厂》获省绿色工程文艺调演二等奖和省"笑的艺术"三等奖。1995—2005年，廖玉昆创作的舞蹈表演唱《采坏了司务长》在全国大赛中获奖，向开金音乐作品《小竹篮儿》在《全国教师优秀歌曲》刊物发表，刘奇珍创作的话剧小品《夜聊》在全国第七届群星奖荣获铜奖。2005年，全区有各类艺术协会会员592人。

第三章　广播　电视　电影

第一节　广　播

1981年，市区至公社的主要广播专线改为16平方毫米铝线，各街道的广播专线改为绝缘铝线。1988年，全市广播专线达345千米，其中城市20千米,市至乡18千米,乡以下307千米；城乡共有喇叭6314只，其中农村广播喇叭入户率64.9%。1989—1992年，建立市调频广播台，开通黔城、横岩两乡信号，乡通广播率实现100%。1993年，市广播电台形成以市台为中心，乡站为基础，城市与农村、大台与小站，有线与无线相结合的广播电视覆盖网。1997年，通过1210工程，实现市乡广播电视联网和共缆传输。1998—2004年，加强对城区和农村广播的更新和维护。2005年，全区广播声音覆盖率为46%，中央、省台一套广播覆盖率95%，广播人口覆盖率为100%。

第二节 电 视

一、有线电视

1990年，成立湖南电视台洪江分台，当年实现转播和自办节目共5个频道。1992年后，增加自办节目内容，主要有《洪江新闻》《经济信息》《点歌台》《广告》。至1995年，自办新闻节目时间每周不少于60分钟，其它节目累计达到30小时。2000年，自办节目根据全区发展战略布局，节目设置更加贴紧中心工作，更加贴紧生活，设置有《洪江新闻》《一周要闻》《沅水潮》《七彩风铃》《人口风景线》《洪江政务》《旅游星期天》等栏目。2005年，电视覆盖全区3个乡4个街道办事处，约2万余用户，实现转播电视节目40套和2套自办节目。

表21-1 洪江广播电视台省以上获奖部分新闻作品

作品评选单位	奖级	日期	获奖作品题目	作者	送选单位
湖南省广播电视优秀节目评委会	贰	1990.4	正气与邪恶的较量—405次列车10.8事件	张吉人、魏启龙	洪江市广播电台
湖南省广播电视优秀节目评委会	叁	1990.4	副市长给个体户捎话	张吉人、魏启龙	洪江市广播电台
湖南省播音学研究委员会	叁	1991.4	所播广播新闻	李秀明	洪江市广播电台
省广播电视厅省广播电视学会	壹	1993.5	消息：农民刘开和进城发售开发山地集资“土股票”	张吉人、魏启龙刘明英、陈润深	洪江市广播电台
省广播电视学会播音学委员会	叁	1994.6	所播电视新闻	李秀明	洪江市广播电视台
省广播电视学会播音学委员会	叁	1994.6	所播广播新闻	刘建明	洪江市广播电视台
省广播电视厅省广播电视学会	贰	1998.4	消息：桂花园乡农民给下岗职工送来扶贫地	李秀明	洪江市广播电视台

续表：

作品评选单位	奖级	日期	获奖作品题目	作者	送选单位
省广播电视厅 省广播电视学会	叁	1998.4	消息：农民向贵圆升国旗喜庆香港回归	陈润深、郭 飞	洪江市广播电视台
省广播电视学会播音学委员会	叁	1998.8	所播广播新闻	刘建明	洪江市广播电视台
省广播电视厅 省广播电视学会	叁	1999.5	消息：背大哥大的掏粪工	文细文、张 帆	洪江市广播电视台
省广播电视厅 省广播电视学会	叁	2000.5	消息：洪江农民请专家下乡打“钟点工”	文细文、郭 飞	洪江区广播电视台
省广播电视学会播音主持学研究委员会	贰	2001.5	所播《洪江新闻》	刘建明	洪江区广播电视台
省广播电视学会播音主持学研究委员会	贰	2001.5	主持电视节目：七彩风铃	吴 毅	洪江区广播电视台
省广播电视学会播音主持学研究委员会	叁	2001.5	论文：浅谈电视新闻类节目主持人的素养	孙俊华	洪江区广播电视台
省广播电视学会播音学委员会	叁	2002.5	所播：时代写真	刘建明	洪江区广播电视台
省广播电视学会播音学委员会	叁	2002.5	所播：签约快乐	王 芳	洪江区广播电视台
省广播电视学会播音学委员会	贰	2003.4	论文：播音员新闻敏感能力的培养	刘建明	洪江区广播电视台
省广播电视厅 省广播电视学会	叁	2003.2	消息：下岗职工尹燕群家中的十大新闻	文细文、宋 雨	洪江区广播电视台
省广播电视学会播音学委员会	叁	2003.4	论文：基层台节目主持如何走出困境	王 芳	洪江区广播电视台
省广播电视厅 省广播电视学会	叁	2004.2	一万元和十五斤猪肉	孙俊华、贺洪亮	洪江区广播电视台

二、电视事业建设

1976年9月，洪江始有一台黑白电视机。1980年12月，市广播局在老鸦坡山顶建电视差转台。1987年8月，每天可同时收转中央一、二台和省台共三套节目开路电视。1990年，筹建洪江有线电视工作，拉通中心机房至新民路、沅江路、雄溪路、幸福西路的干线，开通6套电视节目，发展有线电视用户2000户。1992年，全市4个乡都开通电视，城市60%以上的人口能收看到10套电视节目。1995—1997年，新建横岩乡有线电视站、桂花园乡滩头有线电视站和桂花园乡洪高村桥冲等有线电视小片区4个，开通怀化至洪江的微波线路，开始传送怀化电视台节目。1997年，实现乡建立有线电视站100%、乡与市台联网100%、有线电视网实现广播电视共缆传输100%。1998—1999年，完成洪江城区有线电视网络光缆升级改造，5000用户进入光缆网收看到清晰的30套电视节目。2000年，实行有线电视村村通。是年，完成37个组通任务，农村发展有线电视用户310户。2004年，完成古商城一级管网下地工程，开通农村片区岩门、鸬鹚的光接点，全区90%的用户进入电脑管理，农村入户率达45%。2005年，广播电视覆盖率达到95%，在全省率先实现有线电视组组通。

三、有线广播电视城域网建设

1990年，始建洪江有线广播电视城域网，网络传输11套电视节目。1995年，洪江广播电视局对城区有线广播电视城域网实施升级改造，传输16套电视节目。桂花园乡、常青乡、横岩乡相继建立有线电视广播站。到1997年，基本实现农村“村村通”有线电视。1998年，洪江城域网率先在怀化市实现HFC系统的升级，开通19个光接收平台，网络传输30套电视节目和一套广播节目，同时实现区到乡100%光缆联网和开通有线广播信号100%。2000年，启动全区农村组组通有线电视工程，当年实现96%的组与城域网联网，4%的组通过建立小片网开通电视节目，成为全省第一家实现组组通电视的县级城市。2002年1月，洪江电广宽带信息网络有限公司成立。2003年，实现网络传输电视节目35套，入网用户1.6万户，进入可寻址收费管理用户1.1万户。2005年，实现网络传输电视节目40套，入网用户1.74万户。

第三节　电　影

1978年，全镇共有国营电影放映院1家，年放映场次1930场，观众122.4万人次。1979—1988年，全市放映网点25个，其中市区3个、工厂电影放映队13个、农村放映队9个。累计放映4.3万场，观众2100万多人次，放映收入267.3万元。1991年，电影公司年放映3288场，观众人数89.1万人次，其中农村放映电影739场,观众17.3万人次。1992—2005年，电视、录像广泛普及，电影市场受到较大冲击，电影公司以爱国主义教育影片为突破口，以农村放映为重点，积极组织片源，开展送电影下乡，进社区活动。2005年，全年放映1200多场次，放映国产优秀影片及大片50多部，观众1.6万余人。

第四章 史志档案

第一节 地方志编著

一、市（区）志编修

1986年7月，开始编纂洪江建制以来第一部《洪江市志》。首编《洪江市志》撰修7年，几易其稿。全体编修人员先后分赴北京、上海、南京、武汉、贵阳、重庆、长沙等地查阅大量的古籍史料、档案资料。在市内查阅大量档案资料，收集口述资料，继而进行市志编纂。1991年10月，完成市志评审稿。1992年6月，怀化地区地方志编纂委员会召开《洪江市志》稿评审研讨会，之后，根据省、地、县市领导和专家提出的宝贵意见，作了为期一年的精心修改和加工提炼。1993年10月，报送湖南省地方志编纂委员会审查验收，正式批准出版发行。1994年6月，正式出版发行，首印3000册。《洪江市志》为篇章结构，志首设概述、大事记，从纵横两方面勾勒全市政治、经济、文化、社会全貌，再按事类设23篇94章，共95万字。《洪江市志》成书问世，填补洪江无史的空白，被评为全省优秀志书二等奖。2004年4月，启动第二轮区志编纂工作。区工委、区管委成立《洪江志区（1978—2005）》续志编纂委员会，下设办公室和编辑部。10月，召开全区修志工作动员大会，对续志工作进行安排部署，明确目标任务、实施步骤和工作责任。11月，续志编写工作全面展开。在“党委领导，政府主持”的修志工作体制下，围绕出精品、创佳志的要求，区志编纂经过培训队伍、督促指导、分志撰写、总纂修改几个阶段，于2008年基本完成初稿。

二、年鉴编纂

2002年4月，启动《洪江年鉴（1999–2001）》编纂。《洪江年鉴》第一部年鉴，也是洪江建区以来第一部年鉴。2005年3月，第一版第一次印刷，首印500册，41万字。主要记载1999—2001年洪江区国民经济和社会发展的基本情况与重大事件。

三、部门志编纂

1986年，为配合《洪江市志》工作，市直各部门相继成立部门志编写小组，组织编写部门专业志，有《工商志》《教育志》《审计志》《公安志》《检察志》《文化志》《计划志》等，为市志的编纂提供丰富的资料。2004年11月，《洪江区志》编纂工作全面展开。至2005年，完成《环保志》《工商志》《民政志》《烟草志》等部门专业志。

第二节　党史征编

一、党史资料征集与研究

1987—1995年，相继出版《建国前洪江党史资料》《中国共产党湖南省洪江市组织史资料（1926.8–1987.12）》《中共洪江党史大事年表》《中国共产党湖南省洪江市组织史资料（1988.1–1995.12）》《洪江资本主义工商业的社会主义改造》《战斗回忆录》《改革浪花》等。另外，先后为《当代怀化五十年》《人民英雄大字典》《怀化百年史话》《怀化党史大事记》《党和国家领导人到湖南》《共和国领袖丛书》《湖南改革开放二十年》《中国共产党八十年湖南图志》等书籍撰稿50多篇。2004—2005年，完成新民主主义革命时期、社会主义建设时期、改革开放时期党史专题研究，共形成56篇史料研究专文，为党史正本第一卷、第二卷编写提供祥实、丰富的党史史料。

二、《中共洪江地方史》编纂

2004年4月，启动《中共洪江地方史》编纂工作。《中共洪江地方史》共分一、二两卷，第一卷上限自1926年起，下限至1978年止；第二卷上限从1978年起，下限至2010年止。共计80余万字。《中共洪江地方史》全面而真实地反映中国共产党在洪江84年的革命和建设历程。洪江区史志档案局是怀化市第一个完成党史正本编纂工作县级单位。

第三节 档 案

一、档案馆建设

1974年，建140平方米的砖木结构档案库房一座。1988年，新建1004平方米档案综合大楼，有档案库房6间，总面积500平方米。1989年，档案馆定为省四级馆。2005年，购置去湿机2台，温湿度控制仪和密集架等档案管理专用设备，建立现行文件查阅中心及档案史料陈列室。12月5日，档案馆顺利通过省级评估验收，晋升档案工作规范化管理省一级。

二、档案接收

1980年，接收市属一级单位档案进馆。1984年，市公安局将民国时期的档案移交市档案馆。1987年，市档案局悼念全市民国时期和中华人民共和国成立初期档案资料，共计文件、资料496卷册，照片521张。1988年，接收市属14个二级单位档案128卷，1989年，接收各类档案345卷。1990年，接收档案543卷，征集珍贵照片521张。1996年，接收档案123卷。1998年，接收市科委、人大、经委等54个单位文书档案5318卷。1999—2001年，接收墙地砖厂、塑料一厂、三化工厂、外贸公司、电影公司及塑料二厂等单位档案2500余卷册。2005年，洪江区档案馆馆藏共157个全宗，馆藏总量为30335卷（册），分为民国档案、建国后的档案、史志谍谱档案及其它各类资料4大类。

三、开放利用

1978—1988年，档案利用逐年提高。市档案馆在做好资料保管、丰富馆藏内容的基础上，不断扩大档案服务范围，档案工作逐步由封闭型向开放型转化，由义务查卷向有偿服务转化。1989—2005年，年均接待查阅2000余人次，查阅档案资料卷8000余（册）次。

第五章　文物古迹

第一节　文物保护

1983年12月，市政府发布《关于加强我市文物保护管理的通知》，公布洞庭宫、飞山宫、大佛寺、嵩云山大兴禅寺、太平宫门坊、忠烈宫门坊为市级文物保护单位。1986年，文化部门首次对全市文物进行普查，发现商至春秋战国时期的古文化遗址3处、古碑刻32块、古建筑8处、名人墓葬1处，出土文物和收集流散文物260多件。1988年，成立市博物馆筹备处，建立文物保护保管库房，绘制文物分布图，对文物保护单位悬挂标识保护牌，收集征购社会流散文物。建立8处文物保护网点，确定20名文物保护信息联络员。2001年4月，区文化、文物部门对全区历史古建筑进行全方位普查，查实商业会馆、油号、洋行、作坊、店铺、钱庄、银行、厘金局、报馆、育婴堂、寺院、古庙、戏台及烟馆、妓院等明清古建筑群380余栋，总面积30万平方米。2002年，区工委、区管委下发《关于进一步加强文物保护有关问题的通知》《关于印发洪江区文物事业“十五”发展规划和2015年远景目标纲要的通知》《关于加强文物保护“五纳入”工作的通知》，将文物保护工作纳入领导责任制、区域经济建设和社会发展计划、城乡建设规划、文化体制改革、财政预算。2002年，陈荣信商行被省文物局为省级文物保护单位。

第二节 古建筑

【苏州会馆】 位于一甲巷。始建于清乾隆三十六年（1771 年）重建，清嘉庆二十二年（1817 年），由龙船冲移建于一甲巷。系苏州商人集资而建。建筑面积 539 平方米，单进三开间木质穿斗式两层楼房，一楼为居住经商所用，二楼用作货物仓储，会馆通高 8.5 米。该馆系洪江十大会馆之一——徽州会馆其所属支馆。

【徐复隆商行】 位于一甲巷 17 号，始建于清同治十二年（1873 年），建筑面积 619 平方米。坐南朝北，系三进两层的木质穿斗式结构建筑，一楼为经商居家之用，二楼为货物仓储，平面呈回廊式布局。

【财神殿】 位于财神巷 13 号，由洪江商人于清康熙二十二年（1863 年）共同集资修建。该殿为木质穿斗式建筑，四周有封火高墙，大门上方为青石镌刻的门匾—财神殿，供奉财神为赵公明。门前的小巷亦因故取名财神巷。

【厘金局】 位于龙船冲 13 号，始建于清咸丰年五年（1855 年），建筑面积 698 平方米，系单进三开间木质穿斗式建筑，西南方向开八字门，大门右侧设柜台，为收税专用，房屋高低错落，整幢建筑大小用房 12 间，结构变化有致，疏密聚散得当。

【常德会馆】 位于龙船冲 24 号，始建于同治年间，建筑面积 428 平方米，系常德籍商人集资修建的商业会馆。系单檐木质穿斗式结构的两层楼房，由正屋、东西配房和厢房组成，一楼作经商居家之用，二楼为货物堆放场所。

【陈荣信商行】 位于塘冲 1 号，始建于清道光二年（1822 年），建筑面积 1188 平方米。由正屋、东西配房、厢房和庭院组成，一楼为经商居家之用，二楼用作货物仓储，大门为“八字”门，直通东侧天井。门内为小庭院，置有太平缸 1 个，正面刻有“鱼龙变化”和鱼、龙图案。在太平缸上方墙面，拓有郑板桥“吃亏是福，满者损之机、亏者盈之渐，损于己则益于彼，外得人情之平，内得我心之安，既平且安，福即在是矣。板桥郑燮题”手迹。

【福兴昌烟馆】 位于余家冲 9 号，始建于清嘉庆二年（1797 年），建筑面积943平方米。系一进两层窨子屋，有码头20级，为当年洪江高档烟馆。在天井墙面上，其“福”字由龙、凤组成，太平缸图案为罂粟和“寿”字，加上门外高高的码头，喻为“福寿膏”。

【大佛寺】 位于余家冲14号，始建于明万历四年（1576年），重建于清嘉庆十年（1805年），建筑面积870平方米。建有两层寮房，8间斋房、往生堂，内设大雄宝殿。原为嵩云山大兴禅寺佛教财产，民国三十四年（1945年）移交洪江居士林管理。大佛寺旧时还是洪江十馆公所和汛把总署所在地。

【庆元丰货栈】 位于财神巷9号，始建于清光绪六年（1880年），建筑面积855米。系一座穿斗式结构的两层楼房，一楼空间较高，通往二楼的楼梯尤为宽大结实，具有明显的货栈特点。

【徐荣昌商】行 位于育婴巷7号，始建于清光绪三年（1877年），建筑面积760平方米，为穿斗式结构的两层窨子屋。商行系洪江八大油号老板之一徐荣昌房产。

【汛把总署】 位于育婴巷3号，始建于清雍正六年（1728年），建筑面积412平方米。坐南朝北，是一座单进三开间木质穿斗式二层楼房，回廊式布局，单檐重屋，斗拱造型，建筑用料讲究，窗格雕花精美，木刻工艺精湛。二楼栏杆壁面上，刻有“对天勿欺、居仁由义、待人以恕、罔谈彼短、不局不卑、毋矜己奇”等警语，为把总的为官之道。天井居中，便于通风采风，东边为配房和侧天井，东南角建有晒楼，外墙高9.1米。

【天顺发金号】 位于木栗冲右巷12号，始建于清光绪六年（1880年），建筑面积650平方米。坐北朝南，单檐重层，是单进式三开间二层楼房，系标准窨子屋，厅堂由青石板铺成，当年为金、银首饰加工场所。内置天井，通风采风极佳，工艺讲究，多处雕花。大门呈“八”字型，正上方嵌有青石板横匾，阳刻“文佟流庆”4个大字。

【吉发堆栈】 位于木栗冲15号，始建于清咸丰五年（1855年），建筑面积502平方米，西进两层，二楼回廊贯通，为商业仓储。清时主要用于堆放鸦片，民国中期改做娱乐场所。外墙上至今仍保存有“吉发堆栈”的字迹。

【绍兴班】 位于余家冲23号，始建于清咸丰十年（1860年），建筑面积661平方米。系清代青楼，为木质穿斗式结构建筑，单檐重层，两进三层，各层楼道封闭，各房间置有暗门，具有隐蔽的行业特征。

【永州会馆】 又名濂溪宫。位于狮子楼1号，始建于清光绪十三年（1887年），为永州8县商人集资修建，建筑面积781平方米。系两进三开间木质穿斗的两层楼，二楼额坊木刻“永州东邑”“万丰吉老栈”字体，大门内外砖墙镶有两块“永定规约”古碑。

【东海堂】 位于煤炭坡37号，始建于清顺治十年（1653年），建筑面积691平方米，系木质穿斗式结构窨子屋，一进两层，面阔三间，整个建筑结构严谨、工艺讲究，木窗各处均有精美雕花，清末时为高档青档。

第六章 文化市场

第一节 市 场

1978年以后，社会文化市场逐步形成，日趋繁荣。至1989年，全市书刊市场除新华书店外，有图书零售店（摊）19家，图书出租店（摊）15家；印刷市场有国营、集体、个体印刷厂9家，打字、复印店5家；音像市场有音像发行站2个，磁带经营16家，录像放映队14个；娱乐市场有桌球厅15家，营业性舞厅4家，电子游戏室25家。弹子游戏室3家，游艺场1家，滑冰场1家，茶座2家，象棋摊7家；演出市场有营业性剧场供引进和接待外来剧团演出。1995年，全市共有文化经营单位和个体文化经营部188家，其中歌舞厅10家、卡拉OK厅9家、KTV演唱厅6家、文艺茶座6家、儿童游乐场及旱冰场7家、电子游戏厅41家、桌球厅4家、棋摊3家、电影院1家、影剧院1家、录像放映厅8家、大炮筒5家、音像发行站2家、音响带销售点9家、印刷厂15家、复印、打字店8家、工艺美术店8家、照像馆7家、书店18家、书摊6家、以及营业性乐队等14家。2005年，全区有文化经营单位和个体户107家,其中电游13家、网吧28家、书店7家、歌舞娱乐厅12家、工艺美术店2家、照像馆12家、复印打字店13家。

第二节　文化稽查

1985—1986年，市文化市场管理委员会组织有关部门对书刊、音像市场进行清查，查收非法出版物1047本、不健康小报177份、手抄本《少女之心》12本、淫秽录像2部、黄色录音磁带630盒、禁演录像片18部。1988年，配合除“六害”行动，没收非法出版物、淫秽书刊87种105本、明信片24套240张、图片3008张，取缔无证、无照又从事非法印刷经营者1户，破获观看淫秽录像团体2个，抓获传播淫秽图片罪犯1人。1989年，开展大清查，收缴淫秽、封建迷信、非法出版物7451册、录像带704盒、录音磁带131盒，取缔封建迷信活动47起，查处案件4起、关闭停业7户。1991年，开放部分特区经营的文化项目。1992—1998年，开展文化市场清查，收缴非法和黄色书刊1800多本、非法年画和明信片等1.1万多张、非法音像制品2100多本，查处各类案件80余起，取缔关闭非法录像厅、游戏机店50余家，查封没收各种赌博机具400余台。2005年，开展文化市场稽查，查处各类违法案件72起，收缴非法音像制品540本、非法出版物1040本，拆除距学校不足200米的网吧和电游厅，并对电游，网吧经营户进行合理布局和适当压缩。

第三节　新闻出版管理

1999年8月，成立区新闻出版管理局。到2005年，建立建全全区印刷企业、打字复印店、网吧、书店和音像店档案资料，制定《洪江文化新闻出版行政执法责任制规定》和《洪江文化新闻出版行政执法责任追究制度》，使行政执法规范化。推行政务公开制度，将新闻出版市场项目审批、条件、收费和办理时限等内容全部公布于众，聘请10名行风监督员，自觉接受社会监督。加强出版物市场的管理力度，取缔无证书摊和游商3家，没收非法出版书籍300多册，净化全区出版物市场。

第二十二篇　洪商文化

第一章　洪商始末

洪江古为五溪蛮之一雄溪蛮，自古为苗、瑶等少数民族的重要聚居地。明末、清朝初期各地商贾逐渐来此定居经商，并发展成为湘西重镇。自清康熙四年（1665 年）兴建黄州会馆伊始，至清嘉庆二十三年（1818 年）福建商人兴建福建会馆止，洪江已形成一个人数庞大、财势赫赫的商业重镇，从清朝晚期至民国初期进入发展的全盛阶段，兴起到全盛时间长达 300 多年。

洪商，一般是指明清、民国时期各地来洪江从事商业活动的人，省外主要以江西、贵州为主，其次为福建、安徽、江苏等省，省内主要以宝庆、湘乡、辰溪和沅陵为主，其次为长沙、衡阳、常德等。据 1934 年统计，当年洪江 3.76 万人口中，从事商业者达 1.3 万人，占总人口的 34.6%。

洪商活动地域主要以长江以南诸省。经营范围几乎无所不包，其中又以洪油、木材、“特货”（烟土）业为大宗，成为洪江经济的支柱。洪商艰苦创业的精神，诚信为本的商业道德，和谦的服务态度，精明的经商策略，娴熟的业务技能，是祖国传统商业文化的一个重要组成部分。

洪商因水运便利而获得发展机

遇，亦因公路、铁路的发展致使水运凋敝而沦于衰败没落。抗战胜利后，外来商人大多携资返回原籍，加之战乱，洪江经济实力从此一蹶不振。

第一节 兴起与发展

“洪商”的兴起与发展有其多方面的原因。

首先洪江处于沅、巫二水交汇之地，在交通不发达的时代，水运是云、贵、川等西南诸省与东南各省外界联系的唯一便利通道。洪江自古为苗、瑶等少数民族聚居地，由于控扼沅、巫两水的交通要道，自汉起苗、瑶等少数民族多在此地与汉族发生冲突，1000多年来战火不绝。作为交通要道，宋熙宁七年（1075年）在洪江设置铺。宋元祐三年（1088年）设置洪江砦（一说元祐五年），招募当地土民训练弓弩手，同时管理洪江商贸及治安，“洪江”作为一个军事行政单位名称始记于史册。洪江砦的设置，进一步促进当地经济的发展。元朝期间洪江军事及行政机构几经存废，地方经济发展缓慢。自明成化元年（1465年）起，洪江及周边苗汉两族兵火不绝，境内几成丘墟。明末清初，特别是清雍正“改土归流”以后，此地越来越受周边地区和沅水流入长江下流地区的关注，这一时期经济得到迅速发展。清康熙元年（1662年）后，陆续来洪经商者，有江西、湖北、安徽、江苏、浙江、贵州等省和湖南宝庆、衡阳等地商人。商人从洪江运木至常德、陬市销售的逐年增多，成为清水河、沅水、渠水、巫水流域木材的集散中心。“通舟楫，利湍行，导苗船至洪江市，盐布交易粮货楚粤商船咸得达镇远城下，民苗大抃，商旅云集。”洪商由此获得了初步发展。

其次是周边省及地区多高山险峻，在陆路不发达的年代，自清康乾以后，洪江受战乱的影响较少，加之水运便利，常能偏安一隅。此后“历百有余年，不见兵革。民物蕃孳，遂为西南一大都会”。清咸丰元年(1851年)，烟禁大开，贵州、云南、四川一带种植烟土，多从洪江集散。清咸丰五年（1855年），洪江设厘金局，专事征收烟税，为避物议，掩人耳目，将鸦片命名土药，列入药材类课税，每担烟土征收白银60—70两。“自开烟禁，榷税饷军。于是黔南之土药络绎于途，修业而息之居然与木材、膏油相埒。”清康熙元年（1662年），洪江有商店、行栈、作坊约500家，成为当时湖南六大商埠之一。清同治三年（1964年），江西人张积昌在洪江首开油号经营桐油，此后又有江西人高灿顺、刘岐山及江苏人朱志大等油号相继开业，并结成西苏帮，捐领牙帖，生意兴隆。洪江油号将附近地区及沅江上游所产的桐油运到洪江，经过一度加工，用洪烟掺入油中，分熟洪和生洪，因品质优于四川所产的秀油，故外商将洪江一带用此种工艺所加工的桐油统称为“洪油”。清光绪二年（1876年），洪江生产的洪油，经广州转口，营销港澳及东南亚，出口额居当年全国首位。至清末、民国初年，洪江形成以木材、洪油、鸦片为大宗贸易，辐射周边及临近五省的商业中心，成为湘黔边境重镇。凡湘西金融之汇拨，百货之运转、无为以此为中心。“舳舻蚁集，商贾云臻，连阁千重，炊烟万户。与津市、常德、益阳、湘潭成为湘省商人辐辏之区。”曾有“五省通衢”之称。

三是会馆和帮会的形成，为洪江商人从事商业活动，提供了有利的发展环境。明末清初，来洪江经商的人逐年增多。从清康熙至乾隆年间，来洪江经商的各省及省内各州府的商人们，陆续来此结帮经商，相继结成商业“十三行帮”（即江西帮、江浙五府帮、福建帮、贵州帮、山西帮、黄州武昌府帮、宝庆帮、衡州帮、辰州沅州府帮、湘乡帮、七属帮）和“五府十八帮”（五府指：辰州府、沅州府、宝庆府、常德府、衡州府；十八帮指：金寿帮、益阳帮、黄州帮、常德帮、长郡帮、江西帮、邵阳帮、辰沅帮、天柱帮、沅陵帮、汉口帮、京苏帮、黔阳帮、麻阳帮、会同帮、溆浦帮、芷江帮、湘乡帮）。为了竞争图存，联谊同乡，各自修建会馆。清康熙四年（1665年），在洪江设店开业的湖北黄州府同乡始建黄州会馆。此后二百年间，洪江十大会馆相继建成。这些会馆既管同乡事务，又是同业公会的一种形式，并负责与官方交往，代办官方委托的一些社会事务。清宣统三年（1911年），成立洪江商会，管理油盐、绸布、南杂等行业，入会者约200余户。1932年4—9月，洪江洪油、钱业、绸布、药材、书纸、金银首饰、苏广、木业等行业先后成立同业公会，入会商号266家、777人。另有不隶属于商会的木商“八帮”（指外地来洪购买木材的商人）和鸦片烟土的特商公会。公会成立后，除维护和增进行业利益外，对洪江生产发展、贸易起到积极作用。1930年，洪江输出入商品总额达3000余万银元，营业税居湖南省第六位。1935年，洪江共有座商245户，资本总额160万银元，年营业额634.8万银元。其中洪油业7户，资本51万银元，年营业额180万银元；油盐南货号103万银元；绸布庄97.6万银元；木行68万银元。但行商年营业额大大超过座商，据统计，当年木行年营业额500万银元；布业年营业额1000万银元；特货业（鸦片）1500万银元。洪江座商和行商年贸易总额近4000万银元。市场现金流通58万银元，仅次于长沙，居湖南省第二位。

从洪江300多年由兴到盛的商业发展轨迹来看，虽然洪江在以水路为主要交通工具的封建社会，自古为云、贵、川经湖南进入长江流域各省的重要水路驿站，但由于明朝中期以前此地为荒蛮之地，苗、瑶等少数民族与汉族在此地经常发生冲突，当地经济发展十分缓慢。明末特别是清康熙以后，由于国内相对的和平环境，外省及周边地区的商人才陆续来洪江经商，洪江逐渐“商贾云集，百货填充，日市不息”。武汉、洪湖、常德等地的竹、木、粮、油商人和天柱、绥宁、靖州、的山货、土产客商，经渠水、沅水、巫水进入洪江成交，使洪江逐渐成为竹、木、桐油、棉花等土特产和纱布、食盐、百货、南杂的集散中心。经过三百年的发展，至1931年间，此时洪江已是“百工毕集，商贾辐辏，会馆林立的湘西大商埠”。其时的洪商，非但经营行业众多，活动地区之广，且善于按照行情变化，灵活经营。以洪油、木材、鸦片为代表的洪商，至此已真正攀登上了百业大兴的顶峰。

第二节 衰微与没落

从总体上看，洪商到民国初年已开始衰败，但是各种行业衰败的时间则有早有迟，过程也有长有短。洪商由盛而衰的原因主要有三个方面。

首先是经济实力雄厚的洪江商人们，面对名目繁多的苛捐杂税，经营能力及实力大大削弱。从1912年起，除保留洪江厘金局外，另设洪江榷运分局和验放处。此后国民政府先后在洪江设立：1917年设湖南省印花税处洪江印花税征收分处；1920年设洪江屠宰税局；1921年设洪江杂税局；1925年设湖南省卷烟吸户公益洪江征收分处；1928年设湖南烟酒事务局洪江分局；1929年设湖南、湖北特税处湖南分处洪江检查所；1931年设洪江产销税征局和省税征收局；1932年设营业税、产销税征收局；1937年设财政部所得税事务处湖南办事处邵阳分处洪江查征所；1942年设长沙海关洪江办事处，下设大湾塘和洪江两个分卡；1948年设洪江特产品自卫捐稽征分处和洪江绥靖临时费查征处。同时，各种杂捐杂税如土药税、商税土膏牌照捐、牙贴捐等多达40余种。1912—1949年10月，湘、川、滇等军阀经常在洪江驻有重兵，除加重正税征收外，还巧立名目，苛征捐税，一无定章、二无征率，且名称离奇，肆意苛派，先后增征特税、煤油特税、特产税、盐斤口税、军事特捐、过江厘、指富捐、保公捐、挨户捐、团练捐、营业捐、警捐、善后捐、自治户捐、场捐、月捐、游击捐、毛厘捐以及临时筹措军饷和因临时费而设立的各种名目捐税等等。1936年，据湘西绥靖处调查统计，洪江“未经省府核准有案之杂税200多种”。各地军阀、官僚、土匪均视洪江为“肥肉”，无不垂涎欲滴，经常出现你争我夺之势。当时民国政府曾在洪江召开湘鄂滇黔四方军事会议，就解决军阀争夺地盘问题达成协议，但未付诸实施。

其次军阀混战、日本侵华战争和三年国共内战造成时局动荡不安，极大地削弱洪江商人的经济实力。1912—1936年，国内虽然年年军阀混战，但国内时局总体上还是趋于稳定，洪江商业得到发展。三大支柱行业：木材的年输出量仅在1921—1933年就达26.7万两码；洪油在1930—1936年时局安靖，币值较稳，洪油需多，购销转旺，年销量均在8万余担以上；而据1934年出版的《工商半月刊》中“洪江主要商业调查”一文记载“洪江烟土集散，往年兴盛时期数量达四万担，去年经洪江转口之特货，凡二万担，值1500万银元”。仅就木材输出而言，其中比较安定的1921年和1929年，年输出达到55.2万立方米；而动荡的1925年和1926年，年输出则下降到6.6万立方米。抗日战争爆发后，沪汉相继沦陷，洪油、木材阻于常德不能外运。加之兵匪为患，货币贬值，洪江经营桐油的油号相继停业，而木材输出量也锐减。鸦片公开贩运也因抗战军兴而有所收敛。湘黔公路通车以后，绸布、百货、南杂等类物资改从陆路运输，由晃县中转，食盐改销西（广西）盐、粤盐、川盐，油、木两业转移资金至贵阳、昆明、重庆等地经营纱布贸易。此时大批难民涌入洪江，市镇人口剧增至10万人以上，绸布、百货、南杂等中小商店成倍增长，茶楼、酒馆“列肆如云”，“全国有20多个省市的商人在此开设各种庄号、饭馆、商行、作坊”。到1940年洪江共有大小商店千余家，其中绸布业63家，百货业58家。洪江出现短暂的战时繁荣。抗日战争胜利后，大批难民携资返回原籍。原在洪江经商的相继返回洪江，奈因战后地方元气一时难以恢复。随后国民党发动内战，特别是南京、武汉相继被解放军攻占，沅水交通中断，货不畅流，加以通货恶性膨胀，货币贬值，物价飞涨，集市贸易一落千丈。市场以银元、大米及其它实物为交换媒介。银元利息高达20% ~ 40%。依赖货款的商户，因利息高昂，周转困难，纷纷歇业或倒闭。

三是公路、铁路运输的发展逐步取代传统的水运，洪江的物资集散地作用削弱，商业资金转移，市场逐渐萧条。1950年，新兴的人民政府加强交通运输建设，特别是西南、西北的交通建设。铁路方面：1950年6月15日，新中国自行修建的第一条铁路成渝铁路挖下第一锹土。时任西南军政委员会政委的邓小平在开工典礼上致词：“我们进军西南就下决心要把西南建设好，并从建设人民交通事业开始做起。”此后，宝成铁路、成昆铁路、贵昆铁路、襄渝铁路、焦柳铁路等相继开工建设；公路方面：209国道、210国道、212国道、213国道、318国道、319国道、320国道等公路网的相继建成，彻底打通了西南诸省与外界的陆路联系；加之西南各省的航空港相继开通与国内各省的航线。使西南各省出行不再像民国以前的单靠水陆一种出行，而发展成为集公路、水运、铁路、航空为一体的立体出行方式。1953年以后，粮食统购统销，油、木、棉纱、布纳入国家计划，由国营商业掌握批发市场，区内各县普遍设立专业公司，集镇设立供销合作社。商品由国营商业实行内部调拨，零售委托私商经销代销，对工业、手工业实行加工订货。洪江也由过去的物资集散中心，退化为湖南省怀化地区的无交通优势的内陆小城镇，经济地位也由建国初期的湘西物资批发集散中心，逐步转变为单一的商品零售市场。以经营批发为主的木材、洪油、绸布等业私商相继转办工业，从事长途贩运的904户行商也全部转业、停业。1958年起，洪江商业经营范围仅限于洪江区域及毗邻的黔阳、会同县属的9个集镇，与武汉、镇江、上海、黔东南一带的传统贸易往来基本断绝。昔日“万货骈填，百工毕集”和“舳舻蚁集，商贾云臻，连阁千重，炊烟万户”的景象已成历史。

第二章　洪商行业

洪商的经营方式，起初主要为“坐商”。清康熙元年（1662年）后，外省、省内临近市县商人大量涌入洪江，此时的经商方式发生根本变化，“行商”成为主流，在洪江三大代表行业洪油商、木商、特商中，虽然还“行商”

与“坐商”兼营，但其经营重点还在“行商”。由于“行商”经营灵活，资本投向具有多变性，一种主要行业的兴衰往往引起其他行业的连锁反应。

第一节 洪油业

洪油，秀油（四川秀山桐油）加工技艺的一种技术改良产品。因油质更加优异，且产地在洪江，故外地经销商将此种油品取名为“洪油”。

桐油生产历史悠久，其具体生产历史已无可考。近代桐油生产最早记载于贵州《遵义府志》（清道光二十一年刊本）：“去壳取米，晒干碾末，蒸热用蔑箍梭皮，包之如鼓样，榨取，灯烛皆资之。榨油之法各异，以包制大木间，上下夹木板，以木撞撞击取油，曰撞榨；置大木于木顶，用巨绳滚纽曰绞榨；……”清道光元年（1821年），四川桐油商人对传统桐油方法进行改进，通过炒烟子、脱烟子和熬桐油等工艺熬炼而成“秀油”。清咸丰年间，洪江桐油商人对重庆秀山“秀油”进行技艺改良，其制作方法“乃以洪烟掺入桐油混合变成者，有熟洪、生洪之分。熟洪乃经火烤炼者，生洪则为未经火烤炼者，至于洪烟乃桐油烧燃之烟。其烧法普通在地窖内行之，或在暗室行之。此项烟雾，熏积一处，结为固体，再以之加入桐油。”洪油与秀油虽然同属于红桐油范畴，加工工艺相似，但因其生产中洪油比秀油加烟较重，生产出的成品“色透明而质浓厚，榨制时曾煮沸，故有一种香味，冬天不凝，终年能保持其流畅状态”。“洪油之为名，以其出产于湖南洪江”故名“洪油”。洪油产品有三种：正洪质最优，且价最高；副油质、价次之；生洪最差，且每年销数甚少。洪油主要以木桶储藏，桶内用油纸敷好，其盖亦用油纸敷之，以防其浸出。“湖南之桶桐及洪油，桶桐重一百斤，洪油正牌重八十一斤，副牌为七十九斤。”

清同治三年（1864年），江西人张积昌在洪江开设油号，专营桐油生意。此后江西人高灿顺、刘岐山及江苏人朱志大等相继开设油号。清光绪二年（1876年），洪江生产的洪油，经广州转口，营销港澳及东南亚，出口额居当年全国首位。至光绪十七年

（1892年），洪江油号增至17家，其中张积昌、徐荣昌、刘同庆、杨恒源、庆元丰、刘万亿、干太源7家油号，共有资本300余万银元。清末至1926年和1927年为贸易最盛期，最多年份输出洪油20余万桶，值银百余万两。每年苏赣两省的洪油帮商人，于入秋时就携带大批银钱，到产地采办后改造成洪油，由帆船或轮船（清朝时多用帆船，民国后多用轮船）分批东运，运往苏、杭、芜湖、镇江等地销售。销售洪油正牌的主要有：济昌和、吉盈丰、杨恒昌、恒昌永、徐复隆、永泰牲等六家油号。销售洪油副牌的主要有：吉昌祥、庆元丰、杨恒源、刘庆丰、徐昌荣、徐德隆、万泰和、祥泰丰、集丰盈、华年丰、大昌丰等11家。由于洪油运输多为分批运来，故正、副牌洪油，均有头二、三、四帮之别，每帮到后，在镇江开一公盘，平时行号买卖货件，亦以公盘作价。洪油的销售之地主要为镇江，每年洪江所产的二十万桶洪油，除一小部分销于他埠外，大半均来此集中，然后分销其他各地。1928年后，洪江油号有所减少，至1934年仅存油号7家，总资本51万银元，年销洪油约600万斤，约值180万银元。

历史上，洪油收购、初级加工网点主要分散在贵州玉屏、镇远及省内黔阳、新晃一带，精加工主要分布在洪江周围百里范围。每年秋季从湘、黔边陲的广大地区收购的桐籽及桐油，冬季开始提炼制作，并以内外裱有皮纸的木桶定量包装密封，翌年春夏之交，江水漫涨之际，用船装运经武汉沿长江达镇江。“湖南洪桐油的销路，其集中市场，几全部为镇江。”洪油业的大商号多在汉口、镇江、上海等地设庄号，但主要集中于镇江。“其销路范围，遍于长江南北各地”。“行家销售的方法，除在镇举行交易，大批分销外，尚有派员分销的一法。”“上海所售的洪油，则全部都是镇江运往而去的。”而洪油价格，寻常年份多受季节变化影响，“收获之时，供给加多，价格当减。新陈货不接之时，供给少而需要未减，价格当涨。”抗日战争时期，国土相继沦陷，运输受阻，货物断绝来源，加之国民政府将桐油作为军用物资禁止外运，洪江资力雄厚的商号如徐荣昌、刘同庆、刘安庆、庆元丰等，在本地无业可营，均挟资西迁滇黔，另谋出路。而其余中小商号则纷纷改营它业。抗战结束后，短暂的和平被三年内战所打破，时局动荡，物价飞涨，停业者日增，连开业80年之久的杨恒源油号也亏损倒闭。1949年仅输出洪油1万桶（35万公斤）。中华人民共和国成立初期，洪油仍以私商经营为主。1952年，洪江共有洪油业10户，从业者469人，资本总额162.08万元，营业额51.32万元。1954年以后，洪油由国营油脂公司统一经营。1956年起由洪江植物油厂加工，地区直接外调，洪江不再销售。

第二节　木材经营业

洪江为沅、巫二水交汇之地，自古为湘黔交界各府县与外界贸易的主要物资集散地。同时湘、黔、桂接壤边境是我国第二大木材产区，盛产松、杉、柏、楠等优质木材。得天独厚的水运地理优势，萝卜湾、回龙寺、大湾塘、滩头等天然坞址，使洪江历为湘、黔边境木材集散中心。明洪武年间，“置洪江驿丞，隶会同县，驿有水夫4名”。明末清初，洪江已成为清水河、沅水、渠水、巫水流域木材的中心市场，从洪江运木至常德、陬市销售的渐多。清嘉庆二十四年（1819年）版《会同县志》记载：境内可浮送木植的溪河，有渠水、巫水和大坡溪、瓦窑溪、竹瓦溪、木栗溪、洒溪等溪河21条。县内所有木、竹，历来从这些溪河运出。……到洪江、若水、酿口、渡头江等河流编扎成排运输，称为“放排”。滇、贵、桂等省部分地区及省内绥宁、城步、靖州、通道、会同、黔阳、芷江、新晃等县所产木材，均经水路集中于此。洪江木材来源主要有二：一曰“大河木”，即黔东南各县与湘西南通道、靖州、会同西部、黔阳、芷江等县所产木材，分别经由清水江、渠水汇沅江至洪江，按产地分为“苗木”（苗族聚居地所产）、“州木”（通道、靖州所产）、“广木”（会同广坪所产）三种；二曰“小河木”，即城步、绥宁、会同这一地区所产木材，主要沿巫水河而达洪江。而经洪江从沅水流经洞庭入长江流域之木材，宁汉市场统称之为“西湖木”。据《中国实业志》记载：“湖南林木，……品质之佳，而为他省所熟知者，则当推西湖木及东湖木。西湖木系沅水上流及其沿岸一带所产，由贵州之苗河一经晃县、芷江、黔阳而达会同之洪江，一经托口、黔阳而达洪江，由洪江会合，再经辰谿、泸溪、沅陵、桃源而达常德，复由常德经洞庭湖西部达岳阳达汉口。”

洪江木业从业者众多，分布面广，除专事木材运销的行商外，油、布、药材等业亦兼营木材。清末、民国初期，洪江为湘西、黔北木材总汇之地，下游木商多来洪江办货，聚集洪江的木材商人，大致可划分山客、水客（又名行商）、木行、木号四种。据《中国实业志》记载：“湘省木材之运销外省，皆由水客营业。”木行有三帮五乡之分，“三帮者即江西帮、安徽帮、江苏帮是，五乡则指湖南省之黔阳、沅陵、芷江、常德、及贵州省之天柱五县木商”。民国20年（1931年），外省商人纷纷来湖南贩运木材，仅洪江一地，就有“花帮（湖北大冶）、汉帮（汉口）、贵帮（贵州）、益帮（益阳）、常帮（常德）、长帮（长沙）、湘帮（湘乡）、宝帮（宝庆）、衡帮（衡州）、西帮（江西吉安）、永帮（永州）等十余帮”。行商所销木材，均在木材根际烙盖斧形钢戳，上刊号名作为标识，称为“斧记”，最盛时期，洪江共有斧记200余把。行商交易必须经木行介绍，木行须领牙帖方可以营业。木商对山客付款方法用现金者极少，普通多用期票，俗称“打条子”。但山客若需要现金，仅能兑现900元，再加三个月利息每月三分，计90元，实际只得810元。上游木筏会合洪江后，均需“改装洪筏，大者改小，小者改大。洪筏宽二丈，长九丈。每筏由二三百两至六百两，催船夫七八人，筏上用松板篾索搭成小屋三四间，顺流而下，经辰谿、沅陵、桃源，直达常德，其间并不改编”。“西湖木自洪江至汉口，……往往需一整年始达。”早期洪江势力以花帮为大，约占总运销售量的十分之六。据《中国实业志》记载：“当地现有木行十三家，每年经手买卖木材，约值六十八万元，此不过占洪江出口木材之一小部分。其由木商直接运出之木材，据当地木业公会估计，二十三年达七百万元之钜。”是年，洪江木业共有座商13家，年营业额68万元；行商年营业额500万元。

洪江木业的输出，多受时局影响。国内时局安定的1921年和1929年，年输出木材达55.2万立方米；而动荡的1925年和1926年，年输出木材仅为6.6万立方米。而时局总体安定的1921～1933年，洪江年均输出木材26.7万立方米，加上绸布等业兼营木材，约占洪江市场贸易总额35%左右。抗日战争期间，沪、汉相继沦陷，木材阻于常德不能外运，木材商人均转移资金至贵阳、昆明、重庆等地经营纱布贸易。1941年，洪江输出木材仅6.6万立方米，积压近40万立方米。三年国共内战争时期，局势更加动荡，洪江16家木行仅年输出数万立方米，多数商店勉强维持，一部分关门歇业。中华人民共和国成立初期，洪江木材大多仍属私商经营。1953年后，木材纳入国家计划，由森工部门统一经营。1960年输出木材162.4万立方米，创洪江历史最高纪录。20世纪70年代，湘柳、枝柳铁路相继通车，各地木材运输均改水运为公路或铁路，洪江木材销售逐年锐减。

第三节　特商（鸦片）业

经营鸦片（烟土，又名土药），非正当商业，不准加入商会，故名特商，烟土称特货，烟土税名特税。

明万历年间，就有将鸦片入药的记载。清康熙年间，进口鸦片仍然是作为入药之用。清雍正七年（1729年），清政府颁布世界上第一部禁烟令。全国盛产鸦片以云、贵、川为主，其中贵州种植面积最广，全省农田一半面积均种植鸦片。自清咸丰元年（1851年）开放烟禁，允许各地种植鸦片，云、贵、川为全国鸦片种植面积、产量增长最快的省份。水运便利的洪江自然成为云、贵、川诸省鸦片的集散地。清咸丰五年（1855年），清政府在洪江设厘金局，专事征收过道及落地鸦片的烟税，每担烟土征收白银六十两至七十两。经清同治、光绪，直至民国初期历届政府，均公开在洪设卡征税。从民国初年周则范在洪江成立保商大队始，历届政府及军阀均以烟税为军队主要饷源，官商勾结，经营烟土。1930—1932 年 7 月，湖南军阀何健的特税处及监护大队共征收特税、护运费 1150 万元，其中在洪江交纳的约占 45%。鸦片进出洪江有三条水运线路和一条陆路线路。入境：一从贵阳以骡马驮运镇远装船，入舞水经晃县、芷江、黔城而达洪江；二从贵阳以骡马驮运至麻江的下司装船入清水江，经剑河、锦屏、白市、翁洞、托口而抵洪江。洪江则在贵州会馆、江西会馆、长沙会馆、宝庆会馆设立公栈，集中堆放烟土，武装监守，纳税后方能提运。出境：水运线路自洪江雇木船载运，沿沅水至常德后改轮船历洞庭湖入长江，沿长江流域销往各地；陆运线路则在洪江雇劳力肩挑越雪峰山区，经洞口抵宝庆，再分远长沙、茶陵、汝城散销赣、粤两省。因沅水上游滩多水险，故入境多以水运为主，出境多以陆运居多。陆运每次数百担至千担，前后军队护送，日行六七十里，俗称“烟帮”，回程运送银元及布匹、百货，俗称“银帮”。

洪江经营烟土的特商分贵州、江西、湘宝、兄弟四帮，其中以贵州帮势力最大。贵州贵阳的锦盛隆、赵镇鑫、德厚福、怡兴昌，贵州安顺的肖洪源、义兴福、恒兴盛等烟土商号，均在洪江设庄。仅锦盛隆一家烟号，在清光绪廿年间（1894 年）就拥有资本白银 20 万两。烟帮资本雄厚，与洪油业、木业鼎峙而立，特商公会因经费充裕，凌驾于各业之上。据 1934 年出版的《工商半月刊》中“洪江主要商业调查”一文记载：“洪江烟土集散，往年兴盛时期数量达四万担，去年经洪江转口之特货，凡二万担，值 1500 万银元”。鸦片集散洪江，使洪江烟馆云集，而吸食鸦片的人数占当时洪江总人口的 60% 以上。据 1935 年 2 月 10 日《长沙大公报》“如此洪江”一文记载：“洪江有烟馆二百零六家，吸食鸦片者二万余人，占总人口十分之六七”。民国政府虽曾几度倡议禁烟，但时禁时驰。1936 年，政府严令禁烟，洪江烟庄被迫歇业，烟馆遂转入地下，吸食者才日益减少。至抗战军兴，民国政府公开贩运的行为才有所收敛。但军阀、官僚、匪首从中牟取暴利，明禁暗纵，以致屡禁不止。因此，事过不久，吸食者如故。此后，每年春秋两季，照例宣传和检查禁烟。同时，又不断破获各种烟案。

中华人民共和国成立后，政府开展禁烟运动。1952 年，洪江公开处决贩运烟土犯一名，毁烟具 300 多件、烟土 9257 两，对 209 名吸烟者限令戒绝。至此，遗祸百年的鸦片才在洪江绝迹。

第四节　其它行业

洪商除洪油业、木业和特货业三大代表行业之外，还经营以下几种主要的行业：

【钱庄】 洪江钱庄业始于清朝末期。清光绪三年(1877 年),有合茂、中孚两家钱店。清光绪三十一年(1905 年)，有钱庄 21 家，资本 4.1 万银元，并发行纸币 1.28 万银元。清光绪三十四年（1908 年）六月，湖南官钱局设洪江分局，有资本白银四万两，主要办理存款、汇兑业务。1912 年，湖南钱官局洪江分局改名为湖南银行洪江分行。1918 年，因湖南银行倒闭,洪江分行不复存在。1916 年，洪江共有钱庄 23 家，资本总额 2.78 万银元、铜元 3.7 万串，发行铜元券纸币 2.33 万串,其中裕通祥、裕通恒、义孚、久大庄四大银号,因信用较佳,汇兑遍及西南、中南、华东各城市。1934 年，洪江钱庄仅存鸿记、开源和、裕庆昌、同义和、德盛昌、长春荣、荣丰 7 家，但资本总额却达 46 万银元，其中以鸿记钱庄资本最为雄厚，达 30 万银元。这 7 家钱庄均属私营，其中独资 2 家、合资 5 家。是年，洪江市场现金流通量达 58 万元银元，仅次于长沙，居湖南省第二位。钱庄营业，分存款、放款、汇兑及其他种种业务。其中各钱庄存款利息，“高者月息一分至五厘，低者年利一分至一分五厘”;放款行业主要以“油商、木商、布商、洋货庄及其他等业”，全部为信用放款。而长沙、常德等地钱庄也有来洪江放款；汇兑业务以信汇为主，洪江本地钱庄多“能直接通汇汉口、上海、南京、重庆、江西等地”，而“长沙字号钱庄，类多在……洪江……等地设有本庄”；贴现业务，因洪江交通不便且物产丰富，如洪油、木材等交易“均以洪江为总汇之枢，商人之赴洪贩货者，类多不带现款，往往以汉口庄票，携往当地庄兑现”，贴现除利息外，还应加上汇兑费用，大致一个月或三个月的期票，每千元仅能兑取950元至900元，最高也只能兑现至990元。

1933年，湖南省银行洪江汇兑处成立，因信用可靠，汇费较低，很快取代钱庄业务。至1937年，洪江钱庄全部歇业。此后，洪江有10余家商业店铺兼营存款、放款业务与发行店票（有价证券），成为金融业与商业揉合一体的变相钱庄，经营一直延至解放前夕。

【典当业】清朝时湖南就有多地有典当行。清光绪三十年（1904年），洪江有当铺8家，店员50余人。经营者多为当地富商。业务主要为典当、质典、代押三种，典当物品多为衣被、家具器皿、金银首饰、玉器古玩等。据1928年《湖南当贴章程》规定：“会同所辖之洪江市为繁荣市场，典当业列为甲等”。洪江典当业的利率由官厅核定，地方向例：典当月息二分五厘，质当月息三分；私押月息二分五厘至五分不等。1935年，洪江当铺发展到11家、主要分布在洪盛巷、高坡宫和大河边。1949年，洪江当铺相继关门歇业。

【绸布业】“洪江”之名自宋有记载以来，经历元、明、清几个朝代，虽然洪江物资集散中心地位日益凸显，但布业所经营的均为各地所产的土布及土花布。清光绪三十年（1904年），洋布开始进入洪江市场。此后，洪油商、木商、特商等行业在外销售完货物后，均携带大量布匹返回洪江销售，使布匹成为洪江市场购销的大宗商品之一。其间经营布匹的主要商号有新大隆、万亿隆、怡茂等；生产布匹的主要有恒裕盛、袁积丰、段福盛、翁东和、朱文玉、赵美记、陈吉廷、王兴发、赵福永、王正林、李长桂、佘裕生、赵春和、赵裕生、禹志仁、佘益华、佘宣盛等17家商号。据1934年《中国实业志》记载：绸布业“更有从事纱布之经营而不设立庄号者，此种非布庄经营之数量，远过布庄之营业数量。”每年洪江布匹、绸缎贸易常在750万元左右。最高年份约1100万元，其中座商营业额

97.6 万元，行商 1000 万元，约占洪江贸易总额的 35%。货源主要来自武汉、常德、长沙等地，以条布、景布、阳逻布、漆河布为主，绸缎约占 7%。销区包括贵州省大部分地区和湘西各县。抗日战争中期，苏、皖等省难胞涌入，大多从事布匹、卷烟各业。至 1940 年，绸布业中仅座商就由原 30 家发展到 63 家，洪江出现暂时的战时繁荣景象。抗战后期和三年国共内战期间，洪江绸布业商家大多歇业或倒闭，剩余商号均惨淡经营。1949 年 11 月，绸布业由会同专区贸易公司和百货部和私营商户经营。1951 年成立花纱布公司，经营针棉织品，从省调入细布、斜纹布、士林布等供应市场。此后，私营商户逐渐退出市场主体。

【百货业】 元末明初，洪江就有江西、武汉、常德、宝庆等地商人来此经营百货。清光绪二年（1876 年），百货业成为洪江 9 个主要行业之一。清末至民国初期，洪江始经销现代百货，货源来自苏、浙、广州一带，时称苏广洋货业。较大商户有德和、仁聚福等，且主要集中于犁头嘴至廖码头一带。销地为沅、巫二水上游各县及贵州等地，年营业额 57.46 万银元。抗日战争期间，百货业发展到 58 家，多从广西柳州进货，转销贵州、云南、四川等地。中华人民共和国成立初期，百货业出现国营和私营共存。1951 年国营百货销售额 110.74 万元，私营百货营业额仅 19.83 万元。1954 年以后，各县百货公司相继成立，私营百货逐步退出主场主体。

【饭店、旅栈业】 洪江饮食、旅栈历史悠久。因地处湘、黔、桂三省毗邻之地，自古过往人员较多，饮食业和旅栈业历来兴盛。但旅栈业中往来商户多住专业行栈，如木商住木行，洪油商住油号，米商住粮行，而旅社则专供临时过路的人员留住。清末民国初期，洪江有饮食业 78 户，从业人员 139 人。从 1912—1949 年，洪江私营酒家、饭店和旅栈林业。

酒家、饭店中以承办酒席的有：大观楼、万盛楼、金玉楼、醉仙楼、小嘉乐、资湘一、长洪饭店；以经营面点为主的有：彭胖子地羊肉店、华胖子小笼汤包店、曾松生蹄花粉面店、林记清汤馄饨等。洪江粉面、包点、油货、茶食业在历史上也较兴旺，品种繁多。流动摊贩大多摆摊设点，或肩挑走街串巷，营业直至深夜。

旅栈业主要有：洪江大旅社、湘黔旅社、悦来客栈等。小客栈则遍布洪江大街小巷，大湾塘、萝卜湾一带均有客栈，接待过境排工、船工、赶场商贩及黔阳、辰溪、麻阳一带寻找职业的农民。

据1950年统计，洪江饮食业（不包括摊贩）55家，从业者163人；旅栈77户，从业者134人。1956年全行业公私合营，18家饮食店组成洪江、清心阁、沅水、百味村4家饭店；饮食摊贩114人组成11个饮食合作商店，除带子街饮食店外，其余只卖粉面、油货；75户旅栈除洪江饭店附设旅社部外，其余合并成立5个合作客栈。

第三章　洪商组织

洪江商业的组织形式，自清康熙四年（1665年），在洪江设店开业的湖北黄州府同乡始建黄州会馆。此后二百年间，独特的会馆组织形式，成为洪江商人在商业活动中对同乡和同业一种自律组织，同时也承担官府赋予的管理洪江地方行政事务的职能。清宣统三年（1911年），会馆这种商业组织由商会及以后的同业公会所取代。1949年10月洪江解放，商会及同业公会等组织自行消失。

第一节　“会馆”组织

在中国封建社会里，“商为四民之末”。然纵观洪江上下几千年的发展史来看，商业在历史长河中始终占主导地位。“洪江”之名自宋有记载以来，各个朝代在此均无政权设立。明末以前洪江属于苗、瑶等少数民族聚居地，自古为苗汉纷争之地，商业发展缓慢。明末清初，优越的水运交通逐渐引起各方商人的关注，大量外省及省内商人逐渐聚集洪江，使洪江人口结构发生根本变化，商人及与商业相关的群体取代世居此地的苗、瑶等土民。从清康熙年间，外籍商贾来洪江定居的增多，洪江发展为湘、鄂、黔、滇、桂诸省物资集散中心，成为聚五方商贾，烟火万家的湘西商业巨镇。清康熙四年（1665年）黄州商人在洪江兴建黄州会馆，以十大会馆为代表的商业组织，不但联络同乡情谊，也维护自身利益，同时负责代办官方委托的社会事务的封建性商业团体。它既按籍贯组织，也有按同业或经营关系组织。一般均具有“祀神、合乐、义举、公约”四项功能，会馆对团体内部的经营主体、利益订立规定和约束，逐步发展成为一种行业规范，这是洪江商业垄断的一种雏形。

清咸丰年间，洪江“十大会馆”共议设立“十馆公所”于洪江大佛寺。作为“十大会馆”的联合组织，因是经过禀官立案，因此他等受当地官府保护。“十馆公所”除负责协调所属行业的商务，如在同行中议定行情市价，约束徒弟、伙计，制定行约店规，调解纠纷等；同时也组织壁垒，对抗苛勒，抵制外来势力；还负责与官方交往，代办官方委托的一些社会事务，如为官府交差派捐等。“十馆公所”的宗旨是：“客居流寓者，以岁时祭祖先，洽比乡里，防范他乡和外行人欺凌，为同乡和同乡人的利益服务”。十大会馆中的首富也是每个较大行业的富商，他们掌管着会馆，支撑着洪江经济命脉，其中以江西、贵州、宝庆三大会馆为最。江西会馆的富商多系洪油业、木业、布业等，占据着洪江一半的产业与财富，故地方上的一切捐派，江西会馆常要负担一半，有“江西会馆的银子”之称；而贵州会馆的富商多系官绅，故有“贵州会馆的顶子”；宝庆会馆的富商则以手工业为主，有“宝庆会馆的锤子”之称。从民从对三大会馆的尊称可见当时“十大会馆”在洪江的政治、经济的实力和地位。

会馆的殷商们十分乐于公益慈善救济事业。据《洪江育婴小识》记载：早在道光十七年（1837年），洪江士绅杨锡铭、杨在宾等捐资创建恻隐堂，购买义山，作为水上浮尸安葬坟地，并于大湾塘置拯尸船一艘，专捞浮尸。清光绪五年（1879 年），洪江绅商张书、欧阳钟倡议设洪江“育婴堂”，洪江各会馆、团防局等均劝募捐助，翌年成立“洪江育婴局”，后改“育婴堂”，由洪油业、木业、特货业等按月交纳育婴捐，作为育婴堂常年经费，专事收养弃婴。自清光绪六年至十三年，洪江育婴堂共收养赡婴 323 人、堂婴 133 人，地域遍及会同、黔阳、麻阳、溆浦、宝庆、芷江、绥宁及贵州、江西等。此外，每年春节前后，十馆商户，例行施舍“年米”，对来洪的贫困民众进行救助。同时，洪江商贾十分重视教育事业。清光绪三十三年（1907 年），洪油业集资创办私立商达初高两等小学堂。其后，地方绅士罗桂芳、孙文光等捐资创办坤育女校，宝庆会馆创办宝庆小学，辰沅会馆创办辰沅小学，屠业公会创办三义小学，七属会馆创办惟先小学，贵州、江西会馆开办鼎新、临阳、洪都、豫章小学，江苏、浙江、安徽、福建、靖州等会馆先后创办复兴小学、雄溪女中附小和苏浙皖、福建、渠阳小学。至 1949 年，洪江共有私立小学 12 所、1889 名学生。

清宣统三年（1911 年），洪江商会成立。1932 年，成立洪油业、钱业、绸布业等同业公会。商会逐步取代会馆职能，专管商务。会馆则办管同乡事务。各司其职，各负其责。

第二节　商会及同业公会组织

洪江自明清以来，作为湘西南政治、军事、经济、文化中心，商业历史最早可追溯到 2300 多年前的战国时期。而工商业的发展，早于省内绝大部分地方。明末清初，带有资本主义萌芽性质的商业和手工业等各行各业已逐步形成，而商业民间团体“会馆公所”则于清咸丰年间在洪江大佛寺内设立。此后，“会馆公所”一直承担着民间商会作用，处理洪江商业各行业日常事务。清宣统三年（1911 年），洪江组建商会，王镇之任会长。负责管理油盐、绸布、南杂等行业，入会者约 200 余户。其时，商会主要调解会员纠纷，推行公益事业，与当地军政机关洽商事项，为当地政府、驻军募捐。1929 年，南京国民政府将原《工商同业公会规则》及施行细则修订顾《工商工会法》及施行细则，于同年 8 月 17 日公布施行。1932 年 4—9 月，洪江相继成立洪油业、钱业、绸布业、药材业、书纸业、金银首饰业、苏广业、木业、油盐杂货业烟业、酒业、衣庄业、瓷铁业等同业公会，另有不属于商会的木商“十八帮”（外地来洪购买木材商）和鸦片烟业的特商公会，入会商号 266 家、777 人。公会成立后，对调整行业内部关系，维护和增进行业利益，发展生产、贸易起到积极作用。特商公会机构庞大，经费充裕，在地方税捐中有着举足轻重的地位，会址原设俞家冲，后迁堡子坳。是年，商会会员除单个经营者外，另有 16 个同业公会和职业工会团体会员。此后，随着工商行业的发展，同业公会日渐增多，商会管理规模扩大，商会、公会组织日趋完善。至 1946 年，同业公会增至 19 个，入会工商店号 300 多家、1219 人。同业公会由会员代表大会选举执行委员和监察委员若干人，执行委员产生正副主席、常务委员。从创建至 1949 年 9 月，先后选举产生十一届商会主管及其协理人员，他们是高益济（高灿顺油号老板）、王镇云、杨益初、徐达成（徐复隆油号老板）、吴克成（江苏油帮引荐）、陈光荣、李汉平、吴华芸、曾集安（鼎昌隆百货号老板）、邹水成（源来匹头庄经理）。其中吴克成任职三届，吴华芸只任职数月而离去。1949 年，洪江商会已发展为不同商业公会的总汇，商会设理事长 1 人，常务委员 4 人，下设总务、文书、庶务等机构，共分支 18 个同业公会、29 个行业，入会者达 1297 户。商会职责主要有三：一是统计各行各业每日行情行价；二是按照一定比例分派捐款；三是接受纠纷调解。商会中以江西帮势力最大，药材业和银楼业经济占主导地位。

1949 年 12 月，由洪江各届人民代表会议选举产生 15 名委员组成洪江工商管理委员会，由王成文兼主任委员，赵凌霄、傅文通任副主任委员。对全市工商企业按照经营性质，组成商业 21 个行业，计 1119 户，从业者 3044 人；手工业 15 个行业，计 589 户，从业者1620人。1950年6月，撤销洪江工商管理委员会，成立洪江工商业联合会筹备委员会。工商联成立后，对全市工商企业进行普查登记，整顿同业公会，按性质划分为66个行业，组成66个同业公会。从1950年7月至1965年，共召开10次会员代表大会，选举产生历届执行委员会。“文化大革命”期间，工商联被迫取消一切活动。1981年起,恢复工商联组织，召开会员代表大会，选举产生新的执行委员会。

第四章　洪商文化研究

洪江商人多几代从商，有悠久的经商传统。到民国初期，洪商已经形成为一个人数庞大、财势赫赫的商帮，进入发展的全盛阶段，雄踞商界前后达300余年。

洪商活动地域遍及长江流域各省及西南、东南诸省，经营范围亦几乎无所不包。其中富商巨贾拥有的财富，竟可富埒王侯。对当时西南诸省及湘西南各县的社会经济发展起过一定的促进作用。洪商“贾而好儒”，为地方文教事业慷慨捐资，对洪江文化的昌盛有过贡献。洪商艰苦创业的精神，诚信为本的商业道德，和谦的服务态度，精明的经商策略，娴熟的业务技能，是祖国传统商业文化的一个组成部分。

第一节　洪江商城的形成与布局

洪江自古为苗、瑶等少数民族聚居地，属五溪蛮（又称武陵蛮）之雄溪蛮一部分。从春秋战国、秦汉、唐宋至明朝中期，历朝历代多对苗、瑶等少数民族施行“征讨”和“羁縻”，但洪江地域仍由少数民族所据有。1000多年来，虽已初步形成商品交易的草市和物资集散地，但由于常年汉苗之间战乱，特别是明成化元年至明末期间，洪江及周边苗汉两族兵火不绝，境内几成丘墟，因此，地方经济发展缓慢。虽宋元祐三年（1088年）（一说五年）置洪江寨，以及明洪武年间设洪江驿，但前者为军事机构，后者为旧时供传递公文的人中途休息、换马的驿站。明末清初，洪江及周边战乱逐渐平息，各地商人开始聚集于此，市场商贸交易扩大，成为湘西南小有名气之地。清雍正“改土归流”以后，洪江商贸得到迅速发展，据《洪江育婴小识》载：“国初滇黔戡定，讥而不征，废著鬻财，赏有奇羡，富商大贾遂稍集矣”，城市开始初具雏形。清康熙元年（1662年），江西、湖北、安徽、江苏、浙江、贵州等省和省内宝庆、衡阳等地商人陆续来洪经商。清乾隆十六年（1751年），杨盛桂捐重金修筑新路，梁登弟亦捐重金整修大路60里，洪江市镇交通得到改善。据清乾隆年间洪江《贺氏族谱》木刻板“洪江全图”记载，此时洪江的街、巷、冲有河岸正街、塘坨、古楼脚、老街、新街、三甲巷、犁头嘴、保子坳、一甲巷、龙船冲等；码头有新安码头、廖码头、松林码头、大码头、洪盛码头、宋家码头、同仁码头、吉庆码头和赵家码头等；建筑有南岳宫、洪江州、狮子楼、高坡宫、书院、汛官等，全图标记虽不完全，但已反映出洪江作为商业城市的基本格局。此后二百余年间，江西、贵州、黄州、湘乡、宝庆等商人相继建起会馆17家，以油、木、钱、布等十多个行帮组成“五府十八帮”。据清光绪十三年（1887年）编纂的《洪江育婴小识》载：“当是之时，列肆如云，川楚之丹砂、白蜡，洪白之胶油，木材之坚美，乘流东下达洞庭，接长江而济吴越，连帆大舶衔尾而上，环货骈积，率以花布为大宗，南连桂林，西趋滇黔，利市三倍，居市者长子孙，百工技艺之流襁至而辐辏，地窄人众，至劈山湮谷，连屋层楼，栉比而居，俨然西南一都会”。至清宣统三年（1911年），洪江已是港口舟楫如林，商店鳞次栉比，与常德、湘潭、益阳、津市等地并列为湖南的重要商埠。1934年统计，洪江总人口3.76万中，经商的就达1.3万人，洪江商贸达到最鼎盛期，商城布局也已基本定型，“七冲、八巷、九条街”是洪江城市格局的真实写照，而洪江商业网点也大多集中于此。各业中木行均设于犁头嘴至大湾塘河边，便于接待木客，照管木排；米行、米店集中在米船停靠的宋家码头至廖码头一线，旧称米厂街；纸行则设在姜鱼街至三甲巷河街；瓷铁业10余家，主要开设在三甲巷至一甲巷码头（旧时称正街），宋家码头和三甲巷码头亦成为主要装卸瓷铁的码头；绸布、百货、南杂等较大商店则集中在犁头嘴至廖码头一带。1950—1990年，经过四十年的发展，洪江经济由1949年前的商贸为主，转换为以轻纺工业为主的轻工业城市，许多旧街巷在随后的城市建设中逐渐被拆除。至2002年底止，洪江仍然保存着380多栋明、清及民国时期的古建筑，总面积达20万平方米，“规模之大，气势之雄，建筑之奇，保存之好，为全国罕见。”这些建筑多按井字型排列，其中建筑设计精巧，特色鲜明，青瓦灰墙、阁楼飞檐；门窗图案、石雕，工艺精美；建筑群落地理分布以及形态特点，内部结构与周边山水园林、地形水系关系都构思巧妙，科学合理，达到天人合一的人文环境。

第二节　洪商的足迹与影响

洪商经营开始就恪守以洪江为据点，商贸范围辐射上游产地和长江中下游周边省。首先，以洪油、木材等大宗商品原材料地购进，在洪江作为集散地，通过沅江水道进入长江流域，商品进入长江流域一带市场。接着，从长江流域诸省购买西南各省所需商品，通过巫水河进入贵州达云南、四川等西南诸省。自古又被称为联通滇、黔、桂、鄂、蜀、沪、湘的“七省通衢”。

洪江的商人，行商贩运占有较大比重。行商活动范围，1937年以前，多在上海、武汉、长沙、邵阳、常德及贵州一带，1938—1945年间转向浙江金华、广西桂林、广西柳州及贵州贵阳、四川重庆等地。行商中以经营木材为主，客商来自贵州、江西、湖北及本省邵阳、湘乡、常德等地，而以湖北大冶人数最多，因多运入棉花、布匹，又称花帮，其经营木材数量，约占全行业的60%。据1935年

《中国实业志》记载：1934年，洪江输出之木材，达700万元之多；绸布业“更有从事纱布之经营而不设立庄号者，此种非布庄经营布匹之数量，远过布庄营业数量。”故洪江每年布匹、绸缎贸易常在750万元左右，而座商布庄营业额只有97.6万元，仅占13%。这一时期，从洪商几个主要行业来看，木材业大河木材来自清水江畔的贵州天柱、锦屏、黎平、剑河等县，小河木材来自省内绥宁、城步、靖州、会同等地。在洪江集散后沿沅水东下，经陬市、常德，运至武汉、江苏、浙江、上海等地销售；洪油业的收购、初级加工网点主要分散在贵州玉屏、镇远及省内黔阳、新晃一带，精加工主要分布在洪江周围百里范围，通过汉口、镇江、上海等地大商号销往长江南北各地；特商（鸦片）业在烟禁大开后，贵州、云南、四川一带的烟土从洪江集散，洪江厘金局每担烟土征收烟土税后，由洪江保商大队或监护处派兵护运烟土，然后运销武汉、北京、上海各地；百货业货源来自江苏、浙江、广州一带，经洪江分销沅、巫二水上游各县及贵州等地；布匹为洪江市场购销的大宗商品之一，货源来自武汉、常德、长沙，以条布、景布、阳逻布、漆河布为主，销区包括贵州省大部分地区和湘西各县；食盐自宋代即已销售淮盐，由常德溯沅水运入洪江，然后转运芷江、晃县、黔阳、会同、靖县、通道、绥宁、城步及黔东南一带。

洪江早期商人在上西南、下洞庭、入江浙的商业竞争中，掌控中原物资进汉口，汉口物资进西南，必须在洪江中转。商业利益驱使着外籍商人流寓洪江，“一个包袱一把伞，跑到洪江当老板”就是外地在洪经商的人们成长里程的生动写照。经过一段艰苦创业过程，积累了资本后，一些人就逐渐由个体小商贩转为获利较丰的洪油业、木材业等；清康熙年间至咸丰年，洪江商人以张积昌、高灿顺、朱致大、梁湘帆、杨三和、刘庆丰等为代表，彻底改变洪江商人小本经营、小宗买卖、小打小闹的经商格局，除在洪江设立总庄号外，还在武汉、镇江、上海等地设立分号，使洪油业、木业成为畅销国内外的大宗商品，洪江商业历有

“油木畅、市场旺”之说。洪油业大商号 10 余家资本总额占洪江商业总资本一半左右，木业 200 余把斧记收购遍及黔东南及湘西各县；清咸丰、同治年间至民国 34 年，是洪江商业的鼎盛期，这时期各同乡会馆、同业公会越来越多，势力越来越大。洪江此时已是一个完整的专业商市，加之清政府“开禁”鸦片，洪江增加特商业，形成洪油、木材、鸦片三大支柱产业，其水陆交通和工商业区位优势更加凸显。全国各地商人包括流寓避难者大量涌入洪江，各种行业密布城市街巷，钱庄、票号、洋行、镖局、客栈、当铺、商行、茶馆、酒家、青楼、烟馆、报社一应俱全且生意兴隆，加之宗教盛行，寺庙林立，香火旺盛，此时的洪江已是大湘西经济、文化、政治中心，金融划拨中心和宗教文化中心。

第二十三篇　卫生　体育

第一章　卫　生

第一节　医疗卫生体制改革

一、城镇医疗体制改革

1988年5月，全市推行院（所、站）长负责制和院（站）、科责任制，建立药品价格、医疗收费标准、住院结算公开制度和质量监督体系，实行内部经济审核制度。1994年，实行干部聘任制、工人合同制、专业技术人员职务职称内部评聘制和工资奖金浮动制。是年，全市卫生系统业务收入比1993年增长21.5%。2001—2005年，进行人事分配制度改革，实行全员聘任制。同时，核定非营利性医疗机构57家，营利性医疗机构11家，社区卫生服务网9个，社区卫生服务覆盖人口3.2万人。2005年，全区卫生防疫站和妇幼保健院各1所，街道卫生院4所。

二、农村医疗体制改革

1991年，乡卫生院改为市、乡两级共管，内部管理实行院长负责制、技术经济综合目标责任制，防疫、妇幼保健保偿制。1994年，市、乡、村三级医疗卫生网络已建立健全，合作医疗全面普及。1997年，初级保健和农村卫生指标全面达标，实现乡有卫生院、村有卫生室，村合作医疗覆盖率达100%。1997年，全市4乡4街8个卫生院转为全民所有制卫生院。2005年，全区有乡卫生院4所，村卫生室20家。

三、公费医疗制度改革

1978—1989年，除离休干部医药费按实报销外，其余干部、职工超过部分按工作年限分别自负3%—20%，并对部分营养、滋补药品实行自费，对某些贵重药品建立审批制度。1990年，公费医疗实行两级管理，确定公费医疗经费包干标准和超支经费的分担比例，扩大营养、滋补药品和中成药的自费范围，对进口药和贵重药品建立审批制度，实行定点医疗。此后，每年组织公费医疗大检查，对超范围用药、大处方进行检查。1998年，建立城镇职工医疗保险制度。2000年9月，撤消洪江区公费医疗管理办公室，成立洪江区医疗保险管理局。2005年，全区公费医疗享受人数6025人，公费医疗支出725万元。

第二节　医疗卫生机构

一、管理机构

【卫生局】 1979年12月，设洪江市卫生局。1999年6月，改为洪江区卫生局。2005年，区卫生局内设办公室、政工股、业务股、药政股、财会股。直属医疗卫生单位有中医院、卫生防疫站、妇幼保健院、药品监督检验所、卫生学校、健康教育所。基层医疗卫生单位有桂花园乡、常青乡、横岩乡卫生院和河滨路、沅江路、高坡街、新街街道卫生院、35个村卫生室。

【食品药品监督管理局】 2001年8月，成立怀化市洪江区药品监督管理分局，内设办公室、稽查股、业务股。2005年，全局核定编制5人，实有10人。

【爱国卫生运动委员会】 1979年，洪江镇爱国卫生运动委员会更名洪江市爱国卫生运动委员会，下设办公室。1991年，明确爱国卫生运动办公室为市政府常设机构。2001年，爱国卫生委员会保留牌子，职能并入市卫生局。

二、医疗机构

【怀化市第二人民医院洪江分院】 怀化市第二人民医院下辖洪江医院、靖州医院。医院有40多个临床医技科室，设有ICU、层流洁净手术室、体检中心、生殖中心、乳腺健康中心等，其中中西医结合肿瘤科是湖南省重点专科，普外科、口腔科、检验科是怀化市重点学科。全院有病床1080张，现有职工1500余人，其中高级职称158人。

【洪江区中医院】 洪江中医院为二级甲等医院，医院集医疗、教育、科研、预防保健为一体，为洪江区120急救中心、洪江区高危孕产妇抢救中心、洪江区红十字会医院、卫生部授予的爱婴医院，设置预防保健科、内科、外科、骨伤科、妇产科、五官科、皮肤科、口腔科、传染病科、急诊医学科、康复医学科、麻醉科、检验科、病理科、医学影像科等临床医疗医技科室，承担着洪江区7万人民群众的基本医疗职能，以及周边县、市10余万人群的医疗保健服务。现有卫生专业技术人员171人，其中高级职称11人，中级职称58人。

【洪江区防疫站】 1999年，洪江市卫生防疫站更名为洪江区卫生防疫站，内设办公室、疾病预防控制科、结核病防治科、性病科、艾滋病关爱中心、食品卫生科、公共卫生科、检验科、财会股等9个科室。实有工作人员22人，其中中级职称卫生技术人员7人。2005年，区卫生防疫站拆分为区疫控中心和区卫生监督所。

【洪江区妇幼保健院】 1986年月11月，洪江市妇幼保健站更名为洪江市妇幼保健所。1999年10月，改名洪江区妇幼保健院。全院核定编制12人，现有工作人员14人，其中中级职称卫技人员4人。

三、卫生队伍

1979年后，洪江医疗卫生队伍迅速扩大。至1988年，各乡、镇均有卫生院、村有诊所、厂矿有职工医院、医疗室、保健室，全市卫生技术人员731人，每万人中有医疗卫生人员81人。1991年，全市有卫生工作人员969人，其中中、西医医师248人，护师、护士243人，医生329人。1999年，全区有卫生技术人员826人，每一千口卫生技术人员11人。2005年，全区卫生技术人员898人，其中中西医师以上卫技人员308人，按城乡人口计算，每一千人口有卫生技术人员12.3人，其中中西医师以上卫技人员4.1人。

表23-1 **1978-2005年部分洪江区（市）卫生事业情况统计表**

年份	卫生机构（个）	病床（张）	卫生技术人员		
			总计	执业（助理）医师	护（师）士
1978	70	636	374	—	—
1980	61	713	858	167	150
1985	57	703	712	234	187
1989	57	802	745	242	245
1991	56	808	969	248	243
1992	57	812	—	—	—
1993	52	755	282	245	—
1994	52	752	805	215	252
1995	44	706	804	335	272
1996	86	700	876	221	265
1997	19	700	—	—	—
1999	18	796	826	—	—
2000	14	800	814	324	—
2001	17	805	884	367	—
2002	17	842	908	303	—
2003	15	771	779	214	304
2004	15	771	878	367	330
2005	16	771	898	309	345

第三节　爱国卫生

一、学校卫生

1979 年 3 月，洪江市文教局制定学校体育卫生工作计划，加强卫生保健工作。1986 年下学期，各中学开设生理卫生、小学开设卫生常识课，规定每学期不得少于 10 课时。1988 年下学期，各学校对学生健康状况建立卫生监督档案，并逐年统计存档。是年，对学生视力、龋齿观察统计，全市在校学生 14545 人，观察 6098 人，发现视力减退 159 人、龋齿 1139 人。1993 年，全市 1.16 万名中小学生使用阿基蠕唑进行肠道蠕虫病的普治，服药率 100%，服药有效率 98%。1999—2001 年，共为 9 所学校 1 万余名学生建立健康档案。2002—2005 年，每年对全区 8000 余名中小学生进行乙肝表抗原检测、胸透、驱虫和肠蠕虫等疾病预防监测。加强学校食堂管理，全区各中小学校无一例因学校食品卫生引起的食品中毒事件发生。

二、劳动卫生

1979—1980 年，全市共设置检测尘毒作业点 170 个，符合国家规定仅 66 个。1986—1987 年，全市 215 个尘毒检测作业点，符合国家规定标准 149 个。对 1020 名接触尘毒工人检验，发现可疑矽肺病 15 例。1990—1994 年，每年对劳动者进行预防性健康检查，共有 130 人因病调换原工种。1999 年起，每年不定期对区内所有产生有毒有害物质的企业作业场所进行监测，切实保护劳动者的合法权益。2002—2005 年，区卫生防疫部门对全区有毒有害场所进行劳动卫生监测，共监测 86 点次。

三、食品饮水卫生

1978 年，制定《洪江市食品卫生许可证发放实施细则》，规定全市城乡所有饮食、副食、冷饮、肉食、蔬菜、水果生产、加工、经营单位及理发、旅社、澡堂一律向卫生防疫站申请登记，经检查符合卫生条件的准予发证经营。至 1989 年，全市一般经营食品厂、店均有卫生许可证和从业人员健康合格证，出售食品绝大部分符合卫生部门的规定标准。1990—1996 年，开展食品从业人员健康体检，对体检中查出职工禁忌症调离原工种岗位，累计调离岗位145人。1999—2005年，开展查处不安全和变质伪劣食品行动，共查处不安全及变质伪劣食品200余种3吨。食品卫生从业人员预防性健康检查达95%，卫生许可证核办证率98%。

第四节　疾病预防和控制

一、传染病防治

1978—1988年，全市常见传染病如天花、麻疹、疟疾等均彻底消灭。1988年，洪江市被省卫生厅定为全省26个结核病重点县之一。1989年，发生的法定传染病主要有伤寒、痢疾、肝炎、钩端螺旋体、感染性腹泻、腮腺炎、性病7种，共发病571例。1995年，开始艾滋病防治。2003年，“非典”流行，波及全国。区工委、区管委成立相应机构，对人群流动和集中的公共场所、车站、商店、宾馆、娱乐场所及学校坚持进行消毒，在横岩、带子街、萝卜湾进入洪江区的公路要道设立“非典”检查、留观、消毒站，对进入区内的车辆载人进行检查，特别注意对来自疫区、疫点的全部进行体温测试和症状询问，凡是发烧病人一律留观。由于各部门通力合作，全区无1例疑似病例发生。2004年，发生的主要法定传染病是：甲肝、痢疾、伤寒、肺结核、乙肝、丙肝、艾滋病、性病、流行性感冒、流行性腮腺炎、风疹、感染性腹泻，共发病321例。2005年，确定为全球基金艾滋病防治项目区。

二、地方病防治

1983—1984年，基本消灭丝虫病，基本控制地方甲状腺肿病。1985—1989年，共发现麻疯病人32例，经送往黔阳、靖县麻疯站隔离治疗，治愈31例，1例未愈出院，经二年追踪联合化疗，1989年治愈。此后，未发现麻疯病、地方甲状腺肿病、丝虫病复发和新病例，确认达到消灭标准。

三、计划免疫

1980年，推行计划免疫生物接种，完成11种生物制品疫苗和菌疫接种7.8万人次。1985年，全市计划免疫建卡率97.62%,“四苗”(卡介苗、麻苗、百日破、糖丸)覆盖率62.86%。1988年,全市9种预防接种生物制品接种3.01万人次,计划免疫和建卡率均达100%。1990年,全市计划免疫消灭空白村。2000年,建立健区、乡(街)、村三级计划免疫网络体系。2003年7月,启动新生儿乙肝疫苗接种机制。是年,共为620人次免费乙肝疫苗,接种及时率98.3%。2005年,全区计划免疫“五苗”全程接种率98%。

第五节 妇幼保健

一、妇女卫生保健

1978—1986年,全市先后普查妇科1.53万人次,妇科病治愈率达82.3%。1988年,普查妇科1099人次,治疗538人次。1994—1996年,对全市7940人次育龄妇女进行破类注射,孕产妇系统管理率95.67%,其中高危住院分娩率100%。2000—2005年,开展妇女病普查普治工作,共为4554人次进行妇女病普查普治,累计发现患妇女病2523人。2005年,开展预防爱滋病母婴传播教育,免费为全区新婚人群、孕产妇、新生儿进行HIV检测,共免费检测100余人。是年,全区孕妇产前检查覆盖率达100%,孕产妇系统管理率87.74%,高危孕产妇筛选率41.29%,高危孕产妇住院分娩率100%。

二、小儿疾病预防

1979—1986年,实行儿童健康体检,共体检儿童2.5万人次。1990年,全面落实计划免疫,脊髓灰质炎、白喉、百日咳无病例发生,其他严重危害儿童身体健康的疾病得到基本控制。1997年,全市卡介苗、糖丸疫苗、白百破、麻疹四种疫苗接种率以乡为单位达100%,城镇乙肝疫苗接种率达90%,农村达85%以上。1993—1997年,开展对儿童的糖丸强化免疫,共为0—4岁以下儿童投服糖丸2.6万人次,投服率和登记率均达100%。2000—2005年,开展儿童体检,共体检儿童2.9万人次。同时,开展儿童佝偻病、贫血、肺炎、腹泻等常见病、多发病的防治工作,共诊治患病儿童1.71万人。是年,全区“四苗”(卡介苗、麻苗、百日破、糖丸)和乙肝疫苗全程接种率分别达97%和96%以上。除肺结核外，“四苗”相应的疾病（肺结核、小儿麻痹症、麻疹、白喉、百日破、破伤风）在全区已接近消灭。

第六节　医药管理

一、药品市场管理

随着市场经济的发展和医药体制改革的深入，药品市场放开，改变过去的独家经营为多家经营，私营、民营药店增加。1992年，医药市场的整顿，清理整顿9家个体行医诊所、59家医疗单位注册发证、8家药店核发药品生产经营许可证。1997年，查处非法行医、贩药12家，由法院强制执行案件4件。2005年，私营、民营药店增加到14家，新增药店都做到先发证、后经营。

二、卫生监督

1989年后，每年审核发放食品卫生许可证800余户、体检1500人左右，体检率和发证率均在95%以上；食品抽样300件以上，合格率年约5%；餐饮具抽检合格率76%。此后，每年春节、五一、夏季、国庆节组织执法检查。至2005年，累计监督检查6000余家，没收销毁各类不安全食品20余吨；公共场所、化妆品监督管理，累计体检6400人次，核发证980家次，没收过期、不合格化妆品0.8吨。

第二章　体　育

1979年10月，镇革委体育运动委员会更名为洪江市体育运动委员会。1999年，成立洪江区体育局。2005年，区体育局下设办公室、业务股和市青年儿童业余体校，共有在编人员9人。

第一节　体育设施

1978年，全镇建有人民体育场，包括足球场、跑道以及跳高、跳远、投掷场地，四周五级看台可容纳观众2000人。1986年，在灯光球场旁建成体育训练馆，包括武术馆、举重房、柔道、摔跤训练房及配套设施。1987年，桂花园乡集资修建1个农民体育场。同年市政府在市体育场后坎下动工修建游泳池，至1989年竣工投入使用，分大小二池，大池用于成人游泳和竞赛，长50米，宽15米，有8条泳道；小池长18米、宽12.5米，供儿童练习游泳，四周有围墙防护，设有5级看台，可容纳千余观众。市内中小学校、较大厂矿企业均设有篮、排球场、乒乓球室，多数学校有田径运动设施。1990年，将原3614厂礼堂改为室内训练馆，三楼办公室改为乒乓球训练室。1996年，在人民广场修建一条长390米的鹅卵石按摩环道，在田径场周围增加健身器材，供运动员和广大群众使用。1999年，扩大室内训练馆，对篮球场和游泳池进行改造，新建儿童娱乐健身馆。2000年5月，新建健身房正式对外开放。

表23-2　**全区体育设施情况**

单位：万元

体育设施名称	规格（长*宽*高）	观众座位数	建成时间	投入经费	备注
田径场	400米*6道	—	1976.6	8	含足球场
游泳池	50*21*2米	500	1986.10	38	加儿童游泳池
篮球训练场	36*21*11米	600	1989.2	85	—
灯光球场	33*21米	2000	1970.12	6	—
乒乓球训练房	22*18*6米	—	1985.6	7	—
体育中心活动室	22*18*6米	—	1985.6	7	—

第二节　群众体育

一、老年体育

1978年起，全区老年人口增加，太极拳、气功、门球、登山、腰鼓、风筝、棋类、慢跑等成为他们重要活动内容，其中打腰鼓、门球、放风筝是老年人最喜爱的运动。1991—1994年，全市共组织开展老年体育比赛92次，参赛人数达5060余人次。1994年11月，洪江市门球队代表地区参加湘鄂川黔省边区第五届门球赛荣获冠军。1999—2001年，组织开展老龄体育活动8次，参加活动人数达1.5万人。2004年，洪江区老年门球协会组队参加怀化市第六届老年门球赛获得冠军。2005年，洪江有腰鼓队十几支，区内各项庆典仪式和活动，老年腰鼓队总是一道亮丽的风景线。

二、农民体育

1987年12月，洪江市举行首届农民篮球比赛，有黔城、横岩、常青、桂花园4个代表队参加，黔城代表队获第一名。1991—1994年，开展各类体育比赛192次，参赛2.64万人次，观众达6.1万人次。经常参加体育锻炼的农民7462人，占农业人口的19.5%。此后，全市所有乡均修建有篮球场、综合活动室，每个村组组建篮球队，乡政府不定期地组织篮球对抗赛、友谊赛。2001年，桂花园乡被怀化市政府命名"龙舞之乡"，并被授予怀化市第二批"明星群众文化艺术之乡"。2002—2005年，喜庆节日，郊区乡村节日舞龙、舞狮在为主要娱乐活动，以祈祷来年风调雨顺、五谷丰登。

三、职工体育

1978—1989年，全市每年都要组织大规模的机关、企事业职工体育活动，平均每年举办体育活动405次，经常参加体育锻炼的职工达9874余人。1990年11月，举办全市第四届职工田径运动会，有32支队伍400多名运动员参赛。1993年，洪江市被评为全省"纪念毛泽东同志诞辰100周年"体育活动日先进市。1994年，洪江瓷厂被评为全省"庆五一职工体育活动周"先进单位，市邮电局被评为“全省群众体育先进单位”。此后，由于企业效益下滑，职工体育活动锐减。2001—2005年，全区每年开展各项体育活动8次以上，每年参加活动的运动员达3000余人次。

第三节　学校体育

1978—1989年，全市各中小学均建有体育场馆，每学期各校均举办运动会。1991年，举办洪江市首届中小学运动会，700多名学生参加田径、游泳、棋类、球类等单项比赛。1993—1996年，学校体育以普及体育知识和体育锻炼为主，坚持两课三操制度，小学每周还设置一至两节文体活动课。教育局每年组织对小学毕业生、初中毕业生、高中毕业生进行体育达标测试，测试结果计入升学成绩。2001—2005年，全区每年举办中小乒乓球比赛、足球赛，第二中学开办体育特长班，学生各项素质明显提高，深受学生家长的欢迎。

第四节　竞技体育

1978年后，竞技体育得到发展。1988年6月，洪江市体育技术辅导协会和洪江市体育协会成立。1989年，在怀化地区第六届运动会上，洪江市体育代表团共夺得金牌23枚、银牌19枚、铜牌22枚。1995年，在怀化地区第七届运动会，夺得金牌20枚、银牌13枚、铜牌8枚。1999—2005年，组织开展各项体育活动和竞赛68次，荣获省地比赛单项第一名50余名，1人获全国摔跤比赛获少年组第一名。

第二十四篇　社　会

第一章　居民生活

第一节　城镇居民生活

1978年，全镇有职工年人均工资507.6元。1980年，全市职工人均年收入增加到703.20元。1988年，全市职工年均收入为1581.6元。1989年，职工人平年收入1719元，城市居民人均年消费支出1183元，人均居住面积9.39平方米。1991年，全市职工年人均收入2386.8元。1995年，建立国家公务员制度，行业收入差别扩大。是年，全市职工年人均收入3936元，其中企业年人均收入2972元，事业单位年人均收入5069元，机关单位年人均收入4837元。1996年后，随着国有企业、集体企业效益下滑，企业职工、事业职工、机关干部职工收入差距进一步拉大。1998年，全市企业职工年人均收入5281元，事业单位职工年人均收入6365元，机关干部职工年人均收入6898元。2000年，洪江区加大对民营企业扶植力度，扩大就业面，推出公益性岗位，重点安排"40、50"下岗职工，同时实行应保尽保，城市低收入家庭生活得以改善，在岗职工收入稳步增长。2000年，企业职工年均工资6547元，机关干部年均工资8343元，事业单位职工年均工资9045元。2005年，全区企业职工年均工资8868元，机关干部职工年人均收入15008元，事业单位职工年均收入13680元；城乡居民户均存款24983元，人均存款9833元；每人年均可支配收入5287.56元，消费性支出3609元。城市住宅人均建筑面积达到20平方米，居住面积达到14平方米，使用面积达到18平方米。电视机、电冰箱、洗衣机等家用电器进入寻常百姓家。

第二节 农村居民生活

1978年，全镇农业人口12805人，农民人平纯收入101元，人平实际分配口粮252公斤。1980—1985年，农村进行经济体制改革，实行家庭联产承包制，大力开展多种经营，产业结构自行调整，集市贸易开放，农民收入普遍得到提高，并出现少数年收入过万元的农户。1986年，农村居民人均年收入624元，人均消费粮食417公斤。1989年，农村居民生活继续改善，人平年收入900元，人均消费支出517元。此后，随着农村经济进一步繁荣，外出务工人员增多，农村家庭收入大幅增加。1995年，全市农民人均纯收入1497元，人均年消费支出1341元。2000年，农村居民收入保持较快增长，人均年纯入3673.66元，其中食品消费支出1131.97元。2005年，农村居民人均年纯收入3267.74元，生活消费支出2437.22元。摩托车、固定电话、移动电话、彩电、电冰箱37台、电风扇、洗衣机等普遍进入农村家庭。

第二章 婚姻家庭

第一节 婚 姻

1981年1月，新的《婚姻法》颁布实施，法律将男女结婚登记年龄改为：男22岁，女20岁，同时鼓励晚婚晚育。到1988年，全市初婚785对，符合晚婚年龄的488对，晚婚率62.17%。此后，随着计划生育工作卓有成效，晚婚人数增多。1995年，全市婚姻登记结婚数948对。由于男女双方的接触面比过去明显的扩大，人们的婚姻观念亦有所变化，不少人择偶时对职业、收入等因素考虑较多，对文化素质的要求也越来越高。特别是电脑网络普及以后，男女双方可以通过虚拟的网络相互认识。遍布城乡、社区的婚姻介绍所，为男女双方牵线搭桥，使一些大龄青年建立起美满的家庭。随着社会的开放，婚姻关系中不稳定因素增多，离婚率、再婚率有所上升。2004年，全区结婚人数525对，离婚人数200对，年均离婚人数比1990年增加115对。

第二节 家 庭

一、家庭结构

20世纪80年代，国家提倡计划生育和晚婚晚育，每个家庭只生1个小孩。独生子女家庭增多，两代三口之家成为家庭结构主要形式。农村家庭大都两代或三代同堂，全家4—6人。1982年，全市1.7万户，6.72万人，户均3.9人。1990—2000年，家庭人口及代数均发生变化，城镇以两代三口之家为主，农村以三代五口之家居多。2000年，全市2.48万户，7.39万人，户均2.91人。2005年，全市共有2.87万户，7.3万人，户均2.54人。

二、家庭关系

1979—1988年，传统家长制的权威性正在逐步消失，男尊女卑的观念得到彻底转变，家庭成员之间的民主化趋势逐步加强，家庭成员关系呈现出一种民主平等、和睦互爱的新型家庭关系。与此同时，全市普遍开展“五好家庭”评比活动，大力提倡男女平等、夫妻和睦、尊老爱幼，有 6137 个家庭被评为“五好家庭”。1997 年,开展“五好文明家庭”评比，全市共评选表彰“双文明家庭”820 户、五好文明家庭”648 户、好婆媳 58 位，表彰 34 名“敬老好儿女金榜奖”。2003 年，开展首届“文明丈夫”评选活动,共有 13 人获得“文明丈夫”称号。区妇联在全区各乡村、街道开展“万家洁净”“美在农家”系列主题活动,共评选出“卫生家庭”100 户。2003—2005 年，共有 5 户家庭被评为怀化市“五好文明家庭”。

第三章　宗　教

第一节　宗教派别

一、佛　教

明万历四年（1576 年）佛教传入洪江，当时由慧海法师发起建造大佛寺。佛教徒分为“在家”和“出家”两种。“在家”即男女居士，主要集中在大佛寺居士林；“出家”即居丛林僧尼，主要集中在大兴禅寺。

1979 年以来，随着党的宗教政策的落实，正当的宗教活动逐步恢复,被占用的寺院逐步清退。1987 年，全市有佛教僧尼 9 人，佛教居士 126 人。1992 年，怀化地区佛教协会在嵩云山大兴禅寺成立。1995 年，市政府规定大兴禅寺、大佛寺等 12 个宗教活动场所。1999 年，全区有佛教徒 700 多人。2005 年，洪江区挖掘嵩云山佛教文化资源，将嵩云山打造成世界佛教博览园，先后修建佛足湖、大兴禅寺方丈楼、水壶洞二堂等。是年，全区有佛教场所 8 个。

境内较有名的寺庵有大兴禅寺、大佛寺、妙音寺、紫竹林、普恩寺、天柱寺、青云寺、弥陀寺。每年观音三大法会，从僧尼和居士都要进寺烧香，场面十分壮观。

二、道　教

洪江的道教分为全真派和正一派两大派。道教的祭祀活动有三清、三元、三会、五腊及玉皇圣诞、二月十五老君圣诞、三月初三王母圣诞、五月夏至灵宝天尊、九月初九斗姆圣诞、九月十七财神圣诞、十一月冬至元始天尊圣诞、十二月廿二王重阳祖师圣诞，还有正月十五、七月十五、十月十五为三元（天、地、水）神圣诞及八月十五朝南岳敬香最为隆重。

境内较有名的道教场所有密云观 、地母宫、灵光殿，其中密云观是洪江最大的道教场所。

三、基督教

清光绪七年（1881 年），英国传教士都亚当与华籍袁牧士来洪江在贵州馆附近租房办“本立责会”，为基督教传入之始。基督教会主要以教堂为布道传教场地。发展教徒形式多样，星期天举行礼拜活动。主要是唱赞歌、祈祷、诵读圣经、讲道祝福等。由神职人员主持，教徒要先接受洗礼仪，才可正式入教，认为只有经过洗礼,才可以洗净（赦免）人的原罪才会被上帝收为信徒。教徒除每个例行礼拜搞一二次活动外，还有每年春分（三月廾）后第一次月圆后的第一个星期，是纪念耶稣复活的日子，称复活节。12 月 25 日为耶稣诞辰的日子称圣诞节，此外在元旦、春节、国节也组织教徒在教堂内开展庆典活动。另在自愿的基础上，为教徒子女在教堂内主办婚礼。

境内仅有基督教堂 1 所。

第二节　宗教事务管理

1980—1983 年，洪江市宗教管理办公室清退宗教房产 58 栋，总面积 6442 平方米，其中保存较好的大兴禅寺、大佛寺等全部退出，对于陈旧破烂的木板房屋或退还、或作价补偿，清退金额 17.73 万元，并及时做好产权发证工作，对部分一时无法退回者，则向宗教方重新办理承租手续。对基督教会当时尚无活动场地，由市房产部门将原爱怜医院部分房间先行退出，交还教会使用。大兴禅寺和大佛寺退还后，还由市财政拨专款进行加固修缮，同时对返寺的僧尼6人每人每月补贴生活费14元。1987年6月，成立洪江市基督教会城关教堂。1988年4月，批准成立洪江市佛协筹备组，道教人员与场地则暂由佛协代管。两个协会先后选送15名学员到省佛学院培训，使宗教活动步入健康发展轨道。1995年，成立洪江市宗教活动场所清查整顿登记工作领导小组，对寺庙全部进行登记清理。1999年，区宗教管理部门组织专业人员，完成全区宗教场所的规划设计，先后报请批准成立洪江区佛教协会，道教协会和基督教协会组织，并加大宗教人才和资金引进力度，礼请衡阳市佛教协会副会长释大愿法师来洪江大兴禅寺协助工作。2000年10月，千手观音开光法会，引来香港、湖北、广西等各地佛教信徒300多人，接待外地人员5000余人。2001年，区宗教办升格为宗教事务管理局。2005年，全区共有合法宗教活动14处，宗教专职人员及教徒1400人。

第四章 生活习俗

第一节 生活习俗

一、饮 食

无论冬夏，多为一日三餐，中、晚餐以米饭为主。两菜一汤或三菜一汤，鸡鱼肉鸭已成为餐桌上的家常菜。夏天餐桌常有凉菜，卤味身影；冬天常用火锅、高度酒等保暖增温食品。宴席多素荤搭配，花色品种多样。

洪江的炒仔鸭、鸭血粑和焖老

鸭更是别具一格，招待贵客宴席上必备的佳肴，又是老百姓平日一道家常菜。炒仔鸭必备四大件——子鸭、甜酱、子姜和紫红辣椒，先将仔鸭切成一寸见方的小块，用武火爆炒，拌上甜酱、子姜、紫红辣椒和五花肉，加上香葱、大蒜等佐料以及鸭血粑，其味无穷，其中鸭血粑更是别具风味。故洪江俗语云："凡是吃子鸭，定要吃血粑"。鸭血粑的制作是将糯米加盐水浸透，杀鸭时把鸭血淋在浸透的糯米中拌匀、压紧，再把生血粑倒扣在有茶油的碗中，蒸熟后倒出，切成一寸来长的薄片或方块，放在油锅中稍稍酥炸，然后同仔鸭拌炒，既柔韧耐嚼，又香酥可口。焖老鸭是把老鸭切成一寸见方的小块，放在盛有清水的砂罐内，不加或少加食盐，再加上适量白酒，用纸将砂罐口封好，并糊上稀泥密封，用文火煨焖，吃时佐以香葱、酱油、姜米、大蒜米和麻油等。

洪江小吃，花色品种多样，既经济又实惠，深为广大劳动人民喜爱。除一般的油条、甜酒、包子、馒头和馄饨之外，传统食品有灯盏粑、汤圆粑、糯米糕、白糖饺、春卷、发糕等，还增加蛋糕、面包、牛奶、豆浆。灯盏粑，用白铁小盏盛上米浆，拌以香葱丝、香干丁、五香粉及食盐，放在油锅内炸熟。猪油粑，以面粉皮包上干笋丁、瘦肉丁、五香粉和辣椒粉及食盐，放在平底油锅内煎熟。拖面，用茼蒿或南瓜花拌上放有食盐的面浆，在油锅内炸熟。这三种系油炸小吃食品，吃时香气四溢，松脆可口。葛粉，用葛根浆炸成细条，煮熟，吃时佐以香葱、姜米、酱萝卜丁、油辣椒、胡椒粉和麻油，细骨柔韧，麻辣俱备。洪江的汤圆粑更是独具一格，其作法是先将少量米粉子烫熟，再拌和生米粉子，揉搓成细条，切成颗粒状，用茶油炒黄，然后在沸水中煮熟，吃时加上香葱、食盐、油辣椒，吃后口齿留香，余味无穷。

2000年以后，市场日益繁荣，各种食品品种繁多，琳琅满目。人们在解决吃饭的基础上向吃好的方面转化，膳食更强调营养和绿色原生态。各仲时令的野菜、竹笋、蕨菜、香椿、荠菜及天然菌类大受市民喜爱。在饭店和餐馆吃团圆饭逐渐成为时尚。各档白酒、啤酒、葡萄酒和饮料成为酒席、家宴上必备。快餐盒饭及送餐服务使市民不出门就能享受各种美食。

二、居 住

洪江人的住房有多层砖混结构楼房、窨子屋、木板屋。

城镇居民住房。20 世纪 80 年代，住宅多为 6 层以下砖混结构楼房，面积在 70 平方米以内，房屋多为公产住宅，设客厅、餐厅、卧室、厨房、卫生间、阳台等，功能齐全，结构合理。20 世纪 90 年代，实施住房制度改革，城镇居民住房由公产房改为产权房。2000 年以后，城区兴建住宅小区，购置商品房成为趋势。小区楼房一般 5—6 层建筑，近年来出现超高层住宅建筑，每套住房面积 80 平方米—135 平方米。小区内设物业公司进行管理，请有清洁、保安人员，清理打扫、守门护院。

洪江古商城内仍保存有大量砖木结构窨子屋，两层两进，有天井（分为干天井和湿天井）、中堂、厢房、厨房、杂屋和厕所，四周高，中间低。天雨时，四面的水流向天井。能防火防盗，冬暖夏凉，但梅雨季节，潮湿甚重。

农村居民住宅。由于农村经济的发展，村民住房也一改旧貌，新建住宅绝大部分是砖木结构，有中堂、卧室、厨房、杂屋、栏圈和厕所，布局合理，安排有序，配套齐全。

近年来，城乡不仅居住条件改善，室内陈设也大为改观，彩电、冰箱、电网扇、洗衣机、沙发、时尚家具、书画及工艺品已进入千家万户。

三、服 饰

1978 年，洪江城内的男女老少大多是中山装、工人服和便装，多为蓝色或青色。20 世纪 80 年代以后，衣服款式新颖多样，特别是女性服装更是多姿多彩，质地考究，色彩纷呈。男性穿西服、夹克衫、羽绒服成为流行。妇女戴金环、金戒指、随处可见。

四、发 式

男女发式花样繁多，男人有西式头、平头、寸头、大背头、烫发、卷发等，老年妇女有齐耳短发、烫发或脑后挽髻，中青年妇女梳单辫、双辫、短发、烫发、卷发、云髻和大披发。

第二节 婚姻习俗

1978年后，时代在变婚嫁习俗也出现不同变化。20世纪80年代，结婚形式较为简单，集体婚礼和旅行结婚一度盛行。置办酒席仅限于亲友之间，多在10桌以下，彩礼几百元即可告成。20世纪90年代，结婚排场开始铺大，除购置新家具和各种家用电器外，彩礼动辄数千元到上万元，另还须置办项链、戒指、手镯、耳环等金器首饰。结婚仪式讲究，多辆婚车开道，迎亲队伍几十到上百人，敲锣打鼓、鞭炮不断。同时置办酒宴数十桌，广请来宾。开席前，聘请专业人员主持婚礼，整个过程摄像照像。2000年后，用于婚嫁的花销越来越多。城镇青年结婚，购置新房、家具、家电等一应物品，花销少则10万以上，多则几十万元。结婚日期选择吉日或春节、元旦、国庆节、五一节等较多。传统新娘坐花轿、新郎骑马成为流行时尚，整个迎亲过程聘有专人拍照、摄像。一般在宾馆、饭店操办喜筵，参加婚宴的亲友赠送礼金，按关系亲疏多少不等。婚仪主要有新人向来宾敬烟敬酒、证婚人讲话、新人长辈致词等。新婚后，新人多采用蜜月游程。

第三节 丧葬习俗

丧葬俗称“办喜事”“白喜事”，城乡丧葬多按旧俗，在门楣贴上“当大事”的白纸或贴一张白纸，表示家有丧事。老人故去后，先烧落气纸，后洗桃叶澡，具衣衾，停于堂，择吉棺殓。择地打墓穴。葬期择定后，讣闻亲友。晚间，请专业队伍唱老人歌，有的用乐请戏班唱坐台戏。葬后第三天，众孝子到坟山垒坟，称“复三”。20世纪80年代后，丧葬习俗有所改变，送花圈、佩戴黑纱、开追悼会等吊唁方式取代部分殡葬旧俗。但丧事大操大办之风盛行，封建迷信之陋习屡禁不止。逢清明、农历七月十五等祭日，城乡均有焚香烧纸祭亡灵之俗。随着殡葬礼仪的铺张奢华，为之服务的丧葬用品商店和专司代办行业应运而生，各种用品特别是迷信活动用品种类较多。2001年后，区内大力推行殡葬改革，倡导厚养薄葬，并建成专门的殡仪场所，丧葬传统礼俗的迷信色彩有所淡化。

第四节 喜庆习俗

一、生 育

妇女自生产之日至一个月内，称“坐月子”。“大月”40天，“小月”30天。在此期间，产妇头缠帕巾，足穿鞋袜，闭门静养；以鸡、猪肉、鸡蛋、米饭为主要食物，忌吃酸、辣、凉性食物；忌沾冷水、吹冷风，洗、浴均用热水。产妇忌走亲串友，忌怀孕之人看望产妇及婴儿，否则视为不吉利。生子，亲友称“打喜”。娘家人送甜酒、鸡、蛋等上门祝贺。婴儿满月，有的还要做“满月酒”。

二、寿 辰

洪江祝寿分为小庆、大庆2种。小庆指“闲生日”，一般只是家人庆贺。大庆是逢“满十”的生日，大宴宾客。祝寿，还有“男做进”“女做满”的讲究，男性在满59岁做60大寿，女性满60周岁做60大寿。20世纪90年代，人们开始习惯在60岁及以上“逢十”做大生日，做生日除表示祝贺，有的还在宾馆、饭店宴请宾客，宴席定要吃寿面，取祝长寿之意。2000年后，移风易俗，老人生日多在家由子女操办，送上生日蛋糕，礼物也多以红包替代。

第五节 节令习俗

一、春 节

俗称“过年”。洪江有“初一崽，初二郎”的习俗，即初一，儿子儿媳和未出嫁的女儿给父母拜年；初二，出嫁的女儿携女婿上门拜年。这一风俗自古至今相沿。另外，春节期间，党政机关或厂矿企业兴送新年慰问信，举行团拜，减去同志之间、上下之间个人拜年繁琐礼仪；有的领导亲自到老干部、老工人家里慰问、拜年，密切党群关系、干群关系。

二、元 宵

农历正月十五日，俗称“元宵节”，又称“上元”。洪江有“三十夜的火，元宵的灯”的传统风俗。是日晚，家家户户都把家里所扎的喜灯点亮挂出，万家灯火，全城通明。至子夜时全家吃“元宵”以示全家团聚，合家欢乐。近年来，闹元宵活动更是丰富多彩。晚上，机关、工厂、街道和农村的彩灯、龙灯、狮子灯、蚌壳灯、采莲船等，一起涌向大街小巷，竞相媲美，加上花炮满天，五颜六色，热闹非凡。

三、三月三

农历三月初三，又称上巳节，是纪念黄帝的节日。洪江历来有“三月三，荠菜煮鸡蛋”“三月三，荠菜当灵丹”之说，每到这一天，家家户户都有用荠菜煮鸡蛋，每人吃几个的习惯。相传当天吃荠菜煮的鸡蛋，会有防治头痛、避免蚊虫叮咬等多种益处。

四、寒食节

清明前一天，凡是坟墓动土之事，如立碑、堆土、修坟等事项，洪江人只在这一天进行，其他时间则禁忌。

五、清明节

清明时节，民间要扫墓“挂青”，有所谓“三月清明挂在前，二月清明挂在后”的讲究，即清明节在农历三月份，就在清明前“挂青”；清明节在二月份，就在清明后“挂青”。“挂青”就是用一束青草扎在竹枝或木棍上插于坟顶，或者用白纸剪成条扎在木棍上插于坟顶，以示后人号记自己祖坟。“挂青”时，于坟上铲除杂草；人们折下鹅黄嫩绿的柳枝戴在头上，这叫“戴柳”，也叫“戴春”。洪江有“三月踏青不戴柳，死后便要变黄狗”的民谚。并于坟前摆上供品，敬酒敬茶，点香烛、烧钱纸，放鞭炮等。

六、端午节

农历五月初五日（农村农历五月十五日）称“大端午”，家家户户门前挂上菖蒲艾叶，有的户并贴上“艾叶如兰香万里，菖蒲似剑斩千邪”的红字贴；有的在屋角墙脚、水缸周围洒雄黄水，以灭蚊虫；有的用雄黄酒浸泡猪板油，然后把猪板油覆盖在大蒜头上，挂在通风处，可以作医治疱疮的良药。

七、中元节

农历七月十五日，俗称“七月半”，又称“鬼节”。是日的前两三天，居民于傍晚时，在河边空地焚烧“包封”，有的焚烧“钱山”“灵屋”。

八、中秋节

时为农历八月十五日。在这个节日里，家家户户的晚餐一定要吃“血粑鸭”。时至今日，中秋节吃子鸭、赏月等习俗仍相沿袭。

九、重阳节

古人认为“九”为阳数，故农历九月初九称“重阳”，又称“重九”。重阳节，人们登高、赏菊、饮菊花酒、佩戴茱萸。20世纪80年代以来，市委、市政府根据国家有关规定，把重阳节定为“老年节”。是日，市里有关部门组织离退休老干部、老职工游园、登高、赏菊、开展有益于老年人身心健康的活动。

十、除　夕

农历一年的最后一天。是日，家家户户大门两旁贴上春联，有的贴上两个“福”字。晚上阖家团聚，共吃团年饭。大年初一则不许扫地抹灰。洪江有“三十夜的火，元宵的灯”的习俗，除夕之夜，家家户户都把炉火烧的旺旺的，以示来年日子过得火红。当子夜十二时的钟声敲响之际，家家户户一齐燃放爆竹烟花，礼炮轰鸣，响彻夜空，一派辞旧迎新的欢乐景象。

第六节　娱乐情趣

一、舞　龙

龙分草龙、布龙。布龙又分为本地和湘（乡）邵（阳）龙。草龙系用稻草扎成，少为6节，多为12节，为少年儿童们所玩耍。布龙，龙头、龙身、龙尾都是以竹棍作骨架，龙头、龙尾蒙以绢帛或棉絮纸，涂明矾着色；龙身系用绘有彩色布蒙住，中空，缝节处扎有木把，可以插烛则浑身通明，一般在15节左右。但这种布龙，只能举着赏玩，作摆头摆尾状。湘邵龙用竹篾做骨架，蒙以白布，着上红、黄、兰、绿等颜色，一般为十来节，短小轻巧，虽不能点烛，却能举着作上下腾越、盘旋翻舞之状，更显示龙的精神。

二、舞　狮

狮头系以竹木扎成骨架，糊上牛皮纸，着色，涂上光油；由二人套入彩绘布套内，前者举狮头，后者按前者之腰以作狮身。舞狮要跳桌子，能跳桌的狮，认为是活狮、真狮；不能跳桌的狮，认为是死狮、假狮。前者倍受青睐，后者不屑一顾。跳桌，一般用 10 张方桌相重叠为 4 层，第一层为 4 张，二、三、四层各为 3、2、1 张，再在第四层的方桌上安放一把太师椅，狮子先跳四角，叫做“开四门”，开完四门后跳上第一层，接着依次跳上二、三、四层，最后跳上太师椅。这时，狮身中的两个人，后者将前者托起，前者将狮头高举，向四周旋转一周，摇头摆身，以示祝福，这叫做“挂牌”。在雷鸣般的炮声、掌声、欢呼声中舞狮结束。

三、放风筝

清明之际，洪江有竞相放风筝之习俗。风筝的类型，有人物（如诸葛亮、岳飞、花木兰等）、动物（如蜈蚣、蝴蝶、金鱼等），还有其他的风筝，如宫灯、酒壶等，最长的为 10 多米的蜈蚣风筝，最小的为一尺左右的蝴蝶风筝，奇巧无比。

第五章 方 言

第一节 语 音

一、声韵调系统

声母 洪江话有 20 个声母（包括零声母）。

P（布别盘）	p′ （怕普派）
m（门迷马）	f（飞湖杯）
t（到夺田）	t′ （套脱天）
l（南半路）	ts（走瓷知）
ts′ （初次猜）	s（三山帅）
z（热任日）	t（鸡朱求）
t′ （欺区秋）	（你年扭）
（西书顺）	k（高葵家）
k′ （敲亏掐）	（傲眼牙）
x（红合后）	ϕ （衣乌雨）

韵母 洪江话有 35 个韵母。

l（资知日）	i（衣米西）
u（吴胡姑）	y（玉书区）
a（家蛇华）	ia（姐吃夏）
ua（瓜夸瓦）	ya（搲瘸）
o（歌科喝）	io（脚确药）
ε（革客二）	i ε（接切歇）
u ε（国或喂）	y ε（决缺月）
ai（该开海）	uai（乖快歪）
ei（杯佩飞）	uei（归亏虽）
au（包刀高）	iau（交悄肖）
u（都租初）	iu（纠秋休）
an（甘刊汗）	ian（尖千先）
uan（官宽酸）	yan（娟圈玄）
n（奔灯冷）	in（兵英因）
un（昆村温）	yn（君春顺）
a（方刚庄）	ia（羌枪湘）
ua（光矿汪）	o（东空松）
io（容用兄）	

声调 洪江话有四类声调。

阴平：高平、55、，高专尊低边。

阳平：中升、13、，究陈才唐平。

上声：中降、42、，古展纸走短。

去声：半高升、45、，抗去怕送放。

二、声母韵母配合表

声母韵母配合表（一）

韵母 / 声母	开口呼												齐齿呼									
	l	a	o		ai	ei	au	u	an	n	a	o	i	ia	io	i	iau	iu	ian	in	ia	io
p		巴	波	伯	拜	杯	包		班	本	邦	绷	比	③		别	彪		边	兵		
p′		怕	坡	拍	派	配	抛		潘	喷	胖	碰	批	④		撇	漂		片	拼		
m		麻	磨	墨	卖	妹	猫	某	慢	门	忙	孟	米			灭	庙		面	民		
f		华		或	坏	飞			反	分	方											
t		达	多	得	代	堆	刀	都	旦	灯	当	东	低	⑤		跌	吊	丢	颠	丁	⑧	
t′		他	拖		太	推	讨	偷	滩	吞	汤	通	体			铁	跳		天	厅		
l		辣	罗	勒	耐	内	老	路	南	能	浪	农	里	⑥		列	料	流	连	林	良	
ts	资	茶	坐	则	在	罪	遭	租	赞	争	庄	棕										
ts′	雌	叉	错	测	菜	①	操	粗	参	层	仓	聪										
s	私	沙	所	色	晒	岁	骚	苏	三	生	桑	松										
z	日			热			扰		然	任	让	绒										
t													基	加	脚	接	交	纠	尖	今	将	穷
t′													欺	吃	却	切	巧	秋	千	青	枪	
													尼	⑦	略	业	鸟	牛	年	宁	娘	⑨
													西	夏	削	歇	孝	休	先	心	乡	兄
k		家	哥	革	盖		高	勾	甘	根	冈	工	②									
k′		卡	科	客	开		敲	口	刊	肯	康	空	去									
		牙	我	额	爱		熬	沤	岸	硬	昂											
x		瞎	河	黑	客		好	后	汗	很	杭	洪										
ф		啊	喔	二	哎		噢	呕	咹	嗯		蕹	衣	呀	药	叶	要	友	烟	音	羊	用

声母韵母配合表（二）

韵母 / 声母	合口呼								撮口呼				
	u	ua	u	uai	uei	uan	un	ua	y	ya	y	yan	yn
p	布												
p′	普												
m													
f	付												
t						端							

声母＼韵母	合口呼								撮口呼				
	u	ua	u	uai	uei	uan	un	ua	y	ya	y	yan	yn
t′													
l						乱							
ts						钻							
ts′						窜							
s						酸							
z					锐								
t									居	瘸	决	捐	君
t′									区		缺	圈	春
									女			软	
									书		靴	玄	勋
k	古	瓜	国	怪	柜	官	棍	光					
k′	枯	夸		快	愧	宽	昆	⑩					
x													
ф	吴	瓦	喂	外	为	弯	温	玉	玉	掠	月	元	云

注：①□ ts′ ei45：任、由，～他 ②□ ki42：他 ③□ pia55：粘贴、～到墙 ④□ p′ ia42：上象声词 ⑤□ tai13：提 ⑥□ lia13：疲乏 ⑦□ ia55：粘合，～到一起 ⑧□ tia55：提 ⑨□ io45：皱 ⑩□ k′ ua42：碰撞

三、语音特点

声母特点 洪江话 20 个声母中有 19 个辅音声母，其中发音与普通话相同的有 16 个，即 p、p′ 、m、f、t、t′ 、l、ts、ts′ 、s、t、t′ 、、k、k′ 、x，只有 z、、三个声母是普通话所没有的。洪江话声母的主要特点在于其归字与普通话有许多差异。

1、P 组

洪江话读 p 声母的字，大部分来自中古帮母及并母仄声，即普通话读 p 声母的全部字，如“巴波悲布边帮并”等。还有一部分来自并母平声，即普通话读 p′ 声母的阳平字，如“爬菩皮袍盆旁平朋”等。

洪江话读 f 声母的字，大部分来自中古非敷奉母合口三等字（通合三舒声除外），如“飞分方反”等；还有一部分严自晓匣母合口一二等（通合一除外），即普通话读 x 声母 u、 ua、uai、uei、uan、un、ua 等韵母的字，如“胡护花华怀坏灰会欢换昏混荒晃”等。

2、t 组

洪江话读 t 声母的字，大部分来自中古端母及定母仄声字，即普通话读 t 声母的全部字，如“大都多旦当”等；还有一部分来自定母平声字，即普通话读 t′ 声母阳平的字，如“题图台桃头条唐田”等。

洪江话有 l 声母而无 n 声母。洪江话读 l 声母的字一部分来自古来母字，即普通话读l声母的全部字，如“来兰郎龙里冷”等；还有一部分来自中古泥母洪音字，即普通话读 n 声母的洪音字，如“拿奴乃内脑诺南囊能农暖”等。

3、ts 组

洪江话有 ts 组（ts、ts′ 、s、z）声母而无 t 组（t、t′ 、、）声母，其中 z 为舌尖前浊擦音。

洪江话读 ts 声母的字来自四个方面：其一，来自中古精母（洪音）、从母（仄声）、庄母、崇母（仄声），即普通话读 ts 声母的大部分字，如“杂则租子灾早左暂脏曾总”等；其二，来自从母平声，即普通话读 ts′ 声母的阳平字，如“词瓷才财曹残层从”等；其三，来自知章庄组，即普通话读 ts 声母的大部分字，如“闸哲助之昭周捉占针章正中妆”等；其四，来自澄崇禅母平声，即普通话读 ts′ 声母的阳平字，如“茶池柴潮仇缠成虫”等。

洪江话读 ts′ 声母的字，来自三方面：其一，来自清母（洪音）、初母（洪音），即普通话读 ts′ 声母的大部分字，如“擦测粗此猜操灿仓”等；其二，来自彻、初、昌母，即普通话读 t′ 声母的大部分字，如“叉车初尺抄抽吹昌衬充”等；其三，来自从母（仄声）、澄母（仄声），即普通话读 ts 声母的部分字，如“泽择贼族昨凿”等。

洪江话读 s 声母的字，来自两方面：其一，来自心母（洪音）、邪母（洪音），即普通话读 z 声母的字，如“洒色素司扫虽森三松”等；其二，来自生、船、书、禅母，即普通话读声母的大部分字，如“沙舌尸氏烧收山审伤”等。

洪江话读 z 声母的字，来自日母，即普通话读声母的大部分字，如“扰柔染任日仍绒”等。

4、t 组

洪江话尖音团音不分，中古精组（细音）、见组（细音）多读为 t 组（t、t、）声母。为舌面前鼻音。

洪江话读 t 声母的字，来自四个方面：其一，来自精母（细音）、见母（细音）、从母（细音仄声）、群母（细音仄声），即普通话读 t 声母的部分字，如“基居加结交久尖斤均”等；其二，来自从母（细音平声），群母（细音平声），即普通话读 t′ 声母的阳平字，如“其渠茄桥球前琴强琼”等；其三，来自章、知、澄母（遇合三、山合三、臻合三），即普通话读 t 声母 u、uan、un 韵母字，如“朱主专赚谆准”等；其四，来自澄母（遇合三、山合三平声）及船母（山合三），即普通话读 t′ 声母 u、uan 韵母的阳平字，如“厨除传船”等。

洪江话读 t′ 声母的字来自两方面：其一，来自清母（细音），即普通话读 t′ ，声母的大部分字，如“欺区切悄丘千枪青”等；其二，来自昌母（遇合三、臻合三、山合三）、彻母（臻合三），即普通话读 t′ 声母 u、uan、un 韵母字，如“处出春川穿”等。

洪江话读声母的字来自两方面：其一，来自泥母（细音），即普通话读 n 声母齐撮二呼的所有字，如“女泥扭聂念吝溺”等；其二，来自疑母（开三、四），即普通话读零声母齐齿呼的部分字，如“艺疑牛严仰迎”等。

洪江话读声母的字，来自两方面：其一，来自心、邪、晓、匣等母的细音字，即普通话读的字，如“希徐侠协小先心玄勋”等；其二，来自昌、船、书、禅母（遇合三、臻合三），即普通话读声母 u、un 韵母字，如“舒书顺舜”等。

5、k 组

洪江话读 k 声母的字，来自三方面：其一，来自见母（洪音），群母（洪音仄声），即普通话读 k 声母的所有字，如“哥姑改高沟甘根冈工”等；其二，来自群母（洪音平声），即普通话读 k′ 声母的阳平字，如“葵逵狂诳”等；其三，来自见母开口二等字，即普通话读 t 声母的部分字，如“家皆窖奸江”等。

洪江话读 k′ 声母的字，来自两方面：其一，来自溪母洪音字，即普通话读 k 声母大部分字，如“可枯开考夸肯空昆”等；其二，来自溪母开口二等的少数字，即普通话读t′声母的少数字，如“掐卡恰敲确”等。

洪江的声母为舌根鼻音，其所辖字来自疑母，影母开口一二等字，即普通话读零声母开口呼、齐齿呼及合口呼部分字，如“牙芽眼硬咬哀袄沤我安恩肮扼”等。

洪江话读x声母的字来自三方面：其一，来自晓匣母洪音（合口一二等除外），即普通话读x声母的大部分字，如“哈和海黑后汗很杭红”等；其二，来自非、敷、奉母通合三（舒声），即普通话读f声母韵母的所有字，如“丰蜂缝风凤”等；其三，来自晓母、匣母开口二等字，即普通话读声母的部分字，如“下鞋限项巷”等。

6、零声母

洪江话零声母四呼字均有，而归字总数比普通话少，主要原因是：在普通话中读开口呼零声母的绝大部分字，洪江话读成了声母；在普通话中读齐齿呼的零声母字，一部分读成了声母。但是洪江话的零声母字中还有日母的部分字，即在普通话中读声母的部分字，如“荣如儒人闰润”等。

韵母特点 洪江话韵母中4个是普通话所没有的；洪江话比普通话少7个韵母。另31个韵母发音与普通话相同，但归字不同；显示了洪江话韵母的主要特点。

洪江话的1韵母字，不仅有普通话读1韵母的所有字，如“自子次刺斯司”等；还有普通话读1韵母的所有字，即止、蟹二摄开口三等及深、曾、臻、梗四摄开口三等入声的所有字，如“知只止治池齿尺师石始”等。

洪江话的i韵母字，不仅有普通话读i韵母的所有字，如“比米基欺西衣”等；还有普通话读y韵母的部分字，即遇（合口三等）的来母、清母字以及蟹摄开口四等、臻摄合口三等人声的心母字，如“吕旅履律婿恤”等。

洪江话的u韵母字少，只有与p、p′、f、k、k′相拼的字及零声母字，如“不铺夫姑枯吴”等。

洪江话的y韵母字，不仅有普通话读y韵母的大部分字，如“雨鱼居区女”等；还有普通话读u韵母的部分字，即遇摄合口三等的知组、章组字，如“猪朱煮住出处书树如入”等。

洪江话的 a 韵母字有四部分：其一，普通话读 a 韵母的所有字，如“巴他拿查杀发”等；其二，普通话读 ia 韵母的部分字，即假摄开口二等见系字及咸、山二摄开口二等入声见系字，如“家甲嫁掐瞎牙哑”等；其三，普通话读 ua 韵母的部分字，即假摄合口二等的晓母、匣母字及效摄开口二等、山摄合口二等入声庄母、生母字，如“花华划化话抓刷”等；其四，普通话读 r 韵母的部分字，即假摄开口三等字，如“遮扯赊佘蛇舍”等。

洪江话的 ia 韵母字不仅有普通话读 ia 韵母的部分字，如“价加嘉夏亚”等；还有普通话读 i 韵母的部分字，即假摄开口三等的精母、心母、邪母、以母字及果摄开口三等群母字，如“姐借茄写耶也夜”等。

洪江话的 ua 韵母字少，只有与 k、k′ 相拼的字及零声母字，即普通话读 ua 韵母的少数字，如“瓜夸蛙袜”等。

洪江话的 ya 韵母字极少，只有“搲（以手爬物）、瘸（脚手病也）”二字。

洪江话的 o 韵母的字有四部分：其一，普通话读 o 韵母的字，如“波坡磨魔”等；其二，普通话读 r 韵母的部分字，即果摄开合一等的见系字及咸、山、宕三摄开合一等的见系字，如“哥戈科可和合俄”等；其三，普通话读 uo 韵母的字，如“多拖罗锅扩火捉措锁我”等；其四，普通话读 u 韵母的部分字，即遇摄合口一等、通摄合口一三等人声、宕摄开口一等的明母字以及流摄开口一等明母的个别字，如“模暮幕木目母”等。

洪江话的 io 韵母字不仅有普通话读 y 韵母的部分字，即宕摄开口三等的药韵字及江摄开口二等的觉韵字，如“却虐削约岳跃”等；还有普通话读 iau 韵母的少数字，即宕摄开口三等的药韵字及江摄开口二等的觉韵字，如“脚角雀钥”等。

洪江话的韵母字有五部分：其一，普通话读 r 韵母的部分字，即曾摄开口一等三等人声端系、知系字，梗摄开口二等人声见系、知系字，山摄开口三等人声知系字以及假摄开口三等章组、日母字，如“德则册涩革客核厄”等；其二，普通话读 o 韵母的部分字，即梗摄开口二等人声及宕摄开口一等帮分字，如“伯迫墨脉”

等;其三，普通话读 ai 韵母的部分字，即梗摄开口二等入声的帮系、知系字及曾摄开口三等入声的庄组字,如“白拍麦拆色”等；其四，普通话读 ei 韵母的部分字，即曾摄开口一等入声帮系、端系、见系字及深摄开口三等入声见系字,如“北得肋贼塞给黑”等;其五，普通话读 r 声母的字，即止摄开口三等日母字,如“儿而耳二”等。

洪江话的 i 韵母字不仅有普通话读 i 韵母的大部分字，如“别撇灭跌贴捏列结切谢”等；还有普通话读 y 韵母的少数字，即山摄开口、合口三等入声从母、心母少数字，如“绝薛穴雪”等。

洪江话的 u 韵母字很少，即曾摄梗摄合口一、二等入声的几个字，普通话读 uo 韵母，如“国帼获”等。

洪江话的 y 韵母字较少，主要是山摄合口三四等的入声字，即普通话读 y 韵母的部分字，如“决缺靴月阅”等。

洪江话的 ai 韵母字有三部分：其一，普通话读 ai 韵母的字，如“败派卖代太在改开爱”等；其二，蟹摄合口二等匣母字，即普通话读 uai 韵母拼 x 声母的字,如“淮怀槐坏”等;其三，蟹摄开口二等见母、匣母字，即普通话读 i 韵母的部分字，如“皆阶街介鞋蟹”等。

洪江话读 uai 韵母的字，即普通话读 uai 韵母的大部分字，如“乖怪快”等。

洪江话读 ei 韵母的字，不仅有普通话读 ei 韵母的字，如“杯培梅非内”等；还有来自止摄蟹合口一三等端组、精组及晓匣母，即普通话读 uei 韵母的部分字,如“对退罪脆岁会”等。

洪江话的 uei 韵母字，即普通话读 uei 韵母拼声母及零声母字,如“追炊谁锐归亏危”等。

洪江话的 au 韵母字不仅有普通话读 au 韵母的字，如“包抛毛刀讨闹高考好召少袄”等；还有来自效摄开口二等，即普通话读 iau 韵母的少数字，如“跤教窖觉”等。

洪江话的 iau 韵母字，即普通话读 iau 韵母时大部分字，如“标漂刁料叫笑要”等。

洪江话的 u 韵母字不仅有普通通话读 u 韵母的字，如“某豆透狗口丑走”等；还有来自遇摄合口一等端系字、遇摄合口三等知系字及流摄开口一等明母，即普通话读 u 韵母、au 韵母的部分字，如“亩独土奴竹楚蔬贸茂”等。

洪江话的 iu 韵母字不仅有普通话读 iu 韵母的字，如“牛流久秋休”等；还有来自通摄合口三等入声的少数字，即普通话读 y 韵母的少数字，如“曲（酒～）育畜蓄”等。

洪江话的 an 韵母字有三部分：其一，普通话读 an 韵母的字，如“般潘慢反旦叹南甘看暂三”等；其二，咸摄山摄开口二等见组字，即普通话读 ian 韵母的部分字，如“肩奸间嵌限苋眼”等；其三，山摄合口一，二等晓匣母字，即普通话读 uan 韵母的 x 声母字，如“欢环唤换患”等。

洪江话的 ian 韵母字，即普通话读 ian 韵母的大部分字，如“边片面店天连年件千先”等。

洪江话的 uan 韵母字，即普通话读 uan 韵母的大部分字，如“端团乱官宽闩钻氽”等。

洪江话的 yan 韵母字，即普通话读 yan 韵母的字，如“捐拳宣元远”等。

洪江话读 n 韵母的字有三部分：其一，属深、臻二摄的舒声字，即普通话读 n 韵母的字，如“奔喷门分森针衬人根肯很恩”等；其二，曾梗二摄的舒声字，即普通话读韵母的大部分字，如“灯藤能更正成生赠”等；其三，臻摄合口一等三等、开口一等端组、精组、晓匣母字，即普通话读 un 韵母的部分字，如“吨吞论昏尊村孙”等。

洪江话读 in 韵母的字不仅有来自深臻二摄的舒声字，即普通话读 in 韵母的字，如“宾拼民林今亲心因”等；还有来自曾梗二摄的舒声字，即普通话读 i 韵母的字，如“兵聘明丁厅宁京轻兴英”等。

洪江话读 un 韵母的字较少，只有臻摄合口一三等见母、溪母、影母、微母字，即普通话读 un 韵母的 k、k′ 声母字及零声母字，如“棍滚昆困温文”等。

洪江话的 yn 韵母字有三部分：其一，深臻二摄的舒声字，即普通话读 yn 韵母的字，如“居群训云运”等；其二，梗摄合口三等四等的见组字、云母字，即普通话读 y 韵母的部分字，如“迥炯琼永咏泳”等；其三，梗摄合口三等见系部分字，即普通话读 i 韵母的部分字，如“倾顷营萤”等。

洪江话读 a 韵母的字有三部分：其一，普通话读 a 韵母的所有字，如“棒胖忙方当汤狼冈抗杭脏仓桑昂”等；其二，江摄开口二等见组字，即普通话读 ia 韵母的少数字，如“江豇讲巷项”等；其三，宕摄开口三等、江摄开口二等的知组、庄组字以及宕摄合口一等晓母字，即普通话读 ua 韵母的部分字，如“庄疮双慌”等。

洪江话读 ia 韵母的字，即普通话读 ia 韵母的大部分字，如“娘良姜枪乡羊”等。

洪江话读 ua 韵母的字较少，只有宕摄合口一等、三等见组字、影母、微母、云母字，即普通话读 ua 韵母的 k、k′，声母字及零声母字，如“光广框汪王”等。

洪江话读 o 韵母的字有三部分：其一，通摄合口一等三等端系字、知系字、见系字，即普通话读 u 韵母的大部分字，如“东通农工空洪中匆松”等；其二，通摄合口一等三等、曾摄开口一等、梗摄开口二等的帮系字，如“绷朋孟丰风”等；其三，通摄合口一等字，如“翁嗡瓮”等。

洪江话读 io 韵母的字不仅有来自通摄合口三等见组、影组字，即普通话读 yy 韵母的部分字，如“穷熊拥用”等；还有来自通摄合口三等日母、疑母、以母字及梗摄合口三等云母字，即普通话读 u 韵母、声母的字，如“绒融容荣”等。

声调特点 中古人声字在洪江话中均读为阳平。除此之外，洪江话的调类及其归字与普通话的对应是相当整齐的。

洪江话读阴平的字即中古清声母平声字，也即普通话读阴平的字（不含来自入声的字），如“刚猪专尊安开天婚伤三飞”等。

洪江话读阳平的字有两部分：其一，中古浊声母平声字，即普通话读阳平的部分字，如“穷陈床才唐平寒神”等；其二，中古人声字，即普通话读阴阳上去四声的部分字，如“积出急竹笔铁郁作”等。

洪江话读上声的字，即中古清声母、次浊声母上声字，也即普通话读上声的字（不含来自人声的字），如“古展纸体五女老买”等。

洪江话读去声的字，即中古去声字及全浊声母上声字，也即普通话读去声的字（不含入声字），如“盖正汉送共阵害岸近柱厚”等。

四、文白异读

字后第一音为白读音，第二音为文读音

浮：pau—fu	别：p′ i—pi
鼻：p′ i—pi	提：tia—ti
滴：tia—ti	遮：tsa—ts
扯：ts′ a—ts′	车：ts′ a—ts′
赊：sa—s	佘：sa—s
蛇：sa—s	舍（～弃）：sa—s
姐：tia—ti	借：tia—ti
写：ia—i	泻：ia—i
水：y—suei	家：ka—iia
夹：ka—tia	甲：ka—tia
嫁：ka—tia	架：ka—tia
教（～书）：kau—tiau	觉（困～）：kau—tiau
艰：kan—tian	监：kan—tian
间：kan—tian	肩：kan—tian
奸：kan—tian	江：ka—tcia
讲：kay—stia	掐：k′ a—t′ ia
恰：k′ a—t′ ia	敲：k′ au—t′ au
虾：xa—ia	瞎：xa—ia
咸：xan—ian	闲：xan—ian
陷：xan—ian	限：xan—ian
项：xa—ian	牙：a—ia
芽：a—ia	鸭：a—ia
哑：a—ia	颜：an—ian
眼：an—ian	禾：o—xo
野：ia—i	也：ia—i
夜：ia—i	话：ua—fa
滑：ua—fa	还：uan—fan
黄：ua—fa	皇：uay—fa
凰：ua—fa	蝗：ua—fa

特殊音读

提：tia	斜：tia
邹：tiau	颈：tia
荤：k′ un	爬：la
砧（～板）：tin	锯：k
括：kua	行（～路）：xn
去：k′ i	咳：k′ a
□：lia，跛子	浮：pau
髓：i	惹：ia
扭：io	热：lai
浓：io	□:io’（衣有皱纹）

第二节 词 语

一、名物类	
满满［man42 man21］叔父。	脑壳［lau42 k′ o21］头。
满娘［man42 ia21］叔母。	颈骨［tia42 ku21］脖项。
舅爷［tiu45 ia13］又称“舅舅”“舅爷老子”。	手板［sou42 pan42］手掌。
姆妈［tiu45 tsi21］母亲。	脚巴骨［tio13 pa45 ku21］小腿。
妈妈［ma45 ma45］伯母。	腿巴子［t′ ei21 pa45 tsl21］大腿。
丈人［tsa45 zn21］岳父，又称“丈人老子”“老丈人”。	泡茶［p′ au45 tsa21］一种油炸食物。
郎巴公［la13 pa45 ko21］女婿。	灯盏粑［tn55 tsan42 pa21］一种油炸食物。
媳妇［i13 fu45］儿媳。	马打滚［ma42 ta42 kun21］一种油炸食物。
新嫁娘［in55 ka45 ia21］新娘子。	冻米［to45 mi21］炒米。
新郎倌［in55 la13 kuan55］新郎。	米豆腐［mi42 tu45 fu21］又称“鸡蛋糕”，一种米制食物。
家门［tia55 mn21］同姓。	春卷［t′ yn55 tyan21］一种油炸食物。
老庚［au42 kn55］同年出生的人（指男性）。	汤元粑［t′ a55 yan13 pa21］一种米制食物。
姑爷［ku55 ia21］姑父。	桐叶粑［to13 i45 pa55］一种米制食物。
姨爷［i13 ia21］婕父。	吃豆腐［t′ ia13 tu45 fu45］豆腐本为办丧事待客的必备菜肴，“吃豆腐”可代指“办丧事”。
崽［tsai42］儿子。	打牙祭［ta45 ia13 ti55］旧指商店作坊每月初一、十五为员工改善生活，后泛指改善生活。
女［y42］女儿。	打平伙［ta45 pin13 xo21］凑份子聚餐。
伢儿家［a13 ti42 ka21］男孩子。	挂青［kua45 t′ in55］清明扫墓，又称“上坟”。
妹儿家［mei45 ti42 ka21］女孩子。	窨子屋［in45 tsl21 u13］四周围以高墙的砖木结构楼房。
细细子［i45 i45 esl21］小孩子。	
二、动作类	
□［po45］：抱，如“把细细子～好”。	打蒲鼾［ta42 pu13 xan55］：打鼾。
打□［ta42 pu45］：亲吻	发梦忡［fa13 moy45 ts′ o55］：梦呓。
报［pau45］：告诉。	逗把［tu45 pa45］：开玩笑。

调［t′ iau42］：调换。	扯谈［ts′ 42 tan13］：①闲聊；②开玩笑。又称“扯卵谈”。
撂［liau45］：①抛弃、丢失；②甩手。	坝［pa45］：摔东西，如“一发气就～碗”。
□［ts′ o45］：丢失，又称“脱落”。	舍［sa55］：丢掉。
绊倒［pan45 tau42］：跌倒。	咬［au42］：①用牙咬；②将肉菜放到盐醋汁中作短时浸渍。
□［ts′ o42］：推搡。如“你莫～”。	□［liau13］：将生菜置沸水中烫一下，叫“～一水”或“撣一水”。
□［uai55］：掏，如“～荷包”“～耳朵”。	□［un13］：煨煮食物。
□［xai55］：玩耍。	萫［ia45］：食物中加佐料，如“汤里头再～点葱”。
跍［ku13］：蹲。	弄送［lo45 so45］：唆使，捉弄，如“你莫～～人”。
□［i45］：熄灭，如“火～ ka21 lia21”	罗［lo13］：①双手搓揉成团；②揉。
攠［t′ y42］：折断。	默到［m13 tau21］：暗自忖度，估计。
捐［y42］：折断。	孽［i13］：顽皮，如“莫～咧”。
□［pia55］：粘贴。	□［p′ a55］：追赶，如“走都走远了，你还～么个”。
□［ia55］：粘合。	炕［k′ a45］：①烤干，如“把尿片～干”；②燻制，如“～腊肉”。
嗅［io45］：如“你～下看”。	［ia45］：睡着，如“冇睏得～”。
□［pia45］：打耳光，如“～你一耳 sl42”。	睏眼闭［k′ u45 an42 pi45］：睡觉，如“要～～～”。
□［xa42］：肩扛。	
三、性状类	
健旺［tian45 ua45］：指老年人身体健康，如“你老人家还～～”。	帮硬［pa55 n45］：硬。
□［lia13］：疲乏，如“～死了”。	点点子［tia45 tia45 ti21］：一点点。
□［iau13］：①指某些食物的软柔状，又称“～合”；②指人疲乏无力。	撇脱［p′ i42 t′ o21］：与己无关，如“你把这事讲得咯子～～”。
□［p′ a55］：多指肉食的熟软状。	冒限住［mau42 xan45 ty45］：表不定之辞。
□［so45］：外形不美观，如“这衣服～的很”。	惯式［kuan45 sl45］：娇惯。
苕［sau13］：愚蠢，如“你莫～”。又称“哈”“哈里哈气”。作名词詈人语，可称为“苕卵”“哈卵”“哈宝”“哈崽”。	三不知［san55 pu21 tsl55］：偶尔，也称“三个不知”。
泡皮［p′ au55 pi13］：指人轻浮、不稳重，也称“泡”。	奈不何［lai45 pu21 xo13］：没办法，无能为力。
背时［pei45 sl13］：倒霉。	冇出老［mau45 t′ y13 lau42］：不显老态，如“五十九的人还～～～”。

相应［ia55 in21］：便宜。	造孽［tsau45 i13］:可怜，如“其屋里～～得很”。
生白［sn45 p′ 45］：白，	沤人［u45 zn13］：使人生气。
□轻［lau55 t′ in55］：轻。	□［lau13］：枯萎。
□薄［lia55 p′ o13］：薄。	□［pau13］：声势盛大，如“吵～嘎、吼～嘎、嚷～嘎”。
□臭［p′ a55 ts′ ou45］臭。	指代及其它类
喷香［p′ o45 in55］：香。	其［ki42］：第三人称代词。
□淡［pia55 tan45］：味淡，又称“寡淡”。	么咯［mo42 ko45］:什么，又称“么咯子”，如“其在做～～”。
□肥［lei55 fei13］：肥。	禾自［o13 tsl21］：怎么，如“其～～，来”。
精瘦［tin55 sou45］：瘦。	□呢［t45 i21］：这里，如“到～～来”。
清甜［t′ in55 tian13］：甜。	咯呢［ko42 i21］：那里，如“到～～去”。
□苦［t′ i55 k′ u42］：苦。	剁脑壳的［to45 lau42 k′ o21 ti21］：詈人语。
□酸［tiu55 suan］：酸。	背时的［pei45 sl13 ti21］：詈人语。
滚热［kun42 lai45］：热。	短命鬼［tuan42 min45 kuei42］：詈人语。
冰浸［pin55 t′ in45］：冰冷。	化生崽［fa45 sn21 tsai21］：詈人语。
焦干［tiau55 kan55］：干燥。	崽哟［tsai42 io21］：惊叹语。
焦湿［tiau55 s13］：湿。	光生［kua55 sn21］：漂亮。

第三节　语　法

一、词　法

【名词后缀“子”】读［tsl21］，用法与普通话同，如“桌～、帐～、蚊～、老鼠～、叫［kau45］化～、瓶瓶～、盘盘～、合合～”等。 读［tci21］，如“伢～、妹～、崽崽～、鬼崽～”
【形容词的构词方式】单音形容词前加修饰性成份构成双音词，如“焦干、焦湿、滚热、冰浸、清甜”等。 上述双音节词语（xz 式）中的一部分，可构成“×z+ 把 +z”式的同义词语，如“焦干把干、冰浸把浸、帮硬把硬、咯高把高、老远把远”等。
【动词后加“倒”】表动作的持续状态，相当于普通话的“着”，如“你等～”“他吃～饭在”等。

【动词或表变化态的形容词后加】“嘎、嘎了[lia21]、嘎 × 了”表示动态或变化态的完成。
加“嘎”:如“来~、去~、讲~、卖~、人~、慢~、快~”等。
加“嘎了”:如“来~~、去~~、讲~~、卖~~、大~~、慢~~”等。
加“嘎x了”:“x”为动词后的宾、补成份,如“吃嘎饭了、洗嘎澡了、来嘎两天了、死嘎两年了”等。

【约数表示法】量词+把+量词:“如根~根、回~回、个~个”等。
量词+把子[ti21]:如“根~~、回~~、个~~、块~~、天~~、年~~”等。
“十、百、千、万”+把+量词+子[ti21]:如“+[p′ au45]把回子、千把个子、万把块子”等。
数词、量词+子[ti21]:如“四五十岁~、二三十个~、一两天~”等。

【人称代词复数表示法】市区多用“们”,与黔阳接壤的农村多用“侪”,如:
我们[o42 mn21] 我侪[o42 ti21] 你们[ni42 mn21] 你侪[i21 ti21] 其们[ki42 mn21]
其侪[ki42 ti21]

【表程度的副词“好”使用较广泛】如:“~块、~慢、~热、~冷、~高、~矮、~大、~小、~多、~少、~肥、~瘦”等。
介词“着”[ts′ o45]、“把”[pa42]着:有表被动的意思,如“~打嘎一顿、~其老子打嘎一顿”。
把:作介词用法较广,有“对、对于”的意思,如“老师把其批评了一□[ts′ an55](回、次)”;有“将、拿”的意思,如“把钱还给人家”;有“给”意思,如“他把我买嘎两张票”。
另“把”还有作动词的用法,表“给予”,可与作介词的“把”结合使用,如“只要几块钱,你就把把其”,第一个“把”为动词,第二个“把”为介词。

二、句 法

【疑问句】多用肯定与否定相结合方式表疑问,否定词用“冇[mau21]”,相当于“不”,如“去~去、吃~吃、怕~怕、热~热”等。

【否定句】否定陈述句用“冇”,相当于“不”或“没有”,如“我冇吃酸的”,“我冇吃过”。
否定祈使句用“莫[mo45]”,相当于“不要”,如“莫吵”“莫急”。

【祈使句】无论肯定形式或否定形式,句末多用语气词“咯[lo21]”,如“你莫急咯”。

第二十五篇　乡街简志

第一章　区情概况

洪江区位于湖南省西南部雪峰山区。地处北纬27°、东经110°。东、西、北与洪江市接壤，南与会同县毗连。境内地貌以山、丘为主，地势由东、南、西三面向北倾斜，最高点撑架坡海拔861.8米，最低点岩坝头海拔160.5米。国土面积115平方千米，总人口7.5万。以汉族为主，还有苗、瑶、侗、回、土家等13个少数民族。怀化市洪江区管理委员会驻新民路21号，距怀化市75千米。

境内属亚热带季风湿润气候，年平均日照1354.3小时，年平均降雨量1485毫米左右，年平均气温17℃左右。境内干流沅水和巫水、公溪河2条一级支流，大小溪流54条。客水总量266.24亿立方米，地下水总量1885.6万立方米。境内已探明地下矿藏有煤、铁、铜、钢等10余种。动植物资源丰富，其中种子植物1211种、陆生脊椎动物171种、鱼类75种。全区森林覆盖率68.2%，建成区绿化覆盖率42.2%。

洪江区历史悠久。据考古发现，桂花园乡岩门村有2处商代遗址和1处春秋战国遗址，发掘出的陶片和石器，证实3000年前就有先民在此休养生息。宋熙宁八年（1075年）设置洪江铺（洪江名始此）。宋元祐五年（1090 年）改称洪江砦。元至元八年（1271 年），废洪江砦。明洪武年间置洪江驿。民国 4 年（1915 年），设置县佐，代表知事处理辖区政务。民国 6 年（1917 年），设市政公所，维护治安，受理诉讼。民国 12 年（1923 年），设会同县洪江镇。1949 年 10 月 4 日，洪江解放。同年 11 月，洪江镇改为县辖洪江市。1950 年 3 月，县辖洪江市改为县辖洪江镇。1950 年 10 月，县辖洪江镇改为会同专署直辖市。1953 年 5 月，会同专署直辖洪江市改为会同县洪江镇。1953 年 6 月，洪江镇改属黔阳县。1953 年 9 月，县辖洪江镇改为省辖洪江市，授权黔阳专署领导。1958 年 12 月，洪江市改为黔阳县洪江市。1961 年 7 月，县辖洪江市改为黔阳专署管辖县级市。1963 年 5 月，洪江市改为黔阳县洪江镇。1979 年 9 月，县辖洪江镇改为专署管辖县级市。1997 年 11 月，洪江市与黔阳县合并，设立省直辖县级洪江市。1999 年 6 月，设立洪江市洪江区。2002 年 9 月，改怀化市洪江区，为怀化市派出机构。

1949 年 11 月，洪江市设 7 个街道和桃李园乡。1951 年 6 月，黔阳县的萝卜湾乡、川山乡、滩头乡，会同县的带子街乡划归洪江管辖。1951 年 10 月，市内 7 个街道划分为 11 个临时街道。1953 年 1 月，11 个临时街道合并为 4 个街道。1956 年 7 月，桃李园乡、萝卜湾乡、带子街乡、滩头乡合并为桂花园乡。1958 年 12 月，黔阳县优胜、大塘、茅头园、二家老、湾溪、楠竹湾、陶金冲等村组划归桂花园人民公社。1960 年 4 月，撤销街道建制，分设人民公社河滨路分社、长码头分社、新街分社、桂花园分社、运输分社。1961 年 8 月，5 个分社改设人民公社。1979 年 9 月，洪江市下设河滨路街道、沅江路街道、高坡街街道、新街街道和桂花园人民公社。1980 年 1 月，桂花园人民公社的沅江、团结、五一、立新生产大队划出，成立常青乡人民公社。1985 年 12 月，黔阳县黔城乡的 15 个村和会同县肖家乡的横岩、沅河、鸬鹚、菖蒲村划归洪江市，分别组建黔城乡和横岩乡。1997 年 11 月，洪江市与黔阳县合并为新的洪江市，原洪江市所属区域改设雄溪镇。1999年5月，洪江市洪江区成立，下辖洪江市河滨路街道、洪江市沅江路街道、洪江市高坡街街道、洪江市新街街道、洪江市桂花园乡、洪江市常青乡、洪江市横岩乡，共有33个社区、20个行政村、268个居民小组、148个村民小组。此后，街道社区和乡属行政村几经调整。2015年12月，湖南省撤乡并村改革，洪江市桂花园乡和洪江市常青乡合并为新的洪江市桂花园乡。是年，全区辖4个街道、2个乡、20个社区、14个行政村，其中河滨路街道下辖萝卜湾社区、长寨社区、回龙寺社区、中山路社区、桥东社区、桃李园社区、老团社区；沅江路街道下辖大湾塘社区、川岩社区、犁头嘴社区；高坡街街道下辖桐油湾社区、长岭界社区、高坡街社区；新街街道下辖歌诗坡社区、田湾社区、冒天井社区、二凉亭社区、带子街社区；横岩乡下辖横岩村、鸬鹚村、菖蒲村；桂花园乡下辖茅头园村、优胜村、楠木田村、桂花园村、堆边村、洪高村、渔梁村、铁溪村、滩头村、川山村、岩门村、新桥社区、官团溪社区。

区域经济。洪江得水运优势，早在明万历年间，犁头嘴一带物资交易市场初具规模。清光绪年间，洪江已是舟排云集，烟火万家的大镇。民国时期，洪油业、木材业成为市场主体。民国19年（1930年），洪江输出入商品总额3000余万银元，营业税居湖南省第六位，市场现金流通量居湖南省第二位。1937—1949年，经济日渐萧条，但作为湘西南物资集散中心，至1950年仍有座商713户、行商904户、个体摊贩1241户。中华人民共和国成立后，通过对农业、手工业和资本主义工商业的社会主义改造，兴办一批地方国营工商企业和手工业生产合作社。1958—1975年，工农业生产和国民经济发展趋缓。1975年，全镇社会总产值6086万元，其中工业总产值5031万元，农业总产值253万元。中共十一届三中全会以后，立足山区资源，着力发展有山区特色的轻纺工业，对纺织、陶瓷、造纸、塑料、化工、机电、食品等企业进行技术改造；农村普遍推行家庭联产承包责任制，调整农业产业结构，发展一批乡村企业。

1990年，全市农村总产值0.66亿元，工业总产值4.43亿元。1991年起，工业围绕建立现代企业制度，进行以转换经营机制的改革探索；农业则立足服务城市，发展城郊型经济，大力发展乡镇企业，推进农村工业化。1995年，全市工农业总产值10.16亿元。2000年，区工委、区管委提出“二次创业、民营兴洪”战略，拉开国有企业改革改制序幕，通过改制，造纸、纺织、化工、竹木加工业成为新的领航产业；农业通过产业结构调整，家禽品改、楠竹低改、柑桔品改、蔬菜基地建设成为农业四大支柱产业。2005年，洪江区化学工业科技园成立。2010年，共有10家企业入驻园区，园区实现总产值8亿元。2011年起，新型工业提质增效，全区初步形成以基础化工、精细化工、纺织、造纸和竹木深加工为支柱产业格局；农业产业化加快，优质稻米、蔬菜瓜果、水产畜禽养殖等特色产业基础规模扩大；古商城、嵩云山景区获批“国家AAAA级旅游景区”和“国家AAA级旅游景区”，“美食节”“浪漫樱花节”影响力和知名度得到提升。2015年，全区实现地区生产总值31.42亿元，实现旅游总收入9.7亿元，全区公共财政总收入2.63亿元，城乡居民人均可支配收入15873元，农村居民人均可支配收入8152元，社会消费品零售总额13.04亿元。

交通、邮电、通讯。中华人民共和国成立之初，境内有省道1条。1958年起，境内加快省道改扩建、市（县）道和专用线建设。1989年，公路网络基本形成，公路总里程100.36千米，年客运周转量6860万人/千米，年货物周转量12579万吨/千米；邮路长度（区内）20千米，农村邮路长度97.2千米；市话年末总户数751户，全市话电话机1329部。1990年以后，加快主干路网、农村公路建设和与周边县市公路、高速公路连接，建制村道路通达率、通畅率均达100%。2015年，全区交通运输、仓储和邮政增加值5400万元。全区公路里程156.71千米，其中省道14.71千米，县道31.8千米，乡道17.6千米，村道88.4千米，专用公路4.2千米；全年完成电信业务收入4000万元，全区固定电话用户9774

户，移动电话用户 62003 户，互联网用户 13168 户。

建设生态家居城市。中华人民共和国成立前，城区共有私人占有房屋约 25.1 万平方米。1959 年起，先后 4 次组织相关部门对城市功能分区规划，并全部得到实施。1997 年，境内各类房屋总建筑面积 283.9 万平方米，基础设施配套齐全。2000 年后，进行沅江、巫水沿岸亮化，打造沅江、巫水景观带。2015 年，城区面积达 5 平方千米，城镇化率 89%，城市供水供电供气、公共绿化、环卫设施、美化亮化等公共设施日益完善。

社会事业全面进步。中华人民共和国成立前，境内教育、文化、卫生事业发达。1949 年，洪江区有小学 12 所，在校学生 1899 人；中学 4 所，在校学生 2396 人。报社 4 家。公私立医院、诊所医护人员加上开业中医共约 130 名，每万人有医护人员 26 人。中华人民共和国成立后，致力发展教育和改善医疗卫生条件，教育卫生事业发展迅速。1988 年，全区有普通中学 5 所，戴帽初中 1 所，职业中专 1 所，教师进修学校 1 所，小学 39 所；医疗卫生机构 60 个，医务人员 774 人，床位 713 张。1989 年起，全区社会事业全面进步，教育科技、公共文化、社会保障、医疗卫生等民生工程相继实施。2015 年，全区有普通中学 2 所、中等职业学校 1 所、小学 5 所、幼儿园、托儿所 9 所；建成乡（街）综合文化站 7 个，社区（村）文化活动中心 9 个，文化广场 7 个，健身广场 22 个，图书室及农家书屋 21 个；卫生机构（含村卫生室）44 个，卫生技术人员 500 人，医院、卫生院拥有床位 502 张。新型农村合作医疗参保人数 17259 人，新型农村养老保险参保人数 1111 人，城镇基本养老参保人数 18404 人，城镇基本医疗保险参保人数 51738 人。

过去的洪江有着辉煌的历史，今日的洪江正为"打造生态宜居和旅游目的地城市"而努力，未来的洪江坚持"旅游引领、工业支撑、城乡一体、富民强区"发展思路，力争把洪江区建设成为生态宜居和旅游目的地城市，湘西南生态循环工业基地，实现从传统工业基地向新兴旅游目的地城市的战略转型。

第二章 街道概况

第一节 河滨路街道

湖南省社区建设示范街道

一、区域概况

【位置面积】 地处洪江区主城区东北部，南与桂花园乡接壤，北临沅江，西起洪江大桥，东至萝卜湾。区域总面积约6平方千米。街道办事处驻中山路8号。

【建置沿革】 1953年1月，洪江市人民政府将第1和第2临时街合并为第一街。1960年5月，第一街改组为洪江市人民公社河滨路分社。1962年7月，河滨路分社改称河滨路人民公社。1964年2月，撤销河滨路人民公社，恢复第一街。1969年1月，第一街成立革命委员会。1979年12月，第一街革委会随行政建制变更，以辖区主要街道河滨路命名，改称洪江市河滨路街道。1998年2月，河滨路街道撤销，并入新设立的雄溪镇。1999年6月，恢复街道建制，仍称洪江市河滨路街道。

【行政区划】 1953年1月，成立第一街，下设6个居民委员会。1960年5月，原6个居委会合并为民主街、廻龙寺、萝卜湾、中山路、河滨路等5个管理区。1981年，5个管理区分别更名为桥东、河滨路、中山路、汽车站、萝卜湾居委会。1982年12月，河滨路街道调整居委会，下设8个居委会。1988年1月，增设老团居委会。2014年7月，新增桃李园社区。2015年，河滨路街道辖桥东、中山路、桃李园、回龙寺、长寨、老团、萝卜湾7个社区、98个居民小组。

【自然环境】 地形依山傍水，地势东北部较西南部微高。平均海拔170—192米。天柱峰为辖区最高山峰，海拔256米。

沅、巫二水交汇于桥东社区。小菜溪、双汊溪由南向北，河家溪由西向东汇入沅江。境内鱼类品种多样，天然淡水鱼类境内均有分布。

境内属亚热带季风性湿润气候，阳光充足，雨量丰沛，气候温和，四季分明，无霜期长，年平均温度为17.6℃。降水多集中在春夏之交，占全年降水量的44.7%，年平均降水量为1478.7毫米。

每年6—7月为降水集中期，暴雨山洪多发生期间，其中1970年和1996年两次特大洪灾，均发生在7月。

【人口民族】1953年，有总人口1470户5889人。1963年，境内总人口增加到9518人。1982年，有总人口4049户17364人。1990年，有总人口5450户19039人。2010年，共有总人口5540户15131人。2015年，共有总人口15476人。

1982年，境内有苗族、回族、土家族、侗族、彝族、满族、瑶族、锡伯族8个少数民族。1990年，共有苗族、侗族、回族、瑶族、彝族、壮族、满族7个少数民族。2015年，共有白族、达斡尔族、侗族、回族、满族、苗族、纳西族、土家族、瑶族、壮族10个少数民族。

二、经济发展

【经济综述】境内因回龙湾、滩头天然坞址，为船主和纤手集中居住地。中华人民共和国成立后，轻纺、化工、建材等企业相继落户境内。中共十一届三中全会后，重点发展工业经济。1990年，街道14家街属企业共完成工业总产值422.41万元。2002年，成立化工工业园。2005年，更名为洪江工业园，共有入园企业5家，园区完成工业总产值1.2亿元，实现利税600万元。2015年，园区实现规模工业增加值15亿元，入库增加值1.2亿元。

【工业】民国期间，境内以手工作坊为主。1937年，陆军机械化学校设机械制造厂于萝卜湾北端，生产联合机床等产品。1938年，洪油业人士集资在佘家坪设立民生米厂。1953年，民生米厂由人民政府接管，更名国营洪江市大米厂。1956年，洪江植物油炼制股份有限公司迁驻萝卜湾河家溪。1968年，部属企业湘西仪器仪表总厂选址长寨。1988年，境内有市属企业16家、街属企业14家。2001年，街道改制工作全面铺开，至2005年，境内企业全部完成民营化改造。2005年3月，洪江区工业园建立。2015年，境内共有规模以上企业7家，规模以下企业20家。

【商贸服务业】境内因萝卜湾、回龙寺（今名回水湾）为天然坞址，集木条件得天独厚，船主、橹手、纤手大多聚居于此，其中麻阳人最多。1931年，雄溪桥建成通车，屠宰、粮食、油盐杂货、旅栈、篷席等业沿初建街道两旁而设。1950年，洪江市工商业登记，辖区共有私营工商户58家，其中屠宰16家、粮食7家、油盐杂货7家、旅栈4家、篷席3家，其它行业21家。1956年，洪江完成对私营商业的社会主义改造，公私合营门市部和合作店组分布于小对河和车站，集市贸易以萝卜湾和车站两个露天集市为主。中共十一届三中全会以后，南岳路街道开店的个体工商户增多。1986年，车站集贸市场扩建。翌年，萝卜湾新集贸市场建成。2000年后，随着境内企业职工数急剧减少，萝卜湾农贸市场荒废。2015年，境内共有各类商贸企业559家，农贸市场1个。

三、基础设施

【交通运输】明清时期，有两条古道过境，均可经邵阳至长沙。另有巫水、沅江两条水路，过境物资以桐油、木材、粮食、食盐、布疋、百货等货物运量为最多。1939年7月，湖南省政府利用古道部分路基，修成洪（江）安（江）公路，取代原有的古道。1958—1978年，境内先后铺设岩门（林家播至中岩门）、林松（林家播至松脂厂）、仪标（仪表厂至标山）、长巴（长寨至巴蕉坳）、洪花（电厂至枫木坳）、花洋溪6条村道和厂矿专用公路，公路总里长19.06公里；扩建马羊山、回龙寺、造纸厂、电厂码头，港口日最大停泊能力达200吨。1988年10月，洪黔公路通车，水运完全被公路运输所取代。2015年，境内有省道222线穿境，邮电局至萝卜湾、桥东至茅头园等多条公交线路，洪江汽车站为境内最大客运站，每天定时发往怀化、安江、黔城、龙潭、邵阳、长沙等地客运班车。

【邮政通信】清宣统元年（1909年），开辟洪江至安江每天昼夜兼程邮路。民国初期，洪江邮局委办民船开辟洪江至安江邮路，雇民船不定期运送邮件。1922年，开辟新化经安江至洪江间日快班邮路。1939年，开辟洪江至安江委办汽车邮路。1945—1949年，洪江邮局和洪江电信局在境内萝卜湾和汽车站设邮政代办所，长寨设信柜，洪达中学、汽车站设邮票代售处，雷打岗设邮站。1953年9月，洪江邮电局在萝卜湾设邮政代办所。1972年，境内进出口邮件全部改怀化中转。1981—2015年，固定电话、移动电话、宽带业务进入寻常百姓家。

【供电供水】 中华人民共和国成立后，洪江电厂扩建，供电范围至杨家祠堂（今官团溪）。1954年，供电线路延伸到萝卜湾。1956年，辖区照明用电基本普及。1963年7月，在马羊山兴建容量420立方米水池。1978—1984年，市自来水公司以马羊山为中心，铺设经四神庙至大米厂至制材厂止于二木厂，以及连通过河经洪江一中、桃李园、交通饭店、洪江汽车站止于桂花园的两条管线，20世纪80年代，洪江电厂在巫水东岸尖坡兴建一座110千伏变电站。2004年，自来水公司对辖区带子街水厂过河途经创业路的循环管网进行改造，新建洪江酒厂至贮木场DN500毫米3.85公里管网。2015年，居民用水、照明用电全部普及。

【街道建设】 民国时期，境内主要街道初建街和洪俞路均为简易土道。中华人民共和国成立后，中医院、木材公司、大米厂、中山路小学、第一中学、汽车站、街道办事处等机关和企事业单位沿洪安公路落户。1980—1999年，政府利用洪安公路旧线路段，先后建成南岳路、中山路、河滨路、萝卜湾路。在南岳路街道两旁相继建中医大楼、防疫站大楼、木材公司住宅楼、中小学校综合楼、汽车站综合楼、车站农贸市场等100余栋。2000—2015年，境内街道建设加快，主要道路均铺设新型油砂路面，广达·万象城、世嘉家园、银杏回龙湾等小区建设改善居民住宅条件。

四、社会事业

【教育】 清乾隆初期，马羊山设有义学1处。清乾隆十八年（1753年），会同邑令陈于宣将义学改名为雄溪书院。清乾隆三十三年（1768），雄溪书院迁至坳上。1912年，杨氏宗族动用族产在马羊山创办私立仁智初级小学。1938年春，洪江热心教育人士刘炳煊、李汉平等人倡议创办“私立洪江初级中学”，同年12月更名“私立洪达初级中学”。1945年春，洪江镇在小对河陈家祠内创办第四联保国民学校。1946年下学期，洪达中学校董会在中山公园内创办附属小学。1950年8月，人民政府对辖区中小学进行调整，原雄溪、赣材两所私立中学合并为“洪江市立中学”，原私立仁智初级小学改名洪江镇第八初级小学，原洪江中学（由原洪达、赣材、雄溪3所中学合并而成）附小改为洪江镇第三完全小学。1954年，洪江镇第八初级小学和第三完全小学合并为中山路完全小学。1955年，郊区第二初级小学改名萝卜湾初级小学。1958年起，洪江城乡掀起群众办学热潮，境内先后创办第一街民办小学、河滨路公社民办小学、萝卜湾耕读小学。1978年起，境内中小学校设置规模基本稳定。2006年，萝卜湾初级小学并入桂花园中心小学。2015年，境内有中学1所，在校学生1898人；完全小学1所，在校学生1093人。

【文化】 明清时期，境内麻阳馆、孙祖庙、陈家祠在祭祖、还原、办会、喜庆之际，均请戏班唱戏。抗日战争爆发后，为唤起民众抗日救亡，私立洪达中学组织演出队，走上街头演出《十字街头》《南归》《精忠报国》等剧目。1962年，第一街建立青少年文化宫。1979年，河滨路建立街道文化站，业余文艺宣传队编演秧歌、地方小戏、相声、快板、表演唱、合唱、独唱等节目，深入街头巷尾、厂矿企业为群众演出。1991—1997年，街道文化站先后建立文艺演出队、电影放映队、录像放映队。1999年，文化站利用黑板报、墙报、电视、媒体表现等形式，开展形式多样的群众文化活动。2006年，街道后组建文艺队3个，秧歌、腰鼓队3个，业余篮球队1支，社区业余文艺参与者400余人。2015年，全街道共有文艺队伍6支，广场舞、太极拳等成为居民健身的主要形式。

【医疗卫生】 民国初期，境内民众看病以中、草医为主，殷实之户患病往爱怜医院求诊西医。1952年10月，第一街建立接生站。同年12月，洪江市妇幼保健站在辖区桥东成立。1956年7月，洪江市卫生防疫站在桥东成立。1958年，洪江市药材公司在境内汽车站、萝卜湾设立药材零售点。1959年，中医联合诊所和红十字会诊所合并，建立洪江中医院，设址于桥东。2001年，区卫生局对区内所有医疗机构实行分类管理，辖区中医院、卫生防疫站、妇幼保健院、街道卫生院、造纸厂职工医院、洪江一中医务室、中山路小学医务室、河滨路社区卫生服务站为非营利医疗机构。2015年，辖区医疗卫生机构主要有：公立医院1所（洪江区中医院）、街道卫生院1所（河滨路卫生院）、学校医务室2所（洪江一中、中山路小学）、其他卫生机构2家（洪江区疾病预防控制中心、洪江区妇幼保健院），共有专业卫生人员约170余人。

【社会保障】1999年，街道启动低保对象摸底工作。2001年，全街道有低保户1292户、2589人次，共发放低保金10.91万元。2002年，街道兴办社区经济组织5个，开发社区服务项目14个，安置下岗失业人员194人，安排临时用工200多人次。2005年9月，河滨路劳动保障站服务大厅正式投入使用，通过这个平台，全年共安置下岗失业人员1300人，1677户、2683人低保户享受低保金38万余元。翌年，全街道参加居民医保4000人，参保总金额20万元。2010年，河滨路街道社区劳动技能培训中心成立，探索街道特色手工加工项目产业化发展，通过十字绣、丝带绣、手工拖鞋等手工技能培训，使居民以灵活的形式提高收入。2015年，街道基本实现养老保险、城乡居民社会养老保险、医疗保险全覆盖。全年居民医疗保障参保人数7000余人，低保户1231户1946人。

五、特色地情

【历史人文】

光雄电灯公司：民国初期，冯寅丞留学日本时，向日本东亚公司引进全套发电设备，共有“一百五十匹马力蒸汽引擎一部，一百五十基罗瓦特发电机一部，一百二十基罗锅炉一座，帮浦两架值十二万银元”，上列机械运抵洪江后，择巫水东岸马羊山麓滨临河岸兴建厂房。1920 年 10 月正式发电，定名“光雄电灯公司”。初期仅供照明用电，供电用户 224 户，均为机关、商店，每年实售电 8 万度左右。1945 年 2 月，一场大火将厂房和设备焚毁而无法生产，公司把可以修复利用的机械拆卸后运往黔阳，至此光雄电灯公司在洪江完全停歇。

洪江民生米厂：1938 年，洪油业人士集资从汉口购来米机及汽车引擎，于佘家坪（今南岳路）创办民生米厂，是为洪江机器加工大米之始。民生米厂创建之初，仅有 16 匹马力引擎 1 台，以柴油作动力，吹糠筛米仍以土砻和手工操作，日产大米（人字级）仅数千斤。抗日战争期间，由于洪江人口急增，生产规模随之扩大，日产大米达 2 万斤。1946 年起，因经营无方，亏损甚巨。1949 年，民生米厂停业。

公私合营洪江植物油炼制股份有限公司：1951 年，由木运业集资、国家投资，成立“公私合营洪江植物油炼制股份有限公司”，公司注册资本金 62.3 亿元（建国初期旧币，下同）。1956 年，由二凉亭五里牌迁址市郊萝卜湾河家溪。初期以手工木榨为主，后改为机榨。此后，增加糠油、茶油、菜油、核桃油等产品，为怀化地区植物油加工重点企业。2002 年，企业破产改制。现洪油工艺被列入湖南省非物资文化遗产名录。

【名优特产】

甲鱼酒：洪江传统名优特产品。以洪江特有的甲鱼、糯米、蜂蜜、清甜山泉水，再加入枸杞、淮山等中药材，参考长沙马王堆墓帛书《养生书》《杂疗法》记载的先秦医用药酒酿造工艺，是一种低度营养保健酒。1990 年 9 月，“嵩云牌”甲鱼酒在全国饮品国产化研讨会上荣获金奖。

桂花酒：洪江传统名优特产品。以洪江百年传统“苏酒”工艺为基础，用优质糯米为主要原料，加入少量白糖、蜂蜜、蛋白等，配以鲜桂花、黄酒曲及嵩云山泉水，用陶缸低温发酵而成。酒液明亮，呈黄褐色，甘甜爽口，浓郁醇厚，回味悠长，具有独特的桂花香味，且富含人体所需的氨基酸多达 17 种，有护肾保健功效，有“桂子月中落，天香云外飘”之美誉。

【风景名胜】

天柱峰：从城内乘舟顺沅水而下，约5公里，见一柱形山峰，即天柱峰。据清《黔阳县志》（卷七·山川）载："天柱峰，县东六十五里，孤峰擎立，故名"。又据传说此山为天公所立之柱石。峰前临沅江，后与山峰相连，峰间一条便径，为旧时通往沙湾、岩门的要道。路旁原修有一木凉亭，供行人休息。峰顶竹木幽深，荫庇一古庙，庙内供祀南岳菩萨。神案左下角有一小洞，直通江底，俗称"天水联道"。沅水流此被峰所阻，形成大湾。有诗赞曰："沅江碧波不舍去，东流天柱又回头"。峰有华山峻险，江有漓江丽秀。

南岳山：位于沅江南岸，洪江汽车站附近。因山顶有一南岳庙而得名。海拔310米，方圆约1.5千米。南岳庙山门上悬有"即是衡岳"匾额，进门有一小坪，内有桂花老树两株，烧纸铁（炉）塔一座，上八级石阶至庙宇。前殿供韦驮菩萨，大殿祀南岳衡山司天昭圣大帝、崇黑虎、菩萨等诸神，庙侧修有客厅、厢房8间。每逢八月十五日，香客络绎不绝，香火日渐兴旺，是境内秀丽的风景区。

第二节　沅江路街道

全国重点文物保护单位"洪江古建筑群"所在地。

一、区域概况

【位置面积】 沅江路街道位于城区西北部的沅水河畔，老鸦坡山脚，东至桂花园乡滩头村，西至横岩乡，南至高街坡青山界居委会，北至桂花园乡川岩村。区域面积3平方千米。街道办事处驻地雄溪路187号。

【建置沿革】 1953年1月，第三、四、五临时街道合并为第二街道。1960年5月，第二街道和第三街道合并为长码头分社。1961年8月，长码头分社改为长码头人民公社。1964年2月，长码头人民公社撤销，第二街道恢复。1969年2月，成立第二街道革命委员会。1979年12月，第二街道革委会随行政建制变更，以境内主要街道沅江路命名为沅江路街道。1998年2月，沅江路街道办事处撤销，并入新设立的雄溪镇。1999

年 6 月，恢复街道建制，仍称洪江市沅江路街道。

【行政区划】1953 年，第二街道共设 10 个居民委员会。1969 年，辖立新、沅江路、沅江巷、勤俭巷、反修巷 5 个管理区，36 个居民小组。1982 年增设大湾塘、川岩居民委员会。1999 年 6 月，居民小组扩大为 56 个。2003 年 10 月，实行社区体制改革，7 个居委会合并成立 5 个社区。2009 年 5 月，5 个居委会合并为 3 个社区。2015 年，沅江路街道辖犁头嘴、大湾塘、川岩 3 个社区。

【自然环境】境内地形西、南高，东北低，沅江以南是河谷台地，沅江以北是山谷沟地和河水冲击沙地，海拔在 170 ~ 186 米之间。矿藏为金刚石砂矿，因储藏量稀少而无开采价值。沅水、巫水自东、南在犁头嘴处交汇。

境内气候属中亚热带季风湿润性气候区，年平均气温 17℃左右，无霜期年平均 304 天，年均降水量 1485 毫米，年均日照时数为 1354.3 小时。自然灾害以水灾为主，近百年来以 1996 年洪灾为最，其次为冰灾，以 2008 年特大冰灾为最。

【人口民族】明万历年间，江西、福建、安徽、江苏、浙江、贵州及省内宝庆等地部分商贾在境内犁头嘴一带定居经商。1954 年，辖区共有户籍人口 2576 户 9105 人，其中男性 4685 人，女性 4420 人。2010 年，第六次全国人口普查，沅江路街道共有人口 2860 户 7512 人，其中男性 3822 人、女性 3690 人。2015 年，全街道共 3309 户 7591 人，有苗、回、壮、布依、侗、瑶、满等 7 个少数民族，约占全街总人数的 25‰。

二、经济发展

【经济综述】明清及民国时期，经济以商业为主，此地云集洪江绝大多数木行、绸布、百货、南杂等商店。中华人民共和国成立后，街属工业成为辖区经济主体，1958—1994 年由 3 家发展到 38 家，工业总产值 336.2 万元。2001 年，区工委、区管委以沅江路街道主城区为基础，发展旅游产业，“洪江古商城”成为洪江经济新的增长点和支柱产业。2015 年，接待中外游客 291.6 万人次。

【工业】民国期间，境内以手工

业工场和个体手工业为主。

1958年7—12月，第二街道先后兴办竹工厂、瓷泥厂、缝纫厂3个小型工厂。1959年10月，中小型工厂发展到16家，涵盖竹器、木器、鞭炮、陶瓷、化工、缝纫、瓷泥、斗笠、制鞋、丝缆、砖瓦等11个行业309个品种。1978年，境内有三化工厂、造漆厂均为洪江市的重点化工企业。街属企业有竹器、瓷泥、服装、蚊香、排缆厂、斗笠、陶瓷加工等7家，以及斗笠、钢筛、麻线、筷子、洗染等5家小型加工厂和服务性生产组织，年产值28.54万元。1994年，街办企业发展至38家，年产值总额达336.2万元。2005年街属洪盛木制品厂、五化厂、家具厂等企业生产的华美运动服、家具、木柄刷等产品畅销市场，实现产值530万元。2006年，境内民营经济成为主体。2015年，共有民营企业54家，其中实缴税金20万元以上企业12家，工业产值1576.98万元。

【商贸服务业】明万历年间，犁头嘴一带已有不少店铺，形成初具规模的物资交易市场。清康熙四年（1665年），境内沅江南岸聚集木运业、药材商、油商、木牙（木行）商、手工业者、米粮商、南杂商、船商、物业、烟商、酒商、皮货商等商户。民国期间，木行多在犁头嘴至大湾塘河边一带经营；米行、米店多集中于宋家码头；瓷铁业多集中于一甲巷码头和宋家码头；绸布、百货、南杂等较大商店则集中于犁头嘴一带。

1950年，辖区仍有旅栈、竹木牙行、绸布等23个行业281家商铺。1953年，国营商业逐步掌握批发市场，境内大中私商相继转办工业。1956年，辖区国营和公私合营商业网点多集中于岩码头一带。1983年12月，洪江市政府在犁头嘴建成500平方米全覆盖式钢架结构农贸市场，方便居民和个体商户进场交易。1990年8月，犁头嘴农贸市场搬迁至新建的沅江路市场，市场门面100间，固定摊位80个，临时摊位50个，经营范围有饮食、家禽、肉食、蔬菜和其他小商品。2000年，餐饮服务业发展较快，多集中于桥头至犁头嘴和古商城入口一带，如从事餐饮的京都、乡巴佬；宾馆业的柒天快捷宾馆等。2015年，由于沅江路旅游步行街建设，除福街外其他所有国营、集体和个体商户均逐步迁出。

三、基础设施

【交通运输】水路　沅水、巫水在境内犁头嘴交汇，自古为黔、川与长江各省物资交流的要道，境内水运以槽运（客货混装）和驿运（官方物资运输）为主，货物以洪油、木材、特商（即鸦片）为大宗，最盛期年输出洪油20万担、木材60余万两、特商3万担。20世纪50年代，贵州省的粮食和西南诸省的木材，仍通过沅水转运外调。20世纪60年代，除木材外其他物资运输量逐年减少。1980年，随着公路、铁路的发展，境内货物水路运输量逐步减少。1995年，货物年周转量仅5万吨。1996年，境内公路取代水路客货运输。

陆路　古驿道有两条：一是从境内经大湾塘至黔城，全长30千米；二是从辖区经大湾塘由会同肖家至会同县城，全长110千米。这两条驿道均轿马通行。1949年4月，洪（洪江）靖（靖州）公路穿境而过，洪（洪江）安（安江）公路、洪靖公路成为与域外联系的陆路交通。1988年，洪（洪江）黔（黔城）公路建成通车，使境内居民到怀化不必再绕道安江，使洪江距怀化公路里程由原来88千米缩减为74千米，总时间缩短至少1小时。

【邮政通信】境内邮政、电信业务发展较早。清光绪三十三年（1907），境内就开通有线电报，为官督商办，只收辖区官商电报。民国期间，开设无线电报、长途电话和市内电话，但也多为军政和商贾之用，不对普通民众开放。1928年，洪江邮局在境内荣丰号、满春堂、李永盛、恒泰隆、荣庆祥等商号内设邮政代办所，在犁头嘴、岩码头设信柜2个。

20世纪50—70年代，电报业务初期以军政电报为主，随着收费标准降低，民用电报逐年增加；长途电话和市内电话用户则以机关团体和企业为主，民众使用长途电话、长途电报、函件传递和包裹邮寄多则通过邮电局营业大厅办理。20世纪80年代，境内私人开始安装家庭电话，但电话入户率极低。1987年，辖区机关团体和企事业单位实现长途电话直拨。1994年，移动通讯、小灵通、互联网、有线电视相继进入境内寻常百姓家。2015年，辖区固定电话入户率34%，移动电话普及率99%，互联网上网入户率88%，有线电视入户率100%，广播电视实现全覆盖。

【供电供水】供电：1920年，境内始有照明，但供电照明用户仅限于机关、商店，且电力常常无法正常供应。1953年，供电范围扩大，西至飞山宫，东至犁头嘴，南至雄溪桥，供电时间从每天天黑起至晚上12时左右，实行包灯制。1956年。供电线路向西延伸至大湾塘。1980年起，随着区域经济的发展，辖区商业和居民用电量剧增。2004～2006年，电力公司将境内育婴巷、龙船冲、财神巷1万米电线入地。2015年，辖区居民电网覆盖率达100%。

供水：中华人民共和国成立之初，辖区居民生活用水仍然以河水、井水为主，均靠肩挑手提。1964年，从大湾塘引泉水，解决大湾塘至犁头嘴片区居民用水。此后，自来水厂从信托分口至堡子坳、长码头到岩码头的敷设供水网络，基本结束辖区居民下河挑水的历史。1984年，带子街水厂建成投产，辖区自来水普及率93.5%。2005年，自来水管网改造工程完工，自来水普及率达98%，水表普及率95%。2015年，辖区全部实现自来水到户，居民用上达到国家标准的干净、卫生的放心水。

【街道建设】中华人民共和国成立后，境内街道仍然沿用民国时期的旧街巷，长度均在80～300米，宽度约2米左右，地面多为青石板。1985年，洪江市政府将洪盛正街、宋家正街、吉庆正街、犁头嘴正街、太平宫正街、宋家巷、岩码头正街、大佛寺正街、万寿宫正街、太平宫河街、岩码头河街、飞山宫、洞庭宫拆除后扩建为沅江路，路宽25米，路面为沥青铺设。2001年，围绕洪江旅游，古建筑的修复力度加大。2004年，辖区街巷铺设青石板。2005年，苏州会馆、福全堂、长码头等建筑仿古装饰。2006年起，对辖区的历史建筑进行修复，先后完成药行、潘家大院、厘金局、青楼、镖局、汛把总署、烟馆、复兴银行、天钧戏院、陈荣信商行、荷风院、太平宫、财神殿、《洪江日报》社、木行、油号、福全堂、徐复隆商行、苏州会馆和常德会馆等修缮。2010 年 5 月 1 日，福街竣工开街，目前，福街开设奇石、酒吧、旅游商品、特色美食等各类商店 40 余家。2015 年，沅江路拆迁工程启动，拟建成一条仿古步行街。

四、社会事业

【教育】 明清期间，境内教育以私塾为主，1949 年，境内较有规模的私塾有 2 所，分别设于宋家码头、南岳殿，共有塾师 2 人、塾生 40 多人。1928 年，境内所属会馆先后创办私立宝庆小学、私立辰沅小学、惟先小学、临阳小学、豫章小学、福建小学、鼎新小学、渠阳小学等。1940 年，从长沙迁洪的私立培德女子职业学校和私立务本女子职业学校借洞庭宫和大河边长沙馆为临时校址。同年 9 月，江西籍旅洪人士幸华铁和杨竹秋等人将原豫章小学改办为豫章中学，定名“私立赣材初级中学”。抗日战争胜利后，私立培德女子职业学校和私立务本女子职业学校相继迁回长沙。1949 年下学期，境内有私立宝庆小学、惟先小学、辰沅小学、鼎新小学和私立赣材初级中学。

1950 年，辖区鼎新小学更名为第一完全小学，惟先、辰沅小学合并后定名第一初级小学，宝庆小学更名为第四初级小学，大湾塘第三联保学校更名为第七初级小学，私立赣材初级中学并入“湖南省洪江市立中学”。1955 年 8 月，第一完全小学、第一初级小学和第七初级小学合并更名鼎新街完全小学。1958 年，第二街兴办民办小学，第七初级小学恢复建制更名“鹅形小学”。1972 年 12 月，沅江路完全小学改建为“洪江镇第三中学”，第四初级小学并入茅庵街完全小学。1990 年 2 月，雄溪小学和连丰小学合并筹建“沅江路完全小学”。2009 年 12 月，沅江路完全小学并入幸福路完全小学。2012 年 8 月，洪江三中并入洪江一中。

【文化】 清康熙、乾隆年间，境内洞庭宫、飞山宫、忠烈宫、万寿宫、太平宫、财神殿、黄州馆、育婴堂等会馆、寺庙，开始请外地来洪唱戏的戏班为祭祖、还愿、办会、喜庆等唱堂戏，演出的剧目主要为辰河戏、汉戏、祁剧、阳戏、木偶戏。民国初期，京剧传入洪江，分别在境内良记大舞台、怡园大京班和天钧戏院演出，剧目有《失、空、斩》《盗仙草》《挑滑车》《岳飞传》等。20世纪40年代初期，商人童慕霖在万寿宫创办银宫电影院。

中华人民共和国成立后，打腰鼓、扭秧歌、演话剧和唱革命歌曲成为群众文艺活动的主要内容。1962年，第二街道建立青少年文化宫。1978年，街道建立文化站，居委会成立文化室和“青年之家”。街道文化站业余剧团每年演出汉剧、花鼓戏和围鼓20多场，文艺茶园每月接待下棋、打扑克、打字牌、清唱和说书等3000人次。2006～2010年，境内先后举办一系列重大旅游推介活动，如“创业向前冲”、第二届中国古城古镇古村旅游论坛、湘商寻祖洪江旅游文化节、中韩禅文化节和欧阳星凯《洪江》摄影展等。2015年，辖区社区均建有文化广场、500册以上图书的图书室和老年活动中心，图书室均设立电子阅览室。

【医疗卫生】 清光绪十二年（1886年），洪江育婴堂与常德福幼堂筹商，从常德延聘医士刘世权，常住育婴堂为城乡婴儿种痘，并兼治妇幼疾病。1944年6月，由湖南省卫生处调派24名医务人员借用贵州会馆设立门诊部。1953年，红十字会洪江分会在辖区洪盛巷成立中医联合诊所第一诊所。1958年7月，洪江市药材公司在犁头嘴和岩码头设药材零售店。1960年，第二街道和第三街道卫生院合并改为长码头卫生院，有简易病床3张。1979年12月，原长码头卫生院分设，在沅江路设街道卫生院。2008年，洪江区推行医疗保险，参保居民达1478人。2015年，城镇医保续保2301人，为困难家庭实行大病救助54人，提供救助金额16.43万元。辖区有社区服务中心1所，共有专业卫生人员16人，其中执业医师10人，执业助理医师4人，注册护士2人，年接待诊疗约8000人次。

【社会保障】 清光绪五年（1879年），洪江绅商张书、欧阳钟倡议在长码头设育婴堂，以收养弃婴，各会馆、团防局负责筹募基金，油、木、烟（鸦片）等业按月交纳育婴捐。

1958年10月，第二街道建立敬老院。1963年11月，洪江4个敬老院合并“黔阳县洪江镇敬老院”，推行五保户集中供养。此后，政府在对劳动者提供基本保障的同时，对老、弱、病、孤、残、特困户、军人及家属给予生活临时救助。2001年，为474户困难户4071人解决低保金，发放救济低保金35.68万元。2015年，全街道有低保家庭776户1240人，辖区孤儿、孤老全部纳入低保，共发放低保金额377.11万元。

五、特色地情

【历史人文】

十馆公所：设址大佛寺。十馆公所作为会馆的联合组织，设总办（或称总理）和值年，负责协调所属行业的商务及官方交往，代办官方委托的一些社会事务。如清咸丰年间，十馆公所受命兴办团防，修筑碉堡，训练团丁，保护洪江；光绪年间，捐款接办育婴堂，收养遗弃幼婴。

洪江商会：地址设洪盛码头（后迁址长码头）。洪江商界组建于清宣统三年（1911年），专管洪江商务。商会主管人员初称会长，后改称主席。从创建至1949年9月，洪江商会先后选举产生十一届商会主管及其协理人员。

刘安庆油号：开办于1946年，店主刘松修，其“松鹿牌”洪油，畅销江、浙等省。据1950年洪江工商登记，刘安庆油号共有股东6人，从业人员20人，资本合计2186亿元（旧币）。1956年，全行业公私合营时尚有股金23.45万元，为洪江工商界之首。

源春酱园：地址季家冲。蒋炳堂与林安臣、黄兆雄合资创办于清咸丰五年（1855），所产酱食为全行业之冠。年销各种酱油达100余吨，销售金额约4万元，在黔阳、靖州、会同、绥林及贵州黔东南一带都有较高信誉。1956年，百年老店源春酱园加入公私合营企业。

【名优特产】

洪江古商城草龙：洪江舞龙分草龙和布龙两种。制作以稻草为主要材料，辅以竹木做支架。2011年，沅江路街道办事处联合草龙制作第四代表传人唐春一道举办“草龙”制作培训班，区非遗中心组建“传承和发展”

中心，完成“草龙”初步的建档材料。唐春为洪江区第二批区级非物质文化遗产项目“洪江古商城草龙”代表性传承人。

【风景名胜】

陈荣信商行：位于沅江路塘冲1号，占地面积360多平方米，始建于清道光二年（1822年）。建筑格局与样式遵循中国道教阴阳风水学说依势而建，所有门楣均镌有“太极八卦”图和“福泽绵长”。

厘金局：位于沅江路龙船冲13号，占地面积约230平方米，始建于清咸丰五年（1855年）。为清末设立的税收机构，专收百货、鸦片的过道税和落地税。厘金局系一栋单进式三开间木质穿斗构架式建筑，其结构布局合理适用，装饰简单大方。

苏州会馆：位于沅江路一甲巷10号，占地面积约200平方米。系木质穿斗式结构建筑，为单进式三开间两层楼房，单檐歇山顶。大门外右墙中部书有“百货疋头”，左墙上刻有“苏州馆”三字，屋内厅堂青石板漫铺，正房、厢房及封火墙围成两个并列的干天井，楼顶西北角建有晒楼。

大佛寺：位于岩码头正街，占地面积1100多平方米，始建于明万历四年（1576年）。为一栋木质抬梁式两层寮房结构建筑，共8间斋堂、往生堂，外墙壁为青砖窨子屋，内为木质结构：内设大雄宝殿。

第三节　高坡街街道

全区政治中心

一、区域概况

【位置面积】 位于洪江区西部，老鸦坡东麓，北和西北与沅江路街道办事处毗连，东南与新街街道为邻，区域面积0.9平方千米。街道办事处驻地高坡街1号。

【建置沿革】 1953年1月，洪江市人民政府决定将市属6、7、8临时街办事处合并为第三街办事处。1960年4月，第三街办事处和第二街办事处合并组成洪江市人民公社长码头分社。1962年7月，改称长码头人民公社。1964年2月，撤销长码头公社，恢复第三街。1968年4月，成立第三街革命委员会。1979年12月，第三街革委会随行政建制变更为洪江市高坡街办事处。1998年2月，高坡街街道撤销，并入新设立的雄溪镇。1999年6月，恢复街道建制，仍称洪江市高坡街街道。

【行政区划】 1953年1月，第三街办事处下设12个居民委员会、69个居民小组。1964年2月，三街办事处调整改设幸福路、青山界、高坡街、向阳坪4个管理区。1982年12月，高坡街街道调整居民委员会组织，下辖高坡街、木粟冲、向阳坪、青山界、桐油湾、长岭界6个居委会65个居民小组。2015年，高坡街街道下辖高坡街、桐油湾、长岭界3个社区居委会，70个居民小组。

【人口民族】 据1953年人口统计，境内共有总人口8463人。1982年第三次人口普查，境内共2451户、8868人。1990年第四次人口普查，境内共3231户、10496人。2015年，常住居民5556户、15393人，主要为汉族，还有回、侗、苗、瑶、土家等少数民族。

【自然资源】 境内西高，东、南、北低。地形随山势渐次递降，平均海拔200米，为洪江地势较高的地区。境内无河流，地下水储量较贫乏，仅老鸦坡有井水。气候属中亚热带季风性湿润气候，阳光充足，雨量丰沛，气候温和，四季分明，无霜期长。境内年平均温度17℃，年平均降水量1485毫米。境内树种主要有柏杨、松柏、杨柳、女贞、千年矮、法国梧桐、苦楝子、花树等，分布于市区、学校、街道两旁。市区绿化覆盖率2.3%。境内无矿藏分布。

二、经济发展

【经济综述】 境内经济传统以商业和手工业为主。抗日战争期间，境内相继迁入部分工厂，民族工业得到进一步发展。20世纪50年代起，街办企业逐步发展，至20世纪70年代，共兴建街属小型工厂9个，以及印刷、酱醋、服装等几家加工厂。1980年，完成工业总产值70万元。1990年，9家街道企业共完成工业总产值80.92万元。1991—2000年，共有街属企业3家、民营企业32家、个体经营户196个。2000年，完成工业总产值87万元，销售收入93.3万元，实现利税5.1万元。2006年，扶持现有街属企业，创办多种所有制形式社区实体20余个，将丝网花、十字绣、拖鞋、木雕、根雕、玉雕、虎头鞋等手工艺技能作为非物质文化遗产进行保护。2012年，实有注册企业26家，税收1832万元，其中实缴税金20万元以上企业7家。2015年，实有注册企业29家，实现税收1403.5万元，其中实缴税金20万元以上企业11家。

【工业】1939年，兴华烟厂在高坡宫开业，生产手工卷烟。1940年初，湖南省度量衡制造厂会同分厂在乾元宫建厂，雇有技工20余人。1946年6月，燧光电镀厂设季家冲21号，经营铸造大小电镀招牌、并兼修各种电器。

1958年7月，创办第一家街属民办企业“竹器厂”。1985年，境内有红旗瓷厂、草袋厂、社会福利高坡街斗笠厂、竹器厂、竹制厂、箱镜沙发厂、化工助剂厂、丝织厂、雄溪木制厂9家街属企业，工业总产值72.45万元。1988年，创办街属毛巾厂。1990年，街道完成工业总产值24.53万元。20世纪90年代，街属企业除福利斗笠厂能基本正常运转外，其它9家街办企业先后停产、破产。2000年，街属企业仅剩毛巾厂、保健用品厂、综合材料厂。2001—2015年，街道企业完成民营化改制。

【商贸服务】清末、民国初期，辖区商业主要集中于高坡宫一带。抗日战争爆发后，外地商人迁入，高坡宫一带饭店、旅馆林立。至1947年，境内商业主要以屠宰业、篮席业、鞭炮业和粮食业为主，其它行业有南杂、酱醋、丝烟、书纸、运输等。1949年4月，建成新民路商业街，初期主要集中篮席、南杂、卷烟、书纸、皮革等行业。

1950年，辖区共有私营工商户46户，其中屠宰业7家、篮席业6家、鞭炮业18家、粮食业9家、其他行业6家。1956年，洪江开始对资本主义工商业、手工业和小商小贩进行改造，私营商业全部退出洪江主体市场，公私合营商店按行业归口管理。“文化大革命”期间，个体商贩全部取缔，境内国营、集体商业网点主要分布于新民路。1978—1997年，辖区商业以新民路和幸福西路为主，商业贸易繁荣。2001年，随着旅游的发展，境内分布有星级宾馆和餐饮。

2015年，辖区内有1家宾馆、29家商业公司、100余家商铺。

【社区再就业】1999年，高坡街街道启动下岗失业人员再就业工作。2000年，高坡街街道向外劳务输出190余人。2001年，高坡街街道被确定为湖南省“50家重点联系街道社区就业实施工作点”。2002年，街道为下岗失业人员开发社区服务项目28个。2006年，创办就业实体20余个，开发就业岗位88个，安置下岗失业人员1208人。2010年，街道对一部分年龄偏大、文化程度较低、个人技能单一的群体，开设保洁、保绿、家政服务，提供专项工资补贴。2015年，辖区共有外出务工人员1101人，主要去往长沙、广州、深圳、上海、北京等地。

三、基础设施

【交通运输】1939年，新民路建成通车，自境内大桥西至莲花地，全长656米。洪（江）安（江）公路与洪靖公路经新民路相接，交通向南、向北相连延伸，新民路至此成为洪江市一条主要的商业街。

1964年，莲花地至桐油湾的幸福西路通车。至1990年，境内劳动路、高坡街路、雄溪路、嵩云路、莲花路等相继建成，道路总里程3.2千米，辖区城市交通网络基本形成。2015年，境内有路、街、巷19条，新民路、幸福西路、雄溪路作为洪江城区交通主干道均已铺设新型油砂路面，高坡街社区和长岭界社区主要街巷已重新铺设青石板路面，嵩云路水泥路面硬化后成为嵩云山国家森林公园旅游区的主要旅游通道。

1974年夏，市城市建设规划办公室购置一台长沙牌大型客车，试行萝卜湾至带子街线路。1976年12月，在莲花地口建成中转调头站，改原兜圈运行为定线路、定方向、定时间运行，线路增加至3条。至1983年，公交线路达6条，线路日营运78个班次，年客运300余万人次。此后，城市公交线路几经增减，年客运总量也由最高年份1992年的613万人次，下降至2005年的300万人次。2015年，洪江公交线路共有9条，其中经过辖区的有7条。

【邮政电信】1939年7月，邮

政局迁新民路牛绹冲路口。1951年5月，邮局与电信局合并，设立邮电部洪江邮电局，仍设址于牛绹冲路口。1970年，洪江邮电局迁至莲花地现址。

1980年前，境内党政机关和国营企事业单位电话为磁石交换机，辖区居民使用长途电话业务、电报业务及函件传递和包裹邮寄主要通过邮电局营业大厅办理。1981—2010年，境内固定电话、移动通讯、宽带业务普及。2015年，辖区共有移动、邮政、电信公司等4家，网络公司2家，快递公司3家。

【供电供水】1920年10月，洪江光雄电灯公司成立，辖区用电照明仅限于机关、商店，居民因生活困苦仍以煤油汽灯为主要照明。1929年，洪江彭寿等筹资在白骨塔及白马坪处修建雄溪一泉至五泉5座水井，居民饮用到清洁卫生的井水。1954年，为鼓励居民使用电灯，电厂采取降低电价和实行“先装灯，后收费”的方法，辖区居民使用电灯的用户才逐步增多。同年8月，三街办事处采取民办公助集资等形式，在高坡宫处修建70立方米的饮用水池，引来山泉水供应辖区300户居民使用。1961年底，洪江自来水厂投产，自来水管网连通高坡宫水池。1984年，带子街水厂建成投产，辖区生活用水及部分企业用水均统一由自来水公司供应。2015年，辖区居民用电、用水到户率均达100%。

【社区建设】2005年前，境内街道均为烂青石板路。2006年，街道按照创建文明社区的标准，以一个社区一个品牌的要求，全面提高社区品位。2011年，街道所辖三个社区均设置有党员活动室、一体化服务大厅、社区主任室、警备室、孕检室、社区书屋、电脑、打印机等。2012年，街道对社区建设进行改造升级，建成3个大型文化广场和4个小型休闲广场，配备50余件室外健身器材、30余个仿古文化宣传栏。同时改造青山界、牛头冲、季家冲三条背街小巷，将原路面铺设成青石板，方便辖区居民出行。2013年，街道筹资将高坡街社区打造高标准的文化旅游型社区。2015年，街道完成对桐油湾社区改造升级，成为洪江区硬件环境最好、功能最完善的新型社区代表。

四、社会事业

【文化体育】民国时期，辖区炎皇宫、三义宫、三光殿、天王庙、宣化宫、轩辕宫、高坡宫（半个）、太清宫等设有戏台，以传统辰河戏、常德汉戏、祁剧、阳戏、京剧等为主。莲花地公共体育场有跑道、球场、沙坑等简易设施。抗日战争时期，高坡宫街增设江南书店，发行进步书刊。中华人民共和国成立后，打腰鼓、扭秧歌等成为群众文体主体。每天傍晚莲花地体育场均有球队练习或竞赛。1962年，第三街道（即高坡街）建立青少年文化宫。1978年，高坡街建立文化站。1985年，街道文化站和文化活动经费得到保障，各居委会均建立文化室、青少年之家。2000年起，每年春节、端午节、中秋节等节日，街道均组织开展民俗及大型文体活动。2015年，街道综合性文化活动中心建成并免费向居民开放。

【教育】清乾隆二十三年（1758年），雄溪书院由马羊山迁至辖区坳上。清光绪二十八年（1902年），雄溪书院奉令改为会同县立第二高等小学堂，是为洪江公立学堂之始。民国期间，辖区先后有：会同县立第二高等小学堂、红十字会平民小学、私立复兴小学、私立苏浙皖小学、湖南省立十中、私立皖光初小、中心国民学校。私塾有三光殿、桐油湾、向阳坪、炎皇宫等4处，塾师4人，私塾生70多人。1950年1月，人民政府接管各公私立中小学。1955年，衡郡小学、复兴小学、镇国民中心小学、三义小学合并为茅庵街完小。1958年，第三街创办民办小学，增设北辰初小。1969年，原设天王庙的民办农业中学改为洪江镇第二中学。2015年，辖区共有公办幼儿园（区幼儿园）1所、小学（幸福路小学）1所、普通中学（第二中学，含职业学校）。

【医疗卫生】1914年，德国基督教中华内地会所属洪江基督教会在长岭界创办爱怜医院。1956年，中医联合诊所在第三街设立第三分诊所，共有中医在4人。1960年，第二街和第三街卫生院合并为长码头卫生院。1979年12月，原长码头卫生院分设，高坡街街道办事处在雄溪路设高坡街卫生院，共有病床12张，各类医疗卫生人员6人。2008年，街道推行医疗保险。2011年，街道共办理医保人员2898人，参保金额35.5万元。2015年，境内共有医疗机构2家、诊所2家、药店5家，全年参加医疗保险4000余人，参保金额46.124万元。

【社会保障】1999年8月，街道推行城市居民最低生活保障制度。至2002年，辖区共有社会救助人员14人、低保489户1168人。2007年，高坡街片区对辖区低保实行动态管理，片区共有低保对象2000多人次，享受低保711户1285人。2010年，享受低保由1296人调整为1200人，并对三无人员、重病残疾人员、老弱病残人员等三类人员694户1194人发放低保金190万元。2014年，新增低保户19户39人，减少低保户85户158人。同时，为18人申请临时救助金2.76万元，为50人申请门诊医疗求助救助卡2.5万元，为7名孤儿申请生活补贴2.7万元，向80岁无固定收入的9人发放生活补贴1800元。2015年，低保评审做到应保尽保，全年共为低保户641户1141人次发放低保金268万元。

五、特色地情

【历史人文】

高坡宫：旧时在栾栾坡（今称高坡街）。“先为贺姓私祠，建于乾隆年间，光绪二年（1876年）毁于火，十馆集资重修。”（《洪江育婴小识》卷一·识十馆）祀奉宋朝郑姓进士，“世传宋时，姓郑进士记灵于此，为一镇神，祈祷辄应”（《会同县志》卷四·形胜）。后“将该祠为合市公庙”，“每年除开销香凳戏，……按年发给贫苦无□者，以继张君平昔施衣之德”。该宫前有戏台，因台矮小，人称四十八个半戏台的半个戏台（传说之一）。现已改建为高坡街卫生院。

爱怜医院：1914年，由德国人创办，院址设在长岭界，是洪江第一所西式医院。初设门诊，后来逐步扩大业务，增设病床50张，配有X光机、显微镜和一般手术器械。1951年由政府接管。1953年6月，迁往芷江。

【风景名胜】

嵩云山国家森林公园（国家AAA级景区）：属雪峰山区，地处洪江区高坡街街道与桂花园乡境内，总面积3349.67公顷，其中林地面积

3073.8公顷，森林覆盖率达92%。园区内森林旅游资源种类齐全、品位高、珍惜物种多，种子植物156科607属1215种，其中有国家一级植物银杏、南方红豆杉，国家二级植物榉树、篦子三尖杉等诸多具有原始次森林状态的资源种类；陆生脊椎动物4纲26目67科171种，其中属于国家二级重点保护动物有穿山甲、林麝、虎纹蛙、猴面鹰等16种。景观资源组合好、区位优势独特，100多个景点涵盖生物景观、地文景观、水文景观、人文景观及天象景观五大类型，具有较高的文化和科研价值、美学和旅游价值，是洪江有名的风景游览胜地。1983年，划为市风景保护区。嵩云山自古为“湘西第一山”，2007年启动嵩云山世界佛教文化博览园上、中、下三院建设。重要寺庙有明末清初建立的嵩云庵大兴禅寺、妙音寺、紫竹林，新修的药王寺、严华阁。自然景观有嵩云十大胜景，即丹风朝阳、双狮迎客、祖师洞、张家坟、白云洞、镜子岩、半山亭、水佛洞、观音岩、鲤鱼田。

潘家宅院旧址：潘家宅院是洪江绅士潘蓉庭先生的宅府。潘蓉庭是洪江万国红十字会的理事长，“恻隐堂”的负责人。潘家宅院是一栋木质穿斗结构的二进三层楼房，一楼为来往商人居住，这里的客栈分为高、中、低三种房间，其中最为特别的是低档客房，里面只有一个行铺，专供来洪江淘金、打工的人免费居住。

中共湘西工委直属洪江支部旧址：1938年11月，中共湘西工委直属洪江支部在商达小学成立。由于洪江的政治环境恶劣，中共洪江支部的活动很快引起反动当局的注意。1941年3月，在洪江的共产党员全部被捕，中共湘西工委直属洪江支部停止活动。现旧址得到恢复，并被确定为洪江区爱国主义教育基地。

【名优特产】

风味小吃：历史上高坡街辖区人口稠密，各种风味小吃琳琅满目。其中高坡宫的灯盏粑，制浆精细，皮薄馅足，外焦酥，内鲜嫩，辣香味浓；莲花地彭胖子的地羊，肉香浓郁，软而不烂，汤汁极鲜。

第四节　新街街道

一、区域概况

【位置面积】 新街街道办事处北接沅江路街，西邻高坡街，东隔巫水与河滨路相望，南界桂花园乡五一村和渔湾村，区域总面积2.3平方千米。街道办事处驻地巫水北路268号。

【建置沿革】 1953年1月，洪江市政府决定将原第9—11临时街办事处合并组成第四街。1960年5月，第四街改称洪江市人民公社新街分社。1962年7月，撤销洪江市人民公社，新街分社改称新街人民公社。1964年2月，撤销新街人民公社，恢复第四街。1968年12月，成立第四街革命委员会。1979年12月，取消第四街革命委员会，以境内主要街道—“新街”命名洪江市新街街道。1998年2月，新街街道撤销，并入新设立的雄溪镇。1999年6月，恢复街道建制，仍称洪江市新街街道。

【行政区划】 1953年1月，设立第四街办事处，下设第1—11居民委员会。1960年5月，第四街改设为洪江市人民公社新街分社，12个居民委员会调整为6个管理区，辖区则由洪江大桥伸延至带子街。1968年，第四街对辖区所属居委会（管理区）进行调整，设立新民路、新街、歌诗坡、幸福南路、冻青坪、劳动路、带子街居委会（管理区）。1982年12月，洪江市人民政府调整街道居民委员会，新街街道下辖新民路、歌诗坡、新街、煤炭坡、栗子湾、冻青坪、冒天井、二凉亭、带子街、天兴居委会、104个居民小组。2015年，新街街道下辖歌诗坡、田湾、冒天井、二凉亭、带子街社区委员会、86个居民小组。

【自然环境】 新街位于巫水西岸沿线的河谷丘陵台地，平均海拔200米左右。境内土壤以板页岩红壤为主，兼有少量的熟菜园土。

地表水主要为巫水河。自会同县黄茅乡北上，从带子街坎脚河床流入境内，从洪江大桥出境，至犁头嘴处汇入沅江，境内流域总长4.6公里。为洪江生活饮用水源的主要取水地。

境内属中亚热带季风性湿润气候区。降水多集中在夏季4—6月间，占全年降水量的44.7%，故此间常有暴雨山洪发生，为洪灾多发期。境内年平均温度为 17℃，其中 1 月最冷，月平均气温为 5.6℃，7 月最热，月平均气温为 27.7℃。年平均降水量为 1485 毫米。夏季多南风、南西风，冬季多北风、北东风。

境内树种以柏杨、松柏、杨柳、女贞、千年矮、法国梧桐、苦楝子、花树等为主。野生动物为巫水河的野生鱼类，以草、鲤、青、鲢等经济鱼为主。

矿藏资源主要以巫水河床及其两岸的阶地、沙洲、边滩的砂砾层中金刚石砂矿，层厚 0.2—0.8 米，主要产地为带子街地带。

【人口民族】1955 年末，新街共有总人口 8618 人、2634 户；1965 年，辖区共有总人口 8461 人、2490 户；1982 年，新街共有总人口 17283 人、4441 户。1990 年，新街共有总人口 16063 人、4872 户，其中回、苗、满、侗、土家等少数民族 346 人。2001 年，新街共有总人口 16158 人、6098 户；2010 年，新街共有总人口 16456 人、6493 户，另有侗、苗、瑶、土家、回、满、纳西、水等少数民族 367 人，占全街总人口的 2.3%。2015 年，辖区总人口 21480 人、8392 户，少数民族人口以侗、苗、瑶为主，另有少量土家、回、满、纳西、壮、水等民族。

二、经济发展

【经济综述】新街街道辖区分为市区部分和郊区部分。市区部分位于城市中部，新民路与巫水路南北走向，平行贯穿于该片区。人口稠密，街市繁荣，是全区文化、商业中心。中心区商贸市场十分活跃，集生产、生活资料、纺织品、农副产品、建筑材料、南杂饮食、水果及百货于一体，每年社会消费品零售总额均达 2 亿元以上。2005 年，辖区共有个体工商户 779 户，私营企业 13 家。2006—2015 年，街道年均社会消费品零售总额占全区的 65% 以上。郊区部分，北起劳动路，南达带子街，长 3.5 公里，片区内区（市）属工业企业大都分布于二凉亭和带子街两个区域。1988 年，工业总产值 7689 万元，占全部市属工业企业总产值的 33%。2001—2005 年，26 家区属企业，工业产值占全区工业总产值 25%。2015 年，街道工业企业 131 家，税收总额

6990.01 万元。

【工业】 民国时期，境内商贸发达。1940 年，汉口宝和、长沙同和证章厂相继在太素巷正街、廖码头正街开业，商人唐绍勋在荷叶街开办昭陵袜厂。1945 年，湘西瓷厂在带子街设址，手工生产日用粗瓷。1949 年 10 月，解放军军代表接管《西南日报》和《正谊日报》设在歌诗坡揽胜楼的印刷部，组成湖南省洪江新华电讯社。1950 年 4 月，洪江新华电讯社经过整顿后成立湖南省洪江印刷厂。1952 年 10 月，洪江市专卖公司租赁廖码头原私营群昌槽坊设备和场地，创办地方国营洪江市酒厂，生产普通散装白酒。1953 年，境内有新洪瓷厂、大德油厂、复兴昌油厂、永生油厂、恒庆德油厂、建洪面米厂等私营企业 6 家。1954 年 7 月，新洪瓷厂改名为公私合营洪江瓷厂。1955 年，滩头"云记"瓷厂改组为新湘瓷厂，迁址带子街进行扩建。1960 年，境内有竹工厂、砖瓦厂、缝纫厂、瓷泥厂、自行车修配厂、综合修配厂、麻袋厂、畜牧场等 8 个街属企业。1962 年，街属企业共完成产值 29.8 万元。1981 年，辖区共有市属工业企业 13 家，工业产值占市属工业企业总产值的 33%；街办企业 12 家，实现工业总产值 166 万元。1990 年，街属企业压缩至 6 家，完成工业总产值 243. 8 万元。1996 年，街属 6 家企业实现工业总产值 557.1 万元，但利润同比去年却下降 220%；市属 13 家工业企业有 7 家亏损，共计亏损总额达 5722 万元。2000—2005 年，境内企业全部完成改制。2012 年，境内实有注册企业 85 家，完成税收总额 3933.17 万元。2015 年，街道企业增加至 131 家，年创税收 6990 万元。规模较大的民营企业有百年酱园、兴雄鞋业、节节高木业、恒友木业。

【商贸服务业】 境内为西南诸省木材、白腊、桐油和其它物资进入洪江的第一站，是洪江商业最繁华的中心地区。1950 年，辖区共有 27 个行业 492 家商户。1953 年，私营商业比重下降至 89 家。1953 年以后，境内木材、洪油、绸布等业私商相继转办工业，行商全部转业或停业。1956 年，境内商业店铺主要分布于新民路、巫水路街道两侧。1978 年起，带子街和二凉亭扩建小型商业群，按粮油、副食、日用工业品等成龙配套。1999年，辖区共有个体工商户779户、私营企业13家。2015年，境内有三星级宾馆酒店3家、中小宾馆9家、大型超市2家、大型综合农贸市场1家、服装市场2家、大型家私店2家，其它各类店铺、餐馆1457家。

【社区再就业】1999年，街道再就业工作启动，并推出特困下岗职工“优惠卡”制度。2002年4月，成立新街劳动保障服务站和社区劳动保障服务中心。2003—2005年，针对辖区1000多户3000余人的失业、下岗困难户，街道在国民工业、家红胶合板厂、怀化家家福超市洪江分店、湘洪煤机等企业设立就业安置基地。以宝庆商贸城和塘坨综合市场为依托，建立“巫水路社区就业服务一条街”，引导下岗、失业人员自主创业。2006年起，街道年均新增就业人员约800人，其中下岗失业人员约650人。2015年，安置新增就业人员975人，其中下岗失业人员再就业安置599人，就业困难对象再就业安置258人，推荐就业199人。现有劳动力总人数5432人，失业率0.77%。

三、基础设施

【交通运输】境内水运发达。古驿道由冻青坪、皮匠街经二凉亭、渔梁湾过若水进入会同境内。清康熙十五年（1676年）以后，境内巫水河西岸先后修建有司门口、松林、火神巷、廖家码头。清末民初，新增三甲巷、湘乡馆、鼓楼脚、陆家、申家、左家码头。1930—1942年，湖南省赈务委员会扩建会同至洪江道路，勉强可通单轮车。1949—1958年，洪江市人民政府扩建湘乡馆、陆家和廖家码头。1976年9月，新建大桥西码头，港口日最大停泊能力达50吨。1990年，因巫水路改扩建，境内码头全部被毁，临街建筑基本被拆。1997年，国防公路竣工，洪江至会同公路交通状况得以改善。

1974年夏，试行至带子街公交线路。1976年12月，在莲花地口建成中转调头站，改原兜圈运行为定线路、定方向、定时间运行，线路增加至3条（邮局至萝卜湾、邮局至带子街、邮局至一化工厂）。2015年，境内公交线路共有 9 条，分别是邮局至带子街和邮局至会同黄茅乡。其他几条公交汽线路也经过辖区的新民路，或由巫水路和洪江大桥结合部为始发站。

长途营运则开通洪江至会同各乡镇的多条线路，总站设在洪江影剧院十字交叉路口国防公路段。

【邮政通信】 清光绪廿三年（1897 年），境内设邮政代办所，为洪江现代邮政之始。清光绪廿六年（1900 年），改设邮政分局。清光绪廿八年（1902 年），在辖区增设电报营业处。清光绪卅三年（1907 年），开辟洪江至靖州步班支线，为间日昼夜快班邮路。1928 年，洪江二等邮局在司门口设信柜 1 个。1934 年，设立电信营业处（地址洪盛巷 6 号），仅供官商使用，不对民众开放。1953 年 9 月，带子街设邮政代办所。1978 年，境内邮政电信业务逐年增多。1981—2002 年，固定电话、移动通讯、宽带先后进入百姓家。2015 年，境内移动电话、互联网入户率达 90% 以上，有线电视、广播电视覆盖率达 100%。

【供电饮水】 民国期间，境内居民生活饮用水以河水为主，生活照明则以煤油汽灯为多。1954 年，供电线路延伸至带子街片区。1955 年 10 月，洪江市在新民路中段建成水塔，向境内机关、企业和部分居民供水。1956 年，境内照明用电基本普及。1961 年，在歌诗坡建造水池，管道连通高坡宫和新民路水池，并在辖区多个地点设售水站。1964 年，巫水河门前的泵船改绞车，以歌诗坡水池为中心，在境内敷设三条管道，基本解决境内居民下河挑水的历史。1978 年，市政府在辖区带子街筹建自来水厂，取代原有居民使用水池用水状况。2015 年，辖区自来水用户、电网覆盖率均达 100%。

【社区建设】 境内城镇扩建改造始于明末清初，自清康熙年间起，定居于此的商贾先后在塘连街、老街、狮子楼等地兴建新安馆、衡州馆、浙江馆，同时，沿巫水河兴建众多大小码头。清末民初，境内街道格局基本形成。1990 年，为拓宽小河正街、老街、荷叶街、新街、皮匠街，洪江市拆除道路两傍危旧房屋，拉直、拓宽道路 780 米，因靠巫水河而定名巫水路。1993 年，巫水路扩建工程完成后，部分银行、税务等机构落户。1999 年，街道先后建立社区服务网点 18 个，服务网络覆盖 9 个社区居委会。2005—2010 年，建成全区首个示范性、样板型的社区教育文化中心。2011—2014 年，街道提出“一居一特”，重点打造带子街社区的“企地联建社区”、二凉亭社区的“扶持就业社区”、田湾社区的“特色文化社区”、冒天井社区的“平安和谐社区”、歌诗坡社区的“康乐服务社区”。推行“一区一品”，其中以居民自治为主的鹏华花园小区的“平安”品牌；以物业管理为主的欧式黄金家园的“文化”品牌；以机关院落财苑小区的“廉政”品牌。2015 年，街道所属 5 个社区均完成标准化建设。

四、社会事业

【教育】1934—1949 年，境内先后有私立进德简易女子职业学校、私立衡郡小学、私立湘乡初小、私立长郡初小、私立皖光初小、第一联保国民学校、第二联保国民学校、第四联保国民学校、私立长湘联立小学。1950 年，辖区原私立衡郡小学和私立皖光小学合并为“第二初级小学”，原镇中心小学分校更名为“第六初级小学”。1951 年 8 月，在带子街江坪村增设“第四中心小学”。1955 年，第四街原第六初级小学更名为“沙子坪完全小学”，第四中心小学更名为“江坪完全小学”，原第二初级小学并入第三街的茅庵街完全小学。1958 年，第四街创办民办小学。1965 年，带子街片区创办江坪片耕读小学。1969 年，原沙子坪完全小学更名“东方红完全小学”。1972 年 2 月，洪江瓷厂在市郊渔梁湾创办职工子弟学校。2007 年，原兴瓷小学（即洪瓷子弟学校）并入东方红小学，江坪希望小学（即江坪完全小学）并入幸福路小学管理。2015 年，境内仅有公办完全小学 1 所，六年制 12 个教学班，在校学生 411 人。

【文化体育】境内历来商贾云集，文艺活动名目甚多。巫水河的排工、船工喜唱号子，市民在茶社或里巷咏唱辰河戏、汉戏、阳戏片段，商人们则每逢喜庆请戏班在会馆、寺庙的戏台唱戏。1926 年 11 月，《新洪江日报》在老街设发行部。此后，《湘西新报》《雄溪潮》等 9 家报纸相继在狮子楼巷、歌诗坡等地开办。1941年，洪江儿童图书馆在歌诗坡成立。岳姓商人在乾元宫创办大同电影院，放映无声电影。1949年，境内除《西南日报》和《敢报》外，其它报社相继倒闭。

1950—1954年，和平祁剧团、公私合营洪江电影院、洪江文化馆新馆、洪江剧院等文化设施相继在辖区建成。1962年，第四街建立青少年文化宫，业余文宣队经常深入街道演出,演出剧目有《三月三》《红嫂》《补锅》《血泪仇》等。1969—1971年，市政府在境内万人坑原址右侧修建人民体育场。1979年，街道文化站建立,每年组织开展民族民间艺术表演。1986年，在灯光球场旁建成体育训练馆。2001年2月，街道组建群众文艺中心和娱乐中心，文艺中心和居委会宣传队走街串巷开展慰问，累计观众达4万人次。2006年，街道着力搭建社区文化平台，社区文化设施包括健身娱乐小广场、文化长廊、图书室、阅览室等。2015年，街道共组建文艺队7支，群众健身场所有武陵城广场、体育广场、国防公路人行道，大型文化设施有电影院、影剧院、文化馆、体育中心等。

【医疗卫生】1939年，会同、黔阳合办卫生院，设于司门口正街。1940年，卫生院改为会同县卫生院洪江分院，院址仍设司门口正街。1950年，辖区共有药材经销商店12家。1956年，中医联合诊所在第四街设立第四诊所，公私合营洪江瓷厂设厂医疗室。1957年，洪江红十字会在第四街设卫生所。1979年，境内共有按摩诊所、带子街卫生院、四街卫生院3个，企业卫生室13个。2008年，街道医疗卫生服务中心成立。2011年，更名为新街社区卫生服务中心，下设1个医疗服务中心、2个医疗卫生服务站。2015年，街道共有卫生院1所、康复医院1所、中医医疗诊所7家、中草药医疗诊所2家。

【社会保障】2005年，街道建立社区劳动保障站，每个社区建立劳动保障服务中心，每月为辖区1628户3698人发放低保资金。2006年，新街街道率先在歌诗坡社区开展最低生活保障分类施保和动态管理。是年，全街道共续保 1030 户，取保 380 户。2010 年，办理医保 3988 人。2014 年，街道加大对扶贫对象的帮扶力度，共对 65 户 169 人进行走访、慰问和帮扶，取消低保 157 人。2015 年，辖区共有低保户 1114 户 1830 人，发放救助资金 25.4 万元，城镇医保覆盖率 92.99%，实行医疗救助 75 人，无固定收入高龄老人生活补贴 21 人，发放冬春季困难生活补贴 91 户。

五、特色地情

【历史人文】

张吉昌油号：清咸丰年间，江西籍商人张吉昌在小河边司门口创建“张吉昌”油号，为洪江最早经营洪油业的商号。由于经营有方，至同治年初，张吉昌油号已积累资金百余万银两，人称“张百万”，成为洪江当时的首富。

陈敦厚药店：前身为陈敦仁药店，创办于清光绪三十一年（1905 年）。1917 年，陈雪青、陈玉池等筹资扩店，改名为陈敦厚药店，由陈雪青任经理。药店所制八宝光明眼药、附桂紫金膏在市场有较高信誉。

【名优特产】

东方茶具：1973 年试制。产品采用雪峰高岭土为原料，经素烧、细烧、烤金精制而成。它“白如雪、薄如纸、声如馨”，具有浓厚的东方民族特点。时任湖南省委书记张平化随中共代表团访问越南时，作为国礼赠送给胡志明主席一套“东方茶具”。至今，“东方茶具”作为洪江人一段记忆，珍藏于许多老一辈洪江人心中。

竹雕：家住二凉亭社区的聋哑人查清，通过深入研究玉雕、竹雕和根雕技艺，把浮雕、镂刻、深雕等多种雕刻技法融会贯通，形成自己的独特风格。2010 年，在深圳的全国竹木雕工艺品展览展示会上，查清的竹雕作品“九龙戏珠”在展示当天就被一位马来西亚客户高价收购，并获得安徽黄山竹雕非物质文化传承人蒋永清的高度赞誉。

【名胜古迹】

永州会馆：亦名“濂溪宫”，始建于清光绪十三年（1887 年），现位于巫水路狮子楼 1 号。会馆占地面积 350 平方米，为永州东邑八县集资所建，系两进三开间木质穿斗结构的两层窨子屋，屋内有天井，四周为砖墙，一进二楼额枋刻有“永州东邑”和“万丰老栈”等字迹，会馆大门内外砖墙上还镶有两块规约古碑，左后墙镶有墙亘界止石碑。现为国家级历史文化建筑保护遗址。

东海堂：始建于清顺治十年（1653年），现址于煤炭坡37号。是一幢木质穿斗式结构建筑，单檐重屋，一进二层，面阔三间，整个建筑结构严谨，布局别致。该建筑初为青楼，字号“东海堂”。现为国家级历史文化建筑保护遗址。

第三章　乡概况

第一节　桂花园乡

国家级生态乡

区域概况

【位置面积】桂花园乡地处巫水、沅江两岸。呈蝴蝶形环绕洪江城区，东与洪江市深渡乡相接，北与洪江市沙湾乡毗连，西界常青乡和横岩乡，南邻会同县黄茅乡。

全乡总面积54平方千米，其中耕地面积600公顷，水域面积291公顷，草地面积107公顷，其它4405公顷。乡人民政府驻地洪江区南岳路78路，距主城区1千米。

【建置沿革】1956年，郊区桃李园乡、带子街乡、川山乡、滩头乡合并为桂花园乡。1958年，桂花园乡改称人民公社。1960年，桂花园公社改称洪江市人民公社桂花园分社。1962年，恢复桂花园人民公社。1984年，桂花园公社改称桂花园乡。1998年，桂花园乡撤销，并入新设立的雄溪镇。1999年6月，恢复乡建制，仍称洪江市桂花园乡。2015年12月，与常青乡合并，成立新的桂花园乡。

【行政区划】 1956年7月，新成立桂花园乡辖洪新、洪沅、洪光、洪高、洪云、洪建6个高级合作社。1958年12月，黔阳县属优胜、大塘、茅头园、二家老、湾溪、楠竹湾、陶金冲等村组并入桂花园公社。1961年，成立五一大队。1968年，建立石板桥大队。1969年，组成团结大队。1979年，五一、石板桥、团结、岩门4个大队（含27个蔬菜专业队、38个自然村）以及3个柑桔队（组），1个林场从桂花园公社分出。1990年，桂花园乡畜牧场改为桃李园村。1992年，成立官团溪居委会。1993年，桂花园乡下辖茅头园、优胜、均冲、楠木田、桂花园、桃李园、堆边、滩头、川山、渔梁、铁溪、洪高12村、76个村民小组和官团溪居委会。2015年12月，新成立的桂花园乡辖茅头园、优胜、楠木田、桂花园、堆边、洪高、渔梁、铁溪、滩头、川山、岩门11个村以及新桥、官团溪2个社区。

【自然环境】 境内以山区为主，地势西、南高，东、北低，沿巫水、沅江的河谷地带有一小片丘陵地，山岭与沅江走向基本相同，即平行地由西南走向东北，把所辖区域自然分割成东、南、北三块。北片的滩头、川山村三面环水，形成穿山“半洲”。最高山峰为海拔630米的密岩尖。

沅江从大溪口附近入境，在回龙寺蜿蜒向北至萝卜湾，又西折至滩头，再辗转向东北至岩坝头出境；巫水由洪高村车皮溪附近入境，在犁头嘴与沅江汇合。境内较大的溪流有双叉溪、铁溪、车皮溪、桃李园溪。

境内属中亚热带季风湿润气候区。年平均气温在17℃左右，无霜期年平均为300天，年平均降雨量为1500毫米左右，年平均日照1354.3小时。

境内森林覆盖率为63%，其中森林覆盖率较高的有楠木田、桂花园、堆边、滩头、洪高等村组。

境内已探明的矿藏有褐铁矿、铜矿、金刚石砂矿。其中褐铁矿分布于陈家冲，洪高村有少量铜矿储藏。

【人口民族】 1957年，桂花园乡共有总人数2148户8085人，其中农业户1267户5539人。1982年，公社总人数2010户8799人。1990年，乡总人数2102户8889人。2000年，乡总人数2597户8130人。2015年，乡总人口10765人。

1982年，全国第三次人口普查，境内少数民族主要有苗、土家、瑶、侗等民族。1990年，全国第四次人口普查，少数民族有苗族、侗族、瑶族、白族。2015年，少数民族有侗族、苗族、瑶族等。

经济发展

【经济综述】境内以农业为主，是洪江的粮食主产区。其中耕地面积占全区总耕地面积的57%。民国期间，境内粮食亩产一直在0.15吨以下。1956年，桂花园乡根据旱田浸田多，山坡窄田多，水利资源丰富，且靠近城郊肥料来源广的特点，大力发展种植业和养殖业。1958年，开始兴办乡属企业。1958—1995年，乡企业由8家发展到637家。2000年起，桂花园乡把农业当作乡经济重点来抓，水稻为主、蔬菜为辅，发展生猪和乌骨鸡养殖，开发休闲旅游产业。2010年，实施“4321”战略，即培育4个种植基地、建立3个养殖中心、打造2个农业品牌、实现经济实力挤进怀化市“十强”1个目标。2011—2015年，以茅头园村、铁溪村、优胜村三个新农村示范点，逐步实现“一村一品”和“一乡数品”的农业产业化发展格局。2015年，全乡农民年人均纯收入达7254.98元。

【农业】

种植业：以水稻为主，兼种小麦和红薯，果木则只有零星种植。1956年，建乡之初，全乡粮食总产量2335吨，其中稻谷产量2140吨，小麦产量30吨，茹类产量80吨，杂粮产量85吨。1957—1969年，水稻以中稻为主，其中栽培面积最大的品种是珍珠矮。1976年，楠木田大队引水盘生产队小面积（12亩）进行杂交稻制种成功，并在茅头园、川山等地建立杂交稻制种基地。是年，全乡试种杂交晚稻18.7公顷，平均亩产达0.36吨，比常规晚稻亩产增加0.2吨。1977—1978年，全乡杂交晚稻播种面积分别占总播种面积的60%—70%。1979—1997年，粮食总产量稳定在3400—3900吨。1999—2009年，引进和发展葡萄、温州杨梅、冰糖柚、中华圣桃、脐橙、枣等新品种。2010

年，楠木田杨梅基地、滩头葡萄种植基地均已形成规模。2011年起，全乡大力发展经济作物种植，其中蔬菜主要有芹菜、菠菜、白菜、白萝卜等十几个品种；果木主要有柑橘、柚、桃、葡萄、西瓜、香瓜、梨等。2015年，全乡水稻种植面积498公顷，玉米种植面积23公顷，薯类种植面积110公顷,豆类植物种植面积20公顷,蔬菜种植面积380公顷，实现粮食总产量4000吨。形成以茅头园公溪蜜桔种植园、滩头葡萄种植园、楠木田杨梅种植园等规模化种植基地，其中桂花园村成立茗香泰食用菌合作社，滩头村成立梅生葡萄专业技术协会，楠木田村成立德海杨梅合作社，茅头园成立花卉种植合作社。

养殖业:以生猪为主，牛、家禽、鱼类养殖次之。民国期间，境内农民有70%的农户饲养生猪，品种为本地花猪，户均2头，1头出卖，1头自宰自食。1949年，全市共饲养生猪1900头，按农业人口人均0.4头；饲养牛约600头，其中役用牛400头，每头负担耕地20亩；养羊140头；家禽约有1.3万只，户均6—7只。中华人民共和国成立后，人民政府以发放贷款或付预购生猪定金等办法扶持农民养猪，支持社队发展养猪场。1952年起，政府每年安排耕牛贷款，支持缺牛农户购买耕牛。1956年，高级农业社开办养鸡场，家禽饲养业迅速发展。1958年，全乡发展家禽养殖5万只，后以“鸡鸭伤农”为由，限制饲养数量，年均家禽保有量稳定在5万只左右。20世纪60年代,政府从兰州、南京等地引进荷兰黑白花奶牛进行繁殖。20世纪70年代，队办养猪受阻，社员养猪仍占主导地位，年饲养量保持在1.4万头左右。1982年起，发展养鸡专业户，引进良种鸡,家禽发展很快。1983年，取消派购，放开价格，生猪大发展。1991年，全乡生猪存栏6052头，肉猪出栏7588头；鲜鱼产量90吨；山羊存栏222只，出栏657只；家禽存笼3.34万只，出笼8.64万只。1997年，养殖业以发展生猪和家禽为主，其中生猪出栏14600头,存栏4250头；家禽出笼30.2万只。2001年，全乡养殖专业户153家，共出栏生猪1.37万头、家禽75万只。2010年，铁溪村生猪养殖中心和桂花园村肉鸡养殖中心均已形成规模。2015年，乡属特色农业发展壮大，铁溪、桂花园、均冲、桃李园的生猪养殖基地和桂花园村蛋鸡养殖基地建成，以雪峰乌骨鸡产业为龙头，发展湘西黑猪、黔邵花猪和湘华鲮等。

林业：明、清时期，境内均系天然林，主要分布于西部的铁溪、西北部的滩头和南部的洪高3个村。民国31年（1942年）春，国民政府农林部洪江民林督导实验区在市郊大峰坡、嵩云山、天柱峰等创办林场，主要解决本林场造林需要。民国33年（1944年），洪江民林督导实验区邀请洪江镇各公法团体代表开会，发动全镇植树造林，点播桐、茶，地点在嵩云山西、南麓和小对河沿岸。至民国37年（1948年），全镇营造松、杉、桐、茶等林4000余亩。1959年，桂花园公社建立公社林场，1961年停办，“文化大革命”期间又恢复。1980年，各村又相继办起林场。1982年，洪江市森林覆盖率40.7%，其中桂花园乡高于这个水平的有：楠木田（41.3%）、桂花园（40.7%）、堆边（51.1%）、滩头（55.5%）、铁溪（58.8%）、洪高（58.9%）等村。1991年，全乡造林148.4公顷，其中用材林95.8公顷；封山育林431.5公顷；幼林抚育231公顷；木材采伐90.2公顷；竹木采伐664公顷。20世纪90年代，全乡除加强对传统用材林如松、杉等树种的栽培外，还鼓励农户种植楠竹等速生林，全乡森林覆盖率达63%。1999—2001年，全乡共完成造林面积84公顷，完成楠竹低改面积200公顷。2015年，全乡围绕长防林、工业原料林、“三边”绿化林加大造林、育林和护林，同时严格执行森林采伐限额，森林覆盖率提高到67%。

【工业】民国26年（1937年），陆军机械化学校在市郊萝卜湾北端设立机械制造厂，生产联合机床等产品。民国27年（1938年），湘西绥靖公署主任陈渠珍，出面向中国农民银行借资11360元（法币），在官团溪无量村开办“湘西绥靖公署洪江造纸厂”，开始手工造纸。民国28年（1939年），旅洪商人刘谷珊、贺益元等邀集本市洪油业富商12户为股东，在滩头茅洲创办“湘西瓷业公司”，生产粗瓷碗类，年产量约30万件。随后，在滩头设立“云记”瓷厂。民国30年（1941年），湖南省机械造纸厂从长沙迁洪江岩坝头，生产丁贡、玉版、书面、书写、道林、火柴纸等产品，年产量300余吨。1955年，滩头“云记”瓷厂由绸布业集股，改组为新湘瓷厂，并迁址带子街。1956年，排缆业在穿岩成立工建排缆社，生产船用工具。1958年起，境内先后兴办炼铁、水泥、火药、石灰、农具、造纸、砖瓦、化肥、食品加工厂等企业。1991年，乡属企业达256家，完成总产值1168万元。其中乡办企业12家，完成产值784万元；村办企业12家，完成产值41万元。1995年，新办第四化工厂等一批产值过千万元的骨干企业，乡属企业发展到637家。2000—2013年，乡属企业在激烈的市场竞争中艰难生存，部分企业通过改制后重新焕发生机。2014年2月，铁溪生态产业园成立。2015年，铁溪生态产业园共有入园企业19家，完成规模工业增加值5000万元，其中邹菜腊味厂资产达3926万元，华光生物科技有限公司资产2305万元。

【商贸服务业】民国时期，境内由于地处市郊且人烟稀少，农民以赶场、赶集为主，按照场期销售农副产品和日用百货。1951年4月，中国百货公司洪江支公司成立以后，工作人员亲自担货开展逐村逐镇上门流动推销商品。1959年1月，成立洪江市桂花园公社供销部，设立官团溪、长寨、茅头园、岩门、滩头、洪沅购销商店，川山、车皮溪、楠木田设购销点，渔梁、堆边设立代购代销点，经营农业生产资料、布匹、百货、南杂等，初步形成农村供销网点。“文化大革命”期间，商业网点和墟场被取消，群众购买商品极为不便。十一届三中全会后，洪江商业按照工业发展，在郊区萝卜湾、阴明山、铁溪等地设立小型商业群，并按粮油、副食、日用工业品等成龙配套。2015年，商业网点已实现村组全覆盖，农民日常用品购买基本不用出组，农副产品交易则主要集中在塘坨农贸市场。

基础设施

【交通运输】沅江自古为洪江

主要水运航道，进出洪江的物资多经岩坝头处出境至常德。境内古道有两条：一是从长寨经龙船塘至洞口，路程 152.5 千米；二是从萝卜湾经沙湾至安江，路程 30 千米。以上两条古道均可通向邵阳至长沙。民国 28 年（1939 年）7 月，湖南省政府利用洪（江）安（江）古道，草率修成洪安公路。中华人民共和国成立后，人民政府拆除沿江部分过密和残损码头，先后将境内回龙寺、电厂扩建为拉坡机道式码头，最大停泊能力 100 吨。1956—1967 年，境内先后建成小寨溪至螺子田、长寨溪至陈家冲、川岩至滩头、岩头湾至大界上、四家坪至铁溪村、桂花园至吊脚楼、螺子田至大界上、车皮溪至红泥冲等乡村土道。1972—1975 年，扩建桃李园至堆边、均冲至岩场等部分村道。1999 年，全乡除滩头、川山村外，其余村均通公路，通车里程 52.1 千米。2000 年，袁家盘至滩头村全长 3.2 千米的机耕道通车。2005 年，滩头村、川山村和沅河村的道路通车，公路里程 7.5 千米。2015 年，包茂、怀通高速公路连接线先后竣工通车，辖区 100% 村通水泥公路，80% 的组通水泥路，95% 以上的组通机耕路，有 8 个村开通公交车。

【邮政通信】民国 11 年（1922 年）2 月，开辟新化经安江至洪江间日快班邮路，全程 90 千米。民国 34—38 年（1945—1949 年），洪江二等邮局在滩头、萝卜湾设立邮政代办所，在长寨设立信柜。1952 年，架设 2 条至郊区农会的土改电话线路。1953 年 9 月，洪江邮电局在长寨、滩头、萝卜湾、川岩设邮政代办所。1955 年架设市区至岩门、滩头、穿岩等电话线路。1956 年，原 433 千米农村投递路线大部分划归会同、黔阳两县管理，洪江仅保留市郊桂花园乡的农村投递路线 35 千米。1958 年，架设市区至桂花园乡话线 38.5 对千米。1972—1975 年，先后对市区至萝卜湾 20 对明线改架 50 对电缆。1987 年，增加摩托车邮路 30 千米、自行车邮路 46 千米、步班邮路 21 千米。1999 年，全乡实现村村通电话，在带子街、萝卜湾、茅头园设立移动通讯网络基站。2015 年，境内有邮政代办所 1 家、移动通信基站 8 处，其中固定电话280部、宽带用户235户，移动电话拥有量达90%。

【供电供水】1954年，供电线路由市区延伸至萝卜湾、带子街，农户逐渐弃用煤油照明，改用电灯照明。1956年，供电线路延伸到滩头、青山脚、川山。1984年10月，铺设从河管至桃李园到桂花园的自来水地下管网，结束村民下河挑水的历史。1995年，全乡农户饮用自来水达95%。2005年，桃李园村启动自来水项目建设。1998年，洪江区开始分期分批农村电网改造。2005年，全乡所有村组均实现同网同价。2010年,全乡农村安全饮水工程基本结束。2015年，全乡村民小组安全饮水率达92%。

【水利建设】1949年，境内有山平塘135口、柴草坝30座，其他设施3处，灌溉耕地面积193公顷。1956年起，先后修建花洋溪、杨家湾两座小（二）型水库、山塘210口，开引水渠24.25千米，使300公顷水田实现旱涝保收。2001—2015年，全乡共完成水利项目38处，其中山塘维修19处、渠道维修12处5640米、护堤工程1处、供水工程6处，使全乡500公顷水稻、40公顷玉米等耕地用水基本得到保障。

【村（社区）建设】1979年前，农村住房基本为普通木板平房。1980年起，农户自建房增多，房屋结构多为砖木结构或砖混结构。2005—2010年，桂花园乡启动新农村试点工程，桂花园村、洪高村、铁溪村村组织活动场所基本完成。2011—2015年，桂花园乡积极推进新型城镇化建设，完成茅头园村、铁溪村、优胜村新农村示范点建设。其中茅头园村“六到农家”（水、电、路、气、房、环境）村级示范建设项目基本完成，与洪江古商城及慧沃科技农庄旅游相配套。

社会事业

【教育】1951年8月，洪江郊区管辖范围扩大，新设江坪完小和桃李园、萝卜湾、滩头、川山4所初小。1953年，为照顾偏远山区儿童入学，在螺子田创办民办小学1所。1958年，城乡掀起群众办学,农村新办双岔溪、大溪口、袁家盘、黄家田、禾里界5所民办小学,加上螺子田、老团、洪胜、石家盘、滩头、岩门、铁溪共12所民办小学。1962年，郊区部分小学改制，其中萝卜湾、桂花园、滩头三所小学的五年级共109人，改为隔日制（一天学习，一天劳动）。1964年4月，实施“两种教育制度、两种劳动制度”，洪高大队车皮溪试办第一所耕读小学。同年，全乡农村民办小学全部转为耕读小学。1969年，郊区萝卜湾小学、江坪小学、岩门小学、楠木田小学均相继附设初中班。1972年，将各耕读小学调整合并改为以生产大队管理的公办学校。中共十一届三中全会后，农村学校布局基本稳定，全乡共有1所中心小学，各村设有村校，所有民办小学均改为公办，基本形成普及初等教育网络。1990年，洪江对城区和郊区中小学进行布局调整，在桂花园乡楠木田村增设洪江市第四中学。1992年10月，第四中学改为桂花园、常青、横岩三个乡联合初级中学。2000年8月，撤销洪江市第四中学，在籍学生全部分别并入洪江区第一、二、三中学。2001年，全乡共有全日制完全中心小学1所，村级小学7所。2015年，辖区有乡属中心小学1所，下辖茅头园、楠木田、双岔溪、堆边、铁溪、洪高、川山7所村级小学。

【文化体育】民国时期，境内因地偏人稀，村民传统文体活动主要有龙舟、龙舞、武术等。中华人民共和国成立后，群众文艺活动日渐活跃，打腰鼓、扭秧歌、唱革命歌曲遍及乡村。1958年，桂花园公社以回乡知青、下放干部、知青为主组织篮球队。1964年，桂花园公社开始架设广播专线。1971年，桂花园公社建立广播站，13个生产大队建起广播室。中共十一届三中全后，群众文艺活动呈现新的局面。1979年，桂花园乡文化站和村文化室相继成立。1987年，桂花园乡集资修建农民体育场，并举办乡农民运动会。同年12月，乡篮球队参加全市首届农民运动会。20世纪90年代，在乡文化站和村文化室的推动下，群众每年的春节、五一、国庆均组织舞龙、耍狮为主的民间艺术表演，节日气氛日渐浓郁。2000年，全乡有文化服务中心和电影放映队各1个，村民自发组建腰鼓队3支、剧团2支，业余演员351人，每年为群众义务演出20余场次。其中桂花园乡还被评为怀化市“龙舞之乡”。2009年，桂花园乡中心文化站建成。2015年，全乡共建有1个乡文化站、11个村级文化室和农家书屋、2个社区文化活动室。节日期间的舞龙、舞狮、扭秧歌和日常跳广场舞成为如今农民的文化主题。

【医疗卫生】民国时期，境内以中、草医利用务农间隙兼治疾病，但因无史料记载故人数不详。1952年10月，洪江市举办第二期接生员训练班，在市郊5个乡成立接生站，配发接生箱。1958年，洪江市药材公司在境内萝卜湾设零售点。1969年，郊区桂花园公社14个大队及公社畜牧场先后办起16个合作医疗站，其中合作医疗办得好的有楠木田、川山、茅头园及沅江、五一大队。20世纪60年代，桂花园公社成立公社妇产院，住院分娩逐步增多。1971年，桂花园公社5个大队投资5000元种植药材14种。是年，市医药公司收购中草药40多种3.25万斤，上调积壳等中药材2.25万斤。1990年，全乡共有1个卫生院、11个诊所，一般疾病能实现就地医疗。1995年，乡卫生院开设中医门诊和中药房，60%的村卫生室有1名能运用中医的理法方药防治疾病的乡村医生。1999年，乡中心卫生院设内科、外科、妇产科等13个科室，全乡人人享受初级卫生保健的目标已初步实现。2007年，新农合在桂花园乡试行。2010年，全乡21人享受城乡医疗救助，40人办理门诊医疗救助卡。2015年，乡属行政村均设有卫生室，村均拥有乡医1.5人，区、乡、村三级医疗网络健全。

【社会保障】中华人民共和国成立之初，洪江市委、市政府对居住郊区农村缺少劳动力的烈军属和残废军人实行土地代耕。1951年，享受代耕的52户154人，面积6公顷。同时，各村村民还积极帮助烈军属发展生产，给残废军人减免义务工。1954年后，随着农业合作化的发展，优待形式改为优待劳动日的办法。当年，享受优待的有18户62人，共优待劳动日870个。1958年，农村社会救济对象调整为“五保户”以及孤儿、老弱、久病的困难户，救济以粮款为主，从各生产队的公益金和机动粮中解决。1984年，桂花园乡敬老院建成，建院之初，共赡养“五保”老人8户9人，生活费用由原居住村组供给。1987年，桂花园乡烈军属和残废军人优待金标准提高到360元。1989年，桂花园乡村民自发建立互助储金会，由集体投资垫底，农户自愿入社，储金主要用于扶贫济困、应急解难。2004年，桂花园乡启动农村低保制度。2006年，低保对象58户125人受到特困救助。2010年，全乡共有317人享受农村低保待遇，96人享受城市低保待遇。2015年，全乡农村低保总户数612户818人，城市低保总户数78户107人，发放临时救助27户81人，发放冬寒棉被70户70床，棉衣10件。

特色地情

【历史人文】

岩门商代、春秋战国遗址：位于岩门村的商代和春秋战国遗址，其中沙尖嘴出土的陶片有手制和轮制两种，上有商代典型纹饰；石器有砍砸器和刮削器，有明显加工痕迹。据文物专家鉴定，3处遗址形成于3000年前，为洪江在商代即有人类活动与居住提供有力证据。

【名优特产】

雪峰乌骨鸡：乌鸡品种。该鸡种皮、肉、骨、喙、脚及胃、肝、脾、心等内脏，全为乌黑。该鸡含有黑色素和紫胶素及维生素E，具有较高的营养、保健和药用价值。其肉质细嫩，营养价值高，为肉、药并用型的地方鸡种。座落于铁溪村铁溪组的嵩云山禽业有限公司是湖南省唯一的雪峰乌骨鸡原种，其乌鸡品种分别列入湖南省地方品种保护名录、国家畜禽遗传资源名录。2012年，“洪江雪峰乌骨鸡”获国家农产品地理标志登记。

【风景名胜】

密岩尖：位于洪江区西北部山地，在沅江北岸。海拔630.6米，方圆约15千米，面积4.4平方千米。整个山体由杨梅坳、三光洞、密岩尖三个高度不同的山峰组成，以密岩尖为最高。据《会同县志》（卷一·方舆）记载：“密云峰地属黔阳县，为洪江胜境。上建庵，每年三九月土民朝山进谒，绎络载道”。峰顶建有三清道观为洪江道教重要活动场所。

星空庄园：国家AAA级景区、湖南省五星级乡村旅游示范点，位于茅头园村。园区共设高科技智能温室展示区、绿色蔬果采摘区、科普教育活动区、创意小屋休闲区、香草露营休闲区、特色商业购物区六大块。在星空庄园，游客不仅可以享受浪漫的草地露营，还能亲身体验蔬果采摘、激情篝火晚会、水上休闲、五谷贴画、生态餐厅等。同时，也可自己“租”一块地，种上喜爱的农作物，在家中通过星空庄园网和乐禾牛网24小时观看自己所种的农作物生长情况，待农作物成熟后，游客可以选择回庄园采摘，也可以要求园方通过物流邮寄过去。

【民俗风情】

舞龙、舞狮：桂花园乡有着悠久的舞龙和舞狮历史。舞龙分草龙和布龙两种。草龙系用稻草扎成，少为6节，多则12节；布龙一般在15节左右。舞狮表演一般由二人组成，以跳桌为主。2001年，桂花园乡被怀化市人民政府命名为“龙舞之乡”，同时被授予怀化市第二批“明星群众文化艺术之乡”。

第二节 横岩乡

全国文明乡镇、国家级环境优美乡镇

区域概况

【位置面积】位于洪江区西部郊区沅水两岸，呈带状布局，西、北与洪江市黔城镇相邻，南与会同县肖家乡相交，东与洪江区桂花园乡相连。

全乡总面积33平方千米。建乡初期，全乡共有耕地192公顷、森林2715公顷、水域186公顷。2015年，全乡实有耕地面积175公顷、森林面积2715公顷、水域面积186公顷。乡政府所在地鸬鹚村二组，距湖南省怀化市市区60余千米，距洪江区城区约10千米。

【建置沿革】1985年12月，会同县肖家乡的横岩、沅河、鸬鹚、菖蒲4个村划属洪江市。1986年1月，成立洪江市横岩乡，因乡政府驻横岩村，故乡名称命名“横岩乡”。1998年2月，横岩乡撤销，并入新设立的雄溪镇。1999年6月，恢复乡建制，

仍称洪江市横岩乡。

【行政区划】1986年，全乡辖横岩、沅河、鸬鹚、菖蒲4个村、37个村民小组和1个林场。2015年，全乡辖4个行政村、38个村民小组。

【自然环境】地势西高、东低，地貌类型以低山丘陵及低丘岗地为主，沅水流经沿岸有小块河谷平原和缓坡。境内最高峰撑架坡海拔877米，最低点沅水河畔海拔176米。

境内气候属亚热带季风性湿润气候区，年平均气温在17℃左右。1月份平均气温在5.6℃左右，7月份平均气温为27.7℃。无霜期年平均为304天，年平均降雨量为1485毫米左右，4～8月份为雨季，降雨量约占全年的42%；年平均日照1354.3小时。

境内地表水系发达，沅水干流自西向东经过，其它溪流有竹瓦溪、深溪、苗溪和石溪。

境内竹木资源丰富，总林地面积2867公顷，森林覆盖达80%，其中楠竹面积2000公顷，享有“楠竹之乡”“湘西南最大天然氧吧”等美誉。常见野生树木有栎、枫、檀、梓、野柿、山核桃、板栗等，稀有树种有水杉、银杏、胡桃、柏乐树等。

【人口民族】1988年，全乡共有人口3428人。1990年，全乡共有836户3386人，其中农业人口3324人；总人口中汉族3321人，少数民族中苗族26人、满族1人、侗族25人、瑶族13人。2000年，全乡共有1097户3737人，其中农业户1054户3666人。2010年，全乡共有1012户3348人，其中农业人口3213人。2015年，全乡共1093户3974人，以汉族为主，杂居有侗族、苗族、瑶族、土家族、傈僳族等6个少数民族，少数民族人口占总人口数的5.08%。

经济发展

【经济综述】境内经济农业、竹木加工业为主。1987年，全乡工农业总产值189.51万元。1997年，全乡实现工农业总产值1.05万元。1999—2005年，横岩乡经济向规模化、产业化、基地化发展，以2000公顷楠竹、洪江水电站为依托，建设旅游农业观光区。2006—2010年，横岩乡农业产业化稳步推进，初步形成竹木加工、农业生态旅游二大产业，其中“水上听风”“碧玉山庄”“菖蒲人家”等休闲农庄经营红火。2014 年，横岩乡启动精准扶贫，全乡确立扶贫对象 237 户 742 人。是年，共脱贫 65 户 200 人。2015 年，全乡建成库区网箱养鱼基地，横岩村、鸬鹚村、菖蒲村优质稻基地，鸬鹚村无公害蔬菜基地、横岩村、鸬鹚村优质油菜基地，2 个综合性高山种养基地。全乡农民人均可支配收入 9680 元，全年共脱贫 42 户 126 人。

【农业】

种植业：1986 年，全乡粮食总产量 968.95 吨。1989 年，全乡粮食总产量 1124.95 吨，其中水稻总产量 1049.95 吨，旱粮总产量 71.6 吨，油菜收获面积 39.51 公顷，其他作物播种面积 106.18 公顷。1996 年，重点支持优质水稻、油菜等产业建设。1997 年，全乡粮食总产量 1492 吨，油菜总产量 48 吨。2000 年，横岩以水稻种植为主，积极发展油菜、生姜、玉米等农作物栽培，扩大金秋梨、无籽西瓜、葡萄、杨梅等水果种植。2002 年，全乡共建立葡萄园 2 公顷，种植水果、药材、生姜 15 公顷，培植移民大户 32 户。2010 年，全乡粮食作物播种面积 223 公顷，油菜、玉米、豆类等经济作物 95.53 公顷。2011 年，菖蒲村试种 6.67 公顷金银花，成为产业调整的一大亮点。2012 年，依托合作社发展规模农业，形成鸬鹚村的超级稻，菖蒲村的高山糯米、百合和金银花示范基地。2015 年，全乡共播种水稻 150 公顷、杂交玉米 40 公顷、蔬菜 70 公顷、油菜 75 公顷，种植高山猕猴桃 3.33 公顷、葡萄 4 公顷、黄桃 1.33 公顷。

养殖业：传统养殖主要为生猪、山羊和家禽。1986 年，全乡生猪出栏 900 头，年末存栏 582 头；山羊出栏 50 头，存栏 115 头；家禽出栏 1745 只，存栏 4895 只。1989—1997 年，全乡出栏山羊由 115 只增加到 176 只；出栏生猪由 2192 头增加到 2227 头；出笼家禽由 2.27 万羽增加到 3.55 万羽。2000—2007 年，生猪年出栏稳定在 300 头，鸡、鸭等年饲养量保持在 1.2 万羽，网箱养鱼常年保持在 60 多尾。2008—2012 年，发展特色种养业，扶持 12 户发展养殖业，其中横岩村何健、贺德香发展竹林养鸡，年出栏家禽5.4万羽；成立菖蒲村姚建国的高山种植、养殖专业合作社；横岩村李建成折兴旺渔业专业合作社，以及何健的竹林养鸡专业合作社。2013年，以嵩云禽业专业合作社、菖蒲种养殖专业合作社、何健等养殖大户，带动全乡竹林生态养殖的发展，养殖规模9万多羽。2015年，全乡生猪出栏4400头、出栏牛110头、出栏羊3280只、肉用家禽出栏13万羽、网箱养鱼突破15万尾，竹林生态雪峰乌骨鸡养殖突破11万羽；建成2个综合性高山种养殖基地，养殖高山山羊800余头、高山黄牛100余头。

林业：林业资源楠竹、松杉为主。1986年，完成营造经济林7.47公顷、用材林84.8公顷，楠竹采伐11.6万根。1987—1996年，全乡楠竹年均采伐量保持在8—10万根，楠竹年均蓄积量保持在137万余根，楠竹面积年均保持在1067公顷以上，木材采伐销售年均保持在500立方米。1997年，全乡新造竹林、经济林7公顷，低改修山180公顷，建起万亩楠竹低改示范片。2000年起，每年对竹林进行低产改造，至2015年共完成竹林低产改造1333公顷，发展楠竹精深加工，楠竹需求量比原来扩大3倍，每亩楠竹可为农户净增收400元以上，创收380万元。

【工业】1987年，乡属企业洪江市彩印厂在横岩村建成投产。1990—1997年，全年共有楠竹加工企业347家，实现工业总产值1.04亿元，其中年产值100万元以上的加工企业10家，主要生产竹工艺品、卫生筷、竹帘、竹席、竹篓等。2006年，引进恒裕竹业股份有限公司，公司年收购楠竹200余万根，每年为周边林农创收3000万元，为库区移民提供就业岗位600人次。2008—2009年，楠竹收购由10元/根增加到14元/根，仅此一项，每户农民年均增收1600元。2015年，以恒裕竹木加工为龙头的竹木加工厂，横岩乡成为洪江区经济较为发达的乡镇。

【商贸服务业】清光绪三十年（1904年），境内在新店设场墟。1986年4月，在横岩乡设立洪江市郊区供销社横岩分社，并相应设置横岩商店、深溪商店、新店商店三个网点。1990年，洪江市供销社在横岩乡增设农资供应点1个，方便社员购买。2002年，境内供销商店随同洪江区郊区供销社一起破产改制。2003—2015年，横岩乡旅游实现与区旅游的全面对接，协助完成伊甸岛休闲渡假山庄、红星水库休闲山庄、翠竹湖水上画舫等项目开发，引进开发翠竹山庄、碧玉山庄、水上听风、菖蒲人家、民俗文化园等农家乐。

基础设施

【交通运输】1985年，境内公路仅有会同肖家乡至横岩村乡村公路，以及从大湾塘经新店至黔城用卵石或石板铺成的古驿道；水路沅水河自新店入境，至横岩村处出境，其它有竹瓦溪、深溪。1986年，洪黔公路开工建设，东从横岩村入境，西从新店出境。1988年，洪黔公路建成通车，水运过境至1990年完全停运。1999—2007年，加大村级公路建设力度，在横岩村茅坡头、盐溪、下瓦厂等地段新修、扩建道路3.5千米，沅河村修建马嘴岩到深溪口的村级公路，菖蒲村对境内6千米的村级公路进行硬化。2008—2013年，积极争取村村通惠农项目政策，共完成41.4千米林道修建、27.8千米村级公路硬化。2014—2015年，全乡4个行政村均已完成村级公路的水泥硬化，组级公路绝大部分建设硬化，基本实现组组通；有渡口1处，钢制机动横渡船1艘，各种农用船舶24艘。

【邮政通讯】1986年，境内设邮政代办所，增设横岩至菖蒲单程自行车投递线路，总里长20千米。1999年，横岩至菖蒲邮路改为步班。2001年，全乡实现村村通程控电话，有线电视实现组组通，固定电话安装量达400多部，并建有2座手机发射塔。2003年，邮政代办所撤销，横岩至菖蒲步班邮路改为区局至菖蒲自行车班。2004年起，横岩乡加快邮政、电信、移动建设步伐。2015年，启动“智慧菖蒲”信息化工程，使横岩乡最后一个村结束近40年不通网络和有线电视的历史，全乡所有组网络和有线电视到入，村村通邮率100%。

【供电饮水】1986年，全乡四个村均通电，供电普及率100%。1998

年，境内启动农村电网改造。2002年，全乡4个村均完成电表到户。2002—2007年，投入资金修建饮水工程，解决全乡50%以上的农户饮用上安全水。2008—2012年，共铺设供水水管26.9千米，解决1100人的安全饮水问题，全乡农村改水率100%。2013年，对菖蒲村、鸬鹚村、横岩村农村饮水管网进行修复，保障村民正常饮水。2015年，启动农村安全饮水改造工程，共铺设饮水管道26千米，惠及横岩村、沅河村、菖蒲村277户1085人。全乡安全用水率达100%，供电普及率达100%。

【水利建设】1986年，横岩乡共有小二型水库2座、山塘15口、大小溪坝13座、水井16口，总灌溉面积63公顷。其中：红星水库位于鸬鹚村集体组，水库总库容24万立方米，灌溉面积33公顷；团结水库位于菖蒲村9组，水库为粘土心墙坝，总库容12.3万立方米，灌溉面积65公顷。至2001年，全乡共有小二型水库12座，骨干塘3口，山平塘47口，溪坝3处，电灌站2处，有效灌溉面积110公顷。2002—2007年，全乡共计完成渠道建设5千米，维护山塘12口，维修水库6座次，新建电排电灌2处。2008—2012年，共修建和改建渠道19千米。2013—2015年，菖蒲村新建拦溪坝1座，新建水渠19.3千米，铺设水利管道9.4千米，修筑防洪堤坎0.44千米。

【乡村建设】1986—1988年，横岩乡横岩村、菖蒲村完成中心村建设。1989年9月，结合洪江水电站的兴建，制定《洪江市横岩乡总体规划（1989—2010）》，规划把鸬鹚村确定为中心村，以发展农产品、农副产品、林产品、林副产品加工和养殖业为主；横岩村、沅河村、菖蒲村以发展小型养殖业、加工业为主。2003—2007年，全乡改路、改水、改电等一系列惠民工程实施，其中横岩村新修和扩建道路3.5千米，对移民新村进行集中改水；修建沅河村马嘴岩到深溪口的村级公路；修建鸬鹚村农村休闲文化广场；菖蒲村引资造林，绿化美化村组面貌。2008—2012年，新建集中污水处理和垃圾集中池100口。2013年，鸬鹚村筹资对休闲广场进行美化和村内道路亮化，以及洪黔公路排水沟清淤硬化。是年，鸬鹚村被确定为省级新农村建设示范点。2015 年，新店生态移民搬迁项目启动，规划建设住房 35 套，使横岩乡农村人居环境大为改善。

社会事业

【教育】 1986 年，全乡有乡中心小学 1 所，下辖菖蒲、沅河、鸬鹚 3 所村级小学。1998 年 9 月，乡中心小学与鸬鹚村小学合并，下辖沅河、菖蒲、横岩 3 所村级小学。2005 年 9 月，沅河村小学撤校。2009 年，乡中心幼儿园成立。2015 年，全乡有幼儿园（所）1 所、乡中心小学 1 所，下辖横岩村小学和菖蒲村小学。小学适龄儿童入学率 100%；小升初升学率 100%，九年义务教育覆盖率达 100%，学前教育已实现全免费。

【文化体育】 1986—1996 年，成立横岩乡文化站，10 年间乡文化站利用农忙前和节假日，组织群众开展各类文体活动。1997 年，乡万册图书馆建成，共有各类图书 22 大类 1.26 万册。1999 年，村民先后自发组建裕民乐队、横岩村艺术腰鼓队、鸬鹚村老年腰鼓队、菖蒲村腰鼓队，共有业余演职人员 260 人。2002 年，每年组织开展“文化电影下乡”活动，共计放映电影 40 余场次。2008 年，建成乡文化中心，横岩村、菖蒲村建成“农家书屋”。2010 年，鸬鹚村成立农村老年学校。2012 年，全乡完成村级“农村书屋”建设。2015 年，全乡共有乡文化站 1 个、农家书屋 4 个，每年的传统节日村民经常进行舞龙、舞狮、扭秧歌、跳广场舞等运动。

【医疗卫生】 1986 年，横岩乡卫生院成立。1998 年，卫生院搬迁到鸬鹚村，新院建筑面积 600 多平方米，下设 1 个分院和 1 个社会医疗点，共有医务人员 9 人，设有内科、外科、妇产科、儿科和放射科，住院病床 10 多个。2000 年，横岩乡推行“住院分娩、母婴平安”行动，母婴平安率每年保持 100%。2008 年，实行新型农村合作医疗，全年共发放新农合补助医疗费用 3 万元。2010 年，全乡新农合参保人数达 3625 人，参保率 98%。2015 年，全乡共有乡卫生院 1 所，横岩村、沅河村、菖蒲村卫生室 3 所，专业卫生人员 11

人，其中执业医师4人，执业助理医师3人。新型农村合作医疗参保人数3731人，享受政策7129人次，参合率100%。

【社会保障】1986—2005年，政府加大农业投入，粮食生产和竹林面积逐年扩大，农户年人均收入由1986年的300元增加到2005年的3300元。同时，每年对困难户及时发放救济物质和资金，以保障生活困难户、五保老人、最穷孤独老人的生活得到基本保障。2009年，设置乡便民服务中心和村便民服务点。2012年，全乡享受养老保险583人，共发放保险金20余万元。2015年，购买农村社会养老保险2011人；低保对象233户，每月发放五保、低保资金4.3万元；临时救助和医疗救助44人次，累计金额14.4万元；全面落实粮食直补、良种补贴、农机补贴、公益林补贴、移民后扶等惠农资金34.3万元。

特色地情

【名优特产】

葛粑：特色风味小吃。横岩乡地处山区，所辖菖蒲村平均海拔800余米，植被茂盛，盛产葛根，民间一直有制作葛粑的传统。制作方法：将山里采回来的蕨根洗净、锤烂，漂洗过滤；取一定量的葛粉与清水适量拌匀，在锅里搅拌、加热，熟后就成清香可口的葛粑。

竹荪：又名竹笙、竹参。横岩乡竹林资源十分丰富，竹荪年产量极大，境内常见竹荪有：长裙竹荪、短裙竹荪、棘托竹荪和红托竹荪。

竹鼠：属竹鼠科、竹鼠属，以竹子、芒草、植物茎秆等为食。它体大肉多，味道鲜美，营养丰富，毛皮绒厚柔软，有较高的经济价值和药用价值。境内竹鼠已实现规模养殖，成为具有经济效益的养殖产业之一

高山羊：是本地优良品种。高山羊体躯丰满．公羊平均体重35公斤，母羊平均体重25公斤，它具有肉质鲜嫩、膻味轻、繁殖快、适应性强、屠宰出肉率高等特点。

【风景名胜】

民俗“火龙”："火龙"，用竹篾编成圆筒，形成笼子，糊上透明、漂亮的龙衣，内燃蜡烛或油灯，夜间表

演十分壮观，再配合龙珠及鼓乐衬托，成为一种集武术、鼓乐、戏曲与龙艺于一身的艺术样式。境内村民多在喜庆日子里用舞龙来祈祷龙的保佑，以求得风调雨顺，五谷丰登。

库区水上旅游休闲：洪江水电站座落于横岩乡，动植物资源十分丰富，动物资源以鱼类资源为例，库区鱼类以鲤鱼目为主，共计 64 种，主要经济鱼有草、鲤、青、鲢、鳙等鱼类，溪流稻田有鲫鱼、鳅鱼、鳝鱼、小虾、长臂虾、螃蟹等。植物资源以楠竹为主，素有“楠竹之乡”的美誉，为横岩竹海生态旅游区核心景区范围。核心景区面积 20 平方千米，其中林地总面积 3067 公顷，森林覆盖率达 80% 以上，被誉为“中国第二大竹海”、西南最大的“洗肺工厂”。景区风光秀丽，民风淳朴，十分适宜生态休闲旅游。

主要景点有鸬鹚半岛、竹瓦溪、苗溪口、菖蒲体验旅游区：

鸬鹚半岛　位于横岩乡鸬鹚村，东靠竹瓦溪，西接翠竹山庄，南依洪黔公路，北临沅江，长约 1 千米，宽约 0.5 千米。岛上盛产柑橘，站在临江岸边远眺，视野开阔，两岸风光尽收眼底，是沅江观景的绝佳之地。

竹瓦溪　位于鸬鹚村，长约 6 千米。两岸竹修林茂，青翠欲滴，微风拂过，碧波荡漾。如坐船温游，则另有一番风味。

苗溪口　位于沅河村。三面环水，景色怡人。旁有古重阳木，树龄百余岁，虽树干中空，但依然枝条繁茂，被当地村民称为“神树”。

菖蒲体验旅游区　位于横岩乡菖蒲村，旅游项目有住农屋、学农活、吃农家饭、喝山泉水等，让游客亲自参与种植、培育、采摘、垂钓等农业生产活动，使游客在娱乐中充分体验农村生活。

第三节　常青乡

国家级生态乡镇

区域概况

【位置面积】 为桂花园乡所环抱，滨临巫水、沅江。东、西与桂花园乡接壤，南与会同县黄茅乡交界，北与洪江市沙湾乡相邻。全境 9.26 平方千米，其中耕地面积 52 公顷、菜地面积56公顷、柑橘面积37公顷、养鱼水面5公顷，以种蔬菜为主。乡人民政府驻地洪江区二凉亭，距主城区1千米。

【建置沿革】常青乡的前身是桂花园乡的蔬菜队。1980年1月，将桂花园乡的团结、五一、沅江、立新4个生产大队共23个生产队划出，成立洪江市常青人民公社。1984年4月,改称洪江市常青乡。1998年2月，常青乡撤销，并入新设立的雄溪镇。1999年6月，恢复乡建制，仍称洪江市常青乡。2015年12月，常青乡与桂花园乡合并成立新的桂花园乡。

【行政区划】1980年1月，常青人民公社成立，共辖五一、团结、立新、沅江4个生产大队、27个蔬菜专业队、38个自然村、3个柑桔队（组）、1个林场。1981年，沅江大队更名为岩门大队，立新大队更名石板桥大队。1984年,全乡辖4个行政村、29个村民小组、3个柑桔队（组）、1个林场。1993年，增设新桥居委会。2015年，全乡辖岩门村、五一村、团结村、石板桥村和新桥居委会，22个村民小组、6个居民小组。

【自然环境】境内地势大体是内陆高，外岸低，海拔高度平均在300米以下。土壤主要为菜园土类，其中：五一村和团结村多是微酸性黄色粘壤，岩门村和南岸的石板桥村多是微酸性砂质土壤。境内地表水系发达，巫水、沅水干流从东、北经过，支流主要有铁溪、大溪。气候属中亚热带季风湿润性气候区，无霜期年平均304天，年均降水量1485毫米，年均日照时数1354.3小时。矿藏以铁矿为主，巫水、沅江分布少量的金和金刚石砂矿。境内野生动植物种类繁多，有国家一级植物银杏、南方红豆杉，国家二级植物榉树、篦子三尖杉，国家二级重点保护动物穿山甲、林麝、虎纹蛙、猴面鹰。2015年，森林覆盖率77.52%。

【人口民族】1982年，全乡总人口1076户4406人，除汉族外，还有苗、土家等少数民族。1990年，全乡总人口1424户5843人，其中男性2887人，女性2956人；少数民族143人，其中苗族59人、侗族65人、瑶族18人、回族1人。2010年，全乡总人口1377户4141人，其中农业户口人数 2578 人，占全乡总人口的 62.56%。2015 年，全乡共有人口 2103 户 5286 人，以汉族为主，杂居有侗族、苗族、瑶族等少数民族。

经济发展

【经济综述】 境内以蔬菜种植这主，是洪江区菜果主要产区。1980 年，全公社共有蔬菜面积 55.8 公顷、柑桔面积 36.7 公顷、养鱼水面 4.7 公顷，年产蔬菜 5220 吨。1981—1990 年，全乡经济效益不断提高，农民生活逐步提高，全乡总收入从 1981 年的 85.1 万元提高到 1990 年的 1186 万元，农民人平纯收入从 1981 年的 152 元增加到 1990 年的 819 元。1997 年，全乡完成工农业总产值 2.19 亿元。在此时期，工业发展势头良好，工业总产值由 1981 年的 42.6 万元增长到 1997 年的 1.4 亿元，年均增长 36%。2006—2011 年，试行蔬菜规模化种植和无公害蔬菜基地建设，把构建无公害蔬菜产业作为支撑，大力发展旅游产业和特色农业，先后在五一村和岩门村相继建成规模化蔬菜无公害生产基地。2014 年，全年社会总产值 2.63 亿元，城乡居民医疗保险和养老保险参保率分别达 98% 和 95%。2015 年 12 月，常青乡与桂花园乡合并，成立新的桂花园乡。

【农业】

蔬菜种植业：以蔬菜种植为主。1980 年，蔬菜面积 56 公顷，蔬菜总产量 5220 吨，产值 48.4 万元；柑桔面积 37 公顷，柑桔总产量 650 担，收入 1.27 万元。20 世纪 80 年代，常青乡蔬菜种植在扩大栽培品种的同时，注重地方品种的培育，如岩门村的早熟黄瓜和粉皮冬瓜，团结村的皮叶瓜。20 世纪 90 年代，常青乡加大基地设施建设和专业菜地条件的改善，推广塑料大棚和地膜覆盖。2000 年，常青乡蔬菜播种面积 400 公顷，总产量 1.2 万吨。2001—2011 年，全乡调优蔬菜种植品种，推行无公害蔬菜基地建设，建成以岩门村、五一村为主的标准化无公害蔬菜基地 80 公顷，实现全乡物理杀虫设备的全覆盖。其中乡蔬菜基地通过无公害蔬菜基地认定，四季豆、芹菜两个品种已通过湖南省无公害蔬菜品牌认证。2014 年，常青乡对全乡 67 公顷菜地进行升级改造，初步完成无公害蔬菜基地建设，完善无公害蔬菜种植标准。2015年，全乡共有无公害蔬菜93公顷，年产无公害蔬菜8000吨，实现产值1900万元，其中岩门村建设27公顷蔬菜标准化生产示范基地，组建乡、村蔬菜合作社，为村民提供蔬菜产供销一体服务。

养殖业：养殖业以生猪、羊、家禽和网箱养鱼为主。20世纪80年代，私养生猪户逐年增多，出现一批户养生猪10头以上的大户。20世纪90年代，生猪、家禽、淡水养鱼逐年增长。1999—2000年，全乡出栏肉猪7893头，出笼家禽23.56万羽，淡水养鱼水面10亩，年均产鲜鱼125吨。2005年起，围绕养殖产业化，发展特色生态养殖，年均生猪出栏4500头，家禽出笼20万羽，水产品140吨。2014年，常青乡新发展岩门村生态放养养鸡场、五一村生态养羊、石板桥村生态特种养殖业等7家生态养殖专业户和生态特种养殖场，使全乡生态养殖专业户和生态特种养殖场增加至19家。2015年，发展石板桥村特色农业发展公司、岩门村生态放养养鸡场、石板桥生态特种养殖业，以及五一村生态养羊等7家生态种养企业。

林业：境内以用材林、经济林为主。从1980年起，每年完成一定量的造林任务。1990年，全乡共投入劳力5800个，造速生用材林20公顷、幼林抚育60公顷、义务植树40公顷，并扩大经济林种植面积，全乡实现消灭荒山荒林。1992—1995年，种植楠竹、银杏等经济林，全乡新造楠竹5公顷、银杏2339株。1997年，全乡共完成楠竹低改面积4公顷，抚育面积11公顷。1999—2001年，全乡有林面积442.1公顷，其中用材林297.9公顷，经济林144.2公顷，三年分别造林13公顷、19公顷、100公顷。2015年，全乡森林覆盖率达68.2%。

【工业】1979年，乡属企业有白瓷、农机、砂石、预制场等4家工厂，是年，全乡工副业产值26.88万元。1980年，全乡共有瓷厂、农机厂、电镀厂、塑料厂等十几家小型企业，年产值42.6万元。1980年起，常青乡工业企业利润以每年32.4%的速度递增，企业大都依靠本地楠竹、松杉资源，生产高档复合竹席、通风凉席、卫生筷、包装箱等产品。2001年，全乡企业发展到341家，其中集体企业10家、私营个体企业331家，完成工业增加值3314万元。2005年，实现工业产值1.48亿元，占全乡当年社会总产值的68%。2006年起，境内共有长兴环保再生油厂、新洪瓷厂、轻工机械厂、洪达针织内衣厂、鑫源木材加工厂、长清山泉水厂、华兴木板厂、兴裕页岩砖厂、耐磨件厂、吉美家俱厂、飞箭矿山机械厂等11家企业。2013年，全乡实现工业总产值2.9亿元。2015年，乡属企业有洪达针织内衣厂、鑫源木材加工厂、华兴木板厂、兴裕页岩砖厂等4家企业。

【商贸服务业】 1979年，洪江商业按照工业布局，将二凉亭旧市场扩建为小型商业群，并按粮油、副食、日用工业品等成龙配套。20世纪90年代，因城市交通网络建设加快，境内二凉亭、萝卜湾小型商业群功能逐渐丧失。2011年，常青乡在石板桥村探索农家餐饮经济，全年接待游客0.6万人次。2015年，石板桥、五一、新桥居委会先后利用自身城郊区位优势，大力引导农户积极发展休闲观光假日经济，年接待游客5万人次。

基础设施

【交通运输】 境内交通十分便利。1980—1999年，先后修建、提质改造安（江）桂（林）公路、洪（江）白（龙）公路、松（脂厂）林（家畲）公路，与3条机耕路形成横连东西、纵贯南北的公路网。2000—2014年，对全乡村级公路进行改造，先后改造石板桥村下溪口组2千米道路硬化，五一村5组、五一村9组、岩门村1组、石板桥村等村组公路的硬化和维修，新建村级公路、组与组的生产便道4.8千米。2015年，全乡实现村级水泥公路通达率100%，组级道路通达率100%，组级道路硬化率56%，其中60%村民组通水泥路，95%以上的村民组通机耕路。省道222线、邵怀高速公路连接线和怀通高速公路连接线穿境而过，岩门村、五一村、团结村、新桥居委会等8个村已通农村公交。

【邮政通信】 境内邮政电信事

业发达。境内南岳路、萝卜湾设邮政支局，南岳路设邮政储蓄所。2001年，全乡装机384台通程控电话，89人购买移动电话。2005年，移动和联通公司在境内架设数字移动通信基站，移动网络覆盖率达90%以上。2015年，全乡有邮政网点1个，乡村通邮率达100%，有线电视、电话、网络覆盖率100%。

【供电供水】1979年，境内因地处城郊，家用照明基本普及。1999年—2004年，实施农网改造工程，全乡2564户5671人受益。2005年，洪江电力公司、洪江恒光化工厂等联合在岩门村修建一座35千伏变电站。2015年，全乡村组通电率、住户用电率均达100%。

1979年，境内居民、企业用上自来水，农户生活、生产用水仍然以河（溪）水为主。1984年，带子街水厂建成投产，居民生活用水基本得到缓解。2003年，境内自来水管均换成DN300毫米以上主管和DN100毫米以上干管，农户用水质量得到提高。2005年，启动农村安全饮水工程，完成岩门村、石板桥村安全生产饮用水网建设。2010年，完成五一村、团结村和新桥居委会安全生产饮用水网建设。2015年，全乡居民和农户100%用上自来水。

【水利建设】境内水利农田灌溉以农用排灌机械为主。1980年，全公社共有人工降雨机、潜水泵、汽油机、抽水机等41台，基本实现农田移动式喷灌化。1990年，全乡共完成水利工程5处，新增灌溉面积12公顷，新开山塘12口。1997年，恢复1996年水毁工程，共完成大小水利设施配套工程22处，改善灌溉面积15公顷。2001年，共有农用排灌机械18台，动力131千瓦；农用水泵29台。有效灌溉面积73公顷，机电排灌面积45公顷。2011年，加大小型水利工程的投入，全年共先后对岩门村1组水利配套设施、岩门村7组机电井及配套设施，以及五一村2组、新桥居委会江坪组、二凉亭组水利设施修建，团结村6组、7组排洪渠修建。2015年，新建和维修水利设施30处，完成岩门村、石板桥村、新桥居委会防洪渠道、团结村8组、9组水利建设项目，五一村6组、8组骨干山塘维修。全年共完成排洪渠道、灌溉水渠3800米，恢复灌溉面积31公顷。

【村（社区）建设】1980年，随着农民收入的提高，农村建房逐年增多，住房结构也呈现多样化，砖木结构和砖混结构二、三层住宅逐年增多。1999—2001年，全乡人均住房面积达30平方米，26个村民小组通公路。2002年，常青乡新农村建设，每个村组均实现道路硬化。2011年，全乡4村1居委会基本实现村村都有村级活动场所。2014年，常青乡率先开展乡便民服务中心、村便民服务站、便民服务网点三级便民服务体系建设。2015，完成环境综合整治、农村危房改造，发展生态农业，对村、组道路实行水泥硬化，人居环境明显改善。

社会事业

【教育】境内有岩门小学1所。1984年4月，岩门小学更名为常青乡岩门中心小学，共设10个教学班，在校学生414人。1985年，全乡学生入学率99%，教育普及率100%。2008年，岩门中心小学幼儿园正式开园，使岩门村周边学前幼儿实现就近入园。2009年，全乡实行农村幼儿入园全免费。同年，桂花园村小、洪高村小、茅头园村小划归岩门中心小学。2012年，江坪希望小学划归岩门小学管理。2015年，岩门中心小学学生覆盖常青乡和桂花园乡，共有教学班6个、在校生121人。管辖幼儿园2所，共6个班、176人。

【文化体育】1982年6月，常青乡文化站成立。乡文化站举办科技培训班24期，向村民传授地膜覆盖种植蔬菜、防治柑桔病虫害、科学养猪、养鸡等知识。1990年，乡文化楼建成，购置电视机、录像机和其它文体器材，丰富村民业余文化生活。1996年，洪江文化局为常青乡送书并建成万册图书室。1997年，乡文化站组建黎园民间业余剧团，送戏下乡演出104场，观众达2万人次。2001年，全乡共有图书室1个、文化活动室1间、泥篮球场1个，开展各类文体活动70次，参加人员和观众达2万人次。2002—2014年，常青乡加大文化设施的投入，各村均建立图书室、电视（电脑）室、篮球场、乒乓球室等文体活动场所，基本达到村村有文体活动场所。2015年，全乡共有文化站1个、文化中心6个、图书室1个、文化书屋6间、业余文艺队伍9支，举办20余次乡村大型文娱活动。

【医疗卫生】1981年，境内共有乡卫生院1所、村级合作医疗站3个。1986年，合作医疗站改为村级卫生所。1990年,共有乡卫生院1家，个体办村级卫生室4家，乡村医生和卫生人数10人（乡村医生2人、卫生员8人）、农村接生员4人。2000年，乡卫生院医务人员增加到10人，并在4个村设置医疗营业点，住院病房13间，床位20张；村卫生室5个，乡村医生6人。2001年起，全乡对原有的卫生院和卫生室进行规范管理，改善卫生医疗条件。2015年，全乡有卫生院1所、卫生室4所，基本实现老有所养、老有所依。

【社会保障】1979年，老弱病残、五保户等困难群众由政府给予临时救助帮扶和生活补助，复退伍军人、军烈属实行优抚。1989年，全乡4个行政村均建立互助储金会，采取集体投资垫底和农户自愿的原则，储金主要用于扶贫济困、应急解难。2005年，启动农村低保制度。2009年，启动农村医疗保险制度。2010年，对150户229人发放城市低保金，107户135人发放农村低保金，农村新型合作医疗参合4235人。2011—2015年，累计发放城乡低保、特困群众临时救助、危房重建补助、医疗救助金、困难救助款、农机购置补贴、沼气补贴等各项社会救助惠农资金1200余万元。2015年，全乡有城市低保户175户277人，农村低保户230户284人。参加农村新型合作医疗2103户5286人，参合率100%。

特色地情

【历史人文】

岩门村古遗址：1986年，洪江文物部门发现岩门村两处商代遗址和春秋战国遗址，其中沙尖咀遗址出土的陶片和石器具有明显的商代文化特征。陶片有手制和轮制两种，上有商代典型纹饰，石器有砍砸器和刮削器，还有明显加工痕迹的打制石器。

【名优特产】

“洪江”火柴：1966年3月，湖

南洪江火柴厂注册使用“洪江”牌火柴。“洪江”牌在周边县市区及贵州黔东南州等地享有很高的知名度。1992年5月,“洪江”牌火柴更名“四环”牌火柴。

无公害蔬菜：2009年，常青乡推行无公害蔬菜基地建设。2011年，建成以岩门村、五一村为主的标准化无公害蔬菜基地80公顷，其中蔬菜基地通过无公害蔬菜基地认定，四季豆、芹菜两个品种通过湖南省无公害蔬菜品牌认证。

【风景名胜】

嵩云山国家森林公园（AAA级景区）：地处怀化市洪江区西部，属雪峰山区，总面积3349.67公顷，其中林地面积3073.8公顷，森林覆盖率达92%。是湖南省重要的区域性重点森林公园，是湖南省重点建设和对外推介的主要旅游资源之一。园区内森林旅游资源种类齐全、品位高、珍惜物种多、景观资源组合好、区位优势独特，100多个景点，山清水秀，自然景观丰富,人文景观独特,山、水、城融为一体，互为依托，是市民休闲游玩的胜地。

嵩云山自古就有“湘西第一山”之美誉，它前依老鸦坡，后倚云雾山。据《会同县志》(卷四·形胜）载：嵩云山一曰松林岩，又名嵩云石窟，即洪江后山。相传往昔山上古松参天，云环雾绕，松、嵩同音，因而得名，此说似合情理。嵩云山自然景色优美，丹凤朝圣、双狮迎客、祖师洞、张家坟、白云洞、镜子岩、水佛洞、观音岩、鲤鱼田为嵩云十大胜景，游人若登山巅纵目远眺，群峰叠翠，令人心旷神怡。

大兴禅寺：原名大兴寺，又名嵩云庵，相传为明末清初无意祖师修道之处。清道光十七年（1837年）正月初七日，庵焚毁殆尽，仅救祖师金身。后洪江十馆和佛教信徒捐资建嵩云大兴禅寺。庙前古松罗列，苍劲挺拔。庙后修竹千杆,迎风摇曳。每年观音菩萨生日之际，各地香客进寺拜佛，香火旺盛。

妙音寺：原名老庵堂。21世纪初重建，更名“妙音寺”。寺前远看群山起伏，近观沅巫蜿蜒绕行古城，登高到此，山河尽收眼底，心旷神怡。

华严阁 为大愿法师筹资修建。

华严阁由主阁、阁楼、回廊组成。翘角形如飞鸟展翅，轻盈欲飞。风铃轻动，清脆和鸣。华严阁正门对着洪江，有看护庇佑洪江、保佑洪江无灾无难，平安，风调雨顺。华严阁外布景观灯，夜间灯火辉煌，上下滚动的光环，远望夜色华严犹如月上广寒，胜境美不胜收。

第二十六篇 人 物

一、人物传略

刘岐山

（1848—1920）

刘岐山 男，江西省新淦县人。洪江庆元丰油号老板，官至三品通议大夫，最盛时期其商业资本金突破百万银元。

清道光二十七年（1948年）十二月十二日，刘岐山出生于江西新淦县，大名刘邦回，字秦川，“岐山”是他成名后取的别号。1856—1861年，因太平军进驻新淦，父亲刘士品把刘邦回（岐山）转移到相对安全的九江，寄住朋友处。1861—1866年，太平军在江西扩军，刘邦回（岐山）弃学参加太平军，开始五年的军旅生涯。1866—1886年，刘邦回（岐山）的堂姐夫高玉轩在洪江创设高灿顺油号，父亲刘士品把儿子刘邦回（岐山）安排进高灿顺油号。20年中，刘邦回（岐山）由学徒到总管，熟悉洪油生产、经销全过程。1886—1892年，刘邦回（岐山）离开高灿顺油号，自创庆元丰油号，生意最兴隆时商业资本金高达百万银两（元）。按清制他捐个五品国学生候选同知，并为自己取个别号“岐山”，油号商标取名“岐山鸣凤”，为自家立个堂号“善庆堂”。1893—1906年，这是刘岐山事业的辉煌时期，财富的积累使他的官阶由五品升至三品通议大夫。1907—1919年，刘岐山在洪江过着“隐居自乐”的生活。

1920年5月14日，刘岐山逝世，享年72岁。

刘松修

（1900—1991）

刘松修　男，江西省新喻县人。民国时期开设刘安庆油号、花纱布疋店。中华人民共和国成立后，先后任洪江瓷厂副厂长、洪江市人民代表、洪江市人委副市长、洪江市工商联常委、湖南省政协委员、湖南省工商联委员、植物油厂副厂长（副经理）、洪江市政协副主席。

1914年，刘松修来到洪江，在庆丰祥布店做学徒。1917年，回到江西老家经营小货贸易。1932年，由家里送眷属到洪江，在刘同庆油号任股东。1939年，独资开设刘安庆油号、花纱布疋。洪江解放前夕，刘松修携家属及黄金、银元逃至贵阳。1952年，返回洪江。1954年，公私合营中，刘松修将其资金22万多元分别投入到洪江瓷厂等6个单位（即洪江瓷厂公私合营股本14万元、洪江电影院公私合营股本0.55万元、瓷铁业公私合营股本0.4万元、安江旅社公私合营股本2.2万元、洪江饭店公私合营股本1.6万元、洪江京剧院公私合营股本1.4万元）。

1958年，在整风反右中被错划为右派分子。1984年5月，中共洪江市委为刘松修落实政策，对其“被划为右派，经复查确属错划，应予改正，原结论及材料中的一切为实之词，应予推倒。”被查抄的财物一一照退，并又选为省政协委员、洪江市政协副主席。1991年4月在洪江病逝，终年91岁。

廖开榜

（1936—1997）

廖开榜　男，中共党员。全国“五一”劳动奖章获得者。

1951年参加工作。1956年加入中国共产党。历任洪江市标准件厂助理工程师、副厂长、厂长兼党支部书记、洪江市总工会党组成员兼经费审查委员会主任、洪江市政协常委。

党的十一届三中全会后，企业全面推行经济承包责任制，企业由生产型向生产经营型转变。为了提高产品质量，他针对产品缺陷进行技术攻关。当时厂里生产的主要产品CA—10半轴螺栓，表面粗糙，质量不高，容易氧化。廖开榜带领技术攻关组从改造工艺技术着手，将原缩杆、液丝、淬火的工艺，改为先调质、淬火，再缩杆、液丝，使产品达到硬度均匀螺纹强度的标准。为了解决CA—10锁销工艺落后，工效低的问题，他研制出一种专用工装夹具，在车床上加工4度，提高工效9倍。年产量由原来的18960件，提高到165240件，节约工资费用9088元，增加产量131652件，创经济价值140740元。1986年，廖开榜被授予“全国技术革新能手”称号，并获得全国“五一”劳动奖章，同年，被湖南省政府授予“省级劳动模范”称号。1987年，他当选党的十三大代表，进京参加大会并受到中央领导亲切接见。

1997年10月，廖开榜因病逝世，终年61岁。

曾坚甫

（1927—2000）

曾坚甫　男，湖南省邵东县人。中共党员，全国劳动模范。

1953年参加革命工作，1956年加入中国共产党，1987年退休。历任洪江市专卖公司香烟仓库保管员、业务股长。

1955年曾坚甫从事香烟仓库保管工作，在实践中摸索创造一整套科学保管经验，保证香烟无霉变质，1955年成为全省第一座香烟保管无霉变质仓库。这在当年仓库尚无先进科学设备鉴别的情况下，他能根据气候变化情况，采取密闭或开放式仓库保管法，使香烟从无霉变现象，为国家减少大量损失。1956年，出席全省先进工作者代表大会，被评为省先进工作者，被省政府授予省劳动模范称号。同年出席全国先进工作者代表大会，被授予全国先进生产者荣誉称号。1983年，授予全国劳动模范称号。

2000年12月17日因病逝世，享年73岁。

向子贵

（1932—2002）

向子贵　男，洪江区人。中共党员，全国劳动模范。

1950 年参加革命工作，1960 年加入中国共产党，1984 年退休。历任洪江贮木场青山脚工区生产班长、工段长、工区主任。

1959 年，开展的社会主义劳动红旗竞赛中，他带领全工段职工创造日人平编扎木排 42 个立方米的最高纪录（当时编扎日人平定额为 8 个立方米），创造日人平撩捆排 56 个立方米的最高纪录（当时撩捆排日人平定额为 12 个立方米），在运输木排途中，他做到安全快运，无打滩事故。1958 年，被洪江市授予劳动模范、先进生产者称号。1958 年，被湖南省林业系统授予先进生产者称号。1959 年，出席全国工交基先进生产者大会，被授予全国先进生产者、全国劳动模范称号。

2002 年 11 月因病逝世，享年 69 岁。

二、人物名录

表 26-1　　1978–2005 洪江区荣获全国、省劳动模范名录

姓名	性别	工作单位	职务（职称）	荣誉称号	授予单位	授予时间
梁丽卿	女	洪江瓷厂	工人	全国	国务院	2000.4
曾贤林	男	洪江瓷厂	工程师	省级	省政府	1982.7
王明桂	男	洪江招待所	部门经理	省级	省政府	1989.4
刘春莲	女	洪江纺织厂	挡车工	省级	省政府	1984.4
孙佑熙	男	洪江幸福路小学	校长	省、部级	教育部	1989.9
罗乾圣	男	洪江市玻璃钢厂	副厂长	省、部级	化学工业部	1994.4
胡国英	女	洪江纺织厂	挡车工	省级	省政府	1995.4

续表：

姓名	性别	工作单位	职务（职称）	荣誉称号	授予单位	授予时间
兰丽萍	女	洪江纺织厂	挡车工	省级	省政府	2005.4
黄 丽	女	洪江纺织厂	挡车工	省级	省政府	2000.7

1978—2005 年洪江区高级职称人士名录
（排名不分先后）

副主任医师： 陶文正　邓泽洪　阮爱群　舒　辉　宋兴州　段东兴

高级讲师： 王明友　欧阳冬日　贺　莉

高级工程师： 邹卫东

中学高级教师： 黄东红　于一忠　段维忠　伍中稳　刘春光　周艳萍　周桂香　粟　辉　曾小虬　张维平　左建国　向珍华　张　毅　曹　民　周玲冬　黄　玮　杨　鹰　杨春秀　杨艳云　邓美玲　黄春华　章金明　申中民　易图永　王一凡　段国坤　贺云松　周世新　翟春富　向春花　林建华　王汉平

小学中高： 梁章喜　周基培　张西玲

附　录

一、文献辑存

关于通告八个县级计划单列市的函

省直各有关单位：

最近，我委陆续接到部分厅局电话询问全省有多少个计划单列市，现统一答复如下：

到目前为止，省政府已批准了益阳市、怀化市、冷水江市、郴州市、醴陵市、津市、冷水滩市、洪江市等八个县级城市的计划在省计划中实行单列。因此，请你们在编制 1989 年分地区计划时，将上述城市的指标单列出来。

今后，原则上不再增加县级计划单列市。

另外，新组建的大庸市为地级省辖市，现正在筹备，明年的各项计划也要求单列出来。至此，全省已有 14 个地州市、8 个县级计划单列市。

特此函知。

湖南省计划委员会

一九八八年十一月十二日

国务院关于同意湖南省撤销怀化地区设立地级怀化市及洪江市与黔阳县合并设立新的县级洪江市的批复

国函〔1997〕105 号

湖南省人民政府：

你省《关于撤销怀化地区设立地级怀化市的请示》（湘政〔1997〕4 号）和《关于撤销洪江市和黔阳县合并设立洪江市并定市人民政府驻地于黔城镇的请示》（湘政〔1997〕5 号）收悉。现批复如下：

一、同意撤销怀化地区和县级怀化市，设立地级怀化市，市人民政府驻新设立的鹤城区迎丰中路。

二、怀化市新设鹤城区和中方县。

鹤城区：辖原县级怀化市的迎丰、城中、城北、红星、坨院 5 个街道和盈口、杨村、鸭嘴岩、石门、黄金坳、芦坪、贺家田、凉亭坳 8 个乡。区人民政府驻府星路。

中方县：辖原县级怀化市的泸田、花桥、中方、牌楼、铜湾 5 个镇和炉亭坳、桐木、下坪、聂家村、龙场、铜鼎、丁家、新路河、袁家、新建、蒋家、石宝、接龙、铁坡、活水、锦溪 16 个乡及蒿吉坪瑶族乡。县人民政府驻中方镇。

三、同意撤销洪江市和黔阳县，合并设立新的洪江市（县级），以原洪江市和黔阳县的行政区域为新的洪江市的行政区域。洪江市人民政府驻黔城镇。

四、怀化市辖原怀化地区的沅陵县、辰溪县、溆浦县、会同县、麻阳苗族自治县、新晃侗族自治县、芷江侗族自治县、靖州苗族侗族自治县、通道侗族自治县和新设立的中方县、鹤城区。新设立的洪江市由省直辖。

怀化市、洪江市的各类机构均应按照“精简、效能”的原则设置，所需经费和人员编制，由你省自行解决。

中华人民共和国国务院

一九九七年十一月二十九日

中共湖南省委办公厅
湖南省人民政府办公厅
关于进一步完善洪江管理区管理体制的批复

湘办〔2002〕37 号

怀化市委、市人民政府：

你市《关于进一步完善洪江区管理体制的报告》（怀委〔2002〕1 号）收悉。经省委、省人民政府同意，现批复如下：

一、同意将原由洪江市管理的副县级的洪江管理区改为由怀化市直接领导的正县级的洪江管理区，履行县级行政管理职能。将洪江管理区工委、人大联工委、管委会、政协联工委、纪工委改为怀化市委、市人大、市政府、市政协、市纪委的派出机构。机构设置比照三类县级行政区域机构设置标准，尽力精简内设机构，编制不再增加。

二、怀化市委、市政府在完善洪江管理区管理体制过程中，要妥善解决三个方面的问题：一是教育和引导洪江干部群众正确对待这次调整。认真做好群众的思想教育工作，向群众讲清楚，两地合并是经国务院批准的，是有利于两地经济社会发展需要的，也是今后运行的方向。二是组织好洪江管理区怀化市人大代表选举工作和怀化市政协委员的协商推荐工作。怀化市委、市人大常委会、市政协要依照程序，周密安排，做好工作。三是妥善处理行政执法主体问题。要在按有关政策法律加以规范的基础上，从洪江管理区的实际出发，认真研究探讨委托执法和授权执法等办法，审慎稳妥地解决有关具体问题。

中共湖南省委办公厅

湖南省人民政府办公厅

2002 年 6 月 5 日

二、碑记诗词楹联

【碑记】

洪江万寿宫记

李鼎庸，字荣轩江 西临川人

闻之，木有本，水有源，家焉百宗祖，庙焉而神祇，远近虽殊，其所以为民依则一也，故秩祀不修，是人弗亲，盖人居于乡，各亲其亲，去其乡而散处四方，则因乡人以为亲收惧其涣而易离，思萃而合之，此馆之以会名也，惧其轻而寡信，恩重而敬之，此会之以祀尊也，祀曰有功德于民者，则祀之，欲人知所敬也，知所敬则易合，故祀有主，人罔弗亲，天下皆然，吾乡何独不然，吾乡，万寿宫立有年矣，举凡通都大邑以及四达之衢，舟车之会，占形胜者，靡不雄踞乎其间，而楚粤尤多，洪江其著者也，洪介乎湘沅之间，南望桂林、东倚衡阳、北指汉津、黔筑则西峙焉，宫面江而立，罔连岭属，俛仰顾盼任其所如，洵乎巨观，然昔之人莫得知也，此其中有运会焉，前明故宫，侧于巷隅，庭庑下隅，上雨旁风，无所盖障，祀事粗具，而礼莫克终，兵炀之余，吾乡父老亦罕有能道其盛者，逮我，朝圣业宏开，百废具举，凡在祀典者，虽里曲之间，罔不肇修，时我帮人贸迁于洪者，咸曰故宫虽在，旧址仍芜，不为更新，而享祀之仪，毋乃有阙，康熙初，因佥谋移于江之上游，得贺氏业而售之，夫洪地多山，欲立而视，高高下下，出者突然成邱，陷者呀然成谷，洼者为池，而缺者为洞，欲求一平壤，尺土维艰，乃所得地旷如奥如，斩茅发石，奇势迭出，象山临其前，鸦坡伏其后，带河襟江，莫可底止，旁流百尘，烟云相连，位置之宜，若有鬼神冥物阴来相之者，厥后乡人之泣斯土者日繁，货殖之所交，市廛之所聚，既庶且富，娱乐无疆，而且远际承平岁无凶灾，家无补租，旅忘其归，人安其业，一旦土木时作，不竭于资、不疲于力、不期不督，役者自劝，此四十有三年，而故宫之所由移也，是年冬，龙工市材，以畚以筑，以绳以削，门阿是经，观阙是营，崇墉崛兴，复宇相瞰，一视故宫已足改观，然创造伊始，制度末宏，故享祀之长，旅进旅退，罔有区分，礼成告罢，息宴无所，而乡人恧焉，乾隆二十有九年，乃增修厅事于东西两楹更衣之次，膳食之宇，于是乎在上充于揖壤，下周于步武，宾于斯馆，式、礼莫愆，桑梓之情既协，神人之和允洽，嘉庆十有五年复增旧制，瑰材究奇，修除殿宇，层构厥高，二十年更设崇门，百巧，耸擢，潦以周墙，承以层台复阁，灵槛却倚；门达洞开，究休祐之所用，采梨园之新声，谱霓裳之旧曲，雅乐闻作以答神庥，是以食德饮和，蒙庆受福众庶悦豫，道光中叶，弥拓其制，外则周庐旁芜、内则僧僚客舍，夷庭高门，厚栋大梁，扩于往初，肇自今兹，规模大，定然壮不及潜，自不及奢、悉遵古制，惟宫前层阙踵事增华、稍形奇异用召灾侵，起而复热者三，终莫知所变计，同治十有三年，仍循故辙、增饰崇丽，乃工方卒业，而火复为灾甚，且旁及台垣、内延宫殿、神天示警、彰显若斯，乡人乃鉴前车，稽成宪，恢旧业，绍前动召役更兴，易木以石、反华为朴，思患预防共冀垂久远，巍然崛起，宏大其规，松茂竹苞于焉永固，而庙貌之隆，二百年来，亦至斯称粗备矣，继盛无极，讵有穷乎，宫之正殿，主祀者为许真君，前殿为肖晏二候，皆吾乡之有功德于民者也，能御大灾，能捍大患，成功具在，妇孺共闻，故乡人咸知所敬；是以祀各有时，会各有期，尊卑长幼，于兹为群，同敦礼让，康乐和亲，乃立恒产，以供礼祀，世守相承，慎乃攸司簿书分定，兼备参稽，成规灿著，永盛厥兹，而乡人犹虑夫人众意殊，不无妄变纷更之币，乃谋公举老成，以为事首，因其时商于洪者，惟南昌吉安瑞州、抚州、临江五府称最，故列其序为仁义礼智信，郡各二人，人以岁更，职有赞襄，力不疲惫，且值年所事，要皆练达者宿，群策其中，咸奉旧章，立为常制，法良意美，历久不渝。故卷契所藏，南府职之钥轮所掌吉府任之，责有专归，以资熟手，若岁时祭祀，百用具修，必先簿正，不丰不俭，不以远近易则，至于出入度支载在成数，每岁孟春，必集同人共相稽查，然后迭为宾主，彼授此受，用微公信，永杜争端，即或间有，因事不合，意见以商，而乡人要惟难解纷以期辑事，此我帮之人，日益相亲。同治八年，瑞人收肆返里，其府事乏职，所置产业，入公管摄而祀期仍依旧序，迭相代祭，无使中替，以冀嗣兴，信义斯昭，庶邀神鉴，传曰，鬼神非人实亲，惟德是依，周书曰，皇天无亲，惟德是辅，视而在德，谁不知之，故乡之人士，所由日尚亲睦，德明惟刑以康祀事，于是乎人和而神降之福也，然前贤遗美，记载尚阙，渐簿寝衰，不无废坠将何以克终厥德，著于后嗣，吾乡张次尹太守客于洪者有年矣，其间肇造之由，缵承之绪，靡不殚悉，时余作洪游，为述其详属为文记，以永厥传庶敦睦之风，蒸蒸乎日上也，使继是者，咸有太守之志，则乡人之福，其可既乎，余善其意乃撰其事，以书于石。

江西馆义渡碑记

临川 李鼎庸 撰

宫之前滨江，江以北截然而高起者，曰象山、即宫之对山也、山数十步，上有人家，一里半里，远近皆村落，非寂寞之乡可知也，环山而折，可达滩头官道，下即辰河，较舟行尤便，故其居民日往来于洪市，市人亦时至乎其间，隔江两岸都有坡，咸赖舟以左右之，此渡之所由来也，旧无官筏，土人常驾小舟，以博微赀，此亦恒情，无足怪者，惟当甚涨之时，辄高其值，藉以居奇，行旅之人，每为所苦，望洋而返，病涉为艰，而迫于渡者，卒受其挟制，而莫可如何，甚至索诈无厌，因端起衅，攘臂中流，载多蹈险，而致倾没者有之噫，是非济人，而适以危人者也，光绪二年，周步瀛军门目观其形，不禁浩叹所为主立义渡之说，集我乡人议捐，以成此举，议行，为舟以四、分泊江岸，往还无间，虽缓急所需，靡不相得，我乡人并岁时助款，置诸宫中，一切榜人之费，俾有所资，渡既成，恐向之渔利者别起争端，复由乡人具禀会同黔阳两邑候立案永存出示晓谕，以杜恶习，然我乡人利济为心，以期至公，非唯我乡人是为，故久之途人咸相安于无事，且乐有是渡而尔善也，余为官记而此兴义园特详，亦善其道而思推而行之，虽济天下可也，岂不足为我乡人光哉，勤诸贞珉，永传不朽，世有君子，其将有感于斯文。

豫章义园碑记

临川 李鼎庸撰

自余为官记，宫之所为创垂者，余既知之矣，其间义举不可殚述，一日义园，园之设也，为乡人之客死于洪者，而谋所以归榇也，初乡人之有义山也，死于斯、葬于斯，无暴露之虞，免奔驰之苦，为之计者已周矣，然有不乐葬斯土，或艰于资，或阻于事，欲归未能，不有园焉，其将奚置，此其所以为归地也，园建于光绪四年，时吾乡周步瀛军门视归于洪，日与乡人相周旋，见夫旅榇之久淹市廛者，时易寒暑，水火堪虞，不禁恻然而心伤之，因思谋创是园，而又非力大者不能任也，且力能为而心不乐为者，世有之矣，又安得如张君益生其人，心乎善而力行之，事相与以有成乎，故一闻军门斯议，而君即慨然而自任出钱二千余缗，得地于马羊山之阳而筑焉，阅九月而功始竣，园皆罔枕江于洪之东，与宫相对峙下，即征快所舣，归途遥指良甚便也，且地僻非近市，旁鲜民居，永无他患，园中为堂，立龛于两楹之间，以供香祀，户阶悉备，宾吊有所，堂之次周庐数椽，为斋庖之房，后即殡室、墙高宇邃，风尔无所为灾，前分列两门，由右而入，颜曰，豫章义园，使人知所自来，不敢久羁异域而谋所为归也，由左而出，颜曰，西山在望，谓既得所归，而乡关只在咫尺间也呜乎，生人之所悲得，死而已矣，死而无所归，悲更何极，然则顾名思义，莅斯园者，安忍昧于所归，而不为之地，即园既落成，张君复集乡人捐资计七百缗，以岁人之息，为守者食，兼备岁时修理，并将此款归诸宫中，由值年管摄，以昭至公，此其所以为宫之义园也，与人为善而不乐，独有其善，仁人君子之用心，茯为德岂有既与，然军门议之于前，张君成之于后，以及乡人之襄赞其间，其高义皆不可没，余为之记心折之，亦犹是焉尔。

黄州福主宫碑记

张旬，字坤生，湖南沅陵人，前郴州直隶州学正署茶陵州学正有三十三福斋文抄，蝯柯诗钞杂著等集

洪江踞五溪上流，楗仑滇黔商旅麇集，市尘奥区也，服贾居醵为邸馆以会其乡人。而各奉乡所隆记士神以展诚而申敬。沅靖诸山多产木，黄州之人，操资回易以转移江湖，并贸黄州所治布，而是焉棲泊，爰始创馆于康熙四年，以奉帝王之神，彰祈报，中遭焚炀，六十年，陈公玉枝捐资重建，庙貌巍然，刊碑观音堂外，咸丰丁巳二月上浣，再遭焚，于十一年经始复修，数年方就，而旧碑荡无复存矣，先后始事人及工资粗细，缺焉无微，并神生平行履，及肇祀垒封之由，是间亦甚知者，殉丁亥夏，来游洪江，与黄安戴君耀亭数相见，因谒予为文资掌故焉，属吾家叔平比部馆刘都督永清雄海楼，藏麻城严君象臣所为，福主志爰抄最而为之记，谨按。神，姓张氏，蜀灵壁县人，生唐贞观三年，太岁在己丑降时二月五日也，父官大理评事，子三人，神为其长，世乐施予，恤怜孤茕母杨氏，尚善益勤，梦汉桓候乘乌驹持矛人室，遂有娠及期，时加辰，赤辉白天，无云而雷，乌鹊翔午，紫芝茁庭中，高三尺许，如人服冤乘驹持戟，人谓王候徵矣，岁周北半七星，下绕其躯，遂以瑞名而字曰七瑞，负殊禀，禩禩无声，三月能言，如成人状貌，六岁能属文，而好尚道术，鄙夷簪缨，每匿就黄冠缁衣，叩领元妙，一异人见之曰，此子当以童身证道，救世度人，大显于楚，既连失怙恃，免丧，年几冠矣，乃以永徽三年六月十三日去家人楚，久之历麻城撤怀谣祠，而留所应祀典者，坐入狱，颂系三载，会旱，道瑾相望，神闻令募人致雨，署能祷狱中，霖澍沾洽，岁以大和，城中火，神索隶四，跨乌驹，手赤棒指火，火灭，遂出城西门，

堕桥下化去，今之相公桥也，相公者，时因神字七瑞，相呼张七相公云，万目睽睽，咸见神跨马踏空行，相逐澡观，至五脑山人马胥没，永徽十四年三月十八日也，众愕眙且戴神功而奇其迹也，乃祠神山上，旱潦瘟疫虫蝗，祷辄应，舟行险厄，呼神救即安，因奉为土主神，而庙祀渐及京师诸道府县卫矣，逮宋徽宗时，大吏以神上闻，乃封护国大将军，英烈紫微侯，明嘉靖十九年，麻城刘太保天和，以巡抚甘肃，手痛剧，卧梦神蹴之起曰，贼且至，何卧为，寤痛如失，逐治军于愚山苑，破吉襄斩小十王子，奏请加封助国顺天王显灵感万德天尊，万历四十年，再封盖天帝王威灵显化天尊，神梦示盖天字不能当，而民顾相与共称如故也，维我大清嘉庆二年，白莲教匪鼠仙花镇，规欲渡河，麻城天晴、水骤涨、野云四起，对岸一伟人，马上手赤棒指挥，贼见怖而止，咸丰八年，粤匪犯麻城，五月初四日夜，暴风雨雹、乡兵时驻城东石城堡、闻炮声砰訇，灯火漫山谷，官军遂克县城，人转以为乡兵助战也，汛获贼囚，亦称志图东鼠，见灯火，折而北遁也。十一年秋，贼扑黄麻坳卡防，乡团畏贼，弃械逃匿，见灯火上山如飞，一张字大灯前导，识明，有逃自贼中来者云，贼到卡、北风暴起、沙石齐飞、灯火迭出，惊溃蹂堕死迹之，破颅折足，人马满崖下，而卡中弃械故存。同治元年，捻匪逼麻城，人见山下灯火亘延数十里，齐安乡团，逻获贼间谍，言图夜袭麻城，见东路弥山灯火而止，各军会剿濒危复安，八年，麻城蔡刑部荣光，郝教谕凌霄，王中书大坤等遂共呈请加封，经湖北巡抚郭公柏荫上奏闻得圣旨，加神灵感盖天帝主，灵威神武远振天尊，呜呼，神在天壤间，如水行地中，泽靡弗至，而神独以救世度人显于楚，而又多造福黄州之人，如柳之柳、潮之韩神亦宜若有私然夫神岂黄人所得私哉，洪江以黄人奉神，得共修其诚敬神福洪江，亦犹黄之人，特黄屡缴大福于神，何所答神之庥，讵但庙貌焉而已，歌乐焉而已，祷祀乞福焉而已哉，诗曰，正直是与，书曰，至诚感神，又曰黍稷非馨，明德惟馨，虽服贾居奇，握牢盆，掺筹荚，亦必正直以歆其德，而积诚感神神愈益福之可卷也，且神自唐永徽到今千三百余载矣，而显昭赫曦照六合，人苟克以神救世度人之心为心，朝毋为人所唾弃，至草木腐焉，犹斥其名而若浼，曰兢兢焉蕲为善人，神其吐之乎，诚如是，抑又安知神之不默佑其衷，而庶几不朽之万一也，孟子曰，人皆可以为尧舜，谅哉，予文讵足以昭神功，然藉以详志神生平行，履与锡祀垒封之由，俾显然放世，以无为神羞，虽沓沉寡裁，神其或亦予许也夫。是为记。

七属会馆碑记

申唐晟

市之犁头咀，相传为洪江驿故地，国朝裁水驿其地遂废，康熙十年，七属人之贾于洪江市者，合资迎关帝圣像于小河之东，创庙祀焉，为今会馆之所，记始七属云者，靖绥会通之外，有开泰，锦屏、天柱三县，是以号曰七属，当前明时，湖广地方，旧设十二卫、其曰五开卫，今开泰县曰铜鼓卫，今锦屏县，万历二十一年，就靖州卫之天柱，千户所，割会同县二百半地益之，设今天柱县，地虽有湘黔之殊而亲族故旧散处沿边，亘二百余年，盖未有以易也，四十二年，馆毁于火，移会同县内之古东阁，材、重葺之，合损经费，辉制加侈，雍正四年，乃益拓前后基地，向之移东阁材重葺者，政建于正殿之后，仍其旧额，栋字周备，四峻垣庯，越咸丰三月望东阁再毁，又重建焉，维时山阴周侯溥宰会同，政行讼理，慨然以兴复为任，逋者偿，渔者息旧规尽复，于是乎财用有余矣，渠江之水，由沅口人沅，绥宁之水，自若水而注雄溪，七属之水毕会，合流于犁头咀，曲折再三而下，馆居尘市之中，当两水交流处，列肆之外，苍严萃律，绿波澹淡，与夫四时杂卉之茂值，云霞之卷舒，帆楫之来往，寓目焉，咸得其胜，故夫盘桓寄思，探究窈窕，骚人游客，未尝不顾而乐之，故于馆之废兴始末，详其岁月，以为之记，至其捐输田宅钱谷之数，则有印册邑志可考而知，不赘述。

新安会馆碑记

方家琪 字德昭 徽州休宁人

古者国有学，党有痒，州有序，

家有塾，民生八岁人小学，十五人大学，循序而渐进，尽性已穷理，体用备焉、盖五日不在学之中，抑无人在教之中也，俗学之锢蔽乎人心也，久矣，彼夫为士大夫者，往往视读书为弋猎科名之具，而不知反诸身心之间，及其所求已得，束诗书于高阁，置道德于不讲，下焉者，虽日事呫哔焉，而于父子兄弟之伦，修已治人之要，盖有懵焉不知者，遑问其他，至若农工商贾之流，甚者以读书为诟谇，终其身而不知向学，乌乎，此人材之所以不古者，而世俗之所以日偷也乎，初，我徽人之以懋迁至者，康熙时为盛，其求也，载淮场之盐，通州之棉与市、江西之瓷，其去也，洪油材木白蜡，源源转输，络绎于道，四十五年，建馆于小河正街，建准提庵于古楼脚，置产佣租，以供祀费，联浦市常郡各会馆为一气，规模远矣，更于馆后设书院，奉子朱子栗主顾或者谓书院者，所以成德而育才也，于货殖焉何居，不知尧舜之道，不外孝第，孔孟之学，所以明伦，圣贤者，持人偷之至耳，自子朱子之作也，圣贤之义理，遂益昌明，而非异瑞邪说之所能混，而人伦之教，愈昭然若揭，辰星而炳，日月于天下万世，学者，学此焉而已，人不能为圣贤，要不能不为人，出乎人伦，即人乎禽兽而不自觉，人之所以异乎禽兽者，向惟其有伦焉尔，昔吾乡先正之设书院，祀子朱子也，其亦率教乡之人，咸尽其伦焉而已，孔子曰，君子学道则爱人，小人学道则易使也，岂不信哉，咸同以后，故里数被粤寇之难，至者遂少，居市者亦希，承平日久，其必有继兹而来者可知也，后之登斯堂者，果能念乡先正悚然建祀之微，顾名而思义，克治其自私自利之心，由尽伦以尽共为人，立爱惟亲，立敬惟长，以求无悖乎，尧舜孔孟程床之道，虽曰痒序学校之设教也，又何以加于此哉，是为记。

贵州忠烈宫图记

欧阳钟字伯吕贵州天柱人府学附生

忠烈宫者，吾黔人祀

南将军霁云之邸馆也，昔唐天宝之乱，将军为睢阳将，乞救于贺兰，贺兰壮将军勇，不听出师，强留之，具食与乐，延将军坐，将军慷慨语曰，某来时，睢阳城中人不食月余日矣，某虽欲独食，义不忍，虽食，且不下咽，因拨所佩刀，断一指，血淋漓以示贺兰，一座大惊、皆感激泣下，将军知贺兰终无出师之意，即驰去，将出城，抽矢射佛寺浮图，矢著其上砖半箭曰，吾归破贼必灭贺兰，此矢所以志也，睢阳陷，贼以刃 将军降，将军未应，张巡呼曰，南八男儿死耳，不可为不义屈，将军笑曰、欲将以有为也，公有言，某敢不死，即不屈死，呜呼，忠烈之气，贯金石，亘古今，而充塞天地者也，宜若非黔人所得私，而黔之人奔走后先，独祀将军维谨，岂非以忠烈之气感人者深欤然将军之声灵陟降，亦俨若独私于黔之人者，不然胡灵贶嘉应感，皆信而有徵也哉，洪江为牂舸下游，舟车材贿之所聚，故里之以材贿至者卒贾于斯，隶嘉庆时，至者稍众，因货地于沅水之滨曰桅杆坪者，治邸馆以奉将军祀，经始于道光六年二月，工毕于三年月，右为观音堂，堂后为僧僚，以居守，由左亘出，为东华厅以治斋而宴乐，咸丰以后，寇乱滋涨，跆躇粉榆社无窜处，故家右族，咸避地来居，至者殆不可胜计，是为邸馆极盛之会，厥后二十余年，王师次第戡定，故里肃清，乃克还定而集，当至者之众也，其时适驰土乐之禁，居者行者，遂得稍莞其利，物力于以富浇，同治四年，增修西华厅，以恢前人未竟之绪，更葺厅后余地为轩，绝壑为池，杂植花竹、觞詠之适，草木之无，于是乎备，每植春和景明，衔怀瞻桃，裴衰谛听，微风振柯叶，谇祭作声，池水清涟，萦青缭白、荇藻游鳞，一一布影石上，尤令人莹澈心府发挥远致也已，洪江地编而人众，筅奇鬻羡，皆斤斤于治生，其居恒无宴息游观之乐，故于斯图也，优焉游焉，又不能无消息盈虚之叹矣，虽然后之人岂特为踵事增华也哉，盖非是不足以报，神功，而联情谊也，诗不云乎，维桑与梓，必恭敬止钟尝执事庙庭，见夫故老弟子，济济锵锵，无不寅畏小心，恪恭而将祀事，夫而后知忠烈之气人人独深，信足以廉顽而立懦也夫，历稽创建始末，而记载阙如，爰簪笔为图而序其始末以念来者，光绪十三年冬十二月记。

浙江湖洲馆记

吴楷 字子敏浙江归安人官湖南县丞

谕天下财赋之盛者，宜莫如吾郡若焉，顾自粤匪之难，赵忠节公以乡团支柱方张之冠，血战数载，卒绹危城，天下钦其风节，其当时同难士女，盖尝至十余万人之多，又久之而后出于锋谪，及岛国通商，飚轮沿海而人长江，尤工垄断，于是丝利薄而机女愁，货殖轻而贾于四方者多耗矣，窃尝于洪江而益验之，洪江据长江上游，叩滇黔门户，其水能酿，程乡以酒名古今，吾乡之业酤者居焉，乾隆中叶，至者尤众，不惟靖绥会通，皆有吾乡人之业，即黔阳城步诸县，浸淫而往者，亦尝至十数家，卒皆拥厚资积居居业，膏油材木，灌输长江而达于海，环货珍物，还鬻于西南溪峒间，棉花其一也，瓷次之，源源往来，不绝于步，嘉庆二十三年，故老因创集瓷捐，建馆于市之荷叶街，联桑梓叙情好也，馆之左右，造屋庸积，为居守者费，后五年，买义山于鲤鱼田以葬旅殡，岁时展祭焉，乡人有失业者，资助之，老弱惸独无告者，周之恤之，穷窘而不能归者，赆之以行，乡谊之浓，大略如此，咸同以后，至者渐希，昔日之列肆于会绥诸县境者，多不幸耗其资斧而去汔于今，仅有存焉者，其旅君于洪江者，略如晨星，亦寥寥可指数焉，又若不能如昔日之繁盛，或日自粤匪之难，大江南北，土旷人稀，治生较易，故继者惮于远涉，然无元气凋矣，此时非一方一市之私也，楷昔侍先大夫宰绥宁，道出洪江，尝与同乡诸君子倾吟写抱、有畴昔之雅，咸丰庚申，先大夫徇绥宁难予亦崎岖兵间，倏忽二十余年，俯仰今昔，盖不能无消息盈堂之感矣，今者海宇久安。

朝廷休养生息，民安其业，市乐其居，诸君子其益讲讲而兴仁也，行见昔日之繁盛，不难倍徒于将来，类推可知，虽然，兹官持一方一馆之庆辛也哉，诸君子皆以为然，遂书之以为记。

重修洪江飞山宫记

申唐晟 字晴湖 靖州人

靖于湖南边郡也，境上多丛山绝

谷，深阻口蟠，灵淑之气，大抵闷而不舒，又土地硗瘠，鲜平原沃壤，物产不饶，材木亦仅仅焉，惟杉桧黄松，其次，则膏桐茶油数者而已，渠江之水自黔之播所经流人境，蜿蜒亘布，春夏尚能运百斛之舟及至涨落时，微弱裁如一线奔湍迅疾，节节皆滩，危险难偻指状，是以材货不通，商旅罕至，吾州人亦绝少行贾他郡县者，惟稍运其所产材木，以转易其日用之需，乘涨泛渠江人雄溪，以达于洪江而临沅水，陆至者毕会于此，当嘉庆乙亥时，前辈俞君尔环倡集吾州人之懋迁于洪者，治邸馆于大河之滨，曰飞山宫，所以联情谊，平争竞也，以岁时虔奉口威远候祀咸同之后，黔粤交警，军旅繁兴，凡客兵自外至者，从之假馆，不克葺治，大势遂就倾侈口今上御字，海内以次削平，民气渐苏，市尘复业，董事杨君万隆，毅然以重新自任乃谋之于众，佥曰诺，咸输私财以助，工始于光绪戊寅口月，越辛巳口月而工竣，以畚以筑，不鉴不雕，殿宇崛兴，复室相瞰，宾燕斋宿，禀禀焉，无舟护之华，无金碧之丽，取足以彰美，报而笃，敦睦已也，谨按候姓杨氏、讳再思，盖飞山之先，故吾州里人称之曰太公，然而生平行履不可详考，宋元丰六年，赐庙显灵，三十年封威远候，淳柘间，加英惠公，赫声濯灵，历久弥著，发逆之自乎茶鼠人也，州城岌岌莫保，赖口候是示灵贶危而获安，事闻口诏列入祀典，春秋致祭，州志东门外渠江东岸，有候故宅，又城西十五里下乡，有候墓、州境二十里中，无不为庙以祀候者，岁时水旱疾疫，率竭诚吁祷，候亦无不福也，当五代周行逢时，失其纲纪，杨氏遂有徽诚数州地，隶杨正严始纳土改流，至今已近千岁，富贵勋业，，湮来何可胜道，惟独候血食一方，虽妇人孺子，牛童马卒，无不爰乎如见，忾乎如闻，呜呼，何其盛也，谓非候之德大泽溥，而能若是也哉，洪固靖之一囊穴也，其为庙以祀候，兴候之福吾州人，陟降在庭，毋远弗届，概可知也，工既讫事，后六年，唐晟始受廛于洪，杨君属为文以记，夫礼有必隆，不得而杀，事有成举，不得而废，二君于是兼而得之，因阐述 候德嘉贶，与地方形势，揭诸员珉，盖深欲吾州之人，谱讲兴仁，而保世滋大于有永也，至其捐资姓氏，别具于碑，光绪十三年冬十月记。

长郡会馆碑记

黎培敬　字伯堂　湖南湘潭人　时官贵州巡抚

洞庭湖之西，沂流而上为沅水，其汇流于沅者，有五溪焉，辰溪、满溪、沃溪、西溪、雄溪、而雄溪居会同极边，上承沈溪诸流以达于辰，其他山川旷衍，沿流庐舍鳞比，舟车辐辏，牵牛服贾，咸乐上于是焉，盖楚西一雄镇也，同治乙丑、培敬奉命视学来黔，越明年，按试贵东诸郡，会苗教未靖，行者率惴惴有戒心，乃单骑历耸菁，涉诸险，由黎平试铜郡，绕道靖州、以达于雄溪，得与乡父老相识于衡郡之寿佛寺，为盘桓者久之，时长郡故无馆也，戊辰秋，得长沙柳云楼孝廉书，称园铎于会，与雷子西园，李子羽仪，谋创建郡馆，以为郡人往来憩息之所，并举行一切善事，同志先后集费，得若干，购屋建祠，祀 广济真人，及乡先达诸公于中属，培敬为文以记之，因不禁慨然曰，善哉，斯举也，曩者，官京师，吾乡会馆渐哆敝，亟谋更新，既而筑垣、两湖会馆，历年久亦多黝圮，培敬倡议修葺、焕然一新，楚诸君子之在黔者，咸有力焉，岂为是美游观侈土木哉，亦以前人有基勿可弃，而于桑梓敬恭之义宜尔也，今云凄力创此举，思守其成而善其后，可不谓贤呼，嗟呼，军兴以来，吾楚之以忠烈勋名显者，难偻指针，而长郡尤赫赫焉，湘岳攀勃之气，不惜泄其灵奇，云楼于馆中设先哲诸公位以祀之，其所以响往前贤，为乡人兴起感发者，正未有艾也，今者，培敬抚军黔中，当此兵燹频仍，疮痍未复，雄溪为贵东屏蔽，地势险阻，风气诚笃，吾乡人居于斯者，型仁讲让相友相恤，共敦古处亲睦之谊，黔东之人，亦将习而为善良矣，则此一馆也，又岂仅一乡之所瞻也哉，至于董事衔名集费目，契据条约，当另有碣，兹不赘书。

【诗词】

登嵩云山

清 · 梁嘉瑞

倚杖陡嵩云，飘然出世群。
松间仙犬吠，云际梵钟闻。
江水双流会，山花万卉芬。
由来修炼地，贺祖有成勋。

雄 溪

清 · 梁嘉瑜

尽日沧波翠霭笼，兰舟络绎往来通。
桃源水接花明岸，白社山连鸟弄风。
远客争营千货集，上游独踞五溪雄。
共欣圣泽遐荒僻，瘴雨蛮烟一洗空。

登嵩云山

清 · 唐舜

奇峰突兀并中嵩，峭壁凌虚曲径通。
古寺奇松重翠盖，深岩野鸟宿珠宫。
登临自觉尘襟洗，眺望还欣眼界空。
高踞雄溪标胜概，乾坤无处不玲珑。

沅江夜月

清 · 龙延玺

沅江月正照中流，石灿沙明景最幽。
影落冰壶清见底，光浮玉槛冷侵眸。
数声长笛青山暮，一棹扁舟碧树秋。
九肋香肥包异鳖，何妨达旦任宵游。

游第一山

清 · 唐守喜

石径盘修竹，闲门列远峰。
枯禅机欲息，上客兴方浓。

清晓羡飞鹤，深寒念蛰龙。
城边几亩宅，山下一林松。
任送临风柝，还听静夜钟。
无能堪卧雪，那复记秋冬。

雄 溪

清 · 唐仕陛

奇峰南岸逼苍穹，迸出双流衍派雄。
隘塞西南清舞接，帆樯上下澧沅通。

鹭停浅渚依葭白，花发春江映水红。
回首马候平荡后，五溪长沐太平风。

经洪江步入诚州

清·黄一吾

雄溪留古镇，烟火集千家。
树里渔人市，风前估客槎。
彤云催暮雨，白水漾寒沙。
已入诚州地，茫茫路更赊。

歌诗坡晚眺

民国·刘揆一

秋气爽雄溪，凭虚快品题。
树撑亭势峻，山压市声低。
倦鸟归何暮，闲云伴与西。
孤怀正幽绝，听到远征鼙。

注：刘揆一（1878—1980）辛亥革命元老，中国近代民主革命家。

洪　江

民国·田翠竹

乱峰平处得雄溪，柳岸东风一剪齐。
人向阶梯时上下，屋随山势自高低。
旧年春水寒鸥梦，落后梨花胜马蹄。
细雨轻烟泥路滑，乡愁携过是盼匣。

《自汉口乘帆船至镇远绝句三十首》之二十二首

民国·张华澜

洪江市列两江隈，木筏如洲蔽水来。
谁谓苗疆不行地，此中多少栋梁材。

注：张华澜（1879—1956），民国诗人，国民党政府监察委员。

庚午过洪江（二首）

民国·赵景银

（一）

洪江深处五陵源，十万人家别有天。
桔满千山招远客，田连阡陌少饥年。
境为云贵咽喉地，市结东南货殖缘。
一自渔郎归去后，桃夭灼灼更芳妍。

（二）

沅水奔腾破谷来，雄溪汇合一阳开。
河成丁字通舟楫，市列川文聚货财。
诸葛井连襟带水，受降城隔读书台。
老鸦坡上排云望，势控东南慕楚才。

【楹联】

洞庭宫戏台联

1、水国渔乡歌乐府;石城烟火兆升平。

2、出将入相;纬武经文。

3、新声谱出扬州慢;明月听来水调歌。

4、扬清激浊;鉴古观今。

九天玄女宫联

5、八方开域皆为寿;百姓登台总是春。

盘古庵戏台联

6、古今来多少角色;天地间大小舞台。

7、声为律吕身为度;云想衣裳花想容。

长沙馆戏台联

8、欲知世上观台上;不识今人看古人。

9、离合悲欢演往事;愚贤忠佞认当场。

鲁班殿联

10、机巧夺天工,削木称奇,共仰大名齐墨子;

聪明符神道,荐羞致敬,无烦俊世傅梓人。

11、化工无工,入斯门休称弄斧;

成器不器,似此老方许研轮。

12、发于声,高也明也,悠也久也,有民听焉斯为美;

奏其乐,手之舞之,足之蹈之,若是班乎可以观。 (戏台联)

忠烈宫联

13、正气贯人寰,河嶽日星垂万世;

明禋崇廟观,丹心碧血照千秋。

14、古者有言见义不为无勇也;

大圜有命鞠躬勤事则忠之。

15、生为人杰,死做鬼雄,魂分归来,一曲大招天暗淡;

恩戒幸邀,名羞滥得,灵其不昧,千秋公论日光明。

16、莫坏良心,极恶巨奸,转眼终归失败;

请看好样,忠臣孝子,到头毕竟团圆。(戏台联)

17、二分明月正当头，幸寰宇澄清，好将金管玉箫，吹西江月；
千里暮云同想像，对楼台歌舞，彷见珠簾画栋，飞南海云。（戏台联）

万寿宫联

18、燮理阴阳不过替天行道；
功忝化育无非代地施恩。
19、知音者才许来，莫到这地方睡觉；
看戏的都好笑，何须替古人担忧。（戏台联）
20、眼前灯火笙歌直到收场犹绚烂；
背后星光山色偶然退步亦清凉。（戏台联）
21、千古江山联北固；一庐风雪忆南阳。
22、瀝胆披肝，六经以来二表；
托孤寄命，三代而下一人。
23、文章西汉两司马；经济南阳一卧龙。
24、自古宇宙垂名，布衣有几；
能使山川生色，茅芦何妨。
25、烧博望，平南蛮，出祁山，功垂宇宙；
唬司马，罵王朗，气周瑜，名振古今。

大佛寺联

26、自在观、观自在、无人在、无我在，问此时自家安在，知所在，自然自在；
如来佛，佛如来，有将来，有未来，究这生如何得来，已过来，如见如来。
27、天地同流眼底群生皆赤子；
古今一梦人间几度续黄粱。
28、世界本无私，庸人自扰，毋须慈航来普渡；
神州卻有災，众志成城，坚信苦难可兴邦。

山陕馆联

29、官场如戏我如痴，入座且听三叠曲；
明月在天灯在市，开樽共醉万家春。（戏台联）
30、左笔为阳，右笔为阴，实自古人开草昧；
良相救时，良医救世，均由汉代播芳馨。

天后宫联

31、粉墨登场，真真假假，均为移风易俗；
宾朋入座，看看听听，确能心旷神怡。（戏台联）
32、曲调谱新声，铁板铜琶高唱大江东去；
园林开旧府，琼楼玉宇好教王气南来。（戏台联）
33、大海茫茫，到无岸无边，观于天天高在上；
罡风獵獵，正可危可畏，傒我后后来居先。

财神殿联

34、富而可求，求人不如求己；
物惟其有，有德自然有财。

太平宫联

35、乾坤大戏场，请君更看戏中戏；
俯仰皆身鉴，对影休疑身外身。（皮影戏台联）
36、忠奸在人心，傀儡场中豈尽假；
应冠非木偶，须眉动处宛如真。（木偶戏台联）

辰沅馆联

37、世事总归空，何必以空为实跡；
人情却是戏，不妨将戏作真看。（戏台联）
38、要看早些来，大文章全凭起首；
须观完了去，好结果总在后头。（戏台联）

黄州馆联

39、既已上台，不怕大家站旁边指丑；
自能了局，何劳诸位替旷古担忧。（戏台联）

关圣殿联

40、拜斯人便思学斯人，莫混帐，磕了头去；
入此殿须要出此殿，当仔细，扪着心来。

雷祖殿联

41、一曲阳春唤醒古今梦；
两班面目演出忠奸情。（戏台联）

湘乡馆联

42、凡事莫当前，看戏何如听戏好；
为人须顾后，上台终有下台时。（戏台联）
43、何事干卿，风吹皱一池春水；
多情笑我，浪淘画千古英雄。（戏台联）

药王宫联

44、笑权贵收场，庸人休得意；
看贤良悲剧，志士莫灰心。
45、铁杆钢筋耸碧霄，千秋不朽；
铅烧汞炼点丹药，一匙回春。
46、开医药先河，别性味，述功能，配合次五行，愿一世胥登寿域；
为方书初祖，辨阴阳，定虚实，节宣保六气，俾群生共迓天和。

灶王宫联

47、弗说富贵贫穷，愿平和相处；
凡是悲欢离合，作如是观瞻。（戏台联）
48、作善降祥王得清于帝矣；
饮和食德必以是为主焉。

高坡宫总土地祠联

49、莫笑我老朽无能，许个愿试试；
那怕你多财善贾，不烧香瞧瞧瞧。
50、为恶必灭，为恶不灭，祖有道德，德尽必灭；
为善必昌，为善不昌，祖有遗殃，殃尽必昌。
51、阳世奸雄，违天害理皆由己；
阴司报应，古往今来放过谁。
52、只要光明正大，初一十五，不用烧香点烛；
倘若犯奸作案，三更半夜，谨防铁链钢叉。
53、谋人田产、淫人妻女、欺人鳏寡孤独，此等恶徒，任你烧香也无益；
孝于父母，友于兄弟，和于邻里乡党，这般善士，见神不拜又何妨。

火神庙联

54、山水协清音，龙会八风，凤调九奏；宫商谐法曲，象德流韵，燕乐养和。（戏台联）

玉蚨宫联

55、偷半日余闲，选百里歌声，贯南朝乐府；
传千秋佳话，褒忠良面目，贬奸佞心肠。

轩辕宫联

56、邪正奸忠，尽是现身说法；
悲欢离合，无非夙世姻缘。（戏台联）

炎皇宫联

57、文中有戏，戏中有文，识文者看文，不识文者看戏；
音里藏调，调里藏音，懂调者听调，不懂调者听音。（戏台联）

老龙庙联

58、或为君子小人，或为才子佳人，出场便见；
有时欢天喜地，有时惊天动地，转眼皆空。（戏台联）

59、称员外，称老爷，想利就名成，究非真富贵；
呼夫人，呼娘子，看郎才女貌，到底假夫妻。（戏台联）

茅庵联

60、善报恶报，回圈果报，早报晚报，如何不报；
名场利场，无非戏场，上场下场，都在当场。（戏台联）

61、假戏真情，其中有孝子忠臣，当局莫轻看过；
新腔旧调，即此是晨钟暮鼓，大家只管听来。（戏台联）

莲峰寺联

62、神是人，鬼是人，人也是人，

一二人千变万化；
车步行，马步行，步亦步行，三五步四海五湖。（戏台联）
63、五千年史鉴，翻新人物衣冠，大半是经文纬武；
九万里梯航，并集楼台歌舞，此中有舜日尧天。（戏台联）

三义宫联

64、兄则友，弟则恭，异姓胜过同姓；
君极敬，臣极忠，三人犹如一人。
65、历代壮奇观，睹胜败兴衰，千古英雄收眼底；
高台欢共赏，听管弦丝竹，数声雅调拓胸襟。（戏台联）
66、满场都是闲人，袖手旁观，听戏不知做戏苦；
凡事终须结局，从头演起，上台容易下台难。（戏台联）

三光殿联

67、都望想拜相封侯，却不也难，这里有现成榜样；
最好是忠臣孝子，看来容易，问他做几许功夫。（戏台联）
68、莫笑我们涂面挂须，煞费了多少心机，才博得人人叫好；
请看此辈装模作样，也算有几分气概，殊不知件件非真。（戏台联）
69、生为人杰，殁乃鬼雄，浩气拱神京，三光争曜；
不死丹心，成灰白骨，义声如浩淼，万古长流。

龙王庙联

70、做许多子孝臣忠，或泣或歌，宛是当年故事；
说什么郎才女貌，如花如玉，空传往日风流。　（戏台联）
71、铁板铜琶，火树银花，画阁珠簾，俱非古有；
阳春白雪，冰肌玉骨，清歌妙舞，都属今朝。　（戏台联）
72、神德庇三农，统天田以乾象；
恩膏流四水，兴云雨于雩坛。
73、以祈甘雨，以介稷黍，以榖我士女；
其川三江，其浸五湖，其泽薮县区。
74、宗臣遗像肃清高，在地成形，在天成象；

山川出云作霖雨，有仙则名，有龙则灵。

75、画阁日新东海紫；
崇台月上暮烟青。

宝鼎宫联

76、任他夺名争利，须知由命不由人，倒不如白日闲游听白雪；
枉自谈今说古，毕竟是真还是幻，只落得黄昏过去话黄粱。（戏台联）

77、一部廿四史，演成古今传奇，英雄事业，儿女情怀都付于红牙檀板；
百年三万场，乐此春秋佳日，酒座簪缨，歌筵丝竹问何如绿野平川。（戏台联）

北辰宫联

78、人情到底好排场耀武扬威，任你放开眉眼做；
世事原来多假局装模作样，惟吾秉著心肠行。（戏台联）

79、神何取乎哑聋想读书不在口耳；
衣物重于朱颜能出色便是文章。

徽州馆联

80、此间花鸟本亲人，难得他社鼓多情，招游客添来热闹；
半日笙歌连子夜，况又有茶棚歇脚，从开场看到团圆。（戏台联）

81、万事皆雪浪淘沙，问谁铁板铜琶，为我唱大江东去；
一年如春灯过眼，只胜羊弦羯鼓，留人到红日西斜。（戏台联）

文昌宫联

82、学为父子，学为君臣，学为长幼，汇千古忠孝节义，细细想来，无非逢场作戏；
行乎富贵，行乎贫贱，行乎患难，成一时离合悲欢，般般演出，管教拍案惊奇。（戏台联）

83、乐则安，安则久，久则天，天则神，神情可想；
喜斯陶，陶斯永，永斯谣，谣斯舞，舞蹈皆工。

蔡伦宫联

84、演离合悲欢，当代岂无前代事；

观抑扬褒贬，座中常有剧中人。（戏台联）

85、檀板怀蔡公，弦诵一堂新乐府；层楼俯巫水，笙歌三弄小南京。（戏台联）

吉庆宫联

86、莫起歹心，看古来大匿巨奸，有谁结果；无妨善意，让这些油头花面，暂且登场。（戏台联）

87、名场利场，无非戏场，做得出泼天富贵；冷药热药，总是妙药，医不尽遍地炎凉。（戏台联）

杨家祠堂联

88、戏剧本属虚，虚非为虚，虚虚实实，方寸地，生杀予夺，荣辱贵贱，做来千秋事业，莫道当局是假；弹唱原为乐，乐民之乐，乐乐优优，顷刻间，悲欢离合，喜欢哀乐，现出万代人情，须从戏里传真。（戏台联）

89、文字有褒有贬，非赞沙场战斗，即评时事弊端，铁面本无私，同仁都秉董狐笔；神州入诗入画，且庆邦害灭亡，更喜国家安定，春宵好会宴，把酒当酬李白诗。（戏台联）

司署衙门联

90、装男亦好，扮女亦好，举起刀枪剑戟，参演抗倭戏；祁剧也罢，高腔也罢，无论生旦净丑，争唱爱国歌。（戏台联）

91、白门楼，具铁甲三千，一战终被擒，谁教尔英雄气短；石头记，有金钗十二，豪华本是梦，顿使我儿女情长。（戏台联）

一甲巷大舞台联

92、仙凡牛女配；笏戈将相和。（戏台联）

临时戏台联

93、搭戏台，演戏曲，台台演出抗倭戏；

奏军乐，唱军歌，个个齐唱爱国歌。（戏台联）

94、愿听者听愿看者看听看自由两便；说好就好说丑就丑好丑只演三天。（戏台联）

95、有口非口口代口；似人非人人舞人。（木偶戏台联）

大兴禅寺联

96、退后一步想；能有几回来。

97、世外人，法无定法，然后知法法也；天下事，了犹未了，何妨不了了之。

98、步入禅林，逐级登高，且慢前行，反思过去；心归佛祖，尘缘放下，莫留后悔，修养将来。

99、放大光明，敢向无生说妙谛；得真解脱，须从华藏认如来。

100、菩提会菩提，具广神通，忽现千手千眼；自在观自在，是真佛力，总有大慈大悲。

101、愿为杨柳净瓶一滴水，恩洒大千世界；当有芙蓉粉本百花笺，教化亿万生灵。

102、你眉头著什么焦，但能守分安贫，便修得和气一团，常向众生开口笑；我肚量有这般大，总不愁穿虑吃，只讲个包罗万物，自然百事放心宽。

小佛寺联

103、自在观，观自在，无人在，无我在，问此时自家安在，知所在，自然自在；如来佛，佛如来，有将来，有未来，究斯世如来后来，已遇来，如是如来。

104、天地同流，眼底群生皆赤子；古今一梦，人间几度续黄粱。

密云观联

105、一生二、二生三、三生万物；地法天、天法道，道法自然。

106、密雾弥纶，四时三界；云禅修正，五眼六通。

107、道冠两仪，四象功司地藏；德尊三界，八卦福与天齐。

108、天下名山僧占多，该留一二处奇峰，棲吾道友；
世上好话儒说尽，幸剩五千言妙语，扬我仙师。

观音岩联

109、求自在，不自在，知自在，自然自在；
念如来，非如来，悟如来，如是如来。

妙音寺联

110、古刹复修，妙在山中，佛光普照照寰宇；
老寺新貌，音布人间，慈航广度度众生。

111、到何处寻名扬利至，惹出多少烦恼；
在这里听暮鼓晨钟，获得一身轻松。

准提庵联

112、心到虔时佛有眼；
运到亨处哑能言。

四神庙联

113、律协静絛鸣，试看豹驾螭骖，作雨成霖，都承清景；
化行知草偃，听罢胡笳羌笛，阜财解愠，更谱虞琴。

寿佛宫联

114、回首望衡阳，最难忘石鼓书声，雁峰鸿影；
羁身在沅水，一样是春风人面，逆旅乡情。（大门联）

注：该联由彭玉麟（1816 — 1890 年）撰写，祖籍衡阳人，兵部右侍部，中国近代海军奠基人。

115、越王薪胆传遗韵；
优孟衣冠有古风。

116、六礼未成，顷刻洞房花烛；
五经不读，霎时金榜题名。（戏台联）

117、摩顶得园珠，不论有相非相，非非相，礼慈云天，清兜率众信供奉；
渡人为宝筏，即至三千大千，大大千，无边法海，登彼岸地是茅坡。

（楹柱联）

索 引

说 明

一、本索引把区志篇章的内容用主题分析的方法，按汉语拼音字母顺序排列，第一字相同，按第二字音序排列，以此类推。

二、标引词后的阿拉伯数字标书内容所在页码，数字化的拉丁字母 a、b、分别表示从左至右第一、二栏。

三、本志书“概述”“大事记”“附录”均未作索引。

A

B

C

D

F

C

H

J

K

L

T

W

X

Y

Z

后 记

《怀化市洪江区志（1978—2005）》的编修工作于2004年9月启动，区工委、区管委成立相应的领导班子和编纂机构，此后因人事变动数次调整区志编纂委员会。编辑部设洪江区史志档案局，除洪江区史志档案局编纂人员外，先后聘用5人参与区志的编纂。

《怀化市洪江区志（1978—2005）》能够编纂成书，得到区各级党政领导的高度重视。2004年10月，召开全区修志工作动员大会。编纂期间，区工委、区管委始终把修志作为一项大事来抓，历任区工委书记瞿光明、曹成华、刘志良、邓小建，区工委副书记、区管委主任曹成华、周正宇、周华，区工委委员、区管委常务副主任肖调建、杨理鸾、蔡教明、张强等区级领导多次听取修志工作汇报，帮助解决修志过程中遇到的困难。

《怀化市洪江区志（1978—2005）》分纂由各承编单位完成，历经反复的修改、审核、完善、再修改、再审核，于2013年5月形成初稿。2013年10月，基本完成初稿的查漏补缺，并聘请怀化市地方志办专家坐镇改稿、指导总纂，形成评审稿。

《怀化市洪江区志（1978—2005）》的编修过程中得到省、市地方志编纂委员会办公室领导、专家的大力支持和关怀。省志委巡视员袁勇前亲自来到洪江指导编纂工作，市地方志办领导张征远、肖艳君多次到洪江督查和指导《怀化市洪江区志（1978—2005）》的编修。《怀化市志》常务副总纂、副编审黄清泉已近八十岁高龄，从《怀化市洪江区志（1978—2005）》的编目设计到总纂都倾入大量的精力，亲笔撰写补充稿件3万余字，并以严谨的态度对每一篇志稿进行把关。

全体编纂人员爱岗敬业、恪尽职守、不讲工作条件、不计名利得失，以满腔的热情、高度的责任感，十几年如一日地投入到区志的编修工作中，为《怀化市洪江区志（1978—

2005)》的编修完成，付出艰辛的劳动。

由于我们的编纂水平有限，而且部分章节的资料有缺失，疏漏之处在所难免，恳请广大读者不吝赐教，提出宝贵的意见，我们将在出版之前做好修改。

《怀化市洪江区志》编辑部

2020 年 12 月